제국 문화의 종말과 흙의 생태학

제국 문화의
종말과
흙의 생태학

펴낸날 2020년 3월 30일
2쇄 펴낸날 2020년 11월 20일

지은이 윌리엄 코키
펴낸이 이승무
발행처 합명회사 순환경제연구소 | **출판등록번호** 313-2008-178 (2008. 10. 29)
주소 서울시 중구 수표로 43 수정빌딩 302호
전화 070-7767-5510 | **팩스** 02-6499-5510
홈페이지 www.cycleconomy.org | **이메일** sngmoo@cycleconomy.org
디자인 도서출판 밥북 | **편집** 김소은

ⓒ 이승무, 2020.
ISBN 978-89-964487-4-7 (03300)

※ 이 도서의 국립중앙도서관 출판시도서목록(CIP)은 e-CIP 홈페이지(http://
www.nl.go.kr/cip)에서 이용하실 수 있습니다. (CIP 2020009825)

● 제국 문화에서 새로운 인간문화로

제국 문화의
종말과
흙의 생태학

The Final Empire:
the Collapse of Civilization ──────── 윌리엄 코키 지음
and the Seed of the Future 이승무 옮김

순환경제연구소

감사의 글

사람의 인생관은 출생과 그 후의 모든 경험들에 의해 형성된다. 마디마다 내가 책임져야 할 것이지만, 일단 이 책의 초점 중 다수는 광범위한 다양한 사람들과 사건들에서 온 것이다. 확실히 오리건 주 중부의 목축문화는 내가 그곳에서 목동으로서의 이른 경험을 얻게 해주었으니 감사할 일이다. 제재소 노동자로서 오리건 주와 캘리포니아 주에서 보낸 몇 년간은 나에게 이 사람들의 관점을 이해하게 해주었다. 민권 운동, 베트남전쟁, 헤이트 애시베리에서의 '사랑의 여름(Summer of Love)'은 우리 모두가 지구의 현실에 눈뜨도록 해주었다. 노동 운동 조직가로서 그리고 노동조합대표로서 수년간의 경험은, 우리 대중이 급격한 이로운 변화를 일으키기가 왜 그렇게 어려운지를 이해하게 해주었다. 뉴멕시코 주의 북쪽 산간 지역에서 살면서 나는 그곳에서 4세기 전에 생겨난, 청교도들이 플리머스록에 도착하기도 전에 이루어진, 고립된 스페인 문화가 어떻게 자급자족적인 사회를 유지할 수 있었는지를 이해하게 되었다. 강제격리(relocation)의 위협을 받는 빅마운틴 지역 나바호족 원주민들의 원로인 캐서린 스미스를 위해 나무를 패고 양을 치면서 보낸 몇 년간의 경험은 땅과 공존하는 사람들의 큰 힘을 내게 가르쳐주었다. 뉴멕시코 주의 히카리야(Jicarilla) 아파치 원주민들과 함께 살면서 나는 한 부족의 삶이 어떻게 돌아가는지를 이해하게 되었다. 뉴멕시코 주의 카트론 카운티의 길라 지역에서 살적에 나는 미국 농촌 사람들이 어찌할 수 없는 혼란스런 미래에 직면하면서 이들이 마주하게 된 문제와 불안을 몸소 경험했다.

제국 문화의 종말과 흙의 생태학

수많은 사람들이 이 문서의 제작을 직접 도와주었다. 리사 풋치는 예쁜 삽화를 그려주었고 일도 일찍 해주어 도움을 주었다. 뉴멕시코 주 실버시티의 제이 스콧은 제국에 저항했던 길라의 영예로운 원로들의 초상화를 그려주었다. 버펄로 대학의 여성학 강사였고 나중에 길라의 주민이 된 엘런 갤러트는 귀중한 통찰을 제공해주었다. 가수이면서 저명한 토지철학자인 세실리아 오스트로는 소설가 개리 스톨링스가 한 것처럼 귀중한 편집 작업을 해주었다. 이런 것들을 보태준 모든 이들에게 감사를 드리며, 그 애쓴 보람이 여러분의 지지에 걸맞기를 바란다.

윌리엄 H. 코키

한국어판 머리말

우리 종(種)은 최소한 100만 년간의 성공적 생존을 거친 후 지구상에 암적인 인간종양체를 발달시켜왔다. 약 8천 년 전에 소수의 인간들이 땅의 열매들을 채집하는 대신 땅의 비옥함을 실제로 빠져나가게 하기 시작했다. 지금 지구 위의 모든 지역에서 우리는 흙의 영양분을 없애고, 삼림을 제거하며, 대량의 토양을 쓸어냈고, 물고기를 박멸했다. 이에 더하여 산업 시스템에 의한 오염으로 독극물을 광범위하게 퍼뜨리고 있다. 수천 년간 이런 유형의 인간사회는 다수의 사람들을 강제로 통제하고, 그들이 받아들이는 정보를 제한하는 소수의 엘리트들에게 지배를 받아왔다.

제국의 지배자들인 이 소수의 엘리트들은 우리가 지구상에서 가장 많이 진화했다고, "우리가 최선이다!"라고 말함으로써 다수의 사람들에게 계속 사기를 쳤다. 인류학자들은 극단적으로 혹독한 환경인 남아프리카의 칼라하리 사막에 사는 부시맨들의 생활 양식을 연구해왔다. 부시맨들은 각 사람이 생활에 필요한 것을 얻기 위해 연간 500시간 동안 일한다. '문명인'은 평균적으로 연간 2천 시간 이상 일한다. 부시맨들은 단백질 섭취량에서 평균적인 영국 사람의 상위 10% 안에 드는 식단을 유지한다. 그들이 일단 어린 시절에 살아남는다면 결국 정상적으로 완벽한 건강을 유지하면서 장수한다. 우리는 동서고금의 제국들이 이룩했던 사회들의 역사를 통해서 우리의 종이 잃어버린 것을 볼 수 있다. 종양체가 지구 곳곳에서 자라면서 우리는 말 그대로 소수 엘리트들의 통제하에서 노예의 삶을 겪어왔다. 전쟁, 노예제, 착취, 질병, 굶주림 그리고 생명을 무시하는 문화의 강제적 강요는 우리의 숙명이었다. 부시맨들은 일반적으로 행복한 사람들로서 문명의 전쟁을 벌이고 있는 우리와는 많이 다르다.

우리는 지금 암적 종양체의 생애 끝에 다가가고 있다. 우리 인류는 줄어들어 가는 자원에 기초를 두고서 폭발적으로 늘어나고 있다. 석유 회사들은 지금 마지막 한 방울의 기름을 찾기 위해 극한으로 가고 있다. 훨씬 더 큰 위험은 소수의 엘리트들이 자신들의 핵무기로 우리의 지구 전체를 멸망시킬 힘을 가지고 있다는 것이다. 이런 전쟁을 벌이면서 더욱 거대해져 가는 사회들의 엘리트들은 단 하나의 낱말을 알 뿐이다. '더 많이(more)'가 그것이다. 그들은 지금 핵에 의한 죽음으로 지구상의 모든 생명을 위협하고 있다.

그렇게 지독한 위협에 직면한 우리는 인간사회의 기초 자체를 점검해야 한다. 소위 '문명사회'들은 물질주의(탐욕), 군사주의, 가부장제, 강압적인 위계에 기초를 둔다. 8천 년이나 되는 제국의 패턴은 생명을 부정해왔다. 이 시스템 안에서 살아있는 지구는 죽임을 당하거나 가치가 매겨지는 죽은 물건들로 전환되었다. 열대의 밀림보다 자동차에 더 비싼 값이 매겨질 정도다. 한때 원주민들이 영성을 경험하던 거대한 숲의 예배당에서 이제는 문명인들이 나무들을 베어내고 죽은 목재로 교회를 건축한다.

이는 우리가 처한 상황의 축(軸)이다. 죽어버린 기계적 생존을 위한 생명의 부정이냐, 아니면 지구상의 생명력을 축하해주고 양육하는 것이냐를 가르는 축이다. 이 축은 제주도의 살아있는 생태계와 미국 해군의 생명을 죽이는 권력

간의 싸움에서 극적으로 드러난다.

우리의 종이 제국의 꿈으로부터 깨어 일어나기 시작하면서 우리는 지구 위의 생명력을 키워내기 위한 많은 노력을 보게 된다. 글로벌 생태계마을 네트워크는 전 세계의 1천여 개 회원 공동체들을 포괄한다. 이들 모두가 (외부의 자원 유입이 필요하지 않은) 자급과 지구 생명의 복원을 지향한다.

존 D. 류 씨는 거대 생태계를 생태적으로 복원하려는 놀라운 집단적 노력에 관한 매혹적인 지구행성 조사 사업을 시작했다. 이는 http://www.whatifwechange.org에서 확인할 수 있다.

류 씨가 연구하는 지역들 중 한 곳은 중국 동북부의 황토고원(黃土高原)이다. 이 누런 흙과 한때 생기가 넘치던 생태계의 지역은 고대 한(漢) 제국의 중심지였다. 한 제국이 확장하면서 생태계는 쇠퇴하여 결국 헐벗고 침식해가는 땅 말고는 남은 것이 없어졌다. 황허 강의 수원지이기도 한 이곳은 그곳의 침식하는 황토 때문에 '황허(黃河)'라는 이름이 붙었다. 중국 정부는 황허 강에 대한 필사적인 노력을 펼친 끝에 그 강의 유역에 대한 방대한 복원 사업을 출범시켰다. 이는 아주 성공적이어서 한때 중국 절반에 펼쳐졌던 광대한 숲을 복원하려는 노력이 계속되게끔 고무할 수 있을 정도다.

이런 사례들은 수천 년간 지구상에서 이루어진 크고 작은 노력들과 결합하여 살아있는 지구가 생존하도록 도와줄 것이다. 경주는 시작되었다.

우리는 진정으로 생명이냐 죽음이냐의 선택에 직면하고 있다.

제국 문화의 종말과 흙의 생태학

차 례

제1권 문명의 붕괴

제2권 미래의 씨앗

서언

　지구라는 행성의 위기는 아주 깊어서 우리 모두가 이 위기에 빠지게 될 것이다. 우리의 삶은 이 위기 때문에 달라질 것이다. 지금 벌어지고 있는 〈묵시록〉적인 사건들 그리고 훨씬 더 크게 다가올 지각변동으로써 달라질 것이다. 역사의 이 거대한 추세를 피할 수는 없으나, 우리는 이에 대처하는 데서 의식과 행동의 숙달된 솜씨를 발휘할 수는 있다. 소동은 환경에서 일어날 것이며, 그것은 또한 '문명'이라는 사회의 몸 내부에도 있게 될 것이다.

　제1권은 지구에서의 우리의 생태적 상황에 대한 직접적 고찰로 시작된다. 이는 유쾌한 지식은 아니지만, 우리는 이 문제를 해결하는 데 우리의 삶을 바치기 전에 반드시 문제의 범위를 이해해야 한다. 제1권은 또한 우리 인간들이 그러한 개인적·지구적 자살에 어떻게 도달했는지를 설명하고 있다. 이 부분에서 문화적 역동성 그리고 우리 문화의 심리와 역사가 순서대로 고찰함으로써 미래를 위한 통찰을 얻도록 한다.

　제2권은 우리가 낙원을 되찾기 위한 행동계획이다. 이 부분은 "어떻게 자연의 균형을 유지하며 살 것인가?"라는 문제에 답을 한다. 이는 이론적인 답은 아니다. 실제의 유역(流域), 그곳의 생태가 어떤 것인지, 식량 공급원이 무엇인지를 담고 있다. 이 부분은 많이 남용되는 '지속 가능', '자연의 균형' 같은 말들을 가져다가 땅에 내려놓는다. 우리는 미래의 시대에 우리를 이끌어갈 새로운 '생태적 지속이 가능하고 땅에 기반을 둔 문화'를 즉시 창조하라는 재촉을 받을 것이다. 응답을 할 수 있는 자들은 우리에게 일어난 일이 좀처럼 없던

　　　　　　　　　　　　　　　　제국 문화의 종말과 흙의 생태학

'최초의 도전'을 받아들이고 있을 것이다. 그 도전은 지구가 여태껏 겪은 죽음과 파괴의 가장 큰 파도에서 생태적 지속 가능성 안에서 사는 모든 부족들이 가지는 온전함과 관계성의 신세계를 가져와야 한다는 것이다. 현시대는 200만 년 만에 처음으로 모든 부족이 지리적·물질적 의미에서 지구 전체로서 연결될 수 있는 시대다.

우리의 손자의 손자의 손자의 손자들이 그들의 조상들이 살아가면서 겪었던 위기를 되돌아볼 때, 그들은 우리가 왜 우리 자신, 우리 문화, 우리 어머니인 지구의 관계 그리고 우주의 창조적인 영(靈)의 관계를 변화시켰는지를 이해하게 될 것이다.

【 옮긴이의 일러두기 】

- militarism은 사전상으로는 '군국주의'이지만, 이 책에서는 '군사주의'로 옮겼다. '군국주의'는 중일전쟁 때부터 일본의 국가 체제를 지칭하는 말로 자리를 잡았다. 굳이 과거 일본이 아니더라도 이는 국가의 헌정체제 자체의 성격을 가리키는 말이라고 본다(정치학에서는 국가 예산의 10분의 1 이상을 군사비로 지출할 시, 그 사회를 '군국주의 사회'라고 지칭한다). 반면 '군사주의'는 군사문화 혹은 일반 사회의 관습으로 형성된 것을 가리킨다.

- reactor는 사전상으로는 '원자로'이지만, 이 책에서는 '반응로'로 옮겼다. reactor는 사실 핵발전소에만 있는 것이 아니라 모든 화학 반응이 일어나는 공정에서 핵심 설비이기 때문이다.

- nuclear energy는 사전상으로는 '원자력 에너지'이지만 이 책에서는 '핵에너지'로 옮겼다. 핵발전소는 현재 영어로 NPP(Nuclear Power Plant)라고 하는데, 과거에는 영어에서도 Atomic Power Plant라고 표기했다. 많은 사람이 핵에너지를 핵폭탄(atomic bomb)과 구별하려고, 즉 원자력발전소는 평화적인 시설이고, 핵무기는 나쁜 것이라고 한다. 하지만 사실, 이 둘은 동일한 공정에서 함께 나오는 것들이어서 같은 용어를 써야 한다. 핵발전소와 핵무기가 같은 것임을 인식해야 한다. 서울대학교 물리천문학부의 최무영 교수도 "과거에는 사람들이 원자와 핵의 구조를 잘 몰랐기에 에너지가 원자에서 나온다고 생각했고, 그래서 원자력이라는 말이 나왔다"라면서 "하지만 원자가 에너지를 내는 게 아니라 핵이 분열할 때 에너지가 발생한다는 사실이 증명되었기 때문에 더 이상 '원자력발전'이라는 말은 정확한 표현이 아니다. '핵에너지'라고 쓰는 게 맞다"라고 주장했다.

제1권

문명의 붕괴

제1장

위기의 패턴

변방에서의 붕괴

문명이 시작된 이래 제국들 하나하나는 순환적 붕괴를 겪어왔다. 바빌론 제국, 그리스 제국, 로마 제국이 고전적 사례들이다. 이 문명제국들은 처음에는 경작 가능한 토지, 방목지, 숲으로 된 그들의 근거지를 원천으로 삼아서 팽창했다. 그들이 뻗어 나가 새로운 땅과 사람들을 정복함에 따라 그들의 성장은 노예들의 노동과 차지한 자원에 의해 연료 공급을 받았다. 제국의 생태적 기초가 고갈될 때까지 성장이 계속되었다. 그 시점에서 제국이 내부에서부터의 파괴(implode)를 겪었다. 수메르와 바빌론은 과도한 방목과 숲 벌채로 그들의 땅을 헐벗겼다. 이는 관개시설을 위협하는 거대한 양의 침식물을 쓸어내렸다. 그들은 관개시설로 그들의 흙을 꼼짝없이 소금기를 띠게 만들었다. 일찍이 그리스 제국의 역사에서 플라톤은 아티카 지역의 생태적 황폐화에 대해 불평했다. 그리스 제국의 말기까지 그리스 땅덩어리의 생태계는 심하게 손상되었다. 그리스 제국과 로마 제국은 북아프리카를 '빵 바구니'로 삼았다. 그래서 로마 제국의 종말까지 그곳은 로마 제국 영토의 나머지 여러 곳과 더불어 생태계적으로 파괴되었다.

이러한 제국들의 표준적인 정치사·사회사가 생태적 관점을 강조하지는 않으나, 그 제국들의 말기 상황(the end of the cycle)을 보면 당시에는 생태적 에너지가 별로 남지 않았음을 분명히 알 수 있다.

제국 문화의 종말과 흙의 생태학

제국문화('문명'이라고도 알려진)가 뻗어간 곳 어디서든 황폐화된 생태계를 발견한다. 생명이 문자 그대로 '지워지고', 원래의 생명은 사라진다. 지구의 살아있는 살 중 대부분은 지금 그런 곳에서 존재하지 않는다. 그러나 존재했었다는 것을 우리는 안다. 그런 지역들에서 생명은 죽음을 겪어왔다. 숲은 사라지고, 표토는 고갈되고, 토지는 침식당했다. 땅의 비옥함은 소진되어왔다. 지구 생명의 부요함은 제국의 강탈로 소모되어왔다.

제국의 파괴는 내부에서부터 이루어진다. 즉, 내부에서 붕괴되는 것이다. 생태계가 헐벗겨지고 인구 폭발이 일어나면서 발생한 사회적 혼란이 지속적인 쇠퇴를 보장하는 세계 문명의 언저리에서 이것이 지금 시작되고 있다. 식민지들의 이 내부에서부터의 파괴는 결국 문화 시스템 전체에 걸쳐 일반적이 되어갈 것이다.

마다가스카르 섬이나 카나리아 군도 같은 섬들, 카리브 해의 섬들, 남태평양의 여러 섬들이 생태적으로 헐벗겨져 왔다. 페루 같은 지역에서는 산비탈 전체가 숲 벌채와 다락밭 경작 등으로 초래된 생태적 황폐화로 인해 깎여나가고 있다. 브라질의 북동부에서는 연안의 밀림과 더 내륙의 비옥한 지대가 사막으로 대체되어가고 있다. 예전의 비옥했던 브라질 남쪽 내륙의 어떤 지대는 커피 플랜테이션이 그 땅을 심하게 침식시켰고, 소들이 토양 침식으로 만들어진 협곡으로 떨어질까 두려워 풀을 뜯어 먹지도 못하게 하는 땅으로 변모되어왔다. 중앙아시아에서는 아조프 해, 카스피 해, 흑해, 바이칼 호 같은 여러 물가들이 심하게 손상되었다. 물고기가 죽을 정도로 오염되어 그곳들로부터의 캐비어의 공급은 거의 중단되었다. 중화제국이 침입한 티베트에서는 나무들이 베어지고, 가파른 비탈 지대가 밭갈이 되고, 채굴(採掘)이 시작됨에 따라 황폐화가 진행되고 있다.

짧았던 베네치아 제국 이야기는 제국의 생태적 기초가 어떻게 지구를 해치고, 제국문화가 땅의 생명을 어떻게 소진시켜 그 덧없는 권력을 낳는지에 관해 교훈을 준다. 15세기 말경, 도시국가였던 베네치아는 해양 세력으로서 등장한다. 베네치아는 지중해 동쪽에서부터 영국에 이르기까지 전역에서 무역을 했다. 갤리선은 상선단 배후의 동력이었다. 노를 저어서 가는 갤리선은 결국 노예들의 노동에 의존했다. 갤리선은 빨랐고, 범선이 항해할 수 없는 곳도 갈 수 있었다. 그 장치 전부가 선박용 목재에 기초를 두었고, 그래서 숲에 의존했는데, 이는 처음에는 베네치아 부근에 풍부했다. 베네치아의 세력이 끝나감에 따라 베네치아 시는 스페인 북부의 숲에서 나는 그리고 마지막으로는 아직 헐벗지 않았던 북유럽의 발트 지역에서 나는 목재로 스페인의 바르셀로나에서 건조한 배들을 인수한다. 이 무렵 지중해 지역에는 바다를 누비는 제국에 나무를 대어줄 숲이 어디에도 없었다.

이러한 내부에서부터의 파괴 현상은 지금 현재의 세계 제국에서 일어나고 있다. 방글라데시라는 나라는 내부에서부터의 파괴의 한 유형을 우리에게 보여준다. 먼 과거에 그 지역 전체에는 지금 방글라데시 구릉지대에 살고 있는 저 위협받고 있는 부족들 같은 수렵·채취자들이 깃들어 살았다. 수천 년 전에 인도-아리아인들과 함께 처음으로 제국문화의 파도가 밀려오자 그 지역의 삶은 점점 더 나빠졌다. 벵골(방글라데시의 옛 이름)은 식민지 시대 초기에 영국인들에게 정복당했다. 정복 이전에는 비옥하고 자급자족적인 지역이었다. 이곳으로 이주해온 영국인들은 유기적 비옥함을 가진 땅에 무거운 압력을 가하기 시작했다. 그들은 플랜테이션 체제를 확립했고, '모국'에 값나가는 것들을 실어가기 위해 농토를 채굴했다. 영국이 인도 대륙의 식민지와 분리된 20세기 후반, 방글라데시는 파키스탄의 일부분이 되었다가 결국 독립국이 되었다. 그 후 방글라데시는 홍수, 끊임없는 인구 폭발 그리고 주기적 가뭄에 시달리고 있다.

방글라데시가 있는 갠지스 강 삼각주는 히말라야 산맥의 물이 빠져나가는 곳이다. 중국 사람들이 지금 티베트를 헐벗기면서 홍수와 침식물질이 브라마푸트라 강에 실려 중국령 티베트에서 달려 내려오고, 이 강이 갠지스 강과 만나서 산맥의 남쪽 면에 연이어져 헐벗겨지고 있는 나라들인 부탄, 인도 그리고 특히 네팔을 통과해온다. 숲이 헐벗겨지고 있으므로 그 땅은 더 이상 물을 흡수하지 못하고 홍수는 더 커져간다. 1982년에 발표된 비정부단체의 보고서인 〈인도의 환경사정(The State of India's Environment)〉은 이렇게 주장했다.

제국 문화의 종말과 흙의 생태학

카슈미르(극서)에서부터 아삼(극동)까지 얘기는 같다. 해발 2천 미터 아래에는 문자 그대로 남아있는 숲이 없다. 평균 해발 3천 미터나 되는 중앙 히말라야에서 원래 전체 지대의 3분의 1을 차지하던 것으로 추정되는 숲 지대는 겨우 6~8퍼센트로 줄어들었다.[1]

지구 전체 환경 연구서인 〈가이아, 지구행성 관리 지도(Gaia, An Atlas Of Planet Management)〉는 말하기를 침식이 아주 심해 침식물질로 된 5만 제곱킬로미터 면적의 섬이 벵골 만에 생겨나고 있다고 한다. "약 25만 톤의 표토가 매년 네팔의 벌채된 산비탈에서 쓸려 나오고, 더 많은 양이 갠지스 강의 인도 구간의 침수 지대로 히말라야 산 기슭에서 씻겨 나온다." 그 연구는 인도와 방글라데시 두 나라가 그 섬이 떠오를 때 그 영유권에 대해 다툴 준비를 하고 있다는 사실도 지적한다.[2]

홍수와 가뭄 같은 재난이 주기적으로 일어나기 때문에 방글라데시의 사회는 중앙정부가 수도에서 먼 곳을 통제할 수 없는 저급한 군벌 사회가 되어가고 있다. 그 인구 폭발을 완화하기 위해 방글라데시 정부가 취하고 있는 노력 중 하나는 그 나라의 비교적 작은 구릉지대에 저지대 사람들을 정착시키려는 시도다. 이 지역은 문명화되지 않은 원주민들이 사는 곳이다. 방글라데시 정부는 수년째 이들을 현대적 군대로 공격하면서 생존자들을 수용소에 가두고 있다. 저지대 사람들은 그렇게 생겨난 진공의 공간으로 침입하면서 숲을 밀고 농작물 재배를 시도한다.

저지대에서는 인구의 상당 부분이 삼각주에서 살고 있다. 여기서 빈곤해진 사람들은 작은 땅조각을 차지하려고 서로 싸운다. 홍수가 오가면서 섬들과 늪

---

1 *Natural Disasters, Acts of God or Acts of Man?* Anders Wijkman & Lloyd Timberlake. New Society pub, Santa Cruz, Ca. 1988. p.58.

2 *Gaia, An Atlas Of Planet Management.* Dr. Norman Meyers, General Editor. Anchor Books, Garden City, New York, 1984. p. 41.

제1권 문명의 붕괴

들은 계속 달라진다. 홍수 이후 상류 지역에 마른 땅이 나타나면, 사람들은 그 작은 땅뙈기를 차지하려고 밀려든다. 거기서 다음번 홍수나 가뭄이 오기 전까지 식량 작물을 키우려고 한다.

폭발하는 인구와 생태적 기초 위에 형성된 재앙의 조합이 사회를 해체시키고 있다. 방글라데시에서 여러 해 전에 시작된 이 과정은 다른 문명 지역들에서는 앞으로 수년 안에 보게 되리라 예상되는 결과들 중 하나다.

방글라데시의 전 내무부 장관인 모히우딘 알람기르는 그의 보고서 〈남아시아에서의 기근. 대중 굶주림의 정치경제학(Famine In South Asia. Political Economy of Mass Starvation)〉을 위한 연구 과정에서 1974년의 기근 때 방글라데시의 시골 사람들에게 "여러분 주위에서 사람들이 죽어가는 이유가 뭡니까?"라고 물었다. 그는 시골 사람들이 진정한 원인에 대해 막연한 생각만 가지고 있음을 알아냈다. 시골 사람들은 주변 사람들이 다양한 증상과 질병으로 죽어간다는 사실을 알면서도, 그들이 굶주리고 있음을 인정하는 경우는 드물었다. 시골 사람들은 허약했고, 이 때문에 발병한 질병으로 바로 죽었다. 죽음은 그들이 경험한 꾸준한 사회적 쇠퇴의 최종 결과였다. "사람들이 양곡을 살 돈이 떨어지면 땅을 팔거나 저당잡히고, 가축과 농기구를 팔고, 가재도구와 그 밖의 값나가는 것(장식품 같은)을 팔고, 마지막으로 그들의 텃밭을 판다"고 알람기르는 말한다.[3]

남은 것이 아무것도 없고 사람들이 굶주리게 되면 그들은 방글라데시 땅을 정처 없이 떠돈다. 알람기르가 조사한 '뿌리 뽑힌 가정들' 중 다수가 해체되기 시작했고, 일가족이 뿔뿔이 흩어져 다른 지역들로 흘러들었다. 버려진 아이들, 버려진 아내, 버려진 남편과 버려진 노인들이 상식이 되고 있다. 방글라데시 사회는 마지노선을 넘었다. 부유한 엘리트와 군인에 의해 집중적인 통제 시스템은 고장이 났다. 모든 질서정연한 인간사회와 문화가 멸망하고 인간들 간의 협

---

3 *Famine In South Asia. Political Economy of Mass Starvation.* Mohiuddin Alamgir. Oelgeschlager, Gunn and Hain Pub. Sweden. 1980. P. 135.

제국 문화의 종말과 흙의 생태학

력과 낙관적 활동이 와해되어버린 미래의 어느 날, 인간들은 점점 더 배고픈 무리를 형성하면서 정처 없이 떠돌아다닐 운명에 처했다. 그렇듯 생존 시스템을 좀먹는 문화의 최종 결과가 방글라데시가 보여주는 이런 상황이다.

우리는 수렵·채취 인구가 방글라데시에서 수십만 년간, 아니 아마도 수백만 년간 그들을 지탱해준 것을 파괴하지 않았으므로 안정적으로 살았다는 것을 명심할 필요가 있다.

알람기르는 방글라데시에서도 예전에는 기근을 겪었더라도 사회가 다시 정상에 가까워졌다고 주장한다. 그러나 그는 다음과 같은 주장도 했다.

> 가족의 해체와 버림은 전통적인 사회적 유대하에서 가족과 친족이라는 끈이 제공하는 사회 보장 시스템의 붕괴를 나타낸다. 이는 물론 1974년의 방글라데시 기근에서 나타난 독특한 풍경이 아니다. 사회적 유대가 침식되었다는 언급이 거의 모든 이전의 기근에 관한 기록에서도 발견되기 때문이다. 그러나 두 가지 사항에 주목해야 한다. 첫째, 전통적 유대 해체의 완만한 과정이 방글라데시 농촌 사회에서 이미 시작되었고, 기근은 그것을 가속화했을 뿐이다. 둘째, 친족 관계 및 가족의 유대감이 붕괴되는 양상은, 오래된 관계는 기근 후 사회적 적응의 일반적 과정에 따라 회복된다는 개념에 따라, 과거에는 회복이 가능했다. 이는 오늘날 방글라데시 시나리오에서는 더 이상 사실이 아니다. 그러한 과정은 불가역적이라 보이고, 이는 영구적 빈곤율에 반영된다.[4]

에티오피아가 위치한 아프리카의 뿔(The horn of Africa) 지역은 내부에서부터의 파괴의 또 한 사례들을 보여준다. 에티오피아는 주기적으로 기근을 맞는다. 만약 에티오피아가 원시 시대부터의 절정의 생태계적 조건을 유지했더라

---

4 ibid., p. 135.

면 기근은 최소의 영향만 미쳤을 것이다. 그러나 방글라데시의 경우처럼 에티오피아의 생태계는, 어떠한 기후 변화도 재앙을 초래할 정도로 그리고 인간이 초래한 상황이 '신의 행동(act of God)'이라 불릴 정도로, 아주 황폐해졌다.

에티오피아는 원래 수렵·채취자들 같은 안정적인 인구를 지녔지만, 지금은 '문명의 요람들' 중 하나가 되었다(여기서 '문명'이란 파괴적인 의미로 읽어야 한다_옮긴이). 에티오피아의 생명은 지금 거의 사라졌다. 에티오피아의 대부분은 강수량이 많은 높은 산간 지역이지만, 남아있는 숲이 별로 없다. 고대 제국들이 그 위에서 양분을 공급받았지만, 생기는 증발해버렸다. 원래 그 나라의 4분의 3이 숲이었지만, 지금은 4퍼센트만이 숲이다. 한 연구는 지금 살아있는 나무들의 부피가 8억 세제곱미터라고 추정하면서 연간 연료용 목재 소비가 2천만 세제곱미터이고, 이는 급속히 상승하고 있다고 한다.[5] 남은 숲은 난방과 요리에 사용될 뿐이더라도 오래가지는 못할 것이다.

에티오피아의 사망률은 세계에서 가장 높지만 인구는 계속 늘어나고 있다. 물론 감소할 것이라고 생각할 수는 있다. 하지만 환경이 받아들일 수 있는 한계 내로 인구를 억제하려 했던 우리의 옛 수렵·채취문화와는 달리, 제국문화의 사람들은 그렇게 하지 않는다. 문명인들은 단순히 생각이 부족하다는 점 외에 인구 증가를 부추기는 다양한 이유가 있다. 그중 중요한 이유는 문명인들이 땅을 착취하는 일을 하고 있어서, 일손이 많을수록 생산량도 많다는 것이다. 농경인들은 전통적으로, 예컨대 농장일을 도울 대가족을 보유하며, 혹독한 시대는 땅이 더 많은 소출을 내도록 강제하기 위해 많은 일손을 요구한다. 또한 자신이 늙었을 때 돌봐줄 대가족을 이뤄야 한다는, 대가족 내에서 가부장으로서의 자부심을 가진다는 동기도 있는 것이다. 이렇듯 여러 기초적인 이유들이 있지만, 인구가 식량 공급에 즉시 반응하지 않는 것과 관련된 기능적

---

5 *Physical Environment & Its Significance For Economic Development With Special Reference to Ethiopia*. Sven Beltrens. C. W. R. Gleerup. Lund. Sweden. 1971. p. 110.

제국 문화의 종말과 흙의 생태학

이유도 있다. 기근이나 가뭄이 들더라도 이미 태어난 아이들은 자기 아이들을 가질 것이라는 사실이다. 인구학자들은 인구의 반응성이 사회적·환경적 사건에 대해 70년의 시간적 차이를 가지며, 이 반응성도 지수적 성장의 전체 그래프상의 순간적인 깜빡 신호에 불과하다고 한다.

한 연구자는 에티오피아에서 계속되는 파괴의 비극이 부분적으로 인구 증가에 기인하는 것이라고 조명한다.

> 환경의 극적 변질이 에티오피아의 수도 아디스아바바를 에워싼 구릉지대에서 한 사람의 생애 중에 나타나고 있다. 수도가 황제 메넬릭 2세에 의해 1883년에 정해졌을 때, 그곳은 아직 풍부한 삼나무숲과 상당히 맑은 하천에 둘러싸여 있었다. 숲의 소멸과 침식은 인간들의 유입에 의해 즉시 가속화되었다. 뒤이은 90년간에 사실상 그 지역의 사용할 수 있는 모든 땅이 경작되었는가 하면, 숯 생산자들은 도시의 160킬로미터 반경 내의 나무들을 베어갔다. 지금 아디스아바바 근처의 아와시 강과 그 지류의 강물은 탁한 진흙탕이고, 수로들은 과거보다 더 눈에 띄게 그리고 빈번히 그 경로를 옮기고 있다.[6]

아디스아바바는 에티오피아 중부의 고산 지대에 있다. 아와시 강의 발원지 근처다. 아와시 강은 아디스아바바의 북동쪽으로 흘러 지부티에서 홍해 쪽의 연안에 닿는 골짜기를 급히 넓혀간다. 국제연합(UN)의 연구자들은 아와시 강 유역 전체가 곧 암석사막이 될 것으로 예상한다. 그러나 문명의 눈은 전쟁, 이데올로기 그리고 혁명만을 본다. 문제는 생태계적이지만, 문화적 관심과 대중매체는 전쟁을 강조한다. 문명이 아프리카의 뿔에 있는 에리트레아, 소말리아 그리고 에티오피아에서 전쟁과 폭력에 단단히 뿌리를 박으면서 그 지역에서 땅

---

6 *Losing Ground, Environmental Stress and World Food Prospects*, Erik P. Eckholm, W.W. Norton & Co, New York, 1976, p. 94.

의 생명은 여위어가고 굶주림이 퍼져간다. 땅의 생명을 파괴하는 것이 문명에 의해 초래되지만, 문명사회는 땅의 유기적 생명이 그 의식의 문턱 아래에 있으므로 그 자신의 문제를 알지 못한다.

중앙아메리카의 엘살바도르는 문명제국의 변방 내부에서부터 파괴되고 있는 또 하나의 나라다. 스페인 제국이 지금의 엘살바도르인 지역을 16세기에 침략했다. 그들은 그 지역의 안정적이고 지속 가능한 문화를 이루던 원주민들을 즉시 노예화하여 제국적 생산의 요소들로 만들기 시작했다. 그 시대에 그 나라 서쪽의 3분의 2는 나후아틀어를 말하는 문화 집단의 거주지였다. 나후아틀어 집단은 아즈텍족, 호피족, 우테족을 포함한다. 그 나라 동쪽의 3분의 1에는 렌카 강을 가로질러 렌카, 징카, 포코맘, 초르티, 마타갈파라는 부족들이 살았다. 인구 500만 명의 나라인 엘살바도르에는 지금 약 50만 명의 '보이지 않는' 원주민들이 있다. 그들은 토착 의상과 고유 언어를 버리도록 강제당해왔으므로 '보이지 않는' 것이다. 1769~1798년에 이루어진 최초의 인구 조사에서는 16만 1,035명의 인구 중 8만 3,010명이 원주민이었던 것으로 집계되었다. 처음에는 저지대의 원주민들이 스페인 사람들의 영지에 노예로 끌려갔다. 이 영지들은 원래 카카오와 발삼(balsam) 향유를 수출했다. 그 세기말경 인디고 플랜테이션들은 고지대의 마지막 원주민 공유지들에까지 계속 확장되어갔다. 곧 가축 방목 활동이 그 나라의 북쪽 지역으로 옮겨갔고, 계약노동자가 아닌 다수의 원주민들이 자기네 부족의 삶이 없어진 상황에서 그 지역을 유랑한다. 원주민들의 마을은 파괴되었다. 원주민들의 문화적 지식과 기술이 '살아있는 세상'과 관련을 맺고 있었으니만치, 원주민들은 무기력해진 채 그들을 침략한 문화에 의존하기에 이르렀다. 19세기 중엽부터 커피는 엘살바도르의 주요 수출작물이 되기 시작했고, 커피를 재배하는 자들은 이때까지 남아있던 경작이 가능한 고지대의 땅에 대한 필요에 따라 남아있던 원주민들의 공유지와 이들의 거주지에 있던 숲을 끝장내기 시작했다. 1930년까지 커피는 엘살바도르 수출품의 90

퍼센트 이상을 차지했다.[7]

세계가 불황에 빠져있던 1932년, 손소나테 근처 고지대의 원주민들이 제국 주의 정복자들과 그들의 남아메리카인 부역자들, 메스티소(백인과 원주민의 혼 혈인) 모두에 맞서 봉기했다. 과두지배체제의 군대가 비무장 원주민들을 공격 하도록 명령받았다. '남아메리카인들'의 맹렬한 반(反)원주민 인종주의 또한 이 과정에서 고삐가 풀렸다. 학살이 끝났을 때는 기록에 따라서 최소 1만5천 명에 서 최대 5만 명의 어린이, 여성, 남성이 살해당했고, 원주민들이 살던 곳은 외 지인들이 차지했다.[8]

엘살바도르의 이야기는 그들의 거주지, 그들의 숲 그리고 좁은 국토 안의 생태계에서 안정적으로 살아가던 원주민 부족들의 이야기다. 그 시대 이래의 사건들은 그 지역의 값진 것들을 빼앗으려고 침입한 아주 다른 제국문화에 의 해 만들어졌다. 이러한 패턴은 제국문화가 시작된 이래 일관성을 유지해왔다. 몇몇 새로운 주름살이 산업혁명과 시장에 의해 더해져 왔다. 그 패턴은 소수의 강력한 엘리트가 식민지에서 땅과 노동을 아주 낮은 가격에, 심지어 공짜로 취 하는 것이다. 빼앗긴 값진 것들은 이제 식민지의 엘리트층을 지탱하는 경화(硬 貨)를 대가로 받고서 수출된다. 이 엘리트층은 또한 원주민들을 통제하에 둔 다. 이는 제3세계 식민지들의 고전적인 그림이자 엘살바도르의 그림이다. 이 패 턴은 엘살바도르에서 지속되면서 대체로 환경 파괴의 원인이 된다. 과두제가 정복자들(Conquistador)의 시대에서 별로 달라지지 않은 봉건적 토대 위에서 나라를 경영한다. 이것이 뜻하는 것은 그들의 이윤 추구를 위해서라면 환경법 들을 준수할 필요가 없다는 것이다. 그들은 자신들에게 필요한 어떤 땅도 취할 수 있고, 밭에는 어떤 종류와 양의 농화학물질도 사용할 수 있으며, 그들이 내 켜 하는 어떤 식으로든 유독성 물질을 투기할 수도 있다. 중앙아메리카의 환경

---

7 "The 500,000 Invisible Indians of El Salvador," by Mac Chapin. *Cultural Survival Quarterly*. Vol. 13, #3, 1989. pp. 11-14.

8 ibid. p. 14.

문제를 연구하는 한 그룹은 1990년에 "미국에서 중앙아메리카로 수출된 농약의 75퍼센트가 미국에서는 사용 금지되거나 사용이 엄격히 제한되는 것들이다"[9]고 말했다. 이런 환경 보호 비용의 제거는 엘살바도르를 그 지배자들과 거기에 위치한 초국적 기업들을 위해 고이윤을 창출하는 '특별행정구역'으로 만들어준다. 그들은 헐벗고 값싼 노동자들을 제공받는 바, 이 노동자들은 군사적 억압과 암살단 때문에 효과적인 조직을 이루지 못한다. 환경 관련 기준을 맞추는 데 필요한 비용을 지출하지 않는 것은, 엘살바도르의 지배자들과 초국적 기업들에 결정적 경쟁 우위를 가져다준다.

문명화된 문화의 도래 이래로 엘살바도르 원래의 열대낙엽숲 95퍼센트가 사라져 갔다. 20종의 포유류와 18종의 조류가 사라졌다. 심각한 토양 침식이 그 나라의 75퍼센트에 영향을 가한다. 숲 소멸에 뒤이어 지하수가 사라지고 있다. 침전물이 댐을 채우기 시작하고, 수력 발전을 중단시켰다. 국제연합(UN) 식량 농업기구는 엘살바도르가 사막화 과정을 겪고 있다고 말한다.[10]

이와 친숙한 방식으로, 특히 제2차 세계대전 이래 엘살바도르의 과두체제, 미국에서 온 원조기관 그리고 초국적 기업들 간의 연합은 수출을 늘려왔다. 이는 자라는 데 오랜 시간이 걸리는 흑단, 삼나무, 마호가니, 그라나디야 같은 나무의 마지막 유지 가능한 그루들의 제거를 가져왔다. 식량을 자급하는 엘살바도르는 지금 (과두체제의 이익을 위해) 산업화된 국가들에 환금성 농작물은 물론 심지어 꽃까지 수출하면서 자신들이 먹을 것을 수입한다.

중앙아메리카 환경 프로젝트(EPOCA)의 보고서는 이렇게 말한다. "오늘날 불평등한 자원 통제는 엘살바도르에서 빈곤과 환경 파괴의 뿌리에 남아있다.

---

9   *EPOCA UPDATE*. Pressure Mounts To Halt Pesticide Exports. Summer 1990. The Environmental Project on Central America. Earth Island Institute, 300 Broadway suite 28, San Francisco, CA. 94133. p. 13.

10 *El Salvador. Ecology of Conflict. Green Paper #4.* The Environmental Project On Central America. Earth Island Institute, 300 Broadway #28, San Francisco, Ca. 94133. p. 2.

제국 문화의 종말과 흙의 생태학

'열네 개 가문(Fourteen Families)'이라고 지칭되는 작은 엘리트 집단은 엘살바도르 전 인구의 2퍼센트 미만에 불과한데도 경작이 가능한 토지의 60퍼센트 이상을 소유하고 있다. 엘살바도르 국민소득의 2퍼센트를 이룰 정도로 가장 가난한 20퍼센트의 인구는 땅이 없다. 촌락에서는 엘살바도르 인구의 5분의 2가 옥수수와 콩으로 된 기초적인 식사도 제대로 못 하고 있다."[11]

EPOCA의 보고서는 열 명 중 한 명만이 깨끗한 식수를 구할 수 있다고 말한다. "엘살바도르의 하수도를 보라. 그러면 그 나라의 거의 모든 주된 환경 문제가 거기에 반영된 것을 보게 될 것이다. 농약과 비료와 산업폐기물에 의한 오염, 생활폐기물과 폐수, 숲 소멸과 토양 침식에 따른 침전물 그리고 수인성 질병 같은 것들이 바로 그 문제들이다. 엘살바도르의 주요 하천들 모두 정화시설을 거치지 않은 폐수와 다양한 유독성 화학물질로 오염되었다"[12]고 1982년 미국 국제개발국(U.S. Agency for International Development) 보고서가 말했다.

농학자들이 '경작이 가능한 토지'라고 말하는 땅을 과두 세력이 차지하여, 가난한 이들은 산기슭으로 쫓겨나서 나무를 베어내고 화전 농업을 한다. 사람들이 밀려 넘쳐나고 충분한 땅이 없어 화전이 이루어진 땅의 휴식 기간이 너무 짧다. 이는 표토의 침식을 빠르게 하고, 질긴 관목을 제외하고는 산간 지대에서 모든 숲을 벗겨낸다. 1974년 엘살바도르에는 1제곱마일(약 2.59제곱킬로미터)마다 400명이 살았다. 엘살바도르에서는 이제 22년마다 인구가 두 배씩 늘어나고 있다.[13]

방글라데시, 엘살바도르, 에티오피아 이들 세 나라는 역사도 다르고 문명

---

11 ibid. p.3.

12 ibid. p.3.

13 *Margin of Life. Population and Poverty in the Americas.* J. Mayone Stycos. Grossman Pub. New York. 1974.
See also.
Losing Ground. Environmental Stress and World Food Prospects. Erik P. Eckholm. W. W. Norton Co. New York. 1976.

에서 받은 영향도 다르지만, 우리가 '산업제국'이라고 이름을 붙일 수 있는 것의 변방의 특징을 보여준다. 이 나라들은 정복당하고 식민지화된 자원과 노동의 땅이고, 그들의 사회는 환경의 질적 퇴화, 인구 폭발, 군사주의와 수출 위주 경제의 압력하에서 붕괴되고 있다. 엘살바도르의 과두지배 세력이 갑자기 미국 마이애미로 떠나더라도 그 나라는 여전히 해체 상태에 있을 것이다. 흙과 물과 공기가 유독해졌다. 남은 천연자원은 얼마 안 되고, 우리의 분석에서 중요한 이야기인데, 엘살바도르 민중의 문명화된 문화는 그 땅덩이를 최고의 생태계로 복원하는 것이 가능할지라도 그럴 생각이 없을 것이다.

이것은 마지막 문명제국의 종말의 시작이다. 여기서 우리가 이런 사례들에서 보는 것은 "꺼내어 쓸 것이 별로 남아있지 않은데 인구는 지나치게 많다"는 것이다. 두 사람이 다섯 명의 자녀를 두고, 15년 후에는 그 다섯 자녀가 다섯 자녀씩을 둔다면, 해체 단계가 시작되고 있는 것이다. 토양과 생태계의 이런 요인들이 사회적 소란과 붕괴를 일으키면서 매체의 보도는 혁명과 경제학과 정치학을 언급한다. 땅의 생명은 그들의 의식 내에 있지 않다.

제국의 변방 지역들이 내부에서부터 파괴되면서, 비록 질적으로 다른 방식이긴 하지만, 중심부도 내부에서부터 파괴되고 있다. 산업제국의 체제 전반의 내부에서부터의 파괴에 관한 가장 일반적인 주장은 문화적 의식과도 관련이 있다. 문화의 본성 때문에 그것은 땅의 생명을 고갈시킴으로써 이익을 본다. 문화적 거품 안에서 우리는 부(富)를 기준으로 우리의 진보를 측정하는 경향이 있다. 농부가 흙에 많은 압력을 가할수록 농부와 은행가의 손에는 더 많은 이윤이 들어온다. 더 많은 숲이 베어질수록 목재 회사와 그 직원들이 더 많은 이익을 본다. 이것이 의미하는 바는 땅의 생명이 뿌리 뽑히는 동안 정보의 피드백 시스템(은행계정)은 사정이 점차 나아지고 있다고 주장한다는 것이다. 진보가 이루어지고 있다. 이는 생명의 현실이 어떻게 의식(意識)의 문턱 아래에 있는지에 대한 또 하나의 주요한 사례이면서 또한 문명이 왜 〈묵시록〉적 상황으로 추락하는 것에서 벗어날 수 없는지를 설명하는 데 도움이 된다.

우리가 마지막 제국의 끝에 다가가면서 여러 사회들은 마비되고 해체된다.

제국 문화의 종말과 흙의 생태학

사회가 스스로 회생할 수 있는 수단은 남아있지 않다. 엘살바도르에서는 '경작 가능한' 토양도 독극물과 화학비료로 하는 수년간의 산업적 농업에 종속되어 왔기 때문에 고갈되고 중독되었다. 이 무서운 방정식의 다른 쪽 변은 인구 폭발이다. 이는 인구의 과반수가 지금 젊은이이고, 이제 막 자녀를 낳는 나이에 들어서기 시작했다는 사실과 맞아떨어진다. 이는 이미 지나치게 많이 태어난 인구가 비행기로 치면 활주로의 이륙 지점에 도달해서 훨씬 더 가파르게 늘어날 것임을 의미한다.

땅의 생명은 제각기 다른 속도로 멸종한다. 그렇기에 우리는 실재와의 접촉을 잃지 않도록 하면서 이를 바라봐야 한다. 이러한 사례들은 신속한 파괴를 보여준다. 에티오피아에서는 거대한 침식협곡들을 보는 것이 가능하다. 방글라데시에서는 홍수를 보는 것이 가능하고, 엘살바도르에 있는 병원에서는 농사에 사용되는 화학물질에 중독된 아이들의 수를 헤아리는 것이 가능하다. 그만큼 비극적이지는 않지만 우리는 우리 자신의 뒤뜰이 질적으로 퇴화하고 중독된 것을 깨달아야 한다. 우리 중 누구라도 뒷문을 열고 나가서 바라본다면, 땅의 생명이 뚜렷하게 손상된 것을 보리라. 우리는 독극물과 화학비료에 종속된 잔디밭을 볼 수도 있다. 그 작은 영역의 역사상 어느 시점에 자동차 기름, 가정의 세제나 아마도 어떤 산업폐기물의 공기 중 부유물이나 토양 하부 습기 침출물 같은 유독성 물질이 유입되었을 수도 있다. 요점은 최고의 생태계가 존재하지 않는다면, 땅은 그 생명을 상실하리라는 것이다. 이는 현대인들이 정신적으로 다루기가 어려운 개념이다. 그 말인즉슨, 땅의 생명인 최고의 생태계는 균형을 되찾아야 하며, 그렇지 않으면 지구는 실질적으로 죽게 되리라는 것이다. 땅의 건강과 균형의 자연 상태는 최고의 생태계 내지는 이에 밀접하게 접근하는 생태계로 대응될 수 있다.

중동에는 한때 숲이 있던 곳에 사막으로 포장된 바닥(바위처럼 굳은 땅)이 있다. 사막으로 포장된 바닥은 딱딱하고 사실상 물이 스며들지 않는, 넓은 면적을 뒤덮은 진흙과 그 밖의 오물로 된 층이다. 우리는 사막이 되어가는 엘살바도르를 알고 있다(세계의 다른 부분들에도 밀림이 사막이 되는 사례들도 있다). 이 두 예에서 우리 모두는 이 생태계와 토양의 역사적 퇴행을 추적할 수 있다. 이는 보통 숲을 베어냄으로써 시작된다. 지구 위 여러 곳을 여행할 때 우리가 지금 사막을 보고 있는 곳에서 '번창하는 반건조 생태계'가 있었을 수도 있음을 우리는 항상 깨닫지 못한다. 무성한 덤불이 있는 언덕에 한때는 장엄한 숲이 있었던 것이다. 우리가 지금 숲을 보고 있는 그런 지대들에서 우리는 곧 사막을 보게 될 것이다.

문명의 생애는 땅의 생애의 영겁의 시간에 비하면 눈 깜짝할 새일 뿐이다. 우리는 길게 펼쳐진 하강의 나선뿐만 아니라 신속하게 전개되는 드라마에서도 지구의 생명이 살해당하는 것을 볼 수 있다. 지구의 상태에 대해 계속 고찰하면서 우리는 실재와의 접촉을 유지하고, 문명이 퍼져나간 곳이라면 어디에서든지 땅이 아파하고 손상을 입고 죽어가고 있음을 깨달아야 한다. 어떤 지역이 숲으로 푸를지라도 그것은 땅을 치유하려고 애쓰는 응급구조대의 잡초들에 불과할지도 모른다. 그리고 곧 불도저가 그마저도 파괴해 '부동산'이 '개발'될 수 있게 할 가능성이 높다.

중심부로부터의 붕괴

우리 세대는 인류가 여태껏 직면한 것 중 가장 심각한 파국을 맞고 있다. 살아있는 지구에 대한 죽음의 위협은 사면팔방에서 오고 있다. 물, 햇빛, 공기와 흙 모두 위협을 받고 있다. 북극의 원주민인 이누이트들이 원자력의 방사능에 따른 백혈병을 경험하기 시작했고, 심지어 이누이트 엄마들의 모유는 위험 수준의 폴리염화바이페닐을 함유한 것을 보면서, 우리는 지구상의 모든 유기체가 위협을 받고 있음을 인정해야 한다.

이 위기를 가중시키는 것은, 이 문제에서 주범인 문명인들이 그 문제를 완벽히 이해할 능력이 없다는 것이다. 문제는 의식의 문턱 밑에 있다. 문명(civilization)은 라틴어 civis에서 온 것이고, 이는 도시, 읍, 촌에 사는 자들

제국 문화의 종말과 흙의 생태학

을 가리키는데, 바로 이 문명 안의 사람들이 더 이상 살아있는 땅과 관계를 맺지 않기 때문에 문제인 것이다. 문명인들의 삶은 사회 시스템 자체 안에 초점이 맞춰져 있다. 그들은 침식되는 토양과 사라져 가는 숲에 대해 깨닫지 못한다. 이런 문제들에 대해 고민한다고 해서 돈을 벌 수 있는 게 아니기 때문이다. 위기에 처한 문명이 주는 충격은 이제껏 해오던 일을 계속하도록, 그러나 그런 위기에서 빠져나가기 위해서라도 더욱 정력적으로 하도록 만든다. 치솟는 인구와 굶주림이 위협을 가하면, 흔히 그 충동은 농토에 더 큰 압력을 가하고 숲을 더 빨리 베어낸다.

우리는 지구적 재앙에 직면하고 있다. 지구의 생명 시스템의 파괴는 수천 년간 진행되었으며, 지금 우리 가운데 몇 사람은 자신의 생애 중 보게 될 최후의 〈묵시록〉적 상황에 다가가고 있다. 어렵고 복잡한 상황이기는커녕, 우리가 몇 가지 단순한 근본적 명제들을 이해하고 받아들일 수 있다면 그것은 실제로 아주 쉽게 해결될 것이다.

지구적 재앙은 하나의 간단한 사실에서 비롯된다. 문명이 지구적 에너지의 유동(流動)의 균형을 벗어났다는 사실 말이다.

문명이 상정해본 합의란, 지수적으로 팽창하는 인구가 지수적으로 팽창하는 물질적 자원을 소비하면서 줄어들어 가는 자원과 죽어가는 생태계를 기반으로 계속 살아갈 수 있다는 것이다. 이것은 한마디로 터무니없다. 그럼에도 불구하고 문명은 그 역사를 기억하지도 못하고, 그 미래에 대한 전망(vision)도 없이 계속 가고 있다.

이 지구상에서 가장 중요한 생명의 원천은 얇은 막으로 덮인 표토일 것이다. 지구의 생명은 본질적으로 태양, 물, 흙, 공기를 기본 요소로 하는 '닫혀있는 균형 잡힌 시스템'이다. 이 요소들은 서로 협력해 생명을 낳고, 우리가 '자연법칙'이라고 지칭하는 물리학의 법칙에 기초를 둔 패턴에 따라 기능을 수행한다.

흙의 깊이와 풍부함은 살아있는 지구의 건강의 기본적 표준이다.

일반적으로 우리가 말할 수 있는 것은 흙이 상실되면 불균형이 일어난다는 것과 지구의 생명이 손상된다는 사실이다. 지구의 생명의 지질학적 시간 범위에서 이는 죽음을 향한 신속한 진행이다. 1천 년마다 흙이 단 1퍼센트만 없어져도 지구는 결국 죽는다. 1퍼센트가 보태지면, 지구의 살아있는 부(富)와 풍요는 늘어난다. 중심적 사실은 "흙이 얼마나 천천히 형성되는가"라는 인식을 갖고 있어야만 하는 것이다.

토양과학자들은 표토 1인치(약 2.54센티미터)가 형성되는 데 300년에서 1천 년이 필요하다고 추산한다. 흙의 양분은 그 위의 숲덮개의 광합성 생산에 의존한다. 다수의 '가능한 숲덮개들'의 광합성 순생산(NNP, Net Photosynthetic Production)의 편차는 크다. 일반적으로 태양에너지를 식물의 성장으로 변환시키고, 또다시 흙을 소생시킬 유기물 부스러기로 변환하는 과정에서 가장 생산적인 것은, 지구의 어느 특정 지역에서든, 그곳의 최고의 생태계(climax ecosystem)인 것이다.

최고의 생태계는 지구의 '살(flesh)'의 균형 잡힌 상태다. 심한 산불 뒤에, 또는 남김 없는 벌목의 피해에서 회복하려는 숲유기체는 그 지역에 식물군들을 잇달아 거주시켜 상처를 치료한다. 연이어 들어서는 각 식물군은 다음 식물군을 위해 그 지역을 준비시킨다. 일반적으로 상록수로 이루어진 숲의 상처는 대중이 '잡초(weeds)'라 부르는 강인한 작은 식물들과 표토를 붙잡아두고 다른 풀들과 관목들이 그 상처 위에서 자라나도록 길을 터주는 풀들로 뒤덮인다(그러니까 '잡초'는 헐벗은 땅 위에서는 '119 구급대원'인 셈이다). 일반적으로 '119 구급대원들'이라고 할 수 있는, 벗겨진 땅에 들어와서 그곳을 뒤덮고 진정시키는 첫째 식물군은 극소수의 식물, 동물, 곤충, 미생물 등을 가진 더 단순한 식물군이다. 교체가 진행되면서 최고의 시스템에 다시 도달할 때까지 그리고 균형이 다시 확립될 때까지 NNP와 마찬가지로 종의 다양성과 수도 증가한다. 그 시스템은 형태의 복잡성, 유입되는 에너지를 변환시키는 최대의 능력

(NNP) 그리고 에너지 통로(먹이사슬과 동식물이 서로를 위해 수행하는 그 밖의 서비스)의 다양성을 향해 치닫는다. 식물들은 흙이 다시 형성될 수 있게끔 붙들어준다. 흙에 그늘을 드리워서 산화를 방지하고(흙을 가열하는 것과 건조화는 척박함을 유발하는 화학적 변화를 촉진한다), 습기를 보전한다. 그 뒤를 이을 개개의 식물들은 각각 상이한 조합의 양분을 흙에서 취해 다음번의 특정한 식물군에 필요한 양분을 마련해준다. 이런 식물들에 의해 터가 마련된 뒤 더 큰 식물인 오리나무를 비롯한 활엽수들이 들어온다. 이들의 생장과 죽음도 상록수들을 위한 미세기후(micro-climate)와 흙을 마련해줄 것이다. 이 나무들은 최후의 최고 식물군인 침엽수들을 위한 '보모' 역할을 수행한다. 예를 들어, 미송(Douglas Fur) 묘목은 햇빛 아래에서는 자라지 못하기에 이보다 선행하는 식물군이 제공하는 그늘이 있어야 한다.

이 땅의 생태계들은 태풍이나 화재를 비롯한 온갖 사건들로 피해를 입지만 다시 균형 잡힌 상태, 최고의 시스템으로 돌아온다. 이는 사람의 팔에 난 상처와 유사하다. 처음에는 피를 흘리고 딱지가 앉고 그다음엔 그 균형 잡힌 상태에 도달하기 위해 새로운 대체 피부를 형성하기 시작하는 것이다. 그렇다면 최고의 시스템은 살아있는 땅의 건강의 기초적 표준이고, 그것의 역동적 균형 상태인 셈이다. 최고의 시스템은 광합성을 최대한 많이 해내는 시스템인 것이다. 이를 손상시키는 것은 무엇이든 생태계의 건강마저 손상시키게 되는 것이다.

최고의 생태계는 다양성이 가장 높기에 가장 생산적이다. 각 유기체는 에너지의 일정 부분을 자신을 지탱해주는 에너지 생산자들에게 되돌려준다. 또한 이 부양 시스템들에 에너지를 다른 경로로도 제공하면서 이들을 성장시킬 것이고, 그러면 녹색식물과 동물의 양과 다양성이 증대될 것이다. '살아있는 지구'라는 몸의 온전한 기관(器官)이라고 할 수 있는 숲이나 초지는 내부의 다양성 덕에 건강이 증진되는 것을 경험한다.

생물이 있는 지역과 대륙의 토양은 유기적 비옥함이 하천과 해양 환경으로(자연적으로 그리고 비자연적으로) 큰 규모로 씻겨나가면서 해양의 생명을 실질적으로 부양한다. 이는 이들 전체 생태계가 다른 전체 생태계들을 위해 수행하는 또 하나의 서비스다.

우주에서의 땅에 있는 생명의 몇 가지 기본 원리가 지금 확인된다. 균형은 우주적 법칙이다. 지구는 미세하게 조정된 균형 가운데에서 태양의 둘레를 돈다. 지구의 열 입출량은 미세하게 조정된 균형인 것이다. 지구에 들어오는 열이 줄어들면 우리는 꽁꽁 얼 것이고, 지구가 들어온 열을 제대로 방출하지 않으면 우리는 타버릴 것이다. 최고의 생태계는 다양한 에너지 흐름들이 끊임없이 그 안에서 움직이고 순환하는 것을 조절하면서 균형과 안정을 유지한다. 같은 방식으로 인체는, 혈액 운동 및 소화와 세포의 창조가 그 안에서 일어나는 가운데, 균형(항상성)을 유지한다.

땅의 생명은 근본적으로 흙에 기초를 두고 있다. 흙이 없다면 우리가 아는 그런 생명은 없다(어떤 미생물 등은 여전히 존재할 수도 있을 것이다). 흙은 숲의 덮개로 유지되는데, 이 덮개야말로 자연적인 것이며 최고의 생태계인 것이다.

이러한 몇몇 간단한 원리들을 받아들일 수 있다면 우리는 우리가 진행해나갈 수 있는 의사소통의 기초를 확립한 셈이다. 이 원리들을 받아들이지 못하는 사람은, 그렇다면 세상이 어떤 다른 방식으로 작동하는지를 보여주어야 한다. 지구의 생명이 미결정 상태에 처했으므로 이는 속히 이루어져야 한다.

우리는 지구상에 존재하는 생명들을 위한 기초적 조건에 대해 말하고 있다. 우리는 구원을 위한 다양한 길들에 관해서 들은 바 있다. 우리는 경제 발전이, 태양열이, 과학기술이, 하늘과 땅을 회복할 예수 그리스도의 복귀가, 토지 개혁 선포가, 물질 재활용이, 자본주의의 확립이, 공산주의가, 사회주의가, 파시즘이, 이슬람교가, 채식주의가, 삼자주의가, 심지어 신물병자리의 탄생이 우리를 구원해주리라는 말을 들어왔다. 그러나 흙의 원리는 인간이 지구의 흙을 유지할 수 없다면, 지구에서는 살 수 없다고 말한다. 1988년에 침식에 의한 토양 손실은 매년 250억 톤이었으며, 이 수치는 급속히 상승해왔다. 침식은 흙이 땅을 벗어나는 것을 뜻한다. 이로 인한 심각한 피해는 흙의 비옥함이 그 자리에서 사라진다는 것이다. 흙의 고갈은 문명이 퍼져간 거의 모든 곳에서 일어나고 있다. 이는 다른 생물학적 생명을 지탱해주는 유기적 비옥함의 기금을 고갈시킴으로써 문자 그대로 지구를 죽이는 행위다. 사실, 문명이 북아메리카의 대평원(Great Plains)에 침입한 이래로 그 지역의 표토 절반이 사라졌다.

제국의 기록

문명에 의해 저질러진 자연에 대한 범죄의 8천 년의 기록은 모든 대륙의 표토에 대한 습격을 포함한다.

표토의 가장 큰 생산자인 숲은 문명이 발생하기 이전에는 대략 땅의 3분의 1을 덮었다. 1975년경 숲덮개는 4분의 1에 불과했고, 1980년경까지 숲은 5분의 1로 줄어들었으며, 아울러 숲은 지속적으로 더욱 빨리 소멸되고 있다. 세계 야생생물기금이 1998년에 배포한 연구보고서는 1970~1995년에 세계의 숲이 10퍼센트 줄어들었다고 주장했다. 이런 추세가 계속된다면, 지구 숲의 80퍼센트가 2040년까지 사라질 것이다.

단순한 사실은 문명이 흙을 유지할 수 없다는 것이다. 문명의 역사 8천 년이 이를 증명한다. 문명은 지구를 죽이고 있다. 표토는 수천 년간 힘겹게 축적된 에너지의 은행이다. 그중 다수는 사라졌고, 나머지도 급속히 사라져 가고 있다.

문명화된 땅의 '개발'이 일어날 때 최고의 시스템이 헐벗고, 숲이 크게 단순화되거나 완전히 청소되고, 광합성 순생산이 뚝 떨어진다. 열대 지역에서 숲을 정리해 목초지를 만들 때 원래의 광합성 순생산의 3분의 2가 제거된다. 중위도에서 예전에 숲이던 땅에 농토가 만들어질 때 광합성 순생산의 절반이 상실된다. 다음 단계는 인간들이 그 손상된 땅의 생산물마저 농산물의 형태로 상당량을 취한다는 것이다. 그럼으로써 그 손상된 땅이 생산한 것의 전체 양도 흙에 양분을 주기 위해 되돌아갈 수 없게 되는 것이다.

이는 단순한 원리를 가리킨다. 인간사회는 흙을 유지할 책임을 그 핵심 가치로 삼아야 한다. 우리가 흙을 유지할 수 있는 문화를 창조할 수

제1권 문명의 붕괴

있다면, 인간문화가 지구 생명의 균형을 회복할 가능성이 있다.

핵심 문제는 문명이 지구의 생명의 균형에서 벗어나 있다는 것이다.

그 문제에 대한 해결책은 인간사회가 땅의 균형을 되찾는 것이다.

우리는 이제 지구의 위기에 어떻게 대응할지에 관한 모든 사람들의 개인적인 대답으로 되돌아온다. 구원(救援)에 관한 대부분의 제안들은 흙을 유지하는 것과는 별로 관계가 없다. 이 모두는 기존 사회의 핵심 가치나 구조에서의 어떠한 불편한 변화도 일으키지 않고서 상황을 누그러뜨리려고만 한다. 그들은 단지 증상을 '고치려고' 시도할 뿐이다. 그 핵심 가치가 땅을 보전하고 돕는 것인 그런 사회를 우리가 가졌다면 사회의 다른 모든 가치들은 그로부터 모순 없이 흘러나왔을 것이다.

문명인은 '원시적이고 저개발된 사람들'을 자신의 수준으로 끌어올릴 의무를 지녔다고 믿는다. 자신을 파괴하려는 문명은 자신이 세계의 다른 문화들을 자기 수준으로 끌어올릴 의무를 가지고 있는 우월한 문화라고 생각한다.

문명은 안보가 강제적인 수단에 기초를 둔다고 믿는 문화적·정신적 견해다. 이러한 기만의 크기는 1987년 전 세계 정부들의 군사비 지출의 총합이, 국제연합(UN)의 사회적 프로그램 전부를 300년간 운영할 수 있을 정도의 예산과 같다는 사실로 알 수 있다.

이러한 기만의 증거는 "인간들이 표토를 유지할 수 없다면, 이 지구 위에서 살아갈 수 없다"는 간단한 원리를 돌아보면 나온다. 군사력의 기만은 안보가 아닌 죽음을 가져온다. "표토를 유지하라!"는 절대명제에 대한 문명화된 부정 그리고 "안보는 죽음의 무기들을 갖춤으로써 이루어질 수 있다"는 허구에 대한 중독적 집착은 전진섬망(delirium tremens)을 앓는 알코올중독자의 환각과 비슷하다!

문명은 그 실재관이 자살로 이끌고 있음을 알게 되어야 한다.

문명은 표토를 먹고 살면서 그 표토를 파괴하고 있다.

이는 결국 자기 자신을 파괴하는 행위다.

제국 문화의 종말과 흙의 생태학

여기서 우리는 그 전모를 깨달았다. 문제는 불균형이고, 해결책은 균형을 되찾는 것이다. 여기서 우리는 간단한 원리를 얻는다. 인간의 행동이 생태계와 흙의 상태에 따라 판단되는 균형을 되찾는 것을 돕는다면, 우리는 지구를 치료하는 길 위에 서 있는 것임을 말이다. 이론이든, 계획이든, 프로젝트든 이러한 표준에 의해 정당화될 수 없다면, 우리는 다시 허구의 시스템에 있는 것이다.

'문명인'인 우리는 길을 잃었다. 우리는 지금 혼동과 혼돈의 세계 안에서 기능을 수행하고 있다. 우리는 허구적 문명 시스템, 대중적 제도들 그리고 우리의 개인적 삶이 자기 파괴적 토대 위에서 돌아간다는 사실을 인정해야 한다. 우리는 땅이 죽도록 피를 흘리게 하는 문화에서 살고 있으며, 그 안에서 기다란 개인적 계획을 세우거나 경력을 개발하고 있다. 우리는 있어서는 안 될 어떤 것을 향해 애를 쓰고 있다.

우리는 깨어 일어나서 실재관(實在觀)을 회복하려고 시도해야 한다. 우리의 생명과 흙에 대한 책임을 지기 시작해야 한다. 이는 엄청난 명령이다. 이는 공부와 사색을 요구할 것이다. 그것이 이 책이 하려는 일이다. 인간들은 이런 것을 전에는 다루어본 적이 없다. 이 세대는 그 규모에서 우주적 도전을 받고 있는 것이다. 우주적 질문이란 이런 것이다. "지구상에서 수천만 년간 번창하던 생명은 죽은 뒤 미생물로 되돌아갈 것인가?" 이 도전은 최악의 비극 아니면 최상의 성공 가능성을 우리에게 제시한다.

유토피아적 낙원, 새로운 에덴동산을 창조하는 것이 우리의 유일한 희망이다. 그 이하의 것으로는 우리를 구해내지 못할 것이다. 우리는 긍정적이고 협동적인 생명의 회복에 바쳐진 문화를 창조하고, 이를 영구적으로 이루어야 한다. 그렇지 않으면 우리는 지구상에 하나의 종(種)으로서 존재할 수 없다.

제2장

문명의 종말

지구와 인간종이 생존하려고 한다면 우리는 낙원을 창조해야 한다. 우리는 지구의 생명을 복구해야 한다. 지구가 스스로 치유할 수 있는 유일한 길은 지구의 흙을 유지할 생태계 그리고 지구의 흙이 복원되는 것이다. 그렇게 하려면 인간문화는 자살과 물질적 재화에 대한 성숙하지 못한 충동을 즉각적으로 충족시키려는 문화에서 지혜와 생명 중심의 문화로의, 낙원의 문화로의 변혁을 겪어야 한다.

우리는 문명의 의식 문턱 아래로 가서 지구의 생명의 진정한 기초인 흙을 살펴봐야 한다. 우리 모두는 문명에서 받아온 정신적 조정(conditioning)을 벗어던지려고 분투해야 한다. 우리의 실재관은 유독성 화학물질, 방사능, 산성비 같은 환경 문제들이 있다고 우리더러 믿게 할 것이다. 진짜 문제는 우리의 삶의 위기가 제국/문명과 함께 시작되었다는 것이다. 환경 위기는 중국의 한나라가 중국의 광활한 숲을 파괴하기 시작하고, 인도·유럽인들이 수풀을 방목으로 과도하게 헐벗기며 중앙아시아의 토양을 고갈시키기 시작한 수천 년 전에 시작되었다. 200만 년에서 300만 년간 인간들은 지구상의 안정된 조건에서 살았지만, 문명으로 갑자기 문화적 뒤집힘이 이루어지면서 지구는 죽기 시작했다. 문명은 곧 환경의 위기이고, 표토의 상실은 질병의 원인에 대한 우리의 가늠자다.

문명의 물질주의적 가치들은 부(富)의 축적이 곧 진보라고 우리에게 가르친다. 문명의 물질적 부는 지구, 토양, 숲, 물고기 떼, 동식물 같은 '공짜 자원'의 죽음에서 나온 것이다. 이것의 궁극적 종말은 인류 모두가 고갈된 토양의 사막에 둘러싸여 시멘트와 금속으로 된 거대한 기생적 도시에서 사는 것이다. 단순한 양극단은 이런 것이다. '지구의 자연적 생명의 풍요와 부(富) 대 인공적 환경에서 살아가는 사람들의 물질적 부' 말이다.

지구의 환경조건을 정확히 평가하기 위해서 이어지는 생태학적 조사는, 먼저 흙이라는 기초적 실재에 초점을 둘 것이다. 그리고 나서 지구의 숲들의 건강을 검토할 것이다. 그다음에는 가장 큰 생태계적 재앙인 농업에 대한 고찰이 이어질 것이다. 우리가 이 문제들에 초점을 두는 이유는 이것들이 기초적이고 지속적인 피해이며, 이러한 문제들이 바로잡히지 않으면 회복도 있을 수 없기 때문이다. 그다음의 초점은 문명의 마지막 국면, 독극물 같은 산업문화와 온실효과 같은 범지구적 불균형에 의해 초래된 파괴다. 여기서 우리는 토양 침식, 과도한 방목, 숲 소멸이 문명권 전체에서 사정없이 퍼져나가면서 인간가족의 선택지가 어떻게 급속히 좁혀지고 있는지를 상세히 살펴볼 것이다. 불과 몇 세기 동안 산업사회는 절정을 향한 급속한 추진을 해왔다. 선구적인 연구인 〈성장의 한계. 로마클럽의 인류의 상태에 관한 프로젝트 보고서〉는 산업사회의 활력이 우리를 어떻게 최후의 발작으로 인도하는지를 보여준다.[14]

〈성장의 한계(The Limits to Growth study)〉는 1970년대 초에 매사추세츠 공과대학(MIT)의 국제적인 학자 팀에 의해 작성되었다. 여러 학문 분야 출신들로 이루어진 그 팀은 산업사회의 다섯 개 기초 요소들인 자원, 1인당 식량, 인구, 1인당 산업 생산, 오염의 역학적·상호작용적 움직임을 뽑아내었다.

이 요인들 모두에 대한 표준 모델의 컴퓨터 계산이 보여주는 것은, 산업사회가 2020년대의 어느 때엔가 급속한 붕괴를 시작하리라는 것이다. 여기서 우리는 '세계모형 표준계산(World Model Standard Run)'에 관한 저자들의 주장을 인용한다.

---

14 *The Limits to Growth. A Report For The Club Of Rome's Project On The Predicament Of Mankind.* Donella H. Meadows, Dennis L. Meadows, Jørgen Randers and William W. Behrens III. New American Library. New York. 1974.

'표준적' 세계모형 계산은 역사적으로 세계 시스템의 발전을 지배해 온 물리적·경제적·사회적 관계에서의 주요 변화를 가정하지 않는다. 여기에 찍히는 모든 변수들은 1900~1970년의 역사적 값들을 따른다. 식량, 산업 생산, 인구 증가는 급속히 줄어드는 자원적 기초가 산업 성장의 속도 완화를 강제하기까지 지수적으로 성장한다. 시스템에서의 자연적 지체(delays) 때문에 인구와 오염 모두 산업화가 정점(頂點)에 도달한 후에도 얼마 동안 계속 증가한다. 인구 증가는 결국 식량과 의료 서비스의 감소로 인한 사망률 상승으로 중단된다.[15]

1900년 이래의 성장곡선의 표준적 미래추정(extrapolation)은 전쟁, 경기 침체, 핵 재앙 또는 생태적 파국이 그 이전에 언젠가 일어날지라도 마지막까지 쉽게 그어질 수 있다. 우리는 물질문명 속에서 산다. 우리는 석유의 양을 셀 수 있다. 밀밭의 면적을 셀 수 있다. 인구의 수를 셀 수 있다. MIT에서 연구한 학자들이 한 일은 모든 학문 분야에서 나온 모든 수치를 컴퓨터에 넣고 추정한 것이 전부다. 컴퓨터가 할 수 없는 것은 세계 시스템에서 예측할 수 없는 붕괴들을 예상하는 것이다.

학자들은 재앙을 회피할 가능성을 검토했다(이는 생존전략을 조율하는 데 있어서 충분히 융통성 있지만 아주 있음 직하지는 않은 국제사회를 가정하는 것이다). 학자들은 추정된 자원 기반을 두 배로 하도록 컴퓨터 프로그램을 만들었다. 그들은 '무한한' 자원, 오염 통제, 증대된 농업 생산성 그리고 '완벽한' 산아 제한을 가정한 모델을 창조했다. 이러한 또는 그 밖의 회피전략 중 그 어느 것도 세계 시스템을 2100년 너머로 가져갈 수 없었다.

세계 시스템이 무한한 성장을 계속 이어갈 수 없는 이유는 다섯 요인 각각이 상호작용하기 때문이다. 우리가 간단한 융합 프로세스 같은 무제한 연료를

---

15 ibid. p. 129.

제국 문화의 종말과 흙의 생태학

가정한다면, 이는 간단한 성장곡선을 더 빨리 몰고 갈 것이다. 더 값싼 연료가 있어서 산업의 바퀴는 더 빨리 돌아가고, 자원 고갈은 더 빨리 진행되고, 인구는 계속 늘어나고, 오염도 심각해진다. 식량 생산이 더 늘어난다면, 인구 또한 늘어나고 자원도 더 빨리 고갈된다. 인구가 더 이상 늘지 않더라도 증가된 소비 때문에 자원은 여전히 계속 감소하고 오염도 심각해진다. 자원의 요소들, 식량, 산업적 생산량이 늘어나면 인구가 늘지만, 결과적으로 발생하는 오염은 암센터들과 장애아들을 위한 기관을 유지해야 한다는 부정적 피드백, 오염에 의한 유전자 변이, 농작물 같은 요소에 대한 오염 피해를 일으킨다.

성장은 알렉산드로스 대왕이 '구세계'를 정복하기 오래전 문명의 문화의 근본 패턴이었다. 그때와 달리 오늘날에는 성장이 그 외적 한계에 다가가고 있어서, 곧 먹고 살아가는 데 필요한 아무것도 남지 않으리라는 것이다. 우리는 문명이 더 이상 지탱될 수 없어서 무질서(entropy)에 빠지게 될 마지막 순환에 도달했다. 더 이상의 개발할 만한 처녀 대륙은 없다. 새로운 토양이 개간되고 고갈될 수 있도록 베어낼 숲도 별로 남아있지 않다. 게다가 세계 인구는 지금 수십억을 헤아린다. 세계는 이처럼 지수적으로 늘어나는 식량, 자원 그리고 산업적 독극물의 흐름과 소비를 전에는 본 적이 없다.

이런 상호작용하는 힘들 때문에 국제사회는 빠져나올 수 없는 문화적 가정(假定)들과 패턴들의 시스템에 잡혀있다. 벗어날 길이 없다. 문명의 붕괴가 있을 것이다. 자신의 자원을 다 써 없애고 땅을 중독시키는 문명이 붕괴되리라는 사실에 의문의 여지가 없듯이, 인구가 폭발하고 있는 생태적으로 황폐화되고 사막화된 에티오피아에 장차 기근이 있으리라는 사실에는 의문의 여지가 없다. 우리는 절정을 통과하여 살아가려는 시도를 할 사람들이므로, 그때 필요한 지식을 얻기 위해 지금 과정을 고찰하고 있다.

파괴의 유산

지구상의 생명은 오랜 역사를 가진다. 박테리아 화석이 38억 년 된 가장 오래된 비변성암에서 발견되었다. 이 역사에서 생명이 한두 번 이상 대략 우리가 지금 처한 것과 같은 생태적 파국에 직면했었다는 사실을 우리는 안다. 최초의 대량 멸종은 시아노박테리아가 진화해 산소를 방출하면서 수많은 피조물들을 중독시켰을 때였다. 6,500만 년 전의 둘째 멸종은 공룡이 멸종된 때로 잘 알려진 시기다.[16]

중국

J. 러셀 스미스는 영속 농법의 고전적 교과서인 《나무농사. 영구적 농업 (Tree Crops. A Permanent Agriculture)》의 저자로서, 옛 아시아 제국들에 의해 점령된 땅의 특징적 모습을 그렸다.

> 나는 몽골 국경 근처의 언덕 위 높은 곳에 있는 중국의 만리장성 위에 섰다. 내 발밑 계곡에 정연하고도 높이 서 있는 것은 한때 도시를 둘러쌌던 장벽이었다. 그 도시에 남아있는 약간의 흙집들은 사람들과 수공업 작업장들이 장벽 안에 가득했던 때를 마음속에 떠올리게 하기에는 별로 충분치 못했다. 장벽 밑의 비탈은 깎여서 작은 협곡들이 되었다. 그것들 중에는 깊이가 15미터나 되는 것도 있었다. 눈으로 볼 수 있었던 협곡들, 또 협곡들, 깊이 패고 속이 드러난 시골이 있었다. 한때 도시를 지

---

16 *1990 Catalog of Seeds.* A.M. Kapular, PhD. Peace Seeds, A Planetary Gene Pool Resource and Service. 2385 SE Thompson St., Corvallis, Oregon 97333. P.1.

제국 문화의 종말과 흙의 생태학

나쳐 흐르던 작은 시내는, 지금은 그 작은 시내가 운반해갈 수 있었던 것
보다 빨리 언덕 비탈의 협곡이 쓸어 보내는 굵은 모래와 자갈로 된 넓은
황무지였다. 그래서 유역 전체는 한때 좋은 농토였지만 젖고 마르기를 번
갈아 하면서 모래와 자갈로 된 사막이 되었다. 그것은 언덕들보다 훨씬
더 무가치했다. 지금 그곳의 유일한 수확물은 여름에 비가 많고 겨울에
가문 이 땅에서 그 건조한 표면을 가로질러 불어 젖히는 가혹한 겨울바
람에 의해 일어나는 먼지뿐이다.

내 옆에는 단 하나뿐인 외로운 나무가 있었다. 그 나무는 그 일대에서
유일한 나무였으므로 그 지방에서 유명했다. 그러나 그 나무의 존재는
지금은 황무지에 불과한 그 땅 위의 대부분에 한때 숲이 있었던 것을 입
증해주었다.[17]

한때 중국의 거의 절반이 숲이었다. 저명한 농학자 조지 보그스트롬은 중국
땅 중 2,700만 제곱킬로미터 이상이 한때 숲으로 덮여있었다고 추정한다.[18] 복
잡한 생태계를 가졌던 이 숲은 선사 시대에 사라졌다. 멸종되어 우리가 결코 제
대로 알지 못할 여러 종(種)들을 그 숲이 품고 있었다는 사실에는 의문의 여지
가 없다. 중국의 숲이 헐벗은 데 따른 중요한 결과 중 하나는, 중국의 주요한 강
들이 세계의 다른 어떤 강보다 지금 더 많은 진흙을 실어나른다는 것이다. 아울
러 중국에서 홍수 이야기는 중국이라는 제국만큼이나 오래되었다는 사실이다.

---

17 *Tree Crops, A Permanent Agriculture.* J. Russell Smith. Devin-Adair
Co., Old Greenwich. 1977. P.3.

18 *The Hungry Planet, The Modern World at the Edge of Famine.* Georg
Borgstrom. Collier Books. New York. 1972. P. 106.

인더스 강 유역

인도 서부의 인더스 강 유역은 한때 제국이 있던 곳이다. 중국인들이 중국의 생태적 파괴를 시작하기 약 1천 년 전인 기원전 2500년에서 1500년 사이에 이 지역에는 제국이 하나 존재했다. 증거가 암시하는 것은 이곳이 코끼리, 코뿔소, 물소, 호랑이, 악어, 곰, 거위, 도마뱀과 거북이까지 포함한 생태계를 가진 숲 지역이었다는 것이다.

에드워드 하이암스는 그의 연구서인 《토양과 문명(Soil and Civilization)》에서 숲이 농업 그리고 진흙벽돌을 굽고 금속을 제련하는 데 필요한 연료를 위해 베어졌음을 가르쳐 준다. 이것과 토양 고갈이 합쳐져 생태계 파괴와 제국 내부에서부터의 파괴가 일어났다는 것이다. 이것이 뜻하는 바는 인더스 강 유역의 제국이 있던 지대의 상당 부분이 숲이었는데, 지금은 반건조 사막이라는 것이다. 이는 처음 보기에는 있음 직하지 않은 변화처럼 보이지만, 하이암스는 그런 변화가 지난 100년간 일어난 오스트레일리아를 지적한다. 그는 이렇게 말한다.

> 현재 파키스탄의 신드 지역의 숲은 위성류숲과 관목숲이다. 우리 자신의 시대에 오스트레일리아의 이와 다르지 않은 기후조건에서는 숲의 벌채, 과도한 가축 사육, 밀 재배 등으로 토양의 비옥함이 채굴됨으로써 반건조화된 흙이 나타났다.[19]

중앙아시아의 인도·유럽인들

지금으로부터 약 7천 년 전, 우리가 지금 '인도·유럽어족'이라 불리는 문화

---

19 Soil and Civilization. Edward Hyams. Harper & Row. New York. 1976. P. 69.

제국 문화의 종말과 흙의 생태학

권의 원주민들은 코카서스 산맥 지역의 야생식물이던 밀과 보리를 길들였다. 그들은 양과 염소도 길들였다. 이는 중앙아시아에서의 제국문화의 시작이었다. 중국 한나라의 문화와 아울러 이 문화의 역사는 오늘날까지 바로 이어진다.

아프가니스탄에서부터 페르시아(현재 이란)의 북부를 거쳐 터키 중부까지 산간 지대는 벌채되면서 침식되어왔고, 이제는 그냥 헐벗고 황량한 지경이 되었다.[20] 방목, 제련, 난방, 요리를 위한 숲 벌채 그리고 밭갈이를 위해 숲을 제거한 것이 토양과 생태계 파괴의 주범이다. 중앙아시아와 중동의 흙들은 바다로 흘러갔다. 티그리스-유프라테스 강 유역에서의 많은 양의 침식이 최소한 5천 년간의 제국적 남용에 의해 이루어졌다. 학자들은 이 유역으로부터의 침식물이 지난 4,500년간 페르시아 만을 약 290킬로미터나 메웠다고 계산한다. 5,200제곱킬로미터 이상의 면적이 메워진 것이다. 제국들이 있기 전, 티그리스-유프라테스 강의 페르시아 만으로 나가는 하구는 달랐다.[21] 이 지역을 통틀어 우리는 전체 문명의 마지막 단계들이 어떠할지를 짐작할 수 있다.

숲들이 베어지고, 풀밭에서는 가축이 과도하게 방목된 후에 더 건조한 환경에서 온 식물군락이 들어온다. 가시 돋친 덤불이 더 견고하고 억센 풀들과 나란히 들어온다. 그 지역이 땔나무와 염소 먹이를 대기 위해 계속 베어지면서 더 단단한 하부토양층이 노출된다. 마지막으로 사막으로 포장된 바닥의 굳은 표면이 형성된다. 암반과 단단한 하부토양이 드러나면서 달 표면 같은 황량한 상태가 이루어지고, 그 뒤에는 그 어떠한 방법으로도 이전으로 돌아갈 수 없게 된다.

---

20 ibid. pp. 55-64.
See also.
Man and the Mediterranean Forest. A History of Resource Depletion. J. V. Thirgood. Academic Press. New York. 1981. P. 62.
And
Losing Ground. Environmental Stress and World Food Prospects. Erik P. Eckholm. W. W. Norton & Co. New York. 1976. P. 94.

21 *Man's Role In Changing The Face Of The Earth.* William L. Thomas, Jr., Ed. U of Chicago Press. Chicago, Ill. Vol. 2. P. 510.

그리스 제국과 로마 제국

우리가 지중해 지역의 헐벗은 숲을 좇아가다 보면, 그리스가 그 나라 제국 이력의 초기에 생태적 파괴 쪽으로 진도가 많이 나갔음을 깨닫게 된다. 여러 정복전쟁들은 단지 전함을 건조하는 데 쓸 새로운 숲들을 얻기 위한 것이었다. 영국의 동물학자이자 방송인인 데이비드 애튼버러는 그리스 본토의 헐벗은 숲에 의해 초래된 유형의 효과들에 대해 이렇게 주장한다.

> 그리스 해안의 테르모필레는 그리스 해안에서 고대 역사상 가장 영웅적인 전투가 기원전 480년에 벌어졌던 현장이었다. 스파르타 왕의 명령을 받은 소규모 그리스 병사들은 거대한 페르시아 군대에 맞서 3일간 바다 사이의 좁은 통로들을 따라갔다. 오늘날 그 통로는 더 이상 존재하지 않는다. 언덕 위에서 흙이 강을 따라 씻겨 내려와서 바다 언저리에 상당량이 쌓이면서 그 통로는 넓은 평원이 되었기 때문이다.[22]

고대 그리스에서 선박 건조용 목재를 구하는 데 사용된 식민지 중 하나가 터키 서안의 에페소스였다. 기원전 4세기경 그 항구는 상류의 숲 제거와 토양 남용 때문에 진흙이 많이 쌓여서 해안선을 따라 옮겨가야 했다. 새로운 항구는 빨리 메워졌고, 지금의 위치는 지중해에서 약 5킬로미터 떨어져 있다.[23] 이탈리아 반도와 시칠리아 섬에서는 토양 파괴가 이루어졌다. "이탈리아 반도의 해안은 북동부의 라벤나 시 남쪽에서부터 북동쪽에 있는 트리에스테 시에 이르기까지 적어도 2천 년간 아드리아 해로 뻗어나고 있다"고 주장한 학자도 있다. 라벤나 시는 한때 바닷가에 있었으나 지금은 해안선에서 약 10킬로미터 안

---

22 *The First Eden, The Mediterranean World and Man*, David Attenborough, Little, Brown & Co. Boston, 1987, P. 169.

23 ibid. p. 118.

제국 문화의 종말과 흙의 생태학

쪽에 있다.[24]

북아프리카의 '빵 바구니'에서 이어지는 제국들이 미친 영향은 그것을 파괴하는 것이었다. 그리스와 로마 모두 숲이 왕성한 북아프리카를 제국의 생명을 지탱하는 밧줄로 사용했다. 마지막으로 아라비아, 오스만투르크 그리고 그 외의 작은 제국들이 생태계의 마지막 조각들까지 파괴했다. 한때 600개의 식민 도시들이 이집트에서부터 모로코까지 펼쳐져서 그 지역은 로마에 필요한 밀의 3분의 2를 제공했다. 지금 그 지역의 상당 부분은 황량하고 침식되었으며, 염소조차 기르기 어렵다.[25]

지금 이 옛 제국들의 식단이 염소고기, 포도, 올리브를 기초로 하는 것은 우연이 아니다. 이는 생태적 빈곤 식품이다. 이 문화들이 제각기 땅을 파괴해오면서 염소, 포도, 올리브 같은 동식물들만이 남은 것이다. 이들은 헐벗고 건조한 토양 위에서 생존할 수 있는 동식물들이다.

원래의 문명 지역들에 대한 이 간략한 검토는 인간문화가 펼쳐져 온 대부분의 지역에서 땅이 결국 어떤 모습을 띨 것인지를 우리가 그려보는 것을 도와줄 수 있다. 그러나 우리의 많은 양의 근대 인구와 기술 때문에 수천 년에 걸쳐 일어난 파괴가 아주 짧은 시간 범위에서 지금 달성되고 있다. 생태적 파괴는 지금도 그치지 않았고, 현재도 암반층을 향해 계속 가고 있다.

24 Thomas, op. cit. P. 511.
25 Attenborough, op. cit. P. 116.

제3장　**흙은 생명의 기초**

유기체의 권리

　지구의 모든 존재들은 미생물에서 코끼리에 이르기까지 유기적 에너지 흐름의 망 안에 존재한다. 물질세계의 모든 것이 음식이고, 또 모든 것이 배설물이다. 모든 것이 에너지 흐름의 일부인 것이다. 지각판의 모서리들도 마그마로 미끄러져 들어가고 나서는 화산들에서 분출된다. 에너지 흐름이 태양에서 와서 식물에 의해 소비될 때, '먹이사슬'이라 불리는 에너지 변형의 연쇄가 시작된다. 존재들은 서로를 먹는다. 태양에너지의 이 흐름은 다양한 변이된 형태를 겪는다. 먹이사슬 안의 이런 연관에 더해 협동적이고 기여적인 성격의 훨씬 더 많은 에너지 연관들이 존재한다. 존재들은 서로 잡아먹는 것과 무관한 여러 서비스를 서로에게 제공한다. 벌들은 꽃들에 꽃가루를 날라주고, 새들은 씨앗을 날라다가 심어준다. 균류는 식물의 잔뿌리와 결합하고, 그 어우러진 전체가 식물과 균류 양쪽에게, 그렇지 않았더라면 어느 쪽도 흡수할 수 없었을, 먹이를 만들어준다. 각 존재는 그 본성대로 살기 때문에 전체의 매끄러운 기능 수행에 기여한다.

　코끼리, 호랑이, 인간 등의 존재들이 있는데, 이들의 의식 중 지적 기능은 잘 발달되었으나 유기체적 기억력은 지렁이나 개구리 같은 동물에게서처럼 고도로 발달된 편은 아니다. 지렁이와 개구리는 그들의 정체성에 대해 가르침을 받을 필요가 없고, 그들의 본성이 어떤 것인지도 그냥 안다. 코끼리, 호랑이,

제국 문화의 종말과 흙의 생태학

인간은 이와 달리 부모나 씨족에게서 그들의 문화에 대한 가르침을 받아야 한다. 이는 이 동물들이 포획된 상태에서 키워졌다가 그들의 자연적 서식지에 풀어놓게 되면 굶주리게 된다는 사실로도 확인된다. 부모나 씨족에게서 그들의 문화를 배우지 못했기 때문이다. 그래서 여러 문명인들이 원주민들은 쉽게 활용하는 풍부한 먹을거리를 두고도 굶주렸던 것이다. 이 존재들은 지식을 박탈당했기에 그들의 유기체적 정체성을 모른 것이다.

200만 년에서 300만 년간 인간들은 씨족과 부족을 이루고 수렵·채취자들로 살았다. 그 문화 속에서 우리는 씨족 내에서의 개인으로서의 정체성을 배웠다. 그리고 우리는 지구의 여러 존재들 가운데 하나로서의 유기체적 정체성을 가졌다는 사실도 배웠다. 우리는 다른 존재들과 그들의 생활습관에 대해서도 배웠다. 우리는 생명과 생명 성장의 조건에 대해서도 배웠다.

우리가 누구이고 무엇인지를 그리고 우리가 살아있는 에너지의 그물 안에 존재해있음을 알아야 하는 이유인 이 유기체적 권리는 모든 인간의 태어났을 때부터의 권리다. 지렁이는 그의 삶을 영위하고서 그의 배설물을 흙의 값진 부식질(humus)을 만들어주는 데 내놓는다. 새는 사막의 한 오아시스를 방문하고 거기서 씨앗을 다른 오아시스로 나른다. 모든 존재는 책임 있게 행동해야 하며, 세상이 돌아가도록 제 몫을 해야 한다. 생명이 지속되려면, 그들이 본성에 따라 행동해야 한다. 인간같이 그렇게 건설적일 수도 파괴적일 수도 있는 존재에게 이는 중요하다. 인류가 그들 자신을 먹여 살리는 것을 어리석게도 파괴하는 걸 막기 위해서라도, 인류가 계속 존재하기 위해서라도 이는 중요하다. 땅위의 모든 존재들은 인간이 자연에서 그들의 본래 자리를 아는 것과 사활적 이해관계를 맺는다. 이를 모르는 인간은 유기체적 정신병자가 되어 다른 존재들을 난폭하게 파괴하기 때문이다.

인류가 계속 존재하기로 마음을 먹었다면, 자녀들은 이런 유기체적 권리들을 부여받아야 한다. 문명 안의 대부분의 사람들은 상자 안에서 성장한다. 인공적인 환경과 조경(造景)은 대부분의 아이들의 형성기의 환경적 경험이다. 농촌 어린이들도 완전히 자연적이고 변질되지 않은 환경의 아름다움과 복잡성에 대한 감각이 없다. 인류에게 생존의 기회를 주려면, 모든 아이들이 자신이 지구의 생명의 불가결한 부분이라는 유기체적 지식을 가지게 해야 한다. 그들은 기초적인 윤리적·생존적 의사결정을 하기 위해 이 지식을 갖춰야 한다. 어린이들은 흙이 무엇인지를 완벽히 배우기라도 해야 한다. 흙은 지구 생명의 기초이며, 무식한 사람들만이 그것을 오물(dirt)로 생각한다. 그들은 흙에 포장을 깔아서 덮고, 그 위에 독극물을 투기하고, 그들이 무슨 짓을 하고 있는지 깨닫지도 못한 채 흙이 달아나버리도록 숲을 벗겨낸다.

아이들은 흙이 양분을 받아야 한다는 말을 들어야 한다. 흙의 먹이 감퇴라는 이 요인은 농토만이 아니라 운동장, 골프장, 물이 빠진 습지, 주택, 뜰, 목초지 그리고 최고의 생태계가 제거된, 즉 문명이 존재하는 모든 땅덩이에 적용된다. 바이오매스가 가축, 통나무, 곡식, 채소 혹은 풀밭의 형태로도 땅에서 제거될 때마다 흙은 그만큼의 먹이를 빼앗기는 것이다.

문명인들은 자신이 무엇인지 모르기 때문에 자신의 땅 위에서의 생명의 기초인 흙이 자신의 발밑에서 빠져나가는데도 정치, 종교, 과학을 이야기하고 물질적 부를 추구한다.

흙

흙은 지구라는 생명체의 내장(內臟)이자 주요한 소화기관이다. 흙은 부분적으로 바위파편, 진흙, 모래, 광물질, 유기질, 바위부스러기로 이루어지지만 또한 미생물, 곤충, 벌레, 작은 동물들, 파충류와 기타 흙에서 살고 흙의 구성 성분에 기여하고 이를 먹고 사는 유기체들(심지어 약간의 새들)의 상호의존적인 살아있는 공동체이기도 하다. 음식을 소화하기 쉽게 만드는 인간의 내장 안의 박테리아 공동체처럼, 흙은 식물공동체들이 존재하는 데 필요한 조건을 만드는 유기체들의 살아있는 공동체다. 내장 공동체의 배설물이 인간을 먹여 살리고, 흙 공동체의 배설물은 흙을 먹고 사는 식물공동체를 먹여 살린다.

식물은 흙을 흡수하지 않는다. 흙의 습기에 녹아있는 영양소를 흡수하는 것이다. 이 영양소 용해물은 여러 유기체들을 통과하면서 다양한 에너지 변형이 일어난 결과다.

흙의 창조는 진흙, 모래, 바위 파편 그리고 바위로 된 불활성의 척박한 하부토양에서 시작된다. 첫째 개척자 혹은 '응급 식물(first aid)'의 싹이 틀 때 그 뿌리는 굳게 뭉쳐진 땅에 뻗어 내리기 시작한다. 습기와 광물질을 땅에서 뽑아 올려 줄기와 잎으로 보낸다. 잎과 줄기를 땅의 표면에 떨어뜨린다. 흙에 사는 분해자, 즉 작은 곤충과 미생물은 식물이 떨어뜨린 이러한 유기물질을 먹는다.

유기물질은 맨땅을 덮어서 직사광선의 증발·산화 효과를 피하게끔 그늘을 드리워주기 시작한다. 습기를 잡아두는 것은 땅이 더 많은 습기와 산소를 확보할 수 있게끔 굴을 파주는 미생물들의 서식지를 개선해준다.

흙의 표면과 내부에 구멍이 나고 유기물이 쌓이면 흙의 비옥도가 높아진다. 표면 위의 유기물은 흙 공동체를 먹여 살리고, 다른 존재들은 바위 파편, 뿌리 같은 작은 미생물 같은 죽은 것과 산 것으로 이루어진 흙의 주요 구성 성분을 먹는다. 뿌리가 죽고 미세한 굴을 남기며, 지렁이 등도 굴을 만들면서 흙 공동체의 두 가지 핵심적 필수 요소인 물과 산소가 스며드는 데 필요한 통로가 만들어진다. 흙이 그 비옥도를 높이면서 구멍이 더 많아지고, 더 많은 습기를 머금으면서 극한의 온도가 누그러진다.

흙이 형성되면서 서식지의 풍부함과 다양성은 늘어난다. 더 다양한 존재들이 생명의 망에서 틈새를 찾을 수 있다. 흙이 열어젖혀지면서 잇따르는 식물들이 개척자 종을 뒤따르고, 그들은 그 흙에 쉽게 뿌리를 내린다. 빌 모리슨은 영속 농법에 관한 그의 결정적 저작 《영속 농법. 설계자 매뉴얼(Permaculture. A Designers' Manual)》에서 전형적인 토양 내의 살아있는 구성 요소들에 관해 이렇게 말한다. "50퍼센트는 균류, 20퍼센트는 박테리아, 20퍼센트는 효모, 조류, 원생동물이고, 단 10퍼센트만이 지렁이, 선충류, 절족류, 연체동물상(미소동물상 및 대형동물상)과 그 유충 같은 더 큰 동물상이다." 그는 이렇게 덧붙인다. "그런 유기체 부류들은 비율은 다르지만 어느 흙에서나 발견된다."[26]

 균류의 활동은 특히 흥미롭다. 균체는 거대한 거미줄처럼 흙 속으로 뻗어간다. 성적 재생산을 할 때가 되면 극히 다양한 이 균류가 흙 위로 솟아올라서 우리가 '버섯'이라 부르는 것을 만들어낸다. 이는 지하에 있는 몸의 생식기다. 지하의 그물 줄은 식물의 잔뿌리를 향해 자라간다. 균류의 실오라기가 잔뿌리에 닿으면서 균류의 세포들은 식물뿌리의 세포에 침입한다. 균류는 태양에너지를 (광합성에 의해) 바이오매스로 변환시킬 능력이 없지만, 수목(樹木)에서 먹이를 받아들일 수 있다. 수목 자체는 균류의 세포들에서 먹이를 흡수하기 시작한다. 유기 농업에 관한 역사적 논저 《흙과 건강. 유기적 농업 연구(The Soil and Health. A Study of Organic Agriculture)》를 쓴 앨버트 하워드 경은 이렇게 설명한다.

 "여기서 우리는 이 균류가 먹고 사는 토양의 물질이 말하자면 나무의 수액과 결합될 수 있게 해주는 자연의 간단한 조치를 보게 된다. 이 균류의 실타래는 단백질이 아주 풍부하며, 10퍼센트나 되는 유기질소도 함유할 수 있다. 이 단백질은 뿌리의 세포에서 발효(효소)에 의해 쉽게 소화된다. 그 결과물인 질소화합물은 쉽게 녹아서 수액의 흐름을 따라 푸른 잎사귀로 들어간다. 말하자면 음식물이 흙에서 식물에 단백질과 그 소화산물의 형태로 이동되게 하는 쉬운 통로가 제공됨으로써, 이것들은 그렇듯 적절한 경로를 따라 푸른 잎사귀에 도달하는 것이다. 비옥한 흙과 그 흙이 먹여 살리는 나무의 결혼이 이렇게 이루어지는 것이다. 과학은 이 균류의 실타래를 '균사체(mycelium)'라고 부르고…, 전체 과정은 '균근 조합(mycorrhizal association)'으로 알려졌다. 이런 제휴는 숲에서

---

26 *Permaculture. A Designers' Manual.* Bill Mollison. Tagari Pub. Tyalgum, Australia. 1988. p. 205.

제국 문화의 종말과 흙의 생태학

는 보편적이며, 식물의 왕국에서는 일반적이다.[27]

흙은 그 안의 스펀지 같은 통로로 숨을 쉰다. 공기의 움직임의 원인 중 하나는 달의 인력이다. 달이 바다에서 조수(潮水)를 일으키는 것과 똑같이 대수층과 토양의 물도 끌어당기기 때문이다. 이 물의 운동은 흙 속의 공기를 내뿜고 흡입한다. 공중을 지나다니는 대기 중의 고기압 지대와 저기압 지대 간의 차이도, 흙의 호흡을 일으킨다. 또한 빌 모리슨이 주목한 것과 같이 튜브를 통해 밀고 나오는 벌레들의 몸도 그런 호흡을 일으킨다.

흙은 우리가 '성숙하다' 혹은 '정말 최고다'라고 불러도 좋을 다공질을 띠면서 더 많은 물과 공기를 머금는다. 흙의 다양성과 풍부함이 증대되면서 숲덮개는 더 풍부해지고 더 다양하게 성장하여 흙에 더 많은 양분을 공급한다. 이로써 나무들이 유입된다. 나무들은 양분을 취하기 위한 뿌리를 흙에서 수평으로 뻗고, 물을 취하기 위한 뿌리를 아래쪽 토양을 향해 깊숙이 뻗는다. 아래쪽 토양에서 퍼 올린 물은 증발해 국지적 미세기후를 개선해준다. 광물질도 깊은 데서 퍼 올려지는데, 이 또한 잎 안으로 들어간 뒤 결국 흙의 표면에 정착한다. 나무가 죽을 때는 그 나무의 썩어가는 뿌리들이 더 깊은 굴들을 남긴다. 이런 풍요로움을 일으키는 흙 안에서 굴을 파고 다니는 동물들이 흙과 하부토양을 휘젓고, 그 와중에 다른 식물들은 자라나고 죽으면서 자신의 죽은 몸을 지표면에 쌓아 공동체에 먹이로 제공한다. 이런 식으로 흙은 더욱 비옥해지는 쪽으로 순환한다.

모리슨은 흙이 보존되고 증대되는 장소가 오직 베어지지 않은 숲, 고요한 연못이나 호수의 진흙탕, 대초원과 목초지 그리고 짚을 깔아주는 시스템이나 쟁기질하지 않는 시스템으로 식물을 키우는 곳뿐임을 상기시켜줌으로써 흙의 높은 가치를 지적한다.[28]

---

27 *The Soil and Health; A Study of Organic Agriculture*. Sir Albert Howard. Schocken Books. New York. 1975. p. 24.

28 Mollison, op. cit. p. 183.

생태학자들에 의해 사용되는 일반적인 주먹셈법은 표토 1인치(약 2.5센티미터)를 이루는 데는 짧게는 300년 길게는 1천 년이 필요하다고 한다. 이는 수천 년의 생산이 한 철에 쉽게 씻겨 나갈 수 있음을 뜻한다.

토양 붕괴의 과정

토양의 손상과 죽음은 땅에게 심각한 건강 문제다. 자연적 과정이 광범위한 지역의 토양을 심하게 손상시키거나 파괴하는 경우는 드물다. 방하기, 광범위한 기후 변화, 지진, 화산 분출 그리고 지각판의 이동 같은 지질학적 시간 범위 정도가 그런 경우에 해당된다. 작은 규모로 국지적 토양 손상을 일으키는 경우는 심한 산불, 산사태나 홍수 등이다. '급속한' 대규모 토양 손상의 역사는 실제로 문명의 활동들의 역사다.

토양 붕괴와 파괴 과정은 본질상 토양 형성의 역(逆) 과정이다. 형성되어가는 토양은 열리고 숨을 쉬면서 습기를 축적한다. 점점 더 많은 틈새가 제공되어 토양 공동체의 다양성을 확장시킨다. 토양이 퇴화하면서는 이런 인자들도 쇠퇴한다. 그리하여 토양은 물이 스며들지 않아 생명 활동이 이루어지지 않는 굳은 진흙덩어리가 되어버린다.

토양 고갈

토양은 유기성 부스러기를 계속 공급받아야 하는 연속적 순환주기 안에 있다. 이 순환주기가 멈추면 공동체의 주식(主食)은 끊어진다. 이렇게 양분이 끊어지고, 옥수수밭에서처럼 식물들이 계속 토양에서 양분을 공급받는다면 토양은 고갈될 것이다. 소가 풀을 뜯어 먹을 때는 순환주기에서 필수 요소를 제기한다. 1톤의 쇠고기는 흙에서 약 12킬로그램의 칼슘, 약 25킬로그램의 질소,

제국 문화의 종말과 흙의 생태학

약 1.4킬로그램의 칼륨, 약 7킬로그램의 인(燐)과 기타 미량 원소들이 빠져나가게 한다.

이와 동일한 상황이 바이오매스가 통나무의 형태로 실려 나가는 숲에서 구현된다. 필수 요소들의 순환 과정에서 빠져나가는 것은 무엇이든 토양을 손상시킨다. 최고의 숲에서의 어떠한 쇠퇴든 영양소 순환 내의 흐름의 감퇴를 일으켜 흙 공동체의 건강 쇠퇴의 원인이 되기 마련이다.

숲이 말끔히 베어지거나 초원이 쟁기질 될 때, 흙의 건강은 손상된다. 이런 땅에서는 첫째 재배 철에는 생산성이 높을 수 있지만, 몇 년 후에는 거름을 주고 휴한기를 두더라도 흙은 그 최적보다 상당히 아래 수준에서만 기능을 발휘할 수 있다. 수세기에 걸쳐 유지될 수 있는 농토는 일반적으로 무거운 진흙이지만, 이마저도 침식되고 부식질을 상실하고 압착된다. 이 흙은 크게 저하된 건강 수준에서 지속 가능성을 유지하도록 세심하게 유지되어야 한다.

매년 많은 양의 유기물이 더해지지 않으면, 흙은 퇴화된다. 흙 공동체는 엄청난 양의 유기물과 생물학적 영양소를 모조리 소비하면서 계속 양분을 공급하기 때문이다. 이 시점에서 우리가 가지게 될 것은 농부들이 '다 갈아먹은 땅(farmed out land)'이라고 부르는 것이다.

미국 캘리포니아 주의 윌리츠라는 지역 근처의 작은 한 조각 땅에서 '생태 행동(Ecology Action)'이라는 실험적 원예사 집단이, 방목하는 데 있어서 '중간' 정도의 가치가 있는 언덕 비탈에 흙을 조성하기 시작했다. 원래의 흙에는 삽도 들어가기 어려웠다고 그들은 말한다. 17년간의 집약적 작업 끝에 그들은 '바이오 집약적 원예(biointensive gardening)'라는 방식으로 무성한 식물 성장을 지탱하는 흙을 만들어냈다. 토양의 비옥함을 높이기 위해 그들은 흙의 4분의 3을 해바라기, 살갈퀴, 누에콩, 밀, 호밀 등 휴한작물용으로 두었다. 이 실험은 일부러 '닫힌 시스템'을 이루고서 진행했고, 퇴비로 쓸 유기물을 반입하지도 않았다(타지에서 유기물을 반입하면 그곳의 토양이 고갈될 것이기 때문이다). 이 실험은 흙을 지속 가능하고 비옥도가 늘어나게 관리하기 위해 얼마나 많은 일이 이루어져야 하는지를 판단하는 데 필요한 대략적인 기준을 우리에게 제시한다. 그것은 흙의 4분의 3이 흙을 형성해주는 식물을 심는 땅이 되어야 나머지 4분의 1이 그 흙을 먹고 살고, 그러고 나서 수확되어 제거되는 식물에 의해 사용된다는 것을 의미한다.[29]

1894~1935년에 미국 오하이오 주 우스터의 '오하이오 농업 실험소'는 한 실험을 했다. 이는 연속적인 옥수수 재배에 사용된 세 곳의 실험용 밭에서의 토양 상실과 수확량을 보여준다. 〈표1〉로 나타낸 이 실험은 '정상적' 농법이 흙에 미치는 영향을 보여준다.

연간작물	토양 관리	인치(2.54센티미터) 단위 토양 상실 1894-1935	토양에 남은 원래 유기물의 비율(단위는 퍼센트)	에이커(약 4,047제곱킬로미터) 당 부셸 단위의 연평균 수확량 1894~1895년 1931~1935년	
옥수수	없음	10.3	37퍼센트	26.3	6.5
옥수수	에이커당 화학비료 10-5-10 500파운드	11.1	35퍼센트	44.4	28.9
옥수수	에이커당 거름 5톤	9.5	53퍼센트	43.1	30.0

표1. 10-5-10은 전체 성분 100파운드(약 45.4킬로그램) 중에서 질소 10파운드, 인산 5파운드, 칼륨 10파운드를 나타낸다. (Yearbook of Agriculture, 1938, USDA, p. 102에서 발췌했다.)

이 연구는 거름을 사용하더라도 토양이 고충을 겪는다는 것을 보여준다. 영양 순환을 완전히 보완해 토양이 고갈되지 않게 하기 위해서는 훨씬 더 많은

---

29 *Mother Earth News*. "John Jeavons. Digging Up The Future." Pat Stone. Jan/Feb. 1990. #121. pp.45–51. (Seed Catalogues and books on Biointensive methods may be ordered from. Bountiful Gardens, 19550 Ridgewood Road, Willits, California 95490.)

제국 문화의 종말과 흙의 생태학

양의 유기물을 사용할 필요가 있는 것이다. 이는 문명화된 농업의 문제다. 유기물은 어디서 오는가? 산업이 일어나기 전에는 휴한(休閑) 시기를 활용했다. 식물이 밭에서 자랐고, 쟁기질에 의해 흙으로 돌아갔다. 소나 말 같은 쟁기를 끄는 가축과 돼지, 닭에게서 나온 거름도 흙에 사용되었다. 이는 흙의 고갈을 늦췄다. 그런 다음 트랙터가 나왔다. 소나 말의 거름은 상실되었다. 소나 말에게 줄 먹이를 키우는 데 사용된 땅은 다른 작물 재배에 돌려졌다. 옥수수, 밀, 콩을 비롯한 단작(單作) 작물을 재배하기 위해 넓은 경지가 조성되고, 화학비료가 사용되었다.

위의 표에서 유기물의 가장 큰 손실은 화학비료의 사용으로 일어났다. 화학비료가 투입된 흙은 관리가 되지 않은 밭보다 더 많은 것을 상실했다. 화학비료는 식물의 생장을 촉진하지만, 이는 더 많은 에너지를 뽑아서 흙이 더 많은 유기물을 잃게 하기 때문에 일어나는 일이다.

이 연구는 결정적인, 그러나 좀처럼 주목받지 못하는 한 사실을 지적한다. 산업적 농업 시스템과 '녹색혁명'이 퍼진 곳 어디서나 이 과정이 흙에 일어나고 있다는 것이다. 농부들은 물리적으로 바이오매스를 흙에서 취하며, 이는 영양소 순환을 단락(短絡)시킨다. 그러나 흙의 건강이 쇠퇴하고 있더라도 화학비료가 흙에 주입되므로 작물이 계속 재배된다. 산업적 농업에 흙 자체는 상관없다. 사실상 여러 현대 농부들이 말하기를 그들이 흙을 필요로 하는 이유는 모두가 영양분을 인공적으로 주입하는 중에 식물을 세워놓기 위함이라고 한다. 이 말이 진실이기는 하나, 똑같이 진실인 것은 이 과정이 지구의 흙의 실제적인 생물학적 저열화를 은폐하고 있다는 것이다. 단기적 이윤은 클지 모르지만, 화학비료가 너무 비싸지거나, 바로 이 인공 독극물의 원료인 쉽게 채취된 석유가 고갈되면 어떻게 될까? 흙은 이미 죽었으므로 세계는 굶주림에 직면할 것이다. 흙에 아무런 도움도 주어지지 않았음을 나타내는 〈표1〉의 첫째 행에서의 마지막 수확량은 석유를 연료로 사용하는 비료 공장이 문을 닫을 때 전 세계 사람들이 어떤 상황에 처할지를 보여준다. 15억 명의 사람들이 단지 화학비료로 가능해진 추가 생산 덕에 식량을 얻는다. 화학비료가 없어지면, 세계의 농

업 생산량은 3분의 1 이상 줄어들 것이다.[30]

토양 다짐

'흙의 다져짐(compaction of soils)'은 농토 안팎에서 일어나는 흔한 폐해다. 흙에 무거운 것이 놓일 때마다 구멍들이 뭉개지는 경향이 있다. 이는 습기를 머금는 흙의 능력을 떨어뜨리고, 흙의 숨쉬기도 줄인다. 이는 또한 식물의 생장을 막는데, 이런 흙에서는 식물이 뿌리를 내리는 데 더 많은 노력을 기울여야 하기 때문이다. 다져짐이 늘어나면서 물이 덜 스며들고, 더 많이 흘러나가서 표토의 침식을 증가시킨다. 밭갈이에는 무거운 장비가 필요하다 보니, 밭갈이가 더 많은 다져짐의 원인이 된다. 멍에를 멘 가축이 밟는 것도 흙을 다져준다.

쟁기는 다른 어떤 요인보다 더 많이 흙의 죽음의 원인이 될 수 있다. '쇠로 된 바닥쟁기(iron bottom plow)'가 발명되었을 때 농업에서는 큰 변화가 일어났다. 그 전에는 가벼운 흙이 나무쟁기에 갈리는 정도였지만, 쇠로 바닥쟁기를 만들자 깊고 무거운 진흙을 갈 수 있게 되었고, 이는 문명화된 농업의 면적을 크게 확장시켰다. 마지막으로 주형판(moldboard) 쟁기가 만들어졌는데, 이는 굴곡이 더 커서 흙을 완전히 뒤집는다.

쟁기는 역사적으로 인도·유럽의 경지에서의 농업과 연관되어왔다. 이는 생산을 증대한다는 인도·유럽의 문화적 가치와 관련이 있다. 그래서 쟁기는 로마 제국의 그 광범위한 농토들에서 이용되었다. 이전의 식물 재배는 땅을 파는 데 쓰는 막대기와 괭이를 가지고서 숲 속의 화전에서 이루어지는 경우가 많았다. 이 방식을 사용하면 흙에 최소의 간섭을 하기에 보통 작은 식물들로 된 덮개식물이 제거되지 않았다. 쟁기가 나오면서 땅을 완전히 청소하는 것이 가능해졌

---

30 *State of the World 1985.* Lester R. Brown, et. al. W.W. Norton & Co. New York. 1985. p. 29.

제국 문화의 종말과 흙의 생태학

고, 이런 식으로 더 많은 땅이 경작될 수 있었다. 쟁기질은 덮개식물을 파묻어 버리는 결과도 가져온다. 빈 밭이 쟁기질 뒤 써레질되어 흙덩이가 부서져 흙이 고르게 되면 식물 재배가 훨씬 더 '효율적'으로 이루어질 수 있다. 그러면 훨씬 더 많은 땅을 경작할 수 있다.

쟁기질은 흙의 구멍들과 물/공기 통로들을 부수고 무너뜨린다. 흙이 뒤엎어지면 토양 공동체 전체는 물론 이와 관련된 것들도 뒤엎어진다. 숲이 밀어지고 땅이 처음으로 갈아진 후에도 흙은 여전히 그 부스러지기 쉽고 알갱이 진 성질을 유지한다. 보드랍고 부서져 있는 것이다. 계절이 몇 번 바뀐 후 부스러기 구조가 무너지고 흙의 덩어리짐이 두드러지기 시작한다. 흙을 뭉텅이지고 덩어리지게 만드는 쟁기질은 흙이 모세관 작용으로 '심지'를 타고 올라오는 습기를 받아들이는 능력을 손상시킨다.

고전적인 논저 《쟁기꾼의 바보짓(Plowman's Folly)》을 쓴 에드워드 포크너는 쟁기질이 어떻게 모세관 작용을 방해하는지 그리고 주형판 쟁기가 어떻게 흙을 완전히 뒤집어서 이 교란을 강화하는지를 보여주었다.

쟁기질 뒤 표면의 숲층은 뒤집혀서 흙에 놓인다. 그래서 느슨하게 압착된 유기물층이 흙 표면 아래에서 압축된다. 이는 모세관 작용을 망가뜨린다. 모세관 작용은 습기가 표면에서 증발할 때 일어나 습기를 위로 끌어올리는 것을 말한다.[31]

쟁기질을 많이 하면, 쟁기 바닥 바로 밑에 단단한 땅이 만들어진다. 쟁기가 매년 흙을 뒤집고 지나가면, 쟁기의 발 바로 밑에 형성된 층은 불투수층이 될 때까지 점점 더 다져진다. 이는 물이 식물의 뿌리까지 차올라 그 식물을 잠기게 할 뿐만 아니라 염류 축적 작용으로 흙을 죽이기까지 한다. 경반층(硬盤層)은 물에 들어있는 광물질을 붙잡은 다음, 이 광물질이 물이 서서히 증발함에 따라 농축되도록 한다. 결국 이는 아주 큰 어려움을 겪어야만 회생될 수 있는

---

31 *Plowman's Folly.* Edward H. Faulkner. U. of Oklahoma Press. Norman, Oklahoma. 1943.

죽은 땅을 만든다.

흙이 쟁기로 갈아질 때 흙의 습기를 머금은 더 깊은 층이 뒤집히면서 바람과 햇빛에 노출된다. 이는 흙을 마르게 한다. 맨흙에 직사광선의 효과는 아주 파괴적이다. 햇빛은 흙을 산화시킨다. 흙이 산화될 때 화학물질들이 산소와 결합하고, 그럼으로써 흙 공동체에 대한 그 물질들의 쓰임새가 줄어든다. 그 효과는 흙을 말리고 그 비옥함을 저하시키는 것이다. 이 모두가 흙이 바람과 물에 의해 쓸려갈 준비를 시켜준다.

갈아진 흙이 저질화되면서 그 흙의 진흙 같은 성질이 우세해지기 시작한다. 표면이 점점 더 불투수성이 된다. 아픈 흙 공동체에 스며드는 습기는 더 줄어드는 것이다. 물이 흙에서 흘러나가는 것은 종말의 시작이다. 물이 흘러나가면서 흙도 실려 가기 시작한다. 더 부서지기 쉬운 표토층이 사라지면서 물의 흡수성이 더 낮은 저층(底層)이 노출되고, 그럼으로써 물은 더 빨리 흘러나간다. 이런 일이 생기면 훨씬 더 많은 흙이 실려 나간다. 방해받지 않는 환경에서도 땅에서 침식되는 흙은 약간 있지만, 흙의 형성량보다 훨씬 적다. 다음의 수치는 다양한 유형의 흙덮개를 가진 같은 곳에서의 침식량을 비교해서 보여준다.

> 오하이오 주에서는 숲 지대에서의 유출로 표토가 약 18~20센티미터 제거되는 데 17만4천 년이 걸릴 것으로 추산되었고, 목초지에서는 2만9천 년, 흙이 윤작으로 약삭빠르게 경작당할 경우에는 100년 그리고 옥수수만 심어질 경우에는 15년이 걸릴 것으로 추산되었다(Bennett, 1939).[32]

침출 현상은 흙의 조건 조성에서 결정적 인자다. 밀림(rainforest)의 흙은 폭우에 의해 늘 침출된다. 많은 양의 물이 표토에서 밑흙으로 광물질을 운반하

---

32 *Before Nature Dies*, Jean Dorst, Houghton Mifflin Co. Boston. 1970. p.134.

지만, 사막 같은 환경에서는 흙의 습기가 침출되면서 내려가는 것보다 더 빨리 증발한다. 이는 관개에 이용될 수 있는 더 높은 수준의 영양분/광물질 퇴적을 가져온다. 이는 비교적 낮은 농도의 부식질을 가졌지만, 양분이 풍부한 모래흙을 활용하여 물을 구할 수 있다면 상당량의 작물을 키울 수 있다. 그러나 사막 토양에 양분이 퇴적되는 것은 오랜 시간을 두고 일어나는 일이며, 흙은 화학비료가 적용되지 않으면 급속히 고갈될 수 있다. 흙에 유기질의 먹이가 주어질 수 있겠지만, 사막 환경에서는 유기물의 생산이 제한되기 때문이다. 지금은 반건조의 사막 환경으로 퇴화한, 레바논의 예전에 숲이 있던 지역들에서는 사람들이 산간의 띄엄띄엄 있는 덤불을 뜯어먹는 염소들에게서 거름을 모아다가 수도인 베이루트로, 연안 도시인 트리폴리로, 그 밖에 북쪽의 오렌지와 바나나 플랜테이션으로 운반해 거름을 준다.[33]

흙의 침식

흙은 그 자리에서 고갈될 수도 있고, 침식에 의해 없어질 수도 있다. 밭갈이 농업 외에도 토양 침식을 일으키는 다른 문명화된 관행들도 있다. 가축 방목, 숲 제거, 광업 같은 다양한 인간 활동이 모두 침식을 일으킨다.

침식의 기본적 유형 세 가지가 있으니 이는 협곡 침식, 지면 침식, 풍화 침식 등이다. 협곡 침식은 우리가 구릉 비탈에서 보는 익숙한 '침식협곡'을 만든다. 지면 침식은 넓은 면적의 산비탈이 천천히 언덕 아래로 기어 내려가 비탈의 밑바닥에 '사태(沙汰)'를 이루는 더 은폐된 유형이다. 이런 유형의 침식은 자세히 조사해 봐야만 혹은 구릉 밑에 '사태'가 난 것이 보일 때만 드러나는 경우도 있다. 지면 침식은 일반적으로 경사지고 쟁기질된 밭, 가파른 목초지에서 발견

---

33 *Man and the Mediterranean Forest; A History of Resource Depletion*. J.V. Thirgood. Academic Press. New York. 1981. p. 102. (sourced as Rollet, 1948).

된다. 풍화 침식은 흙이 그냥 불려 날아갈 때 일어난다. 어떤 지대, 특히 평지에서 이런 유형의 침식이 저질화의 주요한 근원이 된다.

흙의 불수투성 그리고 빗물이 흙으로 스며들지 못하는 것이 침식의 시작이다. 숲 제거, 과도한 방목, 쟁기질 또는 숲덮개를 벗겨내는 일 등은 빗물이 숲에 의해 흡수되고 가둬짐으로써 흙과 밑흙과 지하수로에 스며들어 갈 가능성을 낮춘다. 더 많은 흙이 실려 나가면서 더 불투수성인 밑흙의 층이 드러나고, 이는 더 많은 양의 물이 더 빨리 흘러내리게 한다. 덜 비옥한 밑흙이 드러나므로, 표토에 적응된 숲이 재기할 기회는 줄어든다. 이는 하방나선형이 한번 촉발되면 저절로 진행되는 이유다. 비가 계속 내리고 계속 침식을 일으키지만, 일단 식물이 더 이상 발판을 얻지 못하게 되면, 그 과정은 암반이나 그 밖의 불투수층에 도달할 때까지 그냥 계속되는 것이다.

물이 지하수층으로 스며들지 못하면, 그 지역 전체의 물 순환도 영향을 받는다. 반건조 지역이더라도 표토가 온전하고 숲덮개가 존재하기 때문에 강우량의 상당 비율을 흡수한다면 물은 스며들어 밑흙에 모여들 것이다. 거기서는 더 깊은 식물뿌리를 위해 태양열과 그에 따른 증발 효과가 차단된다. 땅속으로 계속 빠지는 물은 지하의 대수층에 머물게 된다. 많은 경우에 이 대수층들이 봄이 오면 저지대로 빠져나가 느리고 믿을 만한 물 흐름을 제공하는바, 이것이 그 지역의 생태계에 활력을 주면서 그 지역에서 1년 내내 의지할 수 있는 하천의 흐름을 이루어준다.

흙이 남용되면서 저질화의 나선 운동이 촉발될 때 익숙한 홍수/가뭄의 순환이 시작된다. 스며들기보다는 빨리 흘러나가는 물이 홍수를 이룬다. 순환의 다른 반쪽에서는 물이 흡수력 있는 표토에 붙잡히지 않아서 흙 밑의 물인 샘이 말라붙어 하천도 말라붙고, 습기를 발산할 수 있는 숲도 더 적다. 습기의 발산은 나무 밑 그리고 두터운 숲 조각들에서 작은 미소 생태계(micro-ecosystem)를 위한 더욱 건강한 미세기후를 창조한다.

부자연스러운 홍수가 시작되고, 그 정도가 심해지면서 침식협곡이 땅에서 찢겨나간다. 숲이 잘 입혀진 둔치를 가진 좁은 하천의 바닥이 파열되고 하천의 수로도 넓어진다. 바위와 자갈과 크고 건조한 사주(砂洲)로 가득 찬 넓고 아울러 대개 건조한 강바닥이 존재하는 곳 어디서나 심각한 침식이 일어나고 있다. 이는 고지대가 지나치게 활용되면서 일어난 홍수를 겪어온 하천의 이미지다.

남용이 가해진 유역에서 홍수가 모래와 자갈 같은 잡동사니를 쓸어다가 침식물 덕에 비옥한 저지대의 홍수 평원을 파묻기 시작한다. 하천의 물속 생태계가 비옥한 하천변이나 협곡 바닥과 더불어 손상되거나 파괴된다. 이는 중국에서 인도, 중앙아시아의 코카서스 산맥, 유럽 그리고 지금 전 세계에 이르기까지 문명의 역사다. '문명'은 곧 '건조함'이다.

이 저질화의 나선 운동의 엄혹한 실재는 지금은 인도의 여러 지역 그리고 예전에는 밀림이었지만 지금은 가끔씩 폭우가 내리는데도 사막이 된 멕시코 남부에서 보인다.

앤더스 위즈크먼과 로이드 팀벌레이크는 《자연재해. 신이 일으킨 것인가, 인간이 일으킨 것인가?(Natural Disasters. Acts of God, or Acts of Man?)》라는 연구서에서 가뭄과 홍수는 지구상의 월등히 많은 사람들에게 영향을 미치는 '자연' 재해라고 주장했다. 지구가 퇴락하면서 그러한 재해의 수는 급속히 증가한다. 1960년대에는 1,850만 명의 사람들이 가뭄의 영향을 받았다. 1970년대에는 2,440만 명이 영향을 받았다. 1960년대에는 520만 명의 사람들이 홍수에 의한 영향을 받았다. 그리고 1970년대에는 홍수가 1,540만 명에게 영향을 미쳤다.[34]

토양 침식은 난해한 일이 아니다. 어느 곳에서든 볼 수 있다. 어느 지역에서든 토양 침식율이 대략 어느 정도인가를 짐작하는 것이 가능하다. 손상되지 않은 '최고의 조건'에서는 땅의 대부분의 물길이 맑다. 아니 맑았다. 어떤 하천이나 강의 변색은 그 수역이 남용되고 있음을 뜻한다. 물가의 색깔이 초록이면, 그것은 양분이 물로 침식되어 들어가고 있어서 식물성 유기체의 개체수 폭발을

---

34 *Natural Disasters: Acts of God or Acts of Man?*, Anders Wijkman & Lloyd Timberlake, New Society pub, Santa Cruz, CA, 1988, p.24.

유발하고 있음을 가리킨다. 물의 색이 갈색을 띠고 있다면, 흙과 밑흙이 물속으로 많이 쓸려가고 있음을 알 수 있다.

토양 침식은 세계의 뉴스 매체에서 '번쩍거리는' 이슈는 아니지만, 지구상에서 가장 생명을 위협하는 문제들 중 하나다. 침식이 활발히 이루어지는 곳으로는 미국의 곡물 재배 지대, 멕시코 동부, 브라질 북동부, 북아프리카, 사헬, 보츠나와-나미비아, 중동, 중앙아시아, 몽골, 중국의 양쯔 강 유역, 히말라야 산기슭, 발루키스탄, 라자스탄, 오스트레일리아 등이 있다. 이들은 현재 침식이 아주 급격하게 일어나는 지역들이다. 그러니까 미국 남동부처럼 이미 침식으로 상실된 지역들이나, 아주 급격하지는 않지만 심각하고 지속적인 침식을 겪고 있는 대부분의 지역들까지 열거하지는 않은 것이다. 흙의 기진맥진함에 더해 지구상의 모든 경작지의 절반이 토양의 형성은 고사하고 침식을 겪고 있는 것이다.[35]

침식은 땅 위의 경작지의 손실에 기여하는 메커니즘이다. 침식, 사막화, 중독 그리고 비 농업적 사용이 1975~2000년에 전 세계 경작지의 5분의 1을 잡아먹었을 것이다. 또 5분의 1이 2025년까지 사라질 것이다. 이 수치들은 경작지에 대한 것이다. 땅 위의 모든 곳에서 숲 제거, 과도한 방목, 산불 같은 인간의 활동과 그 밖의 해로운 '인간의 토지 점령'에 따른 토지의 일반적 침식과 저질화까지는 포함시키지 않은 것이다.

방목에 의한 토양 오용-굽이 있는 메뚜기 떼 양육

짐승 떼를 치는 것은 생산성이 낮을 대로 낮은 토지 이용 방식이다. 그런데도 지구상의 많은 땅에서 이루어지는 일이다. 그 목적이 은행 빚을 갚거나, 화

---

35 *Gaia. An Atlas Of Planet Management.* Norman Myers, General Editor. Anchor Books. Garden City, New York. 1984. p.40.

제국 문화의 종말과 흙의 생태학

폐경제에서 이윤을 올리거나, 목축 및 유목 문화에서 가축 떼의 규모와 가부장적 위신을 부풀리는 것이라기보다는 사람들을 먹여 살리기 위한 것이라면, 대부분의 땅에 대한 훨씬 더 나은 이용 방식이 즉각 자리를 잡았을 것이다.

영속 농법의 교과서인 《숲영농(Forest Farming)》의 저자들은, 목동들이 최상의 방목지 1에이커(약 4,047제곱미터)에서 평균 90킬로그램의 고기를 얻을 수 있다고 주장한다. 같은 면적의 땅은 1.5톤의 곡물, 7톤의 사과, 또는 아카시아나무 꼬투리에서 15~20톤의 분말을 생산할 수 있을 것이다. 그에 대한 상업적 시장이 없다고 해도, 꿀아카시아의 분말은 영양가치 면에서 어떠한 곡물보다 우수하다.[36]

초지의 상당 부분, 사바나, 스텝 형태의 지대는 야생 초식동물과 더불어 진화해왔다. 숲과 초식동물들은 서로를 위해 많은 서비스를 수행한다. 초식동물들은 씨앗의 운반과 거름 만들기 등의 행위자로서 행동한다. 초식동물의 무리가 이따금 어떤 지대에 올 때는, 그들의 발굽이 표토를 휘젓고 통기(通氣)를 시키고 흙 속의 씨앗을 눌러서 싹이 틀 수 있게 한다. 발굽들은 흙에 작은 곰보 자국을 냄으로써 유기질 부스러기와 물이 거기에 모일 수 있게 한다. 이는 특히 반건조 지역에서 유익하다. 이 습기와 물이 주어지면, 또는 바람에 실려 온 짚덮개가 곰보 자국이 난 땅에 물을 가두고 건조를 늦춘다면, 풀씨는 싹을 틔울 좋은 기회를 가질 것이다. 물소 떼가 좋아하는 종류의 풀을 쫓아감으로써 대평원에서 그들의 이동경로를 추적할 수 있을 것이라고 한다. 물소 떼가 이 '풀의 고속도로'를 매년 여행하면서 그들은 또한 자기들이 좋아하는 풀을 다시 심을 것이다.

천연 초식동물들은 숲의 풍부함을 쫓아서 이동한다. 자연적 여건에서 자유롭게 돌아다니는 동물들은 어떤 지역에 숲이 지나치게 적을 때, 그냥 다른 지역

---

36 *Forest Farming, Toward A Solution To Problems of World Hunger and Conservation.* J. Sholto Douglas & Robert A. de J. Hart. Rodale Press. Emmaus, Pa. 1978. p. 5 (nutrition-p.37).

으로 옮겨가므로 숲을 지나치게 뜯어먹을 위험은 없다. 이러한 이동이 우연한 것처럼 보일지 몰라도, 수만 년간 진화해온 초식동물/숲 연합의 삶은 모든 존재들이 그들의 집단적 생존에 이바지하는 곳에서 자연스러운 강화 시스템이다.

미국 서부의 원래 초식동물들은 물소, 엘크, 가지뿔영양, 큰뿔양, 노새사슴, 검은꼬리사슴, 약간의 작은 동물들과 곤충들이다. 낸시와 덴젤 퍼거슨은 과도한 방목에 대한 해설서인《공적인 구유에 있는 신성한 소(Sacred Cows at the Public Trough)》에서 이렇게 주장한다.

> 원래 500만에서 1천만 마리의 물소가 미국 몬태나 주, 와이오밍 주, 콜로라도 주의 평원과 미국 서부의 산간 유역과 산맥들을 돌아다녔다. 오늘날 미국의 11개 서부 주들(몬태나 주를 제외하고)은 495마리의 물소를 부양한다(이는 원래 수의 10만 분의 1 미만이다). 서부 11개 주에서 원래의 가지뿔영양의 개체수는 1천만에서 1,500만 마리였고, 이는 원래 수의 약 2~3퍼센트인 오늘날의 대략 27만1천 마리와 비교된다. 큰뿔양은 100만에서 200만 마리로 추정되던 것이 2만400마리(원래 수의 1퍼센트일 것이다)로 떨어졌다. 노새사슴과 검은꼬리사슴의 원래 개체수는 약 500만 마리로 추정되며, 이는 오늘날의 약 360만 마리에 비해 높은 수치일 수 있다. 마지막으로 엘크의 원래 개체수는 약 200만 마리였을 개연성이 있는데, 이것이 약 45만5천 마리로 줄어듦으로써 약 75퍼센트의 감소를 나타냈다.[37]

이 초식동물들 각각은 다양한 식물을 먹었다. 그러느라 이리저리 돌아다니면서 땅을 고르게 경작한 것이다. 방해물이 없는 자연계에서 과잉 방목은 흔한 문제가 아니다. 이 동물들이 길들여진 소(그리고 양)로 대체되었을 때 생태계

---

[37] *Sacred Cows at the Public Trough*. Denzel & Nancy Ferguson. Maverick Pub., Drawer 5007, Bend, Oregon 97708. p. 116.

제국 문화의 종말과 흙의 생태학

는 내리막길을 가기 시작했고, 표토는 강으로 흘러내려 가기 시작했다.

아프리카에서 소들이 초지에 집어넣어지고 다양한 자연발생적 초식동물들이 제거되었을 때 육류의 생산량이 떨어진다는 사실이 드러났다. 최근의 연구에 따르면, "… 손이 닿지 않는 사바나는 야생동물의 고기라는 형태로 1제곱킬로미터에서 연간 24~37톤의 고기를 생산할 능력이 있는 반면, 아프리카에서 최상의 목초지–가축 시스템조차 연간 1제곱킬로미터에서 8톤의 쇠고기만을 생산할 수 있다. 그러나 농업의 진보와 통제의 절대적 명령을 명분으로 많은 유제류가 멸종의 위협을 받고 있고, 다른 짐승 떼들의 규모도 상당히 줄어들고 있다."[38]

위의 비교는 기본적 사항을 강조한다. 이는 곧, 문명화된 농업을 자연적 시스템에 이식하는 것이 언제나 광합성 생산을 낮추고 환경을 단순화시킨다는 점과, 많은 경우에 문명화된 시스템들이 만들어내는 식량의 양은 같은 면적에서 수렵·채취인들이 만들어낼 수 있는 것보다 훨씬 적다는 것이다.

자연 시스템이 초식동물들의 관점에서 훨씬 더 생산적인 이유는, 자연 상태의 동물들이 가장 풍부하게 성장하는 식물들을 뜯어 먹으려고 때로는 먼 거리를 이동할 수 있기 때문이다. 그들은 또한 같은 곳에서 다양한 식물들을 뜯어 먹는다. 즉, 넓은 입을 가진 엘크는 주로 풀을 뜯어 먹고, 좁은 입을 가진 사슴은 먹이를 구하러 덤불과 나무숲을 뒤지고, 가지뿔영양은 좋아하는 풀이 엘크가 좋아하는 것과 다르지만 아무튼 풀을 뜯어 먹는 동물이다. 산양은 토끼, 설치류 같은 초식동물들이 찾는 것과는 다른 식물들을 좋아한다. 자연적 여건에서는 숲 전체가 먹이가 된다. 소와 양을 키우는 작업에서는 매년 자라는 풀들 중 몇 종류가 주된 과녁이며, 그래서 야생동물들을 잡아 죽이든가 쫓아버리게 된다.

가축들이 좋아하는 풀은 따로 있다. 이 갇혀 사는 동물들은 좋아하는 풀을 다 없어질 때까지 뜯어먹고, 그다음에는 둘째로 좋아하는 풀을 뜯는다. 1년생

---

38 *Ecosystems, Energy, Population.* Jonathan Turk, Janet T. Wittes, Robert Wittes, Amos Turk. W.B. Saunders Co. pub. Toronto. 1975. p. 123.

과 다년생 풀들이 다 뜯겨 없어지면서 개척자 식물, 강인한 풀들, 더 황량한 조건에 적응된 들꽃과 덤불이 토양 침식이 늘어나는 상황을 막으려고 들어온다.

좋아하는 풀을 없어질 때까지 뜯어먹는 소의 해로운 특성은, 길들인 동물들을 방목한 결과 생태계 내의 풀들의 자연적 조합이 아주 심각하게 달라지는 이유들 중 하나다. 풀이 무성하게 나 있다면, 그 풀을 소가 좋아하지 않기 때문에 그 풀은 살아남았을 수도 있다. 이는 야생의 초식동물들(어느 놈이든 생존해왔다면)의 식량 가용성을 변경하고, 지역 전체의 생태계를 변경하는 식으로 생태계에 해를 끼치고 있다.

갇혀 사는 가축이 토착 숲의 배합을 변경시키고, 종(種)들을 제거한다. 그들은 숲을 짓밟고 흙을 다진다. 역사적으로 소와 양은 일정한 생태적 건강성을 지닌 땅에서 풀을 뜯는 데 활용되어왔다. 나중에 땅에 풀이 적게 나고 나무에 가까운 들꽃과 덤불이 우세한 더 황량한 환경으로 내몰릴 때 그 숲을 뜯어먹도록 염소가 도입된다. 마지막으로 그 땅은 염소도 더 이상 거기서 혜택을 볼 수 없는 상황까지 내몰릴 수 있다. 숲이나 초지로 시작해서 지금은 염소도 부양하지 못할 정도로 빈약한 이런 상태에 있는 땅이 지구상에 수백만 에이커나 있다.

미국 정부는 미국 서부의 방목장 대부분을 통제하면서, 목장주들이 미국 서부의 땅에서 가축들로 하여금 과도하게 풀을 뜯게 하고 그 땅을 파괴하는 동안 기다리고 서 있다. 미국 서부의 수백만 에이커는 예전에 토착종 풀들이 자라던 땅이다. 그런데 과도한 방목 때문에 헐벗은 땅이 되면서 이곳을 식민지로 만드는 외래종 식물들의 침입을 받아왔다. 이 풀들 중 하나는 '털빕새귀리'이며, 소위 '털 달린 단풍'으로도 알려졌다.

털빕새귀리는 아시아에서 침입해 들어온 1년생 풀로, 수입된 동물의 장(腸)에 들어가서 운반되었거나 어떤 못된 목축업자에 의해 도입되었을 가능성이 있다. 그것은 서식지를 마련하기 위한 독특한 전략을 가지고 있다. 즉, 불에 적응한지라 자신을 퍼뜨리기 위해 불을 사용한다. 섬세한 레이스 같은 잎과 줄기를 가져서 토착종 풀보다 500배나 인화성이 강한 것으로 생각된다. 그 식물은 초봄에 약 여섯 주 동안 파랗게 나와서 씨를 뿌리고 죽는데, 풀밭을 인화성 높은

제국 문화의 종말과 흙의 생태학

물질로 뒤덮는다. 한번 발화하면 급속히 타올라서 불에 적응하지 못한 다른 어떤 풀이며 숲이든 모두 제거한다. 이런 식으로 다른 식물들은 타 없어지고, 털빕새귀리의 번식을 위한 새로운 지역이 열린다. '개밀'처럼 방목지 관리자들이 심은 외래종 풀들도 마찬가지지만, 생태계 안의 야생의 존재들은 털빕새귀리를 활용하기가 어렵다. 소와 양은 식물들이 푸르른 봄에 약 여섯 주 동안만 털빕새귀리를 먹을 수 있다. 빗자루 같은, 창끝처럼 된 털빕새귀리의 껍질은 '까끄라기'라고 불리는데, 타 지역으로 이동되기 위해 길짐승과 새에게 달라붙을 수 있도록 만들어져있다. 동물이 마른 풀밭에서 풀을 뜯는다면 이 풀의 홀씨가 동물의 턱에, 심지어 그 귀와 눈에 뿌리를 내릴 위험이 있다. 이는 바로 그 동물에게 감염을 유발하고 때로는 죽음도 초래한다.

미국 서부에서 과도한 방목으로 초래되는 피해의 일부는 자못 명백하다. 도로변 풀밭과 방목용 목초지의 풀의 차이를 관찰해보라. 서부 전역에서의 거대한 침식협곡들도 놓치기 어렵다. 그러나 생태계의 자연적 배열에 맞는 고유한 토종식물들이 얼마나 많이 사라졌는지를 깨닫는 데는 상당한 연구가 필요하다. 서부의 방목지를 지금 덮고 있는 많은 식물들은 그 지역을 구하기 위해 들어온 토종식물 개척자이기도 한 '응급구조대'의 일부이거나 크게 저질화된 생태계에 침입하는 타 대륙에서 온 외래종들이다.

과도한 방목이 침식을 촉발해 그 지역 전체의 물 순환이 나빠지면서 가뭄/홍수 같은 익숙한 증상이 시작된다.

오늘날 미국 서부의 11개 주들 땅덩이의 70퍼센트가 길들어진 동물들에 의해 풀을 뜯기고 있다. 미국 토지관리국이 서부에서 관리하는 땅의 17퍼센트만이 토지관리국 '자체' 연구에 의해 '양호'부터 '우수한 조건'까지에 해당된다고 한다.[39] 정부기관들은 그들 자신의 훌륭한 사업에 대한 추정치를 부풀리는 경향이 있음을 고려한다면, 그 땅은 이 우울한 발표 내용이 알려주는 것보다 훨씬 더 나쁘

---

39 *Free Our Public Lands*, Lynn Jacobs, P.O. Box 2203, Cottonwood, Arizona 86326, pp.3,4.

다는 데 의문의 여지가 없다. 그럼에도 불구하고 우리는 이것이 일반인이 소유한 토지는 물론 미국 서부의 야생동물 보호구역, 군사기지, 황무지, 국가 소유 숲을 비롯한 기타 공공 토지의 형편을 알려주는 것으로 받아들여도 된다.

오스트레일리아에는 몸집이 큰 초식동물이 유럽인들에 의해 수입되기 전까지는 결코 존재하지 않았다. 최근에 원주민들이 인구 밀집 지역을 떠나 오스트레일리아 대륙의 반건조 지역에 있는 어나벨라(Ernabella)와 파푸니아(Papunya) 부근의 내륙(outback)에 있는 그들의 땅으로 돌아가기로 결심했을 때, 그들은 전통적으로 채집했던 식량용 식물의 60퍼센트가 멸종했고, 나머지도 그 수가 크게 줄어들었다는 사실을 발견했다. 이러한 파괴는 야생에서 살게 된 비자연적 초식동물들의 과도한 방목에 의한 것이다. 야생소, 야생말, 당나귀, 낙타, 염소, 토끼가 오스트레일리아의 내륙을 망치고 있는 것이다.[40] 이러한 동물들 그리고 양과 소 같은 길들여진 초식동물들은 오스트레일리아에서는 외래종이다. 그러므로 그들과 어울릴 기존의 생태계적 관계는 별로 없다. 예를 들면 몸집이 큰 초식동물을 자연적으로 수용하는 곳에는 그러한 초식동물의 똥에서 살면서 이를 먹고 분해시켜 영양분으로 만듦으로써 먹이사슬로, 흙으로 들여보내는 곤충들과 미생물들이 있다. 오스트레일리아에는 몸집이 큰 초식동물이 있었던 적이 없어서 이런 네트워크의 어떠한 것도 발견되지 못했다. 이런 것이 없다 보니 매년 수백만 톤의 거름에 함유된 질소와 기타 영양분들이, 오스트레일리아의 흙을 비옥하게 만드는 대신, 오스트레일리아의 공기 중으로 증발된다. 이런 곤충들과 미생물들의 도입이 여러 번 시도되어왔는데도 말이다.[41]

중동의 반건조 지역에서 밑둥을 이루는 개체군은 주로 염소와 낙타로 이루어지고, 이들은 나머지 생물들을 계속 먹어치운다. 사막화에 관한 연구서인

---

40 *Arid-Land Permaculture. Special reference to Central Australian Aboriginal Outstations.* Bill Mollison. Tagari Community, P.O. Box 96, Stanley, Australia. 7331. November. 1978. pp.2,18.

41 *The Hungry Planet; The Modern World at the Edge of Famine.* Georg Borgstrom. Collier Books. New York. 1972. p.196.

제국 문화의 종말과 흙의 생태학

《퍼져가는 사막-사람의 손(Spreading deserts—The hand of man)》에서 에릭 엑크홈과 레스터 브라운은 이런 관찰을 한다.

> 이라크 북부의 방목지들은 저열화가 없다는 조건에서 25만 마리의 양만 안전하게 부양할 수 있다고 사료(飼料) 전문가들이 상상한다. 이는 이러한 자원 기초를 현재 먹어치우고 있는 100만 마리 정도와는 아주 거리가 멀다. 마찬가지로 시리아의 방목지는 현재 안전하게 부양할 수 있는 초식동물들 수의 세 배를 먹여 살린다. 그러한 초기의 저열화 단계에서 하등 식물종이 더 쓸모 있는 종들을 대체한다. 그런 다음에는 양을 키우는 목장들이 극히 강인한 염소와 낙타만을 키울 수 있게 된다. 마지막으로 이브라힘 나할이 말하기를, "진전된 저열화 단계에서는 시리아, 요르단, 이라크, 유나이티드 아랍에미리트 등처럼 목초지가 자갈층으로 덮인 반건조 사막으로 또는 반모래 사막으로 변한 여러 스텝 지대에서 명확해진 것처럼 식물덮개가 사라진다."[42]

엑크홈은 《땅을 잃기(Losing Ground)》에서 라자스탄에서의 토질저하를 기록한다. 라자스탄은 전 세계적으로 친숙한 인구 폭발의 심각한 압력을 겪은 인도 북서부의 반건조 지역이다.

> 이 압력의 실제로 중요한 점은 임업이나 목장 관리에나 적합한 한계 이하의 땅들도 경작할 수 있도록 만드는 것인데, 바로 이 압력이 이곳을 아마도 세계에서 먼지가 가장 많은 곳으로 만드는 것을 도와준다. 한편, 방목에 활용할 수 있는 땅이 줄어들 때 풀을 뜯는 동물들의 수는 늘어났다. 이는 과잉 방목, 풍화 침식 그리고 사막화가 일어나는 것을 알려주는 확실한 공식이다. 라자스탄 서부에서 방목에 활용할 수 있는 면적은

---

42 *Worldwatch Paper #13*, Worldwatch Institute, Washington, D.C. p.12.

제1권 문명의 붕괴

1951~1961년에 13만 킬로미터에서 11만 킬로미터로 줄어든 반면, 염소, 양, 소의 개체수는 940만 마리에서 1,440만 마리로 뛰어올랐다. 가축의 개체수는 그 이래로 꾸준히 증가해온 반면, 1960년대 내내 라자스탄 서부의 경작 면적은 전체 면적의 26퍼센트에서 38퍼센트로 더 늘어나 방목을 훨씬 더 압박했다.[43]

라자스탄의 경험은 지구상의 방목지에서 일어나는 기본 패턴을 따른다. 미국을 비롯한 제1세계 산업국가들에서 전문적인 방목지 관리, 기술적 전문지식·해법에 대한 과장된 선전이 아무리 이루어져도 방목지는 도처에서 몸살을 앓고 있다. 땅에서의 과도한 목축은 목장 관리와 상관이 없다. 그저 돈, 정치권력, 제국문화의 가치들과 깊숙이 관련되었을 뿐이다.

사막화

숲 벌채와 과도한 목축은 결국 사막화를 일으킨다. 지구의 자연적이고 교란당하지 않은 사막이 여러 유형의 동식물들이 있는 건강하고 번성하고 다양한 생태계인 반면, 어설픈 토지 사용에 의해 생겨난 사막은 생명력이 훨씬 더 고갈되었다. 이는 유기체들이 수만 년에 걸쳐 서로를 퍼뜨려 온 천연 사막과 달리, 생태계가 절단되어왔기 때문이다. 지구의 사막화는 급속히 진행되고 있다. 매년 수백만 에이커의 땅이 새로 이미 창출된 사막에 추가되어 '사막'의 정의에 들어온다. 사막들은 보통 예전의 반건조지의 숲을 파괴함으로써 창조되지만, 숲 벌채의 결과인 경우도 있다.

세계의 건조 지역은 총 3,200만 제곱킬로미터다. 이 면적 중 61퍼센트가 사

---

43 *Losing Ground. Environmental Stress and World Food Prospects,* Erik P. Eckholm. W.W. Norton & Co. New York. 1976. pp.63,64.

제국 문화의 종말과 흙의 생태학

막화되었다. 이는 25퍼센트를 넘는 토양 양분의 손실 그리고 이에 따른 바이오 매스 생산성 저하를 보여준다. 1980년에 사막화가 된 건조 지역 면적의 비율은 지중해 주변의 유럽 지역이 30퍼센트, 북아메리카가 40퍼센트, 남아메리카와 멕시코 71퍼센트, 남아프리카 80퍼센트, 지중해 주변의 아프리카 지역이 83퍼센트, 서아시아가 82퍼센트, 남아시아가 70퍼센트, 러시아-아시아가 55퍼센트, 중국과 몽골이 69퍼센트다. UN환경계획은 사막화가 땅의 표면적의 3분의 1을 위협한다고 추정한다.[44]

숲 벌채와 숲 제거가 밭갈이를 위해 토지를 청소함으로써 이루어져 땔나무 수집처럼 사막화에 기여하기는 하지만, 주범은 과도한 목축이다. 목축업이 주요 산업인 세계의 모든 지역에서 사막화가 퍼져가고 있다. 중동의 염소들과 아프리카의 사헬에서의 숲 제거를 떠올리겠지만, 지구상의 모든 반건조 생태계에서 사막화가 퍼져가고 있다.

미국 정부가 1981년 발간한 〈환경 품질에 관한 협의회 보고서〉는 이렇게 주장한다.

> 미국의 건조한 지역에서 사막화는 극심하다. 넓은 땅 밑의 지하수 공급량은 급전직하로 떨어지고 있다. 하천들이 모두 말라붙었다. 다른 곳의 하천은 헐벗은 토지에서 씻겨 내려온 침전물로 막힌다. 예전에 관개가 이루어졌던 경작지 수십만 에이커가 바람이나 잡초에 방치되고 있다. 이 나라에서 관개가 가장 생산적으로 이루어지던 토양 일부에 소금이 꾸준히 쌓이고 있다. 천연 초지 수백만 에이커가 재배나 과도한 목축의 결과로 비자연적으로 높은 속도로 침식되고 있다. 대평원(Great Plains)을 떠

---

44 *World Resources 1987. An Assessment of the Resource Base that Supports the Global Economy.* A Report by The International Institute for Environment and Development and The World Resources Institute. Basic Books. New York. 1987. p.289.

제1권 문명의 붕괴

난 흙은 대서양에 도달하고 있다.

모두 합해 미국의 약 91만 제곱킬로미터의 토지가 심각한 사막화를 겪고 있다. 이는 대략 미국 최초의 13개 주의 면적에 해당된다.[45]

세계의 여러 지역에서 땔나무 수집은 숲 벌채, 숲 제거, 사막화에 크게 기여하고 있다. 여러 제3세계 국가들에서 대부분의 사람들은 난방과 요리의 연료를 나무에 의존해야 한다. 인구가 폭발적으로 늘어나고 도시화 비율이 상승하면서 거대하게 헐벗은 지점이, 시골에서 어떠한 가연물이든 다 긁어모음에 따라, 도시들에서 수십 킬로미터나 뻗어 나간다. 여러 나라들에서 땔나무의 구매는 이제 시골에서건 도시에서건 가족 수입의 상당 부분을 차지한다.

땔나무 부족의 결과로 사람들은 동물의 똥을 불 때는 데 사용하기 시작한다. 남아메리카의 안데스 지역에서는 라마 똥이 사용되고, 또 다른 지역에서는 양과 소의 똥이 사용된다. 이 똥은 토양으로 돌아가지 않으므로 토양 비옥함의 또 다른 상실이 된다. "3억 톤 내지 4억 톤의 젖은 똥이-마르면 6천만 톤 내지 8천만 톤으로 줄어드는데-인도에서만 매년 연료로 태워져서 농토가 애타게 원하는 양분과 유기물을 빼앗는다. 인도에서 이런 식으로 매년 낭비되는 식물 영양분은 그 나라의 화학비료 사용량의 3분의 1을 넘는다."[46]

기화증발(evapotranspiration)은 땅에서 습기가 증발하는 현상이다. 이 습기는 토양에서 증발하며, 또한 식물도 습기를 발산한다. 빌 모리슨은 그의 《영속 농법. 설계자 매뉴얼(Permaculture. A Designers' Manual)》에서 토양의 습기는 토양 부피의 2퍼센트에서 40퍼센트까지 달한다고 말한다.[47] 또한 주

---

45 *Desertification of the United States.* David Sheridan. Council on Environmental Quality. U.S. Government Printing Office. #334-983/8306. 1981. p.121.

46 Eckholm. *Losing Ground.* op. cit. p.105.

47 Permaculture. A Designers' Manual. Bill Mollison. Tagari pub. Tyalgum, Australia. p. 203.

제국 문화의 종말과 흙의 생태학

목해야 할 것은, 흙에 있는 1에이커(약 4,047제곱미터)당 여러 톤의 미생물이 몸에 물기를 담고 있으며, 토양이 건강하고 높은 수준의 미생물을 가진다면, 이것이 토양의 수분 보유에도 기여한다는 것이다. 자연적 순환주기가 진행되면서, 토지에서 날아오르는 이 습기는 대기 중의 습기가 더 춥고 더 높은 고도에서 응축할 수 있는 미세한 물방울을 제공함으로써 비구름을 충전시키는 것도 도와준다. 전 세계적으로 비옥한 표토 전체가 엄청난 물의 저장고인 것이다. 표토가 상실되고 사막화가 진행되면 강우량도 줄어든다. 즉, 표토가 상실되고 사막화가 진행되면서 그 땅 자체도 더욱 건조해지고, 사막형의 식물 체제가 더 정착하게 되는 것이다. 문명은 건조함과 같은 것이다.

관개 사업. 오늘은 푸르고, 내일은 사라지고

농부들, 정부관료들, 은행가들은 관개 사업을 좋아한다. 그들은 관개 사업에 돈을 조달하고, 관개지에서 식량을 키우도록 보조금을 지불하는 일이 많은 납세자들을 비롯한 모두에게 뭔가를 공짜로 주는 것으로 여긴다. 대형 댐, 관개 사업 그리고 이와 함께 진행된 현대 산업영농 방식이 세계를 휩쓸어왔다.

반건조 지역에서 댐에서 증발에 의해 이루어지는 수분 상실은 평균 50퍼센트다. 물이 댐에 가두어지고, 그 다음에는 때때로 수 킬로미터를 수로를 통해 흘러가면서 물에 있는 소금과 광물질이 계속 축적되고 있다. 물이 땅 위를 가로질러 퍼져갈 때 더 많은 증발이 일어난다. 관개수가 들판 위에 퍼지면서, 식물에 의해 흡수되지 않은 물은 밑흙 쪽으로 가라앉는다. 많은 경우에 이 과잉의 물이 들판 아래의 지하대수층을 채우고, 지하수는 식물뿌리를 향해 올라가기 시작한다. 이 염분을 함유한 물이 식물의 뿌리에 일단 닿으면 그 식물은 죽는다. 올라가는 지하수면은 일종의 '심지 효과'로 모세관 작용에 의해 흙의 표면으로 증발한다. 그리하여 '알칼리바닥(alkali flats)'의 특징적인 눈 같은 소금덮개를 남긴다.

물이 스며든 염화된 흙을 만드는 데서 또 하나의 인자는 관개수에 의해 밭으로 들어오는 미세한 진흙 찌꺼기의 퇴적이다. 이 진흙 같은 물질이 흔히 지표면 저 밑의 불투수층으로 모인다. 이 '경판(hard pan)' 현상이 일어날 때 물이 그 위에 쌓이면서 식물의 뿌리가 잠기기 시작한다.

관개 작업을 하는 사람들은 축적된 염분과 광물질이 그들이 재배하는 식물을 죽이는 것을 충분한 물을 흘려보내 들판을 '헹구는' 시스템으로 간신히 막은 뒤 저지대로 그 물을 빼버린다. 현대의 관개 사업에서 이는 많은 경우 들판 아래를 깊이 파서 구멍 뚫린 파이프를 설치해 밑흙의 물을 그 땅 밖으로 빼버리는 것을 포함한다. 이렇듯 값비싼 방법은 많은 이윤을 남길 수 있는 선별된 땅이나 세금으로 지급되는 보조금을 쓸 수 있는 땅에서만 활용될 수 있다. 물을 빼는 데 필요한 돈이 없고, 땅이 침수에 대책이 없다면 그 땅은 결국 망가진다. 이 문제들은 지구의 수천만 제곱킬로미터의 땅에 영향을 준다.

현대적 시스템에 의해 관개 과정에서 방출된 물은 흙에 농축된 소금과 광물에 더해 비료에서 나온 질산염 그리고 중금속 농축물을 비롯한 산업적 농업에서 사용되는 온갖 화학물질을 포함한다. 이 중독된 물은 그 물이 모이는 습지에서 많은 짐승들과 새들의 유행하는 듯한 죽음의 원인으로 지적되어왔다. 그러한 관개 과정에서 나온 물이 하천과 강으로 되돌아가면서 물가의 생태계 파괴를 가중시키는 것이다. 이는 또한 알려지지 않은 양의 비료와 유독성 물질을 포함하고, 정상치보다 높은 염도의 물로 관개를 시도해야 하는 하류의 다른 관개 작업자들의 문제를 가중시킨다. 관개된 들판에서 흘러나가는 물은 많은 경우 천연습지로 그리고 저지대의 '황무지'로 빠져나간다. 이 황무지에 살던 생물들은 산업적 농업의 생명을 죽이는 온갖 배출물질 속에서 살아가기 위해 노력한다. 물고기, 개구리, 새 등은 암, 개방성 염증, 변이 등의 치명적 손상을 입는다. 최근 공개된 해당 사례는 캘리포니아 주의 산 호아퀸 계곡에 있는 케스터슨 야생 생물 보호구역에 관한 것이다. 이 사례에서 야생 생물, 특히 물새가 인근의 습지 보호구역으로 빠져나가는 농업 폐수 속의 셀레늄을 비롯한 독극물 때문에 죽어가고 있었다. 수렵 감독 공무원들은 지금 그 보호구역을 폐쇄했

제국 문화의 종말과 흙의 생태학

고, 철새인 물새들을 그 지역에서 내보내려고 시도하고 있다.

캘리포니아 주 중부에 있는 산 호아퀸 계곡은 미국 농작물 중 상당량을 생산한다. 1981년 미국 정부 출판물은 이렇게 주장한다. "오늘날 산 호아퀸의 관개농지 약 1,620제곱킬로미터가 상당한 양의 염분을 지닌 대수층에서 영향을 받는다. 궁극적으로 2080년까지는 산 호아퀸의 농토 4,450여 제곱킬로미터가 지표면 하부 배수 시스템이 설치되지 않으면 농산물을 생산할 수 없을 것이다."[48] 미국의 많은 지역들이 염분으로써 농토를 상실하고 있다. 염분 축적이 늘어나면서 토지는 시간이 갈수록 점점 더 적은 농작물을 길러낸다. 결국 흙 공동체가 완전히 파괴될 때 모든 농업이 이 지역들에서는 중단될 것이다.

관개 사업은 아주 비싼 대가를 요구한다. 새로운 어떤 지역을 관개하는 것을 정당화하려면, 완전한 대량 생산·마케팅 시스템이 도입되어야 한다. 이는 특히 제3세계 국가들에서는 생계형 농부들과 원주민들을 제거하는 것을 뜻한다. 녹색혁명에 의한 산업적 농법은 본래 중앙집중적이다. 그 농법을 하려면 기계와 산업적 방식이 적용될 수 있는 넓은 면적의 땅이 필요하다. 이는 나라의 엘리트들 그리고 이런 방식이 사용되는 나라에서의 초국적 기업의 장악력을 강하게 만드는 효과가 있다.

관개를 위해 우물을 활용하는 현대의 산업적 관행은 지금 녹색혁명과 함께 전 세계로 뻗어가고 있는데, 이는 문제를 안고 있다. 우선 이 시스템 대부분이 공급이 힘들어지고 곧 고갈될 화석연료를 사용하는 모터를 필요로 한다. 현대의 우물 관개는 다른 방법들과 똑같이 흙에 소금기를 띠게 한다. 그러나 가장 심각한 문제는 많은 경우에 관개용 우물 시스템이 밑에 깔린 대수층을 퍼 올려 말라붙게 하고 있다는 것이다. 심지어 땅이 주저앉는 경우도 나타나고 있다. 즉, 커다란 균열이 일어나면서 갈라지거나 갑자기 수십 미터씩 가라앉는 것이다.

미국 관개농지의 5분의 1이 사우스다코타 주에서부터 텍사스 주의 서북부

---

48 Sheridan, Desertification of The United States, op. cit. p.31.

까지 뻗은 로키 산맥의 동편을 달리는 오갈라라 대수층 위에 있다. 오갈라라 대수층은 홍적세 중에 축적된 물인 '화석수(fossile water)'를 담고 있다. 그때 이래로 이 대수층에 물이 추가되지는 않았다. 이 대수층은 절반이 사라져서 9천 제곱킬로미터도 남지 않았다. 그것은 다음 세기 초 언젠가 실질적으로 사라질 것으로 계산된다.

유럽의 여러 나라들은 현재 천연 수원으로 돌아가는 양보다 세 배 더 많은 물을 사용한다. 북아메리카에서 지하수 추출은 재충전율의 두 배다.[49]

중국 북부, 타밀나두, 인도, 이스라엘, 아라비아 만, 멕시코시티, 러시아 남서부, 유럽의 여러 곳에서, 북아메리카의 대평원, 애리조나 주 남부, 캘리포니아 주에서 지하수가 급격히 감소하고 있다.[50]

지하수가 감소하는 가운데 지표면의 흙은 염분과 침수에 시달린다.

저그 버그스트롬은 주장하기를 파키스탄에서는

> 인더스 평원의 경작 지대의 5분의 1에 해당하는 2만 제곱킬로미터 이상이 매년 심각한 피해를 입었다. 수확량이 침수와/또는 염분 때문에 상당히 줄어들거나 완전히 끊어졌다. 자그마치 400제곱킬로미터가 매년 그 면적에 추가되었다. 그중 상당 부분이 농사가 완전히 불가능한 지역이 되었다. 그리고 또 수만 제곱킬로미터의 땅의 생산성이 소금기 있는 흙 때문에 잠재 수준보다 매우 낮았다. 파키스탄은 20분마다 좋은 농토 0.01제곱킬로미터를 상실하고 있었지만, 그 땅 위의 새로운 권리자는 24초마다 출생했다.[51]

---

49 Too Many. An Ecological Overview Of Earth's Limitations. Georg Borgstrom. Collier Books. New York. 1969. p.144.

50 Brown. State of the World 1985. p.53.

51 Eckholm. Losing Ground. op. cit. p. 120.

제국 문화의 종말과 흙의 생태학

이라크의 경작지 중 3분의 1은 고대 수메르 제국 시절부터 여전히 소금기를 띠고 있기에 사용이 불가능하다. 이처럼 현재 관개가 이루어진 토지가 영구적으로 파괴될 것이다. 대략 세계의 관개가 이루어진 토지의 3분의 1이 현재 위험에 처했다.[52] 에크홈은 옛 소련의 토양과학자 V. 코브다가 했던 다음과 같은 주장을 인용한다.

> 관개가 이루어진 토지 중 60~80퍼센트가 부적절한 배수나 운하 공사 때문에 점점 더 염분을 띠고 있으며, 불모지가 되고 있다. (코브다의) 계산에 의하면, 20만에서 25만 제곱킬로미터의 토지가 관개시설이 부적절하게 관리된 탓에 여러 세기에 걸쳐 황무지가 되어왔고, 추가로 전 세계의 관개가 이루어진 토지 약 2천만 제곱킬로미터 중 2천 제곱킬로미터에서 3천 제곱킬로미터가 침수와 염분 때문에 매년 경작지에서 빠져나간다.[53]

관개는 세계 식량 문제에 대한 '해결책'으로 억지로 권장되지만, 그 이익은 단기적일 뿐이며 다양한 장기적 문제를 안고 있다. 일부 주요 문제들은 이미 여러 관개 사업에서 핵심 대형 댐에 의해 유발되고 있다.

빌어먹을 댐

어떤 댐도 무한정 지속되지는 않는다. 조만간 모두 모래와 진흙으로 막힌다. 이 사실은 댐을 지음으로써 이익을 보는 산업인들에 의해서는 결코 언급되지 않는다. 남아메리카의 침식 중인 유역에 있는 어떤 댐들은 10~15년의 기대

---

52 ibid. p.124.
53 ibid. pp. 124,125.

수명을 가지고 있다. 더 생태계적으로 안정된 지역에 지어진 다른 댐들은 수백 년이나 갈 것으로 기대될 수도 있다. 진흙으로 막힌 댐들은 습지가 되거나 단순히 거대한 흙더미가 된다. 현재의 댐들이 지금 모든 강마다 최적의 위치에 지어져 있으므로 그 혜택을 덜 바람직한 곳에 더 많은 댐을 지음으로써 대신할 수 있을 가능성은 별로 없다. 댐들이 침식물로 차오르면서 수력 발전이라는 댐의 용도는 물의 흐름이 유지될 수 없으므로 줄어든다.

대형 댐은 (일시적이더라도) 아주 큰 보물이고 당면한 문제에 대한 커다란 물리적 대답이다. 그래서 지구상의 댐들이 결국 수중 생물 흐름 시스템의 상당 부분을 질식시킬지라도 모두가 이를 추천한다. 댐들은 산업가, 은행가, 정치인, 일용직 노동자를 먹여 살릴 뿐 아니라 문화적 변혁의 수단이기도 하다. 연료, 비료, 기계를 가지고서 하는 산업적 농업의 대량 생산 체제 전체가 댐과 끼워져 맞추어져야 한다. 이는 시장, 이윤, 정치적 전략의 실현, 권력의 중앙집중 그리고 가난한 자들의 계속되는 소외됨을 뜻한다. 충분한 돈과 총을 가지고서 산업가들은 사람들은 물론 땅 또는 우주에 대한 어떠한 배려도 한동안은 무시할 수 있다.

파나마 운하 위의 담수호 안에 있는 물은 운하의 갑문 수위를 조정하는 데 사용된다. 이 호수 위의 밀림 유역의 숲 제거와 파괴는 이 호수들에 진흙이 쌓이게 만듦으로써 습할 때와 건조할 때의 순환 기복이 크지 않게 하는 데 충분한 수량을 담지 못하게 한다. 결국 그 호수들에는 우기에만 물이 있게 될 것이다. 궁극적으로 건조할 때에는 운하의 갑문을 채울 만큼 충분한 물이 없을 것이다. 이는 대규모 생태계적 파괴가 일어나고 있을 때 대규모 수로공사로 생겨나는 문제의 유형들의 한 예다.

대규모 수로공사와 관련된 또 다른 문제들은 이집트에서의 아스완 댐에 의해 나타났다. 수천 년간 나일 강의 연례적 범람은 이집트인들의 밭을 비옥하게 만들었다. 그러한 생물학적 순환이 아주 풍요롭다 보니, 고대 이집트인들이 나일 강 유역의 믿기지 않을 만치 풍부한 천연습지 생태계를 파괴한 후에도 제국은 이 지역에서 수천 년간 존속할 수 있었다. 거대한 아스완 댐은 현대 시대에

제국 문화의 종말과 흙의 생태학

소련 기술자들에 의해 지어진 것으로, 이집트의 생존 시스템에 남아있던 것을 고갈시키고 파괴하는 데 최종적으로 성공하고 있다. 기술자들은 나일 강의 범람을 막은 13억 달러짜리 댐이 두 가지 효과를 달성하도록 계획했다. 관개와 수력 발전이다. 댐 사업은 이집트의 전력 '필요량'의 반을 생산함으로써 환호를 받지만, 《가이아. 지구 관리 지도(Gaia, an atlas of planet management)》의 저자들은 그것이 일으킨 몇몇 문제들에 관해 주장한다.

> 범람시기 중에 하류 지역의 밭들을 한때 비옥하게 했던 100톤 이상의 진흙과 모래가 이제는 아스완 댐에 의해 형성된 나세르 호수에 쌓이고 있어서 이집트의 비료 수입량을 늘렸다. 이 진흙의 가둠은 또한 하류의 산업들에도 타격을 가했다. 카이로의 벽돌 제조자들은 필수원료를 구하기 어려워졌으며, 나일 강에서 흘러나오는 영양물질의 흐름에 의존하던 연안 지역에서의 정어리 어업도 일찌감치 피해를 봤다. 나일 강 삼각주 자체는 쇠퇴하는 중이다. … 동시에 토양의 소금기와 침수 문제가 강조되고 있다. FAO(식량 농업기구)의 연구는 이집트의 경지 면적의 35퍼센트가 소금기에, 거의 90퍼센트가 침수에 시달린다고 한다. 이 모든 것에 왕관을 씌우기 위해 수인성 기생충 질환인 주협흡충병이 나세르 호수 인근에 사는 사람들 사이에서 창궐해왔다.[54]

한 조사가 드러낸 것은, 아스완 댐 뒤에 만들어진 인공호수인 나세르 호수의 사암 바닥은 상당량의 물을 가둬두지 않고 호수의 바닥으로 스며들도록 허용했다는 것이다. 길이 약 322킬로미터의 나세르 호수 표면으로부터의 그리고 광범위한 관개수로로부터의 증발 정도는 높으며, 댐이 지어지기 전보다 사용될 수 있는 물의 총량도 적다.

---

54 Myers. Gaia. op. cit. p. 132.

전 세계적으로 2억5천만 명으로 추산되는 사람들이 주혈흡충병에 감염되었다. 질병을 유발하는 기생충, 혈/간디스토마는 생애 중 일부 기간은 달팽이 안에서 살지만, 사람의 몸 안에 알을 낳는다. 성충이 된 기생충인 갈퀴꼬리벌레는 사람들이 관개수로의 물이나 강에 들어갈 때 사람한테 달라붙는다. 그 벌레는 사람의 몸 안으로 파고 들어가 간을 찾아가서 알을 낳는다. 알은 대소변에 의해 사람의 몸에서 나온다. 알이 물길로 들어가면서 유충 형태로 달팽이에 의해 섭취된다. 그 기생충은 인간이라는 숙주의 신체적 기력을 빼놓는다. 이 농경국가들에서 감염된 사람들은 매일 불과 몇 시간밖에 일할 수 없다.

나일 강 주변 지역의 범람과 건조의 번갈아듦은 예전에 그 벌레의 전 생애 중 일부의 숙주가 된 달팽이들의 수를 통제했다. 범람이 그들을 바다로 씻겨낸 것이다. 아스완 댐이 건설된 이래로 달팽이들이 늘어났다. 이집트 인구의 70퍼센트는 지금 주혈흡충병에 감염된 것으로 추산된다.

세계적 기준으로 연평균 소득이 낮은 사람들, 이미 굶주림 수준에 다다른 사람들 가운데 농업 생산량의 깎아지른 듯한 저하는 이집트 정부가 새로운 댐에 의해 생산된 전력의 일부를 비료공장을 가동하는 데 쓰지 않을 수 없게 했다. 화학비료의 사용은 손해를 어느 정도 임시로 벌충해주었지만, 수확량은 여전히 아스완댐 건설 이전보다 20퍼센트 적다.

새로운 산업적 농업기술의 결과는 제초제, 살충제, 화학비료를 지금은 영양물질이 빈약한 나일 강에 관개 배출수를 통해 주입하는 것이었다. 이런 배출물질과 한때 나일 강에 의해 제공되었던 영양분 흐름의 결핍이 더해져 나일 강 삼각주에 있는 다섯 개의 얕은 호수들이 손상되었다. 이 호수들 중 하나만으로도 예전에는 매년 이 단백질에 굶주린 국민들에게 1만5천 톤의 물고기를 제공할 수 있었다. 이 호수들 자체는 범람하는 나일 강에 실려 온 침천물이 나일 강 삼각주에 모래톱을 만들 때 생겨난 것이다. 모래톱이 다시 뒤에 거대한 얕은 호수들을 만든 것이다. 매년 쌓이는 물질이 하류로 흘러들어 가기보다는 나세르 호수를 메운 결과 바다가 모래톱을 침식시키기에 이르렀다. 그래서 곧 이 호수들이 없어질 것이다. 1만9천 명의 사람들이 이 지역에 살면서 지 호수들에

제국 문화의 종말과 흙의 생태학

서 하는 어업에 의존하고 있다.

여러 해 동안 규모가 큰 어업이 이집트의 지중해 연안 지역에 존재했었다. 1만8천 톤의 연간 어획량의 거의 절반이 정어리였다. 나일 강의 영양물질이 해양생태계로 유입되기를 중단했을 때, 이집트의 물고기 수출은 절반이 줄어들었고, 정어리 어획량은 500톤으로 떨어졌다.

이제 나일 강의 물이 나세르 호수에서 증발되거나 사암 바닥으로 스며들면서 지중해는 중요한 담수 공급원을 빼앗기고 있다. 이 때문에 지중해 전체의 염도가 올라가고 있고, 그 일대의 모든 어업은 위협을 받고 있다.[55]

관개에 대한 이 검토에서 우리가 알게 된 것은, 많은 지역들에서 그것은 단지 단기적 이익일 뿐이라는 것이다. 장기적 적자가 다음 수십 년 내에 우리가 다루어야 할 문제로 등장할 것이다. 폭증하는 인구가 그들에게 필요한 식량 공급량을 압도하리란 것과 똑같은 것이다.

---

55 *The Last Days of Mankind. Ecological Survival or Extinction.* Samuel Mines. Simon & Schuster. New York. 1971. pp. 10–12.
The Hungry Planet. The Modern World at the Edge of Famine. Georg Borgstrom. Macmillan. New York. 1972. pp. 499–501.
Ecology and Field Biology. 2nd. ed. Robert Leo Smith. Harper & Row. New York. 1974. p. 81.

제4장

숲

숲은 '땅의 허파'다. 숲은 산소를 내뿜고 이산화탄소를 들이마신다. 그들은 또한 흙을 만들고, 습기를 흡수하고, 햇빛을 바이오매스로 변화시키는데, 그런 일들을 지구상 다른 어떤 생태계보다 더 효율적으로 한다.

독일의 신비주의자이자 생명역동원예(Biodynamic Gardening)의 창시자인 루돌프 슈타이너는, 숲 유기체 자체가 인간처럼 기관(器官)들을 가지고 있다고 주장한다. 이는 흙, 식물의 줄기 그리고 바람을 포함한다. 흙은 숲의 소화기관인 것이다.

바람은 숲의 숨이다.

나무의 몸은 혈관 시스템이다. 나무는 땅속 깊이 박힌 뿌리로 물과 광물질 둘 다를 끌어올린다. 증발은 공기를 습하게 해주고, 극단적인 기온을 완화시켜주고, 다양한 생물들을 위해 풍부한 서식처를 이루어주는 복잡한 미세기후를 창조한다. 광물질은 나무의 몸에 머물며, 어느 날인가에는 표토가 될 것이다.

숲에 의한 가장 큰 혜택 중에는 거센 비를 완화시켜 물이 흙과 밑흙에 젖어 들어가게 하는 것이다. 빗물은 숲의 바닥으로 젖어 들어가 하천과 대수층에 물을 댄다. 어떤 지역에 뿌리를 내리고서 오래 자라는 숲은 영양분을 아주 효율적으로 재생하며, 그에서 흘러나오는 물은 아주 맑아서 광물 성분이나 떠다니는 고형물 같은 것도 별로 없다.

이런 식으로 숲은 인근의 물과 관련된 생태계를 부양한다. 중요한 것은 숲에서 빠져나오는 물의 질이다. 온대 지역의 숲에서 통나무 벌목, 특히 깨끗이 베어내는 벌목이 일어날 때마다 어업 전체가 망가져 왔다. 나무들이 없으면 침

제국 문화의 종말과 흙의 생대학

식(浸蝕)이 곧 물의 화학적·입자적 구성을 바꾸기 시작한다. 예를 들면, 이동성 물고기인 연어가 알을 낳으려면 하천 바닥에 작은 자갈이 필요하다. 자갈은 알이 포식자에게서 보호되도록 알에 비례해 딱 맞는 크기여야 한다. 구멍이 충분히 많이 나 있어서 새끼가 부화할 때 도망칠 수 있어야 한다. 진흙이 자갈을 덮을 때 물고기의 알은 죽고 어업은 망하고 수중식물의 서식처는 손상을 받고 물 공급은 엉망이 된다.

숲은 빗물(降雨)에 큰 영향을 준다. 실제로 비를 만들기까지 한다. 나무들이 엄청난 양의 습기를 대기 중으로 보냄으로써 말이다. 예를 들면 중간 크기의 보통 느릅나무 한 그루는 맑고 덥고 건조한 날 하루에 약 7톤의 물을 증발시킨다. 폭풍우 전선이 바다에서 지나가면서 땅에서 위로 증발한 습기는 연속적인 순환주기에 따라 비구름을 재충전하는 것을 도와준다. 지표면으로부터의 습기는 대기 중의 습기가 응축하는 씨가 되는 미세물방울 상태로 있다가 땅으로 다시 떨어진다. 방대한 양의 수증기가 구름으로 올라가고 다시 비가 되어 떨어지는 것이다.

온대 지역의 숲과 열대 지역의 밀림에는 안개-물방울(fog drip) 같은 현상도 있다. 안개가 깔리면서 물방울이 식물에 맺히고 뚝뚝 떨어져 낮은 곳을 적신다. 이런 현상에 의해 물이 맺히는 것은 이 숲들의 습도를 상당히 높여준다.

숲의 또 다른 중요한 효과는 전하(電荷)를 가진 음이온의 생성이다. 음이온화는 폭포 근처, 해안 그리고 습기가 있는 숲에서 성대하게 일어난다. 이온화의 집중은 전기장을 만든다. 물을 밑흙에서 퍼 올려 그것을 증발시키는 작업은 그 지역을 촉촉하게 만들어주며, 음이온화에 기여한다. 실험실에서의 실험은 식물들이 음이온이 풍부한 환경에서는 도시, 벌목지 그리고 덥고 바람이 부는 사막 같은 중성이나 양이온으로 충전된 환경에서보다 상당히 더 크게 자라난다는 사실을 보여준다.

숲은 단순히 무작위적으로 자라난 나무들의 집단이 아니다. 숲은 수백만 년에 걸쳐 함께 살아오면서 그 형태와 관계를 차별화해온 유기체들의 광범위한 복합체인 것이다. 그들의 에너지 순환이 거대한 신진대사 체계를 창출한다. 한 지역에 뿌리를 내린 숲은 어느 생태계에든지 1에이커(약 4,047제곱미터)당 가장 많은 수의 종(種)들에게 서식처를 제공한다(물론 바닷속의 산호초는 이보다 더 대단하다). 이 때문에 나무를 다시 심는다고 해서 손상이 복구되지는 않는다. 산업가들이 나무를 다시 심는 이유는 원래 숲의 생태계를 되돌리려는 것이 아니다. 일반적으로 토지에서는 경제적 중요성이 있는 약간의 조경용 나무들이 심어질 뿐이며 다른 종들은 제외된다. 엄청난 양의 돈이 지금 벌목되고 난 혹은 손상된 현장에 다시 숲을 만들기 위해 유전자적으로 설계된 나무들을 창조하는 데 쓰이고 있다. 예를 들면, 전나무 숲이 벌목된 뒤 산업계는 수백만 달러를 쓰지만, 그 대부분은 숲 스스로 자신을 치료하는 연속적 과정을 무산시키려고 독극물을 쓰는 데 사용된다. 산업계가 즉시 전나무를 심기 위해서 말이다. 예전의 숲이 삼나무, 오리나무 등 다른 나무들과 전나무들의 혼합물이었던데 비해, 오직 상업적 가치가 있는 전나무들만 다시 심는 것이다. 이러한 '다시 나무 심기' 같은 노력은 본질적으로 '목재 대농장(tree plantation)'일 뿐이지, 결코 원래의 숲을 소생시키려는 행위가 아니다. 그 모든 생명의 복잡한 그물을 가졌던 진정한 '원래의 숲'은 사라지고 '목재 대농장'으로 바뀐 것이다. 이는 옥수수밭과 더 닮았지만, 수명은 더 길다. 기업체 광고 부서가 그렇게 그려대는 것과 달리 영구적인 숲이기는 고사하고 이 목재 대농장들은 영원히 손상된 흙과 줄어든 영양 조건에서 작동한다.

인간가족은 수백만 년간 숲의 거주자로서 아주 잘 살아왔다. 중국과 유럽의 거대한 숲 그리고 북아메리카 대륙 동부 지역의 혼합된 숲의 원주민들은 가능한 최고로 풍성한 서식지 중 하나에서 살았다. 열대 밀림에 남아있는 극소수의 원주민 농민들이 오늘날 근대 산업 체계보다 에너지 투입 당 더 많은 식량을 쉽게 키워낼 수 있다. 어떤 이들은 알려진 것들 중 에너지 효율이 가장 높은 시스템 중 하나인 화전 농업을 계속하고 있다. 고대의 시스템은 숲 속에서 작은 개간지들을 번갈아가며 경작하는 식이었다. 10여 개의 길들어진 그리고 반쯤 길들어진 원예식물들이 씨앗을 바람에 날려 성숙한 숲으로 자라나므로 생태계에서의 실질적 단절은 없다. 이렇듯 복잡한 '경작된 밭'은 생물에 대한 원주

제국 문화의 종말과 흙의 생태학

민들의 깊은 지식의 소산이다. 경작된 밭은 다양성과 상호 이익을 향한 자연적 생명의 추세와 더불어 흐른다.

　해결책에 대한 우리의 분석의 일부로서 이렇듯 복잡한 식량 생산 시스템의 현대판을 나중에 제시하겠다.

숲들은 어떻게 몰락했는가

　땅의 3분의 1 이상이 제국문화 이전에는 숲으로 덮여있었다고 추정된다. 이는 대략 3억 제곱킬로미터다.[56] 최근의 추정치는 숲의 대략 10분의 1인 약 4천만 제곱킬로미터만 남았음을 보여준다.[57] 여기서 이 수치들은 꼭 최고의 생태계들이 아니라 어떠한 나무들의 집단이든 모두 말하는 것이라는 사실에 주목해야 한다. 손상되지 않은 채 늙을 때까지 자란 숲의 양은 결코 계산된 적이 없다. 참으로 이 보잘것없는 '높은 가치의 잔여물'은 세계의 목재 산업에 의해 아주 많이 요구되고 있다. 그래서 이러한 나무들은 아주 빨리 사라지고 있어서 어떠한 계산도 즉시 낡은 것이 될 정도다.

　숲들이 잘려나갈 때 그 숲이 붙잡아두었던 빗물은 지구의 벌거벗은 표면을 달려 느슨한 흙을 실어간다. 진흙이 실린 빗물은 강둑을 부풀리고 넘쳐나서 저

---

56 *International Green Front Report.* 1988. Michael Pilarski. Friends of the Trees pub. P.O. Box 1064, Tonasket, WA 98855. p.11.

57 *World Resources 1987. An Assessment of the Resource Base that Supports the Global Economy.* International Institute for Environment and Development and the World Resources Institute. Basic Books. New York. 1987. pp. 58,59. (This study gives a figure of 4.1 billion hectares of forest remaining).
State of the World 1988. Lester Brown, et. al., Worldwatch Institute. W.W. Norton. New York. 1988. p.83. (This study gives a figure of 4.2 billion hectares of forest remaining).

지대에 범람한 뒤 강바닥을 긁어내고 넓힌다. 흙을 언덕 기슭에 붙잡아두던 살아있는 뿌리 체계가 사라질 때, 산사태도 점점 더 잦아진다. 건기가 돌아올 때 손상된 흙에는 습기가 남지 않는다. 이로써 홍수와 가뭄의 악순환이 시작되는 것이다. 나무들의 증발에 따른 조절 효과도 없고, 숲이 빗물을 끌어들이는 일도 없다면 가뭄이 증가한다.

전 세계적으로 이런 고갈 과정이 일어나고 있다. 지구상의 다른 모든 위기가 없더라도 전 세계의 숲이 사라지는 것만으로도 지구는 위기에 처한 것이다. 숲이 지구의 생태계에 주는 서비스가 아주 크기 때문이다.

지구의 주요 숲 생태계들 모두가 심각한 공격을 받고 있다. 모든 대륙의 숲이 심각하게 앓고 있다.

히말라야 산맥의 산기슭 전체에서 숲 파괴가 급속히 진행되고 있다. 염소를 치는 목동들은 언덕을 거슬러 올라가서 나무를 잘라 땔나무로 팔고, 자신을 위해 불을 피우며, 잔가지와 잎들은 가축들에게 먹인다. 가파른 언덕을 경작하려는 사람들은 이 염소 치는 사람들을 따라다니는 경우가 많다. 헐벗은 저지대에서의 땔나무 수요와 가파르고 높은 산등성이도 경작하려는 시도가 땅을 헐벗기고 있는 것이다. 그 결과는 홍수, 침식, 가뭄이다.

네팔은 사막화가 이루어지고 있다. 네팔 사람들은 땔나무 부족 때문에 난방과 요리를 위한 연료로 똥과 농작물 잔재물을 활용할 수밖에 없다. 당국자들의 계산으로는 토양에서 이 똥과 잔재물을 뺀다면 그 나라의 연간 곡물 수확량은 15퍼센트가 줄어든다는 것이다.[58]

제국의 시대 내내 목동들의 염소들 그리고 쟁기를 가진 사람들이 숲을 밀어냈다. 숲의 흙이 비옥하므로 문명인들은 항상 숲을 밀어버리고, 그 비옥한 토양을 경작하고자 한다. 메뚜기가 식물을 갉아먹는 것을 연상시키는 이러한 파괴는 금속을 제련하는 사람들, 석회를 생산하는 사람들, 도자기 산업에 종

---

58 Brown, op. cit. p.88.

사하는 사람들 그리고 요리와 난방에 필요한 숯을 굽기 위해 숲을 벗겨낸 사람들의 파괴 행위에 필적한다. 고대 제국들은 일찍이 숲을 잃었다. 예를 들면 현재 터키의 수도 앙카라 시가 위치한 터키 산맥 동쪽 고지대는 한때 숲이 있던 지역이었다. 그곳의 운명은 아르메니아 고지대의 운명과 비슷했다. 당국자들은 원래의 숲이 고지대 토지의 70퍼센트를 덮었다고 믿는다. 숲 덮개는 지금 13퍼센트로 줄어들었다. 고지대의 나머지 부분은 지금 돌이킬 수 없을 정도의 스텝 환경으로 퇴보했다.[59]

'콘티키호의 모험'으로 유명한 토르 하이에르달은 그의 책 《콘티키(Kon Tiki)》가 출판된 이래 갈대로 만든 조각배를 타고 많은 여행을 했다. 하이에르달은 아라비아의 남쪽 연안을 따라 그 배로 항해하기도 했다. 그와 그의 선원들은 오만의 황량한 지대에 상륙했다. 내륙으로의 짧은 여행에서 그들은 5천년 전 수메르 시대의 거대한 노천 구리광산을 발견했다. 오늘날 오만 일대의 사막이 한때 그러한 규모의 제련업을 지탱할 수 있던 숲을 가지고 있었음을 상상하기는 어렵다. 그러나 증거는 거기 있다.

현재 이스라엘의 남동부 지역과 네게브 사막 그리고 동쪽에 있는 시나이 사막에도 과거에 존재했던 '아마도 풍성했던 숲'의 증거가 있다. 윌리엄 플린더스 페트리 경이 "3천 년 전부터 시작되었다"고 주장하는 시나이 사막 서부의 와디 내시 지역에서의 광업 활동에 대한 1960년도의 조사는 이에 대한 틀림없는 실마리를 내놓았다.

> (페트리는) 길이 약 31미터, 넓이 약 15.3미터, 깊이 약 46센티미터인 나뭇재가 깔린 바닥과, 구리를 제련하는 과정에서 나온 깊이 약 1.9~2.5 미터, 길이 약 153미터, 넓이 약 1미터의 슬래그 더미도 발견했다. 지금은 사막인 인근 지역에서 광산이 운영되던 시기에 이곳이 가연물을 보유하

---

[59] *Man and the Mediterranean Forest. A history of resource depletion.* J. V. Thirgood. Academic Press. 1961. p. 52.

고 있었음이 분명한 듯하다. 이와 유사하게 네게브 사막의 와디 아바라에서는 기원전 1000년부터 시작된 고도로 발달된 구리 제련 가마가 발견되었다.[60]

지중해 지역의 숲들은 모두 여러 제국들의 여러 시대를 관통한 전략들에서 중심으로 등장했었다. 숲은 제련업의 연료일 뿐만 아니라, 조선업을 위한 원자재였다. 인근의 숲들이 사라지면서 제국의 전략의 주된 돌파구는 전쟁과 무역을 위해 더 많은 배를 건조하는 데 사용할 다른 지역의 숲을 정복하는 것이었다. 제국의 흥망성쇠는 숲을 쓸 수 있느냐 없느냐에 달렸다.

제국들이 일으키는 전쟁은 적을 약화시키기 위해 숲 전체를 고의로 태우기 때문에 많은 숲들을 없애버리기도 했다. 많은 전쟁 수단들을 만드는 데에도 숲이 필요했다. 목재는 병거, 공성용 망치차, 요새, 비계, 그 밖에 담으로 둘러싸인 도성에 대한 공격 수단으로 사용되었다. 숲은 기원전 588년에 바빌로니아의 왕인 느부갓네살에 의해 이스라엘의 라기스 성을 공격하는 데 사용되었다. "그에서 2500년 뒤 수 미터에 달하는 잿더미 층이 여전히 남아있다. 이는 라기스 요새 성벽의 유적들보다 높다. 언덕들에서는 수 킬로미터에 걸쳐 나무가 베어졌다. 목재는 성벽 바깥에 쌓여서 태워졌다. 밤낮으로 불길이 성벽을 태워 결국 하얗게 데워진 돌들이 터지면서 성벽이 무너졌다."[61]

고고학은 오늘날 레바논에 해당하는 부분에 닫혀있는 덮개처럼 빽빽한 숲이 있었고, 이스라엘은 한때 숲으로 덮여있었거나 적어도 상당한 천연 나무덮개를 가졌다는 성서의 보도를 거들어준다. 레바논의 백향목 숲들은 일찍이 이집트 제국에 의해 건축자재로 쓰이거나 배를 만들기 위해 베어졌으며, 그 뒤를 이은 모든 제국들에 의해 사라질 때까지 베어졌다. 레바논의 백향목들 중에서 오늘날에도 그나마 남아있는 관목들은 예전의 숲이었던 곳에 존재하는 수도원

---

60   ibid., p. 57.

61   ibid., p. 58-59.

제국 문화의 종말과 흙의 생태학

의 땅에만 있다. 수년 전에 이 숲의 작은 부분이 여전히 수도원 바깥에 있었을 때, 국제연합(UN)의 〈식량 농업 보고서〉는 수세대나 묵은 그러나 여전히 전 세계의 남은 숲들에서 계속되는 풍경에 대해 이렇게 기록했다.

> 레바논의 산들에는 … 그 풍경을 누군가가 믿게 하려면 한번 보여줄 필요가 있다. 거기서 이 아름다운 나무들의 마지막 흔적들이 안하무인격인 파괴를 당하는 믿을 수 없는 광경을 볼 수 있다. 최후의 나무들이 찾아내지고 목재와 연료로 쓰이기 위해 찍혀 넘어갈 뿐만 아니라, 성숙한 나무들이 염소의 먹이로 쓰이기 위해 가지치기가 이루어지는 등 사실상 벌목되는 것을 보게 된다. 염소의 식성은 대단해서 … 염소 떼는 이미 그들의 발길이 닿는 범위 안에서 모든 형태의 숲을 거의 다 소비했다. 양치기들은 방해를 받지도 않고, 그래서 그들의 걸신들린 가축 떼의 허기진 배를 채워주기 위해 높다란 숲의 마지막 흔적까지 찍어버리는 길을 택했다. 아름다운 백향목이나 은사시나무가 이런 목적을 위해 찍어내어지는 것을 보는 것과, 또 수백 마리의 굶주린 염소들이 문자 그대로 나무가 땅에 쓰러지는 순간에 그 위를 덮쳐서 나뭇가지에서 이파리의 모든 흔적을 다 먹어치우는 것을 보는 것은 놀라운 광경이다. 그런 가축 떼가 나무 한 그루에서 그 이파리를 모두 벗겨내는 데는 몇 분밖에 안 걸린다. 찍혀서 쓰러진 나무는 양치기의 그러한 목적에 쓰인 뒤 쓰러진 곳에서 썩도록 방치된다. 그러고 나서 그 양치기는 다음 나무에 주의를 돌리고, 계속 그렇게 해간다.(FAO, 1961)[62]

전쟁 수행 전략의 일환으로 숲을 파괴하는 관행은 오늘날에도 계속되고 있다. 베트남전쟁 당시 미군은 화학무기로 베트남 밀림의 나뭇잎 제거를 보란 듯

---

62 ibid., p.73.

이 해치웠다. 니카라과 반군에 대한 미국의 '인도주의적' 원조는 그들이 니카라과의 남쪽 국경선에 잇따라있는 대체 불가능한 밀림을 파괴하고, 때로는 그 숲의 판매에서 돈을 벌 수 있도록 전기톱을 구입하는 데 사용되었다. 니카라과 반군의 공격은 또한 생태계적 복원 노력도 겨냥했다. 과테말라에서 미국 정부의 마약단속청은 수십 제곱킬로미터에 달하는 밀림에 약을 뿌리는 것을 재정적으로 지원했다. 그 사업의 비밀스러운 성격상 어떤 독약이 뿌려지는지 알려지지는 않았으나, 과테말라의 숲들에서 여러 건의 비자연적인 불이 일어났다는 것이 알려짐으로써 그 숲이 약화하여 왔음을 알 수 있다.

숲의 제거는 제국의 진군을 뒤따른다

아랍계 이슬람교도인 무어인들은 스페인으로 진출하면서 중세 초기에 북아프리카에 남아있던 숲들의 상당 부분에 불을 질렀다. 스페인과 이탈리아의 숲들은 꾸준히 줄어들었고, 그들을 최종적으로 파괴하는 것은 양 떼를 몰고 온 무어인들에 의해 완수되었다. 스페인과 이탈리아의 숲 제거는 그때 심각해졌다.

유럽 대륙과 영국 땅의 거대한 숲들은 켈트족의 청동 제련을 위해 넘어가기 시작했다. 파괴는 로마인들과 함께 늘어났다. 이들은 농업을 하고 배를 만들기 위해 토지를 개간했다. 유럽의 숲 파괴는 오늘날에도 계속된다.

식민지 개척자들이 북아메리카에 침입하면서 그들은 유럽식 농업을 시작하기 위해 거대한 넓이의 숲을 그냥 불태웠다. 1756년에 존 애덤스는 제국의 인식을 대변하는 말을 했다. 지금은 도시들, 산업적 황무지, 독성 폐기물 처리장, 중독된 대기, 중독된 물, 산성비로 죽어가는 숲으로 덮여있는 대륙의 땅을 가리키면서 그는 이런 관찰을 했다.

대륙 전체가 계속되는 당혹스러운 광야 때문에 늑대와 곰 그리고 더 야만적인 인간들이 출몰하는 곳이었다. 지금은 숲들이 제거되고, 땅은

제국 문화의 종말과 흙의 생태학

옥수수밭, 과일이 매달린 과수원 그리고 합리적이고 문명화된 사람들의
웅장한 주거지로 덮여있다.

캐나다 남부의 농업 지역들은 숲의 3분의 2를 잃었다. 미국에서 숲 제거의
역사는 더욱 길다. "미국에서 약 365만 제곱킬로미터에는 원래 1,100종 이상
의 나무들이 심어져 있었으며, 그중 100개의 종은 큰 경제적 가치를 지녔다.
단 647개의 종만 남아있고, 약 17만8천 제곱킬로미터만이 그 원래의 숲을 유
지해왔다."[63]

북아메리카 대륙 더 남쪽의 멕시코의 50퍼센트는 원래 숲으로 덮여있었으
나,[64] 정복을 당한 후 매 세기 그 숲의 4분의 1씩을 상실해왔다.[65] 멕시코의 숲
들 중 다수는 제련소에서 멕시코 광산의 광석들을 녹이기 위한 연료로 사라졌
다. 어떤 지역들에서는 숲 전체가 이런 목적을 위해 사라져 갔다. 오늘날 멕시
코에는 원래 상태로 있는 숲이 없다.

독성 공기, 독성 비

숲을 위협하는 것은 전기톱, 도로 건설, 토지 개간만이 아니다. 문명화된
지역에서 떠오르는 공기 중 부유 유독성 물질도 땅의 숲들을 죽이고 있다. 호
수들이 죽어가기 시작했을 때 처음으로 낌새를 알아차리기 시작했다. 스칸디
나비아와 북아메리카의 수백 개 호수들의 생물학적 죽음 후에 과학자들은 그

---

63 *Before Nature Dies*. Jean Dorst. Houghton Mifflin Co. Boston. 1970. p.136.

64 *Losing Ground. Environmental Stress And World Food Prospects*. Erik P.
Eckholm. W.W. Norton & Co. New York. 1976. p.35.

65 *The Hungry Planet. The Modern World at the Edge of Famine*. Georg
Borgstrom. Collier Books. New York. Second Edition. p. 309.

것을 유발한 것이 공기 중에 있는 그 무엇이었다고 결론을 내렸다. 그러고 나서 깨닫게 된 것은 숲들도 죽어가고 있다는 것이었다. 어떤 화학물질들의 조합이 가장 큰 해를 끼치는가에 대해서는 논란이 이루어지고 있으나, 산업 지대에서 떠오르는 공기 중 부유 유독성 물질이 원인이라는 것에는 의문의 여지가 없다. 이 오염물질들이 지역들 전체의 화학적 상태를 변화시키고 있는 것이다.

산성이 토양의 pH(산성/알칼리성) 균형을 변화시키고 있다. 식물들 하나하나는 이 균형에 적응하고 있다. 다른 종들은 다른 수준의 산성을 견딜 수 있다. 어떤 생태계에서든 거기서 자라는 식물들은 그들이 정확히 그 토양에 적합해졌기 때문에 거기서 자라는 것이다. 산성비가 시간의 경과에 따라 이러한 균형을 변화시키면서 숲들은 물론 전체 생태계가 죽어간다.

러시아, 스칸디나비아, 유럽 및 북아메리카에서는 공업 지대 부근의 많은 숲들이 이미 죽어있다. 푸르고 겉보기에 건강한 듯한 숲이 있는 지역들도 피해를 보았다. 밀착 조사로 이루어진 연구가 보여준 것은, 나무들이 유독한 공기에 영향을 받을 때 그 성장률이 둔화된다는 것이다. 또한 이 연구가 보여준 것은 숲이 재생되는 경우가 늦춰지거나 중단된다는 것이다. 즉, 숲 바닥에서 자라나는 어린나무들이 별로, 심지어 아예 없다는 것이다.

월드워치 연구소는 이렇게 말한다. 중부 유럽에서 "5만 제곱킬로미터(옛 동독 면적의 거의 절반 이상)를 뒤덮은 나무들은 지금 공기를 오염시키는 물질과 관련된 피해를 입었다는 신호를 보내고 있다." 북아메리카에서 숲의 죽음은 미국 북동부, 캐나다 남부에서 그리고 멕시코의 수도인 멕시코시티 안과 그 주변의 숲들에서 시작되고 있다. 캘리포니아 주 남부, 미국 동남부와 애팔래치아 산맥에서 이루어진 연구의 결과들도 그러한 피해가 있음을 보여주었다. 산업이 만들어낸 독성이 닿는 곳에서는 생태적 피해가 반드시 일어난다고 해도 과언이 아니다.

산성비는 자연의 생태계는 물론 사람들과 농작물에도 영향을 미친다. 월드워치 연구소는 이렇게 주장한다. "미국에서 (지표면의) 오존은 옥수수, 밀, 콩, 땅콩의 생산성을 떨어뜨리고 있으며, 그 손실은 매년 19억 달러에서 45억 달러

제국 문화의 종말과 흙의 생태학

에 달한다."[66] 유독한 산업 대기(大氣)는 사람들에게 알레르기를 유발하고 폐기종, 심장질환 등의 증상들도 촉진시킨다.

사라져가는 열대 밀림

열대 밀림은 이 지구상의 생명의 자궁이다. 옛 밀림 지역의 일부는 7천만 년에서 1억6천만 년간 존재했었다. 환경생태학자인 노먼 마이어스는 "온대 지역의 상당 부분을 불모지로 만들었던 빙하기의 결빙에 뒤이어 열대 밀림은 불모지들이 그 생물학적 건강을 상당 부분 회복하게 해준 생물의 보물창고를 제공했다"[67]고 주장한다. 우리가 마지막 제국의 위기에 깊숙이 빠져들면서 일어날 많은 교란은 밀림의 파괴 때문에 일어날 것이다. 그로 인한 직접적 결과들 중 하나는 온실 효과다. 밀림은 지구상에서 주요한 탄소 저장소이므로 밀림의 파괴는 곧 이산화탄소 축적에 상당히 기여한다. 밀림이 불태워지고 분해되면서 이산화탄소는 화석연료를 태우는 데서 나오는 이산화탄소와 아울러 대기 중으로 간다. 이는 온실 효과를 일으키는 두 가지 중요한 요인 중 하나다.

일반적으로는 숲, 특히 밀림은 지구를 위한 기후안정자다. 초록색 담요가 열을 흡수하고 비를 발생시킨다. 이 요인들은 우리가 지금 지니고 있는 기후 패턴을 가져왔다. 이 요인들이 사라진다면, 우리는 모든 기상학적 시스템상의 난폭한 기복과 마주하게 될 수 있다. 문명은 건조함과 같은 것이다. 우리가 위기의 깊숙한 곳에 도달하면서 더위와 건조함, 여기에 가끔씩 쏟아지는 폭우가 일어날 수 있다. 하늘의 다양한 층들에서 기후 시스템들이 뒤섞이면서 기이한 바

---

66 *State of the World 1985*. Lester R. Brown, et. al. W.W. Norton & Co. 1985. p.121.

67 *The Primary Source. Tropical Forests And Our Future*. Norman Myers. W.W. Norton & Co. 1984. p. 12.

람, 토네이도, 사이클론 등이 발생한다.

밀림의 상당 부분의 파괴는 20세기의 하반기에 일어났다. 그것은 지나치게 많은 인구, 초국적 기업의 엘리트들에 의한 탈취 그리고 식민지의 엘리트들에 의한 일시적 가축 방목을 위한 벌목에 따른 것이다. 1950년도에 지구 표면의 15퍼센트가 밀림에 덮여있었다. 1975년까지 이는 12퍼센트로 낮아졌고, 문명의 일반적인 지수적 증가를 가정할 때 2000년이 오기 전에 사라질 것이라고 예상되기까지 했다.[68] 파괴되는 비율이 아주 높고 또 빨리 상승하고 있어서 1966년부터 1984년까지 18년의 기간에 서아프리카 상아해안의 밀림 지역은 56퍼센트가 줄어들었다. 같은 서아프리카의 감비아에서는 35퍼센트, 중앙아메리카의 코스타리카에서는 45퍼센트, 엘살바도르에서는 37퍼센트, 니카라과에서는 33퍼센트, 에콰도르에서는 17.5퍼센트, 동남아시아의 태국에서는 40퍼센트, 필리핀에서는 28퍼센트가 그리고 오스트레일리아에서는 23퍼센트가 줄어들었다.[69]

지구의 섬들은 유럽 제국의 팽창으로 황폐화되어 왔다. 섬들은 고립된 상태 때문에 보통 미묘하고 독특한 생명 체계를 발달시킨다. 섬들은 접근하여 자원을 실어내 가기가 쉽다. 섬들은 보통 작고 쉽게 통제되기 때문에 식민지의 엘리트들은 그곳의 원자재를 쉽게 들어낼 수가 있었다. 아이티는 한때 밀림으로 덮인 섬이었다. 지금은 원래 숲의 2퍼센트도 안 남아있다. 아이티의 원주민들이 노역에 시달리다 죽어서 없어진 뒤에 식민지의 엘리트들은 아프리카인 노예들을 활용해 하천 부지의 토양을 밭갈이하는 플랜테이션 농업을 했다. 식민지의 엘리트들이 노예들의 반란으로 쫓겨난 뒤부터 인구는 늘어나기 시작해 산의 경사지들도 헐벗겨졌다. 나머지 숲의 벌채는 지난 10년간 강우량을 거의 절반으

---

68 *Gaia. An Atlas of Planet Management.* Norman Myers, General Editor. Anchor Books. Garden City, New York. 1984. p. 42.

69 *World Resources 1987.* op. cit. pp. 268-269.

제국 문화의 종말과 흙의 생태학

로 줄어들게 했다. 아이티는 오늘날 식량의 70퍼센트를 수입한다.[70]

'행성 지구'라는 온실

다음 수십 년 내에 일어날 급속한 지구상의 변동 중에는 '온실 효과'에 의해 이루어지는 지구의 온난화가 있다. 대기의 온난화는 인간 활동으로 창출된 이산화탄소의 증가에 의해 부분적으로 일어난다. 화석연료를 태우는 것과 숲을 제거하는 것은 많은 양의 이산화탄소를 만들어내는 행위다. 온난화의 다른 원천으로는 메탄, 염화불화탄소, 아산화질소 그리고 저고도(低高度) 오존 등이 있다. 높은 하늘의 대기에서 이 물질들이 일으키는 효과는 열을 우주 공간으로 내보내는 대신 지구의 표면으로 다시 반사시키는 것이다. 산업혁명이 시작된 이래 대기 중 이산화탄소의 양은 늘기 시작했다. 과거 100년간 대기 중 이산화탄소의 양은 25퍼센트가 늘었으며, 메탄의 양도 두 배나 늘어났다.[71]

비록 그 모든 효과의 복잡한 구조에 관해서는 상당한 논란이 있으나, 온실 현상 때문에 지구온난화가 일어나리란 데 대해서는 별로 과학적 논란은 없다.

지구가 겪으려고 하는 이러한 변화는 지질학적 시간표상으로는 엄청나게 빠른 것이다. 그것은 생태계들을 산산이 조각낼 것이다. 우리는 어떤 동식물들이 기온·기후 변화의 영향을 받을 때 다른 것들에 비해 더 유연하다는 것을 안다. 가장 취약한 것이 제일 먼저 사라질 것이며, 생태계의 그물이 '구멍'을 키우기 시작하면서 생물학적 에너지의 자연적 흐름도 교란될 것이다.

제국의 효과는 지구의 에너지 흐름을 순환주기에서 벗어나게 한다. 온실 효과는 이 교란에서 주요한 영향 중 하나다. 생명의 순환주기가 지구상에서 망가

---

70 *The Oregonian.* (newspaper) Portland, Oregon. 7/21/88. p. B-3.

71 *Scientific American.* September, 1989. Vol. 261, #3. "The Changing Climate," by Stephen H. Schneider. P. 73.

지면서 우리는 기온, 습도, 바람, 해류 등 지구 에너지의 거시적 흐름들에서의 사나운 등락을 보게 될 것이다.

균형 잡힌 삶을 위한 우리의 해결책 중 하나는 씨앗들의 방대한 목록을 만드는 것이다. 우리는 기후가 구체적으로 어떤 결과를 초래할지 모르고 있다. 하지만 우리가 가진 씨앗의 종류가 많을수록 그리고 우리의 식량 재배 시스템의 다양성이 클수록 우리의 생존 가능성이 높아질 것이다.

파괴되는 오존층

하늘에 있는 오존층의 중요한 역할은 자외선을 걸러주는 것이다. 오존층에 난 구멍은 매년 열려왔고, 점점 더 커져 왔다. 오존층의 화학적 조성의 붕괴는 염화불화탄소, 특히 CFC-11과 CFC-12에 의해 일어난다. 이것들은 냉장고, 에어로졸, 용제와 스티로폼 생산을 위한 발포제에 의해 발생된다.[72] 인간에게 미치는 자외선의 직접적 효과는 피부암의 발병률이 높아지는 것이다. 생태계에 미치는 영향은 그보다 덜 알려졌다. 동식물의 상이한 종들은 자외선의 증가에 서로 다른 방식으로 반응한다. 이 영향들이 깊어지면서 생태계 시스템은 온실 효과에 의해 창출되는 변화와 유사한 방식으로 피해를 볼 것이다. 변화에 가장 취약한 종들이 가장 먼저 사라질 것이며, 그들이 사라지면서 생태계는 점점 퇴화할 것이다. 엷어지는 오촌증과 온실 효과에 따른 변화는 아주 급속히 이루어짐으로써 생태계는 빙하기가 수백 년에 걸쳐 물러갔을 때 그랬던 것과 달리 변화에 적응할 시간이 없을 것이다.

---

72 *Scientific American*. op. cit. "The Changing Atmosphere," Thomas E. Graedel & Paul J. Crutzen. p. 63.

제국 문화의 종말과 흙의 생태학

제5장　**허깨비 농업**

　　문명화된 농업의 확장은 의심의 여지 없이 여태껏 지구를 강타한 것들 중 가장 큰 재앙이다. 공룡의 멸종과 같은 예전의 재앙은 잃어버린 종들의 수에 의해 측정된다. 농업이 생겨난 이래로 우리는 파괴된 생태계의 수를 세기 시작하고 있다. 제국 시스템의 주된 식량 조달 방식인 목축, 관개, 쟁기 농법 그리고 산업 영농 각각은 땅의 생명을 지탱하는 능력을 점진적으로 고갈시킨다. 문명화된 농업은 지속될 수 없다.

　　과거와 현재의 제국문화들의 엄청난 인구를 부양해온 식량 생산량의 놀랄만한 증대는, 지구의 생명에서 비옥함을 빼앗음으로써 가능했다. 화석연료의 사용은 그 손해를 기하급수적으로 늘려왔다. 이 식량 생산 시스템 자체는 제국들이 역사적으로 터전을 마련해왔던 땅의 상당 부분을 파괴했다. 제국의 식량 조달 시스템은 땅의 자연적 에너지 흐름 시스템이 엉키도록 만든다. 일단 자연적 숲을 제거하고, 그다음에는 외래종 작물로 흙의 비옥함을 고갈시키는 식이다. 천연의 최고 생태계가 지구상의 생명들을 위해 해주는 근본적인 공헌은 흙을 만드는 것이다. 우리의 미래의 삶을 위해 지구의 흙덩이에 저장된 잉여 태양에너지가 고갈되는 것이야말로 궁극적으로 제국의 가장 파괴적인 효과다.

　　가장 복잡한 자연적 시스템들이 가장 많은 에너지를 발생시키며, 최대의 안정성도 제공해준다. 이는 복잡한 시스템이 많은 수의 하위 시스템(틈새)을 포함하는바, 위기가 일어났을 때 대안으로 사용될 수 있기 때문이다. 복잡한 생태계들은 그 생태계 시스템의 에너지를 최대로 만들기 위해 독특하게 진화된 동식물들을 탄생시킨다. 다양성이 안정성을 창조하는 것이다.

생물학적 에너지의 흐름과 에너지 통로에 대한 연구자인 러셀 E. 앤더슨은 그의 책 《생물학적 자립의 길(Biological Paths to Self-reliance)》에서 최고의 생태계의 에너지 잠재성에 대해 다음과 같이 설명한다.

> 누구의 손도 타지 않는 생태계는 … 그 안에서 에너지 사용 효율이 극대화되고, 어떠한 순생산(純生産)도 일어나지 않는, 즉 생물(학적) 총량이 변하지 않는 한결같은 상태 또는 '최고의' 상태에서 이루어지는 복잡성의 수준으로 발전하거나 성숙한다. 먹이사슬에서의 커다란 복잡성과 중복성(redundancy)과 다양성으로 특징지어지는 바로 이 '최고의 지위'는 에너지를 최대한 확보하여 효율적으로 사용할 생태계를 나타낸다.[73]

지구 생명의 추진력이 복잡성(다양성)을 증가시키고 에너지 순환(나눔)을 최대로 끌어올리는 데 비해, 제국의 추진력은 그것을 단순화한다. 농민이 최고의 생태계를 제거해버리기만 해도 지구의 생명은 결국 쇠퇴할 것이다. 흙은 그 자체가 끊임없는 흐름의 시스템이므로 그것이 계속 유지되어갈 수 있도록 영양분의 공급이 이루어져야 한다. 영양분의 공급이 없으면 쇠퇴하고 만다. 온갖 유형의 문명화된 발전이 흙의 창조를 방해하는 것이다. 최고의 생태계는 진정한 지구적 생명 그 자체다. 우리가 '자연계'라고 부르는 전체 생명 시스템은 통일된 전체로서 함께 기능한다. 지구 표면에서 고속도로, 택지 개발, 벌목, 댐, 공항, 도시, 하구(河口) 파괴, 농업을 위한 개간에 의해 제거되는 모든 조각의 숲은 지구의 생명에서의 쇠퇴, 태양 예산의 적자를 나타낸다.

〈표2〉는 최대의 다양성과 에너지 흐름을 향해 생명을 이끌어감으로써 발생하는 일을 대략적인 그림으로 보여준다. 이는 숲 생태계가 성숙하면서 이어지

---

73 Biological Paths To Self-Reliance. A Guide to Biological Solar Energy Conversion. Russell E. Anderson. Van Nostrand Reinhold Co. pub. New York. 1971. p.36.

제국 문화의 종말과 흙의 생태학

는 발달 단계들로, 한 종류의 생명체의 개체수와 종의 수의 증가를 모니터링함으로써 확인할 수 있다. 각 생물은 시스템에 다양한 이익을 주는 식으로 공헌한다. 우리는 〈표2〉에서 종의 다양성 그리고 새의 총 개체수가 시스템이 최고의 상태를 지향할 때 증가하는 것을 보게 된다. 식물들 그리고 그 밖의 동물들의 늘어나는 개체수는 반드시 시스템 내의 이런 증가를 뒷받침한다.

생태계 발달	초지	덤불	키 작은 숲	키 큰 숲
연수	1~10	10~25	25~100	100+
상이한 새의 종수	2	8	15	16
밀도 (쌍/40ha)	27	123	113	233

표2. 생태계의 발전 및 새의 개체수 증가와 관련된 단계들
(Human Impact on the Ecosystem, Joy Tivy and Grag O'Hare에서 인용)[74]

증대된 복잡성은 생명 그리고 생명의 에너지 통로들에 잠재력을 부여한다. 새의 여러 종들은 다양한 씨앗을 뿌리고, 다양한 곤충 개체군들을 통제하며, 다양한 포식자들의 먹이가 된다. 그래서 이 포식자들은 발달하는 숲 속에서 살 수가 있는 것이다. 각 종들의 활동은 땅의 생명 안에서 기능하는 특화된 기관(器官)으로 간주될 수 있다. 각 기관이 더해지면서 생명 전체가, 각 기관이 에너지를 순환시키기 위한 새로운 통로를 창조하기 때문에, 새로운 방식에 따라 시스템의 개별 부분들을 연결시키면서 크게 늘어난다. 각 인자(因子)는 하나 이상의 기능을 수행한다.

꿀벌은 이 승수 효과(multiplier effect)의 훌륭한 예다. 꽃을 피우는 식물들을 수분시키면서 그들이 지출하는 에너지는, 그들의 활동에 의해 창조되는 에너지보다 훨씬 적다. 인간이 꿀벌 개체군을 돕는다면, 승수 효과는 훨씬 더

---

74 Human Impact on the Ecosystem. Joy Tivy & Grag O'Hare. Oliver & Boyd pub. New York. 1981. p. 16.

올라간다. 가루받이가 이루어진 식물들이 늘어나면서 벌들도 늘어나고, 이 모두가 늘어나면서 인간이 활용할 수 있는 꿀과 식물도 주변의 생명에 대한 다른 혜택과 마찬가지로 증가한다.

인도양의 모리셔스 군도에서 살다가 멸종한 새인 도도는 칼바리아 나무와 독특한 관계를 맺었었다. 그 나무는 도도를 먹여 살리고, 도도는 그 나무를 위해 씨앗을 날랐다. 칼바리아 나무의 껍질의 두꺼운 씨앗은 발아하려면 도도의 거친 소화 시스템을 통과해야 했다. 도도가 사라진 지금 칼바리아 나무들은 멸종해가고 있다. 마지막 도도가 죽고 300년간 단 하나의 칼바리아 나무도 발아하지 못했다.[75] 이 나무는 그 자신과 결부되어 사는 숲, 곤충 또는 다른 동물들을, 혹은 그 나무가 창조한 미세기후를 가지고 있을 개연성이 있다. 그런 연관 관계들도 단절되고 있다.

하워드 T. 오덤은 아마도 생태계 에너지 흐름에 대한 제일 우수한 학생일 것이다. 오덤은 '순환적 보상(loop rewards)' 또는 '긍정적 되먹임 순환(positive feedback loops)'이 모든 에너지 흐름 시스템에 필요하다는 사실을 지적한다. 오덤은 이 에너지 나눔 원리가 어떻게 작동하는지를 설명한다.

생태학적 연구에서는 하류의 잠재적 에너지 수용자가 필요한 물질을 그 원천에 되돌려줌으로써 보상하는 긍정적 되먹임 순환이 있다. 예를 들어, 균형 잡힌 시스템 안의 동물들은 보상순환고리에서 식물들에 인화합물, 질소화합물을 비롯하여 그들의 성장에 필요한 화합물들을 되돌려준다. 자기에게 필요한 형태로 영양소를 재생하는 먹이사슬을 가지고 있는 식물은 그럼으로써 더욱 강력해진다. 그리고 식물과 동물 모두 계속 생존한다. 그 작동 노력을 강화하지 않는 종들은 곧 제거된다. 그들에게는 원자재나 에너지가 고갈되기 때문이다. 그들은 생존하려면 투입과

---

75 The New Biology. Discovering The Wisdom In Nature, Robert Augros & George Stanciu. New Science Library, Shambala pub. Boston. 1988. p.109.

생산의 흐름에 연결되어야 한다.[76]

오덤은 다음과 같은 법칙을 제시한다. "모든 근원으로부터의 힘의 효용성과 사용효율성을 극대화하는 시스템이 살아남는다." 이 말인즉, 생명의 장기(臟器)들은 더욱 오래 살기 위해 그들이 성장할 수 있도록 모든 시스템을 강화하는 방식으로 그들 자신을 확립한다는 것이다.

이 점을 더욱 명확하게 하기 위해 이와는 대조적인 사례를 찾아볼 수 있다. 제국문화가 북아메리카의 대평원 위에서 자기 자신을 복제해온 방식이 바로 그것이다. 북아메리카에 침입해온 유럽인들이 그 땅덩어리를 울타리와 사유재산으로 쪼갰을 때 대평원의 광합성 순생산량은 엄청나게 추락했다. 6천만 마리의 들소들과 수백만 마리의 다른 종 개체들이 박멸된 이유는, 유럽인의 식단과 대량 생산 시스템이 북아메리카의 수렵·채취인들이 여러 세기 동안 해오던 방식으로 이 생태계를 활용할 줄 몰랐기 때문이었다. 들소들이 도살되었을 당시 그 모든 들소고기와 가죽들을 판매할 적절한 시장이 없었다. 프레리(Prairie, 북아메리카의 대초원)의 풀밭을 쟁기질한 '풀밭 파괴자들'은 들소, 사슴, 가지뿔영양, 엘크 같은 종들을 활용하던 '들소 사냥꾼'이던 원주민들보다 단백질 면에서 덜 쓸모 있는 생산물을 가졌다. 현재의 산업적 농업 시스템은 원래 존재했던 최고로 최적화된 시스템의 광합성 순생산량이나 생명의 다채로움을 만들어 낼 수 없다. 그것은 크게 단순화된 것이기는 하지만 대량의 빵과 우유와 육류 섭취에 기초를 둔 식량 시스템, 대량 생산과 시장에서의 대량 판매 시스템과 맞물리도록 설계되었다. 생물학적 에너지 효율은 산업적 농민이 신경 쓸 필요가 없는 것이다. 산업가의 목적은, 생물학적 효율성을 추구하는 것이 아니라, 생산을 하고 이윤을 내는 것이다.

---

76 Environment, Power and Society. Howard T. Odum. Wiley-Interscience. New York. 1971. pp.150,151.

산업형 농업

상공회의소의 전문가들과 홍보자들 그리고 산업 시스템의 '경기부양자 (boomer)'라는 사람들은 우리 중에 농부가 불과 몇 명에 불과하다는 사실을 지적하는 식으로 산업적 농업의 높은 생산성을 강조하기를 좋아한다. 실제로는 가장 효율적인 시스템이란 가장 '원시적'인 시스템이다. 산업적 농업은 현저하리만치 가장 에너지 비효율적인 식량 생산 시스템이다.

수백 명의 산업계 근로자들이 산업적 농부들 하나하나와 함께한다. 유전에서 석유를 퍼 올리는 근로자, 석유를 정제하는 근로자, 트럭 운전사, 플라스틱을 제조하는 공장의 근로자, 농작물을 포장할 비닐을 만드는 근로자, 포장을 하는 근로자, 배송을 하는 근로자, 도매업자, 배달원, 소매상점 점원들이 바로 그들이다. 이런 과정들을 위해 엄청난 양의 기계류가 필요하다. 모든 기계류는 어딘가의 공장에 의해, 식량 생산 네트워크 안에 들어있는 존재 중 하나로 계산되어야 할 사람들에 의해 생산된다. 모든 씨앗은 기술을 가진 근로자들의 직장 상사들에 의해 이루어지는 수년간의 개발에 의존한다. 건조, 냉각, 관입(罐入), 배송 같은 공정들은 운송과 산업의 기반 시설에 의존한다. 식량이 관개 시스템으로 물이 공급되는 들판에서 온다면, 그것을 위한 노력의 투입은 운하 굴착, 댐 건설, 펌프를 가동하기 위한 전력 시스템 가설, 이러한 시스템들의 기획 그리고 많은 경우에 댐과 그 부속물들이 지금 존재하고 있는 공간을 예전에 차지했던 많은 생물들을 교란하는 것으로 이어진다. 산업적 농민은 단지 그의 마을 근처에서 화전을 일구고 나무에서 열매를 따 먹기만 하지 않는다. 산업적 농업이란 그냥 씨앗을 심는 것만이 아니다. 그것은 광대하고 복잡한, 값비싼, 에너지 집약적인, 파괴적인 시스템이다. 결국 회복될 가능성도 남겨두지 않고서 붕괴해버릴 시스템인 것이다.

방목과 관개라는 균형이 안 맞는 시스템들처럼 산업적 농업 시스템은 단지 기초적이면서 유서 깊은 농업 불균형의 연장선에 있는 것이다. 큰 차이는 그렇게 많은 에너지가 산업적 농업 시스템에 투입되었어도, 파괴적인 결과가 훨씬

제국 문화의 종말과 흙의 생태학

더 일찍 나타난다는 것이다. 산업적 농업은 흙에 대해, 식량의 영양 성분에 대해, 환경에 대해 엄청나게 파괴적이다. 거름, 비료, 농약을 싣고서 흐르는 물은 대륙적 범위에서 생명을 엉망으로 만든다. 이에 따른 비용은 이미 막대해진 산업화된 식량 생산 비용에 분명히 더해지기 마련이다. 농사를 짓는 지역에서 발생한 모든 장애아들과 모든 중독된 농장 일꾼들이 이 비용에 더해져야 한다.

인류가 자연적 균형에서 일탈하면서 인구를 먹여 살리는 에너지 비용과 노동 비용은 상승해왔다. 뉴기니 고지대의 쳄바가 부족민은 생산된 식량 16킬로칼로리당 대략 1킬로칼로리의 에너지 지출로 고구마를 재배한다. 산업적 시스템에 대한 조사·연구가 알려주는 것은 대략 20킬로칼로리의 에너지가 식량 1킬로칼로리를 생산하는 데 필요하다는 것이다. 산업 시스템은 모든 생산 요인들을 감안해보면 명백히 고비용의 에너지 집약적 시스템이다.[77]

다음의 표는 선택된 농법과 식량의 진정한 에너지 비용을 보여준다. 이 표를 보면 인도네시아에서 재배되는 쌀은 에너지 효율 면에서 가장 우수한 작물/농법인가 하면, 집약적 양 사육은 형성되는 단백질 단위당 에너지 투입 비용이 가장 높다. 예를 들면, 미국 플로리다 주에서 땅콩을 재배하는 것은 재배된 땅콩의 단백질 1파운드당(약 454그램) 1천 킬로칼로리의 에너지를 필요로 하는 반면, 미국의 공장식 계란 배양 시스템에서 계란 단백질 1파운드를 얻으려면 1만 킬로칼로리의 에너지가 소요된다.

77 *Anthropology And Contemporary Human Problems.* John H. Bodley. Second Edition. Mayfield pub. Palo Alto, Ca. pp. 126,128.

땅콩, 플로리다	1천
계란-미국	1만
집약적 양 사육-미국	10만

표3. 형성되는 단백질 단위당 에너지 투입(Kcal/lb. Protein)

* 영국 잡지 〈에콜로지스트〉에서 발췌한 이 차트는 선택된 식량 생산 시스템들이 생산해내는 단백질 1파운드당(약 454그램) 상대적인 에너지 투입량을 보여준다.[78]

산업적 영농 시스템의 가장 큰 부분은 산업적 기반 시설 그 자체다. 그 기반 시설이 비틀거리면서 기계들을 생산하지 않는다면, 식량 생산 시스템도 기능을 수행하지 못할 것이다. 농업을 위한 기반 시설에 의한 이런 일반적인 농업 지원(支援) 안에는 그것을 직접 지원하는 몇 개의 기초 시스템들이 있다. 이것들 각각은 지속 불가능한, 해체적 시스템이다.

이 인자들 중 첫째 것은 어마어마한 에너지 투자다. 산업의 기술들로 흙과 기후의 유기적 순환주기를 대체하는 상호대체 관계(trade-offs)가 만들어졌다. 이제 더 이상 흙은 유기영양분에 의해 충전될 필요가 없다. 지금은 비료가 흙에 주입된다. 그 비료는 화석연료 에너지를 직접 변환한 것이거나, 기본적인 연료로 석유를 사용하는 공장식 (어로) 시스템으로 잡은 해양의 물고기로 만들어진 것이다. 석유는 화학비료의 기초다. 이는 세 가지 주요 성분 중 하나인 질소에 의해 드러난다. 그것은 대기에서 산업적으로 합성되는데, 질소 1톤을 마련하려면 5톤의 석탄 등가 에너지(TOC)가 필요하다. 산업적 기반 시설은 운송과 연구를 위해 기름에 의존하며, 그것은 트럭, 트랙터, 관개용 펌프, 비료와 농약의 형태로 들판을 직접 찾아온다.

아주 에너지 집약적이면서 제3세계에 급속히 퍼지고 있는 식량 생산 시스템과 관련하여 우리는 이를 지탱하는 에너지에 대해서도 질문해야 한다. 제국의 중심지에 존재하는 신화(神話)는 제1세계가 '저개발' 국가들의 생활수준

---

78 *The Ecologist*, February, 1982. Cornwall, England. p.8.

제국 문화의 종말과 흙의 생태학

이 제1세계의 것만큼 높아지도록 그런 나라들을 도와주고 있다는 것이다. 일반인들이 품는 이러한 개념은 석유 자원을 토대로 삼은 실재를 무시하게 한다. '성장의 한계(Limits to Growth)'라는 연구를 수행한 연구팀은 전 세계 사람들이 미국식 소비 표준을 따른다면 지구상에 기본적으로 저장된 자원이 10년 내에 사라져버릴 것임을 발견했다.[79] 이와 마찬가지로 "모든 나라가 미국만큼 농업에서 석유를 사용한다면 현재의 세계 원유 저장량은 10여 년 내에 바닥날 것이다"[80]라고 했다. 그러나 이렇듯 지속 불가능한 생존 시스템이 전개되면서 농업은 매년 점점 더 에너지 집약적이 된다. 산업적 농업 시스템에는 확고한 수확체감의 법칙이 있다.

그 법칙의 최선의 그리고 가장 정신을 차리게 해주는 사례는 과거의 농업 이익 비용에 대한 평가에서 나타난다. 세계 식량 생산을 34퍼센트 증가시키는 목표를 1951~1966년에 달성하기 위해 농민들은 트랙터에 대한 연간 지출을 63퍼센트, 질소비료에 대한 연간 투자를 146퍼센트 그리고 연간 농약 사용량을 300퍼센트 증가시켰다. 이 다음번에도 세계 식량 생산을 34퍼센트 증가시키는 목표를 달성하려고 한다면 훨씬 더 많은 자본과 자원을 투입해야 할 것이다.[81]

---

79 *The Limits To Growth.* Meadows, Meadows, et. al. Second Edition. New American Library. New York. 1974.

80 *Gaia. An Atlas Of Planet Management.* Norman Myers, General Editor. Anchor Books. Garden City, New York. 1984. p.65.

81 *The Limits To Growth. A Report For The Club Of Rome's Project On The Predicament Of Mankind.* Donella H. Meadows, Dennis L. Meadows, Jorgen Randers & William W. Behrens III. New American Library. New York. 1974. P.62.

그 시스템의 필요 부분인 농약은 석유에서 변환된다. 제1차 세계대전 중에 전쟁을 위한 독가스를 만들기 시작한 것이 석유 산업계다. 전쟁이 끝난 후에 그들의 시장은 위축되기 시작했고, 이는 그들이 농장의 해충박멸제로서의 신경가스에 대한 새로운 시장을 실현시킬 때까지 계속되었다. 모든 농약이 오늘날 신경가스와 관련된 것은 아니더라도 농약 산업은 제1차 세계대전 때 시작되었고, 이는 여전히 석유화학 산업에 기반을 둔다.

오늘날 전 세계의 수백만 명의 사람들이 석유에 기반을 둔 농업에 의해 생산된 식량 증산으로 먹을거리를 공급받는다. 스웨덴의 식물생리학자이자 식품학자인 저그 버그스트롬은 1969년에 이렇게 말했다. "6억 명에 가까운 사람들이 생존을 위해 화학비료에 의존한다. 인간이 채취한 광물질로 토양에 양분을 주입하는, 연례적으로 되풀이되는 일이 없다면 대략 그 숫자의 사람들은 굶주리게 될 것이다."[82] 1980년 무렵 우리는 이 시스템이 더 많은 석유를 들이부어도 인구 증가를 쫓아갈 수 없음을 깨달았다. 결국 석유가 고갈될 때는 수백만 명이 줄기 없는 나뭇가지에 앉아있는 꼴이 될 것이다. 다 갈아 먹은 들판으로는 되돌아갈 수가 없다. 우리는 이미 화학비료를 공급받았던 토양이 어떻게 될 것인지도 목격했다. 고갈되는 것이다. 그 시점에서 괴물 같은 재난이 일어날 것이다.

농약 산업에는 그 기초인 석유가 고갈되는 것에 더해 또 하나의 지속 불가능한 측면이 있다. 그것은 바로 곤충들이 농약에 대한 내성을 키움으로써 농부가 더 많은 양의 농약을 더 진한 농도로 더 자주 주게 되는 것이다. 지금 농약에 대한 면역력이 있는 곤충과 진드기 종들의 수는 428개로 파악된다. 균들이 내성을 발달시키면서 농약 산업은 새로운 '더 치명적인 독성을 띠는' 농약을 내놓는다. 하지만 농약 산업은 곤충의 내성과 보조를 맞추느라 지금 심하게 허덕거린다. 산업가들이 감당할 수 있는-수백억 달러가 소요되는-최

---

82 *Too Many, An Ecological Overview Of Earth's Limitations*, Georg Borgstrom, Collier Books, New York, 1971, p.26.

제국 문화의 종말과 흙의 생태학

선의 계획은 바이오 기술로 점점 더 많은 양의 농약을 견딜 수 있는 식물을 만들어내는 것이다.

자연의 전쟁에서 산업 시스템은 문자 그대로 독으로 토양 공동체를 죽이며, 그럼으로써 그 생태적 공동체의 이로운 작용을 중단시킨다. 또한 그러한 과정에서 정작 죽는 것은 농민들이 박멸하고자 하는 바로 그 균들을 먹어치우는 포식자인 곤충들이다. 또한 새들과 동물들과 사람들도 죽는다. "1981년에 옥스팜은 연간 75만 건의 농약 중독 사고가 있었다고 주장했다. 제3세계 국가들의 농약 소비량은 세계 농약 소비량의 15퍼센트 미만이지만 중독의 50퍼센트 그리고 중독에 의한 사망 사고의 75퍼센트를 겪었다."[83]

농민들은 식량을 영양 성분에 따라서가 아니라 무게에 따라서 판매한다. 납세자들이 낸 세금으로 수행된 수확량과 이윤의 증대를 지향하는 연구는, 납세자들의 영양 상태와는 무관하다. 수확량이 증가할 때 영양 성분은 감소했다. 이 분야의 권위자인 저그 버그스트롬은 이렇게 주장한다. "현대의 고수확 쌀 품종의 단백질 함량은 5~7퍼센트까지 낮아졌고, 고수확 밀 품종의 단백질 함량은 10퍼센트까지 낮아졌고, 잡종 옥수수의 단백질 함량은 7퍼센트까지 낮아졌다. 세기가 바뀔 때쯤이면 샌드위치에 치즈나 햄을 한 조각이라도 더해야 영양가 면에서 현재의 샌드위치와 동등해질 것이다." 비교를 위해 보그스트롬은 22퍼센트의 단백질을 함유하고 있는 러시아 밀 품종을 언급한다.[84] 현대의 수확량이 늘어나면서도 영양가가 떨어지므로 그런 사실은 의미를 덜 갖는다. 이는 산업적 농업의 또 하나의 실패하고 있는 하위 시스템인 것이다.

---

83 Myers. *Gaia.* op. cit. p. 123.

84 Borgstrom. *Too Many.* op. cit. p. 51.

제1권 문명의 붕괴

기름을 먹고 살다-녹색혁명

녹색혁명은 단지 석유에 기반을 둔 산업적 농업을 제3세계의 사회들에 끼워 넣는 것이다. 산업적 농업의 필요 인자들은 다음과 같다. 넓은 경작지, 특화된 씨앗, 적절한 때에 이루어지는 적절한 양의 물 공급, 많은 양의 화학비료, 농약, 농업용 기계류, 연료 그리고 생산물의 출하가 그것이다. 산업적 농업은 제1세계 산업국가들에서 가장 고도로 발달했다. 그것은 단지 산업 기술을 농업적 대량 생산에 적용하는 것이다.

이런 집약적 초점이 주어질 때 그것은 조(粗) 생산의 측면에서 가장 생산적인 시스템이다. 산업적 시스템, 거대한 에너지 투입, 비교적 좋은 토양과 온화한 기후를 가진 미국은 국제 시장에서 유통되는 식량의 반이 미국산일 정도로 많은 식량을 생산한다. "미국 농부들은 전 세계 밀의 15퍼센트, 귀리의 21퍼센트, 수수의 36퍼센트, 옥수수의 46퍼센트를 전 세계 경작지의 단 11퍼센트에서 생산한다."[85]

제국문화와 산업적 시스템은 본래 중앙집중적이면서 단순해지도록 만드는 세력이다. 녹색혁명이 어떤 나라 안에 들어갈 때는 '규모의 경제'가 달성될 수 있도록 넓은 농지가 확보되어야 한다. 이는 단지 대량 생산 시스템에서는 한 제품을 많이 생산하는 것이 여러 제품들을 하나씩만 생산하는 것보다 단위당 더 저렴하다는 것과 같은 의미일 뿐이다. 이는 그 지역에서 자급적인 생계형 농업을 하는 농가들은 주변으로 이동해 언덕 기슭이나 경작하면서 새로운 산업적 농장에서 임시직 일자리라도 얻으려고 시도해야 한다는 것을 뜻한다. 이는 식민지 엘리트의 영향력이 더 이상 자급자족을 하지 않는 사람들에게 더더욱 강력한 영향을 미치게 된다는 사실을 의미한다. 이는 또한 국제 정치/금융 시스템이 식민지 엘리트들에게 더더욱 강력한 영향을 미치게 된다는 것도 의미한다.

---

85 Myers. *Gaia*. op. cit. p. 64.

제국 문화의 종말과 흙의 생태학

산업적 농업 시스템을 시작하려면 거액의 차관을 받아들이거나 그 나라를 초국적 기업들에 개방하는 것이 필요하다. 이는 트럭, 씨앗, 관개시설, 비료 등 생산을 위한 인자들을 도입해야 하기 때문이다. 산업적 농업에는 거대한 자본을 투자해야 하기 때문에 그 나라가 결국 돈을 빌리기 위해서 국제적 은행가의 손아귀에 들어갈 가능성이 높다. 그 시스템이 잘 정착되고 (더 선진적인 제1세계 농부들의 전통에 따라) 원주민들이 빚을 심하게 지면, 국제 금융 시스템은 그 나라에 은행가들의 팀을 들여보내어 정부의 경제기획을 관리할 것이다. 그럼으로써 이자를 제국의 자본에 보내도록 그 나라 사람들을 쥐어짜는 긴축 정책을 촉진할 것이다. 농장 시스템이 중앙집중화되고 이윤을 올리는 산업적 농부가 더 많은 토지를 취득하면서 집 없는 자들이 증가한다. 사람들이 시골에서 내쫓기면서 도시의 인구가 폭증하는 현상은 산업사회들에서는 익숙한 일이다. 이 추세는 지금 특히 도시의 산업을 위한 기반 시설 수준이 낮은 제3세계에서 심각하다. '노동절약적'인 기계류가 도입되면서 실업자들이 늘어난다. 사람들은 더욱 열악한 조건에서 더욱 낮은 임금을 받으며 일하지 않을 수 없다. 더 많은 식량이 산업 시스템과 함께 생산되지만, 사람들은 더 굶주리게 된다. 지금은 많은 식량이 국제적 시스템 안에 있기 때문이다. 빈민을 위해 식량을 구입하는 일은 없다. 차관을 상환하고, 공업 중심지를 위한 제조용 설비를 구매하고, 식민지 엘리트들을 위한 소비재를 수입하기 위한 외화를 벌기 위한 수출용 식량이 재배될 뿐이다. 이쯤에서 한 가지 중요한 사항이 강조되어야 한다. 즉, 한 나라가 얼마나 많은 식량을 재배하는가는, 그 나라 사람들이 얼마나 잘 먹는가 와는 무관하다는 것이다. 산업적 시스템에서 중요한 문제는 사람들이 식량을 사는 데 얼마나 많은 돈이 필요하냐는 것이다. 국제적 단백질 흐름은 제1세계 나라들을 향한다. 그 나라들에는 식량을 사는 데 필요한 돈이 있는 것이다.

단작의 불안정성

지구상에는 인간이 소비해온 식물들이 최소 5천 종이나 된다. 하지만 문명화된 식단은 고작 10종 미만의 식물들로 이루어진다. 그 이유는 농업 자체를 활용하는 문화적 양식, 식사 습관, 대량 생산과 이윤(사회주의적 공업 형태에서는 할당량) 때문이다.

양적으로 볼 때 오늘날 세계에는 기본적으로 10종의 식량용 식물들이 재배되고 있다. 밀, 쌀, 옥수수만으로 지구상에서 소비되는 식량의 절반을 이루며, 보리, 귀리, 수수, 기장이 그 다음 4분의 1을 이룬다. "우리 지구 전체의 영양분 소요량의 95퍼센트가 단 30종의 식물에서 나오며, 우리 식단을 꽉 채운 것들 중 4분의 3이 단 여덟 가지 작물에 기초를 둔다."[86] 콩과 감자를 위의 여덟 가지 식물에 보태면, 이 10종의 식물이 세계 농업의 핵심적 기초가 된다. 이 식물들은 대량 생산에 적합화되었다. 쇠뜨기를 비롯한 많은 식물들의 알뿌리를 수확한다면 제곱킬로미터당 훨씬 더 많은 단백질을 거둬들일 수 있겠지만, 그 수확은 기계적 방식으로는 어렵다. 이용되는 몇 안 되는 식물들은 소출을 낼 이례적인 기회를 부여받는다. 그 식물은 완벽히 통제되는 광범위한 농토에서 재배된다. 그 식물은 뿌리가 흡수할 수 있는 만큼 많은 화학비료를 받으며, 필요할 때는 언제라도 적절한 양의 물을 제공받는다. 그리고 그 지역은 농약에 의해 불모지가 된다. 이는 그 식물들이 일반적인 자연적 저항력을 별로 갖추지 않기 때문이다. 엄청난 생산을 가능하게 해주는 것은 이렇듯 최적화된 조건과 에너지/자본 집약적인 조정이다.

산업형 농업의 가장 선진적인 사례가 있는 미국에서 우리는 또한 그것의 엄청난 파괴의 사례도 목격하게 된다. "80만 제곱킬로미터에 달하는 미국 경작지

---

86 *Development Dialogue*, Dag Hammarskjold Foundation, Ovre Slottsgatan 2, S-752 20 Uppsala, Sweden, 1983,1-2, "The Law of the Seed" Pat Roy Mooney, p.7.

제국 문화의 종말과 흙의 생태학

의 놀라운 면적, 캘리포니아 주의 거의 두 배에 달하는 면적이, 완전히 파멸하지는 않았더라도, 비생산적인 곳이 되었다. 그 나라는 최고로 좋은 표토의 적어도 3분의 1을 상실해왔으며, 침식률은 이전 어느 때보다 더 나빠서 연간 50억 톤(정확하게는 44억 5,140톤)이나 침식된다.[87] 유기물질은 탄소화합물이며, 흙 속의 탄소화합물 수준은 흙의 건강 상태를 나타낸다. 토양과학자들은 이렇게 계산한다. "지구 전체적으로 우리는 화석연료보다 더 많은 토양의 탄소를 낭비해왔다. 대략 우리(세계)의 토양 탄소의 3분의 1이 북아메리카 대륙을 열면서 상실되었다."[88]

우리가 땅 위에 서서 식물들을 바라보기 때문에 단연코 가장 많은 양의 유기물이 일반적으로 흙 속에 누워있고, 가장 많은 생물들이 지구 전체에 퍼진 흙 공동체 속에서 살아간다는 사실을 의식하지 못한다. (가장 궁극적으로는 대기 중의 가스로 변환되는) 이렇듯 상실되는 탄소의 양은 심각한 손실이 발생했음을 보여준다.

비료와 농약에서 나오는 질소화합물은 오늘날 많은 농업 지역의 지하수를 오염시키고 있다. 물고기와 갑각류를 죽이지 않더라도 농약의 유출은 내륙과 연안 하천에 사는 이러한 생물들을 사람이 잡아먹는 것을 위험하게 만든다.

산업형 농업 시스템은 다양한 면에서 '가족농'과는 반대되는 것이다. 우리 가운데 대부분이 가족 농장에 대해 가지는 이미지와 달리, 현대의 산업형 농업은 외부로부터의 투입물이 많이 필요한 복합적·기술적 추구 활동이다. 이 투입물 가운데 다수는 호르몬, 항생제, 독극물 같은 고도로 위험한 물질들이다. 이 요인들은 그들이 이윤을 올리기 위해 상대하는 고객들을 해치고 죽인다는 점에서 산업형 농업의 실패한 부분이기도 하다고 말할 수 있다. 미국의 자치령인 푸에르토리코에서는 미국 본토에서 사용되는 수준을 명백히 초과한 호르몬의

---

87 ibid. p. 64.

88 *Soil and Survival. Land Stewardship and The Future of American Agriculture.* Joe Paddock, Nancy Paddock & Carol Bly. Sierra Club Books. San Francisco. 1986. (from the introduction by Wes Jackson) p. ix.

제1권 문명의 붕괴

사용으로 아기들의 생식기와 가슴의 성숙과 음모(陰毛)의 자라남이 일어난 사례가 있다. 문명화된 사람들에게 퍼진 낙농·육류 제품 안의 호르몬들은 확실히 사람들의 성적 건강에 어떤 영향을 미친다. 이는 선별된 사례들에서 이 '농업' 호르몬이 1~2세짜리 아기들의 성기 발달을 유발하고, 남자아이들의 여성적 성 특징을 발전시키는 것으로 확인할 수 있다.[89]

닭, 돼지, 소가 사육되는 밀집되고 불결한 환경 때문에 동물들은 많은 질병에 걸린다. 이 때문에 동물들과 그들이 먹는 것들에 약품 처리를 많이 하는 것이다. 항생제는 많이 사용된다. 이것들이 동물의 피부 속에서 먹이사슬의 꼭대기로 들어간다. 즉, 소비자들 그리고 인체 내의 기타 미생물들 같은 유기공동체들에게로 가는 것이다.[90]

1995년을 기준으로 미국 남성 시민의 절반 그리고 여성의 5분의 2가 암에 걸린다(하지만 반드시 사망하는 것은 아니다). "1900년에 암은 미국에서 열 번째로 주요한 사망 원인이었으며, 전체 사망의 3퍼센트만 유발했다. 오늘날에는 둘째로 주요한 원인이며, 전체 사망의 약 20퍼센트를 유발한다."[91] 많은 농업용 화학물질이 발암물질이라는 사실이 입증되었다. 이러한 유독성 물질들은 사료를 통해 그 동물에게 흡수된다. 물고기, 가금류, 낙농·육류 제품은 높은 수준의 유독성 물질을 포함한다. 로널드 레이건 대통령이 재임하던 1980년대에도 미국 환경보호국(EPA, Environmental Protection Agency)의 간행물은 "동물성 식품이 음식에 들어있는 살충제 잔류물의 주된 원천이다"라고 주장했다.[92] 한 나라 전체 모유의 99퍼센트가 DDT와 PCB의 농도가 상당하다는 사실을 통해서 우리는 전체 생태계도 그런 물질로 포화 상태에 있음을 안다. 검사에서 우리가 아는 인간 모유도 디엘드린, 헵타클로르, 다이옥신을 비롯한 많은 유독성

89 Diet For A New America. John Robbins. Stillpoint Pub. 1987. pp. 309,310.
90 ibid. p. 335.
91 ibid. p. 326.
92 ibid. p.315.

제국 문화의 종말과 흙의 생태학

물질을 함유한 것이 파악되었다. 이는 음식, 공기, 물에서 취해진 것이다.[93]

단작의 씨앗들

인간가족의 또 하나의 심각한 문제는 산업형 농업의 씨앗(種子) 시스템이다 (문명이 붕괴되고 우리가 우리 스스로의 식량을 키우려고 할 때 이 문제는 참으로 심각해질 것이다). 산업형 농업의 '열 가지 식물들'의 각 종(種)의 변종들과 몇 가지 다른 종류들이 제국문화와 더불어 발전했다. 그것들은 기본적으로 농업이 시작되었을 때 원래 발전했고, 다양한 제국들이 정복한 영토들에도 퍼져갔다. 열 가지 식물들의 기원은 주로 제국이 발달했던 온대 지역들이다. 물론 몇 가지 항목(토마토, 카카오)은 밀림문화에서 온 것이다. 이 지역들은 러시아의 식물학자 N. I. 바빌로프의 이름을 따서 '바빌로프 중심지(Vavilov centers)'라고 불린다. 이는 칠레, 아마존 지역, 안데스 지역, 중앙아메리카, 지중해 지역, 에티오피아, 아나톨리아-코카서스, 중앙아시아, 인도, 중국 북부 그리고 동남아시아다. 적어도 최근까지 이 지역들은 주요 식물들의 다양한 형태를 보유했다. 이 형태들은 농경 생활 양식으로 살던 토착 농민문화에 의해 수천 년에 걸쳐 보유되고 선별되었다. 옛 시대에는 각 지역에 이러한 식물들 각각의 변종들이 수백 가지나 있었다. 예를 들면, 아프가니스탄의 각각의 작은 골짜기에서는 농부들이 오랜 세월에 걸친 선별에 의해 자신들의 품종을 개발할 수 있었다. 이러한 선별된 품종들은 특수한 토양, 그 지역에 있는 특수한 병충해, 특유한 강우량과 기후·온도 변이에 적합한 것이었다. 이 목록에서 현대 농업은 최선의 생산자들을 선정해 연구소에서 조작을 거친 후 전 세계에 퍼뜨렸다. 산업형 농업 시스템의 기법 때문에 (일반적으로 가장 생산적인 품종만 사용되는) 각

---

93 ibid. p. 345.

종(種)당 한 줌의 변종들만이 전 세계에 퍼진다. 다음의 표는 미국에서의 ① 작물, ② 주요 변종의 수, ③ 그 대량 생산된 변종들이 대표하는 전체 작물에서의 비율의 몇 가지 사례들을 제시한다.[94]

작물	변종	퍼센트
잡곡	3	100
목화	3	53
대두	6	56
건두류	2	60
강낭콩	3	76
완두콩	2	96
옥수수	6	71
감자	4	72
고구마	1	69

표4. 미국에서의 작물, 주요 변종의 수, 그 대량 생산된 변종들이 대표하는 전체 작물에서의 비율

어느 것이든 단일 품종을 넓은 면적에 심으면 병충해에 극히 취약해진다. 이는 그 품종을 먹고 사는 데 성공한 어느 병충이라도 같은 행동을 하는 많은 자손들을 폭발적으로 발생시킬 것이기 때문이다. 몇몇 품종들만이 전 세계에 퍼질 때, 취약성도 이에 따라서 퍼진다.

작물의 유전적 단일성은 전염병이 그 작물을 파괴하도록 초청하는 것과 맞먹는다. 단일성 그 자체는 시장의 내재적 압력(기계식 수확 및 가공 등)과 작물 배양 프로그램에서의 유전적 차이성의 부재에서 생길 수도 있다. '침식'이 바빌로프 중심지에서 퍼지면서 산업화된 세계에서의 작물 전염병의 위험은 증가할 것이다. 남부의 옥수수 잎 도열병은 모든

---

94 *Seeds Of The Earth. A Public or Private Resource?* Pat Ray Mooney. Food First, Institute for Food and Development Policy. 1885 Mission Street, San Francisco, Ca. 94103. 1979. p. 14.

제국 문화의 종말과 흙의 생태학

대륙에 공통적인 전염병의 긴 역사의 가장 최근의 일일 뿐이다.

"역사적으로 서방 세계에서 가장 비극적인 사례는 아일랜드에서 1840년대 말에 발생한 감자 기근이었다. 1978년 여름에 열린 식물 배양에 관한 유럽 심포지엄에서 J. G. 호크스 박사는 재앙적인 감자도열병의 근본 원인을 추적하기 위해 남아메리카까지 갔다. 영국의 탐험가들은 16세기에 감자의 한 품종만 가지고서 카리브 해 연안에서 돌아왔다. 이 유전적으로 단일한 작물이 북유럽의 모든 곳에 심어짐으로써 도열병이 퍼지는 것은 단지 시간문제였다. 괄목할 만한 짧은 시간 안에 아일랜드인들은 주식의 원천을 잃었고, 최소한 200만 명이 죽었고, 200만 명 이상이 새 생활을 찾으러 다른 나라들에 갔다. 그 이래로 상당한 노력이 감자의 품종을 다양하게 만드는 데 기울여졌어도 유럽은 여전히 취약한 상태에 있기에 추가적인 유전적 물질을 필요로 하고 있다."[95]

놀랍게도 제1세계의 감자 농사는 아직도 아일랜드의 감자 기근과 관련되었던 것과 동일한 감자 품종에 본질적 토대를 둔다. 하지만 감자가 유래한 안데스 지역의 토착 공동체들은 약 40개 품종의 감자를 키운다. 그들에게는 아직 녹색혁명이 손을 뻗치지 않은 것이다.

산업형 농업 시스템의 기둥들인 석유, 물, 공기(산성비), 태양(기후-온실 효과-오존층 파괴), 흙 그리고 씨앗 각각이 퇴화하고, 지속 불가능하다. 아울러 시스템들과 이 기둥들 각각이 퇴화하는 하위 시스템들이 있다. 유전자은행(표적 씨앗이 생산되는 생태계들)의 제거는 초국적 씨앗 회사들에 의한 씨앗 품종들 자체의 제거와, 씨앗이라는 기둥의 퇴보를 일으키는 상황들 중 하나다.

현대 농업의 씨앗 시스템은 식물유전학에서의 자연적 변화의 짝퉁을 창출함으로써 작동한다. 선택된 품종들은 연구자들이 특정한 결과를 위해 품종들

---

95 ibid. pp. 12,13.

을 유전적으로 혼합하면서 수분(受粉)을 엄격히 통제해 키워진다(일반적으로 양을 늘리려는 것이다. 영양분을 늘리려는 경우는 거의 없다). 현대적 품종들과 잡종들이 배양되면서 생산성과 다양한 종류의 저항력을 가진 옛날의 야생 품종들은 새로운 품종들을 창조하도록 현대적 품종들과 함께 배양된다. 활용되는 옛날의 야생 품종들은 일반적으로 그 종(種)이 역사적으로 발전해온 지역인 바빌로프 중심지들에서 취해진다. 지금 씨앗 사업에서 위기 사항은 이 지역들이 야생식물의 서식지 파괴에 의해 그리고 옛 가정(家庭) 품종들을 대체하는 녹색혁명의 새로운 씨앗에 의해 씻겨져 나가고 있다는 것이다. 예를 들면, "사실상 수천 종의 삼들이 [터키의] 칠리치아 평원에서 자라는 것"을 보았던 어떤 연구자가 20년 후에 돌아와서 본 것은 "아르헨티나에서 수입된 단 한 품종의 삼이었다."[96]

녹색혁명이 침입하면서 사람들은 옛 씨앗을 먹어 치우고 새로운 씨앗에 의존하며, 그래서 수천 년간 강하고 생산성이 좋기 때문에 선별해온 품종들을 상실한다. 이는 바빌로프 중심지의 바깥 지역들에서는 특별한 중요성을 가진다. 바빌로프 중심지의 바깥에는 식물 품종을 계속 개발하는 데 사용할 야생 품종이나 선별된 품종이 없기 때문이다. 산업형 농업을 위한 씨앗들은 제3세계에서 오며, 제1세계로 운반되어 조작을 거친 다음 '기적의 씨앗'으로서 전체 시스템으로 나아간다. 바이오기술자에게도 이는 중요하다. 바이오기술자들은 유전자를 창조하는 것이 아니라 기존의 유전자들을 조작하는바, 그들은 이 유전자들을 광범위한 식물 품종들에서 얻어야 하기 때문이다.

---

96 ibid, p. 12.

제국 문화의 종말과 흙의 생태학

진보라는 굶주림

제국의 농업 시스템이 배고픈 사람들을 먹이기 위해 식량을 재배한다고 생각하는 것은 우스울 정도로 순진한 생각이다. 산업사회와 그것의 농업 시스템은 자선 사업이 아니다. 그것은 엘리트 국제 집단들의 권력과 이윤 기구의 일부인 것이다. 저그 보고스트롬이 효과적으로 지적하듯이, 고급 단백질은 부자들에게 흘러가고, 제1세계의 가축들을 먹인 뒤 남은 저급 단백질 전부가 제2세계와 제3세계의 가난한 사람들에게 흘러간다. 식량을 사려면 돈이 필요하며, 가난한 사람들은 그들 자신의 나라가 아무리 많은 식량을 재배하더라도 돈이 없으면 식량을 얻지 못한다.

코스타리카에서는 밀림을 파괴해 소들을 위한 목초지를 만들고 있다. 하지만 코스타리카 사람들의 식단에서 육류가 차지하는 비율은 줄어들고 있다. 코스타리카의 쇠고기가 미국의 패스트푸드 햄버거 체인에 팔리기 때문이다. 코스타리카에는 육류를 놓고 미국 소비자들을 경쟁상대로 입찰에 나설 수 있는 사람들이 별로 없다. 제국문화는 피라미드의 꼭대기에 있는 엘리트들에게 가치있는 것들이 스며들어 가도록 조정된다. 농업의 경우에 이러한 스며듦은 동물들에 의한 단백질 축적으로 일어난다. 우리는 어획량의 3분의 1이 비료로 사용되고, 가난한 사람들을 위한 어묵을 만드는 대신 햄과 달걀을 생산하기 위해 가축에게 먹여지는 것을 봤다. 산업 시스템이 방대한 페루산 멸치의 총량을 단 몇 년 만에 빨아들인 페루에서 페루 사람들은 부둣가에 굶주린 채 앉아서 수백만 톤의 단백질이 제1세계의 닭들과 돼지들을 향해 흘러나가는 것을 주시했다. 미국에서 가축에게 먹이는 곡물의 90퍼센트만으로도 인류의 굶주림 문제를 없앨 수 있을 것이라고 한다. 제1세계의 엘리트 사회들로 흘러들어 가는 새우, 바닷가재, 게, 고급 돼지고기와 소갈비는 제국 시스템 전체의 기초를 나타낸다. 권력, 돈, 토지 소유권 그리고 생활 보장도 식량과 같은 방향으로 흐른다. 모국으로부터 대중의 이주에 의한 것이든, 군사력에 의한 지배나 경제력에 의한 지배에 의한 것이든 식민지 개발은 값진 것들이 그 식민지에서 모국으로

뽑혀갈 수 있도록 이루어진다. 식민지들은 식민지 원주민들을 위해 자선 행위를 하려고 만들어지는 게 아니다.

세계의 모든 사람들이 지금 가축에게 가는 곡식만을 갑자기 먹기 시작하고, 세계의 식민지 엘리트들이 갑자기 해체되어 땅을 소작농들에게 분배했다면, 식량은 배고픈 자들에게로 갑작스럽게 이동되었을 것이다. 이런 행동들은 순간적으로 세계의 굶주림을 멈출 것이다. 하지만 이런 행동들은 농업의 생태적으로 파괴적인 기초 자체를 제거하지 못한 채 토양이 파괴되는 것을 지연시킬 뿐이다. 그것은 1만 년에 이르는 제국문화의 역사에 대한 대답이 되지 못할 것이다(그 문화는 식민지의 엘리트들과 더불어 해체되지 않을 것이다). 그것은 인구 폭발에 대한 대답도 되지 못할 것이다. 어떤 제3세계 국가들의 사회들에서 인구가 두 배로 느는 시간은 단 25년이다! 빈약해지는 생존 시스템을 토대로 하는 인구 폭발은 여전히 진행 중이다. 베트남은 토지 개혁을 비롯한 많은 요인들이 있음을 보여준다.

토지 개혁이 명백하고 정당한 필요 사항이기는 하지만, 제국들의 통치자들은 그들의 꼭두각시인 식민지 엘리트들이 해체되는 것을 보기보다는 식민지를 파괴하려고 시도한다는 것을 보여주었다. 하노이 대학 생물학부의 보쿠이 교수는 미군이 베트남전쟁 동안 (동남아시아의 다른 지역들은 포함하지 않고) 2만 제곱킬로미터 이상의 밀림을 파괴했다고 계산했다. 폭탄, 총탄, 네이팜탄, 불도저, 화학무기(특히 '고엽제')가 이 지역을 파괴했다. 그 지역들은 지금 황무지다. 보쿠이 교수는 2,500만 개의 포탄 구덩이가 있다고 주장했다. 표토가 완전히 불려 날아간 면적도 1,250제곱킬로미터나 된다. 베트남에 투하된 독극물에 따른 직접적 결과는 베트남 연안의 생물학적으로 풍부한 맹그로브 습지가 절반 이상 파괴된 것이다.

보쿠이 교수는 1943년에 프랑스의 식민주의자들이 베트남을 헐벗겼을 때도 베트남의 44퍼센트가 아직 숲으로 덮여있었다고 말했다. 1975년에 그 비율은 29퍼센트까지 낮아졌고, 1983년에는 23.6퍼센트가 되었다. 숲을 제거했기 때문에 베트남은 지금 익숙해진 '가뭄/홍수'라는 증후군을 경험하고 있다. 북베트남의 승리 후에 토지 개혁이 시작되었고, 인구는 숲 제거와 비례하여 계속 늘어났다. 농지 침식은 지금 (매년) 1에이커(약 4,047제곱미터)당 표토 100~200톤으로 평가되고, 숲은 지금 1년에 2천 제곱킬로미터씩 줄어들고 있다. 인구는 지난 40년간 두 배로 늘었다. 베트남에는 지금 1제곱마일(약 2.59 제곱킬로미터)당 200명씩 산다. 보쿠이 교수는 2000년에는 한 사람당 0.005 제곱킬로미터의 땅만 남을 것이며, 그것도 전부 경작 가능하지는 않을 것이라고 주장했었다. 약 405제곱킬로미터에 달하는 열대림이 지금 단지 요리와 연료의 수요 때문에 매년 감소하고 있으며, 이 수요는 산업의 발전이 시도되면서 늘어난다. 숲들은 매년 1천만 세제곱미터가 새로 자라지만, 현재의 연간 목재 수요는 3천만 세제곱미터다.

보쿠이 교수는 모든 산업사회들의 최근 역사와 비슷한 이야기를 들려준다.

> 주요 근심거리로 떠오르는 것이 수질 오염이다. 산업체들에서 나오는 폐수가 용기에 담긴 뒤 농업과 일상에서 사용된다. … 하노이에서는 무기성·유기성 독극물, 박테리아와 기생충을 함유한 더럽고 처리되지 않은 물 수만 세제곱미터가 도시와 그 주변의 호수, 연못, 운하로 배수된다. 인구 증가는 산업의 성장을 가속화함으로써 2000년까지 매년 폐수 60억 세제곱미터를 쏟아낼 것이다.
>
> 폐수를 정화하려면 매초 물 6천 세제곱미터가 필요할 것이다. 이는 베트남에서 건기 중에 모든 주요한 강들의 유량(流量)을 합한 것 이상이다. 살충제의 위험한 효과는 널리 퍼져가고 있다. 1959년에는 단 100톤만이 사용되었다. 20년 후에 그 수치는 놀랍게도 2만2천 톤으로 뛰어올랐고, 50퍼센트의 농토에 적용되었다.[97]

---

97 *Overthrow.* "Vietnam. Trying to Reconstruct A Tattered Economy And An Ecological Mess," (from a paper presented by Professor Vo Quy to the International Conference On Ecology In Vietnam, May 28–30, 1987). (newspaper). vol.10, no.1. Spring 1988. p.5.

산업형 농업의 중앙집중화 경향과 대량 생산 기술은 그것들이 적용되는 곳에서는 어디서나 동일한 현상을 보여준다. 스탈린은 러시아 제국 시절 대지주의 토지였던 곳들에 산업형 대량 생산 농업 시스템을 이식하기 위해 2만 명의 지주들을 학살했다. 미국은 역사적으로 미국 안에 농업 시스템과 제국 시스템에 길을 터주기 위해 수백만 명의 원주민을 학살했다. 미국의 농업 시스템은 점점 더 적은 수의 엘리트들의 손아귀로 계속 집중되었다. 그 시스템은 누군가가 지금 살고 있는 넓은 면적의 땅을 소유해야 한다. 남아있는 원주민들이 학살당하고 있는 가운데 외치는 소리는 "노는 땅이다", "미개발 지역이다" 같은 것이다. 그럼으로써 제국주의자들은 그 땅을 훔치고 거기 사는 사람들을 노예화하거나 학살하는 것을 정당화한다. 지금 티베트에는 티베트인들보다 중국인들이 더 많다. 티베트를 식민지화하고 '개발'하기 위해 제국의 파도가 그 나라로 들어온 것이다. 수천만 명이 중국에서부터 티베트로, 몽골로, 신장(新疆)으로 침입한다. 밀, 채소, 육류가 중국이라는 제국의 중심지로 흘러들어 간다. 중국 제국이 그들의 이웃 땅에 침입해오면서, 그들은 감당할 여력이 있는 온갖 대량 산업형 농업의 기법을 출범시켰다. 이 땅들은 중국의 예전의 토양들 자체와 같은 길을 가고 있다.

'서방의 나라들'에서 농업은 금융, 비료, 기계류, 기술적 보조, 씨앗, 마케팅, 농약 등 투입물을 생산하는 초국적 기업들을 통솔하는 엘리트의 지배를 받는다. 다섯 개 기업들이 서방 세계에서 기초적인 곡물 흐름을 통제하며, 그들 중 대다수는 개인이 소유한 족벌기업들이다. 석유 공급은 5대 세계적 회사들에 의해 통제되며, 그 기업들이 살충제, 비료, 맞춤형 씨앗 산업도 지배한다. 온갖 생산 요소들을 운송하기 위한 연료도 공급한다. 식량을 재배하는 데는 산업사회의 공업 생산 분야가 상당한 몫을 담당해야 한다. 녹색혁명이 제3세계에 침입할 때, 이는 거대한 새로운 시장들이 트랙터 및 씨앗 등과 같은 산업형 농업 생산의 요소들을 위해 창출된다는 것을 뜻한다. 이는 식민지의 엘리트들이 신용(信用)에 대한 접근성을 필요로 하리라는 것을 뜻한다. 이는 국제 금융 시스템을 위한 금광이 된다.

국제 금융업자들이 전 세계의 농업을 통제하면서 그들은 하나의 집단으로서 계속 중앙집중화를 이루고 있다. 석유 회사들은 에너지 공급(석유, 우라늄, 석탄)을 통제한다. 그 회사들은 비료·살충제 생산에 거액을 투자했다. 지금 녹색혁명과 함께 식물 씨앗 관련 사업은 고이윤 아이템이자, 시스템의 지속 가능하지 않은 모습 중 하나가 되었다. 이미 논한 대로 새로운 씨앗의 흐름은 계속 병충해를 앞질러야 한다. 최근에 잡종 씨앗들이 시스템으로 들어갔다. 농부는 이 씨앗을 내년 파종을 위해 보관할 수도 없다. 이는 그것들이 진번식(breed true)하지 않기 때문이다. 그래서 농부는 매년 씨앗 회사를 다시 찾아가야 한다. 최근에 몬산토 사는 재생산되지 않는 '종결자(terminator)'라는 씨앗을 개발해 식량 재배자들을 완벽하게 노예화했다.

'새로운 씨앗'이 녹색혁명에서 중요해지면서 금융업자들은 씨앗 시스템의 통제와 그 이윤을 향해 움직이기 시작했다. 지난 15년간 씨앗 산업에서의 '합병'이 초국적 엘리트가 국제 식량 공급을 통제하려고 움직이면서 유명해졌다. 예를 들면, 로열 더치 셸 석유 회사는 지금 30개가 넘는 종자 회사들을 소유한다. 거대 석유 회사들, 제약 회사들, 화학 회사들이 전 세계의 씨앗들에 대한 통제를 공고히 하기 위해 움직여왔다.

북아메리카를 식민지화하러 온 사람들은 아주 다양했다. 그리고 이 사람들 중 다수가 생계형 농민의 후예로서 그들의 모국의 씨앗을 가져왔었다. 그렇기 때문에 미국은 세계에서 가장 크고 가장 다채로운 '가보(家寶)' 씨앗의 창고를 가졌었다. 사람들은 그들의 정원에서 씨앗을 챙겼기 때문에 그리고 많은 지역의 씨앗 회사들이 있었기 때문에 이런 조건은 금융업자들이 들어올 때까지 계속되었다. 씨앗 회사들이 엘리트 계급 속으로 사라지면서 인간가족은 이제 그 씨앗의 유산을 잃어버리고 있다.

대량 생산 시스템이 원하는 바는 여러 기후들과 조건들에 적합한 각 종(種)의 씨앗들을 극소수만 갖추는 것인데, 이는 그들이 대규모 영업에 주안점을 두기 때문이다. 이 때문에 해당 지역에 적응되고 강인해진 씨앗들이 탈락한다. 특이한 씨앗도 슈퍼마켓의 표준을 맞추기 위해 탈락된다. 1만 년간 농민들과 농장주들은 지금 존재하는 씨앗을 선정하고 아껴왔다. 이 인간가족의 유산은 초국적 엘리트들에 의해 한 세대 안에 청소당할 운명이다.

바빌로프 중심지에 있는 씨앗 은행들이 제거되고, 가보로 내려오는 씨앗들도 전 세계의 씨앗 회사들의 창고에서 제거되면서 남아있는 씨앗들의 통제권은 엘리트들에게 집중된다. 식물 관련 특허법을 제정하는 것이 엘리트들의 지도로 자본주의 세계를 통틀어서 시작되고 있다. 이는 엘리트들이 씨앗의 품종을 소유하고, 그것을 사용하려는 사람들에게서 사용료를 받을 것임을 뜻한다. 지금 유럽에서는 자기가 구입한 '특허가 설정된 씨앗'이 싹이 터서 생긴 식물로부터 새로운 씨앗을 받아서 심으면 체포당할 수도 있다. 엘리트들은 아직 그들의 계획을 완전하게 달성하지는 못했다. 그들은 또한 '기적의' 식물을 만들어내는 작업을 하고 있는 바이오기술 회사들을 소유하고 있다. 이러한 특허가 설정된 식물들이 창조될 때 그들은 서방 세계의 에너지·식량 시스템을 완벽하게 통제할 것이다. 텃밭 농부 그룹인 시드세이버즈익스체인지(Seed Savers Exchange)[98]의 켄트 휠리는 이렇게 주장한다.

"1980년대 초까지 미국에서 종자 회사의 인수는 전염병 같은 추세에 도달했다. ARCO는 데저트 시드(Desert Seed Co.)를 인수했다. ITT는 지금 애틀리 버피(W. Atlee Burpee Co.)를 소유하고 있다. 스위스의 산도스(Sandoz)는 노스럽 킹(Northrup King Co.)을 사들였다. 업존(Upjohn)은 애스그로 시드(Asgrow Seed Co.)를 사들였다. 몬산토(Monsanto)는 데칼브 하이브리드 휘트(DeKalb Hybrid Wheat)를 사들였다. 이것들은 북아메리카에서 최근에 있었던 60건 이상의 씨앗 회사 인수 사례들 중 단 몇 개일 뿐이다.

다국적 농화학 대기업들은 … 이미 살충제, 살진균제, 화학비료를 제

---

98 Information can be obtained from, Seed Savers Exchange, P.O. Box 70, Decorah, Iowa 52101.

제국 문화의 종말과 흙의 생태학

조하고 있다. 새로이 사들인 씨앗 회사들을 가지고서 지금 상업적 재배자들에게 '꾸러미 협상안(package deal)'을 제공할 수 있다. 그들의 약품으로 잘 자라는 씨앗 같은 것들 말이다. 어떤 농화학 기업들은 심지어 펠렛화된 씨앗을 팔기 시작했다. 이는 개개의 씨앗을 살충제와 비료로 된 작은 캡슐로 싼 것이다. 그러한 기업들의 생존은 살충제와 화학비료를 판매하는 데 의존하는 것이다. 이들이 질병이나 병충해에 저항력 있는 작물을 개발하는 데 시간이나 돈을 쓸지 의심스럽다."[99]

광산에서 저품위 광석을 제련하는 데 더 많은 에너지가 드는 것과 마찬가지로, 에너지 사용량은 현대사회가 해체되면서 더욱 증가할 것이다. 에너지 집약적인 산업사회들은 그들을 먹여 살리는 농업 시스템이 지속되는 만큼 지속될 것이다. 우리가 살펴봤듯이 농업 시스템은 제국의 다른 모든 시스템들이 그렇듯이 단기적 이윤을 넘어 그들이 지속하는 데 필요한 실질적인 대비를 하지 않는다. 긍정적인 피드백의 순환고리도 없고, 토양·씨앗 생산 시스템처럼 시스템 자체를 먹여 살릴 것도 전혀 없다. 제국의 사회라는 몸뚱이는 그냥 밑 빠진 독이고, 모순이 넘쳐나는 약탈의 시스템이다. 곧 세계의 석유는 고갈될 것이고, 전 세계 사람들은 백척간두에 설 것이다. 그때에는 씨앗 산업의 도움 없이 자랄 수 있는 씨앗이란 거의 없을 것이다. 그때쯤이면 전 세계 관개농지의 상당 부분이 염분을 띨 것이고, 댐들 중 다수가 침전물로 막힐 것이며, 지하수도 마를 것이다. 이런 압력들이 작동하는 가운데 산성비 또한 늘어날 것인즉, 이는 에너지 사용량의 불가피한 증가 때문이다. 기후 또한 온실 효과 탓에 달라지기 시작할 것이다. 결국 기존의 농업 시스템은 완전히 변질되거나 제거될 것이다. 전 세계가 그런 지경에 도달하는 데 걸리는 10~20년 이내에 수억 명의 사람들

---

99 *The Alliance.* (newspaper). 2807 SE Stark, Portland, Ore. 97214. vol. 6, no. 3, March, 1986. p.7. (quoted from, The Garden Seed Inventory. by Kent Whealy. Seed Savers Exchange. Decorah, Iowa.)

제1권 문명의 붕괴

이 전 세계 인구의 수에 더해질 것이다.

이는 헌신을 할 수 있는 사람들이 생존 가능한 인간문화를 제국의 불가피한 붕괴 너머의 미래 시대로 욱여넣을 수 있는 '씨앗' 공동체들을 세우기 위해 신속히 나서야 하는 이유이기도 하다. 이러한 공동체들은 생존 가능한 씨앗들과 생물 종의 다양성을 보듬는 전략들을 갖춰야 한다.

현황 명세서

'생태적 위기'를 유독성 화학물질, 원유 유출, 혹은 아마도 산성비와 관련된 뭔가로 간주하는 끈질긴 사회적 전통 같은 게 있다. 우리의 검토가 입증해주는 것은 제국문화의 근본적 기초가 '생태적 위기'라는 것이다. 역사는 정복자들이 작성하며, 제국문화의 실재관은 문화적으로 얽매인 관점을 가진 엘리트들에게서 생겨난다. 흙에 대해서, 숲에 대해서 그리고 전 세계 원주민들에 대해서 생태적 위기는 수천 년 전에 제국문화의 성장과 함께 시작되었다. '생태적 위기'라는 것은 지구 그리고 우주의 균형에서 벗어난 사회적·유기적 형태의 마지막 단계의 거친 증후군일 뿐이다.

결국 도망칠 수 없다. 문명이란 '자살의 문화'인 셈이다. 그것은 무한히 지탱될 수 없다. 그것의 성장을 위한 연료는 지구의 비옥함을 줄여나감으로써 생겨난다. 우리는 지금 기술적 산업사회가 창조한 생태적 위협을 주시하고 있다. 이는 현재 심각하다. 우리는 이런 조건들을 뚫고서 살아가고자 한다. 그래서 우리가 뚫고 지나갈 광산 지대에 대해 이해하는 것이 중요하다.

제6장 **죽어가는 바다들**

20세기의 전반기 동안 원양 어업의 강도가 세지면서 시장에서의 수요가 있는 물고기들이 '싹쓸이'되기 시작했다. 이들은 바다에서 아주 밀려나 개체수가 다시 많아질 수 없게 되었다. 다른 종들이 그들의 먹이사슬의 틈새를 차지했다. 물고기의 수가 급격히 줄어든 역사적 사례로는 다음과 같은 것들이 있다. 1935년 남극의 푸른고래, 1945년 동아시아의 정어리, 1946년 미국 캘리포니아 주 몬터레이의 명소인 '존 스타인벡의 통조림 거리(Cannery Row)'를 먹여 살린 캘리포니아 정어리, 1950년 북아메리카 서안에서 이주하는 연어들의 여러 종 가운데 하나인 북서태평양 연어, 1961년 대서양의 스칸디나비아 청어, 1962년 바렌츠 해의 대구, 1962년 남극의 큰고래 그리고 1972년 페루의 안초비 등이다. 연간 세계 어획량은 1900년의 200만 톤에서 1950년의 1,800만 톤으로 올라갔다.[100] 1950~1970년의 어획량은 연평균 6퍼센트씩 상승해 6,600만 톤에 이르렀다. 1970년에는 연 1퍼센트씩 증가로 평평해졌으며, 이 평균 성장률은 7680만 톤에서 정체된 1982년까지 지속되었다. 1984년 이래 어업용 장비에 대한 투자가 상당히 늘어났음에도 불구하고 전 세계의 어획량은 줄어들기 시작했다.[101] 북서대서양에서 대구, 해덕대구, 넙치, 청어를 비롯한 인류의

---

100 *The Hungry Planet. The Modern World at the Edge of Famine.* Georg Borgstrom. Collier Books. New York. 2nd. Revised Ed. 1972. p.438.

101 *State of the World 1985.* Lester Brown. et. al. W. W. Norton Co. New York. 1985. p.74.

주요 식용 어종들의 어획량은 1960년대 말에 정점에 달했다. 이런 종들의 어획량은 그때부터 급격히 떨어졌다. 그 감소율은 청어가 40퍼센트, 넙치는 90퍼센트 이상에 달한다.[102] 오늘날 산업국가들이 보유한 거대한 공장형 어선단들이 단백질을 찾아 세계를 뒤지고 다니지만, 어업에 대한 투자는 점점 더 적은 수익을 가져다줄 뿐이다. 어획량은 계속 떨어지며, 특히 고급 식탁용 생선이 그러하다. 폭증하는 인구가 식량에 대해 점점 더 높은 가격을 지불하려고 하기 때문에 아직도 투자는 계속되며, 계속 새로운 장비에 자금을 조달하는 은행가들은 이익을 보는 것이 분명하다.

세계 어획량의 32퍼센트는 지금 '쓰레기 생선'이다. 이들은 물고기밥, 비료, 가축사료, 생선기름 등으로 가공된다.[103] 이는 인류가 더 많은 종류의 물고기들을 활용하는 방법을 발견하고 있더라도 지금 '쓰레기 생선'을 포함하여 총어획량은 늘어나지 않는다는 것을 뜻한다. 인간들이 바다의 먹이사슬의 위쪽 고리를 파괴한 결과, 우리는 플랑크톤과 크릴 등 해양생물 다수의 기초가 되는 작은 유기체들에 더욱 집중할 것이다. 일본과 러시아의 공장형 어선단들은 이미 남극 수역에서 크릴을 하루에 100톤씩 잡고 있다. 그 결과 그 해역에서 크릴에 의존하는 생물들의 전체 생태계를 위한 먹이사슬이 파괴되고 있다.[104] 바다의 식물성 플랑크톤은 지구 산소의 약 70퍼센트를 생산한다. 이 플랑크톤 개체군들이 오염과 오존층 약화 때문에 감소하면서 지구상의 생명체가 활용할 수 있는 산소를 만들어내는 일도 지장을 받을 것이다. 바다의 먹이사슬도 계속 약화될 것이다. 바다의 물고기들이 줄어들면서 가뜩이나 줄어들고 있는 경작 가능 토지에 더 많은 압력이 가해질 것이다. 이는 바다에서의 어획량의 3분의 1이 가축사료와 비

102 *Building A Sustainable Society*. Lester R. Brown. W.W. Norton Co. New York. 1981. pp.36,37.

103 *Gaia. An Atlas Of Planet Management*. Norman Myers, editor. Anchor Books. Garden City, New York. 1984. p.82.

104 ibid. p.81.

제국 문화의 종말과 흙의 생태학

료 등 농업용으로 사용되기 때문이다. 생선의 단백질이 농업용 비료와 가축사료로 가는 에너지 통로가 좁아짐으로써 토양과 석유를 기반으로 하는 화학비료의 공급에 더 많은 압력이 가해질 것이다. 이 와중에도 인구는 증가한다.

해양 오염

바다의 물은 계속 흐른다. 프랑스의 생태계학자인 자크 쿠스토는 지중해의 물 전체가 주변 지역의 물과 90년 내에 교환된다는 데 유의한다. 쿠스토는 남극 펭귄의 간에 이미 독한 살충제인 DDT가 있다는 것, 강들과 반쯤 닫힌 바다들이 오늘날의 해양보다 더욱 열악한 상황을 보이고 있지만, 그런 상태가 오래 가지는 않으리라는 것을 지적한다.[105]

열려있는 바다는 '생물학적 사막'으로 간주된다. 바다에서 기초적인 생물개체군들을 만드는 것은 대륙붕이며, 그 생물을 품어서 키워주는 것이 만(灣), 습지, 삼각주, 맹그로브 늪, 산호 같은 해안선의 은신처들이다. 쓰레기, 폐수, 유독성 화학물질 그리고 원유유출물 등이 해류를 타고 흐르면서 해안선 근처에 축적되어 해양생물들을 위한 토대를 제거한다. 뉴욕 시와 그 주변의 자치단체들이 행하고 있는 것은 전 세계의 해양생태계를 해치는 내용의 이야기들과 비슷하다. 1987년부터 뉴욕 시 및 그 주변의 두 개 군(郡) 그리고 뉴저지 주의 여섯 개 군에서 폐기물을 실은 바지선이 매일 2만 4,250톤(연간 800만 톤)가량의 폐기물을 미국에서는 해양 투기가 아직도 허용되는 마지막 장소인, 뉴저지 주의 케이프 메이에서 170킬로미터 이상 떨어진 바다에 위치한 100제곱마일(약 259제곱킬로미터)의 해역인 '106 심해 도시 폐기물 처리장(106 Deepwater Municipal Sludge Site)'에 버렸다. 폐기물에는 상당량의 산업계·

---

105 *U. S. News & World Report,* January 23, 1985, p. 68.

생활계 유독성 화학물질이 포함되었다. 미국 국립해양대기국의 1983년 보고서는 이 처리장에 쌓이는 독성 폐기물이 '영향을 미치는 해역'을 약 11만 9,140 제곱킬로미터로 추산한다. 이 해역은 약 200종에 이르는 물고기들의 산란지이며, 돌고래, 고래, 거북이가 출몰하는 곳이다. 하지만 그들 중 일부 종들은 이미 위험에 처했다고 여겨진다.[106]

미국 뉴잉글랜드 해안에서 활동하는 어부들은 1988년도의 바닷가재 포획량이 70~90퍼센트 감소했으며, 포획된 바닷가재는 흔히 오염 때문에 껍질에 검게 탄 구멍이 났다고 주장한다. 그 해에 로드아일랜드 지역 어부의 아내인 데비 와인은 〈인디즈타임즈(In These Times)〉지의 인터뷰에서 이렇게 말했다.

> 남편은 17년간 가재잡이를 해왔습니다. 하지만 이러기는 처음이었어요. 1년 전에 어부들은 지난 수년간 본 것보다 더 많은 작은 바닷가재들을 돌려보냈지요. 가을부터는 한 마리도 안 보였습니다. 우리는 20퍼센트나 더 많은 기계로 70퍼센트나 더 적은 바닷가재를 잡고 있습니다. 그리고 붉은 게들은 누군가가 그들을 토치불로 괴롭힌 것처럼 보이더군요.
>
> 폐기물을 버리는 곳에서 240~280여 킬로미터 떨어진 수면에 황색 거품이 떠 있고, 모든 갑각류가 중금속에 노출됨으로써 불에 탄 것 같은 점들을 가지고 있습니다. 나는 아주 질렸습니다. 살코기는 오염되지 않지만[그럴까요?], 이 생물들은 껍질 없이는 살 수 없습니다. 그리고 오염은 먼저 게와 바닷가재에 영향을 주고, 그다음에는 대합과 가리비에 영향을 줍니다. 그리고 나서 물고기에게로 들어가고요. 그때가 되면 소비자들은 걱정할 이유가 있을 거예요. 우리는 모두 일을 그만두어야 할지도 모르고요.[107]

---

106 *In These Times.* "They're Killing Our Oceans." Dick Russell. April 27–May 3, 1988. p. 12.

107 ibid. p. 22.

제국 문화의 종말과 흙의 생태학

1988년에 뉴저지 해안에서 잡힌 옥돔은 꼬리썩음병과 병변을 앓고 있었다. 1987년 여름에 정체를 알 수 없는 바이러스가 노스캐롤라이나 주의 해테라 곶 북쪽 수역에 서식하던 6천 마리에서 8천 마리의 돌고래 중 (보수적인 추정으로) 1천 마리 이상을 죽였다. 그 해 11~12월에는 20여 마리의 고래가 매사추세츠 주에서 대부분 코드 곶 근처 해변에 누워있는 것이 발견되었다.[108] 해양 오염의 85퍼센트는 그 원인이 육지에 있다. 중금속이 육지에서 바다로 흘러나가는 양은 현재 수은의 경우 자연 상태에서보다 평균 2.5배에 달하고, 망간의 경우 4배, 아연의 경우 12배, 구리도 12배, 납도 12배, 안티몬은 30배, 인은 무려 80배에 달한다.[109] 독성 폐기물들이 바다의 가장 깊은 곳에서 그리고 대부분의 해양 서식지에서 발견되어왔다.[110]

미국은 세계에서 가장 큰 산업 생산 규모를 보유하고 있으며, 아울러 가장 심한 해양 오염 기록도 보유하고 있다. 1970년대에 미국 한 나라가 연간 1억 톤 이상의 폐기물을 바다에 배출했다. 미국과 유럽 여러 나라, 일본 같은 나라들은 방사능 폐기물을 바다에 버렸다. 옛 소련은 원자로를 북극해에 버렸으며, 방사능에 오염된 강들도 북극해로 흘러들어 간다.

최근에는 산성비도 연안의 생명체들에 상당한 영향을 준다는 사실도 발견되었다. 1988년에 환경수호기금을 위해 이루어진 조사에서 연구자들은 대기의 오염원이 미국 북동부 대서양 연안에 있는 체서피크 만으로 쏟아져 들어가는 질소의 25퍼센트의 원인임을 알아냈다(그 조사에 의하면, 추가된 질소는 폐수에서 나왔다. 34퍼센트는 농장의 비료에서, 23퍼센트는 폐수와 산업 배출물에서, 18퍼센트는 가축분뇨였다).[111]

석유 유출은 원유가 점점 더 지구의 도달하기 어려운 지역에서 추출되면

---

108   ibid. pp. 12,22.

109   Myers. *Gaia*. (atlas). op. cit. p.85.

110   ibid. p.79.

111   Associated Press. 250790 New York. 3.36 am. 4/25/88.

서 계속 증가할 것이다. 661만 톤에서 771만 톤으로 추정되는 석유가 지금 매년 정유공장에서의 유출, 육지로부터의 배수, 선박에서의 버림, 시추 플랫폼으로부터의 누출, 유조선의 파열이나 실제적 파손 등으로 매년 바다에 닿고 있다.[112] 유출은 엄청난 수의 새, 포유류 그리고 해양유기체들을 파괴한다. 원유는 바다로 유출되면 독성을 띠게 되며, 화학적 분해의 과정으로 시간이 가면서 점점 더 많은 독성을 띠게 될 수도 있다. 원유 잔재물은 한 세기 동안이나 바다의 침전물에 남아있을 수 있다.[113]

미국에서 예측되었던 것은, 현재와 같은 이주 속도가 유지된다면 2000년까지 인구의 75퍼센트가 해안에서 80킬로미터 내에 거주하리라는 것이다. 이미 80억 갤런의 생활폐수가 미국의 연안 수역에 매일 버려진다.[114] 갑각류가 잡히는 미국 어장의 3분의 1이 유독성 물질 오염 때문에 폐쇄되었다.[115]

해안과 섬의 '개발'은 흔히 습지의 배수와 해안 지대 매립을 포함한다. 댐들의 건설, 강의 흐름을 돌리는 것, 관개는 모두 해안선의 생명 생성 능력을 파괴한다. 예를 들면, 캘리포니아 주의 샌프란시스코 만에서는 담수(淡水) 유입의 65퍼센트가 중단되었다.[116] 루이지애나 주에서는 해안 습지 1에이커(약 4,047제곱미터)가 14분마다 개발에 상실된다.[117] 맹그로브 늪지 1만 제곱킬로미터 이상이 인도양-태평양 해역에서 어장을 만들기 위해 제거되어왔다.[118] 인도양의 디에고가르시아 섬은 광범위한 산호초 파괴의 예로서 한때 거대한 산호초와 2천명의 원주민들이 사는 비옥한 열대의 보금자리였다. 지금 그곳은 미군기지의

---

112 Myers. *Gaia.* (atlas). op. cit. pp.84,85.

113 Simon. *Neptune's Revenge.* op. cit. p.57.

114 ibid. p.87.

115 ibid. p.87.

116 "In Order to Save the Fisheries We Must Rescue Our Estuaries." M. L. Edwards, Field Editor. *National Fisherman.* January, 1988. p.22.

117 ibid. p.21.

118 Myers. *Gaia.* (atlas) op. cit. p.87.

제국 문화의 종말과 흙의 생태학

콘크리트로 덮여있고, 그곳의 생물계는 파괴되었다.[119]

육지들이 지금 겪고 있는 대규모의 표토 유실은 정상적인 상황에서라면 해안생태계를 비옥하게 하는 등 일종의 장점을 가져다준다(이런 일이 일어나는 곳의 한 예는 중국의 침식하는 표토에서 이익을 보는 중국 남부 지역 바다의 상대적으로 풍부한 어족이다). 개발에 의한 삼각주의 제거와 오염에 의한 연안 생물의 직접 살상은 표토의 침식이 대륙붕의 비옥함을 증가시킬 가능성을 무위로 돌렸다.

국가학술원은 상업 어선단이 23.6킬로톤에 달하는 플라스틱 포장재와 135킬로톤에 달하는 플라스틱 어구, 그물, 줄과 부표를 매년 바다에 버린다고 추정한다. 일본의 거대한 어선단만 하더라도 단섬유 그물의 약 435~1,030킬로미터로 추정되는 양을 매년 상실하고 있다. 해안선의 쓰레기는 더 많은 양의 플라스틱을 보여준다(플라스틱제 6개 팩 지지고리는 450년을 간다). 10만 마리의 해양포유류가 매년 플라스틱에 걸리거나 이를 삼켜서 죽어간다. 15퍼센트의 바닷새들이 플라스틱을 먹이로 혼동하는 것으로 추정된다. 바다거북은 흔히 비닐봉지를 해파리로 착각하여 먹는다. 이 플라스틱은 해양생물들과 새들의 소화기 계통을 손상시키고 흔히 대장을 막아서 죽인다.[120]

생태적 하수도는 지구의 상처

생태적 하수도들은 생명 기능이 완전히 망가진 지역들이다. 이러한 죽은 지역에서는 서로 맞물린 에너지 흐름, 먹이사슬, 생명의 화학이 교란되거나 파괴되어 초보적인 기능조차도 할 수가 없다. 생태적 하수도의 대륙적인 사례로는

---

119 ibid. p.87.

120 "We're Choking the Ocean With Plastics." Kris Freeman. *National Fisherman*. January, 1987. pp.4,5,32.

제1권 문명의 붕괴

극단적으로 사막화된 지역들, 부영양화가 산소를 써 없앤 물가들 그리고 산성비에 의해 죽임을 당한 호수들이 있다. 생태적 하수도들은 지금 해안선을 따라 울타리가 처진 바다에서 만들어지고 있다. 거대한 녹조와 죽은 물고기, 물개, 돌고래가 여러 해안을 떠돌며 바다의 다가오는 죽음을 알린다. 터키의 황금뿔 삼각주, 지중해 전역 그리고 유럽과 북아메리카의 해안 일부가 이미 '죽었다.' 새우나 물고기의 생명도 지탱하지 못하는 산소 결핍의 죽은 물의 띠가 지금 미시시피 강 삼각주에서 루이지애나 주의 해안을 벗어나 멕시코 만을 가로질러 거의 텍사스 주까지 뻗어있다. 이는 길이 약 433킬로미터, 폭 약 16킬로미터의 '죽음의 구역(dead zone)'이다.[121]

1989년 봄까지 일어난 가장 큰 물개의 멸종은 1988년 여름 몇 달 동안 유럽의 북해에서 일어났다. 알 수가 없는 바이러스가 그 해역의 1만8천 마리의 물개들 중 약 1만2천 마리를 죽였다. 과학자들은 물개가 그렇게 많이 죽은 이유가 그들의 면역 계통이 북해 해수의 오염인자에 노출되어 약화된 탓이라고 믿는다. 유럽의 발트 해 해수의 30퍼센트까지가 영구적 산소 결핍 상태에 놓였다. 어떤 보고서들은 암컷 회색 물개의 80퍼센트가 그 수역에서 불임임이 밝혀졌는가 하면, 조사된 발트 물개의 약 4분의 3이 일부 기관과 피부에서 병적인 변화를 보인다고 주장한다. 그 종(種)은 금세기를 넘기지 못할 것으로 보인다.[122]

바닷물의 독성 오염은 가장 심하게 산업화된 나라들에서 가장 심각하다. 그렇다고 해서 다른 지역들은 생태적으로 손상을 받지 않은 것도 아니다. 예를 들면, 해안 지역의 맹그로브 늪지는 전 세계적으로 격감하고 있다. 이누이트들이 PCB에 중독되고 남극의 펭귄의 몸속에 DDT가 함유되었다는 사실을 알게 될 때 우리는 바다의 죽음의 문제가 지구 전체적 문제임을 알게 된다.

---

121 Time. "The Dirty Seas." August 1, 1988 p.46. and M.L. Edwards. *National Fisherman.* op. cit. p.20.

122 ibid. pp. 6-7.

제국 문화의 종말과 흙의 생태학

제7장

종(種)의 증가에 의한 생명의 멸종

많은 과학자들은 6,500만 년 전에 일어난 공룡의 사라짐을 포함한 대량 멸종으로 상실된 것보다 지구의 식물과 동물의 더 큰 부분이 우리의 생전에 사라질 것이라 믿는다. 생태계를 지탱하고 지구의 서식 가능성을 유지하는 식물공동체들도 황폐화되리라는 것은 진화의 존엄한 경로에서 처음일 가능성이 높다.[123]

- 〈세계의 상태 1988(State of the World 1988)〉에서

그 규모와 압축된 시간의 범위에서 이 멸종 과정은 생명이 시작된 이래 일어났던 그 어떤 것보다도 더 큰 생물학적 재앙을 보여줄 것이다.[124]

- 〈가이아, 행성 관리의 지도(Gaia. An Atlas of Planet Management)〉에서

살아있는 세계의 파괴, 농장들과 도시들에 의한 서식지의 파괴는 생명의 그물을 풀어버리는 짓이다. 복잡한 먹이사슬과 각 생물이 다른 생물들을 위해 수행하는 온갖 서비스의 훨씬 더 복잡한 그물 때문에 어느 종이든—특히 핵심적인 종인 경우—그 종의 제거는 다른 종들도 제거시키는 결과로 이어진다. 미주리

---

123 *State of the World 1988. A Worldwatch Institute Report on Progress Toward a Sustainable Society.* Lester Brown, et. Al. W.W. Norton & Co. New York. 1988. P. 102.

124 *Gaia. An Atlas of Planet Management.* Norman Myers, Editor. Anchor Books. Garden City, NY. 1984. P. 154.

식물원의 피터 레이븐 원장은 "대부분의 유기체들이 식물을 먹고 사는 특화된 영양 섭취 메커니즘 때문에 멸종되는 모든 식물들은 평균적으로 자기 자신과 더불어 10~30개의 다른 종들도 데리고 사라지는 것으로 추정한다"고 했다.[125]

지구에서의 생명 파괴는 아주 빨리 이루어지고 있어서 그 누적 효과가 얼마나 클지는 아무도 모른다. 자연 상태의 인간가족은 항상 땅이 하나의 살아있는 유기체라고 가정했으며, 지금 현대적 기술을 가진 과학자들은 바로 이 가정에 대한 증거를 발견한다('자연적'이라는 용어는 인간 역사의 99퍼센트 동안 존재해온 그리고 세계의 변방에서 잔존하는 집단들에 지금도 존재하는 인간가족의 토착적 수렵·채취문화에 대해 기술하기 위해 사용된다. '자연적'이라는 용어는 이 문화가 자연계의 완전한 통합 안에서 존재했기 때문에 사용된다). 지구는 살아있는 실체이고, 자기 스스로를 조절하는 유기체다. 다양한 종들 각각이, 특히 가이아(생명체로서의 지구)의 호흡 메커니즘이자 많은 종들의 집단적 입김인 대기를 구성하는 가스들의 이러한 조절에 따라, 한 가지씩 역할을 맡는다.[126] 이러한 종들 그리고 밀림 같은 그들의 서식지가 지우개로 지워버리듯이 사라지면서 지구의 신진대사의 거시적 순환이 극심한 변동에 휩싸일 것이 확실하지만, 구체적으로 어떤 일이 일어날지는 알 길이 없다. 그러한 모든 문제들은 전반적으로 아주 빈약하게 이해되고 있기에 인간들이 지구상에 얼마나 많은 종들이 있는지조차 확실히 모를 정도다. 하버드 대학의 생물학자 에드워드 O. 윌슨은 이렇게 말한다. "우리는 지구상의 생물 종의 진정한 수를 그 십진 단위 수조차도 모른다."[127]

깊어가는 지구적 위기 때문에 과학 연구는 종의 멸종 문제에 초점을 두어왔다. 현재의 추산 폭은 우리가 하루에 한 개 종 내지 한 시간에 한 개 종 사

125 Extinction.The Causes and Consequences of the Disappearance of Species. Paul Ehrlich & Anne Ehrlich. Random House. New York. 1981. P. 139.
126 Gaia. A New Look At Life On Earth. J. E. Lovelock. Oxford U. Press. 1979.
127 State of the World.1988. op. cit. p. 104.

제국 문화의 종말과 흙의 생태학

이를 잃고 있다는 것이다. 이는 2000년도까지 1분당 한 개 종으로까지 내려갈 수도 있으리라 예상되기도 했다. 심지어 만약 핵전쟁이라도 벌어진다면, 1천분의 1초에 1천만 종이 될 수도 있다고 예상되었다.

　광합성 순생산에서의 쇠퇴를 유발하는 지구 생명의 변질은 지구에 해를 끼친다. 이는 우리가 주목해야 할 기준이다. 우리가 종들의 멸종 단계에 접근할 때, 우리는 지구의 죽음의 고통 가까이에 있는 것이다. 문명은 개별 종의 멸종 위협, 특히 대형 포유류의 멸종 위협에는 형식적으로 대응하지만, 공군기지, 농업, 주택 프로젝트, 도시화, 고엽제 또는 무책임한 '자원 채굴'에 의한 전체 생태계의 소멸에 대한 기초적 이해 또한 없다. 대형 생물에 대한 우려 덕에 그 남은 개체들 중 다수가 동물원에서 보호를 받고 있으나, 미생물, 곤충, 현미경으로만 보이는 식물 종들도 사라지고 있다는 데 대한 이해가 아직 별로 없다. 모든 동물들 중에서 포유류는 단 1퍼센트이고, 척추동물은 단 3퍼센트다. 그리고 그들은 모두 미생물에게 완전히 의존한다. '캘리포니아 독수리 구하기'라는 터무니없는 광경은 제국문화 관점의 증후다. 독수리는 생명의 그물에서 유기체들 중 하나일 뿐이다. 독수리가 멸종의 벼랑 끝에 있게 한 것은 생명 그물의 파괴다. 독수리가 동물원에서 '구조될' 수 있더라도 독수리가 그 삶을 위해 필요로 하는 서식지는 파괴될 것이다. 제국문화는 서식지가 파괴되면 땅의 기초적 생명도 축소된다는 것을 이해할 수 있게 해주는 실재관의 토대를 가지지 않는다. 서식지가 사라지면서 종들은 여러 개씩 줄어들고, 숲도 줄어들며, 표토는 사라진다. 도시화된 사회의 관점은 몇 개의 대표적 생물들을 공원과 동물원에 보전하는 것이 종의 멸종 문제를 풀 수 있다는 것이다. 그다음 질문인 "무엇을 위해 보전하는가?"는 결코 나오지 않을 듯하다.

　생태계의 파편들이 '공원'이나 '보전 지역'이라 불리지만, 그것들은 아직 종의 상실을 막을 만큼 충분히 크지는 않다. 〈1988년 세계 상태(State of the World 1988)〉라는 보고서는 다음과 같이 주장한다.

많은 공원들이 종의 생존을 보장하기에 충분한 개체군을 유지하기에는 너무 작을 뿐이다. 생태학 이론이 추정하듯이 가장 작은 공원들은 그들의 원래의 포유류 종들의 가장 큰 부분을 상실해왔다. 그러나 로키 산맥과 요세미티 국립공원처럼 아주 큰 공원들도 그들의 토착종 포유류의 4분의 1 내지 3분의 1을 상실해왔다.[128]

몇 개의 잔존하는 종들을 동물원이나 소규모 경비 시설이 갖춰진 서식지에서 보전하려고 시도하기보다는, 우리는 땅을 그것의 예전 건강 상태로 복구하는 작업을 시작해야 한다.

단순하고 확고한 해답은 인간들의 수가 광합성 순생산 및 태양 예산과 균형을 이룰 수준으로 줄어들어야 한다는 것이다. 땅을 손상시키는 행위는 중단되어야 하고, 땅의 생명도 복원해야 한다. 이 지구상에서 생명이 계속 존재하도록 할 수 있는 다른 방법은 없다.

이 시대에 이 지구의 생명이 얼마나 부유하고 풍성했는지를 깨닫기는 어렵다. 우리 자연 상태의 인간가족은 풍요의 세계에서 살았었다. 하늘은 철새들로 뒤덮여 며칠간이나 어두컴컴했다. 배리 로페즈는 그의 책 《늑대들과 사람들에 관하여(Of Wolves and Men)》에서 미국의 대평원에는 5억 마리의 동물 개체군이 있었고, 북쪽에서 남쪽으로 이동하는 6천만 마리의 물소들도 있었다고 말한다. 수백만 마리의 가지뿔영양이 미국 서부의 평원과 고지대를 점유했다. 미국의 동해안과 서해안에서의 연어 행렬은 정말로 대규모였고, 사람들을 수만 년간 변화 없이 받쳐주었다.

팔리 모와트는 그의 북대서양의 자연사에 관한 중요한 저작인 《도살자의 바다(Sea of Slaughter)》에서 이렇게 말한다.

나는 바다와 하늘이 만나는 곳의 남쪽 만(灣)의 힘차게 솟아오르는

---

128 *State of the World, 1988.* op. cit. p. 104.

제국 문화의 종말과 흙의 생태학

물을 내다본다. 그 너머에는 대륙의 동쪽 해안을 향해 북대서양이 출렁거린다. 그리고 내 정신의 눈으로 나는 옛날 모습 그대로의 그것을 본다. 물을 내뿜는 고래 떼가 계속 이어지고, 큰 놈이 작은 것들과 함께 온 바다를 가로질러 몰려다녀 물결이 일고, 물고기들이 살아있는 밀물이 되어 몰려든다. 하늘을 도는 북양가마우지, 갈매기 같은 새들이 하늘을 가린다. 내 발밑의 긴 해변 끝을 가리키는 돌 같은 손가락, 산호는 쉬고 있는 물개들과 한 덩어리를 이룬다. 해변 그 자체가 쉬지 않고 떠도는 물새들로 흔들린다. 대합, 홍합, 바닷가재가 만의 물 밑바닥에 대도시를 이루고 있다. 그 만의 품 안의 물오리들이 둥둥 뜬 섬들 가운데에서 커다란 머리들이 떼를 지어 나타난다. 언월도 같은 어금니가 흔들리는 불꽃처럼 빛을 내고… 그 광경은 막을 내린다.

그리고 지금 모습대로의 세계를 보라.

하늘과 바다와 가장자리에 드리워진 육지의 광막한 범위에서 한 마리 갈매기가 외롭게 날아오른다. 어마어마하고 거의 텅 빈 무대 위에 떠도는 한 점의 생명체다.[129]

커다란 위험은 밀림의 서식지와 그 밖의 남아있는 미거주 지역들의 파괴 등과 관련이 있다. 하지만 종들의 급감은 거주 지역들에서도 진행된다. 산업사회를 가장 오랫동안 유치해온 유럽은 그 생명의 마지막 잔존물을 놀라운 속도로 상실하고 있다. 예를 들면, 프랑스에서는 남아있는 포유류 종의 57퍼센트가 멸종의 위협을 받고 있고, 마찬가지로 조류 종의 58퍼센트, 파충류 종의 39퍼센트, 양서류 종의 53퍼센트, 어류 종의 27퍼센트가 그러하다.[130] 유럽에서 육지

129 *Sea of Slaughter*. Farley Mowat. Bantam Books. New York. 1986. P. 404.

130 *World Resources 1987. An Assessment of the Resource Base that Supports the Global Economy*. A Report by the International Institute for Environment and Development and the World Resources Institute. Basic Books Inc. New York. 1987. P. 295.

의 상당 부분에서는 물이 빠졌고, 나무가 베어졌으며, 생명 시스템이 제거되었다. 유럽의 야생 소인 오록스는 멸종했고, 마지막 한 마리가 1627년에 죽었다. 유럽 물소는 잔존 개체군에서만 생존하며, 물소의 코카서스 하위종은 사라졌다. 야생 염소, 샤무아, 곰과 늑대의 잔존 개체군들은 그냥 존재하는 것일 뿐이다. 불과 몇 마리가 존재하는 것은, 지금은 사라진 거대한 살아있는 대륙 생태계와는 아무 관계가 없다. 거대한 포유류들은 그들이 한때 살았던 사라진 서식지의 단지 상징적인 종들이다.

유럽의 모습을 보면서 우리는 제국문화의 최후가 어떨지를 추정해본다. 우리는 인간들이 밀집한 인공적 환경에서 (충분히 조정하여) 살 수가 있고, 독성 있는 공기를 호흡하거나 독성 있는 물을 마실 수 있다. 사회 복합체가 인공적 환경에서 거주하고, 난방하고, 먹을 것을 얻는 것은 그 시스템을 가동할 그리고 토양에 천연의 비옥함을 대신할 석유 에너지의 지수함수적으로 늘어나는 주입에 의해 유지된다. 우리는 몇 년 내에 석유와 생물학적 생명이 고갈될 때 문명의 붕괴가 몇몇 종들은 살려두는 결과가 나타날지, 아니면 모두가 그 죽음에 따른 고통의 부수 효과로서 사라질지를 두고 내기할 수도 있다.

제8장

인구, 독극물 그리고 자원

인구 재앙

자연계에는 '무한한 증가' 같은 것은 없다. 자연계의 그물에서 유기체들의 개체군은 먹이를 구할 때도 끊임없는 압박을 가하지는 않는다. 수백만 년간 인간은 그들의 환경에 맞춰 안정적인 인구를 유지했다. 인구 팽창에 뭔가 불가피한 점이 있다는 생각은 잘못이다. 역사적으로 인구 폭발은 우리가 '문명'으로 알고 있는 인간문화 안에서만 발생해왔다. 인구의 선형 증가라는 개념은 토머스 맬서스가 대중화했고, 찰스 다윈도 그의 진화론에 받아들였다. 인구 증가는 다윈 모형의 생물학적 역동성의 기초다. 다윈은 이렇게 말한다. "생존투쟁은 모든 유기체들이 고속으로 늘어나면서 불가피하게 발생한다." 여기에는 다윈 시대의 전형적이고 냉혹한 가정들 중 하나가 있다.

다윈의 인구 증가 개념은 제국문화의 실재관과 맞아떨어진다. 다윈의 틀에서 유기체적 생명은 경쟁, 폭력 그리고 '적자생존(survival of the fittest)'의 냉혹한 투쟁 그 자체다.

제국문화의 사회적 가치들을 생물학으로 번역한 것은 정확하지 않다.

> 어떠한 종도 무한히 늘어나려고 애쓰지 않으며, 개인도 무한대로 성장하려고 하지는 않는다. 그리고 동물개체군들은 투쟁, 굶주림, 죽음에 의해 제한을 받는 것이 아니라 양육자들의 수를 다양한 방식으로 제한함

으로써 그리고 한 암컷이 한 번에 낳는 새끼 수를 변화시킴으로써 제한을 받는다. (모든 생물은 그 수를 기하급수적으로 증가시키려고 애쓴다는 다윈의 가정에 대해 생물학자인 V. C. 와인-에드워드의 논평이다.)

내부에서 되살아나는 보편적인 압력이 외부의 적대적 힘들에 의해 억눌린다는 이 직관적 가정이, 인구 조절의 문제에 관해 그리고 생존투쟁의 성격에 관해 생물학자들의 생각을 오늘날까지 지배해왔다.

그러나 모든 선입견을 제쳐놓고 현대적 관찰과 실험에 의해 드러난 사실들에 대한 초연한 평가로 돌아가면 거의 즉각적으로 명백해지는 것이 있다. 그것은 수의 조절의 상당 부분이 다윈이 말한 적대적 힘들이 아니라 동물들 자신에 의해 취해진다는 것이다. 말하자면 그것은 상당히 선천적인 현상이라는 것이다.[131]

개체수의 자기조절은 방해물이 없는 자연적인 생태계에서 일어나지만, 일단 이 생태계가 방해를 받으면 개체수는 급격한 등락을 보인다. 제국의 변호자들은 '사회적 진화(선형 증가)'가 있어 왔고 이는 '도구 제작자인 인간'이 처음으로 도구를 만들려고 바위를 깨뜨린 이래로 진행되어왔다고 말하려 할 것이다. 이는 사회적 이데올로기이지 실재가 아니다. 인간가족은 제국으로의 최근의 뒤집힘이 있을 때까지 수백만 년간 안정적 상태를 유지했다. 그 시점에서야 인구의 '선형 증가'가 시작되었다. 인류학자 존 H. 보들리는 이렇게 주장한다. "실제로 다양한 문화적 제어 수단들이 인구를 식량 생산의 궁극적 한계에 기초를 둔 어떠한 이론적인 최대 부양 능력 이하로 유지하는 것을 도와주었다."[132] 인간과 그 밖의 종들에게 개체수 수준은 퍽 탄력적으로 변화하는 듯하다. 생물학 분야의 많은 증거가 시사하는 바는 "아주 다양한 동물들이 활용할 수 있는 식량

---

131 The New Biology. Discovering the Wisdom in Nature. Robert Augros & George Stanciu. New Science Library. Boston & London. 1988. p. 128.
132 ibid. p. 166.

제국 문화의 종말과 흙의 생태학

의 양에 따라 그들의 한 배의 새끼 수, 한 번에 품는 알의 수를 변화시킨다는 것이다."[133] 이것이 의미하는 것은 어떤 종의 전통적인 먹을거리가 충분하지 않은 해에는 그들은 교미를 제한하거나 새끼를 전혀 낳지 않는다는 것이다.[134] 종(種)에 의한 개체수 자기조절의 이 그림은 문화적 이데올로기와 상반되나(이는 그것이 왜 연구자들로 하여금 그 문제에 초점을 그리 오랫동안 두도록 했는가 하는 이유다), 우리가 생태학에 관해 아는 것과 일치한다. 땅의 생명은 아무 생각도 없는 우발적 사건이 아니다. 현대사회가 자연계와 그 생태계에 관해 더 많이 알게 될수록 우리는 생명이 극히 복잡하고, 균형 잡히고, 협동적이고, 지적이고, 자기조절적인 유기체라는 것을 더 잘 알게 된다.

일단 인간가족의 자연문화가 정복과 강제당한 문화 변용에 의해 파괴되자, 자연적 지혜는 사라졌고 인구에 의해 뚜껑이 열렸다. 주변의 생명과 의식적 균형을 이루며 살던 자연문화에서는 문화적인 이유가 인구를 제한했다. 문화가 제국과 더불어 뒤집혔을 때 선형 증가의 문화적 동기가 인구 증가라는 결과를 가져왔다. 이는 가부장들이 경제적 이유로 그리고 가부장적 자부심 때문에 가족 규모를 증대시킬 의식적 동기를 지녔던 시절의 일이다. 제국의 농업에서는 더 많은 인간의 노동이 필요했다. 왜냐하면 사람들은 채취생활을 하지 않았고 땅을 갈았으며 더 많은 아들과 딸의 노동을 필요로 했기 때문이다. 더 많은 사람들이 농업에 필요했고, 더 많은 사람들이 군인으로 필요했다. 이렇듯 인구가 늘어나면서 이번에는 식량 생산을 늘려야 한다는 더 큰 압력이 존재했다.

균형이 무너지면 지수적 증가의 복리적 효과가 시작된다. 두 사람이 세 자녀를 가지고, 그 세 자녀들도 세 자녀를 두고…, 이런 일이 수백만 명 사이에서 일어나면 수의 증가는 걷잡을 수 없는 홍수가 된다. 이제 오늘날의 실재에서 우리는 지수함수적으로 인구가 늘어나는 비자연적인 맬서스적 광경을 보고 있다. 이는 적절한 포식자가 없던 오스트레일리아에 풀린 토끼들의 경우와 똑같다.

---

133 ibid. pp. 126,127.
134 ibid. pp. 126,127.

제국문화가 땅에서 비옥함을 탈취하기 위한 기법을 개발하면서 식량 공급량의 급상승과 상관관계가 있는 인구의 급증도 이루어졌다. 토론토 대학의 그리스-로마 역사 교수인 프리츠 하이헬하임 교수는 로마인들이 강철 바닥 쟁기를 발명했을 때 일어난 변화를 이렇게 묘사한다.

> 무거운 흙, 우리 지구의 가장 비옥한 흙이 인류 역사상 처음으로 쟁기로 갈아졌을 때, 이집트, 바빌로니아와 그 밖의 '수력' 문명의 영토들 바깥의 엄청난 인구 증가가 그로써 이루어졌다.[135]

마지막으로 산업혁명의 중상주의-산업주의 엘리트가 그 당시에 자급적 생존형 농업을 하던 농민층으로 구성된 부족들로 이루어진 유럽에서 물려받은 마지막 문화의 흔적을 결국 부수어버리는 데 성공했을 때, 상승하면서 기어오르던 인구는 우리가 지금 전 세계에서 보는 또 하나의 복리식 급상승을 시작했다. 상대적으로 안정적인 토지를 보유한 농민들의 문화는 깨어졌고, 그들의 토지는 몰수되었고, 농민들은 도시로 쫓겨나서 늘어나는 노동자 집단을 이루었다.

유럽의 인구 폭발

1650년까지 유럽에서의 인구 폭발은 주요 식민지화 노력에 연료를 제공했다. 땅에서 비옥함과 물자를 빼앗는 기술적 능력의 개선과 식민지 정복을 가능

---

135 *Man's Role In Changing The Face Of The Earth.* (International Symposium-Wenner-Gren Foundation for Anthropological Research). William L. Thomas, Jr. Editor. with collaboration of Carl O. Sauer, Marston Bates & Lewis Mumford. Wenner-Gren Foundation For Anthropological Research & the National Science Foundation, pub. U. of Chicago Press. Chicago. 1956. vol. 1. p.166.

제국 문화의 종말과 흙의 생태학

하게 해준 새로이 발명된 무기들의 효능 증가에 의해 인구의 대량 증가를 위한 돈이 공급되었다. 학문이 밝혀주는 것은 유럽 바깥의 유럽계 인구는 1650년에 1억1,300만 명에서 1950년에 9억3,500만 명으로 늘어났다는 것이다. 같은 기간에 유럽 자체(유럽과 아시아 쪽 러시아)의 인구는 1억300만 명에서 5억9,400만 명으로 늘어났다.

유럽인 인구는 그때 세계의 다른 곳들에서보다 훨씬 더 급속히 증가했다. 채굴기술로 무장한 유럽인들이 제국의 진군에 의해 아직 손상받지 않은 '풍요한' 생태계들로 넘쳐 들어갔다. 전문가들은 세계 인구가 1650년에 대략 5억4,500만 명이었던 것으로 추산한다. 1950년까지 세계 인구는 24억600만 명으로 늘었는데, 300년간 거의 20억 명이 늘어난 셈이다.[136] 서기 1년부터 서기 1800년까지 세계 인구가 두 배씩 늘어나는 시간은 500년에서 700년 사이였다. 지수함수적 증가가 동력을 얻기 시작하면서 세계 인구가 두 배씩 늘어난 시간은 1800년에는 120년으로 단축되었다. 1988년에 세계 인구가 두 배씩 늘어난 시간은 40년이었다. 1900년 이래 세계 인구의 증가는 대개 제3세계 국가들에서 일어났다.

미래 인구의 증가에 대한 예상은 세계자원 연구소(World Resources Institute)의 주장을 보면 아주 우울하다.

아프리카에서 예상되는 인구 증가는 1985년의 5억5,500만 명에서 2100년의 거의 26억 명인 즉, 이는 지구상 모든 지역들 중에서 가장 높은 수치다. 남아메리카와 카리브 해 지역은 1985년의 4억500만 명에서 2100년의 12억 명으로 증가할 것이다. 아시아는 27억 명에서 49억 명으로 가장 많은 수의 사람들을 더해줄 것으로 예상된다. 개발된 지역들은 저성장 패턴을 따를 것으로 예상된다. 2100년까지 그들은 총인구의 14.1

---

136 *Man's Role In Changing The Face Of The Earth*. William L. Thomas, Jr., ed. U. of Chicago pub. Chicago. 1956. vol. 2. p. 972.

퍼센트만을 차지할 것으로 예상되며, 이는 오늘날의 24.4퍼센트와 비교
된다.

세계 인구는 결코 그런 예상된 수치에 도달하지는 않을 것이다. 어느 시점
엔가 인구는 그들의 생존을 위한 시스템을 완벽히 제거하기 시작할 것이며, 중
요한 종(種)들의 멸종도 시작될 것이다. 지금 세계에서 매년 굶주림으로 죽는
사람의 수는 4천만 명이지만, 이는 아직 전체 지역들에서의 대량 멸종 때문은
아니다.[137] 월드워치 연구소의 레스터 브라운은 재앙에 이르는 3단계의 쇠퇴를
다음과 같이 소개한다. 첫 단계에서는 어느 지역의 인구가 그 생태적 부양 시
스템 안에 잘 들어가 있다. 둘째 단계에서는 그 인구가 그 생존을 위한 시스템
을 잡아먹기 시작한다(연료용 목재를 자라는 것보다 더 빨리 태워 없애거나 토
양을 파괴하는 것 같은 일에 의해서 말이다). 셋째 단계에서 생물학적 부양 시
스템이 붕괴하며, 인구 멸종이 뒤따른다.[138] 여러 제3세계 국가들은 지금 1인당
식량의 양 증대의 문턱을 지났고, 지금은 인구가 식량 공급을 추월하면서 내리
막길을 미끄러져 내려오고 있다. 브라운은 지금 1인당 곡물 생산량이 줄어들
고 있는 나라가 40여 개나 있다고 주장한다.[139] 이런 굶주림의 전제 조건들이
진전됨과 동시에 제3세계에 속하는 10여 개 나라들의 인구의 연령구조가 점차
젊어져 간다. 지금 1990년대 초에 여러 제3세계 국가들의 인구의 40~50퍼센
트는 15세 미만이다. 이것이 의미하는 것은 아이를 낳는 연령이 지금 막 시작
되고 있다는 것, 또 다른 급증이 준비 중이라는 것이다.

---

137 *Gaia. An Atlas of Planet Management.* Norman Myers, ed. Anchor
    Books. Garden City, NY. 1984. p. 48.
138 *State of the World. 1987.* Lester Brown, et. al. W.W. Norton pub. New
    York. 1987. p. 27.
139 ibid. p. 36.

제국 문화의 종말과 흙의 생태학

산업적 독극물

자연 상태의 인간가족에게는 독극물의 문제 같은 것이 결코 없었다. 오염, 쓰레기, 산업적 독극물들은 제국문화의 특징이다. 자연문화의 폐물이나 부스러기는 무엇이든 단순히 생분해되겠지만, 우주의 균형을 벗어난 문화에서는 통합된 흐름이 없다 보니 그 쓰레기는 단순히 거대한 산을 이루거나 남들이 사는 집 뒤뜰에 버려진다. 그것으로 무엇을 해야 할지를 아무도 정말 모른다.

산업적 독극물의 문제는 문명 전체, 그 자체가 지구의 생명의 균형에서 벗어난 문명 자체의 맥락에서 고려되어야 한다. 생명의 그물과 맞지 않는 것은 꼭 산업적 독극물의 문제만이 아니다. 산업적 독극물은 생명에 근본적으로 해로운 문화 시스템이 시작된 이래 더 최근의 결과물일 뿐이다.

산업적 독극물은 지금 지구 행성에 널리 퍼져있다. 산업 공정들에 의해 만들어진 화학식들 중 다수는 지구상에서 전에는 결코 존재하지 않았던 것들이다. 그들의 장기적 효과가 개별적인 것으로서 혹은 그들이 환경에서 취할 수 있을 가능한 혼합물 수백만 가지로 나타나는 것으로서 어떤 것일지를 아무도 정말 모른다. 지금 인공적으로 생산된 화학물질은 7만 종을 헤아리며, 최소한 1천 종이 매년 새롭게 만들어진다. 미국 정부 내에서 산업계의 지배를 받는 기관인 환경보호국(EPA)은 이들 중 3만5천 종이 "해롭거나 잠재적으로 해롭다"고 한다. 실제 숫자는 물론 훨씬 더 많다.

유독성 화학물질에 의한 지구의 독성화는 정태적인 문제가 아니다. 그것은 폭발하고 있는 문제다. 미국에서 나온 최근의 통계는 전 세계적 추세를 보여준다. 현 상태에 관한 보고서에 따르면, "미국의 유기화학물질 생산은 1967년에는 475만 톤이던 것이 1977년에는 790만 톤으로 증가함으로써 67퍼센트의 증가를 보였다."[140] 대중적으로 더 많이 알려진 한 줌의 유독성 물질만이 그 발암

---

140 Myers, *Gaia*, (atlas), op. cit. p. 123.

제1권 문명의 붕괴

성, 기형유발성(태아의 기형을 유발한다), 혹은 돌연변이 유발성(여러 세대로 이어지는 신체적 변이를 유발한다)에 대해 철저히 검사를 받아왔다. 유독성 물질의 검사 과정은 오래 걸리고 비싸다. 검사 과정 자체도 미국의 국제 바이오테스트 실험실의 경우에서 보듯이 부패했을 수 있다. 이 실험실에서 실제로 이루어진 검사 조작은 그들의 작업을 근거로 승인된 대략 500개의 화합물들을 의심하게 했다. 이 회사의 중역들 중 몇 명은 연방 교도소에 보내졌지만, 그들을 만든 시스템은 변화되지 않았고, 문제의 화학물질들도 시장에서 수거되지 않았다.

미국 환경보호국(EPA)이 사용을 승인한 대부분의 유독성 물질은 암 유발성이나 장애아 출산 유발성에 대해 검사를 받지 않아 왔다. 수년 전에 미국 의회는 환경보호국에 이 추가되는 위험들에 대해 지적하면서 이미 승인된 화합물들에 대한 검사도 시작하라고 명령했으나, 1990년까지 이 화학물질들 중 여섯 개만이 철저한 검사를 받았다.

미국 국가학술원과 국가 연구협의회는 살충제의 10퍼센트, 화장품의 2퍼센트, 약품과 약품 부형제(바인더)의 18퍼센트, 식품 첨가물의 5퍼센트에 대해 건강 위해성 평가를 완벽하게 하는 데 충분한 연구와 검사가 이루어져 왔다고 주장한다. 즉, 우리는 상업계가 사용하는 화학물질의 10~12퍼센트에 대해서만 이런 완벽한 정보를 얻을 수 있는 것이다.[141]

불가능한 것이 달성될 수 있고, 7만 종 더하기 1천 종의 새로운 화합물이 매년 철저히 검사를 받게 될지라도 이 물질들이 무차별적으로 섞일 때 어떤 화합물이 만들어질 것인가 하는 문제도 있다. 농업용 독극물은 일반적으로 사용되기 전에 혼합된다. 그 물질들은 폐기물 더미에서 혼합된다. 산업 생산 공정 자체에서도 물질들이 혼합된다. 물질들은 또한 바깥의 환경으로 빠져나갈 때도 혼합된다. 비유독성 화학물질들도 혼합되면, 때때로 독성을 지닐 수 있다. 우리가 7만 종의 물질을 가지고 있으며, 가능한 혼합물의 수를 계산한다면, 우

---

141 *World Resources 1987. An Assessment of the Resource Base that Supports the Global Economy.* Basic Books Inc. New York. 1987. p.204.

제국 문화의 종말과 흙의 생태학

리는 절대 안전을 보장받을 수 없음을 깨닫게 된다.

산업적 생활양식에 필요한 여러 물건들의 생산 과정도 유독성 물질을 배출한다. 유해 폐기물의 70퍼센트가 화학 산업과 석유화학 산업에서 온다. 플라스틱, 비누, 합성고무, 비료, 합성섬유, 의약품, 세제, 화장품, 페인트, 물감, 접착제, 폭약, 살충제, 제초제 같은 산업적 생활양식의 필수품들의 생산은 독성 부산물을 낳거나 그 물품들 자체에 독성이 있다. 아니면 둘 다 해당된다.

미국은 중금속과 유독성 화학물질 생산 면에서 세상을 주도한다. 1981년에 제시된 한 추정자료는 미국 혼자서 유해 폐기물 3억2,070만 톤을 발생시켰다는 것이다.[142] 세계 총계는 정확히 알려지지 않았으나 그해의 정보에 근거한 추정치는 3억6,373만 톤 내지 5억 5115만 톤 사이이다.

산업계가 자신들이 발생시키고 있는 독극물의 정확한 양이나 수효의 파악에 많은 돈이나 주의를 쏟게 할 부득이한 동기는 없다. 명백한 이유들 때문에 그 수치를 숨기려는 동기만 있는 것이다. 중금속, 산업용 화학물질이나 방사능 중독 같은 문제들이 제기될 때 산업사회는 어둠 속을 더듬는다. 대중은 산업계나 정부가 사실들을 제공하지 않으면 이를 알 길이 없다. 조사·연구하면 반대파에게 탄약만 공급해주는 셈이니 조사·연구하지 않는 것이 산업계에 이익이 된다. 그리고 많은 경우에 정부는 직간접적으로 산업계와 공조 관계를 맺는다. 사실상 인간과 환경은 실험용 동물들인 셈이다. 역사적으로 '중독(poisoning)'의 발견이 이루어지고 입법적·행정적 조치가 취해진 경우는 인간의 암, 장애아 출산이나 멸종이 일어날 때까지는 일반적으로는 없었다.

우리가 고엽제와 베트남전쟁 참전용사들의 경우에서 보았듯이, 유독성 화학물질이나 방사능과 그 결과로 생겨나는 건강에 대한 영향 간의 연관성의 절대적 증명을 확정한다는 것은 몹시 어렵다. 평범한 시민들이 중독되었을 때, 이들은 권력과 지위, 부, 미디어를 소유하고서 온갖 반론을 제기하는 생산자·사용

---

142 ibid p.202.

자들과 직면한다. 방사능 노출로 생긴 암은 전형적으로 노출 후 20~30년이 지난 뒤 나타나며, 유독성 화학물질로 생긴 효과도 흔히 비슷한 시차를 갖는다. 게다가 이 독극물들은 신체 내에서 역기능을 촉발한다(자가 면역 계통에 대한 손상 같은 것 말이다). 그리고 법정에서 이것이 저것을 유발했다는 식으로 연관성을 직접 증명하기가 어렵다. 특히 수많은 가능성들이 있을 때 그러하다.

한 가지 특별히 명확하고 독특한 경우로 미국 남서부의 나바호족 원주민 보호구역의 우라늄 광산 광부들의 경우가 그러하다. 그 연관성은 분명했다. 수많은 광부들이 비슷한 조건에서 같은 곳에 살았고, 그들 중 대다수가 폐암을 비롯한 여러 암들에 걸린 반면 주변 사람들은 그렇지 않았다. 이 암들 중 대부분은 20~25년간 발병하지 않았다.

변화무쌍한 현대사회에서 살아가는 사람이 20년 전에 어떤 독성을 띤 농토, 섭취한 물질, 물에 든 화학물질에 노출되었는지를 말하기는 어려울 것이다! 절대적 증명이 몹시 어려우므로 살인자들-대량 살해자들-은 (사람들을 포함하여) 생명을 죽이고, 땅과 땅의 생명체들에 손상을 가하는 일에 서슴없이 나선다. 대중이 자신들의 중독에 대응하지 않는 이유는 그들이 정신적으로 심하게 길들여졌기 때문이다. 정부가 100만 명당 한 건의 암에 의한 사망을 일으키는 물질을 승인할 때, 수억 명의 인구 중에서 죽을 사람들은 수백 명이다. 말과 실재를 비틀지 않는다면, 대중은 이것을 늘 '대량 살상'이라 부를 것이다. 산업주의자들은 그들의 독성 배설물을 대중에게 쏟아붓는 것이, 자신들이 그것으로 무엇을 할지 생각해내는 것보다 이익이 됨을 발견한다. 1988년 여름 동안 벌어진 어떤 '독극물 사고'에서 73만 갤런의 디젤 연료가 담당자들의 말에 의하면 펜실베이니아 주의 피츠버그 근처의 오하이오 강에 들어가도록 우발적으로 허용되었다고 한다. 그 위기가 시작되고 며칠 후 근로자들은 그 사건과는 무관한 화학물질들 상당량이 그 물에 들어있음을 발견했다. 그것들은 고농도의 클로로포름, 염화메틸렌, 1,1,1-트리클로메탄 같은 발암물질들이었다. 환경에 대한 그리고 다른 사람들에 대한 배려가 아주 낮으므로 또 다른 어떤 산업들은, 그 위기를 그들 자신의 독극물을 강에 버리기 위한 가림막으로 사용할 정도였다.

제국 문화의 종말과 흙의 생태학

지구의 물들의 중독은 극히 심각하다. 산업적 유독성 물질은 또한 영구적으로 존재하게 되는 장소인 지하대수층마저 중독시키고 있다. 이는 폐기물을 우물에 고의로 주입하는 일반적인 산업 실무에 의해, 지표면에서 스며듦에 의해, 보통의 생활폐기물 매립장으로부터의 침출수에 의해, 유해폐기물 매립장에 의해, 핵 관련 시설들에 의해 이루어진다. 농업용 화학물질들도 지하대수층을 중독시킨다.

미국에서는 적어도 30개 주의 지하수가 50종 이상의 살충제를 함유하는 것으로 밝혀졌다. 아이오와 주 주민들의 4분의 1이 살충제로 오염된 물을 마신다.[143] 지금까지 175종의 유기화학물질을 포함하여 200종의 물질이 미국의 지하대수층에서 확인되었으며, 그중 다수는 이미 발암물질일 가능성과 장애아 출산 유발 가능성이 있는 것으로 알려졌다. 미국 환경보호국(EPA)의 모호한 추계로는 미국의 지하대수층의 2퍼센트가 오염되었다는 것이다.[144] 미국에서 1985년에 지질학적 조사를 했더니 우물의 약 20퍼센트가 산업형 농업에서 사용되는 질소화합물로 오염되었음을 밝혀냈다.[145] 세계의 강들은 여러 산업들의 쓰레기장이 되는 운명을 겪고 있다.

예를 들면, 유럽의 라인 강은 지구상에서 가장 산업화되고 인구가 밀집한 지역 61만 4,400세제곱킬로미터에서 물이 흘러든다. 라인 강은 매년 북해로 1만 톤의 유독성 화학물질과 중금속을 배출한다. 그 물에는 카드뮴이 정상적인 수준의 50배, 납과 수은이 정상적인 수준의 20배나 된다.[146] "라인 강, 엘베 강, 베저 강은 45만 톤 이상의 인산염과 질산염을 바다로 실어 나른다. 치명적

---

143 *State of the World 1988*. A Worldwatch Institute Report on Progress Toward a Sustainable Society. Lester Brown, et. al. W.W. Norton & Co. New York. 1988. p.122.

144 *World Resources 1987*. op. cit. p. 203.

145 *The Amicus Journal*. (a publication of the Natural Resources Defense Council) Spring 1988. vol.10, no.2. p.28.

146 *Environment*. December 1986. vol.28, no.10. "Editorial" by William C. Clark.

제1권 문명의 붕괴

인 녹조에 일조하는 이 영양물질들의 농도는 지난 20~30년에 걸쳐 네 배 증가했고, 자연적 발생원에서 나오는 영양물질의 다섯 배에서 열 배 되는 양을 더했다. 엠스 강과 스헬더 강의 산업폐기물들과 짝을 이루어 이 강들은 약 50톤의 카드뮴, 20톤의 수은, 12톤의 구리, 10톤의 납, 7천 톤의 아연, 300톤의 비소 그리고 2,250만 톤의 폐수와 다른 인간의 분뇨를 바다로 매년 내보내는 통로를 제공한다."[147]

영국 동해안의 템스 강은 연간 68킬로그램의 린단(Lindane) 살충제, 225파운드의 DDT, 약 500만 톤의 부분적으로 처리된 폐수를 더하는 데 일조한다. 노르웨이와 스웨덴 연안에서는 광산, 광산 폐기물, 벌목 작업과 종이공장이 상당량의 오염물질을 바다로 투기하고 걸러 보낸다. 자동차, 발전소 그리고 공장에서 나오는 배출물은 북해에 의해 흡수된 중금속의 50퍼센트에 더해 황과 질소를 수 톤이나 보탠다.[148] 이는 유럽과 브리튼 제도에서 매년 북해와 발트 해로 버려지는 총 독성 물질의 양에 비해 겨우 부분적인 수치에 불과하다. 이 독극물들이 양적으로 늘어나고 축적되면서 우리는 북해와 발트 해의 생태계 전체의 실제적 죽음을 보고 있다. 이 두 해역에서 물개와 물고기 개체군의 멸종을 많은 과학자들은 '생태적 죽음(eco-death)의 마지막 징후'라고 부르고 있다. 북해와 발트 해는 급속히 오염되어가는 다른 많은 해역들을 앞지르고 있다. 명심해야 할 것은 이 화학물질들이 그 발암성을 확인하기 위해 동물들을 상대로 검사를 받는다는 점이다. 이렇듯 이 독극물들은 꼭 인간에게 위협이 되는 것만은 아니다. 그것들은 생태계 안의 모든 유기체에 위협이 된다.

산업용 독극물(유독성 화학물질, 중금속과 방사능물질)에 관한 네 가지 고려 사항이 있다. 첫째는 지구 환경 전체에 대한 낮은 수준의 확산이다. 둘째는 단지 정상적인 인공적 문명 환경 안에서 상업적 음식을 먹음으로써 이 물질들

---

147 *Greenpeace*. "The Seal Plague. Pollution and the Collapse of the North Sea." Andre Carothers. vol. 13. no. 6. November/December. 1988. p. 7.

148 ibid. pp. 6-7.

과 접촉한다는 것이다. 셋째는 산업에 의해 발생된 폐기물이다. 넷째이자 월등히 최고로 중요한 쟁점은 이 폐기물을 처분할 과학계의 여론이 동의하는 처리 방식이 지금 없다는 것이며, 이 처리 방식이 나오기 전까지 그 물질은 계속 지구를 오염시킬 것이라는 사실이다.

연구자들은 세계의 모든 사람의 몸이 약간의 DDT와 약간의 PCB를 포함한다고 말한다. 화학적 유독성 물질에 의한 오염은 아주 심각해서 미국의 어떤 지역들에서는 엄마들이 모유 수유를 중단하도록 권고를 받는다. 어떤 엄마들한테 있는 유독성 화학물질의 양은 그것에 중독된 모유로 인해서 영아가 발작을 일으킬 정도로 높다. 네덜란드에서는 인간의 모유가 심지어 폴리클로리네이티드디벤조다이옥신과 폴리클로리네이티드디벤조퓨란을 함유하고 있을 정도로 오염도가 심각하게 높다. 이것들은 폐기물 소각으로 발생되어 우리의 환경으로 내뿜어진다.[149]

유독성 물질은 물, 공기 그리고 우리의 음식으로 우리에게 온다. 1982-1985년에 이루어진 몇 가지 조사·연구들은 미국에서 상업적으로 판매되는 과일과 채소에서 110종의 각기 다른 살충제를 검출했다. 가장 흔하게 검출되는 25개 살충제 중에 9개가 암을 유발하는 것으로 EPA에 의해 확인되었다(captan, chlorothalonil, permethrin, acephate, DDT, parathion, dieldrin, methomyl, and folpet).[150] 연구자들은 많은 유독성 물질이 공기 중에서 전파되며, 안개의 물방울이 독극물을 농축한다는 것도 발견했다. 1987년에 이루어진 조사·연구에서 미국 농무부 연구자들인 루이스 릴지달과 드와이트 글로트펠티 그리고 캘리포니아 대학 데이비스 캠퍼스의 제임스 세이버는 그들이 안개에서 16종의 살충제 화합물을 발견했다고 주장했다. 이 물질들은 농

---

149 *Birth Defect Prevention News.* November 1986, Fifth Edition. National Network To Prevent Birth Defects, pub. Box 15309, Southeast Station, Washington, D.C. 20003. p. 7.

150 ibid. p.7.

업 지대에서 온 것들이다. 독극물들은 경우에 따라서는 빗물에서 검출된 동일 독극물들에 비해 아주 높은 농도에 도달한다.[151]

방사능물질, 각종 화학물질, 중금속 같은 보이지 않고 맛볼 수 없고 냄새 맡을 수 없는 특정 독극물들을 조사하는 것은 하나의 일이다. 산업사회들의 전반적인 오염 실태를 바라보는 것은 또 다른 일이다. 폴란드는 산업문화 전체에 대한 전망이 어떠한지를 아주 잘 보여준다.

폴란드의 경우

폴란드는 중위권에 속하는 유럽의 산업국가다. 폴란드 시민들은 결국 산업에 의한 오염으로 폴란드 생태계 클럽(PEC)을 조직하도록 재촉을 받았다(그리고 이는 정부가 '정부의 조종을 받는 환경단체'를 만들도록 했다). 생태계클럽(PEC)은 여러 문제들에 폴란드 정부가 주의를 기울이게 하는 데 성공했다. 폴란드 정부는 정화를 위한 계획을 세우기도 했지만, 그것은 돈이 매우 많이 들기 때문에 성사될 수 있을지는 지켜봐야 한다.

공기 중에 떠다니는 독극물은 폴란드의 크라쿠프 공업 지대에서 아주 강해서 철로를 부식시키기 때문에 여름철에는 기차의 속도를 시속 약 64킬로미터로 제한하지 않을 수 없게 한다. 환경 작가 돈 힌릭슨은 이렇게 말한다. "바람 없는 날 크라쿠프 지역을 산책하는 것은 탄광 지대를 걷는 것과도 같다. '폴란드의 진주'는 석탄재와 일산화탄소에서 공기 중 부유 납, 탄화수소, 부식성의 산성비에 이르기까지 이례적으로 악성 오염물질들의 혼합으로 포위된 채 갇혀있다."[152] 라쿠프 근처의 자브제 읍내에는 "나머지 폴란드 인구보다 순환기질환 이

---

151 *Nature.* February 12, 1987. vol. 325. "Pesticides In Fog." D. E. Glotfelty, J. N. Seiber & L. A. Liljedahl. p.602.

152 *The Amicus Journal.* op. cit. p. 4.

환율은 15퍼센트, 호흡기질환 이환율은 47퍼센트, 발암률은 30퍼센트 더 높다."[153] 고 그는 말한다. 폴란드 어린이 가운데 정신 지체 비율의 상승은 납 중독과 관련이 있다. 카토비체 지역에서의 조사는 35퍼센트의 어린이가 납에 중독되었음을 발견했다. 바로 그 도시에서 흙은 납, 카드뮴, 구리, 아연으로 오염된 것이다. 텃밭 채소들은 세계보건기구의 기준치보다 30~70퍼센트 더 높은 납과 카드뮴을 함유했다.[154] 폴란드의 대부분 지역에서 물이 모여드는 비스와 강은 몹시 오염되어 대부분의 수역에서 그 물은 공업용으로도 사용될 수 없다. 매년 비스와 강은 9만 톤의 질소, 5천 톤의 인, 80톤의 수은, 카드뮴, 아연, 납, 구리, 페놀 그리고 염화탄화수소를 그단스크 만에 쏟아낸다. 그단스크 만의 해변은 수년간 폐쇄되었다.[155] 폴란드 농토의 4분의 1이 아주 오염되어 인간의 식량을 재배하기에 부적합하며, 단 1퍼센트의 물만이 안전하게 마실 수 있다. 산업 엘리트들은 그 지역의 사람들, 숲 또는 나머지 생명들을 배려하지 않는다. 모든 제국문화들처럼 폴란드 인구는 단지 엘리트의 권력을 증대시키기 위한 생산적 메커니즘으로서만 존재한다. 이 때문에 땅, 물 그리고 사람들은 계속 남용된다. 한 중독된 지역에서 생산된 식량 중 20퍼센트는 부패한 정부 자신의 부적절한 기준으로도 건강에 유해한 것으로 분류되었다. 채소들은 허용한도치의 220배에 달하는 카드뮴, 165배에 달하는 아연, 134배에 달하는 납, 34배에 달하는 불소, 2.5배에 달하는 우라늄을 함유했다.[156] 폴란드의 가장 열악한 생태적 재난 지역에서 폴란드의 법조차 사람들이 이주되어야 한다고 말하지만, (인구의 30퍼센트인) 1,100만 명이 살고 있고, 그들은 갈 곳이 없다.[157] "… 40~60세 남성의 기대수명은 1952년 수준으로 다시 떨어졌다. 폴란드의 4천만 명의

---

153   ibid. p. 6.

154   ibid. pp.6,7.

155   *Greenpeace.* Nov/Dec. 1988. op. cit. p.14.

156   ibid. p. 19.

157   ibid. p. 15.

인구 중 1,300만 명이 적어도 하나 이상의 환경이 원인이 된 질병-호흡기질환, 암, 피부질환, 중추신경계통의 병을 얻을 것으로 예상된다."[158]

폴란드에서의 환경의 질 저하에 따른 직접적 연간 비용은 지금 정부의 연간 예산의 절반에 달할 수도 있다. 폴란드 정부는 국토를 정화하기 위한 몇 가지 야심적 계획들을 만들어서 국민들을 달래거나 어리둥절하게 만들기 위한 선전용으로 사용한다. 그러나 다른 산업국가들에서처럼 그중 실행된 것은 별로 없다. 폴란드 경제는 수년간 불황 상태를 지속해왔다. 폴란드 경제는 국제 은행가들에게 솥뚜껑까지 담보로 잡혔기에 환경 정화와 같은 '장식'을 위해 쓸 돈이 별로 없다. 미국도 그 유독성 폐기물 처리장과 유출된 핵물질을 정화하겠다고 말해왔지만, 또한 말하기를 그러려면 수십억 달러, 수천억 달러가 든다는 것이고, 그래서 지금까지 실행된 것이 별로 없다.

미국에서 제2차 세계대전 당시 30명 중 한 명이 암으로 죽었다. 지금은 네다섯 명 중 한 명이 암으로 죽는다. 장애아 출산율은 1950년 이래 배로 증가했다. 암은 천식, 에이즈, 칸디다 알비칸스(candida albicans), 알레르기 같은 다양한 질병들처럼 자가 면역계통의 문제다. 유독성 물질이 자가면역계통에 충격을 주고 영향을 미친다는 사실도 알려졌다.

의료 기관은 중심 산업이자 문명 엘리트를 위한 이윤의 원천으로 전쟁을 대신할 수도 있으며, 유독성 물질만으로도 그것이 무한히 계속된다면 문명을 끝장낼 수도 있을 것이다. 지금 미국에서는 의료 기관이 셋째로 큰 산업체다. 과학자들과 기술자들이 다른 사람들이나 환경에 대한 어떠한 위해도 망각하고 그들의 작품을 가지고서 앞으로 밀고 나가는 것이 어떻게 가능한가? 자크 엘륄은 그의 심오한 저서 《과학기술사회(Technological Society)》에서 기법(technique)과 과학기술(technology)은 그 자체의 내적 논리를 가진다고 지적한다. 가장 효율적이고 이윤이 높은 것이 이루어질 것인즉, 이는 부작용이

---

158 Brown, *State of the World 1988*, op. cit, p. 7.

제국 문화의 종말과 흙의 생태학

나 장기적 효과와는 별로 관계가 없다. 엘륄은 과학기술이 사람들에게 봉사하는 대신 인간문화 전체를 지금 점령하고 있고, 산업문화 자체의 조정주체를 조정하고 있다는 사실을 밝힌다. 인간의 문화는 기계화에 맞춰 틀이 지워진다.[159] 줄리어스 로버트 오펜하이머와 뉴멕시코 주의 로스알라모스에 있는 핵폭탄 공장의 작업단이 최초의 핵무기를 개발한 후 그들은 그것이 지구 전체를 날려버릴 핵 연쇄 반응을 촉발할지, 아니면 그것이 제한된 반응이고 폭탄을 폭발시키는 것뿐인지는 몰랐다. 사실상 과학자들은 농담하듯이 첫째 시험의 결과에 대해 내기를 걸었다. 여기서 우리는 제국문화를 본다. 수천 명의 사람의 크나큰 노고와 수억 달러의 투자 후에 결국 한 장치가 만들어졌으나, 여기에는 위험도 포함되었다. 멸종 그리고 권력, 영예, 승진, 제작자에 대한 더 많은 연구자금 지원 사이에 선택(운명이 내리는 선택 – 옮긴이)이 존재한다. 잘 알려진 선택이 내려졌고, 다행히도 그 시험은 단지 제한된 연쇄 반응일 뿐이었다. 그러나 지금 우리는 그 모든 위험을 지닌 핵에너지를 보유하고 있다. 개인·기관의 이익 대 지구의 생명 간의 이 선택이 매일 문명 전체를 통해 이루어진다.

현대의 생활환경은 유독하다

우리가 유독한 환경에서 살아가는 이유는 다음과 같다. 기업이라는 미니 제국들의 황제들을 위한 권력과 이윤에 대한 사회적 배려들이 생물들에 대한 배려보다 강하다. 이 때문에 문명 내의 평균적인 주택도 독극물의 생태적 하수도가 된다. 살충제 스프레이, 석면, 유리섬유, 다양한 유형의 건축자재, 드라이클리닝 용액, 얼룩 제거제, 카펫·가구 세척제, 섬유 마감제와 시멘트, 정전기 방지제, 섬유 연화제, 구두약, 전분 스프레이, 방염제, 가구·바닥 용품, 세제,

---

159 *The Technological Society*. Jacques Ellul. Vintage Books. New York. 1964.

제1권 문명의 붕괴

납땜한 파이프, 휘발유, 오븐 세정제, 변기 세정제, 염색약, 유리창 세정제, 광택분말, 다양한 유형의 플라스틱과 더 흔한 가정용 제품들이 해를 끼치거나 죽일 수도 있다.[160]

전형적인 예는 염화폴리비닐(PVC)이다. 이는 음식 포장재와 수도 파이프를 비롯하여 여러 제품에 사용되는 플라스틱이다. 염화비닐이 이 물질의 합성과 제조에 사용된다. 이 물질은 흔히 우리의 환경으로 유출된다. 염화비닐은 암을 유발하는 것으로 입증된 물질이다. 시민단체들은 엄청난 에너지와 노력을 들여 정부가 (100만 분의 1이라는 한계치를 가지고서) 염화비닐에 주의를 기울이도록 압력을 넣어왔다. 그러나 그렇게 해도 염화비닐이 유출되는 PVC 플라스틱 제품은 통제가 되지 않는다. 그것은 건축자재, 가정용 집기, 소비재, 전기용품, 포장, 자동차 부품 그리고 심지어 일부 상업용 칫솔에도 존재한다.[161] 예를 들면, 현대의 비행기 내장재에 아주 많은 PVC가 있어서 비행기 충돌 사고로 죽지 않더라도 내장재가 불타면서 나오는 독극물 때문에 확실히 죽을 정도다.

산업 엘리트의 도덕성에 대한 어떤 의문이라도 있다면, 미국에서 매년 수출되는 살충제의 4분의 1이 미국에서는 사용하기 어렵거나 금지를 당한다는 사실만 보면 된다. DDT는 1972년 미국에서 사용이 금지되었지만, 1,800만 킬로그램이 아직 제3세계 수출용으로 매년 생산된다.[162] 실제로 모든 분야의 위험한 제품들이 제3세계에 버려진다. 대량의 시민 소송들이 결국 피임 기구인 달콘 실드(Dalkon shield)의 미국 내 판매를 중단시켰다. 그러나 그것은 여전히 제3세계 전체에서 전혀 해당 국가의 관련 법으로부터 제재를 받지 않고서 판매된다.

특정한 사람에게서 어느 특정한 독극물과 특정한 암 사이의 연관성이 있다

The Household Pollutants Guide. Center for Science in the Public Interest. Albert J. Fritsch, Gen. Ed. Anchor Books. Garden City, New York. 1978.

161   ibid. pp. 197-203.

162   Myers. *Gaia.* (atlas). op. cit. p.123.

제국 문화의 종말과 흙의 생태학

는 사실이 항상 증명될 수는 없다. 그러나 우리는 오염도와 질병률의 연관성을 확실히 발견할 수 있다. 예를 들면, 루이지애나 주의 뉴올리언스 시의 미시시피 강 하구 지역에서는 미국 중동부 여러 지역으로부터 온 독극물이 유입된다. 1969년에 완료된 한 검사에서 그곳의 전반적인 발암률은 전국 평균보다 32퍼센트나 높은 것으로 드러났다. 뉴올리언스 시에서의 특정한 암들의 발병률은 미시시피 강물을 마시지 않는 애틀랜타 시나 버밍햄 시보다 세 배나 높았다.

생활폐기물

과다한 영양물질이 수로에 들어간 뒤, 식물의 생명 활동이 가속화되면서 산소가 갑자기 소진되어 죽은 수역을 만들 때 부영양화가 일어난다. 영양물질이 식물에는 좋지만, 지나치게 많은 영양물질은 해롭다. 부영양화는 자연계에서는 정상적으로 생겨나지 않으며, 그것은 우주의 질서와 공명하지 않는 문화에 따른 것이다. 생활쓰레기 매립장은 그것이 비록 한 장소에 모두 모인 생분해성 가정 쓰레기일 뿐일지라도 유사한 상황을 창조한다. 우리가 가정 쓰레기의 독성 품목들과 기초자치단체에서 생산된 다른 독성 품목들을 합하면, 상당한 규모의 독성 폐기물 처리장을 만들게 된다. 옅은 독성만 띨지라도 양이 많고 부피가 커서 매립지의 생활폐기물 자체는 산업국가들의 대수층과 수로에 심각한 위협이 된다. 생활폐기물 매립지는 이산화탄소, 황화수소, 크롬, 아연, 납, 철 등 다양한 독극물들을 대수층에 스며들게 한다. 독성 쓰레기는 영세한 기업 그리고 모니터링을 별로 혹은 전혀 하지 않는 산업체에 의해 생활폐기물 매립지에 버려지며, 그것을 버리는 자들은 흔히 생활폐기물 매립지에 극히 독성이 높은 폐기물을 슬쩍 밀어 넣는다.[163]

---

163 *Laying Waste, The Poisoning Of America By Toxic Chemicals,* Michael H. Brown, Pantheon Books, New York, 1980, p. 103.

독성 산업폐기물

산업국들 전체에 널리 퍼진 천천히 독극물을 유출하는 생활폐기물 매립지의 문제가 충분하지 않다는 듯이 사회가 '유해 폐기물 매립지'라고 정의하는 처리장들도 있다. 우리 환경 내에서 독극물의 이렇듯 폭발적인 문제가 얼마나 심각한지에 대한 또 하나의 지표는, 그것들이 존재한다는 것 말고는 그것들에 관해 알려진 바가 별로 없다는 사실이다. 정보의 통제와 고의적 왜곡 때문에 우리는 문제의 대략적 윤곽을 볼 뿐이지만, 우리가 알고 있는 것이 가리켜 주는 것은 재앙이다. 그 재앙은 엘리트들의 이윤과 권력이 산업적 독극물을 적정하게 처분할 경우에는 심각하게 줄어든다는 사실로 증폭된다. 적절한 처분 조치에는 돈이 아주 많이 든다. 그러니 산업 엘리트들은 계속 '내 맘대로 버리기'를 하려는 것이다. 연간 세계 발생량 추정치 5억5,115만 톤은 근거 있는 짐작일 뿐이다. 대중이 공장에서 발생하고 있는 독성 폐기물에 대해 통보를 받는 나라는 별로 없다. 누가 그것을 발생시키고 있는지, 그것이 얼마나 되는지, 정확히 어떤 화학물질이나 금속인지도 대중은 전해 듣지 못한다. 예를 들면, 독일은 '요람에서 무덤까지'의 추적 시스템을 가지고 있으나, 이는 오직 그 나라 안에서만 기능한다. 국경을 넘나드는 독성 폐기물의 운반은 상식이 되고 있으며, 이런 운반들이 시스템에서 사라진다. 유럽은 매년 50만 톤의 독성 폐기물을 (보통은 제3세계 국가들로) 수출하는 것으로 추정된다. 이 폐기물이 정확히 어디로 가는지 그리고 어떤 조건에서 처분되는지를 아무도 모른다.

우리가 아는 것이라고는 지금 독성 폐기물을 처분할 어떠한 공신력 있는 방법도 없다는 것이다. 독성 폐기물은 땅에 버려지고, 우물에 주입되고, 생활폐수 시스템에도 버려지고, '승인된' 독성 폐기물 처리장에 쌓이고, 강에 버려지고, 바다에 버려지고, 그 자체가 독성 폐기물을 발생시키는 낮고 높은 수준의 기술 방식들에 의해 불태워진다. 많은 독성 폐기물이 비밀리에 시골길, 공터, 다양한 물가에 버려진다. 산업가들은 상당한 액수의 그러나 역시 에누리가 있는 돈을 지불해 음지의 인물을 자기 공장에 불러서 그들의 문제를 덮도록 한

제국 문화의 종말과 흙의 생태학

다. (최소한 미국에서) 조직범죄가 지금 이런저런 거대 이윤을 올리는 기업에서
잘 정착되었다는 것이 기정사실이다.[164]

미국에서는 정부기관들이 독성 폐기물 처리장의 수를 추정하기 시작했
다. 지금까지 처리장 수의 추정치는 각 기관이 산업계의 영향력에 노출된 정
도와 상관이 있어 보인다. 가장 독립적인 기관일 가능성이 있는 정부회계국
(Government Accounting Office)은, 고우선도 처리장 수를 4천 개소 이상
으로 추정하고, 정화 비용은 400억 달러로 추정한다. '고(高)우선도' 처리장으
로 분류되지 않은 다른 처리장들은 환경보호국의 말로는 2만 개소이며, 그것
들은 지금은 정화를 위한 시간표도 마련되지 않았다고 한다. 미국 의회는 특별
히 유해한 처리장의 정화를 위해 슈퍼펀드를 조성했으나, 5년 후에 단지 13개
처리장만 '정화'했고, 이 처리장들 자체의 위생 처리가 적절하게 이루어졌는지
에 대한 이견도 남아있다.[165] 그들이 단지 오물과 독극물을 퍼내어 결국 새어나
가는 다른 매립지로 옮기거나 그것을 소각해 독을 공기 중으로 토해내게 한다
는 야유가 퍼부어진다.

의료 산업이 환경적으로 유발된 암에서 거대한 이윤을 취하는 것과 똑같
이, 거대하고 강력하고 이윤이 높은 산업이 쓰레기와 독성 폐기물을 둘러싸고
성장해왔다. 이윤이 높은 암의 실제적 원천을 손가락으로 가리키지 않는 의료
산업처럼 폐기물 산업은 재활용에 관해 홍보·선전하지만, 폐기물의 발생 원인
을 줄이는 데에는 저항한다. 대중과 정치인들 앞에서 휘둘러지는 가장 최근의
'기술적 고착'은 소각이라는 바로 그 값비싼 (그리고 이윤이 높은) 관행이다. 이
소각장들 중 어느 것이든 대기 중으로 독극물—특히 치명적인 다이옥신을 배
출하지 않고서도 가동될 수가 있는지를 입증해야만 한다. 또한 소각장에서 나
온 독성 재를 어디에 둘지에 대한 질문에도 대답이 없다. 1987년 3월에 노르

---

164 *Poisoning For Profit, The Mafia and Toxic Waste In America*. A.A. Block
& Frank R. Scarpitti. Morrow pub. New York. 1985.

165 *World Resources 1987*, op. cit. p. 207.

웨이의 화물선이 아프리카 서안의 기니에 정박했다. 그 배는 필라델피아에 있는 쓰레기 소각로(독성 폐기물 소각로가 아닌)에서 소각재를 운반하고 있었다. 이름이 '벌크핸들링(Bulkhandling)'인 그 노르웨이 회사는 중금속과 다이옥신이 섞인 25만 톤의 재를 운반해가기로 계약을 맺었었다. 그 폐기물의 일부는 아프리카의 기니에 있는 시멘트 회사에 벽돌 원료로 사용하도록 부정한 방법으로 판매되었다. 다행히도 환경 운동기구인 그린피스가 그 거래에 대해 경고했고, 기니 정부는 벌크핸들링 사에 그 재를 자기네 나라 밖으로 운반해가라는 명령을 내렸다. 그린피스는 일찍이 중앙아메리카의 파나마에 같은 재를 멸종위기에 처한 바다소를 비롯한 희귀 야생생물이 사는 파나마의 원시 습지대에 버리기 위한 거래가 이루어졌다는 것을 통보한 일이 있다. 파나마가 그 독성 폐기물을 받아들이기를 거절했을 때 필라델피아의 계약이 파기되면서 벌크핸들링 사는 3만 톤의 재를 떠안았다. 오하이오 매립지가 그중 1만5천 톤을 버리는 데 사용되었으며, 나머지를 기니로 보내려고 한 것이다.[166] 이는 많은 독성 폐기물이 사라지는 알 수 없는 방식들의 작은 예에 불과하다.

방사능 폐기물

1970~1985년에만 자본주의 국가들에서 상업적 발전에 쓰이는 핵 반응로들이 6만5,697톤의 방사능 폐기물을 발생시켰다. 이는 그 나라들에서의 가동 중지된 반응로나 군사용 반응로는 포함시키지 않은 것이다.[167] 이는 상상할 수 없을 만큼 많은 양이며, 저준위의 폐기물, 의료용이나 군사용으로 발생한 폐기물은

---

166 Greenpeace. November/December 1988. vol. 13, no. 6. "Return To Sender. Clamping Down On The International Waste Trade," by Judy Christrup. p.8.

167 World Resources 1987, op. cit. p. 306.

제국 문화의 종말과 흙의 생태학

포함하지 않은 것이다. 그것은 또한 소련 같은 사회주의 세계로부터의 통계도 포함하지 않은 것이다. 세계의 방사능 폐기물 총량에 관한 수치는 구할 수 없으나, 위의 수치만 하더라도 문제가 엄청나게 심각하다는 것을 가르쳐 준다. 방사능물질이 생산되기 시작한 지 약 15년이 지났는데, 아직도 그 폐기물의 처분에 대한 수용 가능한 방식이 없다. 그것은 매립지, 호수 같은 임시변통의 장소에 보관되며, 흔히 그 장소에서 아무런 해결책도 없이 땅속이나 공기 중으로 유출된다.

인간가족은 방사능처럼 위험한 것을 전에는 다루어본 적이 없다. 그것은 즉각적 죽음, 화상, 암, 장애아·돌연변이 출산 같은 다른 질병들을 유발할 수 있다. 미국의 경제적 우선순위 문제들에 관한 협의회가 행한 50개의 상업적 반응로와 175개의 인근 군(郡)들에 대한 조사가 알려주는 것은, 핵발전소들이 연간 8,957건의 추가적인 조기 사망을 유발하고 있다는 것이다. 이 중 2,113건은 유아 사망이고, 6,532건은 암으로 인한 사망이었다.[168] 이미 발생한 방사선은 그 독성의 지속기간 동안 지구의 생명과는 격리되어야 한다. 이 괴물을 풀어줌으로써 제국사회의 엘리트들은 조직된 사회가 상상할 수 없는 긴 시간 동안 지속될 것이며, 사회는 독극물의 보관 장소를 지킬 수단과 의지를 가질 것이라고 가정하고 있다. 우라늄238 원소의 반감기는 450만 년이다. 플루토늄239 원소의 반감기는 24만 년이다.[169] 그 밖의 방사능 원소들의 반감기는 더 짧지만, 그럼에도 불구하고 그 기간이 끝날 때까지는 유독하다. 연구자들은 방사선 1퀴리 남짓이 유전자의 변이를 유발할 수 있다고 주장한다. 1984년까지 미국 한 나라만도 방사능 폐기물을 162억 퀴리나 축적해왔다. 아마 2000년에는 미국의 축적량이 420억 퀴리에 이르렀을 것이다.

엘리트들이 경솔하게 계속 이 폐기물의 발생량을 매년 증가시키는데도 아직 이를 취급할 만족스러운 방법이 없다. 지금까지 만들어진 유일한 지하 보관 장소는 폐기물 격리 시범 사업에 의해 만들어진 것으로서, 뉴멕시코 주의 칼스

---

168 *Birth Defect Prevention News.* March 1987. op. cit. p. 6.

169 Myers. *Gaia.* (atlas). op. cit. p. 125.

제1권 문명의 붕괴

배드 근처의 암염층에 판 깊은 굴인데, 이는 이미 물이 새는 것으로 밝혀졌다. 그 사업은 "미국의 방위 활동과 방위 프로그램에서 나오는 방사능 폐기물의 안전한 처분을 입증하기 위해 연구·개발 시설을 제공한다는 명시적 목적에 따라서" 만들어졌다.[170] 1987년에 뉴멕시코 대학의 과학자들은 현장 조사 후에 암염층이 건설자들이 이야기했던 것보다 훨씬 더 많은 물을 담고 있음을 발견했으며, "시일이 갈수록 소금물과 핵폐기물의 액상 혼합물이 형성되고 결국 의도하지 않은 인간의 침입이나 저장소의 축과 터널의 마개와 봉합 부위에 균열이 생겨 이를 통해 환경에 영향을 미칠 수 있다"고 결론을 내렸다. 그러고 나서 어떠한 지하나 해저의 보관 장소를 문제성 있게 만드는 요인을 설명했다. 농축된 핵폐기물은 활동을 멈춘 상태가 아니라 계속 "부글부글 끓는다." 과학자들은 TRU(초우라늄) 폐기물 드럼 내에서 발생한 가스와 주변 암염의 침입으로 인한 폐기물 적치 공간의 폐쇄에서 생겨나는 폐기물 공간의 압력 발생 때문에 전이(轉移)가 발생할 것이라고 주장했다.[171] 핵 순환 끝에서의 해결책은 지금 없으며, 핵 순환의 시작은 유사한 산업적 무능력을 특징으로 한다. 나바호 인디언 보호구역에서만도 대기 중에 노출된 우라늄 찌꺼기가 약 8천만 톤이나 있다. 그 보호구역에서… "뉴멕시코 주의 십록에서는 우라늄 찌꺼기가 공립학교, 주택개발지, 비즈니스센터, 주간돌봄센터로부터 1.6킬로미터 내에 있다." 로라 맹검 실즈와 앨런 굿먼은 '마치 오브 다임스(March of Dimes)'의 연구비를 사용해 1964년부터 1974년까지 십록 원주민 건강 서비스 병원에서 태어난 나바호 사람 1만 3,300명의 출산 결과를 조사했다.

---

170 Department of Energy National Security and Military Application of Nuclear Energy Authorization Act of 1980 (P.L. 96-164).

171 "Status of the Department of Energy's Waste Isolation Pilot Plant," statement of Keith O. Fultz, Senior Associate Director Resources, Community, and Economic Development Division Before the Subcommittee on Environment, Energy and Natural Resources Committee on Government Operations, House of Representatives, September 13, 1988. GAO/T-RCED-88-63.

제국 문화의 종말과 흙의 생태학

국가 평균이나 다른 원주민 부족들의 평균보다 두 배에서 여덟 배 높은 장애아 출산율이 이 높은 방사선 노출 기간에 십록에서 발견되었다. 1975년에 [대기 중의] 방사선 노출량이 감소한 횟수와 일치하듯이 결정적으로 장애아 출산율이 정상치를 향해 떨어졌다.[172]

같은 보호구역에서 핵연료 순환에서 채굴 부분의 위험성의 또 한 사례가 생겨났다. 1979년 7월 16일에 뉴멕시코 주의 처치록 근처의 유나이티드 뉴클레어 사 소유의 우라늄 찌꺼기 연못으로부터의 배출수 9,400만 갤런이 그 지역의 하천인 리오푸에르코로 넘쳐 들어갔다. 리오푸에르코는 콜로라도 강의 수역에 있다. 이 유출사건은 스리마일 섬에서 일어난 핵발전소 사고보다 더 많은 방사선을 퍼뜨렸다. 나바호족이 마시고 양들도 마시게 하는 물인 애리조나 주의 챔버스에 있는 리오푸에르코는, 1985년에 알파선·감마선 등 방사선을 EPA의 한계치를 50배나 넘겼다는 검사 결과가 나왔다.

연료 순환 과정을 계속 따라가면, 우리는 덴버 시 근처의 록키 플라츠 핵무기공장의 사례를 보게 된다. 이 시설은 핵무기의 부품을 만드는 곳으로서, 주변의 교외 지역과 수원(水源) 지대에 플루토늄과 그 밖의 동위원소들을 퍼뜨려 암 발생률을 높여왔다.

운전원들이 너무 무능해서 방사선이 현장을 벗어나 누출되기 시작하기까지는, 미국 전역에 퍼져있는 군사용 반응로는 특유의 비밀로 덮여져서 이에 대해 알려진 바가 별로 없었다. 조사가 시작되자 어떤 군사용 반응로들은 폐쇄되었고, 그 부지를 정화하는 데 수백억 달러를 지출할지 아니면 그 부지를 그냥 봉쇄하고 안정화가 저절로 이루어지도록 방치하면서 방사선이 천천히 땅속으로 누출되게 할지에 대한 논란이 있다.

방사능 폐기물을 통제하는 관료 체계의 위험한 무책임성의 한 예는 미국 에

---

172 *Birth Defect Prevention News*, March, 1987. op. cit. p. 7.

제1권 문명의 붕괴

너지국 통제하의 (군사용으로의 전용) 불활성·임시적 폐기물 보관지들로서, 여기에 허용된 오염을 정화하는 데 600억 달러가 들 것이다. 이 수치는 낡은 불활성 보관지에만 해당하는 것으로서, 다른 보관지들은 포함하지 않은 것이다.[173]

군수공장의 관리자들은 범죄적이다 싶을 정도로 무책임하게 행동해왔다. 조사자들은 이렇게 주장한다. "폭탄이나 다름없는 물질을 만들면서 나오는 수십억 갤런의 방사능 폐기물이 토양과 지하수에 직접 버려졌다. 농축된 폐기물 수백만 갤런도 탱크에 보관되어왔고, 그중 다량이 누출되었다. 이 폐기물들은 지금 공공 상수도를 오염시키기 시작하고 있다. 폐기물들은 또한 탱크를 찢어 열어서 그 물질을 넓은 곳에 토해내어 체르노빌 핵발전소 사고 규모의 사고를 일으킬 수 있는 폭발성 가스를 만들어낸다." 이런 주장은 〈테크놀로지 리뷰(Technology Review)〉에 기고한 로버트 알바레즈와 아전 마키자니라는 연구자들의 것이다.[174] 미국 에너지국(DOE)은 이제 비용 초과가 시작되기 전, 그 모든 군수공장들을 정화하는 데 1천억 달러가 들 것이라고 추산한다.

지금, 해체된 반응로에서 나오는 방사능물질의 최종 무덤이 어디가 될지에 대한 답이 없다. '전문가' 의견은 해체 비용이 반응로당 수천만 달러에서 10억 달러가 되리라는 것이다.[175] 에너지국은 현재 시핑포트 발전소를 9,830만 달러로 추산된 비용으로 해체하고 있다. 비용이 초과되기 전에 처리하려고 말이다.

173 "Nuclear Waste. Problems Associated With DOE's Inactive Waste Sites." United States General Accounting Office. August, 1988. GAO/RCED-88-169. p. 5.

174 *Utne Reader.* #31, January/February 1989. "Cleaning up after the Pentagon. The dangers of nuclear weapons waste." Robert Alvarez & Arjun Makhijani. reprinted from Technology Review. August/September 1988. p. 50.

175 "Nuclear Regulation.'s Decommissioning Cost Estimates Appear Low." Report to the Chairman, Environment, Energy, and Natural Resources Subcommittee, Committee on Government Operations, House of Representatives. July 1988. GAO/RCED-88-184. p. 4.

제국 문화의 종말과 흙의 생태학

1981년에 22개국에 250기 이상의 발전 중인 반응로가 있었다.[176] 일반인들에게는 이런 엄청난 비용을 공개하지도, 이를 고려하지도 않고 이 에너지 시스템을 가지고서 계속 앞으로 나가는 것, 그 폐기물이 어디에 안전하게 두어질 수 있을지도 모르면서 계속 앞으로 나가는 것은, 단지 이 위험한 물질을 통제하고 있는 사람들의 미숙함과 부패 때문에 지구가 처한 긴박한 위험을 보여준다.

제국의 이윤과 손실

산업용 독극물로 인간을 죽이고, 장애인으로 만들고, 몸이 뒤틀리게 하는 것이 사회에 초래하는 비용은 어마어마하다. 상승하는 비용은 문명의 최종적인 내부로부터의 파괴 때 중요한 요인이 될 것이다. 산업용 독극물의 부정적 피드백 자체가 결국 이 문명을 끌어내릴 수 있을 것이다. 방사선의 다른 원천은 의료용 X-레이다. "소아암의 대부분 그리고 사춘기 때의 암 일부도 엄마가 임신 때 받은 X-레이 검사 때문에 걸린 것이었을 가능성이 있다." X-레이는 어른들의 암 유발 원인으로도 지목되었으며, 성인 남성의 심장병 발병률을 높인다는 사실도 확인되었다.[177] 공중건강 연구자들은 미국 인구가 방사선 노출량을 50퍼센트 줄이면 현재 물가로 532억 달러를 절약할 수 있을 것이라고 계산한다. 학습장애와 장애아를 위한 사회적 비용을 그들은 43억 달러로 보며, 노화 과정 DPTJ의 질병을 위해서는 489억 달러의 비용이 든다고 덧붙였다. 이 비용은 임신 중의 X-레이 노출, 일반인에 대한 X-레이 노출, 핵발전소와 핵무기 실험에 따른 낙진에 대해 계산된 것이다.

같은 출처는 중금속 오염이 장애아 출산과 학습장애에서 96억 달러의 비용을 초래하며, 자가면역계통 손상, 암 그리고 일반인의 조기 노화로 인해 102억

---

176 Myers. *Gaia*. (atlas). op. cit. p. 124.

177 *Birth Defect Prevention News*. March, 1987. op. cit. pp. 5,6.

달러 이상의 비용을 초래한다고 계산한다. 염소화 화학물질과 다이옥신은 장애아 출산과 학습장애를 일으켜 15억 달러의 비용을 초래하는 것으로 계산되며, 일반인에 대한 추정치는 아직 없다. 임신 중에 치료약 처방의 사용을 중단하는 것만으로도 장애아 출산과 학습장애에 대해 특별 프로그램과 의료 등의 비용으로 드는 34억 달러의 사회적 비용을 절약할 수 있을 것이다.[178]

1984년 오스트레일리아에서의 연구는 응급처치(quick fix)의 부정적 피드백 문제를 더 지적한다. 산업사회는 흙에 먹이를 주고 흙 공동체의 건강을 보살펴 그것이 인간의 식량을 생산하도록 도와주기보다는, 공업과 농업에 더 이익이 되는 화학비료를 사용한다. 이 관행은 산업형 농업이 보급된 어디서나 (다른 것들 중에서도) 질소화합물로 지하수를 오염시킨다. 오스트레일리아의 연구는 빗물이 아니라 질소화합물로 오염된 우물물이 신경관, 구강 및 소화관, 근골격 장애아 출산을 2.8배 증가시킨다는 것을 발견했다(동일한 효과가 실험용 동물에서도 발견되었다). 모든 독극물의 완전한 목록과 산업사회에서의 비용은 책 여러 권을 채우겠지만, 위의 사례들은 그 추세를 보여준다. 응급처치, 시스템으로부터의 급속한 에너지 탈취는 더 많은 인구와 더 많은 '부'에 일시적으로 재원을 조달해줄 수 있지만, 결국 회계장부를 정리할 때 호피족이 '위대한 정화'라고 부르는 시기를 맞게 된다. 이 숫자들 이면의 현재 사용되는 중금속, 많은 화학물질과 많은 우라늄 동위원소는 사라지지 않고 계속 축적된다.

독과 제국의 도덕성

확실히 우리가 공보관들과 미디어 컨설턴트들과 심리전 그룹을 발가벗기고, 엘리트층의 한 줌의 인간들 중 누군가에게 질문한다면, 그들은 '큰 그림'을 보

---

178 Birth Defect Prevention News, November, 1986. Fifth edition. op. cit. p. 3.

제국 문화의 종말과 흙의 생태학

고 있노라고 대답할 것이다. 그 대답은 중독된 음식을 먹는 소비자, 일터에서 중독되는 근로자, 농약 중독으로 고생하는 농부, 독성 공기를 호흡하는 도시인, 장애아에 대해 불평하는 부모나 미래를 요구하는 젊은이 같은 '특수한 이익'만을 위해서가 아니라, 인류 모두를 위해 '어려운 결정'을 내리고 있는 이들은 그들이라는 말이다. 베트남에서 그들을 구한다는 이유로 폭격당한 마을들처럼 우리는 그렇게 하는 것이 우리를 죽일지라도 우리의 문제에서 벗어나기 위해 산업적인 길을 만들어야 한다는 것이다.

산업적 독살자들은 지금 지구 전체에 심각한 위협을 가한다. 자신들의 범죄성을 숨기기 위해 혼란을 일으키고, 잘못된 쪽으로 이끌고, 거짓말하는 것이 그들의 전략이다. 항의의 표시로 긴 머리를 한 히피나 권리를 침해당했다며 권총을 든 흑인은 엘리트에 의해 통제되는 미디어에서 많은 주의를 끌지만, 독극물로 수백만 명을 죽이고 장애인으로 만들고, 몸이 뒤틀리게 하는 엘리트 집단은 좀처럼 노출되지 않는다. 노출된 몇 안 되는 경우들에서 우리는 석면 제조자들이, 시민들 스스로 그것들을 폭로하고 중지시키기 오래전에, 자신들의 제품의 위험성을 알고 있었다는 것을 발견한다. 베트남에 뿌려진 고엽제의 제조자들은 사용 중지되기 오래전에 그것이 다이옥신을 함유한다는 것을 알았다. 미국 군부도 고엽제를 금지하기 오래전에 이를 알았다. 자신들의 금융적 권력을 늘리기 위해 해로운 제품, 약품 그리고 독극물을 그들의 땅과 그들의 동료 인간에게 쏟아붓는 산업가들의 예가 득실득실하다.

폭로가 이루어졌을 때 엘리트의 자동적 반응은 부인하고 거짓말하고 덮는 것이다. 스리마일 섬에서 사고가 난 후 엘리트의 첫 번째 반응은 사고가 없었다는 보도자료를 낸 것이었다. 1957년 영국 윈드스케일 핵발전소에서의 재난은 그냥 은폐되었고, 그 사실이 수년간 천천히 새어나갔다. 체르노빌 핵발전소에서의 재난에서 소련의 엘리트들은 스칸디나비아인들이 위기의 심각성을 모니터링하고 그것을 폭로하기 시작하기까지 3일간 침묵했다. 핵 관련 기술에 거액을 투자한 다른 나라 정부들은 "그렇습니다. 하지만 그것은 여기서는 일어날 수 없을 것입니다. 왜냐면…" 하는 주장을 내놓는 것으로 체르노빌 위기에 대한 손실 통제를 시작했다. 20여 개 나라가 체르노빌에서 공중을 떠돌아다니는 유독성 물질을 흡입했다. 핵에너지에 투자한 이 나라들 중 다수의 반응은 이런 문제로 인해 사람들이 놀라지 않도록 위험을 최소화하는 것이었다. 이탈리아, 영국, 특히 프랑스의 엘리트들은 대중이 위협을 가볍게 여기도록 수를 썼다. 프랑스 정부는 사실은 프랑스 위로 온 독성 구름이 어딘가 다른 데로 갔다면서 국영 TV의 기상 지도를 위조하기도 했다. 관료주의적 위계 조직들의 유치한 무책임성과 결함 있는 도덕성이 지구 전체를 위험에 빠뜨린다. 독극물, 중금속, 방사능 같은 물질들, 바이오기술의 유전자 조작, 방사능전, 화학전, 생물학전이 코앞에 있는 때에 말이다. 이 물질들을 무책임한 관료기구의 통제하에 두는 것만으로도 위험하다. 도급업자들은 예를 들면 핵발전소의 건설에서 이를 거듭 입증해 보여주었다. 그런 위험한 장치를 발전소 안의 근로자들이나 바깥에 있는 일반인들의 안전에 관한 거대한 눈속임 없이 가동시키는 것이 가능하지 않음이 충분히 증명되어왔다. 현재 이루어진 이와 같은 문명은 그 자신의 자살을 회피할 정신적 필수 요소들을 가지지 않았을 뿐이다. 즉, 유독성 물질이나 방사선 같은 위험들에 대비하도록 세워진 사회 제도들이 도덕적으로 부패해 사회의 안전을 수호하도록 기능할 수 없기 때문이다.

제국의 연료

제국문화는 광합성 순생산을 더하면서 그 증대량을 가지고 살기보다는, 생태계를 뜯어내거나 땅에서 액체를 빨아들이고 에너지의 짧은 시간 분출에서 이윤을 뽑아내는 것이 더 이익이 되고 더 쉽다고 생각한다.

제국의 출범 이래 다양한 연료들이 그 성장의 샘이 되어왔다. 일찍이 난방, 요리, 금속 제련을 하는 데 쓰일 연료가 숲에서 취해졌다. 숲은 또한 건물과 배를 짓기 위한 재료의 원천이었다. 제국의 경로는 아시아와 유럽의 고갈된 숲을 추적하면 쉽게 그려질 수 있다. 유럽의 숲들이 특히 제련소와 항구 근처에서 고갈되면서 문명은 석탄에 의존하기 시작했다. 석탄 에너지의 활용은 철과 강철 정련 기술의 발달을 재촉했다. 석탄이라는 에너지원, 철이라는 물자의 기초로부터 생산된 철과 강철이 사회의 여러 방면에서 사용되면서 문명의 수준이 높아졌다.

석유의 시대가 발달하면서 그 물질은 또한 플라스틱의 기초가 되었다. 이는 여러 용도에서 목재와 금속을 대체한 것이다. 지금 사회는 연료에 대해서만큼 재료에 대해서도 석유에 의존하고 있다. 1970년대 초의 '석유 위기' 이래 많은 시민들은 태양, 바람, 물 그리고 해양의 힘 같은 소규모 에너지원들에 주목해왔다. 이런 사태 전개의 위협이 실재화되면서 석유 카르텔은 이런 신기술들에 대한 연구를 독점하고 그 분야를 침탈하기 위해 움직였다. 이런 분야들에서 시민 행동은 실질적으로 중단되어왔고, 그 분야에서 유일한 계획은 우주에 태양열 집열판을 설치하는 것 같은 거대한 중앙집중화된 기술에 대한 것이다. 1970년대 초의 석유 가격 상승에서 온 엄청난 이윤으로 석유 카르텔은 석탄, 우라늄에서 그리고 지금은 태양과 바람 등의 '대체 에너지' 분야에서 지배적인 지위에 올랐다.

초국적 기업 엘리트는 의문을 가질 것도 없이 앞으로 다가오는 수년 내에 부족과 고갈이 일어날 때마다 이익을 보도록 스스로를 자리매김했노라고 느낀다. 석유가 떨어져 가면서 그들은 자신들이 통제하는 석탄에 의해 이익을 볼 것이다. 석탄이 떨어져 가면 그들이 남은 우라늄 광맥이 있는 곳들을 통제한다는 사실이 드러날 것이다. 그리고 그것마저 결국 끝나게 되면, 그들은 풍력과 태양에너지 특허와 기술을 붙잡을 것이다.

이 문명의 연료들이 고갈될 것이라는 사실에는 의문의 여지가 없다. 그리고 이것이 바로 그 문명으로 하여금 대량 구조 조정을 하도록 만들리라는 사실에도 의문의 여지가 없다. 엘리트들의 전략은 단지 그 문명이 이동하는 와중에도 그 꼭대기에 머물러있자는 것인데, 물론 그들이 성공할지는 두고 볼 일이다. 자본주의와 사회주의는 단지 산업주의라는 기본적 사실을 위한 진열장이다. 산업이나 '자원'이 없다면 자본주의도 사회주의도 돌아가지 않는다. 지난 두 세기 동안 우리는 원시의 살아있는 땅이 산업주의에 삼켜지고, 효율성과 이데올로기의 신화들 주위에서 벅차게 뛰는 가슴을 봤다. 진실은 이데올로기가 아닌 기계와 풍부한 1차 원료가 산업혁명을 가능하게 했다는 것이며, 그 단막극 제작에 연료를 제공한 것은 값싼 에너지라는 것이다. 에너지는 이제 그것이 최종적으로 사라질 때 점점 더 비싸질 것이다.

우리는 다음 수십 년 안에 석유가 다 떨어지면서 커다란 파국이 일어나리라고 예측할 수 있다. 산업사회 전체가 값싼 석유에 기초를 두고 있는바, 우리가 확실한 대체물도 없는 상태에서 그 에너지의 고갈을 맞이한다면 단 하나의 결과만이 있을 것이다. 초국적 기업들이 석탄과 그 밖의 에너지원들에 대한 통제권을 가지고는 있지만, 이 에너지원들은 석유의 대체물이 아니다. 석탄 등은 다른 에너지 체제이며, 전환은 엄청난 혼란 없이는 일어날 수 없다.

지금 존재하는 산업사회는 거대한 양의 석유 에너지를 주입한 데 따른 결과물이다. 거대한 양의 석유와 끊임없이 커가는 그 사용량이 의미하는 것은, 같은 토대 위에서 석탄으로의 전환이 일어나게 된다면, 단지 지구상 모든 곳의 석탄 화력 발전소에서 나오는 연기만으로 우리는 짧은 시간 내에 질식당하리라는 것이다.

M. 킹 허버트는 그의 책 《지구의 에너지 자원(Energy Resources of the Earth)》에서 화석연료 사용량의 증가가 얼마나 신속하게 이루어졌는지를 지적한다. 허버트는 이렇게 설명한다.

> 화석연료에서 나오는 에너지 소비의 꾸준한 지수함수적 증가에 익숙해진 오늘날의 사람들에게는, 인류 역사의 더 긴 범위에서 볼 때 화석연료 시대가 얼마나 일시적인지를 깨닫기가 어렵다…. 인류가 지금까지 만들어낸 생산량의 대부분을 말해주는 시기는 특히 짧다. 1857~1959년의 102년이 그러한 생산의 전반부에, 1959~1969년의 단 10년이 후반부에 해당된다.

제국 문화의 종말과 흙의 생태학

산업사회가 돌아가게 하는 데 드는 에너지의 양은 아주 커서 지금 대형 유전이 발견되어도 불과 몇 년의 공급량만을 댈 수 있을 뿐이다. 미국에서의 발견율(시추된 유정 약 30센티미터당 석유의 배럴수)의 감소는 1970년에 시작되었고, 오늘날도 계속되고 있다. 필립스 오언은 그의 《마지막 기회 에너지 책(Last Chance Energy Book)》에서 이렇게 말한다.

> 알래스카로부터의 석유 유입도 지금과 같은 감소 추세를 뒤집지 못할 것이다. 우리는 최악의 상황을 1~2년 정도 지연시킬 수 있겠지만 그 후에는 그 우울한 길로 되돌아갈 것이다. 사실, 알래스카의 유전들이 발견되고 생산에 들어가는 시간 동안 다른 유전들의 석유 양은 발견되었을 때보다 더 크게 감소했다. 우리는 앞서 예측하는 것이 아니라 뒤늦게 말하고 있는 것이다. 이는 우리가 석유를 지금 훨씬 더 빠른 속도로 사용하고 있기 때문이다.[179]

유럽의 북해 유전의 크기는 알래스카 유전과 비슷하다. 여기서 우리는 문맥상 많이 선전되는 이 두 유전이 실제로 나타내는 것이 무엇인지를 본다. 단지 몇 년간 사용될 수 있다는 것이다. 석유 에너지의 현황에 대한 일반적 관점으로 말할 수 있는 것은, 우리가 발견하는 것보다 두 배의 석유를 채굴하고 있다는 것이다.[180]

1988년 한여름, 미국에 근거를 둔 초국적 은행 퍼스트 보스턴의 석유 분석가 팀을 이끄는 윌리엄 랜돌은 기자인 토머스 페트리의 인터뷰에서 석유 소비가 그 해에 3퍼센트 상승했다고 말했다. 휘발유가 그 늘어나는 수요의 주 요인이라고 했다. 게다가 미국 국내에서의 석유 생산량이 감소하는 것은, 미국의 석

---

179 *The Last Chance Energy Book.* Phillips Owen. Johns Hopkins U. Press. Baltimore, MD. 1979. p. 38.

180 ibid. p. 39.

유 수입량이 1988년도의 41~42퍼센트에서부터 수년간 50퍼센트 이상 상승할 것임을 뜻한다. 랜돌은 이미 알래스카의 프러도 만 유전에서의 감산도 멀지 않았다고 본다.[181]

1987년에 월드워치 연구소는 미국의 국내 에너지 부존량이 3,600만 배럴이라고 했다. 이는 미국이 미국 내에서만 사용한다면, 1987년의 소비율을 기준으로, 미국사회를 8년간 가동시키기에 충분하다고 계산했다.[182] 천연가스 공급량도 급속히 감소하고 있다. 초국적 기업인 엑슨(Exxon)에 따르면, "미국의 천연가스 생산량은 1972년에 정점에 도달했고, 그 이래로 감소하고 있다. 새로운 연안 지역의 임차지와 알래스카의 북쪽 비탈로부터의 생산이 더해져도 1972년 수준으로 회복되리라고는 예상할 수 없다."[183]

우라늄 광석의 공급은 지구상 어디서도 결코 충분하게 이루어질 수 없었다. 미국은 63만 톤가량을 가진 것으로 계산되는데, 그중 27만 톤은 이미 사용되었고, 새로운 우라늄 광석의 발견율도 급전직하하고 있다.[184]

세계의 에너지 소비량은, 1970년대 초의 급격한 가격 상승에도 불구하고, 1970~1984년에 38퍼센트 증가했다. 어떻게 해서든 전 세계 사람들의 에너지 사용량 증가를 멈추고 1984년도의 비율로 유지할 수 있다면, 알려진 지구 전체 석유 부존량은 단지 31년, 천연가스는 52년, 역청탄은 175년 갈 것이다.[185]

제3세계 국가들에서의 에너지 사용량 증가는 인구 증가와 더불어 엄청난 것이었다. 〈표 5〉는 왜 석유가 31년 치도 안 남았는지를 보여준다.

---

181 "Poison Peace. What The End of the Iran-Iraq War Means for Oil." by Thomas A. Petrie. *Barrons Business & Financial Weekly*, July 25, 1988. p. 6.

182 *State Of The World. 1987.* op. cit. p. 11.

183 Owen. *The Last Chance Energy Book.* op. cit. p. 48.

184 ibid. p. 50.

185 *World Resources 1987.* op. cit. p. 299.

제국 문화의 종말과 흙의 생태학

	총량	1인당
세계	+38퍼센트	+6퍼센트
아프리카	+112퍼센트	+41퍼센트
북아메리카, 중앙아메리카	+7퍼센트	+13퍼센트
남아메리카	+78퍼센트	+29퍼센트
아시아	+106퍼센트	+55퍼센트
유럽	+21퍼센트	+13퍼센트
옛 소련	+65퍼센트	+45퍼센트
오세아니아	+58퍼센트	+25퍼센트

표5. 에너지 소비의 증가(1970~1984년)[186]

석유가 얼마나 남았는가에 관련된 수치들을 볼 때는 주의해야 할 것이 있다. 석유가 얼마나 있는지를 정말로 아는 자들은 오직 탐사하고 시추하는 회사들이기 때문이다. 그럼에도 불구하고 우리는 그 분야의 추세에 대한 대략적인 잣대로 이 숫자들을 사용할 수 있다. 시추되는 탐사정 깊이 1피트(30.48센티미터)당 생산되는 석유의 양이 우리에게 좋은 잣대를 제공해주며, 업계 내부에서 일해온 M. 킹 허버트 같은 전문가들의 보고서도 도움이 된다.

석유가 얼마나 남았는가라는 문제의 또 다른 측면은, 오래된 유전에서의 석유 채굴이 경제적이지 않다는 것이다. 결국 우리는 "석유는 있으나 그것의 채굴은 가능하지 않을 수 있는" 상황을 맞는다. 이처럼 부존량 계산은 우리가 그 석유를 채굴하는 데 얼마나 많은 에너지와 돈을 지출할 준비가 되었는가 하는 것의 함수다. 원유 한 갤런(약 3,785리터)에 들어있는 에너지보다 그 원유를 채굴하는 데 더 많은 에너지가 필요한 시점에서는 부존량이 얼마나 되는지는 중

---

186 ibid. pp. 300-301.

요하지 않다.

산업의 붕괴를 피하려면 계속되어야 하는 석유 소비의 거대한 지수함수적 팽창 상황에서 "몇 년간 쓸 석유가 남아있다" 같은 통계는 별로 중요하지 않다. 지수함수적 성장곡선의 증식은 1에서 2로, 4로, 16으로, 1,056으로, 111만 5,136으로 아주 신속하다. 즉, 석유의 공급이 계속 이루어지려면 바다가 석유로 가득 차 있어야만 하는 것이다. 이 훗날에 중요해질 또 다른 측면은 그 물질을 사용하는 데 따른 외부 효과다. 다행히 새로운 유전이 발견되더라도, 그것은 단지 산성비, 온실 효과, 스모그, 산업의 바퀴들을 더 많이 세차게 회전시킬 뿐이다. 그러니까 독을 내뿜으면서 남은 자원들을 더 빨리 고갈시킬 것이다.

제국의 광물

"… 1950년 이래 인간들은 이전 역사 전체에서 채굴된 것보다 더 많은 광물을 소비하기에 이르렀다…"고 리처드 바닛은 말한다. 과거 20년간 세계 산업에서 가장 중요한 8대 금속(알루미늄, 구리, 납, 니켈, 주석, 아연, 철, 강철)의 가장 큰 소비자는 미국, 러시아, 일본이다. 광물, 특히 이 8대 금속의 지수함수적 소비증가의 가늠자로서, 1987년 세계자원 보고서는 8대 금속의 세계 소비량 증가율은 1965년의 41만 6,670톤에서 1985년의 64만 8,610톤으로 늘어났다고 주장한다.[187]

국제사회를 위해 남아있는 광물은 아주 많다. 우리가 지구의 껍질을 가루내고 대양의 물에서 모든 광물을 채취한다면 아주 많아질 것이다. 이러한 작업의 문제는 "고작 한 줌의 티끌에도 몇 퍼센트의 광물이 있다"는 식이라는 사실이다. 결국 질문해야 할 것은 "광물의 순도가 얼마나 되며, 그것을 채취하는 데

---

187 ibid. p. 299,307.

제국 문화의 종말과 흙의 생태학

얼마나 많은 자본과 에너지가 드느냐?" 하는 것이다.

바닛은 이런 예를 들어 말한다.

"1700년도에 전형적인 구리 광석은 구리를 13퍼센트 함유했다. 1900년에는 초대형의 풍부한 매장지는 고갈되었지만, 기술이 개선되어 2.5퍼센트에서 5퍼센트의 구리를 함유한 구리 광석도 개발하는 것이 이익이 되는 수준까지 되었다. 오늘날에는 흔히 0.5퍼센트의 구리를 함유한 구리 광석이 채굴된다."[188]

농업 시스템의 에너지 집약성이 늘어나고 있는 것과 똑같이, 광물을 생산하는 에너지 비용도 높다고 바닛은 지적한다. "구리 1톤을 생산하는 데는 1억 1,200만 BTU(British Thermal Unit) 또는 석유 17.8배럴이 든다. 알루미늄의 에너지 비용 인자는 20배나 더 높다."[189]

결정적인 부족과 가파르게 상승하는 가격이 전 세계 광물의 명백한 미래다. 더 낮은 품위의 광석을 점점 더 많이 가공하는 데 더 많은 에너지, 더 많은 기술, 더 많은 물과 더 많은 자본이 필요하게 되었을 때, 미래는 오직 한 방향으로만 나아갈 수 있다.

엘리트의 산업 공정 통제

엘리트들은 에너지와 광물 자원에 관한 정보 출처를 통제한다. 여러 연료들 혹은 여러 금속들을 활용할 기술들에 관해 의사결정을 하는 자들은 엘리트들뿐이다. 공급량과 가격을 통제하는 자들도 엘리트들뿐이다. 과거 25년간 석유 카르텔은 수력을 제외한 모든 에너지 산업에 그 소유권과 통제권을 확대할 수 있었다. 그들은 태양광 발전과 풍력 발전 분야도 빼앗아왔다. 사회의 산업

---

188 *The Lean Years. Politics In The Age Of Scarcity.* Richard J. Barnet. Simon & Schuster. New York. 1980. p.117.

189 ibid. p. 118.

적 구도(構圖) 그리고 사회의 개별 시민들의 사회적 조건들에 관한 의사결정이, 이 소수의 엘리트들이 광범위한 산업적·군사적 의사결정을 할 때 내려진다. 비집중화된 에너지 생산(태양, 바람, 소규모 개인 수력 발전, 목재)을 취소시키는 의사결정이 중앙집중화된 시스템(석유, 원자력, 전력망, 석탄)을 통제하는 엘리트들에 의해 내려졌다. 이 의사결정들은 주된 에너지원들이 고갈될 때의 지구의 운명과 아주 많이 관련될 것이다. 이 유한한 자원들이 점점 더 희소해지면서 군사적·산업적·기술적 관심과 갈등이 남은 자원들이 있는 중동 같은 장소에 집중될 것이다.

제국이 땅에서 '잉여'를 발생시킬 수 있는 기본적인 이유들 중 하나는, 소수 엘리트의 통제하에 산업 기술과 '생산적 대중'이 동원될 수 있기 때문이다. 지구 전체적 규모에서 일반적인 그림을 보여준다면, 20세기의 마지막 10년간의 초기에 세계 인구의 20퍼센트가 세계자원의 80퍼센트를 소비하고 있었다.[190] 특히 자본주의 국가들에서는 소수가 대다수의 자원을 소유하는 식의 더 심각한 불균형이 있다. 세계 산업사회의 통제권은 소수의 손아귀에 머물렀으며, 그에 대한 통제권은 산업의 척추인 에너지와 광물에서 시작되었다. 자본주의 세계에서 통제권은 국제 금융 엘리트, 빌더버그 그룹(Bilderberg group)과 삼각위원회(Trilateral Commission)의 회원들에게 있다. 석탄 에너지는 채굴과 운송에 거액의 투자가 필요하기 때문에 전통적으로 중앙집중화된 통제하에 있어 왔다. 석유는 19세기 초 거대 트러스트들의 시대부터 활용되기 시작했다. 최근까지 '세븐 시스터즈(Seven Sisters, 미국의 다섯 개 기업들과 영국 및 네덜란드의 두 개 기업들)'라고 불린 것이 자본주의 세계의 석유 공급을 통제했다. 합병 때문에 지금은 세계 석유 업계에서 지배력을 갖는 초국적 기업들이 훨씬 더 적다. 석유의 생산량을 그리고 어느 지역에서 생산할 것인지를 계획하는 것

---

190 *EPOCA UPDATE*. Summer 1990. The Environmental Project On Central America. Earth Island Institute, 300 Broadway suite 28, San Francisco, CA. 94133. p.2.

도 바로 이 엘리트 집단이다. 광물 산업은 매우 중앙집중화되었다. "대형 금융 (high finance) 회사들—모건, 로스차일드, 쉽스, 버나드 바룩크—과 최고로 성공한 광업 기업가들, 특히 구겐하임 같은 가문들 사이의 결혼이 세기 초에 오늘날의 세계 시장을 통제하는 광물 과점체제의 기초를 놓았다."[191]

문명의 붕괴가 앞으로 수년간 가속화되기 시작함에 따라 관련 계획에 관한 의사결정을 계속할 사람들은 이 소수의 엘리트들이다. 유명한 미국 외교관이자 작가이며 자유주의자인 조지 케넌은, 1948년에 그가 이끌던 미국 국무성의 정책기획참모진 문서(23호)에서 이 현시대를 위한 기초작업에 대해 주장했다. 그는 이렇게 썼다.

> 우리 미국은 세계의 부의 약 50퍼센트를 가지고 있지만, 인구는 6.3 퍼센트밖에 안 된다. … 이런 상황에서 우리 미국은 반드시 시기와 분노의 대상이 될 것이다. 다가오는 시기의 우리 미국의 진정한 과업은 우리에게 이 불균형한 지위를 유지할 수 있도록 허용해줄 관계 유형을 고안하는 것이다. … 우리 미국은 우리가 이타주의와 세계적 선행이란 사치를 오늘날 감당할 수 있다고 우리 자신을 속일 필요가 없다. … 우리 미국은 인권, 생활수준의 향상, 민주화 같은 모호한 것 … 비실재적인 대상들에 관해 말하는 것을 멈춰야 한다. 우리 미국이 직접적인 권력 개념을 가지고서 협상해야 할 날이 머지않았다. 우리 미국이 그때 이상주의적인 구호 따위에 방해받지 않는 것이 더 낫다.[192]

국제사회의 지금과 같은 구조는 이런 말문이 막히는 절망스러운 전망에서 생겨났다. 그때 이래로 중앙집중화된 군산복합체가 제1세계에서 발생했으며,

---

191 ibid. p. 138.
192 *The Chomsky Reader*. Noam Chomsky. James Peck, ed. Pantheon Books. New York. 1987. p. 318.

제3세계는 철저히 군사화되어왔다. 1979년 350억 달러와 50만 명의 과학자·공학자들이 군사 연구에 참여했다.[193] 군사무기 산업은 지금 세계에서 석유 산업 다음으로 규모가 크다. 제3세계에서의 군비 지출은 1974~1984년에 두 배가 되었다.[194]

> 군수 산업의 이윤과 생산이 아주 커서 지구적 군사비로 1년간 지출되는 금액(1982년 수치)으로 건강, 어린이, 식량 같은 문제들을 위한 모든 국제연합(UN)의 프로그램이 200년간 가동될 수 있을 정도다.[195]

초국적 기업-정부-군사적 복합체에서의 권력 집중은 산업주의의 대외정책을 만들어왔다. 이 전략은 제3세계와 그곳의 시장과 자원에 대한 통제권을 그곳의 군인들을 먹이고 조종함으로써 그리고 토착 인구를 위해 이 자원들을 사용하고자 시도할 수도 있는 어떠한 '민족주의적' 운동도 방지함으로써 유지한다.

미국은 가장 비싼 군사적 하드웨어를 생산하며, 한참 뒤지는 둘째가 러시아다(1980년에 미국은 세계 무역에서 군사적 하드웨어의 50퍼센트를 거래했으며, 이 당시 옛 소련은 30퍼센트를 거래했다).[196] 지금 세계의 제국적 군사주의 시스템은 미국의 무기 산업과 함께 제3세계 안에 파고들어 왔다. "국방성은 40개 이상의 합작 생산 사업을 하고 있는데, 이 사업으로 다른 나라들도 나름대로 무기 생산자들이 되도록 도와주는 것이다. 미국의 민간 기업들은 그런 사업들을 75개나 더 하고 있다."[197] 우리가 이런 시각에서 세계를 바라볼 때, 우리는 미국 정부가 수행하는 '저강도 전쟁(LIC, Low Intensity Conflict)'의 공식

193 Myers. *Gaia*. (atlas). op. cit. p. 204.

194 ibid. p. 246.

195 Myers. *Gaia*. (atlas). op. cit. p. 248.

196 Barnet. *The Lean Years*. op. cit. p. 223.

197 ibid. p. 223.

제국 문화의 종말과 흙의 생태학

적 정책이 전체적인 틀에 얼마나 잘 들어맞는지를 보게 된다. 저강도 전쟁은 단지 가급적 오래 자원과 시장의 지리를 통제하는 것을 뜻한다.

제국의 내적 논리는 엘리트주의, 중앙집중화, 군사주의를 향한다. 세계 제국이 해체되면서 우리는 엘리트가 한편으로 점점 더 빈곤해지는 대중에 대한 통제권을 강화하면서 그들 자신의 목적을 위해 더 많은 에너지와 물자를 계속 뽑아내는 것을 보게 될 것이다. 이는 국제주의적 기업-정부-군사 분야 엘리트들의 헤게모니 자체가 해체되기 시작할 때 벌어질 가스펌프 주위에서의 최종 결전 때까지 계속될 것이다.

제9장

제국 문화적 역학구조

인간문화는 신진대사의 준칙을 따른다. 이는 에너지 코드다. 인간문화의 큰 부분은 음식과 식사에 관한 것이다. 지구의 생명체들은 태양에너지의 흐름(NPP) 내에서 틈새로 끼어들어 간다. 유기체마다 틈새로 끼어들어 가서 먹이 에너지를 받고, 또한 시스템을 지탱하는 것을 도와준다. 새들은 나무의 씨앗을 나르고, 벌들은 먹이를 구하기 위해 자신이 의존하는 꽃을 수분시키고, 모든 몸은 결국 죽어서 흙의 밥이 된다.

생명/에너지의 유동 시스템 안의 모든 존재는 어떤 식으로든 전체에 적응한다. 여러 인간사회는 특정 생태계에 적응한 문화로부터 지침을 받고 있다. 북아메리카, 유럽, 영국 제도(諸島)의 양안(兩岸)에서 한때 물고기 떼의 엄청난 이동이 있었다. 이러한 단백질의 흐름은 또 여러 생명체를 위한 틈새(niche)를 만들었다. 독수리, 곰, 인간은 이 식량원천을 활용하는 데 뛰어났다. 젊은이들은 낚시를 배웠다. 물고기는 부족(部族) 예술의 소재였다. 물고기는 예식과 의례를 통한 영적 관심의 초점이었다. 물고기는 식품이었고, 뼈 같은 부위들은 유용한 도구와 기능적 제품이 되었다. 이 모든 것은 문화 일부분으로서 배워졌다. 문화는 젊은이에게 생물 세계의 틈새에서 어떻게 에너지를 끌어내는지를 가르치는 에너지 코드다.

우리의 조상들인 수렵·채취자들은 순록의 이동, 들소의 이동, 연어의 이동 그리고 북극 지역에서는 고래, 바다코끼리 등의 이동에 적응했다. 많은 문화들이 또한 주된 의존 대상은 없어도 전반적으로 다양화된 생태계에 적응했다. 우리는 더 큰 생물들의 신진대사에 따라 움직였다. 우리는 유목민이 되어 계절을 쫓아갔고, 강이나 호수 주변에 수확 철이 왔다는 사실도 알았다. 땅의 신진대사가 수렵·채취문화들의 활력 패턴을 정했다. 인간가족으로서 300만 년간의 우리의 지속이 성공한 이유는 우리의 적응 때문이었고, 더 큰 에너지 순환의 어울림 때문이었다. 우리의 고대문화는 문명화된 문화 형태와는 정반대였다.

> 문명화된 문화는 선형의 질적 개선이 아니다. 그것은 단지 우리의 옛 문화의 뒤집힘에 불과하다.

우리의 고대문화에서 우리는 인류학자들이 '집 안의 생산 양식'이라 부르는 것 안에서 기능을 수행했다. 즉, 우리는 우리가 씨족과 부족 내부에서 필요한 것을 우리 스스로 생산했다. 우리는 유목민이었다. 우리는 잉여생산물을 저축하거나 시장을 창출하려고 시도하지 않았다. 물물교환은 주변적이고 미미한 활동이었다. 식량과 재화는 각 문화에 의해 조건이 지어진 가족 나눔 체계를 통해 분배되었다. 저명한 인류학자이자 널리 유포된 책 《석기 시대의 경제학(Stone Age Economics)》의 저자인 마셜 살린스는 여러 부족의 경제를 조사한 후 그중 어느 경제도 그들 환경의 최대 생산 근처에 가지 않았다는 것을 발견했다고 주장한다. 즉, 이 점이 그들을 안정적이고 지속 가능하게 만들었다.

문명의 신화들 중 하나는 우리의 조상들이 배고팠고, 오래 살지 못했고, 높은 출생률에 의해서만 인구를 유지할 수 있었다는 것이다. 그 정반대가 진실이다. 부족민은 의식적으로 약초에 의한 피임, 낙태, 금욕, 오랜 육아기간과 영아 살해에 의해 그들의 인구를 통제했다.

인류학자 로버트 앨런은 남아프리카의 칼라하리 사막에 사는 쿵(!Kung) 부시맨을 조사하고는 이런 사실을 발견했다. "60세가 넘는 남녀의 비율은 10퍼센트이다. 유럽과 북아메리카의 산업국가들에 비하면 적지만, 열대의 비 산업국들에 비하면 상당히 높다."[198] 영아 사망률은 수렵·채취인 집단들에서 더

---

198 *Natural Man.* Robert Allen. The Danbury Press. (no location given). printed in Madrid, Spain by Novograph S.A. & Roner S.A. 1975. p. 24.

높다. 하지만 일단 사춘기를 맞이하면 그들의 양호한 건강이 장수를 보장해준다. 그들의 더 높은 영아 사망률을 포함시켜 평균을 내니 그들의 수명이 낮아질 수밖에 없다. 이는 "원시인들의 수명이 짧았다"는 친숙한 유언비어가 먹혀들게 해왔다. 우리는 여기서 특이하게 혹독한 환경에서 살면서도 그 기대수명이 대부분의 제3세계 국가들을 넘는 부족 집단을 보게 된다. 더 풍요로운 생태계에서 살았던, 지금은 사라진 다른 부족민들은 더 나았을 것이 분명하다. 아프리카 남서부의 칼라하리 사막의 조건은 미국 캘리포니아 주의 모하베 사막이나 중동의 네게브 사막의 조건과 유사하다.

로버트 앨런은 이렇게 말한다. "도브 쿵(부시맨)은 영국인보다 단백질을 더 많이 먹는다. 실로 각 사람의 하루 단백질 섭취량 93.1그램은 오늘날 단지 10개 나라들의 것보다 작을 뿐이다."[199] 앨런에 의해 지목된 시간·동작 연구는 부시맨이 음식을 구하는 일에 절박하게 매달리지 않았으며, 만약 절박했다면 음식을 모으고 사냥하는 데 더 많은 시간을 바쳤으리라는 것을 보여주었다. 앨런은 이렇게 말한다. "그들이 음식을 구하는 데 1주일에 32시간 이상을 쓰지 않았다는 것, 평균적인 시간은 그 절반으로 매일 두 시간 남짓을 썼다는 것이 밝혀졌다."[200] 우리는 대부분의 부족민들이 지속적으로 읊어지는 많은 분량의 구전 문학을 가진 완벽하고 풍성한 인간문화를 구사했으며, 많은 예식과 부족 의례를 거행했음을 명심해야 한다. 그들의 시간은 생존 문제에 몰입되지 않았다.

존 H. 보들리는 그의 《인류학과 현대 인간 문제(Anthropology And Contemporary Human Problems)》[201]에서 이렇게 주장한다.

1965년에 75명의 인류학자들이 시카고에 모여서 곧 사라질 것으

---

199 ibid. p. 16.

200 ibid. p. 18.

201 Anthropology And Contemporary Human Problems. John H. Bodley. Second Edition. Mayfield pub. Palo Alto, CA. 1985.

제국 문화의 종말과 흙의 생태학

로 예상되는 세계의 마지막 남은 수렵민 부족에 관한 최신 연구 결과들을 검토했다. 그 결과는 민족학적으로 알려진 사회들 중 가장 단순한 사회들에서의 새로운 생활 묘사였다. 이는 그들의 생존이 안정적이고, 만족스럽고, 생태적으로 건전하며, 토머스 홉스가 1651년에 《리바이어던 (Leviathan)》에서 공언했던 것과 달리 외롭거나 가난하거나 역겹거나 잔인스럽거나 짧은 기간의 것이 결코 아님을 보여준다. 예를 들면 부시맨과 같은 남아있는 수렵인들이 극단적인 한계적 환경에서 생존하면서도 끊임없는 굶주림의 언저리에서 불안한 생존을 도모하지는 않았다는 사실이 알려졌다. 실로 그들은 일주일에 단 몇 시간만 생존에 썼고, 계절적 궁핍을 겪지 않았다. 외부인들에 의해 오염되지 않을 때에는 수렵민 부족들은 양호한 건강과 장수를 누린 것으로 보였다. 한편 그들은 환경을 위태롭게 하지 않으면서 충분하게 그리고 지속적으로 충족될 수 있는 수준으로 그들의 욕구를 유지하는 좋은 분별력을 지녔다. 한 연구자는 심지어 이것이 결국 '원초적인 풍요 사회'였음을 시사했다. 가장 중요한 이야기로 토론이 끝났을 때 나온 결론은, 인류의 문화적 생애 중 99퍼센트를 지배한 수렵적 생활 방식이, 인류가 여태껏 달성한 것 중 가장 성공적이고 지속적인 적응 방식이었다는 것이다.[202]

우리가 모두 수렵·채취자였던 시절부터 일어난 문화적 변화를 볼 때 우리는 '사람의 진화'라는 신화에 직면한다. 이에 관해서 생물학적인 '유전적 진화'의 선형 개념과 '사회적 진화'의 보조 개념이 있다. 그 그림은 '도구 제작자인 사람'이 그의 발명품에 의해 사회적으로 힘겹게 진화해왔다는 것이다. 먼저 바위가 쪼개져서 도구가 되고, 그다음에는 활과 화살이 되고, 그리고 나서 농업이 되고, 이제 컴퓨터가 된다. 이 선형 개념을 논리적으로 정당화하기 위해 선형 경

---

202 pp. 18,19.

제1권 문명의 붕괴

로에서 가장 먼 과거를 지나갔던 자들이 오늘날 우리보다 훨씬 더 열악한 조건에 있었던 것으로 이해되어야 한다. 이 신화에서 우리는 오늘날 가장 부유한 산업국가에 살면서 사회적 진화의 전선(前線)에 있다. 우리는 가장 '진화'했다. 강조할 점은 우리가 예전의 덜 만족스러운 조건으로부터의 회피 수단으로서 힘겹게 농업을 '발명'했다는 것이다. 이것이 표준적 신화다. 다른 이들은 인간이 왜 문명화되었는지를 설명하기 위해 다른 기능적 이유들을 추가로 사용하려고 한다. 무엇이 이 문화적 변화에 영향을 주었는지를 설명하기 위한 다른 이론들은 수렵·채취인들의 인구 증가가 농경의 집약화를 강제했을 수도 있다는 것 또는 마지막 빙하기 후의 큰 포유류들의 죽음이 수렵·채취인들에게 농업 집약화와 정착 형태의 생활 방식을 채택하게끔 강제했다는 것이다.

인류학 분야에서 표준적인 수치는 수렵·채취자들이 오늘날 과거에서처럼 성인 1인당 생존을 위한 활동에 연간 평균 500시간을 보낸다는 것이다. 전통적인 시골 사람들은 1천 시간을 보내며, 물론 현대의 1주일 40시간 노동은 연간 2천 시간에 해당한다. 인류학자인 존 보들리는 이것이 선형 개념에 문제를 제기한다는 것을 유능하게 지적한다. 즉, 수렵·채취인들은 왜 두 배나 많은 시간을 생존에 할애해야 하는 시스템을 선택하겠느냐는 것이다. 시골의 농민들이 실제로 수렵·채취의 생활양식을 취할 기회가 생겼을 때 그리로 되돌아간 사례들이 있다고 그는 지적한다.[203] 선형 개념은 또한 마치 채취자들이 자연계에 대한 그들의 친숙한 지식을 가지고도 식물이 씨앗에서 자라난다는 것을 몰랐다는 식으로, 인간이 어찌어찌 농업을 '발견'했다고 주장한다!

우리가 이 에세이에서 직면하고 있는 큰 신화는 수렵·채취자의 문화에서 문명으로의 변화와 함께 질적인 진전이 이루어졌다는 것이다. 우리는 이미 세계에서 단 10개국 국민들의 단백질 섭취량만이 부시맨의 단백질 섭취량을 넘어선다는 것을 알았다. 이것이 뜻하는 것은 세계의 문명인 중 대부분이 수렵·채취자

---

203 ibid. p. 94.

제국 문화의 종말과 흙의 생태학

들 수준만큼도 먹지 못한다는 것이다. 즉, '문명' 안에서 살아온 역사상 대부분의 (엘리트가 아닌) 사람들에게 이는 의심할 바 없는 진실이다. 실제로 엘리트 계급 바깥에 있는 대부분의 사람들의 수명, 먹을거리, 노동, 건강이 어떤 수준인지를 나타내는 값을 본다면 문명이란 생활수준이 저하되었음을 나타낸다는 것을 알 수 있다. 우리의 시야를 '발명품'들에 한정함으로써만 우리는 선형의 진보가 있었다고 말할 수 있을 것이다. 우리는 굶주림이 늘고 있는 세계에서 살고 있다. 이는 수백만 명이 그리고 곧 수억 명이 굶어 죽는데도 만들어진 기계의 수를 헤아리면서 우리가 진보를 이루고 있다고 말하는 신화의 세계다. 이는 물질주의(물체들이 궁극의 가치라는 신념), 즉 죽어가는 지구 위에서 수십억 명이 죽어가는데도 우리가 비행기, 컴퓨터, 인공위성을 발명했고 로켓과 우주선을 타고 달에 갔기 때문에 큰 진보를 이루었다고 말하는 것의 궁극적 도달점이다.

많은 이들은 수렵·채취자의 삶이 문명에 의해 변화된 원인에 관한 이론을 전개해왔다. 우리는 다만 확실한 것을 모른다. 우리 중 누구도 거기 없었고, 확고한 증거도 별로 없다. 변화의 이유에 대한 확고한 증거를 가지고 있지 않아도 우리는 그 변화가 어떤 것이었는지에 관해 풍부한 정보를 가지고 있다. 우리는 인간사회에서 이 기능적 패턴들의 의미와 영향력을 쉽게 이해할 수 있다.

기능적 변화는 중국에서 그리고 중앙아시아의 코카서스 산맥의 원래 인도·유럽인 지역 모두에서 식물들을 농업을 위해 길들였다는 것이다. 인도·유럽인들은 또한 양과 염소도 길들였다. 이는 촌락의 창조를 동반했다. 지금의 터키가 있는 곳에서 초기의 마을은 8천 년 전의 과거로 거슬러 올라간다. 그 지역에서 구리 가공을 비롯한 금속 제련의 역사는 약 5천 년 전으로 거슬러 올라간다.

문화적 뒤집힘

우리가 답하려고 하는 큰 질문은 이런 것이다. '우리에게 지구가 자살할 수도 있다는 전망을 낳은 것은 제국문화의 어떤 점인가?' 이를 이해하기 위해 우리는 이 문화가 어떻게 기능하는지, 그것의 기능적 기초, 그것의 역학구조를 봐야 한다. 제국으로의 이 변화가 일어났을 때 인간문화는 사실상 뒤집혔다. 수렵·채취자 사회에서 우리는 생태적으로 균형이 잡혔었다. 남아프리카의 어떤 지역에서 나온 고고학적 증거는 인간들이 의존했던 생태계를 압도하는 일 없이 13만 년간 안정적으로 살았음을 보여준다.[204]

뒤집힘이 일어나면서 인간문화는 씨족사회 내의 나눔과 협동의 문화에서 재화(財貨)의 고의적인 불평등 문화로 변화되었다.

그 문화는 사회적 평등의 문화에서 황제 그리고 그와 결탁한 엘리트들의 지배를 받는 권위와 독재의 위계 문화로 변화했다.

그 문화는 다산(多産)성, 어머니 자연 그리고 인류학자들이 '처가살이 (matrilocal)의 문화'라고 하는 것에서 남성에 의한 통제와 소유의 가부장제로 변화했다.

그 문화는 씨족사회 내에서의 협동을 강조하는 것에서 전사(戰士)와 폭력을 숭배하는 것으로 변화했다. 이는 협동에서 강압으로의 변화다.

부족사회에서 강조된 것은 나눔이었다. 대부분의 부족사회에서 집단의 수석 대변인은 일반적으로 물질 면에서 가장 가난했다. 이는 그 사람이 가장 많은 것을 나누어주었고, 그래서 집단으로부터 존경을 받았기 때문이다. 이는 별로 가진 것 없는 농민인 백성들에게 부를 소유한 황제로 상징되는 물질주의를 강요하는 것으로 변화되었다.

뒤집힘은 살아있는 세계가 의식으로부터 단절되었음을 나타낸다. 이는 범신론(pantheism)에서 이신론(deism)으로의 변화다.

자연문화는 살아있는 세계의 영적 의식의 계속되는 접촉을 가진다. 자연문화 안에서 각 사람은 생물마다 영적으로 의식적인 존재라는 문화적 이해, 물질적 실재 속의 모든 것이 영적으로 생명을 받았다는 이해를 지녔다. 뒤집힘

---

204 ibid. p. 47.

제국 문화의 종말과 흙의 생태학

이 이로부터의 단절을 유발했을 때 인간의 영적 분별력은 '종교'로 추상화되었다. 더 이상 전체 세계는 영적으로 살아있지 않고, 초점은 추상적인 여러 신들의 만신전(萬神殿)이나 하나의 신에게 있었다. 이 '하늘의 신들'은 구체적인 세계의 일부분이 아니라 정신적 공간의 어딘가에서 추상화되었다. 이는 생(生)으로부터의 첫째 소외이자 분리였다. 이는 인간의 지각을 송두리째 바꾸었다. 수렵·채취자들의 이전 세계에서는 문화적 경험은 우주(cosmos)의 계속되는 직접적 접촉이었다. 문화가 뒤집혔을 때 이는 단절되었고, 좁은 초점은 추상화된 '신'들, 사제적 위계와 물질적 재화에 놓였다. 자연문화 그리고 자연계와 통합을 이루며 살았던 수렵·채취자의 문화는 실재(reality)를 모든 존재들이 전체를 낳기 위해 그곳에서 함께 일하는 복합적 생명으로 보았다. 제국의 도래와 함께 실재관은 추상적인 신들과 여신들, 대부분의 경우 남신에 의해 수여된 신성한 권리로 통치하고 있다고 주장하는 황제의 중앙집중화된 권위 같은 집중적인 권력 개념들로 바뀌었다. 이 추상화 경향은 생물학적 에너지의 추상화인 돈에서 그리고 사람의 말의 추상화인 글에서 나타났다. 우리는 또한 지금 제국문화가 땅에서 추상 되고 제거되었으며, 살아있는 세계와는 단지 '자원' 관련 관계만을 붙들고 있다고 말할 수 있다.

지혜와 인간의 성숙함은 뒤집힘의 희생물들이다. 일반적으로 자연문화에서 인간들은 그들 자신의 수를 관리했고, 살아있는 세계의 협동적 관계에 대한 커다란 의식과 그 세계에 대한 큰 존경심을 지녔다. 모든 종(種)들은 자신들이 처한 환경에 맞춰 자기를 조절한다. 이것을 우리는 인간적 관점에서 '성숙함'이라 부를 수 있을 것이다. 뒤에 가서 우리는 부족사회가 상당히 오랜 기간을 거쳐서 스스로를 조절하게 되었다는 사실을 보게 될 것이다. 인구 조절의 사례들은 수렵 등의 용도로 환경에 과중한 부담을 주지 않으려는 배려와 맞먹는다. 살아있는 세계에 대한 존경도, 미래 세대에 대한 염려도 있었다. 뒤집힘이 일어나면서 집단적 책임감 그리고 젊은이들이 지속적으로 생존할 수 있도록 해주기 위한 책임감을 우리는 잃어왔다. 이는 집단, 즉 살아있는 세계에 대한 책임이나 젊은이들의 미래에 대해 염려하는 것을 무시하는 것과 아울러 개인적으로

제1권 문명의 붕괴

재산을 모으는 것에 대한 집중으로 대체되어왔다. 동물들은 모두 어린 것들을 보호하면서 최적의 생존 조건을 제공하려고 하지만, 제국문화는 그렇지 않다. 자연문화적 지혜의 인기 있는 예는 '이로쿼이 여섯 민족 연방(Six Nations Iroquois Confederacy)'의 규칙이다. 평의회의 모든 의사결정은 그것이 일곱 번째 세대에게 미칠 영향에 비추어 생각되어야 한다는 것이다. 이런 자연문화의 가치들은 '존경'이라는 하나의 근본을 중심으로 삼았다. 사람들은 자신들을 존경했고-자신들을 소중히 여겼고-다른 이들에 대한 존경 그리고 모두에게 생명을 준 우주를 존경했다. 뒤집힘의 결과는 폭력, 이기심, 거짓말, 강도질(정복) 그리고 무책임의 부정적인 사회적 가치들을 문화적 표준의 수준으로 격상시키는 것이었다.

역동적 문화 요인들

우리 조상들은 땅의 생명에 적응하면서 살았었다. 제국의 병이 인간가족에게 발병했을 때 이런 적응과 우주의 일치는 사그라졌다. 우주에 적응하기보다 인간들은 말하자면 '하느님'이 되었다. 인간들은 적응보다는 통제를 구했다. 이는 제국문화의 중심적 사실이다. 제국문화 안에서 인간들은 길들인 '생물노예들'인 밀, 보리, 양, 염소, 물소, 쌀과 함께 이 통제를 시작했다. 이러한 변화가 일어났을 때 인간문화의 생태적 균형은 생태적 불균형으로 바뀌었다. 생물노예들은 역사적으로 인간노예제와 아울러 지구의 신진대사 체계의 기생적 관계 안에서 에너지를 빼앗는 데 활용되어왔다. 이는 인간들이 우주와 통일을 이루고, 이와 함께 책임 있게 그리고 협동하여 활동할 필요가 없으며, 오히려 우주를 통제하는 것이 인간의 우주적 역할이라는 생각을 가져왔다. 그래서 제국의 자살 협정이 시작되었다. 허약한 자의 입장에서는 참으로 특징적이라고 할 만한 이러한 통제의 필요는 강압적 제국문화의 역학구조가 흘러나오는 원천이 되는 중심적 사실이다.

더 큰 세력의 협동하기보다는 통제하려는 태도는 인간 지각(知覺)에서의 양자(量子) 이동이다. 모든 지각된 실재는 부족민이 접촉하고 있는 보이지 않는 영적 역학구조에서 명확해진다는 관점에서 벗어난 제국 내의 인간들은 세상을 문화적으로 규정된 필요 충족의 원천으로 보기 시작했다. 물질적 부의 축적과 땅 그리고 타민족에 대한 권력의 필요가 그것이다. 영적 생명력과 우주에서 빼앗긴 의미는 물질적 부에 놓였다. 이런 점에서 우주는 무의미해졌다. 불행히도 이는 또한 제국문화 안에서 인간 생활의 무의미함이 일반적 감각이 되게 하는 데 기여했다.

제국문화의 기본적 역동성은 선형 증대다. 인구가 초기의 도회지들로 몰리던 현상은 농업과 목축의 생산성을 기반으로 했다. 이는 지속 가능한 수준을 빨리 넘어갔다. 이는 인간들이 토양을 비롯하여 채취 활동을 하던 지역을 곧 고갈시킬 것임을 의미했다. 즉, 이런 방식을 계속하려면 어떤 조치를 취해야 한다는 것을 의미했다. 이 뒤집힘이 일단 일어난 다음에는 인간들이 옛 균형으로 되돌아가기보다 식량 생산에서 계속 성장을 재촉하는 것이 득이 되었다. 인구가 계속 늘어나면서 농업, 가축 사육 그리고 물질적 재화의 생산에 쓰이는 인간 에너지가 추가되었다. 계속된 성장은 또한 더 많은 정착 인구의 군사적 방어력도 증진시켰다. 늘어나는 정착 인구는 그들의 식량 기지를 확장하기 위한 군사적 정복이 필요했기 때문에 가부장제, 군사주의 그리고 위계질서를 강화했다.

인구가 일단 균형 잡힌 수렵·채취자들의 인구보다 많아지면 그 지역의 생태계는 불가피하게 헐벗게 된다. 이는 촉발(trigger) 메커니즘이다. 자신의 뒤뜰에 있는 것을 먹어 치웠을 때, 그러니까 자연적 생산력을 초과할 때는 다른 지역들로 가서 집단을 먹여 살리기 위해 더 많은 것을 얻을 필요가 있다. 이는 군사주의와 정복의 사회 이데올로기를 요구한다. 물질적 재화와 축적 개념과 선형 증대의 개념이 사회 이데올로기에 새겨지게 되는 것이다.

수렵·채취자에서 문명화된 제국적 에너지 시스템으로의 이런 변화가 일어날 때 문화의 정신에는 심각한 변화가 일어난다. 자연적 인간문화가 사람, 부족, 우주의 협동적 관계 안의 일치를 지향했다면, 제국문화는 모든 수준에서의 해체, 분리, 고립을 지향한다. 협동 아닌 갈등과 경쟁이 역동적으로 일어난다. 협동적 일치는 초기 제국에서처럼 군사력을 가진, 혹은 후기의 제국에서처럼 행정적·법적 통제력을 가진 '통제하는 엘리트의 강압'으로 대체된다. 세대를 통해 사람에게서 사람에게로 전수되던 인간문화가 해체되고서, 사회라는 몸은 강압의 위계질서를 가진 엘리트의 권력에 의해 여전히 형태를 유지했다. 제국 사회의 질서는 궁극적으로 폭력의 독점에 의존한다. 제국적 세계관, 제국적 문화 정신에서는 권력은 다른 사람에게 뭔가를 강제하거나 물질적 세계에서 변화를 강제할 수 있는 능력이다. 강제하고 강압하는 권력이 중심적 동력인 것이다. 이 권력은 이교도가 정복당하고, 귀족이 황제가 되고, 물질적 재화가 생산된다든지 금이 축적되게 하는 역학구조다.

이 강압은 제국 안의 군사주의의 기초다. 자연문화에서 제국문화로의 인간 사회의 완벽한 뒤집힘은 하루아침에 일어나지 않았고, 오늘과 같이 되는 데 수천 년이 걸렸다. 그럼에도 불구하고 오늘날의 그것은 인구가 불어나기 시작했을 때 시작된 원래의 역동성의 직접적 연장선에 있다. 뒤집힘이 일어났을 때 인간들은 살아있는 세계의 관계성 대신 살아있는 땅의 비옥함의 탈취로 관심을 돌렸다. 제국의 갈취 인자는 실제로 도둑질이다. 문명이 그것에 이름 붙이기를 두려워할지라도 정복은 해적질이고, 무정부주의 이론가 프루동이 말하듯 소유권은 절도다. 차등 이윤도 절도다. 제1세계가 제3세계의 자원을 빨아들여 고갈시키는 것도 절도다. 여성에 대한 남성의 소유, 즉 최근까지 민법으로 보호받았던 '여성의 에너지를 사용하는 행위'도 절도다. 인간노예제도 절도다. 불균형적 문화에 의해 땅의 생명을 써 없애는 것은 우리 아이들의 것을 훔치는 일이다. 제국문화는 정복이라는 절도 행위에 기초를 두고 있으며, 사회적으로 인정된 절도의 관습이 여러 이름으로 사회 전체에서 통한다. 위계질서의 고의적 불평등은 권력을 향한 경쟁과 투쟁을 들여온다. 위계질서는 모두가 평등한 사회 형태가 아니다. 엘리트 중에서 몇 안 되는 사람만 승자이며, 떠받쳐주는 대중은 패자인 형태디. 제국문화에서 은폐된 것이든 공공연한 것이든 갈등의 큰 부분

제국 문화의 종말과 흙의 생태학

은 누가 희소한 재화를 가지느냐에 관한 것이다. 인종이나 성(性) 같은 어떠한 가능한 분리나 차이라도 유리함을 얻기 위해 활용된다. 위계질서는 강압의 사회적 맥락이다. 위계질서는 지배/복종의 맥락과 권력을 향한 경쟁을 창조한다.

우리는 이 '현명한 관리의 결여', '이 경쟁의 미숙함'을 지금 국제사회에서 보고 있다. 제국문화의 사람들이 축적적·경쟁적 구조에 갇혀있으므로 전체에 대한 관리는 없다. 각 사람, 사회 제도나 나라는 그저 그들의 권력과 부를 극대화하려고 투쟁한다. 장기적 생존을 희생시킨 대가로 단기적 이익을 움켜쥐는 것만 있을 뿐이다. 경쟁 시장에서 토양 침식을 방지하는 장기적 지출을 초래하는 농부는 빈털터리가 된다. 위계적·경쟁적 환경에서 단기적 이익은 장기적 이익보다 우위를 차지하고 있음이 분명하다. 단기적 이익을 올리는 농부는 남아나고, 그렇지 않은 농부는 체제에서 제거될 것이기 때문이다. 제국 안의 누구도 이윤이나 생산 할당량이라는 단기적 이익이 노력의 전체 항목일 때 토양의 비옥함에 따른 장기적 이익을 옹호하지 않는다. 이는 어떠한 실질적인 일도 문명의 최종 붕괴를 피하기 위해 이루어지지는 않을 이유다. 제국의 구조는 땅과 사회를 희생시킨 대가로 황제/엘리트를 부유하게 해주는 것이지, 땅의 생명 전체의 이익을 위해 사업을 관리하는 것이 아니다.

농업과 목축은 흙에 뿌리를 두고 지구의 신진대사에서 직접 에너지를 추출하는 등 땅에 대해 폭력을 사용함으로써 성장하는 가운데 제국의 에너지 시스템을 시작했다. 대중사회의 발달은 흙이란 기관(器官)에 뿌리를 둔 정지(stasis)와 부동성(immobility)을 요구한다. 인간 권력관계의 위계질서가 제국숭배에서 커가면서 흙 공동체의 에너지와 그것에 원천을 제공하는 일반적 생명이 쇠퇴한다. 제국들은 땅의 비옥함에서의 거대한 순수 적자를 역사상 기록해왔다. 제국의 전사(戰士) 숭배의 문화적 이데올로기는 우리 시대까지 존속해왔을 수도 있지만, 그 자체가 땅의 신진대사에 달라붙은 인더스 강 유역, 수메르, 그리스 같은 각 제국의 개별적 에너지 순환들은 그 과정에서 생태적 고갈을 가져왔다. 불행히도 그 문화적 형태는 바람이 빠지기 전에 퍼져나갔었다.

제국은 가부장적 가족에 의해 젊은이의 정신에 자신을 복제한다. 가족 자

제1권 문명의 붕괴

체는 남자 어린이와 여자 어린이 모두에게 더 큰 사회라는 몸에서 훗날 그들이 할 역할을 준비시키는 훈련을 제공하는 미니 제국이다. 가족 안에서 어린 여자는 그녀의 복종적·종속적 역할을 배우며, 어린 남자는 위계 구조상 혜택받는 '미니 황제'로서의 역할을 배운다. 가부장제와 여성 소유, 더 정확히 말해 여성노예제의 성적 불균형은 본래 군사주의 그리고 제국의 선천적 성장 역학과 엮여있다. 전쟁은 천생 남성에게 문화 안에서 우위성을 가져다준다. 제국은 그 중심부에서의 '자원'의 고갈 때문에 새로운 자원의 확보를 위해서 팽창하지 않을 수 없을 뿐만 아니라, 전사 숭배주의 자체의 사회학에는 성장의 역학이 있다. 간단히 말하면 싸우러 나갈 전쟁이 없다면 장군도 별것 아니다. 군사주의 문화에서 전쟁을 조장하는 것이 문화인(文化人)인 남성의 역할이다. 전쟁은 군인들의 존재 이유(raison d'être)인 것이다. 고대 그리스라는 나라는 먹을 것과 입을 것을 위해서 구세계(known world)를 정복할 필요가 없었다. 그런데도 알렉산드로스는 더 이상 정복할 민족이 남지 않자 자빠져서 울었다. 그리스가 전 세계를 정복할 어떤 기능적 필요가 있었기 때문이 아니라 그와 그의 문화가 제국의 여러 가치를 내면화했기 때문에 운 것이다.

가부장제, 군사주의 그리고 성장은 제국문화의 특징을 규정하고 있다. 가부장의 피를 이어받은 대가족의 성장은 그 가부장의 미니 제국의 권력에서 (그리고 인구 폭발에서) 하나의 요인이다. 제국 전체에서 문화적 운명이 축적하기와 정복하기일 때 숫자는 권력을 뜻한다. 인구 폭발의 결과에 대한 거의 보편적인 지식을 갖춘 지금도 어떤 제국문화의 정부들은 여전히 인구성장의 둔화에 관해 걱정할 수밖에 없다. 어떤 정부들은 1인 가구나 무자녀 부부에게는 해당이 없는 세금 인센티브를 비롯한 보조금으로 인구 증가를 돕는다. 마지막 제국의 다양한 방면의 여러 종교와 여러 정부의 모든 가부장들은, 중국처럼 시민 개개인이 가난할지라도 그들이 뭉치면 세계적 권력이라는 사실을 창조한다는 것을 이해한다(비록 중국 정부가 그 한계를 인정하여 산아 제한 프로그램을 제도화해오기는 했지만). 지금의 인구 폭발은 불가피하거나 자연스러운 일이 아니다. 인구 폭발이 문화적·종교적 요인늘의 결과라는 것은 명확하다. 인간가족

제국 문화의 종말과 흙의 생태학

의 수백만 년 역사에서 제국들이 시작되기 전에는 세계의 인구 폭발이 없었다.

땅의 생명을 죽이고 있는 것은 인간사회라는 몸에서 기능하는 이런 '불균형의 가치들'이다. 이 가치들은 물질주의, 군사주의, 가부장제, 위계질서, 선형적 증대와 강탈이다. 이 문화의 피상적인 정치적 개혁은 답이 아니며, 기술 혁신도 답이 아니다. 답은 이 모든 역학구조가 끝나야 한다는 것과, 새로운 문화가 창조되어야 한다는 것이다. 이런 역학 구조에 따라 기능하는 어떠한 인간 집단도 결국 땅을 파괴할 것이다. 지금 지구의 위기는 이런 역학구조의 결과물이다. 생태계에서 그것의 에너지를 천천히 빠져나가게 하든, 급히 빠져나가게 하든, 최종 결론은 그럼에도 불구하고 모두에게 닥치는 죽음이다.

제국의 우주론

물질주의는 영적 세계의 끝장이다. 인간들이 지구의 일부분을 '소유'할 수 있다고 믿기 시작했을 때, 사람들이 이기적으로 물건들을 '보유'하기 시작하면서 자비로운 우주와 그 에너지 흐름이라는 실재에서 스스로를 단절시켰을 때 영적 접촉은 떨어져 나갔다. 제국이 치솟아 올랐을 때, 의식의 초점이 그 모든 다양한 힘들과 존재들을 가진 우주에서 벗어났을 때, 그 초점은 좁아졌고 단순해졌다. 우주의 광범위한 다양성에서 인간들은 초점을 자아에 그리고 자아가 동일시하는 것(그 소유물, 그러니까 '물건')들의 가치평가의 사회적 맥락 안에 존재하는 것에게로 좁혔다. 인간들의 가치는 그들이 보유한 물건인 '부(富)'가 되었다. 우주의 여러 힘들과 존재들의 전체적 호혜성 안에서 살아가면서 이기적일 수는 없다. 일반적으로 제국적 문화의 패턴에서 초점은 비(非) 제국문화의 초점이 되었던 자아/부족/땅보다는 자아에 관심을 두는 쪽으로, 그러니까 내부로 고립을 향해 돌려졌다. 일반적으로 부족사회에서는 모두가 죽을 지경이 아니라면 아무도 굶어서 죽지는 않는다. 음식이 나누어지기 때문이다. 오늘날의 제국문화에서 부자들은 훌륭한 레스토랑 창밖으로 길거리의 가난한 이들, 집 없는 이들을 내다본다. 그들에게 이는 선형 증대에 기초를 둔, 그들이 태어날 때부터 조건이 맞추어진 제국의 우주론의 사회적 다윈주의 프로그래밍에 의해 정당화된다. 사회적 다윈주의는 최적자(fittest)에게만 '생존'이라는 것이 있고, 강자와 약자, 진화된 자와 진화되지 않은 자의 구별도 있다고 말한다. 이것이 힘이 권리가 되는 이유다. 사실 어떤 식민주의자들이 말하는 것은 "때때로 '진화'를 돕기 위해 덜 적합한 자들이 더 적합한 자들에게 양보해야 한다"는 것이다. 제국의 여러 사회들의 정신적 초점 조정은 "지금 기술적 발명으로 측정되는 '진화'가 있다"고 말한다. 가장 진보된 자들이 지구 전체를 인간 족속을 위한 유토피아적 운명을 향해 이끌어가고 있다는 것이다. '가장 진보된' 집단들이 전체를 위해 부담을 지고 있으니, 그만큼 다른 미약한 민족들이 더 선진적 민족을 돕기 위해 희생하는 것이 정당화된다. 여기서 생물학적 이론이 부풀려져 우주론이 되어왔다. 여러 우주론들은 우주가 땅에 작용할 때의 그 계획과 패턴에 대해 각 문화가 제시하는 설명이다. 어떤 문화의 우주론은 우리가 누구이며, 우리가 어떻게 이 지구상에 왔으며, 생명의 목적이 무엇인지를 설명한다.

'적자생존'이라는 다윈주의의 신화는 더 큰 정신 구조(선형 증대의 기초적인 잠재의식적 이미지) 안에 자리를 잡고 있다. 제국문화는 우리 조상들에 의해 보존된 생명의 순환적 맥동(脈動)이라는 유기적 관점보다는 선형 증대의 이미지에 의존하고 있다. 예를 들면 중국, 인도, 중동에서 나온 제국의 종교적 관점들은 우리가 지금 적합하지 않다고—우리가 죄인이라거나 몽매하다고, 그러나 우리는 선형의 방식으로 어떤 먼 완성점을 향해 진행하고 있다고 믿는다는 의미에서 직선형이다. 사회적·경제적 영역들에서 우리는 경제적 진보를 이룸으로써 부(富)라는 유토피아적 목표를 향해 나가고 있다는 것이다. 기술적인 '도구 제작자인 인간'의 영역에서 우리는 기계적 노예들이 우리의 주문 사항을 수행할 유토피아를 발명하고 있다는 것이다.

제국의 우주론에서 땅, 그리고 땅의 생명과 물질은 그저 조작(操作)과 축적의 대상이 되었다. 그것들에는 선천적 의미가 없다. 제국문화는 우주와는 관계

없이 물체 자체에서 의미를 예상하기 시작했다. 어떤 이의 정체는 그의 물질적 축적이 직선형으로 증대하기를 희망하므로 그의 물질적 축적과 결부되었다. 물질주의는 제국의 우주론에서 기초적 인자가 되었다. 이 세계관에서 땅은 제국을 위해 사용될 '자원'일 뿐이다.

제국의 이데올로기는 파시즘이다. 중앙집중된 '질서' 유지의 신념에서 엘리트들의 선천적인 인종적·도덕적·신체적·영적·지적 우월성에 대한 신념까지 이데올로기는 최초의 '천자(天子)'라는 중국의 황제이든 수메르의 참주(僭主)이든 그 이래로 달라지지 않았다. 우리 자신의 시대는 나치스라는 문명의 본보기들을 보유했다. 영국의 술집에서 떠드는 술꾼들, 뉴잉글랜드의 사립 양키 남학교의 동창들과 똑같이, 이탈리아에서 사회적 특권의 상속자들 중에는, 스페인의 귀족계급 중에는, 그리고 산업 세계 도처의 기업 이사회실 안에는, 인간 불평등에 대한 반석 같은 믿음이 있다. 모두가 뉴기니 고지대의 부족민이 자신들보다 "덜 진화했다"고 믿는다. 그들(그리고 모든 문명인들의 사회적 초점 조정)은 선형 증대, '선진(先進)', '진보', '문명화됨'의 전선(前線)에 자신들이 있다고 주장한다. 나치스는 자신들이 진화의 선두에 있다고 말했다. 그들은 유전적·기술적으로 인간 전진(前進)의 짐을 지고 있다는 것이다. 이는 그들의 우월한 기계장치, 우월한 군사력, 우월한 문화에 의해 입증되었다는 것이다. 이는 대영제국의 술집 출입문 뒤에서, 혹은 오늘날 초국적 기업 이사회실에서나 말해지는 것들이다. 나치스가 인류 전체와 지구를 위한 진화적 짐을 지고 있다고 믿었던 만큼, 다른 열등한 씨앗들은 옆으로 물러서거나 박멸되는 것이 그들에게는 합당하게 여겨졌다. 이것이 오늘날 미국의 '플리머스의 바위(Plymouth Rock)'에 상륙했던 식민주의자들, 멕시코의 코르테스, 지금 티베트의 중국인들의 기본적 믿음이 아니었는가? 이는 지난 200년간 제국의 지구 정복의 사회 이데올로기가 아닌가? 파시즘이 제국이고 문명인 것이다!

자연적 인간문화에서는 생명은 그 자체로, 그리고 저절로 적합하다. 생명과 생명의 살아감은 그것 모두의 핵심이다. 생명은 우주의 뜻으로서 명확한 자연적 사건이다. 생명은 균형 있게 살아가는 사람들에게 필요한 것을 생산한다.

생명은 나무가 자라고 비가 내리듯이 한결같이 그 필요한 것을 생산한다. 자연 문화의 세계에서 생명은 갈등과 통제가 아닌 더 큰 전체에의 성공적 적합화에 의해 생존한다.

제국문화에서 사람들은 물질주의적 구원을 위해 투쟁한다. 목동이 풀밭을 고갈시킬 때는 더 많은 풀이 정복되어야 한다. 농민이 토양을 고갈시킬 때는 더 많은 임야가 정복되어야 한다. 장군이 어떤 나라를 정복할 때는 항상 더 많은 나라가 있다. 부적합한 현재 상태에서는 우주 안의 모든 것을 정복하고서 소유하고 통제하는 시점인 '구원'을 향해 선형으로 투쟁하고 전투하고 경쟁을 해야 한다. 이것이 선형성(linearity)이다. 이는 우주의 지성이 아닌 화학물질들의 반복되는 우발적 충돌이 세상을 만들었다는 역학적 진화론이다. 선형 진화의 신화는 실재 위에 재단(裁斷)을 위한 본으로서 놓인다. 그것은 학자들, 정치인들 그리고 인간의 에고들이 제국에 의해 야기된 많은 파괴와 죽음을 정당화할 수 있게 해준다. 그것은 더 잘 알 만한 사람들로 하여금 자급자족적인 부족민은 "교육을 받게 되고 생산적이 될 수 있도록" 경제발전에 의해 다른 곳으로 옮겨져야 한다는 말을 할 수 있게 해준다.

'도구 제작자인 사람'은 상관성 있는 신화다. 인간의 우주적 역할은 도구를 만드는 것(물질적 재화를 생산하는 것)이라고 공언하면서 학자들은 돌창 촉을 발견하고 여러 유형의 창 촉을 진화의 선상에 끼워 맞춘 뒤 이것이 '도구 제작자인 사람'의 역할에 대한 증거라고 선언한다. 물론 사람들은 언제나 도구를 만들어왔지만 이것이 사회의 기본 목적은 아니었다. 그러나 그것은 산업사회의 기본 목적이다. 역사를 통해 제국문화의 기초적 패턴으로 이루어진 것을 취해 그 패턴으로 세계를 바라봄으로써 제국의 지도자들은 '자유기업 시장' 안의 '신의 숨겨진 손', '변증법적 유물론' 또는 '적자생존'과 그 파생물인 사회적 다윈주의─개가 개를 잡아먹는 식의 경쟁적·사회적 싸움에서 최선인 자들이 언제나 이기고, 이것이 인류를 개선시켜주는 것이라는 이론 같은 '우주적 패턴들을 발견'해왔다. 선형 성장의 신화는 ('진화'하지 않은) 원주민을 향한 모욕과 인종차별, 위계질서에서 뒤지는 자들에 대한 모욕을 정당화한다. 제국은 자살을 향해 치달으면서 수백만 년을 지속 가능한 방식으로 살아온 '덜 진화된' 인간 조상들을 꾸짖는다. 제국문화의 물질주의와 시장들이 발달하면서 인간들은 점점 더 인간 에너지를 물질적 재화의 생산에 쏟기 시작했다. 시장들은 땅의 비옥함 빼앗기를 가속화한 장치가 되었다. 제국은 지구적 신진대사의 비옥함 빼앗기에 기초를 둔 사회적 권력의 강압적 위계질서에 따라 조성된 폭력의 문화다. 제국은 일시적인 병적 인간문화이기도 하다. 그래서 쇠퇴하는 자원에 기초를 두고 성장하다가 붕괴한다.

제국문화의 일반적 역학구조는 인간 쪽에서는 행함의 삶(life of doing)이란 모습을 띤다. 인간은 일하고 재화와 용역을 생산한다. 인간은 새로운 '도구'를 발명한다. 뒤집힘이 있기 전까지 인생의 강조점은 존재함에 있었다. 땅의 '결실'을 수집하고 사냥하며, 땅의 생명에서 보이는 바와 같은 우주적 패턴과 의지의 영적인 공명 같은 것 외에는 할 것이 없었다. 이는 존재함과 행동함 간의 명확한 뒤집힘이다.

'행동함'의 문화인 제국에서의 눈금 조정에는 심리적 결과가 따른다. 우리 각자가 우리의 사적인 삶에서 매일의 삶을 살아낸다는 신화의 몸 안에서 우리는 잠재의식적으로 삶이 아직 적합하지 않으나 우리는 유토피아를 향해 가고 있다고 가정한다. 이는 우리 각자가 우리의 삶을 좀 잘못된 것으로, 아직은 부적합한 것으로 보지만 그럼에도 불구하고 우리는 완성을 향해 싸우고 있음을 뜻한다. 이는 반석 같은 심리적 가정이다. 삶은 아직 완전하지도, 완성되지도, 적합하지도 않다. 우리 각자의 사적인 삶에서 제국 전체의 병리를 체험하는 것은 이런 식이다.

제10장 제국의 심리

땅 위의 생물은 에너지를 모으고 합친다. 나무는 씨앗에서 싹트고 공기, 물, 흙 그리고 태양의 에너지들을 끌어당겨 생물로 조립하기 시작한다. 나무가 그 형태의 통일을 창조하면서 그 주위의 다른 체계들, 흙 공동체, 식물 그리고 동물들과 통합을 한다. 이 상호작용은 에너지 통로들과 새로운 생물학적 틈새들이 창조되어 새로운 생물들을 부양하면서 늘어난다. 살아있는 세계를 가능하게 하고 그 세계의 버틸 힘을 제공하는 것이 에너지 통로들의 균형 잡힌 통합과 확산이다.

밀, 보리, 쌀 같은 제국의 최초의 생물노예들은 흙 공동체의 조립된 통일체들의 에너지를 빠져나가게 할 수 있으므로 잉여생산물을 생산할 수 있었다. 제국에 연료를 공급하는 것은 힘겹게 조립된 야생의 통일체들을 약탈함으로써 얻어진 이 에너지다. 이는 문명의 폭발적 성장을 가능하게 해왔다. 숲, 초지, 습지, 대륙붕 등의 생태계가 껍질 벗기듯 벗겨지고 에너지는 문명의 성장으로 돌려진다.

각 존재가 그 개개의 본성에 따라서 살아가므로 땅의 생명은 균형 잡힌 방식으로 기능을 수행한다. 모든 생명의 분산된 힘은 각 존재 안에 거주하고 있다. 제국문화의 패턴은 이와는 대조적으로 생명에 대한 권력을 집중화하면서 결과적으로 자연적 패턴이 해체된다. 예를 들면 골프코스는 아주 말끔하게 정돈되었다. 그 경계선에는 모서리가 져 있고 물을 잘 주는 잔디와 나무들이 배치되어있다. 즉, 골프코스는 제국에 의해 눈금이 맞추어진 정신을 대표하는 정돈의 집약판이다. 우주적인 어리 힘에 의해 창조되고 조정되는 땅의 생명의 실재

제국 문화의 종말과 흙의 생태학

에서는 그것은 무지막지한 무질서다. 한때 다양한 순환하는 에너지와 다채로운 존재들을 가진 균형 잡히고 지속적인 최고의 생태계를 가능하게 하는 생명이 있던 곳에, 지금은 화학물질과 인공적인 급수(給水)에 의해 생명을 유지하는 몇 몇 종류의 조경 식물들이 있다. 유지·관리인들 중 한 직원이 그 지역에서 사는 데 자연스럽게 적합해진 식물, 동물 같은 생명체를 들여보냄으로써 이 상처를 치료하려고 시도하는 땅의 통합적 생명과 싸우는 업무를 하느라 바쁘다.

이런 동일한 해체는 인간사회가 제국의 영향을 받을 때 거기서 일어난다. 제국이 수렵·채취인 부족을 칠 때 문화의 취약한 사고 형태, 구전문학의 모든 기억들, 집기, 주거지, 도구들을 만드는 방식, 그리고 자연스러운 관계 양식들 이 해체되기 시작한다.

관계들의 자연스러운 그물은 해체되고 사람들은 침입자들의 강압적 관계 에 붙잡히게 된다. 이런 패턴에서 개인은 신체적·정신적 해체를 경험한다. 제 국문화에서 개인은 소외되고 모든 수준에서 갈등으로 떠밀린다. 제국의 사회 구조와 그 개념적 내용이 개인을 형성하지만, 그것은 통합적이고 치유를 해주 는 시스템이 아니다.

우리는 심리적 해체 쪽으로 우리를 보내는 문화에서 살고 있다. 이는 우리 의 생물적 정체성을 혼동케 하고 은폐하는 문화로서, 우리가 어떤 다른 것이 라고 스스로 믿게끔 독려한다. 이런 해체 요인들에 대한 고찰은 우리가 치유와 온전함을 향한 새 문화를 창조하는 것을 도와줄 것이다.

인간 생명이 그 원천에서 분리되다

제국문화는 땅의 생명 안에 있는 그 중심과 관계를 단절해왔다. 문명인들 은 땅의 생명이 아니라 인간사회에서 그들의 생존 수단을 찾는다. 그들은 인 간사회가 생산하는 것에 의존한다. 제국은 자연적 패턴과는 무관하게 종기처 럼 땅을 먹고 산다. 제국문화에서 개인은 수렵·채취인처럼 땅을 직접 먹고 사는 것이 아니라 종기로 부푼 살을 먹고 산다. 사회라는 몸은 대중의 중앙으로 쏠린 조직에 의해 땅에서 에너지를 빨아들이고, 이런 지속적 강도질을 저지르는 대규모의 인공적 환경을 창조한다. 생명의 자연적 패턴과 문화의 지속적 갈등은 사회에 널린 불안을 창조한다. 자연문화는 풍부함의 문화다. 제국에서는 무제한의 수요와 성장이 희소성과 불안을 창조한다. 문화의 패턴 그 자체도 각 개인에게는 경쟁과 갈등의 맥락을 창조한다. 이는 대부분의 사람에게 평생에 걸쳐 따라다니는 불안을 초래한다.

불안은 두려움과 경계심을 일으킨다. 불안과 경계심은 분노와 부정적인 마음을 일으킨다. 분노와 부정적 마음은 갈등을 일으킨다. 개인의 두려움, 경계심, 분노 그리고 갈등은 제국 자체의 역사와 완전히 어울린다. 제국은 내적·외적으로 갈등의 문화다.

세포 사회 내의 무질서

유기체의 통합된 본성과 각 생물의 역할은 전체의 신진대사 체계 안에서의 위치에 의해 입증된다. 그러나 제국처럼 그런 패턴을 따르지 않는 생물의 예가 있다. 그것은 암(癌)이다. 암세포는 그 동료 세포들의 협동적이고 나누는 관계를 깨고, 말하자면 스스로 '하느님'이 되거나 다른 관점에서는 '하느님'의 일부분이기를 중단한다. 암세포는 몸에 통합되고 적응된 채로 남는 대신 그 숙주를 먹고 사는, 자신이 설계한 사회적 몸통을 창조하는 것이다.

세포 생물학자 래리슨 컷드모어는 세포 수준에서 자연적 패턴에 반하는 암의 도덕성을 고찰한다. 그녀는 이렇게 말했다.

> 암세포는 다른 세포들의 영토적 권리를 존중하지 않으며, 다른 모든 세포가 복종하는 두 규칙에 복종하는 것도 거절한다. 그들은 다른 세포와 마주칠 때 성장을 멈추지도 않고 움직임을 멈추지도 않는다. 그리고

제국 문화의 종말과 흙의 생태학

그들은 또 다른 암세포에 달라붙지도 않는다. 암세포들은 협동보다는 자율성과 독립적 성장을 하기로 아주 간단히 결심한 세포들이다. 그들이 그에 관해 신중하다면 이에는 별로 비판할 것이 없을 것이다. 그러나 그렇지 않다. 그들은 무서운 광포함에 사로잡힌 여느 사람들만큼 많은 폭력과 냉혹함을 가지고 날뛴다. 암은 자신이나 희생물이 죽을 때까지 통제되지 않은 성장과 침입의 끔찍한 진격을 중단하지 않는다. 암은 무법자이고 부정직하다. 혈관을 유인해 끌어당기는 물질을 분비한다. 그 자신의 순환 네트워크를 일단 마련하면 만족스러움을 모르고 계속 증대하는 탐욕스러움을 가지고서 몸에서 영양소를 갈취한다. 침략적으로 돌변하여 다른 섬유질 안으로 성장해 들어가 삼손 같은 힘으로 세포들 간의 결합을 푼다. 근육과 뼈 안에 구멍을 낼 수 있다. 그 암세포가 분열하면서 생겨난 딸세포(daughter cell)들은 한때 세포의 훌륭한 감각이던 것을 점점 많이 잃어버린다. 그들은 모체에 머물지 않고 이를 떠나서 콩팥, 간 혹은 폐에 속할 수 없다는 사실에 전혀 당황하지 않은 채, 인간 제국주의자들 중 극악한 자들과 마찬가지로, 원주민들의 어떠한 권리도 별로 배려하지 않으면서 이 기관들을 식민지화하고 계속 성장한다. 세포 위에서 그리고 세포의 주위에서 그 세포의 먹이와 공간을 훔치면서 말이다.[205]

제국에서의 개인 심리의 출발은 엄마로부터의 분리, 즉 출생 과정에서 시작된다. 제국문화에서 두려움은 출생에서 시작된다. 현대의 산업의학의 분만법 자체는 지극히 깊은 심리적 두려움과 불안을 유발한다. 《최초의 울음(Primal Scream)》의 저자이고, 근원 치료법(Primal Therapy)의 창시자이자, 다년간 출생 과정의 심리적 콤플렉스를 연구한 연구자인 아서 자노프는, 현대의 분만 방법과 자연적 분만 방법의 차이에 관해 이렇게 평한다.

---

205 *The Center Of Life*. L.L. Larison Cudmore. New York Times pub. 1978. pp. 127-128.

사회의 거대한 역설들 중 하나이자 가장 선진적이라 생각되는 방식이 가장 원시적인 결과를 낳아온 것이다. 그리고 가장 원시적인 사회들에서 우리가 발견하는 것은 가장 앞선, 즉 자연적이고 자비로운 분만 관행이다. 간단히 구부리고-쪼그리고-낳는 방식이다. 현대적 기술은 자연적 과정에 간섭해서는 안 되며, 그러는 대신 그런 관행들을 보조하는 데 활용되어야 한다.[206]

조세프 칠튼 피어스는 그의 아동심리 연구서인 《마술아이(Magical Child)》에서 분만 과정 중 실시되는 몇 가지 단계별 행동들을 지적한다. 산도(産道)의 주기적 수축은 섭씨 38도의 열을 가진 액체 속에서 나오고 있는 아기 피부의 말초신경 말단을 마사지하고 활성화한다. 주기적 수축은 또한 가슴을 압박해 곧 있을 호흡 행동을 시작하게 한다. 아기가 산도에서 나오면서 엄마가 붙잡아 가슴 위에 놓으면, 9개월 동안 들어서 아는 엄마의 심장 박동을 다시 들을 수 있다. 이 시점에서 엄마는 아기의 눈을 들여다본다(피어스는 이것이 유대 형성 과정에서 극히 중요하다고 말한다). 엄마가 아기의 눈을 들여다보면서 아기를 쓰다듬어주기 시작하면 아기의 피부의 신경 말단이 더 활성화된다. 이런 다음 좀 더 안전한 시점에서 탯줄이 절단되고, 엄마는 아기를 젖꼭지에 밀착시킨다. 모유의 화학적 조성은 아기가 자라면서 생물학적 단계들을 거쳐 젖을 떼기까지 단계별로 달라진다.

출생은 생명의 위대한 변형 중 하나이다. 그리고 이 경험을 거쳐 생존을 위한 활력을 일으키는 것을 돕도록 엄마와 아이에게 공통의 피 공급이 이루어지는 과정에서 스트레스 호르몬인 코르티솔이 나온다. 피어스는 출생 직후 모유를 먹는 것이 유아의 몸에서 이 스트레스 호르몬을 제거해 아기가 평온해지는 것을 돕는다고 본다.

---

206 *Imprints. The Life Long Effects of the Birth Experience.* Arthur Janov. Coward-McCann, Inc. pub. New York. 1983. p. 249.

제국 문화의 종말과 흙의 생태학

엄마와 아이의 유대 형성 과정은 알껍질에서 나온 다음 지각하는 첫 번째 것에 친밀하게 붙는 새끼 오리에 관한 옛이야기가 그 예시다. 새끼 오리가 집안의 개, 사람들 그리고 다른 동물들에게 어떻게 가서 달라붙는지에 대한 재미난 이야기들이 있다. 유대 형성 과정은 양자와 전자의 결속처럼 근본적이다. 유대 형성 과정은 여러 수준에서 미묘한 방식으로 일어난다. 중요한 유대 형성의 종류는 생물들이 그들의 집, 살아있는 땅 그리고 우주와 결속되는 것이다. 유대 형성은 자아감과 '집'에 있다는 안정감을 제공하는 긍정적인 심리적 관계성인 것이다.

자노프, 피어스 그리고 많은 다른 이들이 생각하기를, 출생 중의 유대 형성의 짧은 연속 과정은 개인의 삶에서 가장 중요한 것들 중 하나라고 본다. 엄마와 아이 사이의 고유한 유대를 낳는 것이 바로 이 연속 과정이다. 엄마에게서 시작되고 땅을 포함하도록 펼쳐지는 여러 유대 형성의 연속 과정의 이 출발점에서 아이의 잠재의식적 진로가 그의 삶의 균형을 위해 각인되는 것이다. 현대 의료 조건에서 영아는 출생의 연속 과정이 없는 제왕절개 수술의 스트레스를 받을 수 있다. 아니면, 영아의 외부 세계와의 첫째 접촉이 태반벽을 통해 엄마에게서 아기에게 오는 약물일 수 있다. 그 영아가 엄마에게서 자신을 꺼내주는 머리 둘레의 집게의 금속을 느낄 가능성이 높다. 그 영아는 세워져서 호흡을 시작하도록 볼기를 맞고 간호사에게 인계되어 차가운 금속 저울 위에 놓인다. 아기는 산부인과 병동의 황량함 가운데 홀로 놓이는 것이다.

이 모든 일이 일어나는 잠깐의 순간이 한 아이의 인생 전체에서 그런 상당한 차이를 일으킬 수 있다는 것은 우간다에서 이루어진 발견으로 드러났다. 조세프 칠튼 피어스는 우간다에서 국제연합(UN) 아동기금을 위해서 연구를 하고 있던 마르셀 거버가 연구자들이 '천재' 아기들이라고 여기는 아기들을 발견했다고 말한다.

이제껏 어디서 관찰된 경우들 중에서 가장 조숙하고 영리하고 앞선
영아들과 어린이들을 발견했다. 이 영아들은 가장 늦게는 생후 4일부터

계속 그리고 기뻐 어쩔 줄 몰라 하며 웃었다. 혈액 분석은 출생 스트레스와 연결된 아드레날 스테로이드가 생후 4일까지는 전혀 없다는 것을 보여주었다. 지각 겸 운동 학습 과정과 일반적인 발달 과정은 진기했고 정말 경이로웠다. 이 우간다의 영아들은 미국이나 유럽 아이들보다 몇 달을 앞섰다.[207]

이 사례가 아동 발달 전문가들 사이에서 동요를 일으킨 후 발견된 것은 우간다에도 산업의료를 하는 국가들의 아기들의 발달과 닮은 발달을 하는 아기들도 있다는 것이었다. 이 아이들을 그들은 우간다의 몇 안 되는 병원에서 발견했다.

"거버는 그 아기들이 출생 후 약 2개월 반이 될 때까지 웃지 않았음을 발견했다. 그 아이들은 어떤 의미에서도 조숙하지 않았다. 약 두 달 반 동안 어떤 지각·운동의 징후도 보여주지 않았고, 어떠한 대단한 지능도 나타내지 않다가 두 달 반 되는 시점에 약간의 지능의 표시를 명백하게 보였다. 혈액 분석은 출생 스트레스와 연관된 높은 수준의 아드레날 스테로이드가 두 달 반이 되어도 여전히 성한 것을 보여주었다. 이 영아들은 잠이 많았고, 깨어있을 때는 울었고, 성급했고, 복통을 앓았고, 몸이 약했고, 스스로 할 수 있는 게 없었다. 문제는 조기 지능 성장을 향한 어떤 인종적 성향에 있지 않았다. 문제는 오직 병원에서 신생아에게 어떤 일이 일어나느냐와 관련이 있다."[208]

출생 트라우마와 유대 형성의 실패는 아기의 장래의 삶에서 중요한 문제다. 현대의 조립라인 같은 병원 환경에서 탯줄을 너무 일찍 자르는 것과 같은 간단한 일이 산소결핍증이라는 뇌병변, 경미한 발작을 일으킴으로써 돌이킬 수 없는 해를 끼친다.

---

207 *Magical Child, Rediscovering Nature's Plan For Our Children*, Joseph Chilton Pearce, Bantam pub. New York, 1980, pp. 42,43.

208 ibid, pp. 43,44.

제국 문화의 종말과 흙의 생태학

퍼듀 대학 어린이 성취센터 소장 뉴얼 케파트는 조사된 모든 어린이들 중 15~20퍼센트가 탐지되지 않은 경미한 뇌 손상의 결과로 학습·행동상의 문제를 가지고 있다고 말한다. 다른 이들은 학생들 중 20~40퍼센트가 출생 시의 신경계통 손상과 관련이 있을 수 있는 학습상의 문제에 의한 장애를 가지고 있다고 말한다.[209]

피어스는 그의 연구 《마술 아이(*Magical Child*)》에서 의사 윌리엄 F. 윈들에 의해 이루어진 검사들에 관해 말한다. 윈들은 산업적 의료의 출산 방식에 회의적이 되어 (정상적인 경우 분만을 도와줄 필요가 없는) 원숭이들을 데려다가 실험을 했다. 윈들은 임신한 원숭이 여러 마리를 데려다가 정상적인 병원 출산 방식을 적용받게 했으며, 이에는 약물, 마취, 집게 사용 그리고 그가 병원에서 본 대로 일반적인 시점에 탯줄을 절단하는 것도 포함했다.

약물과 마취 때문에 원숭이 새끼는 숨을 쉴 수 없었고, 그래서 병원이 관습적으로 사용하는 인공 소생술이 필요하다는 것을 발견했다. 태어난 후 곧바로 어미에게 달라붙는 대신 윈들의 새끼 원숭이들은 움직일 수 없어서 이런 동작을 실행하지 못했다. 그들은 몇 주 동안이나 어미에게 달라붙지 못했다.

나중에 윈들은 출생 중에 죽었거나 달을 채우고서 출생하지 않은 영아 원숭이들을 검시했다. 모든 경우에 출생 시 산소 결핍으로 심각한 뇌병변을 일으켰다는 사실을 발견했다. 그는 나중에 다 자랄 때까지 살았던 원숭이들도 검시했고, 이들도 뇌병변을 일으켰다는 사실을 발견했다. 윈들은 출생 중 죽었거나 그 직후 죽은 사람 아기들도 검시해서 그들도 실험 대상이었던 원숭이들과 비슷한 뇌병변이 있었다는 것을 발견했다.

뇌병변은 현대적 분만 방식의 유일한 효과는 아니다. 출생 트라우마의 각인도 심각한 경우가 많다. 현대의 산업적으로 설립된 대중 의료 기관은 비싼 기계장치와 산업적으로 생산된 약품의 엄청난 목록을 보유하면서 문명 자체의

---

209 ibid. pp. 56,57.

질과 어울리는 결과들, 기계적임, 무감각함 그리고 인간 소외를 낳는 것 같다. 영아는 엄마의 따뜻한 안온함을 경험하는 대신 물건 취급을 당하고, 낯선 사람한테 매 맞고, 또 다른 낯선 사람에 의해 보육실의 침대 안에 데려다가 놓여진다. 문명인들이 흔히 물질적 대상, 즉 '아기용 안심담요'와 유대 관계를 맺는 것은 이때부터다. 피어스는 묻는다.

> 무엇이 큰 배움인가? 삶의 최초 경험으로서 정신-두뇌-몸 시스템의
> 섬유 자체에 끼워 넣어진다는 것은 무엇을 의미하는가?' '사람들의 만남
> 이 심각한, 끊이지 않는, 사정없는 스트레스의 원인이 된다는 것과, 그러
> 한 스트레스는 물체와의 접촉을 통해서만 줄어든다는 것이다.[210]

만족스러운 출생도 어느 개인의 삶에서든지 거대한 트라우마적 경험의 하나다. 출생 경험은 사실상 생명을 위한 투쟁이다. 태아의 죽음은 미국에서 다섯 번째 사망 원인이다. 정신의학자인 아서 자노프는 그의 환자들의 문제 중 어떤 것들의 원인으로서 일찌감치 '출생의 트라우마(birth trauma)'로 이끌렸다. 몇 년 후 그는 출생 경험의 의식적 회상(回想)을 내포한 요법을 만들었다. 그는 성인이 의식적으로 출생 경험을 재생하고, 그 경험을 성인의 맥락에서 이해할 수 있다면, 두려움, 증오의 증상, 정신 장애 등은 증발하리라는 것을 발견했다. 그는 이것을 '근원 치료법(primal therapy)'이라고 부르기 시작했다.

근원 치료법을 가지고서 일한 지 수년 후 자노프는 이렇게 결론을 내렸다.

> 나는 정신병의 모든 가능한 조합과 순열을 봤다. 나쁜 가족이 할 수
> 있는 것, 고아 상태, 유기(遺棄)가 할 수 있는 것, 강간과 근친상간이 할
> 수 있는 것을 봤다. 출생과 출생 전의 트라우마가 대개 나중에 벌어지는
> 어떤 종류의 트라우마보다 우세하다는 것이 여전히 내 견해다. 왜냐하면

---

210 ibid. p. 70.

제국 문화의 종말과 흙의 생태학

그 출생 과정에서 우리가 그 후에 우리의 삶을 다룰 방식이 도장처럼 찍히기 때문이다. 인성적 특성이 새겨지고, 세계를 바라보는 방식이 각인되며, 태도가 형성된다. 우리가 장차 될 것은 출생의 모체에서 발견된다.

변질된 출산 관행의 중요성에 대한 내가 아는 최상의 증거는 자연적으로 트라우마 없이 태어난 아이와 통념적 상황에서 태어난 아이의 질적 차이다. 내가 아는 차선의 증거는 출생 시 겪은 트라우마를 재생한 근원 환자들에게 일어난 엄청난 변화다.

출생 트라우마는 자노프가 서술하듯이 그 사람에게 새겨지는 최초의 각인이지만, 그것이 최종은 아니다. 조세프 칠튼 피어스 등이 서술하는 유대 형성의 연속 과정이라는 중요한 문제도 있다.

유대 형성의 실패

신생아의 유대 형성, 살아있는 땅, 먹이 사슬, 생태계의 그물에 대한 자연 문화의 통합과 적응은 모두 비슷한 현상이다. 이 기능들은 생명이 스스로 통합하는 방식이다. 우리가 진행하면서 보게 될 것은 영아들의 유대 형성을 박살내는 것이 제국문화의 심리 창조에서 중요 인자라는 것이다. 현대사회에서 우리는 특히 현대적 출산 방식에서 이러한 패턴들이 점차적으로 망가지는 것을 본다. 케이스·웨스턴·리저브 병원의 마셜 클로스는 유대 형성 과정의 기능 작동에 관한 최고 권위자의 한 사람인데, 그는 그것이 엄마와 아기에게 유전적으로 조성된 본능적 반응임을 느낀다. 호르몬이 그 과정에 개입할 수도 있으며, 모유 수유는 그것과 깊이 관련된다는 것도 명백하다.

유대 형성의 타고난 현상은 가축으로 길들어진 동물들에게서 오랫동안 관찰되어왔다. 길들어진 양에게서 밝혀진 것은 어미 양이 갓 태어난 새끼가 태어났을 때 뒤집어쓰고 나온 것을 핥아주는 것을 막으면 그 새끼가 죽을 가능성이 아주 높다는 것이다.

어떤 인류학자들은 자연문화에서의 유대 형성의 깊이에 관해 논평해왔다. 관찰자들이 그 효과를 찾고 있을 때 그들이 주장한 것은 유대 형성이 아주 긴밀해서 아기들이 (허리 같은 데) 업혀있을 때 엄마들은 의식적 기별을 통해 아기가 언제 오줌·똥을 눌지를 알기 때문에 엄마 등에서 그냥 싸버리는 일이 없다는 것이다.[211]

문명에서는 유대 형성 과정이 크게 뒤틀린 경우가 많아서 나중의 삶에서 스트레스가 된다. 아기가 신경질적이고 스트레스가 가득 찬 엄마에게 임신되었으면, 그 아기는 이미 아드레날린 호르몬 부하를 가진 엄마의 피 공급에 참여하는 것을 통해서 출생 전에도 스트레스에 익숙해진다. 아기들이 자궁에서 엄마의 스트레스 호르몬의 영향을 받으면, 그들은 이미 떠돌아다니는 것 같은 식의 불안, 비객관적 불안의 각인을 받고 있으며, 이는 그들 생애의 나머지 기간에도 없어지지 않을 수 있는 것이다.

피어스는 지능의 발달과 정체성 학습이 아이가 결속된 환경, 즉 그의 모체와 상호작용하면서 일어난다고 말한다. 아이에게는 그의 세계를 탐험하고, 그것과 상호작용도 할 마음이 가득하다. 세계(모체)는 알아야 할 내용이다. 유대 형성 과정은 그의 첫째 모체인 자궁에 대한 지식을 구조화하는 정신-두뇌로 시작한다고 피어스는 말한다. 자궁에서 나오면 엄마가 모체가 된다. 아이가 엄마한테서 태어날 때 엄마의 가슴에 얹어지고, 거기서 익숙한 맥박 소리를 들을 수 있다. 피어스가 서술한 아이의 유대 형성 발달 과정에서 아이가 새로운 것과 관계를 맺을 수 있는 것은 이전 모체에 대한 그의 지식 덕분이다. 새로운 모체에 적응하기 위해 아이는 그가 이미 아는 것, 가령 자궁에서 그리고 엄마의 가슴에서 이미 들었던 엄마의 심장 고동을 그것과 연관시킬 수 있어야 한다.

"생물학적으로 우리는 모체 이동이 있을 때마다 향상된 신체적 능력, 새로

---

211 ibid. pp. 58,59.

제국 문화의 종말과 흙의 생태학

운 학습을 위해 우리를 준비시켜주는 새로운 두뇌 성장의 분출, 그리고 두뇌의 정보 가공 방식의 구체적 이동으로 부축을 받는다"[212]고 피어스는 말한다. 발달적 유대 형성의 순환주기의 시간은 같은 종 전체에서 본질적으로 시간이 맞추어져 있고, 여러 문화들에서 타이밍은 약간 다를 수 있어도 연속되는 순서는 다르지 않다. 이 유대 형성의 연속 과정에 따르는 신체적 변화는 유대 형성이 일어나든, 유대 형성의 실패가 일어나든 이와 무관하게 계속된다.

출생 시에 아이는 자궁에서 나오면서 이상적이라면 엄마와 유대를 맺는 것을 배운다. 심장이 들리는 근처 안락한 곳에서부터 아이는 엄마의 얼굴과 몸에 꽂힌다. 이 안락한 곳에서부터 아이는 땅, 외계 환경, 그의 다음번 모체를 자각하기 시작한다. 대략 24개월 쯤, 아이의 두뇌는 발달의 분출을 달성하며 땅이란 모체에 대한 다음번 유대 형성이 시작된다. 엄마에 대한 유대 형성을 안정적으로 한 아이는 세계를 탐색하기 시작한다. 아이는 세상을 만지고 맛보며, 그것을 다루는 데서 신체적·인격적 힘을 발달시킨다.

일곱 살에는 유대 형성의 뒤바뀜이 일어나면서 아이는 자아를 의식하기 시작한다. "자율성, 즉 부모의 도움에서 신체적으로 독립하고 물리적 세계의 원리들을 극복하여 신체적으로 생존하기를 배우는 것이 그 시기의 목표다"라고 피어스는 말한다.[213] 두뇌에서 뒤늦게 발달하는 기관인 뇌량(腦梁)의 성장이 일곱 살 때 달성되고, 다른 두뇌 부분들의 성장도 급진전한다. 유아기 예술이 전 세계적으로 달라지는 것이 이 나이 때다. 유아기 예술은 이 시기까지는 본질적 동일성을 유지하다가 이때 동화되고 있는 문화의 새로운 정보에 따라 예술이 달라지기 시작한다. 아이가 땅이라는 모체 안에 서서 자아를 탐색하는 것도 이 단계에서다. 이 단계에서 아이는 인격적 힘과 창조적 논리를 개발하지만, 이는 물리적 세계의 구체성 안에 기초를 둔 힘과 논리다(유감스럽게도 어린이들이 직접적인 물리적 실재와 아무 관계도 없는 추상적 말과 개념 체계를 다루도

---

212 ibid. pp. 19,20.

213 ibid. p. 25.

록 강제당하는 것도 이 시점이다). '좌뇌' 시스템이 발달을 시도하고 있을 시점에 아이는 근심에 지배당하는, 승/패의 교육 제도에 놓이고, 화살 만들기, 사슴에게 살금살금 다가가기 같은 직접적인 인과적·물리적 논리보다는 추상적·문화적 논리와 개념 체계를 배우도록 강제당한다.

대략 열한 살의 나이에 아이는 자연스럽게 물체에서 말을 분리하기 시작한다. 여기서 아이는 추상적 사고를 개발하기 시작한다. 성적인 성숙 후에 사람은 정신과의 유대를 맺기 시작하고, 자기가 그 자신의 사고와 정서 자체가 아니라 그것들의 관찰자라는 사실을 이해하기 시작한다.

피어스의 작업에서 이루어진 중요한 사항 하나는, 어린이부터 성인까지의 유대 형성의 일련의 궤적이 물질에서 추상을 향한다는 것이다. 유대 형성의 일련의 연속은 자궁에서 엄마로, 땅으로, 자아로, 정신으로 나아가며, 비록 피어스에 의해 강조되지는 않았으나 영(靈)의 깨달음을 최종 성과로 간주할 수 있을 것이다.

개인적 인간의 발달을 위한 생물학적 계획의 의도는 물리적 세계에서의 신체적 유기체로서, 그리고 사고의 세계에서의 자율적 인격으로서의 자율성의 성장이다. 자연의 난해하고 복잡한 패턴에서 변형의 마지막 일련의 연속은 인간을 독립적 존재로서 우주에 낳아서 넣는 것이다.

이상적으로는 살아있는 땅에 둘러싸인 자연문화에서 이 생물학적 과정이 다른 모든 유기체들처럼 자연적 세계에서 생겨나는 진정한 생명체로서의 그들의 정체성에 대한 완전한 이해를 가지고서 지구 표면 위에 인간을 낳아 보내야 한다. 자연적 생명의 그물 안에서 각 유기체는 살아야 한다는, 그리고 생물학적 삶의 지속을 도와야 한다는 목적이 있다. 그것이 풀씨를 퍼뜨리고 경관에 거름을 주는 물소든, 많은 다른 유기체를 위한 풍부한 서식처를 만드는 조그마한 산호 유기체든 이들 모두에게는 기여해야 하는 역할이 있으며, 각자는 그 본성과 신진대사 체계 안에서 그의 위치에 의해 주어지는 정체성을 가진다. 즉, 자신이 있어야 할 곳에서 자리를 잡고 있으며 자연이 명하는 바를 행하고 있음을 아는 지식이 있고 정신적으로도 안정된 자에게는 정체성의 위기가 있을 수

제국 문화의 종말과 흙의 생태학

없고, 근심을 겪는 일도 없다.

이는 반드시 인간이 수렵·채취자여야 함을 뜻하지는 않는다. 다만 인간은 유기적 존재요, 땅의 생명에 대한 참여자로서 땅에 발을 딛고 선 자신의 정체성, 그리고 그 땅의 생명과 균형을 이루면서 살아야 할 필요성을 이해할 필요가 있음을 뜻한다. 피어스는 현대사회에서 자라나는 어린이의 경험에 대해 기술하면서 매번의 길목에서 이런 자연적 유대 형성의 침해가 원래의 출생 트라우마의 소외시키는 효과를 강화시키고 있음을 발견했다. 그러한 소외는 엄마의 몸, 사회의 몸, 그리고 땅의 몸으로부터의 소외다.

부동불안–문명의 부정적 심리 상태

출생 트라우마와 적절한 유대 형성의 실패라는 점에서 젊은 문명인은 근심에 포위된다. 자아와 땅의 실재에 근거를 두지 못하면, 인간은 물체와 유대 관계를 맺고 그것과 자신을 동일시한다. 또한 말로 된 이데올로기 시스템과도 유대 관계를 맺는 경향이 있다. 관심의 초점은 인간들과 살아있는 땅 사이의 관계가 아니다. 산업제국문화에서 관심의 초점은 사회와 그 결과물들에 있다.

이 뒤바뀌고 있는 분야에서 정체성의 문제가 떠들썩하지만 그 배경의 정서적 상태는 변함이 없다. 근심이 그것이다. 두려움과 근심은 의식의 쇠퇴를 유발한다. 두려움은 정신을 더 광대하고 직관적인 우주 안의 생명에 관한 문제들로부터 빼앗아 직접적 안전에 주의를 집중시키게 한다. 두려움은 또한 통제할 필요를 낳는다. 제국문화의 근본적 인자인 이런 통제의 강박관념은 근심에 휩쓸린 아이에게서 생겨난다. 자기 자신 안에 중심을 두지 못한 아이는 (혹은 같은 정신적 상황에 있는 어른은) 두려움을 경험한다. 아이는 자기 주변의 환경, 사물, 그리고 사람들, 보통 이런 경우에는 어른이 되는데, 이런 것들을 통제하려고 함으로써 자신의 안전을 보장받음으로써 안심하려고 시도한다. 어린이는 어른들이 그 즉시 반응하게 할 수 있다면 자신의 안전을 보장받을 수 있다는 생각에 순간적으로 안심한다. 이는 끊임없는 근심을 겪고, 뒤바뀌는 사회적·생태적 배경을 통제하고 조정하려고 시도하는 문명화된 상황이다. 더 넓은 영역에서 전체적으로 문화는 같은 방식으로 지구의 생명과 관계를 맺는다.

모든 사회적·개인적 제국문화는 물질적인 부의 최대화에 바쳐진다. 자연문화는 생명의 최대화에 바쳐진다. 제국문화는 땅의 생명 안의 그것의 모체에서 단절되어 땅과 별로 관련이 없는 상징과 의미를 갖추고서 오직 지성의 실재가 된다. 아이는 정서적 몸에 대한 거절을 겪고, 출생 트라우마와 경쟁적 심리 환경 때문에 정서적으로 위축되어, 지성의 발휘를 통해 보상을 추구하고 정서적 감정 이입을 억제하는 것을 학교의 제도에 의해 학습한다. 아이는 말로 지은 세계에 의미를 부여하기 시작한다. 아이는 실재에 대한 지각을 이런 지적 이미지들로 거름으로써 소외된 채 추상적으로 살기 시작한다.

두려움은 제국의 기초적 원동력이다. 그것은 인간들에게 선천적으로 자신의 정체성의 원천으로서의 무언가로 있기보다는, 정체성을 성취하기 위해 뭔가를 할 필요가 있음을 설득하는 기초적·근원적·정신적인 두려움이다. 이 두려움이 일어나면, 사람들은 자연계의 균형에서 벗어난다. 제국의 인간은 더 이상 보금자리가 없고, 균형 잡힌 우주 안에서의 정체성도 없다. 그래서 언제나 물건들을 축적해 자신의 정체를 부풀려서, 그리고 자신의 환경을 가능한 대로 많이 통제해 자신의 정서적 양식과 안정을 창출하고자 애쓰고 있다. 잠재의식적 정신, 식물적 정신이 몸을 다스리는 것은 세계의 정신이 그 존재의 수준에서 그 유기적인 몸을 다스리는 것과 똑같다. 자신들의 '불수의적(involuntary)' 신체 시스템을 의식적으로 통제하는 요기(Yogi)들, 또는 최면 상태에 든 사람들은 자신들의 심장 박동과 순환을 통제하고, 식물적 장치를 조정해 다양한 일들을 할 수 있는 능력이 있다. 정신의 이런 측면은 식물의 의식과 같은 정신이다. 아니, 자연 상태에 있는 모든 동물들의 몸에 기력을 불어넣는 정신의 측면이다. 이 유기적 정신은 세계의 전체 정신, 즉 우리의 기초적 정체성이다. 제국의 정신 상태에서 이 정신은 가라앉아있다. 사람들은 그들의 존재의 바로 그 기초에서 단절된다. 의식의 초점은 주로 지력으로 몰릴 수밖에 없다. 권력과 부

제국 문화의 종말과 흙의 생태학

가 빨리 움직이는 게임을 할 때 필요한 것은 민첩하면서도 얄팍하게 사고하는 능력이다. 자신의 정체성을 근본적으로 모른다는 데 따른 근심은 의식적 주의의 문턱 아래로 빠져나가면서도 여전히 지속된다. 그 사람은 그들의 꿈꾸던 삶에서 단절되고, 예전에 그 사람이 자연계에서 협상하는 것을 도와주던 예감과 직관에서 단절된다.

사회적으로 조정된 정신이 몸을 해치기 시작할 때 계속 해체가 진행된다. 의식적 정신, 그것의 개념과 세포적 협동과 신진대사의 실재를 품은 식물적인 정신 간의 근본적 갈등이 발달한다. 부정적 정서와 부정적 생각이 내분비샘 계통에 의해 혈류에 실려 들어가는 스트레스 호르몬의 생성으로 몸이 즉시 망가진다. 양분을 섭취하겠다는 동기보다는 정서적 동기에 따른 식욕부진이나 거식증 같은 식사 습관처럼 이는 몸을 해친다.

심인성 질환은 정신이 몸을 해치는 질환이다. 심인성 질환의 극단적 사례들에서는 의식적 정신 안의 개념들이 식물적 정신에 영향을 준다. 이는 유기체적 손상, 그리고 때로는 죽음을 가져온다. 출혈이 따르는 궤양, 장염, 경련성 대장 증후군, 천식, 편두통은 의식이 존재하는 환경에 대한 의식적 반영의 결과들로서 식물적 정신에 통보된다.

인체의 유기체적 모습은 우주의 패턴을 따른다. 그것의 모든 지체들 사이에서 내적으로 균형을 유지하려고 애쓴다. 과학자들은 이 균형 잡기를 '항상성(homeostasis)'이라고 부른다. 이 항상성은 그 자신의 수준에서 환경에 적응하는 유기적 시스템의 작동에서 나온다. 몸이 삶을 통과하면서 그것은 몸을 혈압과 체온 등의 '평정 상태'로 유지하고자 하기에 환경의 외부적 자극에 반응해 내적 변화를 일으킨다.

생물학적 유기체가 항상성을 유지하더라도, 정신은 향유에 앉은 파리일 수 있다. 인간은 자연계에 살면서 익숙한 '싸우거나 도망치거나' 증후군으로 위협이라는 물리적 실재에 대응하며, 그 가운데서 필요한 신체적 힘의 발휘를 위해 준비를 시키도록 아드레날린과 혈당이 계통 내로 분비된다. 문명화된 문화에서는 이 적응 메커니즘에 심각한 문제가 개입된다. 문제는 도망치거나 싸우거나 하는 증후군의 신체적 작용이 정서와 연결된다는 것이다. 검치호랑이가 덤벼오고 있으면, 몸은 신체적으로 그것에 맞서도록 준비함으로써 위협에 대응한다. 어떤 사람이 의자에 고요히 앉아서 텔레비전을 보면서 공산주의나 자본주의의 위협에 관한 뭔가를 화면에서 볼 때, 이 사람이 이에 대해 화가 나고 정서적으로 뒤집히도록 프로그램화가 되었다면 몸은 같은 식으로 반응한다. 몸에서 생성된 스트레스 호르몬은 호랑이도 없고 신체적 힘의 경주도 없으므로 사용되지 않는다. 그 대신에 근육 활동을 도울 물질이 신체 계통에 있으면서 그것을 서서히 망가뜨린다. 그 호르몬이 신체적 힘의 경주로 배출되지 않았기 때문이다.

제국문화는 불안, 긴장 그리고 경쟁적 갈등의 문화다. 이 일반화된 정서적 성격은 심대한 효과가 있다. 예컨대 상위 10대 사망 원인 대부분은 일반적으로 스트레스와 관련이 있다. 부정적 마음, 개인 간 갈등이나 빚쟁이를 대하는 것은 몸의 내분비샘 계통을 촉발해 그런 것이 필요하지 않을 때 극단적인 신체적 노력을 위해 준비하도록 할 수가 있다. 한스 셀리 박사는 그가 '일반적 적응 증후군(General Adaptation Syndrome)'이라 부르는 이것에 관해 수년간 연구를 했으며, 이 스트레스 반응이 촉발될 때 몸에서 일어나는 일을 다음과 같이 묘사한다.

> 스트레스 인자는 (아직 완전히 확인되지 않은 경로를 통하여) 시상하부를 흥분시켜 혈액으로 부신피질자극호르몬을 방출하는 뇌하수체를 자극하는 물질을 생성시킨다. 부신피질자극호르몬은 이제 부신의 외부, 피질 부분이 코르티코이드라는 부신피질 스테로이드 호르몬을 분비하도록 유도한다. 이것들이 가슴샘의 위축과 동시에 많은 다른 변화들을 일으킨다. 림프절의 위축, 염증반응의 금지, 그리고 당(糖) 즉각 사용 가능한 에너지원이다)의 생성 같은 것들이다. 그것들의 생성은 혈액 안의 부신피질스테로이드의 수준 증가를 통해 촉진되지만, 자율신경계도 꿰

양을 일으키는 역할을 한다.[214]

몸에 대한 손상은 이런 신체적 계통들의 끊임없는 촉발로 일어나는 것이다. 이는 정신 내의 개념들-문화에 의해 정신 안으로 들어가도록 조정된 개념들-에 의해 유발된 것이다.

제국 내에서의 스트레스성 심장병 같은 심장병은 일반적으로 자연문화에서는 없다. 암도 자연문화에는 알려지지 않은 것이다. 암은 자가 면역 계통의 기능부전에 의해 유발된다. 모든 사람의 몸은 언제나 기형의 암세포를 만든다. 적절히 기능하는 몸에서는 이 세포들은 몸의 자가 면역 방어 계통에 의해 제거된다. 암세포가 증식하고 종양체를 만들면서 식민지를 세울 수 있는 것은 자가 면역 계통이 그 정체감을 상실하고, 다른 존재에서 스스로를 구별할 능력을 상실할 때다. 자가 면역 계통이 고장 나고 환경으로부터 독성을 띤 다른 침투물들이 증식할 때 이는 이중으로 위험하다.

산업형 의료는 '자가 면역 계통'이라는 말을 사용하지만, 이는 실재를 호도하는 것이다. 자가 면역 계통은 몸의 식물적 의식이다. 자신의 정체성을 알고서 타자로부터 자신을 구분해 말하는 이 기능은 의식 자체의 기능이며, 제국문화에서 심각한 의료적 문제를 일으키고 있는 것은 이것의 기능부전이다. 암, 에이즈, 알레르기, 칸디다알비칸스 같은 질병은 '자가면역계통' 고장에 의해 유발된다. 문제의 기초는 정체성의 고장, 즉 정신이 정체성이란 무엇인가를 아는 데 실패하는 것이다. 이것이 문제의 기초이지만 사건들 그리고 유독성 물질, 항생제 같은 물질들이 몸의 의식에 '충격'을 주어 자신의 정체성에 관해 어리둥절하게 만들 수 있다는 사실도 알려졌다.

정신적-생물학적 정체성 문제, 즉 자신을 땅의 유기적 존재자로서 인식하지 않는 문제는 개인에게도 그리고 제국의 몸에도 존재한다.

---

214 *Stress Without Distress.* Hans Selye. M.D. N.A.L. New York. 1974. p. 30.

정체성 위기

인간의 정체성 위기는 지금 지구를 위협한다. 일체의 주장과는 별개로 문명의 활동들을 관찰할 때 보게 되는 것은 지상에서의 인간의 목적이라는 지배적 개념은 물건들의 창조와 축적인 것으로 믿어진다는 것이다. 사람들은 자신들의 소유물을 자신들의 정체성 일부로 여긴다. 사회적 지위, 위치와 학위도 축적되지만, 부(富)는 정체성 문제의 기초다.

출생 직후 상징적으로 그리고 말 그대로 물질적인 '안심담요'와의 유대 관계를 형성한 문명 세계의 아기는 결국 그것의 축적과 자신을 동일시하기 시작한다. 아이는 물건에서 정서적 만족을 끌어낸다. 인간은 더 이상 유기적 정체성을 가지지 않으며, 추상적·정신적 상징체계−이데올로기가 땅의 생물들보다 더 많은 지각된 실재를 갖는 고도로 계층화되고 지능화된 사회의 맥락 안에서 축적의 개인적 노력에 의해 정체성을 달성한다. 땅을 파괴를 향해 몰아가고 있는 것은 수십억 명의 정신 안에 있는 이런 문화적 조정이다.

수백만 년간 사람들은 자신을 살아있고 영적으로도 생기를 띤 땅의 일부로 인식했다. 유목적 수렵·채취문화와 제국문화 간의 본질적 차이 가운데 하나는, 나눔의 문화에서는 사람들은 물건들에 집착하는 깊이 각인된 충동을 가지지 않는다는 것이다. 특히 그들이 물건을 등에 져야 할 때 그렇다. 그들의 존재와 그들의 정체성은 그들이 가지는 것 또는 그들이 도달하려고 분투했을 수도 있는 경쟁 대상인 높은 자리에 근거하지 않는다.

부족민은 그들의 구성원의 선천적 재능과 개인적 성취에 대해 경탄할지라도, 이 요인들은 사회적으로 구조화된 경쟁에 의해 일어나지는 않는다. 삶의 흐름에서 어머니처럼 보살펴주는 땅이 계속 생명과 생계를 생산한다는 지식 덕에 안심하는 부족민은 물질적 재화가 그들을 분열시키거나 쟁점이 되는 것을 허용하지 않는다. 자연문화에서 가장 존경을 받는 이들은 가장 많이 나누는 사람들이다. 줄스 헨리는 그의 인류학자로서의 생애 중 여러 자연문화들에서 살아왔는데, 이 문제에 대한 그의 견해를 그의 책 《사람에 반대되는 문화

제국 문화의 종말과 흙의 생태학

《Culture against Man》에서 요약한다. 그는 현대의 문명인들은 그들의 물질적 재화에 대한 욕망에 한계를 두지 않는다는 사실을 파악했다. 그는 이렇게 말한다.

> 결코 전부는 아니지만 대부분의 원시사회는 한 사람이 얼마나 많은 재산을 축적해도 좋은지에 대한 직관적 한계를 갖고 있으며, 원시사회가 개인에게 축적된 재산을 처분하도록 강제하는 방법들의 다양성은 거의 믿을 수 없을 정도다. 그것을 친지들에게 나누어준다든지, 장례식 때 태워버린다든지, 어떤 의식을 거행할 때 비용으로 내놓게 한다든지, 어떠한 체계적 방식으로든 빚을 받는 것을 불가능하게 만든다든지 하는 이런저런 많은 장치들이 재산 축적에 대한 진정한 두려움을 가지도록, 따라서 축적된 재산을 제거하도록 원시문화에서는 사용되어왔다. 원시사회가 방대한 양의 부의 축적을 허용하는 경우는 별로 없다.[215]

문명에서는 물건 소유의 경쟁적 분야에서의 지속적 축적에 의해서만 자신의 정체성을 계속 '장만'할 수 있다. 〈시카고 트리뷴〉지에 의해 이루어진 한 연구가 보여주는 것은, 축적을 향한 촉구는 단지 탐욕 때문이 아니라 제도화된 행동이기도 하다는 것이다. 그것은 정서적 지탱의 수단이다. 그 연구는 중상류 계급 주부들의 쇼핑에 대한 탐닉을 주시한다.

> 특정 점포들을 향한 우리의 발걸음, 특히 여성들이 유행하는 옷이 있는 가게로 옮기는 발걸음은 우리의 지위 그리고 우리의 지위에 대한 열망에 관해 우리가 깨닫는 것보다 더 많은 것을 가르쳐 준다. 우리가 구입하는 옷은 우리의 지위에 관해 많은 것을 말해준다. 〈시카고 트리뷴〉지가 행한 시카고 바깥의 세 동질적인 마을들에서의 쇼핑객들과 그들의 습

---

215 *Culture Against Man*. Jules Henry. Random House. New York. 1963. P. 42.

관에 대한 연구는, 많은 여성이 (구입하는지와는 상관없이) 고급 상점으로의 쇼핑 나들이를 성공적으로 하는 경우가 그 여성에게 자신의 높은 지위를 재확인시켜주는 일종의 의식(儀式)과 다름없다는 사실을 드러내준다. 〈시카고트리뷴〉지의 조사원들이 발견한 것은 그 나들이가 타인이 그녀에 대해 가지는 개념에 대비해 지위 측면에서 그녀 자신의 자아 개념을 시험할 수 있게 해준다는 것이다.

그런 여성들은 쇼핑 나들이를 위해 차려입는다. 그들은 최고로 멋지고 기품 있게 보이려 애쓰며, 그 나들이가 성공하면 그들은 그 상점의 고객이 되는 데서 그리고 낮은 지위의 상점(여성들이 그런 곳에서 쇼핑할 때는 일반적으로 차려입지 않는다)을 '낮추어보는' 만족감에서 '자부심, 기쁨, 위신'을 느낀다. 어떤 여성들은 고급 상점에 들어가기만 해도 "기분이 좋아진다"고 말했다. 조사원들은 "명품 상점에서 쇼핑하는 것이 쇼핑객의 지위를 높여주고, 그 반대도 성립한다"고 결론을 내렸다.[216]

제국에서의 성애의 고통

성애(性愛)에 대한 고통, 수치, 죄의식 그리고 자동적인 부정적 반응이 문화에서 그리고 우리 모두에게서 아주 깊어서 그런 것에 대해 논하는 것마저 두려움과 혐오를 일으킬 정도다. 이는 그것이 논해져야만 하는 이유다. 왜냐하면 그것은 이 신체적 관계에서 방출되는 사회적 효과를 이해하는 데 근본이 되기 때문이다. 여기서 다시 성(性)과 사랑의 바로 그 기능이 일치시키는 것일 때 분리하고 파편화하는 경향을 가진 인간 심리 안의 또 하나의 힘이 있다. 저명한 심리학자 빌헬름 라이히는 이 행위에 관한 걱정 때문에 순교자가 되었다. 그의

---

216 *The Status Seekers*. Vance Packard. Cardinal. New York. 1965. pp. 112,113.

제국 문화의 종말과 흙의 생태학

병원에서 그는 수천 명의 사람들 사이에서 성애의 조건을 바라보았다. 문화가 사람들에게 성적으로 기능장애를 가지게 하며, 이는 그들의 삶에 장애를 준다고 그는 말한다. 독일문화 그리고 독일의 당국자들의 라이히에 대한 반응은 그가 말하던 것을 확인시켜주는 성격의 병적 흥분(hysteria)을 표출하는 것이었다. 빌헬름 라이히가 1930년대 초 독일에서 일을 시작했을 때 그는 정통 심리학의 프로이트 동아리에서 추방당했다. 그가 계속 산업사회의 젊은이들 사이에서의 성적 왜곡의 심각한 문제를 논했을 때 그는 독일 공산당에서 쫓겨났다. 그래도 그는 계속했고, 히틀러가 집권했을 때 독일을 떠나 스칸디나비아로 갔다. 거기서도 다시 피신해 미국에 도착했으며, 미국에서도 식품의약청의 박해를 받아 투옥되었고, 골치 아픈 일로 미국 감옥에서 죽었다. 라이히는 그가 '정서적 역병(emotional plague)'과 '쾌락 불안(pleasure anxiety, 쾌락에 대한 두려움)'이라고 부른 것에 도전했기 때문에 박해를 받았다. 이런 병은 문명사회 전체에 일반화된 것으로, 특히 유대-기독교 유산을 물려받은 사회에서 그러하다. 모든 유기체들에게 있어 자신을 재생산하는 기능은 그들의 생명 활동의 중심 부분이다. 재생산한다는 것은 먹는다는 것만큼이나 중요한 기능이다. 인간 사회에서 성과 재생산의 기능은 중심적 사실이다. 제국의 가부장적 문화에서 성애와 여성에 대한 통제는 기본 패턴이다. 여성들은 남성의 성적 용도를 위해 그리고 아이들과 노동자들의 재생산을 위해 문화적으로 규정되고 사회적으로 통제된다. 성의 통제 그리고 여성을 남성의 통제하에 있는 존재로서 규정하는 것은 제국의 역사에서 중심축을 이루는 사실이다. 라이히가 도전한 것은 제국의 이런 패턴의 성적 통제 메커니즘이다. 라이히는 이렇게 주장한다.

"… 모든 생물학적 충동과 기분은 팽창(신장, 확장)과 수축(압축)의 근본적 기능들로 치환될 수 있다."[217] 이런 기초적인 수축/팽창의 유기체 기능은 인간의 교감적인 그리고 부교감적인 신경계통에서 표현된다. 라이히는 부교감적 계

---

217 *Function of the Orgasm*. Wilhelm Reich. World Pub. New York. 1971. p. 257.

통이 "팽창, 신장, 충혈, 팽압 그리고 쾌락이 있는 경우에는 어디서나 작동한다고 말한다. 교감적 계통은 수축, 말단으로부터의 피의 철수, 불안과 고통이 있는 경우에는 어디서나 작동한다. 부교감 신경계통이 기능하고 있을 때의 존재 상태에서는 몸은 즐거운 흥분을 경험하고, 말단의 혈관은 넓어지고, 심장 자체가 팽창하고(부교감적 팽창), 심장박동은 늦어지고 고르게 되며, 피부는 붉어진다"고 말한다. 이는 수용과 긍정적 마음에서 우주에 뻗는 것과 비슷한 생물학적 상태. 두려움과 방어를 특징으로 하는 수축적인 교감적 상태에서는 "심장이 수축하고, 맥박이 빠르고 강하다." 좁아진 혈관으로 피를 밀어내야 해서 그 일이 고되다.[218]

라이히의 견해로는 전형적인 권위주의적이고 가부장적인 문명 세계 가정에서 자라는 것은, 나중에 정서적 문제로 이어지는 수축적인 '에너지의 가둠'을 촉진한다. 잠재의식 수준에서 성에 대한 억압을 주입시키는 것이 가부장적 가정이다. 같은 나이에 배변 훈련을 시키는 것이 또 하나의 범인이라고 라이히는 말한다. 배설도 즐거운 행위다. 하지만 권위주의적 배변 훈련 때문에 배설은 부정적 정서 그리고 '항문 보류성(anal retention)'과 연관된다. 이런 아동기의 훈련 관습에 성과 쾌락이 억압된 문화에서 자라난 일반적 경험이 더해지면 사람들 사이에서 일반화된 '쾌락 불안'이 만들어진다. 그들이 이른 시기의 조정에 의해 가르침을 받는 것과 똑같이 사람들은 신체적 쾌락의 경험에 부정적·수축적으로 반응한다.

자연스러운 성적 에너지가 가두어지면 자연스러운 성적 관심 이외의 통로에서 출구를 찾기 마련이다. 항상적 근심, 근육 경련, 병적인 성적 도착, 다양한 종류의 노이로제, 사회와 가정에 의해 실행되는 규율의 내면화 같은 표현에서 출구를 찾으려고 하게 되는 것이다. 라이히의 견해에서 정서적 건강의 기본은 '난교 잠재력(orgiastic potency)'이다. "난교 잠재력은 어떠한 금지도 없는

---

218 ibid. p. 258.

제국 문화의 종말과 흙의 생태학

생물학적 에너지 흐름에 항복할 수 있는 역량, 비자발적인 몸의 쾌락적 수축을 통한 일체의 가두어진 성적 흥분의 완전한 배출 역량이다."[219]

이는 연인과 우주에게 자신을 긍정적·정서적으로 개방하는 것이다. 이는 일방적 성행위를 위해 누군가를 '정복하는 것'과는 아주 다르다.

아이가 신체적 쾌락을 회피하도록 조정이 이루어지면서 정서적인 성적 에너지는 사람의 몸에서 수축되면서 축적된다고 라이히는 말한다. 그 사람은 자기 자신의 정서적 검열자가 되도록 조정되었다. 이 에너지 흐름이 막힐 때 라이히가 '근육 조직에 닻을 내린 노이로제'라고 묘사하는 근육 긴장과 경련이 초래된다. 여기에서 그는 '몸 갑옷(body armor)'이라는 개념을 도출한다. 몸 갑옷은 사람들이 얼마나 긴장하고 있는지를 보여주는 몸과 얼굴의 근육 조직의 두드러진 수축이다.

개인의 정신적 건강과 독립을 위한 기회를 도둑질한 문명은 권위주의적 검열관, 종속 그리고 순응을 주입한다. 라이히는 권위주의적·성적으로 억압된 성장이 종속적 인간을 만든다고 봤다. 이런 인간은 인격적 힘이 별로 없고, 정신적·사회적으로 무력해 권력을 동경하고 찬양하며, 권력과 관련된 문제들에 대해 부자연스러울 정도로 주의를 기울인다. 이것이 히틀러 같은 권위주의적 인간성을 가진 자들을 찬양하고 이들에게 투표하는 산업사회의 노동 계급의 행동이라는 수수께끼의 열쇠라고 라이히는 말했다. 나치스가 산업사회의 밑바닥에 있는 재정적·제도적·정서적으로 무력한 노동 계급의 열망의 대상인 권력을 대표하기 때문에 나치스를 찬양했다는 것이다.

성과 쾌락이 억압된 문명인을 특징지어서 라이히는 이렇게 말한다. "그는 어쩔 줄 몰라 하고, 자유의 능력도 없다. 그리고 그는 권위를 탐하는데, 이는 그가 자연스럽게 반응할 줄 모르기 때문이다. 그는 갑옷을 입고 있고, 무엇을 해야 할지에 대해 지시를 받고 싶어 한다. 그는 모순에 시달리기에 스스로를 믿

---

219 ibid. pp.77,78.

지 못하기 때문이다."[220]

성적으로 억압된, 갑옷을 입은, 종속적인 인간은 부정적 마음 가운데 존재한다. 이 인간은 그가 가장 '진화'했다고 그에게 말해주는 폭력의 철학들의 손쉬운 먹잇감이다. 이는 폭력적 군중 운동이 일어나는 정서적 못자리다. 군중 운동에 참여하면서 그 개인은 자신을 그것과 동일시하면서 권력과 중요성을 가진 무언가로 변형된다. 더 일반적인 방식으로 이는 더 '진화한' 제국문화에 의해 실행되는 식민주의의 정당화론과 같은 원리다.

폭력의 문화

지구상에 그리고 자신 안에 위치함으로써 안심하고 중심을 잡은 사람들은 공연한 힘의 과시를 할 필요를 느끼지 않으며, 권력의 문제에 골몰하지도 않는다. 제국문화 내에서 날뛰는 안보, 폭력 그리고 권력의 문제들을 발생시키는 것은 두려움이다. 제국문화 안의 어디에나 있는 수세적 반응의 기초에 있는 것이 두려움이다. 제국은 언제나 폭력의 문화였다. 이것이 그 기초이다. 역사가 바버라 터크먼은 14세기의 유럽의 옛 장면들, 즉 우리가 물려받은 문화를 우리에게 얼핏 보여준다.

> 폭력은 개인적이면서 공식적이었다. 고문은 교회에 의해 허가되었고, 종교재판으로 이단을 색출하는 데 정기적으로 사용되었다. 민사 정의의 고문과 처벌은 손과 귀를 잘랐고, 주리를 틀었고, 불로 태웠고, 가죽을 벗겼고. 사람들의 몸을 갈가리 찢었다. 일상생활에서 행인은 매듭 있는 밧줄로 어떤 죄인이 매를 맞거나 목에 쇠고랑을 차고 세워져 묶여있는 것을 보았다. 그들은 매달린 시체 앞을 지나갔고, 도성 벽 꼬챙이에 꿰어진

---

220 ibid. pp. 209,210.

제국 문화의 종말과 흙의 생태학

목이 잘린 머리, 사지가 찢긴 몸뚱이 앞을 지나갔다. 모든 교회에서 사람들은 화살, 창, 불, 잘린 가슴(보통 뚝뚝 흘리는 피) 등 잔인하게 순교당한 성인들의 그림을 보았다. 못과 창, 가시관, 채찍 그리고 더 많이 흘리는 피가 있는 십자가 처형 모습은 보기 싫어도 피할 데가 없었다. 피와 잔인함은 기독교 예술에서 일반적이었고, 실로 그것에 필수적이었다. 그리스도가 구원자가 되고 성인들이 성화된 것은 오직 동료 인간의 손에 폭력을 겪음을 통해서였기 때문이다.

마을 운동회에서 손을 뒤로 묶인 경기자들은 기둥에 못 박힌 고양이를 머리로 받아 죽이는 시합을 했다. 필사적인 짐승의 발톱으로 뺨이 찢겨나가거나 눈이 할퀴어질 위험을 무릅쓰고서 말이다. 트럼펫이 흥분을 고조시켰다. 아니면 넓은 우리에 가두어진 돼지가 곤봉을 든 사람들에게 쫓기면서 관객들의 터져 나오는 웃음을 받고, 몽둥이질을 피해 꽥꽥 소리를 지르며 달아나다 맞아 죽기까지 했다. 그들 자신의 생애에서 신체적 고난과 다치는 것에 익숙해진 중세 유럽의 남녀는 고통의 광경에 반드시 질리기는커녕 오히려 그것을 즐겼다. 몽스의 시민들은 이웃 마을에서 유죄 선고를 받은 죄인을 사서 그의 사지가 찢기는 것을 보는 즐거움을 누려야 했다. 중세의 철없고 유치한 관습이 어린 시절에 존중을 받지 못해서 남들을 존중하지 않게 된 어른들을 만들었을지도 모른다.[221]

일상적 폭력이 오늘날 제1세계의 나라들에서는 14세기에 그랬던 것만큼 눈에 띄지는 않으나, 현대 전쟁에서의 군중의 폭력, 굶주림과 가난은 여전히 존재한다. 폭력은 또한 오락과 '전쟁 장난감(war toy)' 같은 것들에서 더 미묘한 수준으로 문화에 계속 스며든다. 제국문화는 협동적 노력의 문화가 아니다. 그것은 경쟁, 폭력, 강제의 문화다. 두려움은 대중을 조정하고 엘리트들이 권력의

---

221 A Distant Mirror, The Calamitous 14th, Century, Barbara W. Tuchman, Ballantine Books, New York, 1979, p. 135.

자리에 있도록 도와주기 위해 제국 내에서 사용된다. 엘리트들은 대중이 무력해지고 파편화되고 기가 질리면 그들이 강한 '보호자'에 의한 지배에 동의하리라는 것을 잘 알고 있다. 즉, 대중이 스스로 지배를 요구하리라는 것이다. 그래서 제국문화 안의 사회에 적이 없으면 그 엘리트들은 새로운 적을 만들어낼 것이다. 현재 진행되는 전쟁이 없다면 새로운 전쟁을 만들어낼 것이다.

> 냉전은 엘리트가 권력을 공고히 할 수 있고, 엘리트에게 거대한 이익을 가져다주며, 대중의 정치적 권리를 제한하는 사회의 광범위한 군사화에 자금을 쏟아붓는 데 대한 동의를 얻을 수 있도록 민중의 두려움을 창조하는 것의 고전적 예다.

엘리트의 관점을 제공하는 대중매체는 우리에게 평화롭게 협동적으로, 아울러 서로가 나눔의 방식으로 모두를 위한 동등한 혜택을 위해 일하라고 호소하는 데 초점을 두지 않고, 사회에 대한 위협과 개인의 안보에 대한 위협에 초점을 둔다. 이런 정서적 분위기에서 가장 폭력적인 텔레비전 프로그램이 시청자들을 가장 많이 끌어모은다. 폭력, 살육 그리고 죽음이 대중매체의 주제들이다. 이런 창작물들이 만들어질 때마다 엘리트들은 대중에게 모두가 보호받을 수 있도록 자신들에게 더 많은 권력과 세금을 달라고 호소한다. 사람들이 고립되고, 불안해하고, 공포에 질리면 그들은 보호를 받기 위해 자결권과 독립을 포기하는 법이다.

대중을 제도화하기

제국문화 안에서 위계적 권력의 구조는 대중사회의 제도들에 입체영상처럼 반영된다. 자연발생성과 독립적 자주성은 개인에게서 조정되어 없어지고, 그 자리에는 제국의 가치들이 놓인다. 복종, '믿음직함', 기계적 태도가 의무화되

제국 문화의 종말과 흙의 생태학

는 것이다. 가부장적이고 권위주의적인 가정은 아이들이 어린 나이에 나중에 살아갈 대중 제도 속에서의 삶을 위해 조정이 이루어지는 미니 제국이다. 산업 사회에서 사람들의 삶은 이 제도들(토지 구획 부서, 계획 수립 부서, 투자 협의회, 자동차 관련 부서, 교육기관, 거대 산업 관료기구, 정부 관료기구 같은 모든 대중사회를 다스리는 제도들)에 의해 다스려진다. 사람들은 이 제도들에 대한 통제권이 별로, 아니 전혀 없으며, 심지어 그것들에 의존한다. 그들의 삶은 태어났을 때부터 통제를 받는다.

정치적 엘리트들의 통제를 받는 대중 교육기관들은 사회적 조정을 위한 가장 중요한 기관들이다. 그들은 제국문화를 가르친다. 자연문화의 아이들이 이 기관에 집어넣어지면 그들은 실패한다. 그들이 실패하는 이유는 자연문화의 성숙성이 젊은이들에게 "동료보다 우수하려고 경쟁하는 것은 볼썽사납다"고 가르치기 때문이다. 현대적 교실에서 답을 먼저 말해 인정을 받으려고 미친 듯이 손을 흔드는 아이들의 무례함과 분열성은 제국문화의 필사적 승패의 경쟁적 조정의 집약판이다. 우리가 어린 시절에 교실에서 칠판을 향해 머리를 기울이고, 아울러 18년간 긍정적으로 머리를 끄덕인 후에 우리는 의식 수준에서도 잠재의식 수준에서도 존재하는 세계관을 제공받은 것이다. 문화순응과 사회적 조정은 최면 상태에서 주어진 암시와 같은 현상이다. 깊은 최면 상태(고도의 주의 집중)에서 여러 번 주어진 암시는 잠재의식적 정신에서의 변화를 일으킨다. 그러나 같은 일이 학교수업—또는 텔레비전 시청—같이 긴 시간에 걸쳐 반복되면 가벼운 최면 상태에서도 일어난다(주의를 모은 상태라면 된다). 이런 식으로 문화는 잠재의식 수준에서 존재하는 실재 이미지를 창조한다. 그것이 지구 생명의 우주적으로 창조된 실재와 별 관련이 없는데도, 그것은 사회적으로 창조된 상황에서 일상적 강화에 의해 그 개인에게는 실재하는 것이 된다. 개인의 일상생활, 인공적 환경, 대중매체에 의해 제시되는 이미지들 모두가 결합해 세계에 대한 내적으로 일관된 '그림'을 만들어주는데, 이것이 우리에게는 실재인 것이다.

대중 제도 관련 기관들은 소수 엘리트에 의한 사회의 통제를 조장한다. 소수 엘리트에 의한 사회의 통제는 불평등을 보장해준다. 제국문화는 황제가 모든 것을 소유하던 시절부터 소수의 엘리트가 사회의 중요한 인자들을 소유하고 통제하는 지금 시점까지 발달해왔다. 그들은 그렇게 권위를 위계 체계에 따라 위임한다. 다른 사람들을 지배하고 소유하는 이 패턴은 아주 철저해서 대중이 보기에는 가부장제가 자연스러울 정도다.《억압받는 자의 교육학(Pedagogy of the Oppressed)》의 저자 파울로 프레이리는 브라질의 도시 빈민가에 있는 사람들에게 읽는 법을 가르치는 데 관심을 두고 있다. 프레이리는 위계질서의 밑바닥에 있는 사람들이 자신들의 개인적 능력과 독립성을 깨닫는 것, 그들을 해방시키는 일의 어려움에 대해 주장한다. 그는 이렇게 말했다. "… 투쟁의 초기에는 거의 언제나 억압받는 자들이 해방을 위해 분투하는 대신, 스스로가 억압자 또는 '하위 억압자'가 되려는 경향을 띤다. 그들의 사고 구조 자체가 그들을 형성한 구체적·실존적 상황의 모순에 의해 조정된 것이다. 그들의 이상은 '사람이 되는 것'이지만, 그들에게 '사람이 되는 것'은 '압제자가 되는 것'을 의미한다. 이것이 그들의 인간성 모범이다. 이런 현상은 억압받는 자들이 그들의 실존적 경험의 어느 순간에 억압자에 대한 '애착'의 태도를 채택한다는 사실에서 온다." 무력함과 종속의 사회적 상황에서 "억압받는 자들은 압제자를 모방함으로써 그들의 억압의 조건들을 개선하려고 한다"[222]고 프레이리는 말한다.

사회적 위계질서의 조정은 아주 깊숙한 것이어서 북아메리카를 식민지화한 사람들이 '정치적 자유'를 제도화했지만, 그들은 거기에 백인 남성만 포함시켰고, 그다음에는 재산을 소유한 백인 남성 엘리트만 포함시켰다. 문화적으로 위계질서는 성과 인종에 기초를 두고 존재했으며, 백인 남성이 꼭대기 자리를 차지한다. 초기 바빌론의 위계질서에서는 황인 남성은 거대하고 무서운 금발과 푸른 눈을 가진 북유럽의 백인 부족 남성을 궁전 수비대로 썼다. 인종이 아니다. 위계질서를 가져온 것은 제국문화의 조정이다. 위계질서는 구분이지 포용이 아니다. 문화는 근본적인 분리 패턴 때문에 구분과 차이를 조명한다. 즉, 모든

---

222 Pedagogy of the Oppressed. Paulo Freire. Seabury Press. New York. 1970. pp. 29,30.

제국 문화의 종말과 흙의 생태학

사람은 단지 부족의 동등한 구성원이 아닌 것이다. 제국의 안 각 사람은 부와 특권으로 증명되는 권력의 위계질서 안에서 다른 신분을 가지는 것이다.

우리 안에 위계질서에 의한 조정을 거쳐 들어온 지배/복종 증후군은 아주 깊어서 성적 포옹 과정에서도 이는 포기될 줄 모른다. 제국에서 남성은 여성을 '정복'하도록 조정되고, 여성은 남성에게 '복종'하도록 조정된다. 이는 동등하고 실질적인 에너지의 교환이 아니다. 이는 정신적 고립의 계속이다. 우리의 진정한 인간관계에 대한 기본 필요로부터의 이런 소외는 아주 깊어서 가부장적인 아랍인들의 제국문화 그리고 아랍인들에 의해 오염된 동아프리카의 문화들 중 일부에서는 '음핵 절제(clitorectomy)'가 이루어진다. 음핵 절제는 어린 여성의 음핵을 잘라내는 수술이다. 이 집단들 일부에서는 대부분의 또는 모든 여성이 이 잔혹함을 겪어왔다. 제국의 모든 지역들에서도 일정한 정도의 심리적 음핵 절제가 이루어지고 있다.

제국문화에서 대부분의 사람들은 고통을 받는다. 그들은 그것을 남들과 나눔으로써 순간적으로 고통을 줄이도록 조정된다. 이는 인간가족의 최종적 영적 파괴(그들이 인간관계조차 맺지 못할 정도로 그들에게서 인간성을 빼앗는 것)를 영적·정서적·신체적으로 보여준다. 제국의 심리적 병리 작용은 개인적·제도적 권력의 입증 수단으로서 타인에게 고통을 강제하는 것이다.

생존을 위해 두목을 흉내 낼, 근심에 시달리는 종속적인 사람들을 만들어내는 권력의 사다리를 창조하는 것이 제국문화다. 모든 사람이 진정성을 강탈당했다. 지배와 강제는 어떤 사람이 타인을 실질적이고 존중하는 관계성 없이 통제하도록 허용한다. 그 안에서 사람들이 윗사람에게는 비굴하고 아랫사람에게는 안하무인격이 되는 지배/복종 증후군이 생겨난다는 것도 이런 문화적 맥락에 따른 것이다. 산업사회 안의 사람들은 수렵·채취인과는 다르다. 그들은 자신의 식량이나 보금자리를 조달할 능력이 없다. 그들은 자신들의 신체를 지키기 위해 남들에게 의존하여 조달한다. 얼마나 높은 임원의 위치에 있든 관계없이 대중 제도 관련 기관에 대한 현금 지불에 기반을 둔 연계가 끊어지면 그들은 완전히 무력해진다. 제도화된 사회 내에서 성과에 의한 개인적 권력의 길은 실질적 권력을 가진 자들인 엘리트 계급에 의해 어느 때든 끊어질 수 있다. 그러니 사람들은 순응해야 한다.

작가인 스탠튼 필과 아치 브럿스키는 그들의 독창적 저서 《사랑과 중독 (*Love and Addiction*)》에서 종속의 문화의 맥락에서 중독/종속성의 현상을 보기 위해 많은 고정관념을 돌파했다. 그들은 이렇게 말한다.

> 중독은 우리 사회에서 비정상적인 것이 아니다. 즉, 규범에서 탈선한 것이 아니다. 중독은 그 자체가 규범이다. 종속성은 중독인데, 이는 우리가 집에서 그리고 학교에서 배우는 더 기본적인 여러 종속성의 '거울 이미지(mirror image)'인 것이다. 중독자가―약물을 통해서든 이른바 '사랑'을 통해서든―삶의 피상적·외적 문제해결을 추구하는 것은 우리가 서로와, 우리 자신의 정신과 육체와, 물리적 세계와, 배움과 일과 놀이와 맺도록 유도된 피상적·외적 관계에서 직접 따라 나온다.[223]

우주는 땅의 표면 위에 자신들의 본성에 따라 기능하는 유기적·자율적 존재들을 발생시킨다. 제국문화는 지구의 생명과 그것의 존재들을 노예화하고, 엘리트의 거대화를 위해 이런 정체성 감각을 파괴한다.

사회적 외톨이, '개인주의자'가 되다

산업사회는 대중 제도 관련 기관들의 성장과 엘리트들의 권력의 증대를 봤다. 우리는 씨족이 해체되는 것을 봤고, 대가족이 해체되는 것을 봤으며, 핵가족도 거의 해체되었다. 수백만 년간 인간가족의 노래, 구전 문학, 기술, 지혜와

---

223 Love and Addiction. Stanton Peele & Archie Brodsky. Signet, NAL pub. New York. 1975. p. 6.

제국 문화의 종말과 흙의 생태학

지식이 세대에서 세대로 전해져왔다. 이것이 인간문화였다. 분권화되고 개인적으로 모두에게 권능을 부여하는 것 말이다. 이제 엘리트들은 인간문화를 빼앗았고, 사회는 행정적·군사적으로 통제된다. 더 이상 인간문화의 상속 과정에는 친숙함이 없다. '문화적' 조정은 지금 학교의 제도들, 텔레비전 같은 엘리트들에 의해 통제되는 매스커뮤니케이션의 형태들에서 온다.

우리는 대중 제도 관련 기관들의 위계적 사다리를 애써 올라감으로써 개인적 '성공'을 제공받는다. 권력이 산업 엘리트들에 의해 공고화되면서, 개인은 점점 더 사회적 외톨이가 된다. 모순적으로, 무력(無力)한, 근심에 찌든 개인은 자신이 개인적 능력을 쌓아가는 개인주의자, 청부살인자나 거물 같은 캐릭터라고 믿도록 조정된다. 수백만 년간 씨족은 우리의 자연적·사회적 실체였다. 지금은 자연계와의 관련도 없고, 씨족의 사회적 실체도 없다. 개개의 인간은 남들로부터 정서적으로 멀어지도록 이미 조정되어 현란한 환상의 그림자 세계에서 2차적 관계에 의존하는 정서적·사회적 외톨이에 더 가까워졌다.

계략이 전부다. 생명과 땅의 안정감을 모르고, 인간의 사회성에 대한 배움을 제공하는 자연적 씨족의 안정감도 모르는 산업적 인간은 사람을 무력화하고 종속적으로 만드는 경향이 있는 사회의 모든 힘들의 희생제물, 중독적 종속성의 완벽한 종이 된다. 신체적 쾌락과 진정한 사회적 우정에 따른 만족보다 사람은 말로 만들어진 실체들, 사회적·종교적 이데올로기들을 향하도록 조정되는데, 이것들 자체는 살아있는 땅과 우주에서 분리된다.

정서는 포용적이다. 누구든 화가 날 때는, 모든 것에 대해 화가 나기 마련이다. 사람들은 일치하는 방식으로 정서를 경험한다. 다른 한편으로 지성은 분열적이고 비교적이다. 즉, 그것의 기본적 작동 성격은 작용하는 방식상 분열적이다. 지성은 모든 것을 나누고 비교하고 측정하며, 저것이 아닌 이것으로 결정한다. 지성은 그 본성상 분열적이며, 이는 산업인들에게 주어져 온 것이다. 얼어붙은 정서적 몸 그리고 과도하게 구사된 지성 말이다.

생태적·사회적 해체가 제국의 구조로 소급될 수 있을 뿐 아니라 개인적 해체도 마찬가지로 유발시킨다. 심리학자 나다니엘 브래든은 그의 책 《자존감의 심리학(*Psychology of Self-Esteem*)》에서 이렇게 말한다.

> 임상 심리학자들과 정신과 의사들이 일반적으로 인정하는 것은, 병적 근심이 그들이 정신요법으로 다루어야 하는 중심적이고 기본적인 문제라는 것과, 환자의 다른 증상의 배경에 있는 증상이라는 것이다. 신경증 환자의 핵심적 특성, 즉 우주에 대한 그의 만성적 반응은 불확실성과 두려움이다.[224]

우리 심리생물학적 외톨이들이 결국 모든 자연적 관계에서 단절될 때, 우리는 에고(ego)의 '전체 세계', 즉 비존재 상태에서 방어하기 위해 자신 안으로—물질적 축적과 끊임없는 자아강화와 상주기에 의해—에너지를 빨아들이는 지적 정신의 건축물 안에서만 살게 되고 만다. 이 에너지의 수축은 신경증 환자의 패턴이다.

저 제국의 심리-생물학적 공명인 암세포도 같은 패턴을 따른다는 점에서 신경증 환자다. 그것도 전체와 호혜적 관계를 맺는 일 없이 자신을 지탱하는 시스템에서 에너지를 빨아들인다. 전체론적인 입체영상적 분석을 계속하자면, 전체적으로 제국문화에서 일어나는 신경과민증 현상은 군사주의, 정복, 획득에 반영된다. 그 문화가 가지는 두려움이 그것의 수축된 중심으로 에너지를 빨아들이도록 촉진하기 때문이다.

문명을 논리적으로 연장한 결과가 정신병원이다. 우리가 검토해온 발달 장애 때문에 우리는 다른 사람들의 진정한 관계를 두려워하는 경향이 있다. 우리는 우리 자신의 개인적 세계를 더 편안하게 느낀다. 에고/자기정체성 요새의 세계 말이다. 그렇게 자기 자신 안으로 몰린 사람, 아주 자기중심적이 되어 자신들에만 초점을 맞추고 자신들(그리고 자신들의 문제)에 관해서만 이야기할 수

---

224 The Psychology of Self Esteem, Nathaniel Branden, Bantam

제국 문화의 종말과 흙의 생태학

있는 사람들을 우리는 '신경증 환자'라고 부른다. 자기 자신의 세계의 안락함 속으로 더 후퇴해 목소리를 듣고, 때로는 대답하기 시작하는 사람들을 우리는 '정신분열증환자'라고 부른다. 자기 자신에게 만족을 주는 세계로 완전히 후퇴해 외부 세계와 관계하지 않는 사람들을 우리는 '긴장성 분열증환자'라고 부른다. 정치적으로 '정신이상'이라고 정의되는 이것은 단순히 이미 존재하는, 제국 문화 안에서의 개인의 사회적 고립의 논리적 연장이다. 그것은 또한 우주에서의 문화 자체의 논리적 종착점이기도 하다. 공간상으로 길을 잃고 생명에 둘러싸여 있지만 자기 자신에게만 말하는 문화 말이다.

제국문화는 인간으로서의 우리의 자연적 힘을 훔쳐왔다. 그것의 문화적 조정에 의해 그 문화는 황제와 노예의 에너지를 똑같이 반생명적이고 인간가족의 복지 그리고 땅의 복지에 반대되는 목적들로 흘러가게 유도해왔다.

중요한 것은 우리가 아주 제한된 심리적 보상의 문화에서 살고 있어서 아이들은 그 안에서 성장하기보다 자살을 할 정도라는 것이다. '세계에서 가장 부유한 나라'라는 미국에서 젊은이들이 자살하고 있는 숫자를 보면 전염병이라도 퍼지고 있는 것 같다. 15세에서 25세의 연령 집단에서 자살은 죽음의 제1 원인이다.

제국의 종말

생명은 공동체다. 공동체는 생물학적이다. 우리의 자연적 도덕성의 선천적 경험은 생물학적 느낌이다. 그것은 지성화도 낭만주의도 아니다. 친절하고, 도움이 되고, 나누어주고, 유쾌한 것은 우리의 세포적 존재에서 바로 나오는 자연적 상태. 그런 일체감과 긍정성은 우주가 작동하는 방식이다. 우리 중 누구든 제국문화에 의해 얼마나 피해를 입어왔더라도 거의 모든 사람이 최소한 약간의 이 긍정적 감각의 파편을 보유한다. 안심, 연대, 나눔과 사랑의 개인적 경험은 손상되지 않은 숲을 가로질러 걷기나 먼 해변에 앉아있는 것과 똑같이 아름다움의 경험이다.

우리의 자유로이 떠도는 자연생활과 우주의 생명과의 직접 관계의 상실과 함께 우리의 생명과 땅의 아름다움에 대한 모든 것을 싸잡아 하는 공격이 온다. 우리의 생명들, 노래, 춤, 창조에 대한 직접적 참여는 땅의 몸의 아름다움, 숲, 넘쳐흐르는 개울, 새의 노래와 동물들의 부르는 소리와 더불어 고통을 겪는다. 병든 인간문화는 다치고 피를 흘리는 생태계의 추한 모습, 토지의 침식당하고 시들어가는 생명, 현대 도시의 시각적 추함을 낳았다. 이곳에는 노숙인들이 상자 같은 건축물의 차가운 입구에 몰려들고, 위축된 '사회적 몸통(social body)'의 엘리트들이 겹겹으로 친 바리케이드 뒤에서 절대적 안보를 추구하는 것이다.

분리, 고립, 해체 그리고 죽음이 노숙인, 초국적 기업의 중역, 제국문화의 사회적 몸통들 그리고 생태계가 똑같이 겪는 제국의 과정이다.

8천 년 전에 우리는 중앙아시아, 인더스 강 유역, 중국에서 과도한 목축과 농업으로 생태계들이 죽어가는 것을 보기 시작했다. 5천 년 전에 우리는 제국이 커가면서 정복당한 자들, 노예들과 토지의 죽음을 보기 시작했다. 2천 년 전에 죽음은 지중해 제국들과 함께 가속화되고 있었다. 500년 전에 죽음은 지구 전체적으로 퍼져가고 있었다. 지금 세상에 올 것들은 다 왔다. 해체의 피날레가 임박했다.

자신의 생계 수단을 먹어치우는 불어나는 대중은 이제 막판에 도달했다. 더 많은 물자는 없으나, 그러나 대중은 계속 불어난다. 제국의 습관들은 수십억 명의 정신에 잠재의식적으로 깃들어 상황을 구원하는 데 필요할 10~20년 안에 개혁될 가능성이 별로 없다. 제국문화 전체의 초월적 변혁을 가로막으면서 우리는 제국 역사의 1만 년의 추세가 우리 생애 중에 절정에 달하는 것을 볼 것이다.

제국의 권력은 '파괴하는 권력'이다. 우리의 역할은 '파괴하는 권력'을 위해 싸우는 것이 아니라 우주의 창조적 힘과 일치를 이루는 것이다. 우리의 역할은 고립시키고, 왜곡하고, 파괴하는 것이 아니라 사랑하고, 살아가며, 창조하는 것이다.

우리는 부적응하고 죽어가는 사회적 몸통을 개혁하려고 싸우고 있는 것이 아니다. 문명과 싸울 필요는 없다. 그것은 사라져 가고 있다. 문명의 권력, 죽이는 권력을 차지하기 위해 싸움을 할 필요는 없다. 오직 새로운 생명의 개방된, 긍정적인, 함께 나누는 존속(存續)만이 있다. 새로운 성장의 출현이 우리의 관심의 초점이다. 우리의 새로운 아기들의 출현, 우리의 새로운 문화의 출현, 새 땅의 출현이 초점이다. 우리는 우리 앞에 이 지구상의 생존의 표준들을 가지고 있다. 그것들은 단순하고 근본적이다. 우리는 단지 뒤집힌 것을 바로잡고 있을 뿐이다.

신체적 상처와 마찬가지로 몸의 통합을, 에너지의 복합적 유동의 일관성을 상실한 제국의 피부는 벗겨져 나간다. 우리는 아직 건강한 부분에 대한 손상에 저항하면서 병들고 상처 난 부분이 떨어져 나갈 수 있게 한다. 우리는 새로운 성장, 치유의 지대에 초점을 둔다. 우리는 남아있는 최선의 것을 보호하려고 시도하며, 미래의 새로운 생물학적 성장에 초점을 둔다. 우리의 창조될 미래의 일곱 번째 세대의 미소 짓는 얼굴에 초점을 둔다.

《웹스터 사전》에 의하면 위기란 "사건들의 연속에서 미래의 모든 사건들의 추세가 결정되는 단계, 전환점"이다. 문명의 경우에 그것은 지금 준비되었으며, 완전한 해체로의 미끄러짐을 시작하도록 톡 밀치고 있다. 우리는 지난 순환주기의 끝에 있다. 제2차 세계대전 이래 우리는 해체의 가속화를 봤다. 인간의 수와 '땅의 생명-자원'의 소비는 지수함수적으로 상승해왔다. 지금 독극물의 침투는 아주 커서 지구상의 모든 이가 위험에 처했다. 독극물의 스머듦은 산업사회 전체 운동에 대해 상징적이다. 우리 상황의 인기 있는 우화는 개구리를 삶는 것이다. 개구리가 끓는 물에 던져 넣어지면 그놈은 뛰쳐나올 것이다. 개구리가 찬물에 넣어지고 그 물이 천천히 데워지면 그 개구리는 열의 상승을 인식하지 못할 것이다. 이것이 우리의 상황이다. 우리는 해체의 증가를 의식적으로 지각하지 못한다. 우리는 지금 우리가 아직도 조종을 해나갈 능력이 있는 축의 지점에 있다. 우리는 아직은 우리의 유효한 선택지들 대부분이 폐쇄된 사회적 붕괴의 상태에 있지는 않다.

우리의 미래는 정치적 문제도 기술적 문제도 아니다. 그것은 문화적 문제다. 우리는 병든 문화에서 살고 있다. 땅을 파괴하고 있는 것은 우리의 생활 방식이다. 도시라는 지구상의 거대한 죽은 그리고 중독된 지점을 보라. 폭우가 내릴 때 그로부터 흘러나오는 독극물들만으로도 수 킬로미터 주변의 생명이 죽고 있다. 문명의 독성은 지금 아주 커서 어느 도시가 전쟁 중에 폭파된다면 가장 심각한 위험은 단지 폭탄 자체에서 오는 것이라기보다는 핵발전소와 공장에서 화학물질이 퍼져나가는 데서 오는 위험일 것이다.

인간들은 문제를 쉽게 다룰 수 있을 것이다. 인간들은 개인적으로는 선천적 능력들을 가지고 있다. 지구상의 모든 인간이 그들의 주의를 같은 시점에 전체 그림에 집중시키고 문제를 바라보고, 그러고 나서 행동을 취한다면 해결책은 쉽게 찾아낼 수 있을 것이다. 그들은 그러면 출산율을 여성 1인당 한 자녀로 줄이고 균형을 이루며 살면서 땅의 생명을 복원하기 시작할 것이다. 출산율이 급격하게 떨어지면서 '부'가 비례적으로 증대할 것이다.

이런 일이 일어나기를 기다리기보다는, 우리는 지금 행동을 취할 필요가 있다. 우리는 두려움과 혼동에 따른 마비를 극복하고 우리의 생명에 대한 통제권을 쥐어야 한다. 우리는 우리의 정서적 에너지와 여건을 문명의 사건들에 쏟아붓기를 그쳐야 한다. 그것은 골수까지 병이 들었다. 우리는 '소중한 것'이 중대한 수술로도 구해질 수 없다는 것을 깨달아야 한다. 변화가 우리에게 닥칠 때마다 우리는 저항의 파도, '안정감의 위기(security crisis)'를 겪는다. 우리는 핑곗거리를 찾기 시작한다, 우리는 우리가 변화할 수 없는 이유들을 찾기 시작한다. "우리가 생존을 준비한다면, '그들'이 우리가 가진 것을 그냥 취하러 올 것이다"라는 것이 습관적 반응인데, 이는 생존주의자들이 물건 더미 위에 앉아 있는 동안 떠돌며 헤매고 다니는 미래의 굶주린 난민 대중이 있음을 그려주는

제국 문화의 종말과 흙의 생태학

검토되지 않은 가정에 의존하는 것이다. '생존주의자'의 이미지는 사회적 고립자가 도달하리라고 예상되는 종착점이다. 현실은 우리가 공동체에, 협동적 자기 조직체에 가 닿지 못한다면, 우리는 생존할 수 없다는 것이다. 필요한 것은 긍정적이고 적응적인 새 문화를 향한 운동이다.

그 경로는 근원으로 돌아가는 것이다. 우리를 인도할 표준은 '태양 예산(solar budget)'이다. 우리는 지구의 생명에 순수한 광합성 생산을 허용하며, 이를 돕고, 그 증가분으로 살아가야 한다. 만개한 최고의 생태계가 우리 땅을 위한 건강성의 표준이다. 이는 인간의 인구밀도를 전격적으로 축소하는 것을 뜻한다. 우리는 우리의 인간가족이 200만 년간 알아온 것, 즉 생명을 낳고 모든 구성원에 의한 완전한 참여를 권장하는 바로 그 생명으로 돌아가야 한다. 이 현실이 우리의 기초적 발판이다. 우리의 과제는 자아, 공동체, 지구의 치유를 창조하는 것이다. 다른 길은 없다.

제11장 근대 식민주의의 역사

우리가 꿀벌의 집을 상상할 경우에, 협동적으로 일하고 계절의 리듬 속에서 꿀을 모으며, 모두 함께 일하고, 벌집을 식히기 위해 날개로 부채질하고, 새끼를 키우느라 한데 힘을 합치는 꿀벌들의 집을 상상할 경우에, 만약 그들이 문명의 사회윤리학을 채택하는 것을 우리가 본다면, 우리는 즉각적인 사회 붕괴가 일어나는 것도 보게 될 것이다.

우리는 의문의 여지 없이 군벌주의가 터져 나오는 것을 보게 될 것이다. 벌집의 통제권을 장악하기 위해 싸우는 파벌들이 발달할 것이다. 자신들을 위해 꿀을 훔치려고 시도하는 다른 집단들도 발달할 수 있다. 위계 체계들이 발달해 각각의 전쟁 집단마다 자신들의 이익을 위해 일꾼들을 노예화하기 위해 서로 투쟁할 것이다. 협동적 능률은 급전직하할 것이다. 벌집 자체는 끊임없는 수리가 없어 쇠락하기 시작할 것이다. 그러나 어떤 강한 군벌 집단이 꿀의 상당 부분을 차지하고서 왕처럼 살 것이다. 일꾼들은 그들이 충성스럽다면 그리고 그들이 경쟁한다면 언젠가는 그들의 군사령관에 의해 통제되는 그런 꿀 중 상당량을 얻을 수도 있으리란 말을 들을 것이다. 제국문화의 역사는 날짜들과 이름들 외에는 이보다 많이 복잡하지는 않다. 이는 정복의 역사이고, 도둑질과 살인의 역사다.

이 역동적 구조의 기초인 연료는 땅의 살아있는 살이다. 경쟁/투쟁은 누가 통제하고 그래서 이 살아있는 비옥함을 탈취할 수 있느냐 하는 문제와 더불어 등장했다. 우리는 이 역동적 구조의 초기 발달을 검토했으며, 그것의 역사도 기술했다. 이 장에서 우리는 최근의 역사 시대를 살펴본다. 우리는 이것이 우리 존재의 즉시적·현재적 부분이라는 것을 알아야 한다. 엘리트들과 그들의 통제

제국 문화의 종말과 흙의 생태학

를 받는 미디어는 아프리카 사람들의 노예화의 도덕적·개인적 경험을 인정하겠지만, 그들은 결코 이 정보를 노예제, 제국주의, 식민주의 등 바빌론과 고대의 중국 왕조들로까지 거슬러 올라가는 더 넓은 역사의 맥락 속에 두지는 않을 것이다. 노예제가 아직도 존재하는 통제와 강제의 전체 역학구조의 일부일 뿐이라는 것, 인간들에 대한 인간적 소유권은 없지만 나머지는 그대로 있다는 것도 지적되지는 않는다. 1998년에 500명도 안 되는 억만장자들이 세계 인구의 절반 이상의 사람들보다 더 많은 부를 가졌다. 별로 달라진 것이 없다. 새로이 전개되는 사태라고는 지금 엘리트들이 임금 노예들의 유지에 드는 비용을 부담하지 않는다는 것이다. 그들은 더 이상 값이 나가는 재산이 아니다.

권력을 향한 투쟁/경쟁이 문화에 만연해있다. 우리가 앞장에서 살펴보았듯이 통제권을 위한 투쟁이 신경증적 문화의 정신 자체에 새겨져 있다. 권력 투쟁은 가족 구성원들 간에, 모든 대중 제도 관련 기관들의 '사무실 정치'에서, 대중 제도 관련 기관들 사이에, 정부들 사이에서 진행된다. 이 권력투쟁은 근대 식민주의의 기초에 있다. 근대 식민주의 가운데 다수는 지구를 약탈하려는 경주 과정에서 있었던 유럽의 다양한 제국문화 정부들 간의 경쟁적 투쟁이었다. 우리는 제국문화의 강탈의 토대를 조사했다. 강탈 시스템은 생물학적 노예들과 함께 시작되었으며, 사회 내의 생산 메커니즘으로서 여성노예 제도 그리고 인간들의 일반적인 플랜테이션에서의 노예 제도로 이어졌다. 세계 산업제국의 형성에 관한 최근의 역사를 살펴보면서 우리는 바빌론, 그리스 그리고 로마의 군대들이 노예사냥 탐험에 나선 이래로 강제적 기법들의 효율이 더욱 커져왔음을 보게 될 것이다. 중요한 방식들 안에서 '과학'으로도 알려진 역학적 기법의 발달은 땅으로부터의 비옥함의 강압적 탈취를 더욱 용이하게, 더욱 능률적으로 만드는 것이었다. 우리는 제국들을 지배하는 자들이 권력을 획득하는 극히 잔인한 방법에 스스로 질려서 손을 뗀 적이 없다는 사실도 보게 될 것이다. 초대형 이윤(경제력)을 추구하는 자들은 노예 제도, 약물, 군수품, 전쟁 부추기기, 설탕, 럼주, 그 밖의 중독성을 지니고서 인간을 타락시키는 물질이나 제품을 통제권과 부를 차지하기 위해 사용해왔다.

예전의 수렵·채취문화의 정직성, 진실성, 협동과 나눔의 도덕성은 기능적 토대 위에서 존재했다. 쟁취할 위계적 권력도 별로 없었다. 조직화된 사냥과 야영지 운영은 모두에게 혜택을 주기 위해 진실성이 필요했으며, 이익을 차지하기 위해 거짓말을 할 이유가 없었다. 협동적 사업의 수행은 모두가 이를 성공시키기 위해 충실할 것을 요구했다. 우리의 옛 문화에서는 그런 도덕성을 위한 진정한 기능적 토대가 있었다. 뒤집힘 후에는 거짓말, 도둑질, 살인, 이기심 그리고 노예제가 개인들과 황제/엘리트들에게 권력을 잡는 길이 되었다. 우리가 식민주의의 역사를 검토할 때 알게 되는 것은, 옹호를 받는 사회적 도덕성이 대중을 조용하게 만드는 겉치레일 뿐인 반면에, 권력의 전략에 관해 정말로 진지하게 생각하는 자들은 권력과 부의 거대한 불균형을 유지하는 데 필요한 일을 실천한다는 것이다.

아메리카 대륙의 침입

원숭이들처럼 그들은 금을 붙들었다. 그들은 금에 걸신이 들려 손아귀에 채워 넣었고, 돼지들처럼 금에 배고픔을 느끼고 욕심을 부렸다.

- (마야인들의 기록을 정리한 〈피렌체 사본(Florentine Codex)〉으로부터.
아메리카 대륙에 대한 스페인의 침입에 대한 16세기 마야인의 설명)

카리브 해 연안의 섬들에서 크리스토퍼 콜럼버스와 그의 스페인 선원들은 환대를 받았다. 원주민들은 꽃과 식량, 우정을 가지고 배로 왔다. 큰 잔치가 여행자들을 찬양하기 위해 치러졌다. 콜럼버스와 그의 동료들이 이 사람들을 경외심으로 사로잡게 된 것이다.

콜럼버스는 일기에서 이렇게 적었다. "몇 사람을 데려가 국왕 부부에게 알현시킨 다음, 그들이 우리말을 배우게 해 그 나라에 무엇이 있는지 알아내고, 그들이 돌아와서는 그리스도교인들의 혀가 되어 우리의 관습과 신앙을 받아들일 수 있도록 하는 것이 좋겠다는 생각을 했다. 왜냐하면 이 사람들은 종교가 없고, 우상을 숭배하지는 않으며, 아주 온순하고, 악이 무엇인지도 모르며, 남을 죽일 줄도 모르고, 남들의 것을 취할 줄도 모르며, 무기도 없고, 아주 겁이 많아 우리 측 사람 하나가 장난을 칠 때도 저들 열 사람이 도망을 치며, 믿기를 잘하고, 하늘에 하느님이 계심을 알기에 우리가 하늘에서 왔다고 확신하며, 우리가 그들에게 따라 하라고 시킨 어떠한 기도든지 잘하려고 하고, 성호를 긋는 것도 보아서 알기 때문이다."라고 말했다.

"그래서 폐하는 그들을 그리스도인으로 만들어야 한다. 그들이 시작하기만 하면 짧은 시일 안에 그들은 우리의 거룩한 신앙으로 여러 마을들을 개종시키는 것을 완수하리라고 나는 믿기 때문이다. 의문의 여지 없이 이 땅에는 막대한 양의 금이 있다. 내가 데려가고 있는 이 원주민들은 이 섬들 안에 그들이 금을 파낸 곳들이 있다고 정말로 말하는데, 이는 빈말이 아니다. 그들은 그것을 목에, 귀에, 팔에, 다리에 걸고 있다. 팔찌는 아주 굵다."

콜럼버스가 섬들에 대한 몇 차례 여행을 마치기 전에 금광이 설치되었고, 500명의 원주민이 스페인으로 잡혀갔다. 결국 콜럼버스의 활약으로 그 섬들과 원주민들은 전멸당했다.

스페인 사람들은 금을 추구하면서 아메리카 대륙의 여러 문화들을 공격했다. 권력과 부의 개념들에 익숙해진 정신을 사로잡는 '황금열풍'보다 유럽 문화의 물질주의를 더 잘 조명하는 것은 없다. 1519년에 에르난 코르테스와 그의 부하들은 황금에 욕심을 내어 아즈텍의 수도인 테노치티틀란에 쳐들어갔다. 역사 기록들은 인간의 피가 수도의 거리에서 며칠 동안 흘렀다고 주장한다. 기록들은 유럽인들과 그들의 원주민 동맹 세력이 매일 같이 사람들을 도살하는 중노동에 지쳤다는 주장도 한다.

멕시코 침략이 진행되었고, 멕시코 침략 후에 스페인 사람들은 중앙아메리카의 마야 지역에도 침입했다. 스페인 사람들이 다른 사람들이었다면, 그들이 어떤 다른 문화의 가치를 몰라보는 유럽 문화의 집단적 에고의 광신자들이 아니었더라면, 그들은 자신들이 파괴한 여러 문화의 가치를 이해할 수도 있었을 것이다. 이 여러 집단에 속한 사람들의 방대한 지식과 그들의 여러 사회의 생산적 역량은 그들이 가져간 금 전부보다도 유럽에는 훨씬 더 값어치가 있었을 것이다. 여러 문화의 예술과 집단적 창조성은 녹여져서 유럽으로 운송되었다. 많은 경우에 예술은 그것을 만든 재료인 황금보다 가치가 높았지만, 그런 개념은 그 당시 침략자들이 이해하기에는 너무 복잡했다. 아즈텍인들과 마야인들의 저술은 천문·문화 지식이 담긴 광대한 창고와 더불어 광신적 성직자인 디에고 데란다 주교에 의해 불태워졌다. 이 장의 서두에서 인용되었던 이른바 〈피렌체 사본〉이라는 것이 유럽으로 운송되어 오늘날까지 교황청 도서관에 남아있다. 잉카 사회에 대한 유럽인 침입자 프란시스코 피사로는 아주 결함 있는 도덕성으로부터 동기를 부여받았다. 그의 군대는 지방의 원주민들을 죽이고, 그들의 몸뚱이를 토막 내어 성 입구에 걸어두어 개밥이 되게 하는 습성을 지녔다. 모든 곳에서 스페인 사람들은 가톨릭 종교재판의 고문 기술을 원주민들에게 사용했다. 오늘날 잉카 사회의 넓은 고속도로, 농업 시스템, 관개시설은 버려지고 파손된 상태 그대로 있다. 피사로가 잉카 사회를 파괴하고 금을 뺏을 수 있었을지라도, 스페인 사람들은 그 지역을 관리할 자격이 없었다. 잉카의 옛 땅의 사람들은 지금까지도 유럽인의 침입 이전 시대에 누리던 문화적 생기나 생활수준에 도달하지 못했다. 아즈텍과 잉카의 사회들 자체가 위계적 권력 구조라는 점에서 제국이었다. 그들도 남성 지배 사회였다. 아즈텍인들도 피정복민들로부터의 공물에 의존했으며, 우리가 그들에 관해 아는 바에 따르면 물질주의가 아즈텍의 문화의 출발점이었던 것도 드러났다. 다른 한편으로 잉카인들은 토착 공산제를 창조했다는 사실도 드러났다. 경우에 따라서는 여러 부족들이 편입을 청원했을 때 잉카 시스템은 그 부족들을 추가했고, 경우에 따라서는 협상으로 새로운 집단들을 받아들이기도 했다. 잉카 시스템이 새로운 집단에 왔을 때 잉카의 기술자들이 새로운 관계 시스템, 도로, 곡식 보관용 구조물, 그리고 지방민들을 위한 다양한 생활환경을 창조했다. 그 대가로 지방민들은 생산물의 일정량을 바쳤는데, 이는 스페인 사람들과 함께 들어온 세금보다 훨씬 적었다.

잉카인들은 복잡한 고속도로와 관개 시스템을 지었다. 그러한 것들에 필적할 만한 것들은 오늘날까지도 지어지지 못했다. 갈라파고스 군도에서 채취한

구아노(바닷새의 똥)를 고산 지역에 있는 정교한 테라스식 농업 지대로 운반함으로써 잉카인들은 스스로를 위한 안정성을 제공하는 생태적 틈새를 창조했다. 이것이 제공한 안정성은 이집트에서 아스완 댐을 건설하기 이전까지 나일 강의 범람 때문에 나일 강 유역에 창조되었던 안정성과 아주 흡사한 것이었다.

마야의 문화는 전체적으로 그 마지막 시기까지 군사력에 기반을 두지 않았다. 아즈텍인들이나 잉카인들의 문화와는 상당히 달랐다. 잉카인들의 거대한 관개 시스템이나 고속도로에 기반을 둔 것도 아니고, 아즈텍인들처럼 정복과 공물에 기반을 둔 것도 아니었다. 마야의 문화는 주로 분권화되고 복잡하고 지속 가능한 밀림에서의 원예 농업에 의존하는 밀림문화였다. 중앙아메리카에 남아있는 유적들은 시장과 행정 기관들이 있던 인구 중심지가 아니라 토착 종교/문화 행사를 위한 전례(典禮) 중심지였다.

아즈텍의 금이 사라진 후, 스페인 사람들은 유망해 보이는 어느 지역에든 광산을 설치하고 귀금속 탐사를 계속했다. 멕시코에 있는 자카테카스, 이흐미킬판, 지마판, 파추카, 차우신고, 테마스탈테펙, 틀랄푸하와 파르랄이 제련업자들에 의해 숲이 벗겨졌고, 원주민들이 노동에 갈아 넣어졌다. 수많은 원주민이 과로사해 광산들이 문을 닫을 지경이 되었을 때 아프리카 노예들이 멕시코 광산에 일하도록 수입되었다. 이는 그들이 카리브 해 연안에서 원주민이 소멸한 후에 그곳의 플랜테이션 농장에서 일하도록 수입되었던 것과 마찬가지다. 스페인 사람들은 밀림 때문에 그리고 마야의 전례 중심지에는 쌓여있는 금이 상대적으로 적어서 더 북쪽의 아즈텍 땅에서 그랬던 것만큼 열대의 중앙아메리카 지역에서는 빨리 전진하지 않았다. 스페인 제국은 중앙아메리카의 연안과 평지 전체에 얄팍한 유럽인 정치 헤게모니를 수립하기는 했다. 플랜테이션 경제는 노예들의 노동으로 흙의 비옥함을 탈취하기 위해 고안된 것으로서 밀림이 제거되고 제국문화가 발판을 둘 수 있었던 더 많은 평평한 지역들에 세워졌다. 이런 기지들에서 수출품이 반출될 수 있었고, 유럽산 제품들(특히 군수품)이 그 지역에서의 유럽인 지배가 계속되도록 보장했다. 이런 식으로 제국의 위계구조들이 그 지역에 뿌리를 내리게 되었다. 인간노예제는 제국의 사회적 정신에서 아프리카인들을 부려대는 플랜테이션 노예제와 동일시된다. 실제로 여러 제국들은 제도화된 강제와 노예제 그 자체다. 위계적 질서 체계들은 사람들에 대한 상당한 통제권을 제공하는 반면, 노예제는 전적인 통제권이다. 이는 경찰도, 감옥도, 중앙집중화된 타인에 대한 권력도 없었던 우리의 옛 문화와 대조를 이룬다. 스페인의 정복 중에 스페인 왕은 저명한 정복자들과 식민주의자들에게 아메리카 대륙의 큰 토지를 하사하곤 했다. 여기에는 그 토지에서 생존하던 모든 원주민들도 포함되었다. 실제로 정복자들은 필요한 자들을 노예화했고, 그 나머지는 죽이거나 쫓아내거나 팔아버렸다. 예를 들면, 에르난 코르테스는 정복 과정에서의 그의 노고에 대한 대가로 2만3천 명의 신하(노예)를 받았다.[225] 우리가 이를 다양한 완곡어법으로 부르더라도 엘살바도르의 과두제와 농민 간의 권력관계는 원주민들이 그 나라의 원래의 토지들을 경작하도록 노예화된 이래로 달라지지 않았다. 이는 원주민들이 폭력, 강제 그리고 라틴계 인종주의 체제에서 지배를 당하는 남아메리카의 여러 곳에서 여전히 진실이다. 산업국가에 의해 제공된 현대식 군대들이 지금 이러한 계급-인종 체제를 강제한다. 식민지 체제에서 미국, 오스트레일리아, 뉴질랜드 같은 '정착민들의 나라'와 엘살바도르, 페루, 볼리비아 같은 '정복 국가'의 차이는, 전자에서는 유럽인 정착민들이 여러 지역으로 몰려들어 모국을 복제한 사회와 경제를 창조하지만 식민지 나라에 중심을 두었다는 것이다. 엘살바도르, 페루, 볼리비아에서 드러나는 식민지 양식에서 식민화는 모국으로의 수출을 통해 이익을 취하는 것이었다. 이는 로마 시대의 거대한 국가 소유의 농장으로서 노예나 농민이 경작하는 농장인 라티푼디움의 양식을 취했다. 이 '토지재산' 체제로부터의 이윤은 그 땅과 인구 대중을 통제하는 소수 엘리트들에게 혜택을 주는 쪽으로 갔다. 다른 한편으로, 소농-정착민들의 식민지로서 시작된 나라들에서는 노동착취를 통해 이윤을 취할 수 있는 거대한 공장형 농장 체제가 없었다. 이 때문에 미국과 같은 곳

---

225 *Open Veins of Latin America. Five Centuries of the Pillage of a Continent.* Eduardo Galeano. Monthly Review Press. New York. 1973. p.53.

제국 문화의 종말과 흙의 생태학

에서는 원주민들이, 정착민들의 농장 혹은 산업에서 값싼 노동으로 사용될 수 없었다면, 밀려나거나 격리되거나 멸종 전쟁에 의해 제거되었다.

'정복된' 지역들에서 원주민들은 과로사할 가능성이 더 높았다. 역사가 알란조 데 요리타는 라티푼디움 체제가 수립된 멕시코의 정복당한 지역들에서의 상황을 다음과 같이 묘사한다.

'스페인으로부터의 정착민들, 왕실 그리고 교회의 집단적 공물과 노동 요구는 아즈텍 통치자들, 귀족 그리고 성직자 집단의 상대적으로 보잘것없는 징수를 훨씬 초과했다. 더 앞선 유럽 경제는 노동자의 공급을 크게 늘릴 것을 요구했다. 정복자들 또는 그 자식들은 은광, 설탕 및 카카오 플랜테이션, 소 방목장, 밀 농장으로 무한한 부를 차지할 전망을 가진 자본가적 기업가들이 되었다. 원주민 노동에 대한 착취의 강도는 견딜 수 없는 정도가 되었다. 그리고 과도한 중노동, 영양실조, 먼 곳의 광산과 플랜테이션까지의 장거리 여행의 고달픔으로 몸이 약해지고 고대 부족의 삶에 의미를 주던 목적과 신념의 상실로 영혼이 망가진 원주민들은 풍토병이든 전염병이든 질병과 그들에게 익숙한 병들 그리고 유럽인들에 의해 수입된 징벌인 천연두, 인플루엔자, 홍역, 장티푸스, 말라리아 등의 쉬운 먹잇감이 되었다. 무시무시한 규모의 인구학적 비극이 생겨났다. 멕시코의 원주민 인구는 발표된 공물 관련 기록에 기초한 최근의 추정에 따르면 1532년의 대략 1,687만 1,408명에서 1568년의 264만 9,573명, 1595년의 137만 2,228명, 1608년의 106만 9,255명으로 감소했다.

스페인이 원산지인 기술 변화가 이 재앙에 기여했다. 스페인에서 수입된 소 떼와 양 떼가 멕시코 땅에 가득하고, 줄어드는 원주민 인구와 더불어 텅 빈 땅은 물론 원주민의 윤작 체계에 의해 필요한 여분의 땅에도 흔히 침입했다. 토지 단위당 원주민의 원예 농업보다 덜 생산적인 쟁기 농업의 도입, 그리고 부족한 수자원을 원주민의 밭에서 자신들의 밭, 소 방목지, 제분소로 돌린 스페인 사람들 때문에 땅과 사람들 간의 민감한

균형마저 뒤집어졌다.[226]

정복 시대의 출발기에 멕시코는 그 토지 면적의 반 이상에 숲이 울창했다고 추정된다. 지금은 10퍼센트 미만이 숲이고, 이 또한 급속히 파괴되고 있다. 제국문화는 오늘날의 멕시코를 앙상한 해골로 만들어왔다. 오늘날 파내어져서 팔릴 수 있는 그 지역의 유일하게 가치 있는 것은 땅에서 나는 석유다. 멕시코 땅의 대부분에서 '생태적 죽음(eco-death)'이 진전되고 있는 반면, 빈민이 된 인구는 폭발적으로 증가하고 있다. 멕시코에서 인구가 두 배로 느는 시간은 지금은 25년이다. 원주민들 중 상당수는 스페인 사람들이 아즈텍과 잉카의 보물들을 실어간 후에 급히 문을 연 광산들에서 죽었다. 에두아르도 갈레아노는 그의 책 《남아메리카의 열린 혈관: 대륙 약탈의 다섯 세기(Open Veins of Latin America: Five Centuries of the Pillage of a Continent)》에서 오늘날 볼리비아에 있는 포토시에 관해 말한다. 포토시는 지금은 유적지이지만 한때는 그 지역에 있는 은광으로 먹고사는 호화로운 거대 도시였다. 1650년에 포토시는 세계에서 가장 크고 가장 부유한 도시 중 하나였다. 사치품들이 은에 대한 대가로 제국의 외진 곳에서 포토시로 실려 갔다. 식민지 유럽인들의 사치품은 원주민사회의 노예화에 의해 생겨난 것이다. 갈레아노는 포토시 은광이 3세기 동안 800만 명의 원주민 목숨을 앗아갔다고 말한다. 그는 이렇게 말한다. "많은 사람들이 광산으로 보내지고, 시장에서 팔리고, 또다시 팔리는 것을 면하려고 법정에서 메스티소(스페인 사람들과 원주민의 혼혈)로서의 지위를 주장했다."[227]

"아메리카 대륙의 원주민들은 모두 해서 7천만 명 이상이었다. 외국인 정복자들이 수평선에 나타나고 한 세기 반이 지났을 때 그들은 350만 명으로 줄어있었다."[228]

---

226 *Life and Labor In Ancient Mexico.* Alonso de Zorita. trans. & intro. Benjamin Keen. Rutgers U. Press. 1971. pp. 8,9.Galeano.

227 *Open Veins of Latin America.* op. cit. p. 50

228 ibid. p. 51.

제국 문화의 종말과 흙의 생태학

멕시코, 중앙아메리카, 남아메리카는 여전히 쿠바와 니카라과를 제외하면 아주 소수의 그러나 강력한 엘리트에 의해 소유·통제되고 있다. 거대한 근대적 플랜테이션이 아직도 식민지의 엘리트들과 그들의 연합 세력인 제1세계의 은행가들과 산업가들을 위해 부를 창출한다.

기계문화의 습격

근대 유럽의 제국주의는 1400년대 말에서 1500년대 초까지의 스페인과 포르투갈의 정복으로 시작되었다고 말할 수도 있다. 원래 유럽인의 정복은 유럽의 봉건제를 단지 신대륙에서 복제한 것으로서 로마, 그리스, 수메르 등 인도·유럽 제국의 선행자들 혹은 한나라 시대 중국의 제국주의와 다르지 않은 제국주의 패턴을 계속하는 것이다. 그러나 뭔가 새로운 것이 있다면 16~17세기에 땅에 발을 붙였다는 점이다. 스페인 사람들과 포르투갈 사람들이 남아메리카, 아프리카, 남아시아에 있는 그들의 식민지를 공고히 하면서 유럽에서는 어떤 변화가 일어나기 시작했는데 그것은 오늘날 '산업혁명'이라고 불리는 것이다. 새롭게 탄생하여 늘어나기 시작한 '중상주의자(mercantilist)'라는 계급이 촉진한 범세계적 무역으로부터 연료를 공급받은 산업혁명은, 유럽의 농민사회를 거의 알아볼 수 없게 변모시킨 동시에 전 세계적으로 여러 토착문화들의 파괴를 보장했다. 제국의 패턴은 변방의 영토들을 정복하고, 그곳을 강탈하고, 보물들을 제국의 중심지로 실어가고, 제국이 계속 팽창하도록 먹이를 공급하는 것이다. 스페인 제국의 애초 목적은 금을 얻는 것이었다. 금은 모국에 의해 쉽게 흡수될 수 있었으므로 특대(特待) 제품이었다. 그러나 결국 식민지에서 배출되던 식량과 섬유 같은 화물을 효과적으로 흡수하기 위해 제국 중심지의 사회 기반 시설은 달라져야 할 예정이었다. 산업혁명은 오늘날에도 존재하는 산업주의의 패턴을 출범시켜 이 문제를 깨끗하게 해결했다. 기계화된 산업사회는 봉건 사회가 할 수 있었던 것보다 훨씬 더 많은 수입된 자원을 사용할 수 있었다. 산업은 더 많은 유형의 자원들이 활용될 수 있게 해준 것이다. 새로운 기계들이 그 원자재를 가공해 완성된 공산품으로 변화시키기 시작했다. 생산된 제품들 중 대부분이 유럽을 부유하게 했는가 하면, 일부는 다시 고가에 판매하도록 식민지로 되돌려 보내짐으로써 식민지들을 계속 착취했다. 식민지 정부는 원주민들을 그들의 전통적 생존 수단에서 내쫓고, 유럽에서 온 정착민들과 원주민들이 그들 자신의 가내 수공업을 발달시키는 것을 적극적으로 탄압했다. 식민지가 유럽산 제품을 구입하도록 강제하기 위해서 말이다(이런 유형의 착취는 결국 북아메리카 식민지에서 '보스턴 차 사건'이 일어나도록 만들었다). 마하트마 간디의 그 유명한 민족 해방 운동인 스와데시(Swadeshi)는 원래 영국 식민지인 인도에서 1800년대 말에 시작되었던바, 이는 시골집에서 물레를 돌리는 등의 방식으로 이루어지던 가내 수공업의 경쟁력을 회복하는 것을 목표로 했다. 영국인들은 모국의 직물 산업계가 생산한 옷감과 같은 제품을 위한 소비자들을 창출하고 싶었으므로 인도인들의 가정 내 옷감 짜기를 비롯한 여러 가내 수공업들을 금지했다. 스와데시의 표어는 '대량 생산이 아닌 대중에 의한 생산(production by the masses, not mass production)'이었다.

농민 생존문화의 종말

시장과 제조업 중심 경제로의 뒤바뀜은 유럽 전역의 농민 생존문화의 손발을 잘랐다. 기계 그리고 기계 문화적 외피는 유럽인들을 땅과의 유기적 실재에 대한 남아있는 어떠한 자연적 관계로부터도 떼어놓는 마지막 지렛대였다. 중세 시대의 유럽은 아직 대체로 농경사회였다. 유럽의 봉건 영주들은 권력, 부, 영토를 차지하기 위해 서로 다투었지만, 사회의 조직은 사회의 조직 원리로서 금에 대한 완벽한 의존성에 아직 도달하지 못했었다. 통화(通貨)와 시장은 아직 전능해지지는 않았었다. 자신들의 일상생활에서 중세 농민층은 확대가족 체제를 가진 인간적 공동체 중심의 사회를 이끌었다. 수세기에 걸친 로마 시대 및

제국 문화의 종말과 흙의 생태학

로마 후 시대의 문명화된 사고 형태에 의한 지배에도 불구하고, 그리고 농민들 자신이 침입한 가부장적 인도·유럽 계통의 여러 부족인 켈트족, 앵글족, 색슨족 등과 같은 부족들의 후예라는 사실에도 불구하고, 15세기 유럽의 농민사회는 고대의 인간적 문화의 상당한 품질을 보전했다. 사람들은 음식을 나누었고, 서로에 대해 일정한 책임을 졌다. 개인의 굶주림은 좀처럼 일어나지 않는 일이었다. 농민사회는 음식과 주거지와 그 구성원들의 돌봄에 바쳐진 생존공동체였다. 농민들과 땅의 관계는 강했으며, 그것과 함께 제한적인 권리를 가졌다. 사회에는 아직 시장 경제 체제가 나타나지 않았었다. 그러나 중세의 농민사회의 본질은 부족(部族)의 수렵·채취적 생존에서 크게 퇴화해있었다. 이 사람들은 자연문화로부터의 인도·유럽인들의 수천 년의 이탈의 계승자들이었다. 그들은 위계질서와 가부장제에 의해 구조화된 사회 안에서 살았으며, 거기서는 엘리트가 군사적 모험을 추구함으로써 물질적인 부와 권력을 축적했다. 농민의 잉여인 '지대(地代)'는 토지 귀족과 왕실의 엘리트들을 부유하게 만들었다.

가부장제는 인도·유럽의 문화에서 고유한 것인 듯하다. 언어학자들이 '인도·유럽어'라고 부르는 뿌리 언어는 적어도 1만 년 전에 중앙아시아의 코카서스 산맥에서 여러 민족들에 의해 구사되었다. 언어학자 에밀 방브니스트는 모성에 우선한 부성에 관해 주장한다. "지금까지의 모든 사실들은 우리가 인도·유럽인들의 부성 개념의 우선성을 인정하도록 촉구한다."[229] 방브니스트는 원형 인도·유럽어에서 아버지에 대한 공식적 단어에 대한 여성적 상대어를 찾지 못했다. 그의 언어학 연구는 "인도·유럽인 사회의 어머니에게는 어떠한 법적 지위도 없음"을 가리킨다. "patrius(아버지)에 대한 상대어로서 matrius(어머니)라는 단어가 없다는 것이 인용될 수 있다."[230] 엄격한 가부장제는 확실히 인도에서부터 영국까지 인도·유럽어족 집단의 여러 문화를 특징짓는다. 침입하는 인도·유럽

---

229 *Indo-European Language And Society.* Emile Benveniste, Elizabeth Palmer, trans. U. of Miami Press. Coral Gables, Florida. 1973. p. 175.

230 ibid. p. 175.

인들이 고대의 유럽에 서식했던 수렵·채취인들을 쫓아낸 후 유럽에서 수천 년간 꾸준히 (숲을 파괴하는 - 옮긴이) 도끼질이 계속되었다. 인도·유럽 문화 집단과 함께 유럽에 도입된 소, 양, 염소 등은 숲을 잘 활용하지 못했다. 인도·유럽인의 문화적 대사(代謝)의 기초인 곡식은 숲이 잘려나가고 탁 트인 밭이 마련되지 않으면 재배될 수 없다. 이 물질대사가 그들의 농업을 위한 좋은 흙에 의존하기 때문에 우리는 그들을 숲이 예전에 존재했던 여러 지역에서 발견한다.

아랍인들이 이베리아 반도에 침입했던 서기 13세기 후반에 심한 양 방목이 그곳에서부터 이탈리아에까지 걸쳐서 스페인 문화의 일부분이 되었다. 이 지역들의 숲은 방목을 위한 초지를 만들려고 잘려나갔고, 그래서 심각한 토양 침식이 일어났다. 유럽에서 여러 나라들이 발전하자 숲들은 제련업과 해외무역 및 전함을 만들기 위한 조선업을 위해 점점 더 말살되었고, 농업을 위해 제거되기도 했다. 16세기에 영국에서는 옷감을 짜는 산업적 기계장치를 도입했다. 그 기계장치는 영국에서 번영하는 직물·양모 산업을 일으켰다. 영국인들은 순식간에 산업혁명의 지도자들이 되었다. 영국인들이 그들의 새 식민지에서 자원을 뽑아내면서 그들은 그 식민지에 되팔기 위해 직물 같은 제품들을 제조했다. 거대한 양의 면화와 양모를 공급해야 할 필요가 생겼다. 이것들은 유럽에서 그리고 이집트, 지금의 미국 남동부인 곳 같은 식민지들에서 획득되었다. 유럽 땅의 농민과 지주층 모두 새로운 양모 공장에 공급하기 위해 양을 키우는 것처럼 산업용 원자재를 생산하기 위해 토지를 필요로 하는 산업가들에 의해 토지에서 추방되기 시작했다.

경작하던 땅을 빼앗긴 농민들은 신흥 산업 체제의 부풀어 오르는 노동의 현장으로 집어넣어졌다. 토지와 인간들은 산업제국의 노동 시장과 상업 시장에서 판매용 상품이 되고 있었다. 사람들은 자신을 노동 시장에 쉽사리 내놓지 않았다. 상당수의 농민층은 그들이 필요로 하는 것의 대부분을 자신들의 밭에서 자신들의 노력으로 생산했기 때문이다. 그들은 화폐(시장)경제 체제와는 별로 관계가 없었고, 끔찍한 공장의 환경에서 일할 이유도 별로 없었다. 그 시절의 해설자들은 고임금이 적은 일을 낳는다고 지적했다. 그 이유는 간단했다. 임금이 높으면 사람들은 생존에 필요한 얼마 안 되는 돈을 더 빨리 벌어들인

제국 문화의 종말과 흙의 생태학

뒤 더 일찍 관둔다는 것이다. 노동자들은 아직 농민문화를 가지고 있었다. 그들은 자신들의 가정에서 필요한 것들 중 대부분을 생산했고, 그들을 바퀴에 무한정 매달아 놓을 물질적 부에 대한 무한한 필요나 욕망을 아직 발달시키지 않았었다. 경제사가 칼 폴라니는 이렇게 적는다.

> 18세기 리용의 제조업자들은 주로 사회적 이유로 저임금을 역설했다. 자기 동료들과 연합하여 고용주가 그에게 요구하는 것은 무엇이든 하도록 만드는 개인적 노예 상태에서 벗어나는 것을 과로한 그리고 짓밟힌 노동자만이 포기할 것이라고 그들은 주장했다. 영국에서와 같은 법적 강제와 '교구 농노제(parish serfdom)', 대륙에서와 같은 절대주의적 노동경찰(labor police)의 엄격성, 초기 아메리카 대륙에서의 기한제 머슴노동이 '싹싹한 일꾼'의 전제 조건이었다. 그러나 마지막 단계는 '자연'의 형벌인 기근의 집행으로 달성되었다. 그것(노동)을 풀어내기 위해서는 개인이 굶주리게 두는 것을 거부하는 유기체적 사회를 폐지할 필요가 있었다.[231]

다른 많은 유럽의 나라들에서처럼 영국에서도 토지의 여러 구획과 토지 위의 사람들은 토지 소유 귀족들 간에 나누어져 있었다. 그러나 문화적 관습 상 봉건 사회는 어떤 점에서는 대가족처럼 기능했다. 농민들은 귀족에 대한 의무를 지녔고, 귀족은 농민들에 대한 의무를 지녔다. 특히 귀족은 농민들에게 군사적 보호를 제공할 의무를 지녔다. 이 거대한, 다소 마을 같은 성격을 띤 가정에서 토지 보유는 사유재산 개념에 기초를 두지 않았고, '전통적 사용(traditional use)'이나 문화적으로 인가된 장치 같은 복합체에 따라 보유되었다. 이러한 전통적 사용이라는 합의는 산업혁명에 의해 파괴되었다. 갑자기 영국의 토지 귀족들은 이렇게 말하기 시작했다. "나는 이 토지를 소유하고 있다.

The Great Transformation. The Political and Economic Origins of Our Time. Karl Polanyi. Beacon Press. Boston. 1957. p. 165.

지금 나는 농민들이 내 토지에서 제거되기를 원한다." 악명 높은 16세기의 '인클로저 법(Enclosure Law)'은 농민들에게서 그들이 귀족 집단과 전통적으로 공유해온 숲과 목초지를 빼앗았다.

　가난한 사람들과 떠돌이 노숙인들의 수가 늘어났다. 폴라니는 이 시기에 관해 이렇게 주장한다.

> 인클로저는 '부자가 가난한 자에게 대항한 혁명'이라고 적절하게 불렸다. 물론 실상은 영주들과 귀족들이 사회질서를 뒤엎고 고대의 법과 관습을 깬 것이다. 때로는 폭력 같은 수단에 의해, 때로는 압력과 위협으로 그렇게 했다. 그들은 문자 그대로 가난한 자들에게서 공유지에 대한 몫을 빼앗고, 가난한 자들이 그전까지 깰 수 없던 관습의 힘에 의해 자신과 자신의 상속자들의 것으로 오랫동안 간주해왔던 집들을 허물고 있었다. 사회의 조직은 찢어지고 있었다. 황폐한 마을들과 주거지의 폐허가 혁명이 몰아쳐 나라의 수호를 위태롭게 하고, 그 성읍들을 황무지로 만들며, 사람들을 말살하고, 그 과도한 짐을 진 흙을 먼지로 바꾸고, 그 사람들을 괴롭히고, 그들을 품위 있는 농부에서 거지 떼와 도둑 떼로 만드는 잔혹성을 증언했다. 이는 산발적으로만 일어난 일이더라도 검은 점들이 한데 녹아 일률적인 파국이 될 기세였다.[232]

　노숙자 관련 법령들도 그 시대에 제정되었다. 돈을 가지지 않은 것이 범죄가 되었던 것이다. 이는 특히 자급자족적인 농민층에 향해졌다. 그들이 잘 먹고 잘 살았지만, 주변적으로만 화폐경제에 참여했기 때문이었다. 그들의 가내공업은 토지에 기반을 둔 것이지 시장에 기반을 둔 것이 아니었다. 그들이 자급자족적이었더라도 새로운 법령들에 따르면 노숙자였으며, 그래서 체포된 뒤

---

232 ibid. p. 35.

구빈원에 보내졌고, 거기서 돈 가진 지주들과 공장주들에게 일꾼으로 대여되었다(노숙자 관련 법은 미국에서 1950년대까지 계속 강제되었다).

새로운 산업 도시의 빈민가들은 예전의 농민들로 가득했는데, 이들은 여기서 노예와 별로 다름이 없었다. 폴라니는 그들의 멍에를 이렇게 묘사한다.

> 지방의 행정기관들은 교구의 보살핌에 도제식 교육이 맡겨진 가난한 아이들에 대한 면화 공장의 예기치 않던 수요를 기꺼이 이용하고 있었다. 수백 명이 제조업자들의 도제가 되었으며, 아주 먼 곳으로 간 경우도 많았다. 전체적으로 새로운 도시들은 빈민에 대한 왕성한 식욕을 발달시켰다. 공장들은 가난한 자들의 활용에 대해 대가를 지불할 준비도 되었다. 어른들은 그들을 맡아두기 위해 데려가는 어떤 고용주에게든 할당되었고, 그다음에는 이런저런 형태의 순회 감시인 시스템에서 교구의 농부들 가운데로 할당되어갔다. 수용자들을 임대하는 것이 '죄인 없는 감옥', 즉 강제노동수용소를 운영하는 것보다 저렴했다.[233]

달성되었던 것은 제국만큼 오래된 패턴으로서 자급자족적인 사람들을 토지에서 분리시키고 그들을 엘리트의 식량 분배에 의존하도록 강제하는 것이다. 최근 몇 세기 동안 이는 엘리트에 의해 통제되는 화폐 경제로 강제 편입되는 것을 의미했다. 옛 시대에 이는 수렵·채취인들에게서 그들의 전통적 수집 활동 지역들의 사용권을 빼앗는 것을 의미했다. 1700년까지 유럽의 부는 몇 사람의 손에 집중되었고, 대중의 빈곤은 크게 진행되었다. 그때가 되면 생존문화는 운이 다했고, 귀족들의 권력은 쇠퇴일로에 있었으며, 기업가적 '신사농부(gentleman farmer)'와 부유한 산업가가 우위를 차지했다.

사회혁명의 물결이 12~18세기 내내 유럽을 휩쓸었다. 이 다양하고 다채로

---

233 ibid. p.116.

제1권 문명의 붕괴

운 운동들은—러다이트 운동, 수평파 운동, 디거스 운동, 차티스트 운동, 퀘이커 등을 포함해서—영적인 기반을 두었다. 그들은 보통 '식사와 재산의 나눔을 포함한 사회적 형태의 공동체주의를 향한 움직임'이라는 의미에서 반물질주의자(anti-materialist)였다. 공동체주의와 반물질주의를 향한 충동은 강했다. 봉건제로 대표되는 것과 같은 최후의 인간적 사회 환경을 찢어발김에 대한 저항이 끊임없는 봉기를 유발했고, 때때로 내전도 유발했다. 어떤 경우에는 여러 지역 전체와 도시 전체가 이 집단들에 넘어간 일도 있었다. 교황과 왕실은 위계질서와 엘리트주의에 대한 이런 모욕을 저지르던 참가자들을 군대를 일으켜 학살했다. 그랬더라도 이 운동들의 영적 상속인들은 오늘까지도 더 자연적인 생활양식으로 돌아가려는 시도를 계속하고 있다.

합리주의의 정복

'진보', '발전', '생산성'은 신흥 기업가 계급이 전통적인 사회를 공격하던 때의 그 지적인 기치(旗幟)였다. 사회 운동이 발달한 이유는 '자유 시장', '상업을 위한 구속받지 않는 행동의 자유'라는 외침에 이끌려 결집한 상업 이익 집단에 지도를 받은 것이기 때문이다. 지금도 그렇지만 당시에 빈민들과 재산이 없는 사람들의 수가 늘어나면서 이렇다 할 이익은 대체로 신흥 산업 계급에 갔다. 대중들 가운데 빈곤이 늘어나면서 산업가들은 사회에 대한 그들의 주도권을 확보했다. 외국과의 무역, 해외 탐험, 제국주의가 증대했다. 우리들 가운데 대부분은 학교에서 이 산업적 공세의 시대를 '위대한 진보의 시대'로 간주하도록 배워왔지만, 그것은 오직 엘리트를 위한 '진보'일 뿐이었다.

새로운 운동의 철학자들은 '합리주의자'들이었다. 합리주의자들은 인간 '이성'이 인간 행위의 기초여야 한다고 믿었다. 그들은 다양한 형식의 '전통주의자들', 계시, 기독교의 성서, 전통 같은 '비과학적' 신념이나 문화에 아직도 머물러 있는 토착 지식의 잔재에 기초한 진리를 받아들이는 자들에 반대했다. 기계의

제국 문화의 종말과 흙의 생태학

발명과 새로운 경험·실험 과학의 결과물들이 계속 산업적 팽창을 혁신했다. 생명의 생기는 화학적 과정들의 엄격한 기능 수행으로 보이게 되었으며, 지구는 기계로, 즉 거대한 시계로 지각되었다. 과학자들이 새로운 사회의 사고형태를 우주에 투사하면서 생명의 신비와 경외심이 사라졌다. 과학과 산업은 수백만 년의 인간문화를 거꾸로 세운 세계관을 선포했다. 이제 의식적으로 자연을 '정복'하려고 애쓰면서 그들은 전통에 대해 사회적 전쟁을 개시했다.

여성들은 새로운 합리주의의 적으로 지목되었다. 수 세기 동안 유럽의 마을 여성들은 로마 시대 이전의, 기독교가 받아들여지기 이전의 문화의 지식유산들을 보전하고 전수했다. 여성들은 흔히 농민 마을에서 영향력 있는 인물들이었다. 그 여성들은 그들의 치료법, 약초, 땅의 자연적 생명에 대한 지식을 실천함으로써 사람들과 토지의 관계의 안정성을 유지했다. 이 여성들의 힘은 오랫동안 농민층을 통제하려는 가부장적인 가톨릭교회의 노력을 방해해왔었다. 이제 교회, 중상주의 국가 그리고 합리적 '과학'의 새로운 철학자들이 자연 치료술의 남아있는 모든 실행자들을 신체적으로 박멸할 목적을 띤 고문과 살해의 공세를 위해 힘을 합쳤으며, 이는 대체로 성공적이었다. 국가와 교회가 후원하는 마녀사냥의 피비린내 나는 동란이 유럽 전역에서 16세기 동안 일어났다. 우리가 기록을 가진 여러 나라들에서 10여만 명의 사람들이 마법 활동으로 기소되었으며, 그들 중 80퍼센트 이상이 여성이었다.[234] 어떤 경우들에서는 마을 전체의 여성 인구가 고문을 당하고 죽었다. 기독교의 증오 선전은 오늘날 지구상의 마지막 부족민의 살해를 정당한 것으로 만드는 데 활용되는 유형의 은폐와 거짓 정보 캠페인의 초기 사례로서, 이는 마녀사냥의 진정한 목적을 은폐했고, 또한 계속 은폐하고 있다. 그 진정한 목적이라는 것은 자연문화를 최종적으로 밟아 꺼뜨리는 것이다.

'진보'의 개념은 정말로 선형 증가의 오래된 신화가 새 옷으로 갈아입은 것이

---

234 *The Death Of Nature. Women, Ecology And The Scientific Revolution.* Carolyn Merchant. Harper & Row Pub. New York. 1979. p. 138.

다. 사람들은 상업, 과학, 산업주의 그리고 우월한 자가 열등한 자를 정복하는 것이 인간가족이 처해있는 조건을 계속 개선한다고 믿었다(그리고 16세기 말까지는 유럽의 인간사회의 대부분은 개선이 절실하게 필요했다). 가장 경솔한 자라도 마케팅과 기술에 의해 창조되는 부와 그 혜택의 선형 증대에는 어떠한 종말이든 있을 것이라고 말하지 않을 것이었다. 진보는 무한할 것이라고, 별까지라도 닿을 것이라고 여겨졌다. 그래서 유럽인들은 단체로 제국주의 신념 체계의 희생제물이 되었고, 제국을 위한 잠재의식적 정당화가 문화에 각인되었다.

유럽이 지구를 가로질러 폭발하다

1800년에는 지구의 절반을 훨씬 넘는 땅에 부족적 수렵·채취민이 서식했다. 이 사람들은 홍적세 이래 그들의 문화적 패턴을 유지해오고 있었다. 자연계의 균형을 강조하는 이 문화들은 안정적인 인구를 가졌다. 유럽 제국이 폭발한 것은 이런 안정성을 배경으로 한 것이다.

유럽에서 제국문화에 의해 유발된 사회적·환경적 분열은 산업혁명으로 극적으로 가속화되었다. 그것은 인구 폭발을 일으켰다. 인구학자들은 산업혁명 전에 '문명' 세계의 인구가 두 배가 되는 시간은 대략 한때 250년이었다고 추산한다. 이는 먼 과거부터 일반적으로 안정 상태로 유지된 증가율이라는 것이다. 1850~1930년에 세계 인구는 80년 만에 두 배가 되었다. 미국, 캐나다, 오스트레일리아, 아르헨티나의 인구는 1850~1900년에 세 배로 늘었다. 19세기 동안 유럽 대륙의 주민과 해외 식민지의 원주민을 다 포함한 유럽인들의 세계 인구는, 다른 대륙의 원주민 인구보다 세 배에서 네 배 빨리 증가했다.[235] 1980년

---

235 *Man's Role In Changing The Face Of The Earth.* Thomas, Jr. ed. Vol. 2. U. of Chicago Press. Chicago. 1956. "The Spiral of Population," Warren S. Thompson. p. 974.

제국 문화의 종말과 흙의 생태학

대에 추정된 세계 인구가 두 배로 늘어나는 시간은 겨우 33년이었으며, 이는 더 짧아져 왔다. 이런 인구 증가의 원인은 자연적 생명을 연구함으로써 밝혀질 수 있다. 방해받지 않는 자연적 시스템에서는 안정성이 지배한다. 안정적 생태계에서 종들의 개체수는 서로 균형을 유지한다. 생태계가 피해를 보거나 파괴될 때는 식량의 원천이 균형을 상실한다. 어떤 식량은 더 풍부해지는 반면 다른 식량들은 사라져서, 어떤 종들의 개체수는 팽창하는데 다른 종들은 줄어들거나 멸종된다. 균형에서 벗어난 개체수가 고삐 풀린 듯이 성장을 하고 불어나서 식량원을 고갈시키고 붕괴되면서 당분간은 생태계가 격변을 경험한다. 화산 분출 같은 자연적 분열이 서서히 있은 후에 생태계는 치유되고 안정성이 회복된다.

　유럽에서는 수세기에 걸친 인간 사회의 교란이 토지를 고갈시켰고, 인구는 이미 여러 번의 큰 팽창이 흑사병에 의한 비극적 붕괴로 이어지는 것을 겪어 왔었다. 16세기에 유럽의 인구는 중세의 흑사병에 따른 파도로 인한 격감에서 막 회복되고 있었다. 인구가 수직으로 떨어졌던 시기 동안에 신축성 있는 유럽의 경관, 특히 숲들은 이전 세기들에 가해진 농경과 광산의 약탈에서 어느 정도 회복되었었다. 산업혁명의 도래와 함께 상업 이익 집단들은 신속히 유럽 토지의 건강성을 착취했지만, 새로운 사태 전개가 일어났으니, 그것은 원자재 수입이었다. 식민지에서 들여온 새로운 원자재들이 유럽 사회의 생산 역량을 예전에는 상상조차 못 해봤을 정도로 불어나게 했다. 일반적으로 곤궁했음에도 불구하고 유럽 인구는 증가했다. 북아메리카의 식민지화가 유럽을 위해 행한 가장 큰 서비스 중 하나는 유럽 인구의 수출이었다. 폭발적으로 늘어나는 유럽 인구의 대규모 이민이 일어나지 않았더라면 조만간에 점진적으로 빈곤해진 유럽 대중은 부자들이 식량과 부를 나누어야 한다는 그들의 증대하는 요구를 관철했을 것이다. 인구를 대량 수출함으로써 유럽의 엘리트는 자신의 부와 통제권을 지킬 수 있었고, 식민주의자들은 해외에서 훨씬 더 많은 부를 창출해 제국을 부유하게 했다. 이는 모든 제국의 엘리트들이 성장을 요구하는 이유 중 하나다. 성장의 상황이 있으면 사람들은 증대를 경험하며, 엘리트가 가진 것을 요구하지 않는다. 동시에 파이가 커지면 엘리트의 몫이 커지는 비율은 더 빨리 성장

하고, 밑바닥 계층이 차지하는 새로운 몫은 바로 그 성장에서 나오지, 엘리트
가 행한 축적에서 나오는 것은 아니다.

1820~1930년에 유럽은 인구의 5분의 1인 5천만 명 이상을 수출했다. 19세기
후반기에만 3천500만 명의 사람들이 유럽에서 수출되었다. 대략 같은 기간 동안
전 세계 부족민의 수는 급감했다. 인류학자인 존 H. 보들리는 이렇게 주장한다.

> 1780~1930년의 150년간 세계의 부족민은 산업문명 확산의 직접 결
> 과로 최소한 3천만 명가량 줄었다고 보수적으로 추정될 수 있을 것이다.
> 덜 보수적인, 더 현실적일 개연성이 있는 추정치는 그 수치를 아마도 5천
> 만 명으로 놓을 것이다.[236]

세계의 부족민에 대한 서로 다른 추정치는 부분적으로 더 새로운 연구의
결과다. 유럽인의 정복이 진행될 때 그들이 밀려든 '텅 빈' 지역들이 많았다. 유
럽인이 북아메리카의 대평원에 도착한 것보다 수세기 앞서 도착한 야생마처럼
유럽으로부터의 인간 질병이 정복자들보다 앞서갔다. 역사학자 앨프리드 W.
크로스비는 《생태적 제국주의(Ecological Imperialism)》에서 에르난 코르테
스가 아즈텍의 수도 테노치티틀란을 다시 빼앗고 있었을 때, 그 도시를 되찾았
던 아즈텍인들은 이미 그리고 동시에 천연두라는 심각한 전염병을 앓고 있었다
는 것을 보여준다. 피사로가 잉카인들을 도륙하러 왔을 때쯤에는 천연두가 아
미 그곳에서 인구를 격감시켜 놓았었다.

크로스비는 이렇게 주장한다.

"질병은 흔히 유럽의 경계선을 훨씬 넘어 백인 침략자들에 대해 별로 들어
본 일이 없는 민족에게까지 퍼지는 일이 많았다. 천연두는 1782년이나 1783년
에 북서부 태평양 연안에 있는 푸젯 해협에 도달했을 개연성이 있다. 이는 그

---

236 *Ecological Imperialism. The Biological Expansion of Europe, 900–1900.*
Alfred W. Crosby. Cambridge U. Press. New York. 1974. p. 5.

제국 문화의 종말과 흙의 생태학

당시 세계에서 인구가 많던 중심지들에서 지구상 어느 곳보다 더 먼 부분이었다. 탐험가 조지 밴쿠버가 1793년에 그 해협 안으로 항해해 들어갔을 때, 그는 곰보 얼굴을 한 아메리카 원주민들을 발견했고, 포트 디스커버리에 있는 해안을 따라 흩어져있는 인골들(두개골, 다리뼈, 갈비뼈, 척추)이 아주 많아서 이곳이 '주변 지역 전체의 공동묘지'라고 생각하기까지 했다. 그는 별로 멀지 않았던 시기에 그 지역은 그때보다 훨씬 더 인구가 많았던 것이라 판단했다. 이는 그가 정확하게 전체 대륙으로 확장시켰을 수도 있었던 평가다."[237]

땅에 대한 유럽인들의 산업적 식민지화는 '대학살'을 뜻했다. 그리하여 목숨을 내놓은 자들의 수는 수천만 명에 이르렀다. 존재하는 부족들로 추정하는 보수적인 인류학적 어림짐작은 3천만 명가량이다. 크로스비의 공중보건 관점에서는 이는 1억 명을 훨씬 초과할 수 있다. 괴기스러운 통계가 뭘 보여주든, 우리는 이것이 지구상에서 여태껏 일어난 '인간에 대한 가장 믿을 수 없는 살해'라는 데 유의해야 한다. 또한 주목해야 할 것은 우리의 문화적 현실에서 이는 기억의 진공 상태로 들어갔다는 것이다. 이 대학살의 중요성은 역사책에서 별로 공간을 차지하지 않으며, 대중은 그들의 식민지가 그러한 규모의 죽음에 기초를 두고 있다는 데 대해 별생각이 없다.

생명과 실재에 관해 침략자와 원주민이 품은 각각의 문화적 가정이 주어졌을 때 두 가지 생명관이 나란히 살아갈 방법이 없었고, 지금도 없다. 하나는 그 서식지인 살아있는 세계에서 안정적으로 산다. 다른 하나는 자신의 성장을 위해 살아있는 세계를 먹어치운다. 유럽인들은 유럽의 문화적 중심지들에 붙어있는 제품들과 신념들의 정신적·문화적 왕국 안에 존재했다. 부족적인 원주민은 유럽 문화가 '적절한' 생활 방식이라고 기술한 것의 정반대를 대표했다. 많은 경우, 유럽인들이 원주민들을 실제의 인간으로 보기가 어려웠다. 어떤 지역에서는 원주민들이 의식적으로 죽도록 부려졌고, 많은 지역들에서 사냥감 동물들처

---

237 ibid. p. 203.

럼 사냥 되었다. 예를 들면 초기의 미국 캘리포니아 주 영국인 정착지에서는 '신사 사냥꾼 모임'이 흔히 샌프란시스코에 모여 그 주의 북부에 있는 평화스러운 원주민들을 '사냥'하러 갔다. 제국문화의 프로그래밍과 조정은 아주 심오해서 오늘날에도 산업문화의 사람들은 돈이 없거나 고가의 공산품을 가지지 못한 다른 문화의 인간들을 중시하기가 어렵다. 나치스가 저지른 대학살 과정에서 유대인, 집시, 동성애자, 반파시스트에게 이루어진 정말로 무서운 일들은 인간에 대한 인간의 비인간성의 극단적 예로서 세계에 내세워지며, 그래야 마땅하다. 이 비인간성은 유럽 문화의 백색 피부를 한 사람들을 대상으로 일어났으며, 그래서 문명화된 정신에 의해 악몽같이 여겨진다. 유럽 제국의 팽창 중에 벌어졌던 수천만 명의 원주민이 희생된 잔혹 행위에 대해서는 '공식' 역사서들에서 별로 주목받지 않는다. 변경(邊境)에서의 제국의 식민주의자들은 관(官)의 주의를 끌지 않는 진공 상태에서 기능을 수행했고, 많은 경우 원주민들을 살해하고 고문하는 일을 하면서 공무 수행자들의 공모 관계까지 누렸다. '국경'의 산업문화 정착민들은 유럽의 공장에서 온 최신 기계로 만든 무기로 무장했다. 전 세계의 원주민들은 이러한 침략을 격퇴할 준비가 별로 안 되었었다. 후방의 유럽 수도들과 식민지들에는 이 토지 도둑질과 외국 민족 살해를 신학적·도덕적·법률적 주장으로 옷 입히기 시작한 자들이 있었다. 아메리카 원주민과 미국 정부 간의 법률적 관계에 관한 연구인 《깨어진 조약들의 긴 줄 뒤-원주민 독립선언(Behind the Trail of Broken Treaties: An Indian Declaration of Independence)》에서 바인 데로리아 2세는 지적하기를 초기의 청교도들은 "생육하고 번성하라"는 성서의 명령을 그들이 원주민의 땅을 취해야 하는 이유라고 주장했다는 것이다. 유럽에는 '생육하고 번성할' 남은 땅이 없으므로 신은 그들을 북아메리카로 오게 했음이 분명하다는 것이다.[238] 그 시대의 유럽인에게 그리고 우리 시대의 초국적 기업에게 인간들이 땅을 크게 변경시키고 '개발'하는 일 없이 땅 위에

---

238 *Behind The Trail of Broken Treaties. An Indian Declaration of Independence.* Vine Deloria, Jr. Dell Pub. Co. New York. 1974. p. 93.

제국 문화의 종말과 흙의 생태학

서 살 수 있다는 생각은 터무니없다. 제국문화의 사람들이 땅을 변경시키는 일 없이 땅 위에서 살아가는 부족적인 수렵·채취인들과 마주쳤을 때, 그들은 그 토지가 '활용'되고 있지 않다고 가정한다. 그들은 그것을 '황무지'라고 지칭하고 이런 조건을 혐오한다. 유럽인에게는 농경과 목축으로 토지를 '생산적'으로 만들기 위해 '적절한 활용'이 이루어지지 않고 있는 토지를 취하는 것은 명백히 정당하다. 데로리아는 유럽 문화에서 큰 신화 중 하나인 것, 그러니까 원주민은 제국의 '명백히 우월한' 문화에 노출될 때는 그들이 자발적으로 자신들의 문화를 버리고 침략자의 문화에 동참할 것이라는 신화를 드러낸다. 이 신화는 제국적·산업적 팽창의 과정 내내 일어난 원주민의 전 세계적 전쟁 상태와 모순된다. 이 신화는 그 자신의 문화가 다른 모든 문화보다 우월하다는 제국적 정신의 기본 가정에 의해 지탱된다. 이는 이어서 경쟁적인 사회적 다원주의 관점, 즉 19세기의 '적자생존' 개념을 사회적 위계구조의 꼭대기로 치고 올라간 자들이 명백히 통치자로서 '최적'이라는 개념으로 더 굴곡시킨 이 관점에 의해 지탱된다(나치즘과 파시즘은 이런 사상에서 논리적으로 발달되었다). 데로리아는 다음과 같이 말하면서 그 문제의 핵심을 파고든다. "원주민들의 토지를 취하는 데 대한 최종적인 더 복잡한 논거 중 하나는 문명의 혜택을 비문명인들에게 전수한다는 것과 관련이 있었다. 가능한 어떤 수단으로든 토지를 취하는 것은 그 대가로 원주민들이 서양문명의 큰 혜택을 받고 있기 때문에 정당화되었다. 이 서양문명이라는 것은 유럽 민족들이 타 민족들의 것을 빼앗는 것을 가능하게 해주는 군사력과 경제력을 창조할 수 있도록 해준 문명인 것이다."[239]

산업 문명제국 경계선의 전진은 세계 전체적으로 같은 패턴을 취했다. 첫째로 쉽게 운반되는 모든 보물이 모국으로 운송되었다. 그다음에는 그 토지를 경작하고 그 지역의 원자재를 취득할 정착민들이 필요했다. 마지막으로 노예화된 원주민들의 노동이 그 토지의 활용에 적합하다면 그것 또한 필요했다. 플랜테

---

239 ibid. p. 94.

이션 농업이 시작되었을 때, 광산업이 추진되어야 했을 때, 혹은 고무의 수집이 이루어져야 했을 때, 이 노동이 토착 노동에 의해 이루어지리라는 것이 모든 식민지 당국자들에 의해 계획되고 예상되었다. 정당한 이유는? 존 H. 보들리는 1921년에 제시된 이런 견해를 다시 옮긴다.

> **미국의 법률 당국자 앨피어스 스노우는 원주민들이 문명인 특유의 획득 충동을 단지 결여했으며, 이런 정신적 결함을 바로잡아줄 사실상 무엇이든 허용 가능하다고, 심지어 이는 국가의 도덕적 의무라고 지적했다.**[240]

산업제국의 전 지구적 팽창은 무장한 폭력에 의해 진행되었다. 토착문화를 파괴하는 기능을 수행한 선교사들과 정부의 행정관들에 의해 이어진 것이다. 미국에서 정복당한 원주민들에 대해서 기독교 이외의 다른 어떤 종교든지 이를 실천하는 것은 여러 해 동안 불법이었다. 소련에서 보들리는 소련의 산업주의자들이 실제로 '진보'에 해롭다고 여겨진 동방의 토착문화들을 파괴하는 데 활용된 레닌-스탈린 숭배를 어떻게 창조했는지를 묘사한다. 소련 정부의 공무원들은 레닌과 스탈린을 부족적 샤머니즘을 대체할 전능한 태양신들로 나타내는 인쇄물과 그림을 돌렸다.[241] 유럽 제국이 밀고 들어간 세계 전체에서 수백만 명이 죽었다. 1890년대에 독일인들은 오늘날의 나미비아 공화국인 서남아프리카 지역의 소 떼를 모는 헤레로 부족들의 땅에 몰려들었다. 1906년 원래의 헤레로 인구 30만 명이 여러 번의 학살 그리고 창을 든 부족민 대 총과 대포를 갖춘 독일 군인들 간의 상대가 안 되는 전투로 2만 명의 땅을 잃은 탈주자들로 전락해있었다. 그 땅에 파견된 독일 정부의 지도자들 중 한 사람인 파울 로르바흐는 토착 유목민들에게 그들의 목초지를 백인 유럽 정착민들에게 넘기라고

---

240 *Victims Of Progress*. John H. Bodley. Cummings Pub. Co. Menlo Park, Ca. 1975. p. 130.

241 ibid. p. 115.

제국 문화의 종말과 흙의 생태학

명령한 후에 1907년 그 땅이 독일의 영토임을 선포했다.

> … 토착 부족들은 백인이 바로 그 땅에서 소를 먹일 수 있도록 그들
> 이 소를 먹여온 땅에서 물러나야 한다. 이런 입장의 도덕적 권리가 의심
> 스럽다면, 그 대답은 남아프리카 원주민들의 문화 표준을 가진 사람들에
> 게 그들의 자유로운 민족적 야만성 상실 그리고 백인들에게 봉사하는 그
> 리고 이들에게 의존하는 근로자 계급의 발달은 주로 최고급의 생존 법칙
> 이라는 것이다. 개인에게도, 민족에게도 생존은 일반적 발전의 진전에 유
> 익한 정도만큼 정당화되는 것으로 보인다. 세계에서 어떠한 논거에 의해
> 서도 서남아프리카 종족들에 의한 민족 독립, 민족 번영 그리고 정치적
> 조직의 보전이 이 종족들이 백인 종족들에 의한 그들의 옛 영토의 향유
> 에 봉사할 수 있게 만들어지는 것보다 인류 일반의 발전을 위해, 혹은 구
> 체적으로 독일 민족의 발전을 위해 더 큰 이익, 아니 동등한 이익이라도
> 되리라는 것을 보여줄 수는 없다.[242]

이는 수 세기 동안 전 세계에서 늘 벌어진 (낯선 상대들 간의 – 옮긴이) 마주침의
유형들의 한 예이며, 이는 아직도 남아있는 원주민이 있는 곳 어디서나 계속되고 있다.

노예제와 제국

제국문화에서는 그 사회적 위계구조들로 인해서 사회는 인간들과 자연의
강탈 시스템이다. 이런 실상이 주어졌을 때, 다수 인간이 오직 노동력으로 구
매되는 플랜테이션 시스템의 완전한 가산 노예제 말고는 노예제의 확정된 정의

---

242 ibid. p. 55,56.

를 내리기 어렵다. 로마 제국에 동력을 제공한 대중 노예 제도는 결국 끝났지만 유럽의 토지 보유의 농노 시스템이 그 위계적 본성에서 상당한 정도로 강제노동의 시스템이었다. 유럽 사람들에 대한 어떤 실제적 매매가 중세 시대까지 계속되었다. 산업 이전 시대의 유럽 노예제는 빚진 자의 노역이나 채무 노예제와 더 유사했다. 유럽 출신의 노예들이 지중해의 항구도시들에서 팔려 북아프리카와 중동으로 보내졌다. 아프리카의 일부 계층화된 사회들도 나름대로 북아프리카와 유럽으로 노예를 팔았다. 유럽과 아프리카의 저 계층화된 사회들에서 노예의 사회적 정의는 '플랜테이션 노예제'나 '산업 노예제'에서의 그것이 아니었다. 노예제의 역사에 관한 권위자인 바질 데이비슨은 산업혁명의 발달과 나란히 진행된 대규모 아프리카 노예무역의 발달 직전 존재한 노예제의 유형을 기술한다.

> 유럽에서도 아프리카에서와 같았다. 유럽에서도 아프리카에서도 중세의 노예는 귀족과 평민을 한데 묶은 상호 의무의 시스템에 대한 접근권을 얻을 수 있었던 포로였다. 그리고 유럽에서든 아프리카에서든 사회의 예절로 통한 것은 상인들의 도덕으로도 통했다. 유럽 무역업자들은 그들의 동족 시골 사람을 이집트와 북아프리카의 해외 나라들에 팔았다. 유럽 재화들에 대한 필요에 압박을 받아 아프리카의 귀족들은 자신들의 민중을 유럽에서 온 선원들에게 팔기 시작했다.[243]

유럽인들 특히 포르투갈인들은 1500년대에 아프리카 서안에 도착했을 때 어떤 곳에서 여러 '왕국들', 계층화된 아프리카 사회들을 마주쳤다. 이들은 일반적으로 이슬람의 가부장적/위계적 문화의 영향을 받아온 민족들이었다. 그들은 일반적으로 사하라, 수단 그리고 에티오피아의 이슬람의 영향을 받는 지대들에 인접해있었다. 이 계층화된 아프리카 사회들은 결코 보편적이지 않았

---

243 *The African Slave Trade.* Basil Davidson. Little, Brown & Co. Boston. 1980. p. 42.

다. 많은 아프리카 사회들이 왕가나 그 밖의 정치적 또는 경제적 권력을 가진 중앙집권적 기관들이 없이 존재했다.[244]

노예들의 최초의 출처는 계층화된 아프리카 사회들이었다. 1400년대 중반 일찍이 시작된 무역은 이전에 진행되었던 어떠한 노예무역도 금새 무색해지도록 만들기 시작했다. 더 이상 화물을 가득 실은 배 위에 몇 명의 노예가 있었던 것이 아니라 노예로 가득 찬 배들 전체가 무역에 열을 내기 시작했다. 포르투갈 무역은 아프리카 서안의 왕국들에서 노예를 사들이는 것에서 시작했다. 이 왕국들은 노예를 보유했고 그들 대부분은 전쟁 포로였다. 이는 산업형 노예제로 커졌는데, 이는 몇 사람들이 봉건적 영지에 더해지는 종류가 아니라 수백만 명의 노예가 제국의 플랜테이션 그리고 화폐경제의 생산 시스템에서 절대적으로 노예화된 대량 시스템 종류였다.

신세계의 원주민 인구가 줄어들면서 멕시코의 광산, 카리브 군도의 플랜테이션 농장, 미국 남동부의 플랜테이션 농장 같은 대량 노예제가 있던 지대들에서 식민주의자들은 그야말로 그들이 땅을 노예로 만드는 것을 돕도록 인간노예들을 수입했다. 그들은 접근 가능한 평평한 지대를 거대한 단작 농지로 바꾸어 유럽에 수출할 결과물들을 생산했다. 구입 가격을 치른 후 노예들의 노동은 실제로 무료였다. 노예들에 대한 거대한 수요는 노예무역업자들에게 초대형 이윤을 만들어주었다. 아프리카 노예 시장을 (1500년대 중엽) 개발한 최초의 영국인 중 한 사람이 엘리자베스 여왕의 연인이라는 소문이 있는 존 호킨스다. 그가 노예무역으로 정력적인 세월을 보낸 후 엘리자베스는 그의 노고에 대해 기사 작위를 수여했다. 수여식에서 그녀는 식민지에서 그의 노고를 이렇게 기술했다. "주민들을 잡으러 해안으로 매일 가서 그들의 마을을 불태우고 때려부수었으며…"[245]

---

244 Iibid., pp. 36-37.

245 *The Black Man's Burden. The White Man in Africa from the Fifteenth Century to World War I.* E.D. Morel. Modern Reader Paperbacks. New York. 1969. p.17.

아프리카 왕국들에서 구입한 노예들의 공급이 충분히 크지 않을 때는 노예 상인들은 해안을 습격하기 시작했다. 처음에 영국인, 프랑스인, 네덜란드인, 스페인인, 덴마크인 그리고 포르투갈인 노예상들은 단지 서아프리카 해안에 상륙해 마을들을 습격하기 시작할 수 있었다. 해안이 황폐화되면서 그들은 내륙으로 들어가기 시작했다. E. D. 모렐은 그의 고전적인 《흑인의 짐(Black Man's Burden)》에서 이렇게 말한다.

> 무역은 아주 커져서 해안선에 바로 근접한 곳에서 백인들이 행하는 단순한 납치 행위는 그 요구를 충족하기에 아주 부족했다. 유럽인에게 접근이 불가능한 지역들이 내전을 촉발하고 이를 통해 열려야 했다. 세네갈부터 콩고 그리고 더 남쪽까지 엄청난 지역 전체가 수년이 지나면서 끊임없는 서로 죽이는 투쟁으로 아수라장이 되었다. 거대한 소동이 대륙의 가장 인구가 많고 비옥한 지역의 한쪽 끝에서 다른 쪽 끝까지 기세를 떨쳤다. 부족이 부족과 싸우도록, 공동체가 공동체를 습격하도록 매수되었다.[246]

붙잡힌 노예들의 수에 대한 정확한 계수는 없다. 모렐은 영국인만 해도 1666년에서 1766년 사이에 300만 명을 아메리카의 영국, 프랑스, 스페인 식민지들로 실어 날랐다고 지적한다. 이 300만 명이 운송되었을 때 25만 명의 사람들이 가는 중에 죽었고 그들 중 3분의 1이 아프리카 해안의 노예 선적항까지의 육로에서 죽은 것으로 추정된다. 우리는 수백만 명의 생명이 걸려들었고 많은 다른 이들의 생명이 그들의 마을이 초토화되고 밭이 망쳐진 후에 와해되거나 소멸했다고 가정할 수 있다. 중동 시장을 위해 아랍인들이 행한 아프리카에서의 노예 습격은 역사로 한참 거슬러 올라가며 그 총 수치는 결코 알려지지 않겠지만, 중세와 그 후의 시대는 적혀진 기록에서 어느 정도 역사가들에 의해

---

246 ibid. p. 20.

제국 문화의 종말과 흙의 생태학

추적될 수 있다. 역사가 바질 데이비슨은 여러 해에 걸쳐 아프리카에서 노예살이를 하도록 운송된 사람들의 총수는 15세기부터 19세기까지 5천만 명에 육박할지도 모른다고 추정한다.

노예제는 유럽의 사회 시스템 내에서 제도화되었다. 자신들의 우월성에 대한 신념, 팽창주의적인 정복 제국의 일반적 이데올로기가 주입되어 문명화된 사람들이 가장 경악할 행위를 저질렀다. E. D. 모렐은 어떤 노예상의 생애에서 어떤 하루의 설명을 한 개인적 보고서를 인용한다.

> 그때 당신은 자녀를 포기하는 엄마들, 아내를 포기하는 남편들을 볼 수 있었을 것이다. 각자가 할 수 있는 최선을 다해 도망치려고 노력했다. 어떤 사람은 물에 몸을 던졌고, 다른 사람은 오두막 밑에 숨어 도망치려고 생각했고, 또 다른 이들은 자식들을 해초 가운데 집어넣어 이들이 발각되지 않으리란 희망을 가지고 나중에 찾으려고 했다. … 그리고 모든 선행에 보상을 내리는 우리 주 하느님이 그들이 당신을 섬기며 겪은 모든 수고에 대해 그날 그들의 적들에 대해 승리를 쟁취하고 그들이 죽어버린 자들, 살해당한 자들을 제외하고 남자, 여자, 아이 할 것 없이 저 무어인들 165명을 사로잡느라 한 모든 노고와 비용에 대한 보수와 대가도 얻기를 원하셨다. 그리고 그 전쟁이 끝났을 때 모두는 하느님이 그들에게 그런 승리를, 그것도 그들 자신에게는 별 피해도 없이 주시기를 원하셨으므로 하느님이 그들에게 보여주신 큰 자비에 대해 하느님을 찬양했다. 그들은 모두 아주 즐거워했고 하느님이 당신의 소수의 기독교인 백성에게 그러한 도움을 주신 데 대해 주 하느님을 큰 소리로 찬양했다.[247]

평범한 영국인 선원의 운명이 노예의 운명과 정도의 차이일 뿐 크게 다르

---

247 ibid. p. 15.

지 않았고, 하루 15시간을 일하고 빈민가에서 살아가는 아동 노동자의 조건이 비슷했던 문화에서 유럽 인구는 노예제를 받아들이기가 쉬웠다. 노예제는 널리 받아들여졌고, 용납되었다. 종교들도 그 사업에 뛰어들었다. 모렐은 주요한 교회, 적어도 한 선교 분파가 관여되었다고 말한다. 감독직의 절반을 포함하는 '기독교 포교회(Society for propagating Christianity)'는 주인들로서 서인도 제도 노예들의 노동에서 그들이 '평화의 종교와 사람들에 대한 선의를 가르치는 데' 쓴 비용을 뽑아내었다[248]고 말한다.

유럽인 노예무역업자들은 끊임없이 부족들 간에 전쟁을 선동했다. 그렇게 그들은 유럽제 무기를 위한 이문이 좋은 시장을 창출했고 그러면서 승자들로부터는 판매용 노예들의 수확을 거두어들였다. 때로는 한 집단에 총을 판매한 것이 결과적으로 힘의 균형을 다시 맞추기 위해 총을 얻으려고 아우성치는 다른 집단들에서도 시장을 만들게 되었다. 노예무역처럼 무기 산업은 제국의 착취자들을 위한 초대형 이윤을 낳았다.

노예제의 옹호자들은 노예의 운명이 노예들은 재산으로서 보살핌과 보호를 받았기 때문에 양호했다고 말해왔다. 이는 저임금 노동자와는 다르다는 것이다. 모렐은 노예 보유 지역으로부터의 한 짧은 보고서를 제시한다. "100년간 바르바도스 섬의 노예들은 손발이 잘리고, 고문을 받고, 산 채로 목매달리고, 굶겨 죽임을 당하고, 산 채로 불태워지고, 설탕이 끓는 솥에 던져지고, 매를 맞아 죽었다."[249]

플랜테이션/노예 생산 시스템에서 한때 사용된 세계의 많은 곳들이 지금은 생태계적으로 파괴되었다. 예를 들면, 유럽인 팽창 이전의 아이티 섬은 한때 자연문화의 사람들이 거주한 풍요롭고 빽빽한 밀림이었다. 첫째로 새로운 침입자들의 플랜테이션들은 사실상 모든 원주민을 과로사하게 했다. 아프리카 노예들이 그다음 수입되었고 이들도 이어서 과로사를 당하면서 더 많은 아프리카 노

---

248 ibid. p. 21.
249 ibid. p. 22.

제국 문화의 종말과 흙의 생태학

예들로 대체되었다. 노예무역에 의해 제공된 대체가 가능한 값싼 노동은 토지의 착취도가 전에 없던 비율로 강화될 수 있게 했다. 결국, 대중 노예제 시대의 종말 무렵 아이티의 노예들이 봉기해 그들 자신의 정부를 세웠다. 그 인구는 늘어나기 시작했고, 인구가 늘어나면서 자연 생태계의 마지막 남은 것이 제거되었다. 생존하기 위해 사람들은 점점 더 많은 취약한 지대들을 경작하지 않을 수 없었다. 산기슭의 숲이 제거되면서 심각한 침식(浸蝕)이 시작되었다.

아이티 섬은 지금 생존하려는 시도 중에 이 섬을 더 심한 생태적 붕괴로 몰고 갈 수 있을 뿐인 배고픈 사람들이 거주하는 불모의 생태적 시궁창이다. 이와 비슷하게 미국 남동부의 토양은 같은 시대의 플랜테이션 노예제에 의해 운영된 면화 플랜테이션에 의해 생겨난 과도한 사용과 침식에서 회복하지 못하고 있다.

그리스 제국의 여러 도시들에서 인구의 절반 이상이 노예였다. 바빌론 제국에서도 같은 조건이 달성되었다. 우리는 문화의 역동적 구조가 생물학적 에너지 강탈의 획일적 시스템이 되도록 배열된 것을 본다. 에너지는 토양, 식물 세계, 동물들과 인구에서 온다. 근대의 산업 시스템은 단지 이 역동적 구조의 세련된 형태일 뿐이다. 그 의미는 달라졌지만, 가부장적·위계적 시스템은 계속 엘리트에게 에너지를 흘려보낸다. 지금 그들이 사무실 노동자들, 공장 노동자들 혹은 심지어 '방위' 계약자들의 실험실에서 일하는 과학자들이라고 불릴지 몰라도, 그들의 엘리트에 대한 권력과 부의 관계는 마찬가지다.

자연문화의 전 세계적인 박멸

19세기의 마지막 4반세기에 부족민 '지워내기'와 그들의 서식지 침탈이 미국에서 진행되던 동안, 남아메리카에서는 팜파스의 아라우카노, 푸엘체, 테우엘체 같은 부족들과 칠레의 아라우카노 부족에 대한 레밍톤 소총을 사용하는 전쟁이 진행되었다. 이 부족들은 바로 박멸되다시피 했고, 불과 소수만이 서서히 사라져 가게 남겨졌다. 인간노예제가 1800년대의 중엽부터 말엽에 여러 나라들에서 유럽과 미국의 공감하는 집단들의 외침 때문에 폐지되었었다. 식민지에서의 잔혹 행위에 대한 비등하는 의식 때문에 쿠바와 필리핀 같은 '국경 지대'와 군사 정복지에서의 활동들은 점점 더 대중에게 '문명화를 시켜주는 것', '원시인들에게 일하고 돈의 가치를 배울 기회' 그리고 '정신적 물질적 갱생'으로 묘사되었다. 거대한 오래 끌어진 전쟁이 주로 영국과 스코틀랜드에서 온 정착민들에 의해 1860년대, 1870년대에 뉴질랜드의 마오리 원주민에 대해 수행되었는가 하면, 영국과 그 밖의 식민지 국가들은 히말라야 산맥의 산록과 아프가니스탄을 향해 힌두쿠시 안쪽으로 동남아시아 전역에서 구릉지 부족들에 대한 전쟁을 수행했다. 방글라데시와 인도에서는 영국의 식민지 행정이 완전히 굴복시키지 못한 마지막 남은 부족민들을 지배하기 위한 노력이 아직도 추진 중이다.

동남아시아에서는 여러 부족 집단에 대한 공세가 오늘까지도 계속되고 있다. 타이완에서는 1900년대 초에 일본의 초기 산업제국이 중국 정착민에 맞서 버텨온 타이완 원주민의 땅에 침입하기 위해 무장 병력을 사용했다. 몇 년간 원주민들에 대한 전쟁을 수행한 후에 그들은 결국 마을들을 대포로 포격하기 위해 바다에서 중형 순양함을 사용함으로써 원주민의 저항을 끝냈다. 오스트레일리아, 남태평양 섬들, 시베리아, 태즈메이니아, 라피 지역, 아프리카, 아메리카 대륙의 한대와 적도 지역들 그리고 동남아시아의 밀림 지역들과 같은 지대들에서는 여러 작은 전쟁들이 있었거나 다른 경우들에서 자연의 사람들이 그냥 압도되고 밀려났다. 식민지들에서 일어나고 있었던 일에 대한 사회의 의식이 높아졌는데도 '검은 새 사냥(blackbirding)'으로 알려진 노예무역이 남태평양 섬들의 원주민을 붙잡아 그들을 오스트레일리아의 퀸즐랜드 플랜테이션들에서 노동하도록 팔았다. 이 무역은 1860년부터 1910년까지 50년간 지속되었다. 인류학자 존 보들리는 6만 명의 사람들이 성공적으로 노예화되었다고 추산한다. 이들 중 상당 비율이 살해당하거나 노예주들이 옮긴 병으로 죽었다.

제국 문화의 종말과 흙의 생태학

이런 관행들이 사회의 정신과 세계 언론에 '계약 노동'으로 제시되었다.[250] 토착 부족의 수렵·채취인들에 대한 인종학살이 오늘날 인도, 방글라데시, 동남아시아, 파라과이, 칠레 그리고 아마존 밀림에서 군인들, 산업 이해 집단들이나 정착민에 의해 계속 수행된다. 근대 제국이 다채로운 형태로 생명을 공격하는 가운데, 가해자들은 전통적 방식으로 자신들의 행위를 계속 정당화한다. 인간노예제는 엘리트를 위해 잉여생산물을 생산하도록 대중을 공공연히 또는 미묘하게 강제하는 것인 제국사회 자체의 기초가 되는 것의 극단적 형태일 뿐이다. 정복하고 노예로 만드는 것이 제국의 목적이다. 생산을 위한 노동에 필요한 모든 원주민 부족들에 대한 강제에 약간의 변경이 이루어졌다. 그 목적은 온통 다른 나라들을 정복하고 원주민 노동이나 유럽에서 수출된 가난한 자들의 노동으로 제국의 엘리트를 위해 이 나라들이 보상을 해주게 만드는 것이었다. 다른 인간들에 대한 개인적·사적 소유권이 없더라도 원주민이 침략자들의 물질적·사회적 이익에 봉사하는 생활양식을 택하게 강제당하는 식민지의 존재 자체가 노예제의 한 형태다.

　역사적으로 총, 약품, 럼주, 설탕 그리고 노예에서부터 나오는 초대형 이윤이 제국주의를 몰아왔다. 우리가 방대한 양의 역사적 세부내용을 볼 때, 알게되는 것은 제국문화가 그 목적들을 추구하기 위해 요구하는 살해, 고문, 고통 그리고 파괴에는 한계가 없다는 것이다. 결국에 가서는 제국사회들 전체가 그 생존을 위해 다른 사회들과 다른 대륙들의 강탈에 의존하는 상황에서 절정에 달했다. 전체 대륙들을 약탈하는 과정에서 수백만 명을 살해하는 문화는 어떤 것으로도 중단하지 않는 법이다. 인체에 강제적이고 중독적인 화학반응을 일으키는 물질들이 특별히 높은 이윤을 주어왔다. 갈레아노는 말하기를 잉카 제국은 의례를 행하는 날에 코카 잎을 분배했지만 스페인 사람들이 정착했을 때 그들은 약을 강요하고 세금을 부과하기 시작했다는 것이다. 그는 이렇게 말한다.

250　Bodley, op. cit. p. 35-36.

제1권 문명의 붕괴

쿠스코에서는 400명의 스페인 상인들이 코카 교역으로 살아갔다. 매년 코카 잎 100만 킬로그램을 담은 10만 개의 바구니가 포토시 은광으로 들어갔다. 교회가 마약에서 세금을 거두었다.[251]

아시아에서는 제국주의자들이 아편을 발견했다. 그들은 이 중독성 물질을 가져다가 그 생산량을 크게 늘려 그것을 대외정책의 수단으로 전환시켰다.

아편과 제국

오랜 아시아의 퇴화된 제국들이 세계의 부족민들과 똑같이 근대 식민주의에 무너졌다.

영국의 식민지 양수자인 동인도 회사가 인도에 대한 통제권을 공고히 한 후 중국에서 차를 수입하기 시작했다. 1715년에 영국인들은 광저우의 성벽 바깥에 무역센터를 설치했다. 영국인 제국은 곧 중국 차에 익숙해졌다. 1830년이 되면 동인도 회사는 중국 차 무역으로 연간 100만 파운드스털링을 벌고 있었다. 영국 정부에 의해 차에 부과된 세금은 정부 예산의 중대한 기초가 되기 시작하고 있었다. 차의 수입은 곧 영국 경제의 기본 요소가 되었다. 그러나 방정식의 다른 편이 결여되었다. 영국인들은 중국인들이 사는 데 관심이 있는 것을 별로 찾을 수 없었다. 유럽인들이 가진 것으로는 중국인들이 원하는 것이 없었다. 영국인들은 중국에서 양모와 무명을 팔려고 시도했었지만, 중국인들은 이미 그들 자신의 섬세한 비단과 무명을 가졌다. 뉴잉글랜드의 양키들은 중국인들이 물개 모피를 사려고 한다는 것을 발견했을 때 작은 횡재를 했다. 20년 만에 그들은 거의 포클랜드 군도와 알류산 군도의 물개 개체군을 멸종시켰다. 물

---

251 *Galeano, The Open Veins Of Latin America.* op. cit. p. 58,59.

제국 문화의 종말과 흙의 생태학

개 번식지가 파괴된 1830년이 되자 그 무역은 붕괴했다.

차 무역이 커 가면서 영국 재무성에는 중국 무역업자들이 받는 유일한 현금이던 은이 고갈되기 시작했다. 국제수지의 문제가 심각해졌다. 영국인들은 은을 돌려받기 위해 중국에서 팔 수 있는 뭔가를 찾았다. 아편은 영국인의 진퇴양난에 대한 대답이 되었다. 아편은 그 마약에 중독된 자들에서 초대형 이익을 회수해줄 뿐 아니라 영국 제국주의(그리고 거대한 '중국 시장'으로 밀고 들어가고자 시도하던 다른 식민 제국들)의 침투에 대해 중국사회의 저항력을 약화시키는 데 도움을 주었다.

프랑스인과 네덜란드인들은 1700년대 중엽 아편 무역을 한 최초의 사람들이었다. 거대한 양을 벵골에서 구매했다. 특히 네덜란드인들은 그것을 인도네시아에 대한 정치적 전술로 사용했다. 인도네시아 인구는 그들의 땅에 플랜테이션 시스템을 세우는 것에 저항하고 있었던 것이다. 네덜란드인들은 인도네시아를 아편으로 넘치게 했고, 그리고 나서 사회의 해체 후에 인도네시아를 접수할 수 있었다. 영국인들은 이 전술이 성공하는 것을 보았다. 벵골이 영국 제국에 넘어갔을 때 동인도 회사는 아편 무역에 대한 독점권을 가졌고 인도의 새로운 지대들에서도 추가로 생산하도록 권장했다. 잭 비칭은 그의 역사책《중국의 아편전쟁들(The Chinese Opium Wars)》에서 이렇게 말한다. "1782년만 해도 워런 헤이스팅스가 희망을 품고 광저우로 보낸 벵골산 아편 화물에 대한 판매는 없었다. 1830년이 되면 그곳의 아편 무역은 단일한 상품으로는 세계 어디에서도 그 시대의 가장 큰 상업이었을 개연성이 있다."[252]

동인도 회사는 이윤의 기회를 놓칠 생각이 없었다. 그들은 또한 국내 인구용으로 영국으로 아편을 수입하기 시작했다. 곧 아편은 영국에서 분말 갑에 그리고 일반적으로 라우다눔(Laudanum)이라 불린 액상의 진액으로 판매되었다. 소매 수준의 상업 가공은 '가드프리의 음료수(Godfrey's Cordial)'와 '마더

---

252 *The Chinese Opium Wars.* Jack Beeching. Harcourt Brace Jovanovich. New York. 1975. p.39.

베일리의 안정 시럽(Mother Bailey's quieting Syrup)'이라는 상표명을 붙이고 있었다.[253] 마약이 합법적으로도 판매된 미국에서는 1875년경 12만 명의 아편 중독자들이 있었다.[254]

1700년까지는 중국사회는 외래의 몽골인 통치자들 밑에서 정체되었었다. 1700년부터 제2차 세계대전 후 마오쩌둥의 지휘를 받는 간부들에 의해 접수될 때까지 유럽 열강과 캐나다, 미국이 자신들의 재화를 위한 시장을 창출하려고 사방에서 닫힌 중국 사회에 치고 들어왔다. 무장봉기와 때로는 작은 전쟁들이 들끓었고, 그 시기 전체는 '아편전쟁들'로 지칭된다. 아편전쟁 시기에 만주의 행정 계급이 중국사회를 다스렸다. 그 만주인들은 그들의 고향 만주와 긴밀한 관계를 계속 유지한, 침입해온 몽골인들이었다. 때때로 그들은 거대한 부패해 가는 중국 제국을 분주하게 분할하는 다양한 집단들에 맞서 싸우려고 초원 지대에서 기병대를 불러들이기까지 했다. 중국은 크기와 인구가 영국의 20배였다.

중국은 제국문화로서 여러 가지로 유럽의 제국문화와 닮았으며 훨씬 더 오래되었고, 문화적 이미지들이 더 철저했다. 이데올로기적 분열은 별로 없었다.

중국에서는 황제는 하늘의 아들, 즉 천자(天子)로서 중앙의 나라(중국), 즉 우주 중심의 통치자였다. 엄격한 가부장제가 문화적으로 조상숭배와 황제 그리고 위계질서에서 더 높은 자들에 대한 복종이라는 공자 교리에 의해 문화적으로 북돋워졌다. 중국 한족은 중국의 97퍼센트를 이루는 민족 집단으로서 스스로를 모든 다른 민족들보다 문화적·인종적으로 우월하다고 여긴다. 다른 민족들을 그들은 '야만인'에 상당하는 용어로 지칭한다. 중국의 왕좌는 수천 년의 역사에서 여러 번 북방의 유목민들에 의해 차지되었으나 중국사회는 전쟁에서 완전히 부숴진 적이 없다. 중국은 수천 년간 동아시아의 무게중심으로 남아 있었다. 수천 년간 개개의 중국 왕조들의 운명은 부침을 거듭했다. 그들은 동남아시아 그리고 북방의 자신들에 인접한 지리적 영역들을 노예화했지만 변방

---

253 ibid. p. 28.
254 ibid. p. 178.

제국 문화의 종말과 흙의 생태학

총독들의 물질적 수탈을 넘어 어떠한 문화적인 것도 흡수한 것이 별로 없었다. 중국문화는 철저하게 우월한 인종 감정으로 각인되어 있어 특히 유럽인과 접촉한 초기에는 '야만인'들은 중국인의 편의를 위해 그리고 외국인들의 안전을 위해 도시 성벽 바깥에 있어야 했다. 비중국인들이 눈에 띄기만 해도 인구 중에 즉각적인 폭동이 일어났다. 강력한 유럽의 종교 조직들이 자신들의 조직적 동기로 중국사회에 침투하려고 시도하기 시작했을 때 선교사들은 제약과 제한을 많이 받아 별로 성공을 거두지 못했다. 도시의 길거리에 유럽인 선교사가 보이기만 해도 심각한 신체적 위험을 초래한 폭동이 일어나는 형국이었다.[255]

유럽 여러 나라들 내의 여러 강력한 사회구조의 엘리트들은 중국사회의 아편 중독과 해체에서 이익을 보고 있었다. 가톨릭 위계체제와 프로테스탄트 위계체제들도 중국에서 자신들의 성장과 권력을 촉진하려는 많은 전략을 가지고 움직였다. 동인도 회사는 여러 세기 동안 중국을 착취하는 주요 세력이었으며, 여러 나라의 더 작은 무역업자 집단들은 빵부스러기나 주우면서 곁길에서 어슬렁거리고 있었다.

내부의 부패 때문에 그리고 외부 권력들이 가한 압력 때문에 쇠퇴하는 만주 체제는 결국 1900년대 첫 10년에 해체되었다. 중국을 통치하려는 전쟁은 쑨원의 지도로 중국 토착 군벌들에 의해 재개되었고 외국 세력은 감리교 신자 장개석 휘하의 국민당을 도와주었다. 아편 수입이 만주정권의 멸망 후 (공식적으로) 중단되었음에도 불구하고 일본 제국은 1938년 침략을 했을 때 중국사회에서 돈을 강탈하는 방법으로서 그것을 부활시켰다. 이는 확실히 대외정책의 수단으로서 마약을 들이미는 행위의 끝이 아니었다.

마오쩌둥과 농민 반란은 중국의 제국문화의 재유행을 대표했다. 그들은 비록 새로운 이데올로기적 변형을 가하기는 했지만 본질상 옛 제국문화를 통일했고 외국의 '오염'에 맞서 싸웠다. 마오 휘하의 공산주의자들은 선교사들, 무역업

---

255 *Saving China, Canadian Missionaries In The Middle Kingdom 1888–1959*, Alvyn J. Austin, U. of Toronto Press, Toronto, 1986, p. 13.

자들 그 밖의 '야만인' 찌꺼기들을 중국에서 청소하는 데 성공했다. 중국은 이제 근대적 제국으로서 '나라들의 가족'에 재합류했다.

앨프리드 W. 맥코이는 위스콘신 대학의 역사학 교수이고, 《헤로인의 정치학. 전 세계적 마약 거래에서의 CIA의 연루(The Politics of Heroin: CIA Complicity in the Global Drug Trade)》, 《동남아시아에서의 헤로인의 정치학 (The Politics of Heroin in Southeast Asia)》, 《마약거래: 오스트레일리아에서의 마약중독자와 조직범죄(Drug Traffic: Narcotics and Organized Crime in Australia)》 등의 저자다. 그는 동남아시아에서 아편을 오늘날까지 추적한다.

> 인도차이나에서 당신은 무엇보다도 우선 광범위한 아편 무역, 대량 소비, 특히 도시들에서의 이런 것이 유럽의 식민 정책의 결과였다는 것을 이해해야 한다. 식민지 정부들이 관개, 대량 도로망, 철도망 등 바로 그 역동적 발전에 대해 원주민 소비자들에 대한 직접세, 알코올, 소금 그리고 특히 아편에 대한 세금으로 값을 치른 것은 오직 동남아시아에서 있었던 일이다. 영국령 말레이 반도에서는 식민지의 세금의 40퍼센트가 아편에서 나왔다. 프랑스령 인도차이나에서는 1870년대부터 1950년대에 이르는 기간 줄곧 대략 15퍼센트 범위였으며, 1950년대에 국제연합(UN)의 압력의 결과로 이 모든 정부들은 국가 아편 무역을 폐지했다. 태국은 이를 행한 마지막에서 둘째 나라였다. 이 나라는 많은 나라들이 가진 알코올음료 통제와 꽤 비슷한 그 국가 아편 독점을 1957년까지 폐지하지 않았다. 라오스는 그들의 아편 독점을 1961년까지 폐지하지 않았다. 그래서 식민지가 아편으로 지불하게 만드는 식민 정책의 결과 동남아시아에서 아편이 많이 소비되기에 이른 것이다. 대부분의 아편이 동남아시아에서 생산되지 않았다. 그것은 중국 남부나 인도 등 외국에서 왔다.[256]

---

256 *Z Magazine*. January 1991. "The Politics Of Drugs. An Interview with Alfred McCoy." pp. 65–66.

제국 문화의 종말과 흙의 생태학

1950년대 초에 미국의 기관인 CIA는 동남아시아가 세계에서 가장 큰 아편 재배 지역이 되도록 후원했다. 그들은 1950년대의 그리고 지금까지 계속된 비밀 전쟁들에서의 '연합 세력'을 위한 경제적 기초를 만들어주려고 이런 일을 하였다. 연합 세력의 첫째 집단은 마오쩌둥의 공산당 군대에 의해 동남아시아로 쫓겨난 중국 국민당 측 장군들과 그들의 부대들이었다. 다른 집단들은 다양한 엘리트들, 중국의 장군들, 원주민 엘리트들 그리고 CIA 직원들에 의해 아편에 기초한 경제적 기반 시설을 창조하도록 그리고 전쟁에서 간부로 쓸 그들의 남성들을 만들어 내도록 강제를 받는 여러 부족 집단들이었다. 현재 양귀비와 코카인 생산의 모든 지대들은 역사상의 미국 정부와 CIA 끄나풀들의 지대이기도 하다. 이들은 여러 해 동안 미국의 군사장비, 돈, 훈련을 받아온 안데스 지역의 민족들이고, 베카 골짜기에서 아편 재배를 통제하는 시리아의 장군들이고, 아편을 재배하는 아프가니스탄의 무자헤딘이고, 파키스탄의 장군들이고, 동남아시아 전역의 군사적 정치적 엘리트들이다.

　　엘리트의 비밀스러운 명령을 수행하는 '그림자 간부들', 은폐된 제국의 운영자들이 항상 있어왔다. 예를 들면, 스페인 사람들이 아메리카 대륙에서 보물을 실어가고 있었을 때 이런 유형의 상황이 존재했다. 영국의 엘리트는 스페인의 범선들을 습격할 '해적'들을 후원했다. 그림자 선수들이 예기치 않게 숨겨진 조치를 취하고 있는 중에 통치자들이 자신들의 외교관들에게는 엉뚱한 말을 하도록 시키고 싶어하는 상황에서 은폐된 정치적 전략이 만들어진다. 그림자 선수들은 흔히 사회 규범을 위배하는 행위들을 수행하고 그래서 통치 엘리트는 그들의 어떠한 연관도 부인할 수 있어야 한다. 이런 '스파이들' 혹은 정보 기관원들의 존재는 미디어와 정치적 대화의 '수용된' 현실이 존재하고 또 그다음에는 다양한 국제적 파워 플레이들이 일어나는 그림자 현실이 있는 2층의 세계를 창조해왔다.

　　마약이 제국의 주된 윤활제로서 총과 돈에 합류한 것은 지난 세기에 비로소 있었던 일이다. 더 옛날에는 근대적 군수품을 어느 지역에 집어넣는 것이 어떤 방향으로 세력 균형을 교란할 수 있었다. 은폐된 운영자들과 국제 무기 시장의 필연적 연관은 그들을 국제 금융 시스템에도 끌어들였다. 지금 이 집단들은 그들이 통제하는 '사업주들', 회사들 그리고 경제단체들을 보유한다(에어 아메리카는 잘 알려진 사례다). 이는 CIA와 그 외의 자들이 자신들의 경제적 토대를 가지고 선출된 공직자들의 승인이나 예산 없이도 행동할 수 있는 상황을 가져왔다. 그들은 이란 콘트라 스캔들의 경우에서처럼 선출직 공직자들에 의한 통제를 피할 수 있을지라도 항상 국제 금융 엘리트 편에 있으며, 정의를 위해 투쟁하는 농민 편에는 결코 서지 않는다.

이는 규모로 5천억 달러로 추산되는 세계 마약 시장이라는 오늘날의 현실로 우리를 데려간다. 이는 지구상의 주요 산업들과 대등하게 겨루는 규모다. 상식이 우리에게 말해주는 것은 세계의 주요 도시들에서의 가두판매에서 나오는 5달러와 10달러 지폐들이 마약상들에 의해 화물열차에 실려 마약 원산지점들로 보내지지 않는다는 것이다. 상식이 말해주는 것은 이런 규모의 이윤이 게임에서의 가장 큰 경제적 세력들을 끌어들이며, 그들은 이윤 취득을 감시하고 관리할 그림자 선수들을 두어야 한다는 것이다. 그들은 심지어 초대형 이윤을 차지하기 위해 밀치고 들어오려고 하는 어떠한 경쟁자도 깨부수기 위해 마약에 대한 전쟁도 만들어내야 할 수도 있을 것이다!

제국의 위계체제들을 통제하는 엘리트들이 자신들의 탐욕과 권력욕에 보탬이 되도록 하지 못할 일은 아무것도 없어 보인다. 총, 마약, 노예제, 고문, 학살, 암살 그리고 생태적 사회적으로 가장 대규모의 파괴가 거래 물품이다. 대중 교육과 의식이 1800년대에 산업국가들에서 성장하고 있었으므로 우리는 또한 엘리트들과 그들 자신의 제1세계 인구들 사이의 관계가 가지는 초기 형태를 대중들에게 공개가 허락되는 정보의 통제 측면에서 보게 된다. 우리는 콩고의 '고무 호황' 경험과 관련된 한 예에서 산업사회의 엘리트들이 문자 그대로 역사를 변경하는 것이 가능하다는 것을 보게 된다. 우리는 아편전쟁들에서도 이를 본다.

극동에서의 식민 활동의 혐오스러운 성격 때문에 중국에서의 아편 시장 창출에 관한 사실들은 호도되지는 않았다고 해도 경시되었다. 잭 비칭은《중국의 아편전쟁(*The Chinese Opium Wars*)》이라는 그의 역사서에서 아편 무역업자

제국 문화의 종말과 흙의 생태학

들에 의해 수행된 대중 역정보 캠페인을 이야기해준다. 윌리엄 자딘은 중국으로 아편을 수입한 가장 큰 집단들 중 하나의 우두머리였다. 그는 모든 수입자들에 의해 중국에 수입된 아편 상자마다 자발적으로 부과한 세금으로 재정 공급을 받은 미디어 캠페인의 선봉을 맡았다. 그 당시 런던에서 자딘한테 보내는 한 편지에서 동료 무역업자는 자딘에게 이렇게 지시했다. "그 물건의 규모는 어떤 액수의 지출도 거뜬히 부담할 수 있으므로 당신은 이 지출에 어떤 제한도 받지 않을 것입니다. … 당신은 높은 값에 어떤 지도적인 신문의 서비스를 확보하는 것이 상책이라는 것을 발견할 수도 있습니다. 우리는 고용하는 것이 보통인 문필가들이 있다는 말을 들었습니다…."[257] 아편 밀수업자들은 신문과 정치인들을 매수하기 위해 풍부한 현금을 가졌다.

비칭은 런던 언론매체에서의 역정보 캠페인이 효과가 좋았다고 지적한다. 그는 이렇게 말한다. "보조금을 받건 받지 않건 센세이션을 일으키는 팸플릿과 뉴스 기사들이 늘어났다. 런던 전체가 정직한 영국 [아편] 상인들이 어떻게 광저우에서 포위당하고, 투옥되고, 먹을 것을 박탈당하고 실제로 죽음의 위협을 받았는지에 대해 의식이 금방 심어졌다." 이는 사실 어떤 중국인 관리가 아편 수입을 중단시키기 위해 행한 결국 실패한 시도에 불과한 광저우에서의 사건에 대한 부풀려진 묘사였다.

고무 호황

자동차의 발명으로 고무에 대한 수요는 엄청나게 늘었다. 아마존과 콩고의 열대 지역들에서는 1800년대 말과 1900년대 초의 '고무 호황'이 수백만 명의 사람들의 죽음을 가져왔다. 고무나무 수액 채취가 일어나는 밀림에서는 노동자

---

257 ibid. p. 83.

를 별로 찾을 수 없다. 호황이 시작되었을 때, 산업계는 노동 공급을 찾아야 한다는 문제에 직면했다. 초기 산업혁명에서처럼 고무 회사들에 의해 채택된 이 문제에 대한 해결책은 원주민들을 그들의 생계형 경작 활동에서 쫓아내어 그들을 '노예들의 노동'으로 전화시킨다는 것이었다. 아마존 서부 지역에서 영국인 소유의 페루비언 아마존 컴퍼니는 원주민을 잡기 위해 무장한 갱들을 보냈다. 보들리는 '강간, 노예제, 채찍질, 신체절단에 의한 고문' 그리고 '사격, 독극물주입, 굶기기, 불태우기에 의한 대량학살'이 원주민을 대상으로 이루어졌다고 주장한다. 페루의 식민 정부는 영국인 회사를 규제하는 조치를 결코 하지 않았다. 유사한 잔혹 행위가 고무가 수집되는 다른 아마존 지대에서도 일어났고 이는 동인도의 고무 플랜테이션이 1915년 이후 시장을 장악했을 때 끝났다.[258]

아마존이 고무를 수출했다 해도, 가장 풍부한 산지는 아프리카의 콩고 분지였다. 콩고 강은 아프리카 적도대의 밀림의 수계 대부분에서 배수된다. 마을들과 부족들은 강둑을 따라 수천 킬로미터에 잇따라있다. 원주민 대부분은 밀림 원예 농업을 유지하고, 수목을 재배하고 추가적인 생계 수단으로 숲에서 채집하며 정착한 마을들에서 살았다. 그 문화는 어떤 종류의 제국 스타일의 시장경제도 지탱하지 않았으나 콩고 유역 전체에서의 원주민 교역은 활발했다. 콩고 강 상하류의 그리고 숲 안쪽 넓은 곳의 여러 부족문화들의 안정성은 수천 년간의 복잡한 물물교환 패턴에 의해 유지되었다. 1800년대 말이 되면 중앙아프리카 대부분의 부족들은 유럽의 식민지 열강에 의해 지배를 받게 되었다. 벨기에의 왕 레오폴트 2세 한 사람이 약 259만 제곱킬로미터에 달하는 콩고 땅과 그 위의 사람들을 포함한 모든 것을 개인적으로 소유했다. 벨기에 왕의 사유지로서 '콩고 자유국(Congo Free State)'이라고 알려진 그 지역은 아무런 법률에도 어떠한 정부의 감독에도 구애받지 않았다. 콩고 자유국의 통치자들이 사회의 시선으로부터, 심지어는 벨기에 정부의 시선으로부터 자신들의

---

258 Bodley, op. cit. p. 31-32.

제국 문화의 종말과 흙의 생태학

활동을 감추기 위한 방패가 되어준 것은 이런 특이한 소유권이었다.

콩고에서 유럽에서의 주식 판매로 재정을 조달한 회사들은 왕에 의해 특정 지역들을 개발할 권리를 받았다. 왕은 회사마다 절반의 지분을 보유했다. 이 믿을 수 없으리만큼 이윤이 좋은 회사들에서의 주식은 엘리트 금융 집단들, 정치 집단, 외교 집단 등에 분산되어 유럽의 많은 '특권층'을 그 게임에 뛰어들게 했다.

유럽의 상인들은 여러 세대에 걸쳐 이윤이 좋은 유럽의 미국삼나무, 캠우드 분말, 밀납, 상아, 주석, 구리, 납 그리고 팜유 시장을 위해 자원을 개발하며 콩고를 이용했다. 그러나 큰 주식회사들은 상아와 고무 두 제품을 거래하는 초대형 이윤을 낳는 무역에만 관심이 있었다. 다른 모든 무역은 금지되었다. 각 지역을 통제하는 회사는 청부업자, 탈부족화되고 소외당한 원주민, 범죄자, 용병 같은 폭력배들을 고용해 회사 스스로 원주민들에게 세금을 부과하고, 그 세금을 상아와 고무로만 납부하도록 했다. 끝없는 강탈을 위해 무역은 포기되었다. 20년간 각 지역의 용병 위계체제들은 콩고의 토착 마을들을 습격해 불을 지르고, 죽이고, 강간하고, 원예농원과 밭을 불 지르고, 과수나무들을 죽여 없앴다. 마을이 세금을 내도록 하는 한 가지 인기 있는 방식은 남성들이 고무를 수집하거나 코끼리 떼를 습격해 상아를 취해 세금을 내기까지 마을의 모든 여성과 아이들을 가두어 놓는 것이었다. 고무나무가 자라지 않는 지대에서는 사람들은 고무가 채취되는 지대에 있는 식민지 행정당국을 지원하기 위해 물고기나 농산물을 내어야 했다.

곧 고무와 상아 무역이 노예노동과 다름없는 노동으로 생산된 남아프리카의 금과 다이아몬드 같은 식민지 보배 제품들과 겨루기 시작했다. 1900년이 되기까지 프랑스인들은 벨기에 영지 바로 서쪽의 프랑스령 콩고를 40개 양수 회사들에 분할해 주었다. 프랑스령과 벨기에령 콩고 모두에서 용병들은 원주민에게 더 많은 것을 수집하도록 강제하기 위해 계획된 테러와 이들에 대한 징벌적 습격 후에, 지방 행정당국자들에게 손목, 생식기, 귀를 돌려주는 대가로 보너스를 받았다. 한 선교사는 이렇게 보고했다. "그들(군인들)이 죽인 자들의 손목을 가지고 돌아오는 것을 보는 것, 그들의 용맹함을 증거해주는 것으로 큰 손목들 중에 어린아이의 손목들도 있는 것을 발견하는 것은 피를 엉겨 붙게 만든다. 이 지대에서 나온 고무는 수백 명의 생명을 대가로 한 것이며, 압제받는 자들을 도울 능력이 없는 중에 내가 목격한 광경은 내가 죽은 자이길 바라게 만들기에 거의 충분한 것이었다…."[259] E. D. 모렐은 콩고 개혁 운동의 창시자로서 이렇게 보고했다. "한 지역에서 여섯 달마다 6천 명의 원주민이 살해되고 신체 절단을 당했다."[260] 모두 합해 약 900만 명의 원주민이 '처녀림에서 인도고무를 수집하고 가공하는 극단적으로 힘들고 위험한 작업에 그들의 인생을 써 버리도록…' 강제를 당했다고 모렐은 주장한다.[261] 1884년에는 2천만에서 3천만으로 추산되던 콩고 자유국의 인구는 1911년까지 900만 명으로 줄어들었다.

할양 회사들의 주식에 대한 거대한 배당금은 유럽에서 광풍을 일으키고 있었다. 모렐은 이렇게 적는다. "프랑스 금융계는 벨기에를 휩쓴 콩고 고무 주식들에 대한 거센 투기의 파도에 의해 그리고 거대한 벨기에 양수인 회사들의 경이로운 이윤에 의해 흥분이 되었다."[262] 10여 개 양수인 회사들의 세력은 아프리카에서 영국과 대륙의 정치 외교 집단들로 파고 들어갔다. 콩고에서의 불법 행위로 돈을 번 그들과 그들의 정치적 연합 세력은 그들 자신의 성명(聲明)과 어용학자들과 정치인들의 지원으로 유럽 언론에서 끊임없는 역정보 활동을 수행했다. 언론 기사(記事)는 "콩고 원주민들이 토지 보유나 부족(部族) 정부, 상업적 본능, 산업적 추구에 대한 개념이 없어 짐승보다 별로 나을 게 없으며, 벨기에 수상이 거리낌 없이 공언한 바대로 '아무 일'에도 '무자격'하다"는 것이었다.[263]

프랑스와 영국에서 모두 개혁자들은 수년간 콩고의 여러 민족에 대해 저질러진 범죄를 폭로하는 일을 했다. 1906년 조세프 콘라드의 《어둠의 심장

---

259 Morel, op. cit. p. 121.
260 ibid. p. 123.
261 ibid. p. 141.
262 ibid. p. 128.
263 ibid. p. 115.

제국 문화의 종말과 흙의 생태학

(Heart of Darkness)》과 모렐의 책《붉은 고무(Red Rubber)》의 출판은 식민지에서 한 행위들에 대한 항의의 목소리를 야기했다. 그러나 증거는 잘도 숨겨졌다. 프랑스 정부는 오늘날 인기 있는 '국가안보'란 말을 쓰지는 않았지만, 그럼에도 불구하고 콩고에 관해 정부가 보유한 모든 증거를 감췄다. 수천 명의 교회 인사들과 다른 관련된 시민들이 주로 영국에서 그리고 대륙에서 콩고 개혁 운동에 가담해졌다. 그들은 콩고를 방문했고, 여행자들과 면담했고, 은밀하게 숨겨진 정부 보고서들을 입수했지만, 유럽 엘리트는 역사를 변조하는 데 성공했다. 여러 정부가 '조사위원회'를 설치했지만 그 자체가 실제로는 피해 통제와 역정보 전술이었다. 개혁 집단들이 결국 방대한 유죄 증거를 축적했을 때, 엘리트 언론은 보도하지 않으려 했다. 언론계의 많은 이들이 양수 주식을 보유했던 것이다. 20년의 기간에 1천만 명 이상의 사람들이 극히 괴기스러운 도살자들에 의해 살해당한 것은 제국 정복의 치어리더들과 모리배들에 의해 서양문명사에서 삭제되었다.

1915년까지 인간사회는 콩고에서 끝이 났다. 모든 무역거래가 중단되었다. 마을들은 버려졌다. 숲이 원예농원 위로 자라났다. 생존자들은 농부로, 짐꾼으로, 용병 전사로 노예화되거나 국경 지대와 깊은 숲에 숨어들었다. 1910년까지는 동남아시아의 고무나무 플랜테이션이 그 무역을 장악하기 시작하고 있었다. 제1차 세계대전이 시작되면서 식민지들에서의 사건들에 주의를 기울인 사람은 별로 없었다. 베일이 콩고의 깊숙한 사정을 계속 덮고 있지만, 외부의 은폐된 힘들에 의한 조작은 오늘날까지 결코 진정으로 중단되지 않았다.

제12장 **근대 세계에서의 식민주의**

자이르-콩고의 잔혹사가 진화하다

고무 호황의 종말에 이어 프랑스와 벨기에인들이 만든 콩고 유역에서의 피바다는 어느 정도 가라앉았으나 기본적인 이윤 추출은 계속되었다. 1960년까지 지금은 자이르라는 콩고는 여러 아프리카 식민지들처럼 독립을 위해 준비가 되고 있었다. 독립은 벨기에 사람이 뽑은 지도자 그리고 계속되는 외부인의 석유, 코발트, 구리 기타 광물 등의 풍부한 자원에 대한 소유권과 함께 될 것이었다. 독립일이 다가오자 원주민 지도자 파트리스 루뭄바가 등장해 선거를 이기기 시작했다. 독립일까지 그는 새 나라의 인정된 지도자였다. 곧 콩고군의 하사관 출신인 모부투는 벨기에 정보부와 미국 CIA에 의해 지도자로 낙점받았던 자로서 다수 군인을 배후에 두었다. 그때 이들이 루뭄바를 살해했다. 1965년까지 모부투 세세 세코는 절대적 독재자가 되었고 이날까지도 이스라엘의 모사드와 CIA의 지도하에 이 불운한 나라를 계속 통치하고 있다. 그들이 안보 문제를 감독하는 가운데, 산업 엘리트는 국제 석유 카르텔, 독립 당시에 벨기에 기업에 의해 소유된 유니온 미니에르(Union Minière), 남아프리카에서 유명한 카탕가 앤드 더 컴퍼니의 특별 이사회, 영미계 회사 오펜하임 데 베르스 같은 집단들로 대표된다.[264]

---

264 *My Country, Africa. Autobiography of the Black Pasionaria.* Andree
Blouin. Praeger Scientific pub. New York. 1983. p. 267.

제국 문화의 종말과 흙의 생태학

독립 전에 벨기에의 지도를 받는 수출 농업도 그 나라를 식량 자급이 되게 했었다(식민지 지배 전에 그 지역은 수천 년간 식량자급을 해왔다). 환금 수출 작물은 사탕, 쌀, 옥수수, 수수, 카사바, 바나나 그 밖의 군소 작물들이었다. 사회가 모부투 독재 치하에서 해체되면서 식량 생산량은 떨어졌다. 1988년에 그 나라는 식량의 60퍼센트를 수입했다.

특대형 도둑들인 필리핀의 마르코스, 니카라과의 소모사, 이란의 샤 같은 미국의 지원을 받는 다른 독재자들처럼 모부투도 그 나라를 그냥 초국적 기업들에게 개방해 방치했고, 이들은 자원에 대한 대가로 모부투에게 일정액을 지불한다. 모부투 정부가 자국민에게서 조금 남은 것을 빼앗는 데 여념이 없는 동안 모부투는 유럽에 있는 26개의 호화 아파트, 빌라, 성채와 궁전들을 포함한 그의 여러 궁전들로 여행한다. 어떤 이들은 그의 개인 재산을 80억 달러로 보는데, 그 모두가 자이르의 빈곤화된 민중에게서 도둑질한 것이다.

기자인 스티브 애스킨은 자이르가 아프리카에서 가장 부유한 나라들 중 하나임에도 불구하고 그 나라는 국제 은행들에 50억 달러의 채무를 지고 있다고 보도한다. 자이르 민중은 지구상에서 아홉 번째로 가난하지만, 국제통화기금의 전형적인 '긴축계획' 하에서 버티어내느라 분투해야 한다. "자이르는 정부 근로자의 40퍼센트를 해고했고, 아직 남아있는 자들의 임금 인상을 동결했고, 이미 빈약한 사회 서비스 지출을 전격적으로 삭감했다. 인구의 이런 경제적 출혈에 의해 자이르는 채무 상환을 위해 국가 예산의 30퍼센트를 국제 은행들에 지불할 수 있다."[265]

이 채무를 유발한 차입금 30억 달러는 모부투 정권이 키운 수도 킨샤샤 근처의 댐에서부터 코발트와 구리 광산이 위치한 카당가 주까지 약 1,770 킬로미타나 되는 송전선을 건설하기 위해 초국적 건설 회사인 모리슨-넛슨(Morrison-Knudson)으로 들어갔다. 광산 지대 근처에도 수력 발전의 잠재

---

265 *National Catholic Reporter*, July, 29, 1988. vol. 24, no. 36. "Rule by Kleptocracy in Zaire wins Mobutu U.S. backing," Steve Askin. p. 9.

력이 있으나, 이 30억 달러는 모부투가 어떤 분리독립 운동이라도 일어나면 1,770킬로미터 북쪽의 킨샤사에서 '전등을 끌' 수 있도록 지출된 것이다.

모부투는 국제연합(UN)과 아프리카 일치기구에서의 투표를 위해 미국에 의해 이용된다. 그 나라는 다른 아프리카 국가들에 대해 계획된 CIA의 전쟁 수행을 위한 발진기지로 이용되며, 모부투의 군대는 미국의 전략적 필요에 따라 다른 아프리카 나라들을 침략하기 위한 미국의 대리인으로 활용된다. CIA의 애용품인 전기충격기를 사용한 고문이 정치적 범죄적 구금자들 모두에 대해 널리 사용된다. 총체적 파시즘이 독재자 치하의 정부 형태이며, 총체적 방치가 사회 정책이다. 독립되던 때에 존재하던 도로들의 10퍼센트 미만이 남아 있고 원주민 상업은 거의 중단되었다고 추정된다. 3백 년간의 식민지 약탈 후에 자이르는 아직도 약탈할 부를 가지고 있고, 민중은 계속 굶주리며, 생활 조건은 산업 질서의 '신식민지주의'하에서 퇴보한다.[266]

모부투의 축출 후에 상황은 더 악화되었다. 전란 상태가 아프리카의 상당 부분에 걸쳐 진행되고 있다. 주요 열강은 제각기 배후에서 활동을 조장할 애용하는 선수들을 보유하지만, 그런 휘발성이 강한 지대에서 얻어질 수 있는 자원의 가치는 주요 식민 국가들로부터의 거액의 군사 투자를 끌어들이기에는 충분하지 않은 것 같다. 또한 소련의 붕괴와 함께 납세자들에게 머나먼 지역에 군사적 모험을 위한 방대한 지출이 필요하다는 것을 설득하기가 어렵다.

자이르가 미국에서 집안 대화의 화젯거리가 결코 아니었던 이유는 국제 기업 미디어가 그 상황을 보도하지 않는다는 것이다. 대중 정보 매체는 본질상 사회주의 국가들에서는 국가에 의해 통제되고, 자본주의 국가들에서는 자본가 계급이 이를 소유한다. 벤 밧가키언의 연구 《미디어 독점(The Media Monopoly)》에 따르면 미국에서 텔레비전, 영화, 라디오, 신문, 잡지 그리고 도서 출판 전체가 본질상 25개 미만의 거대 재벌기업에 의해 소유된다고 한다.

---

266 ibid. pp. 7–11,14.

제국 문화의 종말과 흙의 생태학

이 수는 수십 년에 걸쳐 꾸준히 떨어졌다. 마이클 파렌티가 그의 최근 책《대중매체(The Mass Media)》에서 설명하듯이 기업이 소유하는 미디어는 그다지 많이 사실을 변조하지는 않지만 각 사건의 사실들을 안보 국가라는 군사화된 거인의 사회적 이데올로기적 틀 안에 틀을 지워 준다. 안보 국가의 맥락 안에서 CIA는 우리가 1960년대 말에 배우기 시작했듯이 미디어의 고위층에 상당히 침투해왔다. 여러 책의 출판을 보조하는 데 더해 CIA 직원 중에는 현직 작가들도 있고, CIA가 공중에게 제시되기를 바라는 정보에 대한 통로인 미디어 일꾼들과 CIA의 위장그룹들도 봉급을 받고 활동한다. 특히 제3세계의 나라들에서 CIA의 언론 침투 때문에 그들은 전 세계적인 역정보 캠페인을 수행하는 것이 가능하다.

미국에서의 반공주의 히스테리의 초기 단계들 중에 미국 민주주의 내에 비밀 정부가 모양이 갖추어졌다. 처음으로 보안인가와 비밀서류의 정교한 체제가 대통령에 의해 임명된, 미국 헌법에는 없던 국가안보협의회와 아울러 창설되었다. 이는 선출직과 정부 고위급의 활동 간에 방화벽을 둔 것이다. 이는 특히 국경 바깥의 미국 정부의 활동에 관련해서는 특히 진실이다. 이는 미국 정부가 세계 전체적으로 경제 엘리트를 대표해 활동을 수행하면서 이 활동들에 '민주주의를 하게끔 돕기'라든가 '자유무역'이라는 경건한 명목의 옷을 입힐 수 있게 해주었다.

남극, 세계 끝의 제국

마지막 남극의 침범만큼 현재 산업제국의 필요와 동기들을 잘 묘사하는 것도 없다. 이 아름답고 신비로운 땅은 문자 그대로 세계의 끄트머리다. 지구의 남쪽 끝이고 제국문화에 의해 약탈되지 않은 지구상의 마지막 조각이다.

대륙 때문에 그리고 남극이 모든 대양에 노출되기 때문에 기후와 생물학의 여러 지구적 순환에서 중심축의 위치를 차지한다. 바니 브루스터는 〈지구의 친구들(Friends of the Earth)〉에서 간행한 남극에 관한 그의 저서에서 이렇게 말한다.

> 남극해는 세계 대양들에서 면적으로는 5퍼센트에 불과하지만 전체 해양 광합성량의 20퍼센트를 차지하고 심해의 물 순환에서 물을 북쪽 멀리 보내는 주된 역할을 한다. 남극의 심해 물은 세계의 여러 부분들에서 경제적으로 중요한 어업들-아르헨티나의 대구, 브라질의 참치, 남아프리카의 정어리 그리고 페루의 멸치 어업의 잔존형태들을 먹여 살리는 영양소를 담고 있다.[267]

남극 주변의 해양용승처(ocean upwelling)들은 양분을 제공해 먹이사슬을 채워준다. 식물 플랑크톤은 크릴 떼를 먹여 살린다. 크릴은 약 7.6센티미터까지 자라는 작은 새우 비슷한 유기체로서 남극 바다에 수백만 톤이 산다. 그놈들은 남극의 단순한 먹이사슬의 기초 에너지다. 그놈들은 수염고래, 오징어와 작은 물고기, 게 잡아먹는 물개, 애덜리 펭귄 그리고 바닷새들에게 직접 먹이가 된다. 크릴을 먹고 사는 생물들을 먹고 사는 먹이사슬의 다음 단계는 큰물고기, 웨들해와 로스해 물범, 범고래, 얼룩바다표범, 갈매기와 황제펭귄이다. 남극해의 고래들은 일찍이 계절에 따라 크릴을 먹으러 왔을 때 거의 멸종되도록 사냥이 되었다. 지금 "대왕고래는 그 원래 군체의 5퍼센트 미만이고 혹등고래는 3퍼센트 그리고 큰고래는 20퍼센트 미만인 것으로 추산된다."[268]

남조지아와 남셰틀랜드 군도 주위의 물개들은 양키의 중국 무역을 위해 싹쓸이가 된 이래로 서서히 증가해오고 있으나 어떤 당국자들은 작은 개체수가

---

267 *Antarctica. Wilderness At Risk.* Barney Brewster. Friends of the Earth. San Francisco. 1982. p. 97

268 *Let's Save Antarctica!.* James N. Barnes. Greenhouse Publications. Victoria, Australia. 1982. p. 18.

제국 문화의 종말과 흙의 생태학

지금 먹이사슬에 영향을 주고 있는 그 해역에서 시작된 크릴 어업 때문에 다시 낮아지고 있다고 본다.[269] 남극 북쪽 특히 오스트레일리아 쪽의 섬들에는 역사적으로 물개와 펭귄을 삶아서 그들의 몸에 있는 기름을 얻는 산업체들이 있었으나, 알려진 바로는 이런 관행의 결과로 멸종이 이루어진 것은 아니다.

남극 땅덩어리는 아직 인간 활동에 의해 황폐화되지 않았다. 대부분의 방문자들은 과학 연구를 하고 그들이 거기 있음으로써 한 조각의 활동지에 대한 자기 나라의 권리를 뒷받침하고 또 산업상의 유가자원들을 찾기 위해 거기 가 있는 '과학탐사대'들이다. 약 700명이 남극에서 월동하며, 그 인구는 여름에는 4천 명에서 5천 명으로 상승한다. 이 인구는 연중 가동되는 33개 기지와 그 밖의 임시 사이트들에 흩어졌다. 2천 톤의 화물과 식량이 그리고 2천만 리터의 연료가 매년 들어온다. 반출되는 것은 별로 없다.[270] 이 인간 정착지의 대부분은 암반 위나 그 밖의 얼음이 없는 지점들에 있다. 이는 이 희소한 장소를 보금자리와 그 밖의 생명 활동을 위해 소중히 사용하는 짐승들, 새들과 갈등을 일으켜왔다. 크기 3센티미터(진드기 정도의 크기)보다 큰 육상 동물이 없기 때문에 생물 개체수는 그들에 필수적인 해양과 해안선을 중심으로 한다. 이는 또한 인간 개발자들이 도착해 작업을 시작하면서 모여드는 위치이기도 하다.

증가하는 인구는 남극 환경에 위협이 된다. 또 하나의 계속되는 위협요인은 인간의 어리석음이다. 1962년에 미국 해군은 남극 조약을 위반해 핵발전소를 들여왔다. 10년간의 고장과 누출 후에 반응로는 가동정지 되었다. 그것은 오염된 흙이 든 101개의 큰 드럼통들과 함께 미국으로 반송되었고, 나중에 1만1천 세제곱미터의 방사능 암석도 따라갔다. 6년간의 작업 후에 그 현장은 정화(淨化)되었다고 선언되었다.[271]

산업계 포식자들이 남극을 분할하기 위해 준비하고 있다는 것은 명백하다.

269 ibid. p. 19.

270 Brewster. *Antarctica*. op. cit. p. 49.

271 ibid. p. 56,57.

현재 가장 심각한 위협은 크릴 어업, 고래잡이, 물개잡이, 원유 시추와 채취다. 크릴 어업은 일본과 옛 소련에 의해 시작되었다. 다른 나라들은 크릴로 만든 제품을 시험해 그로부터 돈을 벌 방법을 찾고 있다. 크릴 포획량은 1970년대 초에 세계식량농업기구(FAO)에 의해 2만 톤 내지 4만 톤으로 추산되었으며 꾸준히 증가해왔다. 크릴의 생활습성은 아주 복잡하며, 그들에 관해 알려진 것이 별로 없고, 크릴 그리고 크릴을 먹는 생물들 전체의 복합체에 관해 알려진 바가 별로 없다. 그럼에도 불구하고 산업인들은 앞으로 돌진해왔다. 크릴을 수확하는 것은 심각한 효과를 일으킬 수 있을 것이다. 거의 멸종한 고래 종들은 그들의 수를 회복하는 데 이를 필요로 하며, 크릴을 먹이로 삼는 다른 생물들이 그에 의존한다.

거의 멸종한 대형 고래를 아직도 죽이고 있는 그 해역의 일본 어선단과 연계를 가진 해적 포경업자들이 있다. 러시아 사람들과 일본 사람들인 최근 몇 년의 대규모 포경업자들은 그 해역에서 밍크 고래를 잡고 있지만, 알려진 한에서는 위기에 처한 큰고래, 대왕고래, 혹등고래와 남방참고래는 죽이지 않았다. 남극해에서 조업하는 비용 때문에 그 해역을 개발하는 것은 여러 나라들이 얼마나 단백질, 광물과 기름에 필사적으로 매달리게 되느냐에 상당 정도 달려있다. 생태적 파국들과 자원의 고갈이 남극 바깥에서 진행되면서 남극의 산업적 개발의 가능성은 높아진다.

아주 심각한 가능성은 '검은 황금'을 향한 쇄도다. 수많은 나라들이 남극에 석유 탐사팀과 프로그램을 가져왔다. 석유 생산이 시작되면 남극은 끝날 것이다. 이미 그 해역의 배들에서 국지적으로 유출된 기름을 뒤집어쓴 펭귄들에 대한 보도가 있다. 그 해역에서의 생분해 속도는 더 온화한 해역에서보다 훨씬 더 늦다. 최초의 인간들이 그곳에 온 이래 버려진 모든 쓰레기, 장비 그 밖의 부스러기들이 아직도 있다. 원유 유출과 남극에서의 작업을 위해 필요할 인간 마을들의 입지는 바다와 바다에 가까운 좁은 땅이 필요한 생명체들을 끝장낼 수 있을 것이다. 크릴 그리고 크릴을 잡기 위해 바닷물을 거르는 수염고래, 육지에서 바다로 여행하는 펭귄, 바닷새 그리고 물개들이 모두 유린될 것이다. 남

제국 문화의 종말과 흙의 생태학

극과 같은 환경에서 정화(淨化)는 거의 불가능하며, 분출이 발생한다면 그것을 멈추기 어렵게 만들어줄 조건에서 일어날 수도 있고, 멈춰질 수가 없다면 (예를 들면, 한겨울에) 그냥 바다로 계속 흘러나갈 것이다.

산업국가들의 남극에 대한 접근 방식은 제국문화의 핵심적 역동적 구조가 수메르인들의 시대 이래 달라지지 않았다는 것을 보여준다. 즉시의 이익이라는 동기가 모든 다른 가치들에 계속 우선한다.

근대 세계에서의 제국―관리되는 여론

역사의 증거는 사회의 의식이 제1세계 나라들에서 증진되면서 제국의 엘리트들은 국내 여론과 정보 출처들을 관리하는 것이 필요하다는 것을 발견하게 됨을 시사해준다. 식민지들을 강탈하는 동기와 방식은 달라지지 않았지만, 제국주의 국가들에서 사회의 감수성은 더 예민해졌다. 프랑스 혁명, 미국 혁명 그 밖의 변화들이 시민의 권리와 엘리트들의 기능 수행에 대한 더 복잡해진 견해를 가져왔다. 식민주의의 동기와 전략들은 달라지지 않으나 제1세계 공중에 대한 정당화 논리와 설명은 운영의 매끄러운 필수 부분이 되어왔다. 16세기에는 유럽 공중에 대한 어떠한 설명도 필요하지 않았지만 나중의 제국주의는 문화적 여론의 현상이 되었다. 그것은 사회적 이데올로기가 되었다. 이런 변화가 일어나면서 엘리트들은 공중에게 식민지에 대한 자선적이고 이로운 효과를 비추어주고 기본적인 동기와 방식들은 숨기는 것이 필요해졌다. 미국에서 그것은 '명백한 운명(Manifest Destiny)'의 옷이 입혀졌다. 신은 신세계를 자격 있는 기독교인들에게 주었다고 흔히 말해졌고 이는 엘리트들에 의해 장려된 '선교 열풍'을 부추겼다. 이 모두가 결합해 제국에 대한 침략주의적 뒷받침이 되었다. 현재 식민지들에서 유가자원들을 강탈하고 식민지에 대한 통제권을 보장하려는 계속되는 사업이 '반공주의', '반테러주의' 그리고 민주주의와 경제 발전을 사회적으로 덜 발달된 대중에게 가져다준다는 신화로 옷 입혀진다. 산업화된 나라들

의 경쟁하는 엘리트들은 인간사회를 철저히 군사화시키고 말았다. 엘리트들은
흔히 말하기를 우리가 문명사회에 대한 그런 빡빡한 경찰 통제를 해야 하는 이
유는 '인간의 본성' 때문이라고 한다. 즉 인간들은 아주 폭력적이고 야만적이라
서 이들의 행동에 대한 외적인 통제가 있어야 한다는 것이다. 국제무대에서 지
구에 대한 군사적 통제의 정당화 논리는 '자본주의적 제국주의'의 위협, '테러
분자들의 위협', '공산주의적 전복 활동', '게릴라 준동'이라고 한다. 그러나 진실
은 제국들이 식민지에서 뭔가를—화폐 시장과 자원—취하고 있으므로 식민지를
보유하기 위한 노력을 경주한다는 것이다. 지금 제3세계 국가들의 거대한 채무
로 자본주의 집단의 엘리트들은 문자 그대로 이 나라들을 접수할 수 있다. 채
무가 변제되지 못하고 그 나라가 자본이 없어 절망적인 경우에 국제통화기금이
나 세계은행은 그 나라가 은행가들이 자신들의 팀을 들여보내 그 나라들의 경
제 기획과 상업 관련 부서들을 운영할 수 있도록 하는 데 동의한다면 또 한 번
의 차관을 베풀어줄 것이다. 은행가들이 그 나라에 과하는 '긴축'이나 '개혁' 프
로그램들은 지구적 규모의 경제 엘리트에게 사회적으로 소유된 기업을 팔아치
우고 그 나라의 대중에서 돈을 짜내어 채무를 갚도록 고안된 것이다. 채무를 갚
기 위한 외환은 그 나라의 자원을 수출하고 그 나라의 시민을 빈곤화시킴으로
써 창출된다. 이는 일꾼들, 그 나라의 사회, 생태계를 헐벗게 하며, 남아있는 경
제를 국내 및 국제 엘리트의 손에 중앙집중화시키는 경향을 띤다.

식민지 통제

제국들, 식민지들 그리고 경쟁하는 여러 '세력권'의 세계에는 어떤 경쟁하
는 제국이 식민지를 훔칠지 모른다는 위협이 있지만, 또한 식민지의 인구가 침
략자들의 강탈을 중지시키고 물리치기를 시도할지 모른다는 더 큰 위협도 있
다. 이런 '민족주의'의 위협은 식민지 엘리트의 통제하에 있지 않은 식민지에서
의 어떠한 사회 발전도 방해함으로써 대처된다. 식민지 엘리트는 그들 나름대

제국 문화의 종말과 흙의 생태학

로 결국 제1세계의 산업 엘리트에 속하는 그 조련사들의 통제하에 있다.

제2차 세계대전 종결 직후 제국 열강의 중심부들은 그들의 영역을 공고화하기 시작했다. 소련은 지배받는 식민지들로 자신을 둘러쌌고, 중국은 자신의 예로부터의 제국주의적 지배권을 내세우기 시작했다. 미국과 유럽의 자본주의자들은 오래된 식민지 구조의 통제권을 관리하려고 움직였다. 자본주의자들에 의해 행사되는 이런 식민지 통제는 흔히 식민지 엘리트에 의해 운영되는 식민지에 '독립을 주는' 그러나 옛 식민지의 군사적·경제적 하부구조의 통제권을 은밀하게 유지하는 형태를 취한다. 미국이라는 '바나나 공화국' 식민지들에서 활용된 한 가지 통제 기법이 중앙아메리카 연구 집단에 의해 폭로되었다. 그들은 이렇게 말한다.

> 1870년에 미국 은행들은 중앙아메리카 나라의 유럽 채무 전체를 그 나라가 관세 관리처분하에 있어서 미국이 그 나라의 외국과의 무역과 그 나라의 국내 경제의 여러 측면들을 통제하도록 하는 데 동의한다는 조건 하에서 일시불로 변제해주겠다고 제안하는 작업을 시작했다. 이런 경제적 관계는 정치적 식민지화를 다른 나라의 무역, 자원, 노동을 통제하는 똑같이 효과적인 방식으로 대체했다. 니카라과는 1949년까지 미국의 관세 관리처분하에 있었다.[272]

제2차 세계대전이 끝난 후 처음으로 영국이, 그 다음으로는 미국이 그리스가 제2차 세계대전 중에는 나치스에 저항하는 레지스탕스였던 원주민 좌경 세력들에 맞서 전쟁을 수행하는 것을 지원했다. 이들 인민주의 그리스 세력들은 패배했고 꼭두각시(군사독재의 경우에는 파시스트) 식민지 엘리트가 자리에 앉혀졌다. 오랜 식민 제국들은 당시에 원주민 게릴라들, 필리핀의 미국 옛 식

---

272 *EPOCA UPDATE*, Summer 1990, Earth Island Institute, San Francisco, CA, p. 2,3.

민 점령지의 '혹(Huks, 후크발라합)'과 싸워 1950년대에 휴전을 시켰고, 영국의 통제를 받는 말레이시아에서의 같은 시대의 농민 봉기를 진압했다. 이는 원래 미국이 스페인 사람들로부터 땅을 접수한 것의 역사적 재현이었다. 옛날에는 쿠바도 필리핀도 스페인 사람들을 거의 물리칠 수 있었던 반식민지 세력들을 가졌다. 미국은 스페인 사람들을 겁을 주어 쫓아내고 패배시킨 다음 반식민주의 레지스탕스를 박멸함으로써 제국의 이익을 지켜냈다. 키신저 시대에 미국은 수카르노 치하의 인도네시아에서의 '위협적인' 민족주의를 격퇴할 수 있었다. 키신저와 닉슨은 군사쿠데타를 후원했고, CIA는 제거하기 위해 지목된 사람들의 명단을 건네주었다. 추산하기로 최소한 50만 명이 제국을 통제하기 위한 이 전략에서 죽었다. 결국 호치민의 지도하의 반일 레지스탕스에 의해 취해진 프랑스 식민지를 회복하려는 시도에서 베트남에서 전쟁이 진행되었다.

제2차 세계대전 뒤의 시대에 비밀 정부기관들이 은폐된 전쟁의 선봉으로 활용된, 갈등과 경쟁의 시스템이 진화했다. 이 시스템은 '적들'로부터 그리고 제1세계의 국내 인구로부터 이런 해외 활동들을 숨기려는 바로 이 동일한 동기에서 존재하고 진화했다. 국내 인구는 그런 활동들이 알려진다면, 그것들이나 그것들로 꾀하는 정책을 찬성하지 않을 것이다. 이는 '안보 국가'의 비밀 활동의 덮개가 필요한 데 대한 기능적 이유다. 명예로운 정부 조치들은 사람들에게 비밀에 부치지 않는다. 미국의 CIA, 러시아의 KGB 같은 은폐된 활동을 하는 비밀 기관들이 지금 지구상의 여러 정부들에 존재한다. 제2차 세계대전 후에 제국주의 정부들은 그들의 식민지에 비밀경찰과 은폐된 활동 기관들을 세우는 데 그들의 비밀 전쟁 기관들을 활용했다. KGB는 동유럽에서 비밀경찰의 창설을 지원했고, CIA는 샤(Shah-페르시아의 황제)가 다스리는 이란에서 증오 대상인 사바크(SAVAK-비밀경찰), 라인하르트 겔렌 장군 휘하의 서독에서는 CIA의 상대역이 되는 기관을 그리고 한국에서는 중앙정보부(KCIA) 등 창설하는 것을 도왔다. 이 기관들은 국내 및 해외 활동들을 수행한다. 해외 활동들은 보통 엘리트가 공개적으로 연루되기를 원하지 않을 조치들과 잔혹 행위들이다.

때로는 '반공주의'의 수사학으로 옷 입히는 것이 사용되지 않았고, CIA가

제국 문화의 종말과 흙의 생태학

유전을 얻기 위해 이란의 모하메드 모세데크를 전복시키던 때 그랬듯이 '민족주의' 이미지 같은 어떤 부정적 이미지가 사용되었다. CIA의 지원으로 1954년 과테말라의 민족주의 지도자 아르벤스(Arbenz)를 전복시킬 때와 같이 일반적으로 기업이 통제하는 대중매체에서의 모든 선전자들과 '반공' 치어리더들은 제국 대중의 정신적 이미지를 조작하도록 호출되었다. CIA가 베트남에서 전쟁을 벌이던 때 무렵, 제국의 통제는 '반란진압전(counter-insurgency warfare)'이라고 불리고 있었다. 식민지 엘리트들의 통제만 필요했던 것이 아니라 사회 자체의 하부구조를 통제하는 것이 필요해졌다. 베트남에서는 CIA는 그들이 식민지 지배 전쟁에서 바로 그 사회 자체와 싸우고 있음을 발견했다. 이에 대한 응답은 원주민의 사회적 지도력을 파괴해야 한다는 필요성의 인식이었다. 불사조(Phoenix) 작전과 전략촌 개념이 이에서 나왔다. 불사조 작전은 제국에 의해 통제받지 않는 사회적 지도력의 지위를 차지한 사람들을 살해하거나 투옥시키는 프로그램이었다. 전략촌은 농민 인구의 강제 이주와 보통 군사적 통제하에 있는 방비된 '마을들'에의 수용에 의해 만들어졌다.

이런 전략들은 제1세계에서 훈련받는 식민지 군인들과 경찰력이 제국의 통제를 받는 간부들과 경쟁할 수 있는 어떠한 원주민 지도력이든 제거할 임무를 띤 '죽음의 부대(death squads)'를 유지하도록 현재까지 발달해왔다. 농업협동조합 지도자들, 노동 운동 지도자들, 가난한 사람들에 대한 공감을 옹호하는 교회 지도자들, 의사들, 자조(自助)를 가르치거나 헐벗은 자들을 도울지도 모르는 교사들 모두가 제국의 통제 바깥의 사회적 권력의 가능성들을 창출하는 것으로 여겨져서 납치되고, 고문당하고 살해된다. 이런 암살 팀원들은 흔히 파나마에 있는 미국 기지에서, 또는 CIA에 의해 유지되는 텍사스 주와 루이지애나에 있는 미군기지에 있는 고문 학교(torture schools)에서 훈련을 받아왔다. '저강도 전쟁'은 제국적 통제에 대한 새로운 명칭인데, 이는 언제나 극적(劇的)인 승자들을 만드는 것을 의도로 하지는 않으며, 흔히 단지 어떤 나라를 어떤 정책 전략에 대해 '부드럽게 만드는' 데 사용된다. 이는 단지 그 나라가 잘게 조각이 나고 그 나라 사람들이 고통을 당하고 쉽게 통제될 때까지 테러 행위, 분열공작과 태업으로 표적된 나라를 때리는 것에 해당된다. 저강도 전쟁이라 불리는 것은 사실은 전쟁이 아니라 단지 제국들의 은폐된 관리 기법일 뿐이다. 이는 반드시 폭력과 관련되지는 않지만 해외 정보기관의 매수자 명부에 올라 있는 기자들, 군인들, 정치인들을 통한 지방 매체 조종 같은 것들을 내포한다.

지면 위에서는 보통 외국의 선거 개입이 이루어지며, 이는 '미국 민주주의를 위한 국가 기부(National Endowment for Democracy)', AFL-CIO 및 CIA와 연계된 '자유노동 개발을 위한 아메리칸 연구소(American Institute for Free Labor Development)' 그리고 CIA 및 미국 상업회의소와 연계된 '국제민간기업센터(Center for International Private Enterprise)' 같은 기구들로 이루어진다. 또한 현금의 지하 통로, 물자 및 전문가들이 선택된 후보들과 정당들에 제공되기도 한다. 은폐된 전략들을 도와주는 책들이 은밀히 출판되고 널리 유통된다. 특정 사회 집단들과 기관들이 표적이 되는 나라 안에서 조직되고 재원을 조달받아 특정한 전략들을 도와준다. 사실상 자신들의 본국 정부 회계 내에서는 숨겨진 거대한 예산을 보유하는 이들 은폐된 행위를 수행하는 기관들을 제한하는 것이라고는 상상력뿐이다.

식민지에서 투자와 이윤을 보호해야 할 동기가 있으며 또한 식민지의 독립 사례를 방지하고, 그 나라가 '세력권'에서 이탈하는 것을 방지할 동기도 있다.

'국제주의적' 제국의 창조

우리가 지금 비록 미국, 유럽 그리고 중국 등의 제국적 중심부들을 가지고 있다고 해도 자본주의 열강의 조율은 록펠러/키신저가 만든 삼각 위원회의 후원으로 연례 빌더버그 컨퍼런스의 집행부인 것으로 보이는 것과 더불어 강력한 엘리트로 통합되어왔다. 이 집단들은 세계에서 가장 부유한 사람들 몇 명, 지도적인 군부 인물들(언제나 군복을 입고 있는 것은 아니다), 주요 국제 은행가들, 부유한 왕족의 몇몇 대표들 그리고 특히 미국, 서독 그리고 일본에서 온 고

제국 문화의 종말과 흙의 생태학

위 정부 공직자들을 포함한다. 삼각 위원회의 회원자격은 몇 나라나 여러 나라에서 사업을 행하는 회사 법인들을 중심으로 한다. 이 '위원회'는 초국적 기업들의 국제적 계급을 소유하고 통제하는 동질화된 엘리트와 더불어 발달해왔다.

세계 인구의 6퍼센트를 차지하고 매년 대부분이 그 국경 바깥에서 들어오는 지구 전체의 자원의 절반 이상을 소비하는 미국 같은 나라에서 자원과 시장들을 통제할 필요는 그 면전에서 명백하다.

과거에 노예를 부리던 시대 그리고 아편을 가지고 돈을 벌던 시대처럼 제1세계 나라들의 대중은 그들 정부의 활동이 절대로 이타주의적이라는 것을 확신해야 한다. '원조', '경제 발전', '반테러 활동', '민주주의 지원', '마음과 머리를 얻음' 그리고 물론 '공산주의의 위협'이 산업제국의 통제와 운영이라는 실제로 벌어지고 있는 것을 호도하기 위해 사용되는 이미지들이다. 산업제국의 광범위한 유동 시스템은 대량의 원자재 그리고 제품을 판매할 대량의 시장들도 마찬가지로 필요로 하는 것이다. 이들 정책의 통제, 기획 그리고 집행의 상당 부분은 선출직 공직자의 시야 밖에서 이루어지며, 흔히 CIA, 이스라엘의 모사드, KGB 그리고 다른 산업국가들의 은폐된 행위 집단들 같은 비밀 집단들에 의해 수행된다. 초기의 식민지 제국들에서 발달해온 권력 구조는 NATO, ASEAN, 바르샤바 조약기구 같은 동맹들과 그 밖의 군사적 지원 및 현금 융자 커넥션들을 통한 세계의 완벽한 군사화의 구조다. 이는 세계가 지금까지 보아온 가장 큰 군비 경쟁을 배태해왔다. 자신들의 민중을 먹이지 못하는 나라들이 제1세계 국가들에서 군비를 위한 차관을 언제든지 얻을 수 있다.

지구적 패권을 위한 투쟁은 비밀 전략들을 가지고서 수행되며, 대중매체를 통해 사람들의 정신 안에서 수행된다. 정보 출처에 대한 통제는 각 제국의 '세력권'의 지배에서 중요한 인자다. (현대 제국의 은폐된 관리에 관심 있는 이들을 위해 전체 참고문헌이 포함된다.)[273]

---

[273] 근대 제국의 은폐된 전략들의 수행에 관한 정보 출처: 본서 pp. 302–306 참조.

식민지들에서의 산업 투자가 일반적으로 큰 이윤(연간 25퍼센트가 표준)을 돌려줌에도 불구하고, 제2차 세계대전 이래의 초대형 이윤은 총과 마약에서 나왔다. 미국은 가장 큰 군비생산자이며, 다른 나라들이 지금 급히 추격하고 있다. 동맹들과 군사화는 전 세계에서 부추겨져 왔으며, 세계는 대부분의 사회들에서 군인들이 (공공연하게 혹은 은폐된 형태로) 권력을 장악하는 것을 봤다. 석유 산업은 지구상의 가장 큰 산업이지만, 규모와 생산액에서 군비 산업에 바짝 추격당한다. 군수 산업은 온갖 형태의 식민지 착취가 성장함에 따라 자라난다. 현대적 예는 [1989년의] 이란-이라크 전쟁으로서 42개 무기 수출국들이 전투원들에게 무기를 팔았고, 36개국은 양측에 무기를 팔았다.

어떤 이들은 지금 지구 전체의 마약 시장이 연간 5천억 달러라고 추산한다. 아편의 산지는 터키(그 식물의 발생지), 아프가니스탄, 파키스탄, 인도, 버마, 라오스 그리고 멕시코다. 먼 곳의 농민 몇 명이 이 귀중한 물질의 거대한 양을 통제하지 않는다. 농민들은 이 무역에 개입된 현금을 화물열차로 운송하는 사람들로 보이지는 않는다. 이런 중요한 상거래는 그것을 행하는 마찬가지로 중요한 사람들을 필요로 한다는 것을 알기 어렵지 않다. 이 초대형 이윤이 나는 무역은 세계에서 좀 더 위력 있는 사람들 중 일부에 의해 통제된다. 원산지 정부가 몫을 챙기고, 국제 운송업자들이 몫을 챙기고, 부자 나라들의 배급 통제자들이 몫을 챙긴다. 아편 양귀비 재배 지역들은 실질적으로 미국의 통제하에 있다(동남아시아의 황금의 삼각 지역의 일부분들은 제외될 가능성이 있다). 라오스의 메오 부족민들, 아프가니스탄/파키스탄의 부족민들 그리고 콜롬비아, 볼리비아, 페루 등 코카인을 생산하는 나라들의 식민지 엘리트들에게서와 같이 여러 지역에서 미국 CIA와의 강한 역사적 접촉선들이 있다.

제국의 경제적 무역 관계들은 단순하다. 산업국가들에서 생산된 공산품 가격은 제3세계 국가들에 의해 판매되는 원자재 가격보다 빨리 상승한다. 이는 기본적 경제 관계다. 이는 역사적으로 그러해왔다. 경제학 분야에서 이런 정보를 개발한 연구들은 라울 프레비시의 이름을 딴 프레비시 명제다. 프레비시는 1960년대에 국제연합(UN)에서 일하면서 이 통계적 연구들을 전개했다. 이 수

제국 문화의 종말과 흙의 생태학

출/수입의 불균형 때문에 그리고 1970년대의 에너지 가격 상승 때문에 제3세계는 국제 은행가들의 채무 관계에 깊이 빠져들었다. 이는 은행가들에게 제3세계의 경제들을 관리할 기회를 준다. 새로운 차관에 대한 대가로 그 나라는 자국을 효과적으로 피 흘리게 하고 남아있는 건강한 생태계 환경을 '자원 채취'의 명목으로 파괴하는 경제 계획을 받아들여야 한다. 1990년에 발전도상의 세계에서 발전된 나라들로의 돈의 순 유출은 연간 1천억 달러가 넘었다. 이는 순 수치다. 즉 발전된 나라들에서 발전도상국들로의 유입을 뺀 나머지를 의미한다.

제3세계 국가들이 자신의 나라를 자신들의 이익을 위해 장악할 가능성은 미미하다. 비밀리에 공작하는 은폐된 행위 집단들의 압도적 파괴력, 제1세계 정부들에 의한 경제 봉쇄, '자본 파업(식민지에서 자금을 빼는 것)', 국제 은행들에 의한 목 조르기, 국제통화기금과 세계은행에 의한 기금의 삭감은 어떠한 원주민 운동도 거의 확실히 질식시킨다. 노동자들이 노동 파업에서 노동을 보류할 수 있는 것과 똑같이 자본은 투자를 보류할 수 있다. 지구의 남아있는 먼 곳의 수렵·채취인들이 산업제국 없이 여전히 훌륭하게 생존할 수 있다고 해도, 화폐 경제 안의 모든 사람, 그의 생존 시스템이 산업에 의존하는 모든 사람은 돈, 총 그리고 산업 생산을 통제하는 자들에게 종속된다.

관련 정기간행물

- *Intelligence/Parapolitics.* monthly, $20/yr. P.O.Box 50441, Washington, D.C. 20004 or 16 rue des Ecoles, 75005 Paris, France.
- *The National Reporter.* quarterly, $13/yr. P.O.Box 21279, Washington, D.C. 20009.
- *Covert Action Quarterly.* quarterly, $15/yr. P.O.Box 50272, Washington, D.C. 20004.
- *Lobster. Intelligence-Parapolitics-State Research.* published occasionally, $14/yr. 17c Pearson Ave., Hull; HU5 2SX; United Kingdom.

관련 서적

• 제2차 세계대전 시대

- *The War Lords of Washington. The Inside Story of Big BusinessVersus The People in World War II.* Bruce Catton. Harcourt, Brace & Co. 1948.
- *The Luciano Project. The Secret Wartime Collaboration of the Mafia and the U.S. Navy.* Rodney Campbell. McGraw-Hill Book Co. 1977.
- *Who Financed Hitler. The Secret Funding of Hitler's Rise to Power 1919-1933.* James Pool and Suzanne Pool. Dial Press. 1978.
- *Trading With The Enemy. An Exposé of The Nazi-American Money Plot 1933-1949.* Charles Higham. Delacorte Press. 1983.
- *Kennedy and Roosevelt. The Uneasy Alliance.* Michael R. Beschloss. W.W. Norton & Co. 1980.
- *The Last Testament of Lucky Luciano.* Marin A. Gosch and Richard Hammer. Little, Brown & Co. 1974

• 제2차 세계대전 후

- *Klaus Barbie. The Shocking Story of How the U.S. Used this Nazi War Criminal as an Intelligence Agent.* Erhard Dabringhaus. Acropolis Books Inc. 1984.
- *Aftermath. Martin Bormann and the Fourth Reich.* Ladislas Farago. Simon & Schuster. 1974.

제국 문화의 종말과 흙의 생태학

- *The Bormann Brotherhood. A New Investigation of the Escape and Survival of Nazi War Criminals.* William Stevenson. Harcourt Brace Jovanovich. 1973.
- *The Belarus Secret.* John Loftus. Alfred A. Knopf. 1982.
  (When John Loftus was an Assistant Attorney General working for the Justice Department he was assigned to investigate the existence of numerous Nazi war criminals living comfortably in the U. S. When little action was taken, he wrote this account of the case.)
- *The Nazi Legacy. Klaus Barbie and the International Fascist Connection.* Magnus Linklater, Isabel Hilton and Neal Ascherson. Holt, Rinehart & Winston. 1984.
- *The General was a Spy. The Truth about General Reinhard Gehlen..* Coward, McCann & Geoghegan, Inc. 1971(How part of Hitler's intelligence apparatus was merged with the CIA).

- **초대형 국가들, 한국전쟁 그리고 현대**

- *The Hidden History of the Korean War.* I.F. Stone. Monthly Review Press. 1952.
- *Global Rift. The Third World Comes Of Age.* L.S. Stavrianos. William Morrow & Co. 1981.
- *The Age of Surveillance. The Aims and Methods of America's Political Intelligence System. Frank J. Donner. Alfred A. Knopf. 1980.*
- *The CIA. A Forgotten History/US Global Interventions Since World War 2.* William Blum. Zed Books. 1986.
- *The Washington Connection and Third World Fascism. The Political Economy of Human Rights.* Vol. I Noam Chomsky and Edward S. Herman. South End Press. 1979.
- *After the Cataclysm. Postwar Indochina and The Reconsideration of Imperial Ideology.* Vol. II. Chomsky & Herman. South End Press. 1979.
- *The Geography of Empire.* Keith Buchanan. Bertrand Russell Peace Foundation pub. 1972.
- *The War Conspiracy. The Secret Road to The Second Indochina War.* Peter Dale Scott. Bobbs–Merrill Co. 1972.
- *Torture In The Eighties.* Amnesty International Report. 1984.

– *War Without End. American Planning For The Next Vietnams.* Michael T. Klare. Alfred A. Knopf. 1970.
– *Deadly Deceits. My 25 years in the CIA.* Ralph W. McGehee. Sheridan Square Pub. 1983.
– *In Search Of Enemies.* A CIA Story. John Stockwell. W.W. Norton & Co.1978.
– *Endless Enemies. The Making of an Unfriendly World. How America's Worldwide Interventions Destroy Democracy And Free Enterprise And Defeat Our Own Best Interests.* Jonathan Kwitny. Congdon & Weed, Inc. 1984.
– *The Secret Team. The CIA And Its Allies In Control Of The United States And The World.* L. Fletcher Prouty, Col., U.S. Airforce (Ret). Prentice-Hall. 1973. (Excellent introductory volume by an official who served many years at the highest levels of the U.S. government/military.)
– *None of Your Business. Government Secrecy in America.* Norman Dorsen and Stephen Gillers, Editors. Viking Press. 1974.
– *State Secrets. Police Surveillance in America.* Paul Cowan, Nick Egleson and Nat Hentoff. Holt, Rinehart & Winston. 1974.
– *Agent's Of Repression. The FBI's Secret Wars Against The Black Panther Party and The American Indian Movement.* Ward Churchill & Jim Vander Wall. South End Press. 1988.
– *Inside The Shadow Government. Declaration of Plaintiffs'Counsel Filed by the Christic Institute, U.S. District Court, Miami, Florida, March 31, 1988.* Edith Holleman, et. al. Christic Institute Pub. 1324 North Capitol St. N.W., Wash. D.C. 2002.
– *On The Trail of the Assassins. My Investigation and Prosecution of the Murder of President Kennedy.* Jim Garrison. Sheridan Square Press. 1988.
– *High Treason.The Assassination of President John F. Kennedy. What Really Happened.* Robert Groden. Conservatory Press. 1989.
– *The Yankee and Cowboy War.* Carl Oglesby.
– *Crossfire. The Plot That Killed Kennedy.* Jim Marrs. Carrol & Graf Pub.1989.
– *The Assassinations, Dallas And Beyond, a guide to cover-ups and*

제국 문화의 종말과 흙의 생태학

investigations. First edition. Peter Dale Scott. Random House. 1976.

• 지금 시대의 기업 부문에 관한 저작물

− *In Banks We Trust. Bankers and Their Close Associates. The CIA, the Mafia, Drug Traders, Dictators, Politicians and the Vatican.* Penny Lernoux. Anchor Press/Doubleday. 1984.
− *Trilateralism. The Trilateral Commission and Elite Planning For World Management.* Holly Sklar, ed. South End Press. 1980.
− *The Bohemian Grove And Other Retreats. A Study in Ruling−class Cohesiveness.* G. William Dumhoff. Harper Torchbooks. 1975.
− *Inside Job. The Looting Of America's Savings and Loans.* Stephen Pizzo. McGraw Hill. 1989.

• 마약과 국제 엘리트

− *The Iran Contra Connection. Secret Teams And Covert Operations In The Reagan Era.* Johnathan Marshall, Peter Dale Scott and Jane Hunter. South End Press. 1987.
− *Out Of Control. The Story of the Reagan Administration's Secret War In Nicaragua, the Illegal Arms Pipelines, and the Contra Drug Connection.* Leslie Cockburn. Atlantic Monthly Press. 1987.
− *The Great Heroin Coup. Drugs, Intelligence and International Fascism.* Henrik Kruger. South End Press. 1980.
− *The Politics Of Heroin In Southeast Asia.* Alfred McCoy. Harper & Row. 1972.
− *The Politics of Heroin. CIA Complicity in the Global Drug Trade.* Alfred McCoy. Lawrence Hill/Chicago Review Press. Chicago. 1991.
− *Of Grass and Snow.* Hank Messick. Prentice−Hall. 1990.
− *The Great Heroin Coup. Drugs, Intelligence and International Facism.* Trans. from Danish. Henrik Kruger. Black Rose Books. Canada. 1990.
− *Cocaine Politics. Drugs, Armies and the CIA in Central America.* Peter Dale Scott. et. al. U of Calif. Press. March, 1991.
− *Deep Cover. The Inside Story Of How DEA Infighting, Incompetence And Subterfuge Lost Us The Biggest Battle Of The Drug War.* Micheal

Levine. Delacorte Press. N.Y. 1990.

• 대중매체에 대한 엘리트의 통제

- *A Dangerous Game. CIA and the Mass Media.* Vitaly Petrusenko.
  Interpress, Prague, Czechoslovakia. 1977.
- *Even The Gods Can't Change History. The Facts Speak for
  Themselves.* ,George Seldes. Lyle Stuart pub. 1976.
- *The Pentagon Propaganda Machine.* Senator J. William Fulbright.
  Vintage Books. 1970.
- *Inventing Reality. The Politics Of The Mass Media.* Michael
  Parenti. St. Martin's Press. 1986.
- *The CIA And The Media. How America's Most Powerful News
  Media Worked Hand in Glove with the Central Intelligence Agency
  and Why the Church Committee Covered it Up.* Carl Bernstein.
  Rolling Stone (magazine). 20 Oct. 1877.
- *Manufacturing Consent. The Political Economy of the Mass
  Media.* Edward S. Herman and Noam Chomsky. Pantheon. 1989.
- *EPOCA UPDATE.* Summer 1990. "Are Debt-for-Nature Swaps the
  Answer?" Earth Island Institute. San Francisco, CA. p. 3.

제국 문화의 종말과 흙의 생태학

제2권

미래의 씨앗

제13장   # 생명의 원리들

땅의 생명의 도덕적 기초

우리는 인간 사회체들이 해체되고 우리 지구의 생명력이 풀어져 터지는 시대를 산다. 이는 우리 모두에게 기존의 사회적 실재들 안에서의 혼동과 모순의 감각을 느끼게 준다. 우리의 응답은 생명의 지속되는 우주적 패턴들로, 생명의 치유를 향해 전환하는 것이어야 한다. 위기가 깊기 때문에 우리의 응답은 마찬가지로 근본적이어야 한다. 우리는 모름지기 땅과 완전히 다른 방식으로 관계를 맺는 완전히 새로운 인간문화를 창조할 것을 제안하고 있다. 우리는 힘, 버틸 힘을 구한다. 우리는 죽이고 강제할 힘이 유토피아로의 길이라 여겨졌던 약점의 자리에서 벗어나고 있다. 그 개념의 약점이 제국의 이 최종적 순환국면에서의 지구적 자살로 드러나는 지금, 적극적 방식으로 대응하기로 선택하는 자들은 여러 자연문화의 씨앗들과 문명에 의해 창조된 진정으로 이로운 것들을 모아서 〈묵시록〉적 상황을 그것들을 가지고 통과해갈 필요가 있다.

우리의 노력은 개인적·사회적·생태적 그리고 우주적 균형을 회복하는 것이다. 우리는 이 지구상에서의 생명의 자연적 패턴을 우리의 안내자로 채택함으로써 이를 행할 것을 제안한다. 자연계는 나누어진 에너지들의 세계다. 생명을 주는 햇빛은 초록 식물들에 의해 포집되어 살아있는 숲으로 변형된다. 생명 에너지들은 순환하고, 변형하고, 생명의 그물로 계속 순환한다. 이 순환과 함께 흙의 완만한 형성이 일어나서 지구가 더 많은 에너지를 포집할 수 있는 초록 식물

제국 문화의 종말과 흙의 생태학

들을 지탱할 추가 능력을 제공하여, 시스템을 그 생물학적 계승의 최고, 지구의 생명 내에서의 그 역학적 균형으로 몰고 간다. 인간 유기체 내에서 에너지들의 균형이 여러 물질들과 영양소들의 방대한 배열 중에 의식적으로 유지되는 것과 똑같이, 역학적 균형은 끊임없이 상호작용하는 수십억의 생명 과정들에 의해 지구 유기체 안에서 유지된다. 지성만으로 인체의 기능들을 결코 인도하고 관리할 수 없는 것과 똑같이, 땅을 창조했고 유지해온 우주적 지성보다 더 뛰어나게 땅의 생명에 관한 의사결정을 인간 지성이 할 수 있는 방법이 없을 것이다.

지구의 생명은 온도, 압력 그리고 습기가 극단적으로 변이를 보이는 땅을 그 창조성으로 덮을 능력이 있다. 지구 생명의 창조성과 적응성은 생명이 지구 표면의 모든 부분에서 그 지성을 표현할 수 있게 허락하는 형태와 기능의 다양성을 향한 돌진과 결합한다. 온전한 생명의 보증마크는 일치 안의 다양성이다. 지구 생명은 각 생명체가 그 자체로 일체이지만 그러면서도 더 큰 전체의 일부분이 되는 식으로 여러 일체들 내에서의 일체들의 역설로서 기능한다.

지구적 생명의 통일체들 그리고 무수한 끊임없이 작용하는 생명 과정들 모두가 서로 간의 관계를 유지한다. 모든 것은 연결되었으며, 하나의 조정은 무엇이건 다른 조정들을 일으켜서 그것들은 자신들의 존재의 새로운 조건들에 동시에 적응한다. 창조성, 균형, 적응성, 나누어진 에너지, 일치-다양성, 변형과 관계는 우리가 생명에 근본적이라고 보는 행동 양식들이다. 생물들의 이런 행동들은 의식의 맥락 안에서 생겨난다. 각 생명체는 의식이 있는 존재자다. 의식은 그 생명체를 한데 붙들어주고 그것에 생기를 주는 아교다. 죽음에서 의식이 떠날 때, 형체는 분해한다.

이 일곱 원리들과 그 보조적 효과들은 생물들의 그물의 행동에 대한 관찰에서 끌어온 것이다. 이는 지구상의 생명의 행동이다. 이는 그것의 도덕적 패턴이다. 이에서 우리는 인간사회의 행동을 위한 도덕적 원칙들을 끌어낼 수 있다. 우리가 이 원칙들을 본뜬 그리고 생명의 그물과 통합된 인간문화를 창조할 때 인간의 사고와 행위는 이 지구상의 생명의 목적과 공명할 것이다. 인간들은 인간 활동의 수준에서 땅의 생명을 재현하는 법이다. 생명은 참으로 도덕적 기초를 가지며, 도덕적 의무들은 명확하다. 우리가 지속 가능한 사회를 창조하려 한다면, 자연법을 따라야 한다. 제국의 위기 그리고 해체에서 우리는 그 법의 강제력을 본다. 새로운 문화를 창조하는 일에서 우리는 우리 종족과 다른 종들이 버티어 갈 수 있도록 그 법에 순응해야 할 필요를 의식해야 한다. 우리의 경로를 원천까지 따라가 보면, 우리는 우리의 새로운 문화의 요소들이 균형, 자율 (자신과 남들에 대한 책임), 전체들의 기능 수행에 대한 확대된 시야, 협동에 기초를 둠 그리고 제도화된 창조성을 포함할 필요가 있음을 알게 된다. 우리의 사회적 패턴이 생명의 패러다임에 토대를 둔다면, 그 토대에서 표현되는 우리의 행위들은 우주적 패턴들과 공명할 것이다.

균형은 생명의 기초다

사회적 의미에서 성숙성은 자율로 여겨진다. 우리가 우리의 일을 처리하는 데 부모나 남들에게 의존하지 않는다는 그것이다. 유기체 세계에서 존재들도 자율을 나타낸다. 생태계에 그것의 균형을 유지해주는 것은 각 종(種)의 자율이다. 각 존재가 그 본성에 따라 살아가므로 전체는 동조(同調) 안에서 기능한다. 수렵·채취인 무리 안에서의 인구의 균형은 자율적이다. 이 생태적 성숙성이 근본적이다. 우주는 균형 안에 존재한다. 땅의 생명은 균형 안에 존재한다. 이 안에서 우리는 대조적으로 제국문화의 이론가들이 선형(線形) 증대의 이데올로기들, 불균형의 이데올로기들을 발명한 것을 보게 된다. 선형 증대 신화의 새로운 판(版)이 다윈의 시대에 정식화되고 있었을 때, 합리주의 철학자들은 자연계에서 동기를 부여하는 동력을 찾았다. 그들은 선형 증대를 위한 힘으로 떠받들 수 있을 변화의 원인을 찾았다. 다윈과 맬더스는 그 동인(動因)을 인구 증가에서 발견했다. 다윈에게 종의 균형은 포식자들과 굶주림에 의해 기계적으로 유지된다. 이 인구의 범람이 계속되면서 약자를 솎아내고 강자를 선정해 강자의 자손들이 새로운 '진화의 물결'이 되게 하는 것이 '최적자 생존'이다. 이런

제국 문화의 종말과 흙의 생태학

시각에 새겨진 것은 완전한 무책임이고 완벽한 미숙함이다. 어떤 존재도 전체에 책임지지 않는다. 각 존재는 오직 자신의 생존을 위해 남들과 싸울 의무만 부여받는다. 이 패턴은 사실상 우리가 살고 있는 문화 안에 반영된다. 이는 우리가 지구적 자살에 직면하게 된 원인이다. 아무도 땅의 생명에 대해 책임지지 않는다. 단지 문화에 의해 제공되는 '개인주의적' 권력과 부를 위해 투쟁할 따름이다.

이 체계는 애덤 스미스가 그의 책《나라들의 부의 본성과 원인에 관한 연구(An Inquiry into the Nature and Causes of the Wealth of Nations)》(1776)에서 설명한 '자유 시장'과 맞아 떨어진다. 스미스의 이론에서 모든 사람들은 완전히 합리적이었다. 자유 시장에 많은 판매자와 구매자가 있을 때 그들은 최소의 비용에 최선의 제품을 선택할 것이고 그래서 비효율적인 자들이 소멸하는 가운데 효율성과 사회적 편익을 끊임없이 전진시킨다. 이 체계에서는 아무도 책임지지 않는다. '자연적 질서', '시장의 숨겨진 손'이 사회에 '좋은 것들'을 가져다준다.

어떤 사회도 이런 식으로 구성된 적이 없다. 강력한 사회 세력들, 카르텔들 그리고 독점체들이 가격을 정하고 공급을 통제하지만 스미스는 현실을 묘사하지 않는 신화를 창작하고 있었던 것이다. 이는 다윈의 인구 동인의 신화와 비슷하다. 그것은 인간에 의해 지도되는 것이 아니며 우주의 패턴에 적합하다는 주장이 이루어진 것이다.

이 신화가 확장되면서 '사회적 다윈주의'가 당시에 그것에 융합되었다. 사회적 다윈주의의 신화에서 영국이란 제국적 사회 같은 인간사회들은 꼭대기로 상승하고, 여러 사회 내의 인간들은 자신들의 진화적 우월성 때문에 꼭대기로 상승한다. 명백히 협동적인 수렵·채취인 무리에서는 올라갈 '꼭대기'가 없지만, 위계질서에 기초를 둔 제국문화에서는 이는 '정당한 상식'으로 여겨질 수 있다. 우리는 금융 귀족 집단이 최선의 의료 서비스를 받고 태어나, 최선의 식단으로 음식을 공급받고, 가장 훌륭한 선생님들의 지도를 받고, 가장 좋은 학교를 졸업하는 것을 본다. 물려받은 부 때문에 극히 폭넓은 여행, 오락, 스포츠의 경험을 쌓고 그들이 통치하게 될 운명이라는 출생 이래의 정신적 격려가 있을 때, 우리는 그들이 어떻게 기꺼이 사회적 다원주의 시각을 채택하는지를 이해할 수가 있다. 그들은 자기 족속이 우월하며 그런 가운데 자신들이 가진 장점을 결코 가지지 못한 자들의 목을 자신들이 밟고 서있다고 쉽게 설득될 수 있을 것이다. 사실 그들의 계급은 다른 이들이 그런 장점들을 가지지 못하게 적극 방해한다.

선형(線形)의 사상가 헤겔도 그의 '변증법'을 가지고 자기가 일종의 '자연'법칙을 발견했다고 생각했다. '변증법'은 단지 두 상반되는 힘들이 충돌해 종합을 가져온다는 것이다. 카를 마르크스가 《자본론》에서 해석한 바대로 '변증법'은 제국적 종양체에서의 사회 변화들에 초점이 맞추어졌다. 산업 노동자 계급의 힘은 산업 지배 계급의 힘에 모순된다. 이 이론을 카를 마르크스가 채택함에서 이는 정립과 반정립을 나타낸다. 지배계급과 근로계급의 이 모순은 종합으로 해소되며, 마르크스의 견해에서 이는 산업 프롤레타리아트의 독재인 것이다. 헤겔의 선형 변증법에서 종합은 새로운 정립이 되고 또 새로운 반정립이 생겨난다. 이는 선형의 사건들의 계열이 계속되도록 새로운 종합으로 해소된다.

이 문화의 구속을 받는 이론은 산업제국 내에서의 인간사회 변화에 적용될 때는 좋아 보인다. 그 문화가 경쟁/갈등에 기초를 두기 때문이다. 그러나 이는 인위적으로 창출된 상황이다. 누군가 이 선형 이론들을 땅의 자연적 생명에 적용하고자 시도한다면, 그것들은 실재에 상응하지 않을 것이다. 자본주의적 신화의 몸통은 제국문화 속의 개인들에게 자신들에게 도덕적 책임이 없다고 믿도록 허용해왔다. 그들의 조정된 사고방식에서 부자와 굶주리는 자가 있다는 것은 그것이 진화가 진행되는 방식이라서 '자연스럽고' '정당한 상식'이기 때문이다. 자본주의적 부의 왕조들 그리고 기반을 확립한 엘리트의 상속받은 권력을 무시한다면, 사람들은 누군가가 다른 이들보다 더 많이 가지는 것이 자연스럽다고 말할 것이다. 더 고도로 진화된 산업사회들이 '근대화'할 능력을 덜 가진 사회들을 통제하고 도와주는 것이 자연스러운 것과 똑같이 말이다.

마르크스주의의 신화의 몸통은 산업화가 있을 경우에만 자동할 수 있다. 이 불균형의 이론에서는 과학의 숭배와 산업화라는 유독하고 파괴적 과정을

제국 문화의 종말과 흙의 생태학

유토피아로 가는 길로 받아들인다. 자본주의 부류의 산업사회에서처럼 마르크 스주의 국가들의 방사선 중독과 생태적 퇴화는 '관리'상의 문제로만 여겨진다.

우주 내의 그리고 지구상의 균형 문제에 초점을 둠으로써 우리는 제국문화 속의 우리 모두가 조정을 받은 기본 가정(假定)들 중 어떤 것들은 우주적 패턴 들과는 크게 차이가 난다는 것을 알게 된다. 인구 균형의 문제는 우리의 이해 에 근본적이다.

로버트 오그로스와 조지 스탠시우는 그들의 중요한 새 책《신생물학(*The New Biology*)》에서 최근의 개체수의 자기규제를 묘사하는 생물학 연구들을 개관한다. 그 연구들은 예를 들면 코끼리들이 사춘기 연령을 올리거나 낮춤으 로써 그리고 암컷의 가임기를 줄이거나 늘림으로써 먹이 공급과 생활 조건에 따라 자기들의 개체수를 조절한다는 것을 보여주었다. 오그로스와 스탠시우 는 "다른 분야의 연구들로부터의 증거는 출산율이나 첫째 재생산 연령은 흰꼬 리사슴, 엘크, 들소, 큰사슴, 야생양, 돌산양, 야생염소, 누, 히말라야 타알, 하 마, 사자, 회색곰, 듀공, 하프물범, 남방코끼리물범, 얼룩돌고래, 줄무늬돌고래, 대왕고래, 향고래를 포함한 많은 대형 포유류에서 개체수 밀도에 의존한다는 것을 알려 준다"[1]고 말한다.

종들이 자신들의 개체수를 규제하는 다양한 방식이 있다. 한 흥미로운 연 구는 같은 종의 같은 지역 안의 모든 새들이 먹이의 가용성과 종의 개체수 밀 도에 따라 어느 철에든지 알을 낳는 수를 달리할 수 있음을 보여주었다. 먹이 공급량이 적은 어느 해에는 모든 새의 둥지에는 알이 넷인 보통의 경우와 달리 세 개의 알이 있었다. 오그로스와 스탠시우는 다음과 같이 말하는 생물학자 윈 에드워즈를 인용한다.

---

1 *The New Biology. Discovering The Wisdom In Nature.* Robert Augros & George Stanciu. New Science Library. Shambala pub. Boston. 1988. pp.125,126.

모든 선입견을 제쳐놓고 현대적 관찰과 실험에 의해 드러난 사실들에 대한 초연한 평가로 돌아가면 즉시 명백해지는 것은 수적 규제의 아주 큰 부분이 다윈의 적대적 힘들에 의존하는 것이 아니라 동물들 자신에 의해 취해진 선제조치에 의존한다는 것이다. 말하자면 상당 정도 그것은 내재적 현상이다.[2]

대중적 정신에서 생태적 균형의 이미지는 이리떼와 큰사슴 떼다. 이 이미지는 먹이사슬의 균형을 나타내 주는 것이 사실이지만 생태적 기능 수행의 협동적·전일적 요소들을 제거한다. 그런가 하면 늑대, 퓨마 그리고 독수리는 극적이며, 권력과 폭력의 제국적 이미지에 맞는다. 이 포식자들은 겨우 한 줌뿐인 반면, 미생물에서부터 미국 삼나무에 이르기까지 그 개체수가 발광성의 포식자들에 의해 별로 영향받지 않는 다른 수백만 종들이 있다.

생명은 슬기롭고 성숙하고 자율적이다. '이빨과 발톱의 피칠(red in tooth and claw)'이라는 신화는 자연에 대한 우리의 이해를 왜곡시켜왔지만 최근의 생물학에 대한 검토에 의해 우리는 자연이 실제로 일하는 방식 그리고 창조적이고 안정적인 인간문화가 그에 적응할 수 있을 방식에 맞추어 우리의 이미지들을 조정할 수가 있다. 우리가 조사해오던 대조군들에서 자신들의 수를 최대로 만드는 데 치닫는 정신없는 유기체들에서 책임감 있고 지능을 가진 자율적 생물들로의 심오한 이미지 이전이 있음을 보게 된다.

이런 것들은 학술적인 생물학 문제들이 아니다. 제국의 신학의 정치적 문제들이다. 그것들은 생명이 무엇인지에 대한 정의를 통제하며 인간들을 위한 적절한 행동을 규정한다.

환원주의(reductionism)는 유력한 과학 방법이다. 새로운 '양자' 물리학파를 제외하고 과학계를 지배하는 '뉴턴주의자들'은 우주가 '죽은' 물질로 이루어

---

2 ibid. p. 128.

제국 문화의 종말과 흙의 생태학

진 거대한 시계와 같다고 말한다. 우리가 부품을 분해해 그 쿼크들까지 조사해 보면 세계가 똑딱거리며 가게 만드는 것이 무엇인지를 발견한다는 것이다. 이는 지배적인 과학관이며 제국문화의 '통념적 지혜'다. 그러나 오그로스와 스탠시우 같은 드문 과학자들은 우주와 그 구성 요소들 각각이 전체적이지만 상호 관련된 몸들로서 연결된다는 전일론적 견해를 제시한다.

생명의 순환들

균형과 순환은 우주의 기본 과정들이다. 사건들은 원을 그리고 순환적이고 한쪽 극에서 다른 쪽 극으로 진자 운동을 한다. 우리는 순환과 운동으로 태어난다. 생식세포들이 우리 부모 각각에게서 형성될 때부터 우리는 운동 중에 있다. 정자가 우리의 난자로 여행할 때 우리는 운동 중에 있다. 우리가 나중에 자궁에 착상할 때 우리는 양수의 바다에서 운동하고 있다. 회잉의 순환 단계 후에 우리는 결국 몸에서 운동의 세계로 태어나며, 이 세계에서는 바람이 불고, 계절이 순환하고 우리 자신의 순환 단계들이 생겨난다.

우리 각자는 중심의 태양을 돌고 있는 지구라는 우주를 여행하는 구(球) 위에 태어났다. 중심의 태양은 그 행성 동료들과 같이 우리의 은하계 내에서 순환 여행하며 은하계 자체도 은하계들의 초대형 집단 주위를 움직이고 있다. 우리의 첫째 세포가 창조된 순간부터 우리는 전체의 일부분이며, 우리는 운동 중에 있기를 결코 멈추지 않는다. 우리는 하나의 과정이고 점점 더 큰 과정들의 일부분이다. 어떤 정적인 견고한 안정을 향한 선형 팽창 같은 것은 없다. 우리가 경험하는 운동은 무작위가 아니라 순환적이다. 은하계, 태양계, 우리의 지구, 우리 주위를 도는 달이 그리는 여러 원들은 아주 섬세하게 균형이 잡히고 시간이 맞추어진 채로 순환주기에 따라 그려져서 먼 미래나 과거에까지 정확히 계산되었을 정도다.

이 변함없는 운동들이 법칙이다. 이것들은 나무랄 데 없이 조율된다. 조화로운 순환주기들이 아주 강력해 그것들이 우주 법칙, 자연법칙이라는 데 의문이 없는 힘들에 의해 우리에게 과해진다. 이 천상의 순환주기 내에서 지구 행성은 햇빛과 어둠, 기능적으로는 낮과 밤의 번갈아드는 흐름의 끊임없는 순환을 이루며 돈다. 행성의 구 위에 각 지점은 에너지로 포화되었다가 그다음에는 정확히 때를 맞추어 여러 단계를 이루며 에너지를 차단하는 그늘이 진다. 낮과 밤의 순환주기와 계절들의 순환주기 내에서 지구상의 유기체적 생명은 번성한다. 땅의 생명은 역학적 균형 상태에 남아있으므로 자라고 발달할 능력이 있었다.

확실히 땅의 생명에는 변화가 있지만, 이는 균형의 맥락 안에서 일어난다. 지구의 양극은 기울어서 이것이 계절들을 생기게 한다. 지구가 몇도 더 기울었다면 혹은 태양을 도는 지구의 궤도에 어떤 이탈이라도 있다면, 지구의 생명은 크게 달라지거나 존재하지 않을 수도 있다. 지구의 유기체적 생명은 태양계의 자궁 안에서 그 순환주기들을 발달시켜왔다. 태양은 주된 에너지원으로 그 자체가 순환적으로 진동하는 몸이어서 주기적인 팽창과 수축을 경험한다. 태양은 27~30일의 주기로 회전하며, 그 열의 방출은 273개월의 주기로 등락하고, 태양흑점은 22.22년의 주기로 생겨나고 태양의 자극(磁極)은 22년마다 뒤집힌다. 크게 변하는 태양의 에너지장은 '태양에너지 그 자체'라고 불릴 수 있을 것 안에서 진동하며 지구를 에워싼다.

우리가 자기 에너지장들을 시각적으로 지각(知覺)할 수 있다면 우리는 물방울이 떨어지는 모양을 한 지구의 몸과 그것의 자기권(magnetosphere)이 태양 주위를 질주하는 것을 보게 될 것이다. 자기권의 이 떨어지는 물방울 내에서 우리는 더 강한 도넛형의 자기 에너지장에서 북극과 남극이 함몰된 것을 볼 것이다. 더 나아가 이 에너지 껍질 안에는 대기층이라 불리는 희박한 물질 층들이 있다. 외기권, 이온층, 중간권, 성층권, 대류권이 그것들이다. 유기체 세포막에서처럼 이 층들 각각은 여러 요소들로 이루어지며 지구의 안쪽 몸을 위해 특정한 기능들을 수행한다. 오존층과 그 밖의 대기 막들은 어떤 에너지들은 통과하게 허용하고 다른 에너지들은 들어오지 못하게 막는 방벽이 된다. 모든 생물의 세포의 피부가 이 같은 기능을 수행한다.

지구는 복합적인 푸르고 흰 얼룩이 진 알로서 살아있으며, 그 생명 과정들은 지구가 회전하면서 끊임없이 달라진다. 그 색깔도 계절에 따라 달라진다. 그 구름층은 리듬을 맞추는 듯한 주기로 회오리를 일으키고 순환한다. 놀랄 일이 아닌 것은, 어떤 이탈리아의 화학자가 화학반응의 속도가 지구의 상황들의 수에 따라 달라진다는 것을 발견했다.

> 이탈리아 피렌체의 지오르노 빠까르디 교수에 의한 10년의 기간에 걸친 40만 번 이상의 실험이 보여주는 것은 완전한 다양한 화학반응들에 요구되는 시간은 하루 중의 때, 1년 중의 때, 태양흑점의 주기에 따라 그리고 그의 시험관과 플라스크 안의 화학물질들이 금속성 차폐물에 의해 외부의 전자기력에서 보호되느냐에 따라 다르다는 것이다.[3]

셀 수 없이 많은 수의 유기체 사건들이 지구상에서 태양계의 몸 안의 천상의 사건들에 의해 조정을 받아 매초(每秒) 일어난다. 태양흑점 주기, 태양 주기, 달 주기, 빛과 어둠의 번갈아듦, 이 모든 사건들과 그 이상의 것들이 지구상의 유기체 사건들을 촉발하거나 그것들에 영향을 준다. 모든 것이 관계 속에 있다. 모든 것이 우주 안에서의 그 본성과 위치에 따라 순환적인 적응을 하며 흐른다. 바다의 플랑크톤의 신진대사, 연어의 이동, 숲의 성장, 순록의 이동 같은 유기체 사건들, 생식의 순환주기 그리고 그 밖의 무수한 사건들 모두가 아주 미묘하게 균형을 이룬 유동하는 전체 안에서 완전히 얽힌 순환적 힘들의 영향을 받아서 태양 위의 비교적 작은 분출인, 태양 플레어가 일어나면 지구의 생명 과정에 복합적인 효과를 일으킬 수가 있을 정도다. 태양계의 에너지 신진대사에서 보든, 세포 안의 살아있는 분자들의 다양한 종류들의 관점에서 보든 생명은 일련의 전체들 안에 전개되며, 그 각각은 더 큰 전체에 맞아 들어가고

---

3 *Cycles. The Mysterious Forces That Trigger Events.* Edward R. Dewey and Og Mandino. Hawthorn Books. New York. 1971. p. 200.

제2권 미래의 씨앗

그 필수적 측면을 이룬다. 그 기능들이 결합해 세포를 만드는 여러 부분들도 한 기관의 일부분이며, 기관도 다시 몸 전체의 일부분이 된다. 그 몸은 한 부족(部族), 물고기떼, 또는 사슴 떼의 일부분일 수 있고, 그들 사회적 몸통은 또 더 큰 먹이사슬에 끼워진다. 우주의 패턴은 형체 안에 통합된 형체이고, 정신 안의 정신이다.

지구 표면 전역의 다양한 서식지들은 지구의 몸 전체를 창조하고, 지구 자체는 태양계적, 은하계적 그리고 우주적 에너지 흐름인 에너지 흐름들(신진대사)과 결부된다. 세포의 정신은 기관(器官)의 정신 안에 존재하고, 기관의 정신은 몸의 정신 안에 존재한다. 형체는 형체 안에, 정신은 정신 안에, 생명은 생명 안에 존재한다.

생명은 협동한다

우리의 잠재의식적 조정은 우리가 폭력의 편재성을 믿도록 이끌어준다. 우리는 제국의 폭력 문화를 자연스러운 것으로 여긴다. 그럼에도 불구하고, 무념의 공연(空然)한 폭력은 자연에는 없다. 잡아먹는 일은 있다. 포식자들은 먹잇감을 먹고 먹잇감은 격렬히 저항하지만 유기체들은 아무 이유 없이 서로 공격하며 다니지는 않는다. 구역 다툼, 짝짓기 다툼이 있지만, 이런 것들이 폭력과 죽음의 단계에 도달하는 일은 별로 없다. 자연에 폭력이 있다고 하는 우리의 조정당한 믿음은 아주 깊어서 '자연' 영화를 만드는 할리우드의 영화 제작자들은 동물들이 영화를 위해서 싸움하도록 훈련시킬 정도다. 영화에서 야생 수말들은 서로 죽이고 곰들도 서로 공격하는데, 이는 극적 효과를 더해주고 영화에 '진실성'의 분위기를 주기 때문이다. 사람들이 그런 것을 기대하니 관중들을 위해 날조되는 것이다.

다윈은 이렇게 말했다. "자연은 모두 전쟁 중이다. 한 유기체가 다른 유기체와, 또는 외부의 자연과 전쟁 중이다."[4] 이 생존투쟁은 희소한 자원과 폭발하는 인구라는 그의 원래의 가정(假定)들에 따른다. 생명의 폭력성이라는 이 가정은 원래의 합리주의 철학자들 다수와 일반의 조정을 당한 인구에 의해 공유되어왔다. 이들 대부분은 물론 도시의 인공 환경에서 자라났고 자연의 실재와 별로 접촉이 없었던 것이다.

생태학은 흔히 '반체제적인 과학'이라고 불리는데, 이는 그것이 살아있는 세계 안의 상호의존성을 가정하기 때문이다. 생태학은 자연의 상호 관계에 대한 연구다. 이 협동적 상호 관계들이 연구를 통해 더 명백해지면서, 새로운 과학은 정통 과학에 더 전복적이 되었다. 자연은 방대한 협동적 기업이라는 것이 지금 증명이 가능하다. 전쟁은 없다. 각 존재는 자신의 본성에 따라 기능하며, 그 본성은 그의 생태적 자리(niche)에 적합하다. 유기체들은 같은 풀씨를 두고 서로 싸우며 자연에 나와 있지 않다. 각자는 자신의 자리에 따라 먹이를 먹고 이 자리들은 고도로 세련되었다. 생태학자 로버트 맥아더는 대략 크기가 같고, 같은 영역을 차지하고 있고 같은 먹이-가문비싹벌레를 먹는 다섯 종의 솔새(warbler)에 대해 연구를 했다. 그들의 자리는 아주 섬세하게 그리고 협동적으로 조율되어 각 종은 주로 먹이를 위해 나무의 다른 부분을 활용한다는 것을 발견했다. 즉 어떤 종은 나무의 꼭대기 부분으로 가고, 다른 종은 나무의 밑동에 집중하고, 또 다른 종은 꼭대기부터 4분의 1 부분에 모이는 식이다. 이 섬세하게 조율된 자리는 자연 전체를 통틀어 존재한다.

유기체들이 자신들의 자리에만 조심하는 것이 아니라 그들은 온갖 공생적 방식으로 함께 협동적으로 일한다. 생물학자 데이비드 커크는 이렇게 말한다. "적어도 하나의 다른 생명체와 공생적 관계를 가지지 않은 살아있는 동물이 있는지 의문이다."[5] 이는 전체의 공동체들에서도 진실이다. 초기의 숲에서 최고의 숲으로의 이어짐은 종들의 길드가 다른 종들의 길드를 위해 길을 내어 줌에 따

---

4 ibid. p. 89.

5 ibid. p. 105.

르는 공생적 관계들의 행렬이다. 저자들인 오그로스와 스탠시우는 청소부-고객 관계를 연구해온 해양생물학자 콘라드 림보의 저작을 인용한다. 지금까지 알려진 바, 이 놀라운 활동에 관련된 것들은 42종의 물고기, 여섯 종의 새우 그리고 비베(Beebe)의 게다. 이런 경우들에서 한 종은 다른 종의 몸에서 나는 기생충을 먹이로 취한다. 림보는 이렇게 말한다. "나는 여섯 시간의 낮 동안 바하마에서 물고기가 300마리까지 한 지점에서 청소를 받는 것을 보았다. 고객 물고기가 그 지점에 접근해 자세를 잡아 청소부 물고기가 아가미 안에서 먹이를 채취하고 심지어는 안전하게 입안으로 들어가게 허용한다. 일반적으로 탐욕스런 물고기가 청소부 물고기를 잡아먹는 것을 방지하는 것이 무엇인지를 아무도 아직 모른다."[6]

생명의 의식은 창조적이다

땅의 생명의 아름다움과 부(富)는 그것의 다양성이다. "… 서로 다른 20억 종의 유기체가 이런저런 때에 지구에 거주해왔다.[7] 생명체의 창조성은 어떤 것들은 바다 밑바닥에 살고 어떤 것들은 극한(極寒)의 북극 지역에서 사는 그런 것이다. 생명체들의 다양성과 그들이 함께 협동해 하나의 일체를 이루는 다양한 방식은 압도적이고 창조적인 지성을 입증해 보여준다. '진화적 변형들'이 이 창조성을 보여준다. 생명체들의 번성에는 거대한 도약들이 있다. 그러한 도약은 포자를 낳는 식물에서 전 세계적으로 갑자기 나타난 꽃을 피우는 식물로의 변형이다. 거버트 그로먼은 〈식물(The Plant)〉이라는 제목의 식물 형태에 대한 그의 연구에서 이렇게 주장한다. "진화론이 그러듯이 하등의 생물이 고등의 생물로 발달했다고 결론을 내리는 것은 이론에 빠져서 과학의 근본들을 위배

---

6 ibid. p. 114.

7 ibid. p. 155.

제국 문화의 종말과 흙의 생태학

하는 것을 뜻한다. 고등 유기체들이 하등의 유기체를 뒤따르지, 그들에서 이어 내려오는 것은 아니라는 사실의 증거를 우리는 가지고 있다."[8]

오그로스와 스탠시우는 이렇게 말한다.

"전체의 새로운 질서들은 갑자기 그리고 동시에 나타나며, 중간 단계들의 증거는 없다. 새로운 동식물군의 이런 갑작스런 파열들은 화석 데이터에서는 아주 전형적인 것으로서 조상이 되는 줄기가 단번에 많은 새로운 신체구조들을 발달시키고 동시에 여러 방향으로 다양화시키기 때문에 방사(放射)라고 불린다. 포유류는 훌륭한 예다. 5천만 년 전 초기 신생대 동안 포유류가 갑자기 박쥐에서부터 고래, 캥거루에서부터 코끼리, 설치류에서부터 코뿔소까지 24개의 목(目)으로 갈라졌다."

"당시에 그 패턴은 제우스의 머리에서 터져나온 아테나처럼 출현한 다양화된 유기체들의 거대한 집단들이었다. 이 방사의 전형적 패턴은 다윈의 점진론와 극적으로 모순된다. 다윈 자신도 이를 인정해 갑작스러운 출현 그리고 꽃을 피우는 식물들의 초기의 다양성을 '혐오스러운 미스터리'라고 불렀다."[9]

다윈의 점진론이나 지질학에서의 동일 과정설(uniformitarianism) 같은 기계론적 이론들은 그 이론의 논리 때문이 아니라 지배적인 사회 이데올로기와 아주 잘 맞았기 때문에 버티어왔다. 점점 더 '강력해지는' 문명화된 인간, 불활성의 무념의 물질에 행위를 가하는 '도구제작자 사람'은 환영받는 이미지다. 인간도 그중 하나인 생명체들을 창조하는, 지적이고 균형 잡힌 지구의 의식적 힘은 환영받는 소식이 아니다. 모든 생명체가 세포 안의 모든 형체들이 세포의 생명의 일부분인 것처럼 지구의 전체 지적인 생명의 일부분이라고 생각하는 것

---

8 *The Plant*. Gerbert Grohmann. Rudolf Steiner Press. London. 1974. p. 198.

9 Augros & Stanciu. *The New Biology*. op. cit. p. 173.

제2권 미래의 씨앗

은 새로운 윤리적 견해의 틀이 될 것이다. 그런 이미지는 위험스럽게도 우리와 제국으로 하여금 우리의 생활 방식을 의심하게끔 하는 데 다가설 것이다.

과학 분야의 기계론자들은 생명이 의식적 창조성의 능력을 별로 가지지 않음을 시사하는 데까지 멀리 나갔다. 동물들이 생각한다는 것을 부정하는 그들의 노력은 농장이나 목장에서 살아본 사람 누구에게나 가소롭다. 또 하나의 똑똑한 수법은 본능 개념의 창조다. 본능은 오랫동안 기계론자들에게 당시에 설명되거나 인정될 수 없던 것에 대한 설명으로 소용된 무의미한 말이다. 꿀벌 사회는 아주 의식적이고 그 나름대로 지적(知的)이어서 그것이 행하는 활동들과 건설들을 할 수 있는 것인가? 아니다. "그것은 본능이다!"라고 기계론자는 대답한다. 새로운 인간문화를 창조하면서 우리는 개념들의 조립물을 창조하게 될 것이다. 이는 생물학과 연결될 사고 형태다. 정신이 무엇이며, 그것이 어떻게 문화, 생물학 그리고 지구와 조화를 이루는지에 대한 확장된 견해가 취해질 것이다.

정신생물학적 시각

산업문화의 심적 경향은 과학주의 숭배에 의해 조정을 받는다. 물질이 유일한 실재라는 환원주의적 견해가 문화적 '상식'인 견해가 되었다. 이는 사실은 과학적 방법이 말해주는 것이 아니다. 경험과학은 관찰하고, 측정하고, 수량화하고, 사물들에 대해 실험을 한다. '사물'들이 물질이어야 하며 그렇지 않으면 이중에 어느 것도 이루어질 수 없을 것이라는 이해를 가지고서 그렇게 하는 것이다. 실제의 과학적 방법은 그것이 검증하는 물(物)의 영역 바깥의 어느 것에 대해서도 언급하지 않는다. 무슨 일이 일어났느냐면, 반복 가능한 실험과 '과학적 법칙들(이 깃발을 내세우고 다니는 많은 의심스러운 자료가 있음을 의식해야 한다)'의 총체가 '진리'와 교리의 수준으로 격상된 것이다. 수년간의 교실에서의 조정에 영향을 받는 대중문화에 의해 과학은 진리와 실재가 입증되는 근거로서의 성경책이 되어왔다. 사랑, 창조성, 희망, 의식, 사실상 생명과 활동의 실질적인 비물질적 실재는 과학 숭배에 의해 하찮은 것으로 전락해왔다.

과학을 통한 (군사적 그리고 그 밖의) 힘의 추구는 산업제국의 중심 초점이 되어왔다. 넓게 보면, 과학은 제국문화가 더 효율적으로 지구의 생명력을 강탈하는 데 쓸 힘을 얻는 수단이다(과학적 농업은 흙의 생명을 조성하는 데 집중하지 않는다. 시장을 위해 더 무거운 톤수를 생산하는 데 집중하는 것이다). 과학이 제국적 사회 시스템의 필수 구성 요소라는 진실은 미국의 현역 과학자의 반 이상이 군수 산업 분야에 고용되었다는 사실에 의해 드러난다. 이는 선전자들이 말하듯이 초연한 진리 추구이기가 힘들다. 과학계는 정치적 통제의 수단으로서 강제와 죽음의 사회적 장치에 깊이 연루되었다.

인간은 무엇이며, 자연은 무엇인가 하는 실재에 대한 공적 정의(定義), 심지어 생명 자체의 정의에 대한 통제는 과학적 대화의 문제일 뿐 아니라 제국의 권력 자체에 중심적인 의미가 있는 사안이다. 대중의 정신에서 실재의 맥락이 화학반응으로 협소화되면 사람들은 실재의 비밀, 경외, 엄청남을 깨달을 수 있는 경우보다 더 기꺼이 제식행진 대형으로 진행할 것이다. 인간은 원죄를 타고났으며, 사악하고 잔인한 아프리카 유인원의 기원을 가진다고 믿도록 공중이 조정을 당하면, 그들은 군사/경찰국가에 더 기꺼이 동조할 것이다. 인간이 아주 잔인해서 강력한 정부의 힘에 의해서만 통제될 수 있다고 하는 것은 그들에게 정당한 '상식'이 될 것이다. 우리들 각자가 지구의 온전한 생명인 가이아 같은 의식적 존재들 안에서 살아있는 의식적 존재라는 것을 공중이 이해할 수 있다면, 공공생활의 목적은 달라질 것이다. 이는 지금 물질적 재화의 생산을 통제하고 돈을 통제해 그에서 이윤을 취하는 과학/군사/ 산업 엘리트들의 지위를 위협할 것이다.

물질주의 과학은 컬트다. 그것은 대중사회 기구이고 또한 앎의 방식이다. 그것은 계속해 존재와 행동함 간에 그리고 몸과 정신 간에 분열을 유지한다. 우리가 여러 자연문화들을 볼 때, 우리는 세계와 관련해 존재에 대한 커다란 관심을 보게 된다. 우리가 과학적 이데올로기를 볼 때 우리의 본원적 존재에 대해서는 별로 주의하지 않고 추상화된 행동함에 커다란 주의가 바쳐지는 것을 보게 된다. '프랭클린 존'이라는 이름으로도 알려진 영적 스승인 다 프리 존(Da Free

John)은 지구의 생명을 통제하려는 제국의 투쟁 배경이 되는 이 차이를 이렇게 요약한다.

과학계는 오늘날 최고 수준의 집중적인 정치적·경제적 그리고 선전술적 권력의 동맹 속에서 조직되어왔다. 과학은 단지 현대사회들에서 앎의 주된 방식일 뿐이며, 과학의 통치는 과거에 여러 사회를 통치한 어떠한 종교적 혹은 철학적 원칙의 경우에 못지않게 비합리적이고 권위적인 방식으로 확립된다.

과학의 방법은 지금 존재의 양식, 세계와 그리고 다른 인간과 관계를 맺는 분위기 내지 전략이 되었다. 그 방법은 지금 '모든 사람'에 의해 그와 존재의 조건과의 관계의 모든 형태에서 취해지는 통념적 자세를 묘사해준다. 과학은 하나의 세계관, 세계 과정 자체에 관한 가정(假定)이 되었다. 비록 가짜이기는 하지만 종교가 되었다. 그리고 현대사회들은 이 신흥종교의 신도들이다. 이 신흥종교는 우리를 서로 간에 그리고 세계-과정에 대해 올바른 관계를 맺고 있는 개인들과 공동체들로 확립해줄 수 있는가? 절대 없다! 과학은 탐구의 방법 또는 알아가는 방법이다. 그 자체가 존재 조건과 가지는 우리 관계의 올바름이나 참이거나 본래적 형태는 아니다. 우리는 존재 그 자체를 설명할 수는 없다. 그리고 우리는 세계의 자연적 역학(力學)에 관한 우리의 개인적인 현재의 지식 상태와는 상관없이 언제나 다양한 존재조건들에 대한, 우리와 이 세상에서 더불어 존재하는 존재들에 대한, 그리고 전체로서의 세계-과정에 대한 우리의 올바른 관계에 대한 책임을 진다. 관계는 본래 그리고 지속적으로 분석적 정신 이전에 직관에 기초를 두는 개인적 책임의 문제다.[10]

---

10 The Transmission Of Doubt, Talks and Essays on the Transcendence of Scientific Materialism through Radical Understanding. Da Free John. The Dawn Horse Press. Clearlake, Calif. 1984. pp. 95,96.

제국 문화의 종말과 흙의 생태학

과학주의와 제국에 대한 숭배는 우리를 지구의 죽음의 문턱으로 데려갔으며, 숭배를 받는 존재들은 아무런 적절한 응답을 내놓지 않는다. 제국의 슬픈 일차원적 지도자들은 건강으로 이끄는 어떠한 새로운 전략도 걸고넘어진다. 그들이 생태계적 복원을 좋아하지 않는다면 우리 집단의 손자 손녀들에게 그들은 무슨 줄 것이 있는가? 그들이 영속 농법을 좋아하지 않는다면, 그들에게 산업형 농업을 옹호하도록 하라. 그들이 인구 통제를 좋아하지 않는다면 우리 모두가 보는 현실이 눈앞에 있을 때 그들이 무슨 내놓을 것이 있는지 들어보자. 모든 대중 제도 관련 기관에서 권력 지위를 차지한 모든 가부장은 책임이 있다. 지금 분명한 것은 그들이 성장과 물질적인 부를 되풀이해 노래하는 것이 대답이 안 된다는 것이다.

우리는 과학주의의 숭배를 바라보는 시각을 견지할 필요가 있다. 그것은 그 업적에 의해 불신받는다. 우리는 빨리 죽어가는 지구 위에 살고 있다. 우리는 우리를 전면의 문턱으로 이끌어온 집단이 같은 것을 더 많이 하는 것이 해결책이라고 우리를 설득하게 할 수는 없다.

모든 것이 정신이다

근대 제국의 철학적 유물론자들은 기계론/환원주의 과학, 마르크스주의와 자본주의 정치학적 이론과 근대의 산업형 의학 같은 것들도 포함해 우리가 단지 세포들 안의 화학반응의 발현이라고 우리가 믿게 하려고 했다. 철학적 유물론자의 추정에서는 씨앗이 언제 그리고 어디서 발아할지에 대한 지식, 새들의 이동, 유기체들의 복잡한 자기규율이 화학반응 때문에 생겨난다. 그들은 의식이 두뇌 안의 화학반응의 결과라고 가정한다.

이는 생명을 무의미성의 지점까지 변성시키고 그 신성함을 박탈하는 제국 문화의 전체성의 일부라고 우리는 말하고자 한다. 우리가 우리의 생명을 단지 주변적으로만 의미 있는 것으로 경험하도록 조정당한다면 우리는 확실히 우리

주위의 생명에 별 의미를 두지는 않을 것이다. 우리 지구의 충만한 생명의 경외, 신비 그리고 경이는 물질의 무의미한 운동으로 환원된다.

그러나 생명을 실재로 의미 있는 것으로 만드는 것은 바로 비물질이다. 그 시금석은 우리의 의식에 있다. 우리는 우리의 의식적 각성이 어떤 설명되지 않은 화학적, 전기적 반응들의 과정이라고 직관적으로 느끼는가? 생명을 살 가치가 있게 만드는 것은 기쁨, 환희, 사랑 그 밖의 감정들이다. 과학의 건조한 발표들과는 반대로 계승된 지혜의 풍부한 보고(寶庫)가 있다. 수렵·채취인들과 원주민들 다수가 비(非)물질적 영적 실재를 지각하노라고 말한다. 그들은 비물질적 차원들에 대한 다채로운 인상들과 묘사들을 제공한다.

힌두교 고대 전통의 요기들, 신비주의자들 그 밖의 사람들은 모든 것이 정신이라고 단언한다.[11] 모든 것은 정신이라고 고대인들이 말한다. 형태는 의식의 상상하는 힘에 의해 창조된다. 형태는 의식을 재료로 사용해 창조된다. 의식은 빛이다. 형태는 순수한 빛보다 덜한 진동으로 진동하는 응결된 빛이다.

밤에 우주를 들여다보면 빛의 점들을 보게 된다. 이 빛은 우리의 눈에 있는 세포를 때리는 순수한 빛의 굴절이다. 우리는 우주가 저 별들에서 모든 방향으로 가는 순수한 빛으로 가득 차 있음을 지적으로 알지만 우리 대부분은 어떤 물질적인 것에서 먼저 굴절되지 않은 빛을 지각할 수가 없다. 우리는 어둠을 본다.

---

11 현대 물리학으로부터의 견해는 다음에 제시된다.
Space-time And Beyond. Toward An Explanation Of The Unexplainable.
Bob Toben, in conversation with physicists Jack Sarfatti, Ph.D. and Fred
Wolf, Ph.D. E.P. Dutton. New York. 1975.
여러 사례들이 요기들의 저서에 제시된다. 최근에 이를 다룬 것들은 다음과 같다.
Nuclear Evolution. Discovery of the Rainbow Body. Christopher Hills.
University of the Trees Press. Boulder Creek, Ca. 1977.
신비론 전통의 예는 다음과 같다.
*The Kybalion. A Study of The Hermetic Philosophy Of Ancient Egypt
And Greece.* by Three Initiates. The Yogi Publication Society. Masonic
Temple. Chicago, Ill. 1936.

제국 문화의 종말과 흙의 생태학

보이지 않는 것에서 보이는 것으로. 호피족의 관점에서의 물질적 실재의 발현

우리는 실재와 실재의 의미를 언어를 통해 그린다. 여러 문화의 언어들을 조사해 보면 드러나는 것은 각 사람은 근본적으로 상이한 세계에서 산다는 것이다. 의미론 학자 스튜어트 체이스(Stuart Chase)는 이렇게 말한다. "보편적 사고의 형이상학적 웅덩이 하나가 있는 것이 아니다. 다른 언어를 말하는 사람들은 우주를 다르게 보고 그것을 다르게 평가한다. 때로는 별로 크게 다르지 않고 때로는 크게 다르다. 생각한다는 것은 배운 언어와 관련이 있다." 전 세계의 물질주의 제국의 여러 언어는 일반적으로 인도·유럽어들인데 이는 세계상(世界像)들을 포함한다. 그것들은 인간이 무엇인지에 대한 주문 사항들을 포함하고, 각 사람이 무엇이 되려고 갈망해야 하는지에 대한 주문 사항들을 선형적 방식으로 포함한다. 이 모든 말의 이미지들은 제국문화에 의해 품어지는 세계관의 조정 매체들이다.

또 한편, 호피어는 우토-아즈텍어라 불리는 느슨한 언어 집단에 속한다. 그들의 언어는 우리 자신의 것과 많이 다른 세계를 드러내며, 그 대조를 보여주자면 그들의 언어는 아인슈타인의 상대성 이론의 개념들과 더 가깝다. 어떤 물리학자들에 따르면, 호피 언어는 지금은 오직 수학으로만 완전히 기술될 수 있는 아인슈타인의 이론을 표현하는 데 사용될 수도 있었을 것이라고 한다.

문화적 근본으로서 이 선형성과 선형 증대의 전체 문제가 아주 중요하므로, 호피족의 관점을 우리 자신의 머릿속에 있는 관점과 대조해 보는 것이 유익하다. 모든 인간은 시간 개념 혹은 지속성의 개념에 구속받는다. 하나의 유형의 시간은 심리적 시간으로, 호피족이 강조하는 것이다. 이는 우리가 그것을 의식 안에서 경험하는 바와 같은 지속성이며, 무엇이 있었는지 그리고 지금은 무엇이 있는지에 대한 우리의 의식적 경험이다. 우리 모두는 어느 정도 변경된 의식 상태들을 경험해왔다. 그리고 우리의 지속성 경험은 우리의 집중 수준과 그 밖의 요인들에 따라 다르다는 것을 안다. 시간의 다른 개념은 실제로 측정치다. 시계를 볼 때 우리는 우주적 운동의 측정치를 보고 있다. 우리 지구가 태양 주위를 회전하는 것은 월, 주, 일, 시, 분, 초 등으로 나누어진다. 시계판 위의 시간은 심리적 시간이 아니라 거리-지구의 여행-의 측정치이고 그래서 흔히, 우리가 경험하는 시간은 아니다.

호피족에게는 여기와 지금의 명백한 물질적 세계의 실재가 있고, 그다음에는 이 현재 세계가 생겨난 유래가 되는 보이지 않는, 아직 명백하지 않은 실재가 있다. 이 부분에서는 특히 호피족의 관점은 물질적 세계가 우리가 소통 관계를 가질 수 있는, 그리고 우리가 우리의 생각과 행동에 따라 영향을 미칠 수 있는, 보이지 않는 영적 세계에서 발현된 것이라는 우리의 고대문화적 관점의 기본 패턴을 반영한다. 철학도들은 플라톤의 이데아론을 기억할 것이다. 이는 자연문화에서는 일반적이던 관점의 세련된 반영이다. 플라톤의 관점에서 그 모든 형태를 가진 물질적 세계는 존재의 발현되지 않은 차원에서 견지된 형태의 완전한 개념들의 다소 불완전한 반영이다.

이 문서가 성공적으로 번역될 수 있을 어떤 언어에서도 선형의 시간 개념이 있을 것이다. 과거, 현재 그리고 미래가 있을 것이다. 이는 선형 증대 신화의 바로 심리적인 주춧돌이다. 그럼에도 불구하고 지구의 여행 거리에 의해 측정되는 선형의 시간에서 지구는 정말로 어디를 가는 것이 아니라 원을 그리며 돈다. 우리가 그 측정치에서 얻는 '시간'에 대한 정신적 감상이 선형의 방식으로 먼 과거에서 출발해 먼 미래로 통과해 움직이는 것으로 우리가 정신적으로 생각하는 선형의 진행으로 바뀌었다.

벤저민 리 훠프는 언어학의 초기 학자들 중 한 사람으로서 호피족의 언어를 집중적으로 고찰했다. 그는 호피족의 형이상학에 관해 발견한 것을 묘사한다.

> 우리 자신의 언어, 생각 그리고 근대문화의 배경을 이루는 형이상학
> (나는 최근의 아주 다른 현대 과학의 상대성 형이상학을 말하는 것이 아
> 니다)은 두 원대한 우주적 형태(cosmic forms)인 공간과 시간을 우주에
> 얹어 씌운다. (이 친숙한 사고방식에 따른다면) 이는 정태적 3차원의 무한

한 공간과 열역학적인 일차원의 일의적으로 끊임없이 흐르는 시간이라는 두 완전히 구분되고 연결이 없는, 실재의 두 측면인 것이다. 시간이 흐르는 영역은 또 과거, 현재, 미래라는 세 쪽으로의 분할의 대상이다.

호피족의 형이상학은 또한 그 규모와 범위에서 이것들과 비견할 만한 그 우주적 형태들을 가진다. 그것들은 무엇인가? 두 원대한 우주적 형태를 우주에 엎어 씌우는데, 이 둘은 용어상 우선 대략적으로 우리가 발현된 것과 발현하는 것(또는 발현되지 않은 것)이라 부를 수 있는 것, 또는 다시 객관적·주관적이라고 부를 수 있는 것이 그 둘이다. 객관적인 것 또는 발현된 것은 감각기관에 가 닿을 수 있는 혹은 가 닿을 수 있어 온 모든 것, 역사적 물리적 우주를 포함하며, 현재와 과거를 구분하려는 시도는 없지만 우리가 '미래'라고 부르는 모든 것을 제외하는 것이다. 주관적인 것 또는 발현하는 것은 우리가 '미래'라고 부르는 모든 것을 포함하지만, 단지 이것만은 아니다. 우리가 '정신적'이라고 부르는 모든 것, 정신에 또는 호피족이 좋아하는 말로 심장에 나타나거나 존재하는 모든 것을 똑같이 그리고 무차별하게 포함한다. 그 심장은 사람의 심장만이 아니라 동물, 식물 그리고 사물의 심장도 말하며, 자연의 모든 형태와 모습들 배후와 그 안에 있는 것으로서 자연의 심장도 말한다. 그리고 한 명 이상의 인류학자에 의해 느껴져온, 그러나 호피족 자신에 의해서는 좀처럼 말해지지 않는 내포와 외연에 의하여, 그 관념은 바로 우주 자체의 심장 안에서 종교적이고 마술적인 두려움으로 채워진다. 주관적 영역(우리의 관점에서는 주관적이나 호피족에게는 생명, 힘 그리고 정력으로 강렬하게 실재적이고 떨리는 영역)은 우리의 미래만을 아우르지 않는다. 미래의 상당 부분을 호피족은 정확한 형태로는 아닐지라도 본질상은 다소간에 예정되었다고 본다. 그것은 또한 일체의 심성, 사고, 정서도 포함한다. 이런 것들의 본질과 전형적 형태는 성격상 지적인, 의도적 갈망의 발현을 향한 추구다. 이 발현은 많이 저항을 받고 늦춰지기도 하지만 어떠한 형태로든 불가피한 것이다. 이는 기대, 갈망과 목적, 생기를 주는 생명, 동인(動因),

자신을 내부의 영역(호피족의 심장)에서 발현되도록 생각해내는 사고의 영역이다. 이는 역학적 상태에 있으나 운동하고 있는 상태는 아니다. 미래에서 우리를 향해 전진하고 있지 않으며, 생명적·정신적 형태에서 이미 우리와 함께 있고, 그 역동적 구조는 발생이나 발현의 분야에서 작용하며, 주관적인 것에서 점차 객관적인 것인 결과로 운동 없이 진화한다.[12]

호피족의 세계는 발현물 아니면 비(非)발현물이다. 발현물은 '만들어진', '공고화된' 것이다. 그럼에도 불구하고 아직 '만들어지지' 않은 것이 이 객관적 세계의 객관적 '구체물(hardness)'로 장차 조성될 세계에서 잠재적으로 존재한다. 호피족은 세계의 '균형'을 유지하려는 노력에서 키바스에 있는 내부의 주관적인 것에 '작용'을 가한다. 나중에 그들은 마을의 광장들에서 정성 들인 예전(禮典)들에서 같은 것을 행할 것이다. 그들은 객관적 세계에서 '만들어질' 것을 '돕기' 위해 이를 행한다. 호피족의 근본적인 이해는 그리고 일반적으로 대부분의 자연문화들의 근본적인 이해는 각 사람과 부족(部族)은 전체 세계의 의식에의 의식적 참여자라는 것이다. 그리하여 각 사람과 부족의 생각, 의도 그리고 균형은 생명 전체의 균형에 영향을 준다. 이는 호피족이 세계를 균형 상태로 유지하고 있다고 말할 때 뜻하는 것의 여러 측면들 중 하나다. 이 주장의 의미는 그들이 북극과 남극을 제자리에 유지하고 있다는 말이 아니다. 그 주장은 생명의 균형 그리고 발현과 관련된 여러 의미들의 방대한 복합체의 단순화다.

제국문화는 땅의 생명력을 점점 더 능률적으로 강탈하는 도구들을 창조할 능력을, 어떤 민족이 선형의 길을 따라서 앞서 있고 어떤 민족이 그렇지 못한지를 판단하는 기초로 삼아왔다. 우리가 여러 언어들의 복잡성을 볼 때 우리는 인간문화의 풍부함을 바라보는 또 하나의 방법을 알게 된다. 언어학적 관점에서 휘프는 이렇게 말한다.

---

12 *Language, Thought & Reality.* Benjamin Lee Whorf. M.I.T. Pub. 1956. pp. 59,60.

제국 문화의 종말과 흙의 생태학

그것은 우리에게 지방 문화, 민족성, 신체적 특성이 부여한 '인종'의 테두리를 넘어서게 하고, 그들의 언어학적 시스템에서, 비록 이 시스템들이 크게 다르기는 하지만, 시스템들의 질서, 조화 그리고 아름다움에서, 그리고 그들 각자의 미묘한 부분들 그리고 실재에 대한 꿰뚫어보는 분석에서 모든 사람은 평등하다는 것을 발견하게 한다. 이 사실은 물질문화, 야만성, 문명, 도덕적 또는 윤리적 발달 등에 관련된 진화 상태와는 별개다. 이는 유럽의 문화인에게는 극히 놀라운 것이고, 그에게 충격적인 것이고, 참으로 쓴 약이다! 하지만 진실이다. 가장 투박한 야만인이 무의식적으로 별로 애를 쓰지도 않고 아주 복잡하고 많은 부분으로 체계화된 그리고 지적으로 어려워서 우리의 가장 훌륭한 학자들이 평생을 연구해야 그 원리를 기술할 수가 있을 언어학적 시스템을 구사할 수도 있다.[13]

대화가 진행되고 있을 때는 자기가 사용하고 있는 언어의 구조에 관해 생각하지 않으며, 그 언어에 담겨 있는 문화의 잠재의식적 가정들에 대해서도 생각하지 않는다. 1975년에 임상최면요법사이고 《친구들 및 연인들의 최면술(Hypnosis with Friends & Lovers)》이라는 책의 저자인 프레다 모리스 박사는 문화순응의 최면적 본성을 처음 논하기 시작했다. 최근의 책에서 그는 이렇게 말한다. "우리가 성장하면서 우리 자신의 문화적 특징들을 흡수하는 것은, 문화에 따라 다른 어떤 실마리들을 완만하게 깊이 심음으로써 강력한 최면적 암시들이 형성되는 것을 본다면, 그 자체가 완만한 최면의 과정이다."[14]

---

13 ibid. pp. 263,264.

14 *Hypnosis With Friends and Lovers.* Freda Morris. Harper & Row. San Francisco. 1979. p. XIII.

| 물질의 망상

우주는 운동하는 에너지다. 어떤 최근의 물리학자들이 말하듯이, 거기-물
질에는 아무 '것'도 없다. 저 '것들', 중성자, 전자, 쿼크 등의 이름표를 붙인 것
들은 단지 우리에게 딱딱하고 실재하는 것으로 보이게 하는 속도로 움직이는
에너지일 뿐이다. "만물은 정신이다. 우주는 정신적이다"라고 고대의 비전 문서
인 〈키발리온(Kybalion)〉이 선언한다. "아무것도 그냥 있지 않는다. 모든 것은
움직인다. 모든 것은 진동한다"고 말한다.[15]

형태는 의식 안에 담긴다. 형태는 정신의 기억력에 의해 의식 안에 담긴다.
타자나 피아노 연주 작업이 처음에는 고도로 의식적이지만 그다음에는 덜 의
식적 수준에서의 습관이 되는 것과 똑같이, 생물학적 형체는 우주적 의식 안
에서 '정신의 습관들'로서 존재한다는 것이 제안된다.

정통 생물학이 기계론자/환원주의자 그리고 다윈주의 사상 학파들에 의해
지배되었으나 물질에 더해 비(非)물질적·생기적 요소가 생명 안에 존재한다고
수년에 걸쳐 주장하는 약간의 생기론적 생물학자들이 있어 왔다. 매 십년 단
위로 줄곧 이런 생물학자들 몇 명이 정통의 변방에 있어 왔다. 최근에는 생기
론에 관련된 것으로 간주될 수도 있을 새로운 발전이 생물학에서 일어났다. 이
연구자들은 물리-화학적 수단이 아닌 다른 수단에 의해 각 유기체 형태의 형
성을 설명하고자 한다. 러퍼트 셸드레이크는 생물의 창조를 초래하는 장(場)들
에 관한 사고의 일단(一團)을 창조했다.

셸드레이크는 형태공명(Morphic Resonance)이라 불리는 사상학파에 참
여한다. 이 학파의 생물학자들은 생물이 비물질적 형태 장들, 형태를 창조하
는 힘의 장들에 의해 창조된다고 말한다. 셸드레이크는 이런 개념을 최근의 두
책, 《새로운 생명과학. 형성적 인과 관계의 가설(*A New Science of Life: The*

---

15 *The Kybalion.* op. cit.

제국 문화의 종말과 흙의 생태학

Hypothesis of Formative Causation》(1985)과 《과거의 존재. 형태 공명과 자연의 습관들(*The Presence of the Past: Morphic Resonance and the Habits of Nature*)》(1988)에서 개진한다.[16]

형태들을 창조하는 것은 무엇인가?

기계론적 과학자들에게는 수년간 태아에서 성숙에 이르는 형태의 발달을 설명하려는 그들의 시도에서 심각한 문제가 존재해왔다. 형태의 발달을 인도하는 것은 무엇인가? 몸 안에서 세포들과 다른 물질들이 변화하면서 그 형태를 그 모양으로 잡아 주는 것은 무엇인가? 최근에 문외한들은 이를 행하는 것이 DNA코드라고 믿도록 유도되어 왔지만 우리가 세부 사항으로 내려갈 때는 유전학 연구자들은 DNA가 형태의 발달을 완전히 통제한다고까지는 말하지 않는다는 것을 발견한다. 그들은 단지 DNA가 형태의 최종 특징과 관련된다고만 말한다. 팔에 있는 DNA는 다리에 있는 DNA의 정확한 복제물이다. 그들은 복사본들이다. 팔이나 다리의 형태의 차이 나는 발달을 설명할 수 있을 아무런 다른 것도 그것들 안에 없다. 최근에 과학 평론가들은 DNA코드를 컴퓨터 프로그램에 비유해왔으며 컴퓨터 코드에서 컴퓨터 출력까지의 유비를 해왔지만, 여기서도 이 경우에 누군가가 컴퓨터와 소프트웨어를 만든 것이다.

작가 에드워드 W. 러셀은 《생명의 장들(*The Fields of Life*)》이라는 책을 썼는데, 이는 생물을 창조하는 데 참여하는 비물질적 힘의 장들에 관련되는 헤롤드 색스턴 버어 박사의 저작을 논한다. 러셀은 형태의 창조와 DNA의 혼동

---

16 *A New Science of Life. The Hypothesis of Formative Causation*. Rupert Sheldrake. 2nd. ed. Blond & Briggs. London. 1985.
The Presence of the Past. Morphic Resonance and the Habits of Nature. Rupert Sheldrake. Times Books. New York. 1988.

에 결부된 논리적 문제를 지적한다. 그는 다음과 같이 주장한다.

한 부분이 전체를 위한 모형(母型)일 수 없다. 단순한 설계는 더 복
잡한 설계를 위한 청사진일 수 없다. 기능하는 조직체로서 몸은 그 구성
부분들의 합 이상이다. 유전자와 DNA 분자들은 몸 조직 전체보다 단순
한 조직체들이다.

DNA 애호가들은 분자들에 의인화된 권력이 있다고 보는 것이 사실
인데, 이는 원시 부족들이 돌이나 나무 우상들에 인간의 특성들을 부여
하는 것과 다분히 같은 방식이다. 그들은 분자 A가 유전(遺傳)에 필요한
모든 정보를 가지고 분자 B는 이를 세포들에게 전달하는가 하면, 분자 C
는 세포들의 필요를 산정해 A와 B가 너무 열심히 하지 않게 억제한다고
엄숙히 우리에게 확언한다. 그러나 분자 A가 어떻게 먼저 정보를 얻는
지, 분자 B가 그것을 어떻게 배달하는지 그리고 분자 C가 A와 B를 억제
하는 것은 그만두고라도 뭔가를 어떻게 판단할 수 있는지를 지금까지 아
무도 설명하지 못했다.[17]

의학박사인 저자 리처드 모스는 태아의 형태 발달의 이 문제에 관해 다음
과 같이 주장한다.

… 발달 중인 개구리 태아를 가지고서 여러 번의 실험들이 되어왔는
데, 거기서 왼쪽과 오른쪽 팔의 돌기들을 분화하기 시작한 발달 시점에
태아는 양팔의 돌기들을 뒤바꾸는 식으로 절개될 수 있다. 왼팔 돌기는
오른쪽에, 오른팔 돌기는 왼쪽에 붙게 된다. 그러나 뒤바뀐 왼팔과 오른
팔을 계속 발달시키는 대신 태아는 성숙하면서 왼팔로 출발한 것은 오

---

17 *Design For Destiny. Science Reveals the Soul.* Edward W. Russell.
    Ballantine Books. New York. 1971. pp. 36,37.

제국 문화의 종말과 흙의 생태학

른팔로 바뀌고 오른팔이었을 것은 왼팔로 변한다.

　우리가 이해하는 바와 같은 유전 물질에는 인간 실험자에 의한 정상적 과정의 방해를 설명해줄 것이 없다. 생명이 단지 유전적 패턴으로 유지되는 물질로 전개된다면, 이런 재배열은 일어나서는 안 된다.[18]

　세포들은 다양한 수준에서 집단적 의식에 참여하는 개체적, 의식적 존재자들이다. 세포 공동체들 안에 살지 않고 일생을 자유롭게 자율적으로 보내는 다양한 유형의 단세포 존재들이 있다. 세포들이 협동적 연합체에 가담할 때 그들은 물고기가 물고기떼에서 의식을 잃지 않듯이 의식을 잃지 않는다. 여러 대학의 기계론적 정통파들에 의해 대중화되지 않았으나 유기체에는 단순히 화학 반응들 이상의 것이 있음을 알려주는 경험적 증거의 일단이 있다. 해롤드 색스턴 버어 박사는 모든 유기체들을 감싸는 전기장을 가지고 실험하면서 그의 일생의 상당 부분을 보냈다. 우리는 모든 형태가 장(場)의 본성을 띤다는 것을 명심할 필요가 있다. 우리가 쇳가루를 자석 주변에 놓으면 비물질적 장(場)의 모습을 보게 된다. 우리가 물질을 고찰할 때 우리는 많은 형태를 띠는 원자 장을 보게 된다. 형태의 본성은 테두리를 가진다는 것이다. 유기체들은 우리가 보는 친숙한 물질적 테두리(피부)를 가지며, 그다음으로 버어 박사에 의해 연구되어 온, 이 테두리 바깥의 전기 껍질이 있다. 이 껍질은 극히 미약한 직류 전기장으로서 약 2.5센티미터에도 못 미친다. 이 장(場)은 모든 유기체 주위에 존재한다. 또한 인체의 다양한 부분들에서 뻗어가는 교류 전기장 같은 에너지장들도 있다. 그러나 이들 중 어느 것도 몸 전체를 아우르지는 않는다. 버어 박사는 그러한 장이 존재한다는 사실에 의해서는 별로 흥미가 유발되지 않았지만, 이 장들 안의 에너지 포텐셜의 기복에 의해 흥미가 유발되었다. 이는 지구적 그리고 지구의 외적 사건들과 동조한다는 사실을 보인 것이다. 생명체들 주위의 직

---

18 *The I That Is We.* Richard Moss, M.D. Celestial Arts, pub. Berkeley, Ca. 1981. p. 31.

류장을 감측함으로써 버어 박사는 이 장의 에너지 잠재성에서의 변화가 몸의 내외부 모두의 구체적 사건들과 상관관계를 가진다는 것을 발견했다. 버어가 연구한 이 에너지장은 거짓말 탐지기(직류전기성 피부반응기)에 의해 감측되는 에너지장과 같은 종류다. 거짓말탐지기는 정서의 기복을 감측한다. 전기장 자체가 정서가 아니라 그것의 기능 수행의 부산물일 개연성이 있음에 유의하는 것이 중요하다. 징후로서의 등락은 실제 현상을 감측할 수 있게 해준다. 버어가 연구에 의해 발견한 것은 우리 각자가 이 장(場)으로 태양의 몸의 신진대사에 참여자가 된다는 것이다. 이 직류장의 에너지 포텐셜에서의 기복은 달의 주기 및 태양 흑점 주기와 상관관계가 있다. 그는 또한 그 장을 감측함으로써 인간 여성의 배란이 정확히 예측될 수 있음을 발견했는데, 이는 인간가족에게 극히 중요한 문제다. 전기적 감측은 물질을 통제하기도 하고 물질에 통제받기도 하는 비물질적 힘을 가르쳐 준다. 그것은 통합된 전체다. 생물학에서는 물질이 달라지면서도 세포 조직의 형태가 어떻게 유지되는지가 오랫동안 의심되어 왔다. 태아의 세포들이 아이의 형태를 어떻게 창조하는지, 또는 한 기관(器官)의 세포들이 손상 후에 어떻게 그 형태를 회복하는지의 의문은 신비로 남아왔다. 살아있는 유기체들은 물질을 섭취해 단백질, 세포 그리고 체액들로 변형시키는 유동 시스템이다. 주먹 셈으로 한다면, 인체 전체는 7년의 기간에 세포적으로 교체가 된다. 몸의 재료들이 끊임없이 유동함에도 불구하고, 전체의 형태는 나이가 들면서 천천히 달라지는 것 외에는 달라지지 않는다.

버어 박사는 그가 전기적으로 감측하고 있었던 통제장(control field)이 인도장(guiding field)이라는 것, 더 구체적으로는 부분적으로 인도장이라는 것을 발견했다. 그는 자신이 다음과 같은 식으로 주장하는 가설을 수립한다.

어떤 생물계통이든 그것의 패턴이나 조직은 부분적으로 원자적 물리-화학 구성 요소들에 의해 정해지며 부분적으로는 그 구성 요소들의 행태와 방향성을 정하는 복소전동장(complex electro-dynamic field)에 의해 수립된다. 이 장은 물리적 의미에서 전기장이고 그 성질상 생물계통의 존

제국 문화의 종말과 흙의 생태학

재자들을 특징적 패턴 안에서 관련시키며, 그 자체가 그 존재자들의 존재의 결과다. 그것이 구성 요소들을 결정하고 또 그것들에 의해 결정된다.

　패턴을 확립하는 것 이상으로 그것은 물리 화학적 유동의 와중에 패턴을 유지해야 한다. 그러므로 생물들을 규율하고 통제해야 한다. 그것은 그 활동의 결과가 전체성, 조직 그리고 연속성인 메커니즘이어야 한다.[19]

　버어의 연구는 에너지장을 감측함으로써 그가 수정되지 않은 불도마뱀의 알의 수직축(회전축)을 확인할 수 있음을 발견하도록 이끌었다. 수정 후에 그것을 감측하면서 비물질적 인도장에 대한 그의 감측은 회전축이 그 발달 전체 과정에 걸쳐 전기적 극성과 일치하는 상태로 남아있음을 알려주었다. 즉, 인도장이 수정 전에 거기 있었고, 생물이 전개되면서 인도장으로서 거기 남아있었다. 버어는 더 나아가 인도장이 형태의 발달을 인도하는 데 참여할 뿐 아니라 살아있는 유기체와 항시 함께 일한다는 것을 입증했다. 버어는 활동이 물질에서 보이기 전에 비물질적 장에서 활동이 있음을 알려주는 실험을 위해 '말라리아 원충(plasmodium)'이라 불리는 기초적, 원형질적 존재를 활용했다. 그는 이렇게 설명한다.

　현미경으로 보면, 매 60초나 90초마다 혈관 속의 원형질이 유동하는 방향을 역전한다는 것을 보여주는 것은 간단하다. 혈관으로부터의 전기적 픽업과 동영상을 결합시키면, 대다수의 경우에 전압의 극 역전이 형질 유동의 방향전환이 있기 전에 일어난다는 것을 드러내 준다. 하지만 또한 두 현상에서의 변화가 동시에 일어나는 것으로 보이는 사례들도 많다.[20]

　버어의 업적은 이 가능성을 부정하는 견해를 가진 정통파의 주의를 끌지 못

---

19 *The Fields of Life. Our Links With the Universe.* Dr. Harold Saxton Burr. Ballentine Books. New York. 1972. p. 29.

20 ibid. p. 81.

337_

제2권 미래의 씨앗

했으나, 그럼에도 불구하고 우리에게 진행할 방향을 가리켜준다. 버어의 업적이 알려주는 것은 우리가 보이지 않는 에너지의 장들과 긴밀히 엮여있다는 것이다. 버어의 감측 방법을 쓰면, 어떤 사람이 최면에 걸려있는 동안 몽환 상태의 깊이가 추적될 수 있다. 최면술로 이루어진 실험에서 버어와 그의 동료들은 최면 상태의 대상자가 고도의 정서적 상황들을 기억하게 만드는 것은 전기장이 (그래서 거짓말 탐지기로서의 그것의 가치가) 달라지게 한다는 것을 발견했다. 버어는 또한 달 주기, 태양 주기 그리고 흑점들의 우주적 기복이 장의 전기적 잠재성에 변화를 일으켜 우리의 몸과 정서가 우주적 사건들과 밀접히 연결되었다는 데 대한 증거를 우리에게 제시한다는 것을 발견했다. 단지 모든 것이 연결되었다는 것에 대한 증거의 또 한 조각인 데 더해 버어의 자료는 그 전기적 측면 효과에 의해 감측이 가능한 힘의 장과 신체적 유기체 간의 상호작용을 보여준다. 더 나아가 그것은 물질 형태 통제의 중요한 측면들이 이 장(場)에 존재한다는 것을 시사해준다.

형태의 창조-형태 공명

기계론적 과학은 의식을 강조하지 않는다. 의식과 그것의 가능성들 중 어느 것도 아직 신비의 영역에 남아있는 생명의 언급되지 않은 측면들이다. 예를 들면, 떠오를 수도 있을 문제의 종류는 기억을 어떻게 설명하는가 하는 것이다. 우리 몸의 분자들, 특히 단백질은 며칠 내에 아니면 잘해야 몇 달이면 교체된다. 그런데 이른 아동기의 기억이 늙은 사람의 뇌세포 단백질에 어떻게 계속해 존재하는가? 화학반응 안에서 어떤 식으로 코드화되는가? 기계론적 과학은 비물질적인 것을 인정하지 않으므로 의식과 그것의 능력을 고려하지 않으려하지만, 답을 만들어내려고 뇌와 분자들을 계속 해부한다. 형성적 인과 관계 가설로 러퍼트 셸드레이크는 막다른 골목에서 빠져나오는 길을 제시해왔고 '결과'를 바라보고, 원인으로 소급해 추론해 간다. 그는 비록 의식을 언급하지 않으나 설명함으로써 장(場)을 제안한다. 셸드레이크는 장이 비물질적 영향 권역이라고 말하며, 그 한 예로서 중력을 가리킨다. 중력은 우리를 지구에 붙들어 준다. 중력의 당기는 정확한 힘 때문에 우리 자신의 골격 구조가 설계된다. 우리의 뼈가 더 길거나 더 가늘거나 더 약한 물질로 되었다면, 우리는 지구 표면 위에서 기능할 수가 없을 것이다. 이런 식으로 이 장(場)이 우리와 지구 표면 위의 다른 모든 것들을 구조화한다.

태양계의 에너지장이 논의되어 왔다. 이 장은 그 다양한 유형의 에너지들로 확실히 그 안의 생물들에 제각기 다른 영향을 준다.

전자기장은 친숙한 비물질적 힘의 장이다. 전기적 진동의 이 장들이 우리에게 라디오와 텔레비전을 가져다준다. 물리학자들은 전자 장, 중성자 장을 측정하며, 원자들 안에도 힘의 장들이 있다고 그들은 말한다. 이런 인식된 장들은 비물질적이며, 그러면서도 물질 내에서의 그 효과가 실험적으로 측정될 수 있다. 비물질적이지만 이 장들은 어떤 식으로 물질을 통제하고 있는 것으로 보일 수 있다. 셸드레이크는 이렇게 말한다.

> 장들의 본성은 불가피하게 신비스럽다. 현대 물리학에 따르면, 이 존재자들은 물질보다 더 근본적이다. 장들은 물질로 설명될 수 없다. 오히려 물질이 장들 내의 에너지로 설명된다. 물리학은 원래의 우주적 장과 같은 더 근본적인 통일된 장으로가 아니라면 다른 어떤 물리적인 것으로 여러 종류의 장의 본성을 설명할 수 없다. 그러나 그렇다면 우리가 그것이 신에 의해 창조되었다고 가정하지 않으면 이마저 설명이 되지 않는다. 그다음에는 신이 설명되지 않는다.
>
> 우리는 물론 장들이 영원한 수학적 법칙들에 의해 정해지기 때문에 지금처럼 존재한다고 가정할 수 있지만, 그럴 때 이 법칙들에서 같은 문제가 있다. 그것들은 우리가 어떻게 설명할 수 있는가?[21]

---

21 Sheldrake, *A New Science of Life*. op. cit. p. 99.

셸드레이크의 생각으로는 각 유기체의 모양은 형태 발생장(morphogenic field)에 의해 인도된다(형태의 발생이 morphogenesis다). 그 유기체의 형태 발생장은 그 유기체 종의 앞서간 다른 장들과 공명한다. 형태는 그것이 발생한 시간 틀과 무관하게 형태와 공명한다. 그의 생각에서 이 장들은 시간과 공간에 대한 우리의 '정상적' 경험을 넘어선다.

각 개별 유기체는 그 특정 형태의 앞서간 다른 모든 장들과 공명하는 인도 장 안에 있다. 여기서 셸드레이크는 기억과 습관의 본래적 용량이 수단적이라고 말한다. 우리의 일상생활의 다수는 의식적 주의를 기울여 배우지만 지금은 의식적 인지 수준 밑으로 떨어져 습관이 된 것과 똑같이, 생물들의 이런 형성적 장들의 기능 수행에 필수적인 것이 기억과 습관이라고 셸드레이크는 말한다. 유기체들의 형태는 지속적 유동 상태에 있다고 셸드레이크는 말한다. 생물학적 생명의 흐름이 계속되면서 새로운 습관들이 서서히 형성되고 그 종(種)의 모든 새로이 발달하는 유기체들 내로 계속 체화된다. 그는 종 안에서 행동 패턴들의 형태 공명의 기능 수행의 다양한 사례들을 제시하는데, 명확한 예는 영국에 사는 새의 종, 푸른박새 가운데 어떤 습성의 발달 사례이며 이는 잘 기록되었다.

셸드레이크는 푸른박새의 경우에 아주 텃새이고 그들의 둥지에서 몇 킬로미터 이상 벗어나는 일이 좀처럼 없다고 말한다. 그런데도 새로운 습성이 영국 전역에서 그 종 전체를 통해 공명했다는 것이다.

사우샘프턴에서 1921년에 우유병의 호일 마개를 쪼아서 호일을 찢고 그 병에서 우유를 마시는 한 푸른박새가 관찰되었다. 이 습성의 확산은 1930년부터 1947년까지 정기적 간격으로 기록되었다. 이 습성이 퍼진 박새로는 열한 종이 있지만, 가장 빈번히는 박새, 진박새, 푸른박새에 한정된다. 이 '우유 가로채기'의 최초 관찰 후, 영국 전역에 급속히 확산되어 때로는 박새 떼가 이웃을 도는 우유 배달원을 쫓아와서 우유병이 사람들의 집 현관에 놓이기를 기다리는 습성이 보였다. 이 현상에 대한 상세한 연구가 보여주는 것은 그 습성이 영국 제도(諸島)에서 박새 개체들에 의해 89번 독립적으로 '발견'되었다는 것이다. 형태 공명의 관점에서는 이 습성은 박새의 종 내부에서 공명했으며, 그 패턴은

제국 문화의 종말과 흙의 생태학

그 다음으로 박새 개체들에서 점점 더 발현되었다. 제2차 세계대전 중에 영국에서 우유 배달은 박새의 정상적 수명 기간보다 더 긴 기간에 걸쳐 중단되었는데도 우유 배달이 다시 시작되었을 때 영국 전역에서 박새들이 다시 그 습성을 띠기 시작했다. 전쟁 후 "그 습성은 여러 개체에 의해 여러 장소에서 시작된 것이 확실해 보인다"고 연구자들이 말했다. 그 습성은 스웨덴, 덴마크, 네덜란드로도 퍼졌다.[22]

푸른박새의 경우는 행태상의 형태이거나 행태적 형태학에 관한 것이다. 그것은 또한 공간과 시간에 걸친 습성의 공명도 보여준다. 물리적 형태 자체의 문제에서 셸드레이크의 다른 주요 논점은 형태들 자체가 자연의 습성들이라는 것이다. 우리는 정통 과학에서 형태의 습성들과 관련해 '병렬적 진화'라 불리는 것의 사례들을 가지고 있다. 상이한 종들과 상이한 대륙들로부터의 생물들이 결국 비슷한 또는 거의 동일한 형태나 기능, 또는 이 둘 다를 결국 가지게 되는 '진화적 수렴'의 사례들이 많다. 또한 오스트레일리아의 태반포유류와 유대류 사이의 평행의 인기 있는 예도 있다. 오스트레일리아에는 유대류인 나는 팔란저가 있는데 이는 포유류인 날다람쥐의 거의 복제판이다. 미국 남서부에는 캥거루 생쥐라 불리는 설치류가 있다. 오스트레일리아에는 같은 형태의 유대류가 있다. 오스트레일리아에는 포유류 두더지처럼 생활하고 행동하는 (오리너구리처럼 키틴질 부리가 있는 것을 제외하면) 두더지와 유사한 유대류도 있다. 기계론자들은 이 유사성들을 설명하기 위해 여러 지적인 굴곡을 통과했지만, 지구상의 생명이 '우연한 화학반응들'이라고 가정할 때는 이는 어렵다. 다른 한편, 형태 공명은 우리에게 이 주제에 관해 생각하는 데서 훨씬 더 나은 도구를 제공해준다. 이산(離散)적·개별적 유기체들의 집합물의 집단의식은 나아가 유기체를 인도하는 것으로 화학반응과 다른 것이 있음이 분명하다는 것을 보여준다. 고도로 조직화되고 분화되어서 단일 유기체처럼 보일 정도인 개미집이나 벌

---

22   ibid. pp.177-180.

집 같은 군체들에서 사는 여러 무척추 유기체들이 있다. 셸드레이크는 단일한 다세포 해파리를 닮았지만 실제로는 화합해 행동하는 개별 유기체들로 이루어진 관해파리(siphonophora)목을 지목한다. 이 조합체들은 트인 바다에서 산다. 그는 이 목의 구성원인 나노미아(Nanomia)에 대해 다음과 같이 말한다.

　… 여러 특화된 개별 유기체들로 이루어진다. 그 꼭대기에서 개체는 가스가 찬 부레로 변형된다. 그 밑에는 군체를 추진시키는 물을 분사하는 작은 풀무들처럼 행동하는 유기체들이 있다. 그들의 개구부의 모양을 바꾸어서 그 추진 방향을 바꿀 수가 있다. 그들의 조율된 행동으로 나노미아 군체는 활발하게 이리저리 치달으며, 어느 각도 어느 면으로도 움직이고 고리를 이루는 곡선을 그릴 수도 있다. 줄기의 밑에는 나머지 군체를 위해 영양분의 섭취와 소화를 위해 특화된 다른 유기체들이 있다. 길게 가지가 뻗은 더듬이가 그것들에서 생겨나 먹이를 잡는 데 사용된다. 포엽도 있는데 이는 불활성의 비늘 같은 유기체로서 줄기 위에 끼워져서 그것을 물리적 손상에서 보호하는 것을 도와준다. 마지막으로 성적 유기체들이 있어서 이는 생식체를 생산해 수정으로 새로운 군체들을 발생시킬 수 있다.[23]

나노미아에서 우리는 군체 조직과 '단일 유기체' 간의 구분이 극단적으로 흐려지는 것을 본다. 우리는 또한 이 '개별의 단일 유기체들' 모두가 화학물질들의 집단이라면 어떻게 즉시 조율하는지를 설명하기가 어렵다는 것도 안다. 나노미아는 DNA에 영향받은 기계론자에게는 약간의 설명의 어려움을 제시하지만 장(場)들이 장들 안에 '깃드는' 형태 공명의 관점에서는 그렇지 않다. 분자는 공동체 신진대사이며, 세포는 공동체 신진대사이며 기관으로서의 세포들의 집

---

23 ibid. p. 226.

　　　　　　　　　　　　　　제국 문화의 종말과 흙의 생태학

단, 신체로서의 기관들의 집단, 곤충 공동체, 특히 개미와 흰개미들에 대해서도 마찬가지다. 그리고 우리는 이 협동적 신진대사를 전체 생태계들을 거쳐 궁극적으로 지구 자체의 존재에까지 가져간다.

자연계에는 집단의식의 많은 사례들이 있다. 또 하나의 매혹적인 집단 존재는 균류 가족이다. 그것은 점균인 딕티오스텔리움 디스코이디움 (Dictyostelium discoidium)이다. 이 종의 개별 유기체들은 숲의 바닥의 국지적 영역에 퍼져서 따로따로 살며, 박테리아를 먹고 생존한다. 그들 각각은 지름이 약 5마이크론인데 이는 'i'의 점을 덮는 데 200마리 정도가 필요하리라는 것을 뜻한다. 그놈들의 크기 때문에 약 30센티미터를 이동하는 것은 인간에게는 약 113킬로미터의 여행과 맞먹는다고 연구자들은 말한다.

박테리아를 잡아먹으려 몇 세대를 옮겨 다닌 후에 그 유기체들의 먹이 공급은 고갈된다. 이런 일이 일어날 때 한 호르몬 형의 물질이 몇몇 핵심 개체들에서 방출되고 이는 신호가 되어 모든 개체들이 그 지점으로 몰려든다. 그때 그놈들은 폭이 몇 밀리미터가 되는 10만 개체를 헤아릴 수도 있는 덩어리로 뭉친다. 그런 집단이 조성될 때 그것은 '눈'으로서 기능하는 개체들 그리고 '다리' 구실을 하는 다른 개체들로 완성된 민달팽이를 닮는다. 모든 것이 준비될 때, 그 민달팽이는 숲 바닥을 가로질러 더 푸른 초지를 찾아 떠나 그 조립된 집단이 배설한 '점액'의 외투를 입고 여행한다. 좋아하는 지역에 닿을 때, 바로 쓰러져서 그 민달팽이는 길고 가는 줄기를 가진 작은 버섯을 닮은꼴로 변한다. 이런 새로운 비슷하게 고도로 조직화된 복합적 구조를 달성했을 때 줄기 꼭대기의 작은 구경(球莖)은 씨앗을 배출해 분리로, 그리고 때로는 성적 교접으로 증식하는 개체들의 새로운 순환주기를 시작한다. 생물학자들은 음식이 곁에 있게 되면 민달팽이의 자발적 조합이 인위적으로 깨어질 수 있고, 개체들은 개체들로 돌아갈 수 있지만 민달팽이가 줄기와 포자가 든 모자 형태에 도달하면 개체들은 이전의 개체로서의 생활로 되돌아갈 수 없다는 것을 알아냈다. 새로운 세대들을 이루도록 포자들이 꺼내어지는 시점에 도달한 후 묵은 몸은 그 모든 개체들과 함께 죽는다.

여기서 다시금 의식의 중요성이 생물학적 기능 수행에서 다루어진다. 점균류와 나노미아는 개체와 집단의식 간의 구분이 아주 흐려지는 사례들이다. 그럼에도 불구하고 각 개체에서의 의식의 우선성은 군체적 존재의 물리적 행동과 그것의 집단의식을 조율하기 위해 최고의 지위를 갖는다.

모든 생물들이 그렇듯이 땅은 의식적 존재자라는 것, 개체들의 의식은 공동체 또는 군체적 존재들에서 뒤섞일 수 있다는 생각이 제시되어왔다. 군체적 유기체들이 목적을 가지며 (스스로 먹고 삶을 이어간다는) 가이아 자체가 목적적인 의도를 가진다는 것을 보여주는 징표들이 있다는 것이 분명하다.

학계에서는 원자 물리학과 분자 화학에서 불활성 부분들의 행태에 초점을 모아온 방식으로 의식적 전체들의 기능 수행에 초점을 모아오지 않았다. 그래도 우리는 지구 전체의 의식이 앞일을 예상하는 방식으로도 기능한다는 데 대한 일정한 힌트를 정말로 가지고 있다.

지구의 생명은 계획을 가지는가?

요한 볼프강 폰 괴테와 루돌프 슈타이너의 제자인 거버트 그로만은 생물체를 지구행성 전체의 한 구상(構想)으로 바라볼 때 동시에 전 세계에 걸친 동시적 변화를 겪어왔다는 것을 암시한다고 한다. 지구상의 생물들의 발달 중에 형체가 집단적으로 달라진 시기들이 있어 왔다. 그 한 예는 포자식물에서 구과식물로 그다음은 현화식물로의 도약이다. 이는 변혁을 겪는 지구의 몸과 닮았다. 이 시기들은 생물의 변화에서의 도약을 나타낸다. 식물계에 관해 그로만은 이렇게 말한다.

> 모든 계통 발생적(phylogenetic)[phylum = 종 또는 품종] 발달은 단속적이다. 도약이 이루어지고, 간극이 상이한 단계들을 나눈다. 사실들이 이를 명확히 예증한다. 진화의 역사에 물질과 힘의 연속성이란 유물론적

제국 문화의 종말과 흙의 생태학

원리를 적용하는 것은 불가피하게 모순으로 이어진다. 흙에서 자라는 식물들의 발달의 첫 번 물결의 절정은 석탄기 식물군이다. 그러나 식물의 왕국에서는 낮은 신적색사암과 페름석회암기 사이에 오는 고생대의 종말과 함께 이 고도로 발달한 식물군은 그 많은 아주 독특한 종들과 함께 거의 완전히 사라졌다. 이보다 더 인상적인 사실을 보기가 좀처럼 어려울 것이다. 빈약한 식물 성장을 특징으로 하는 트리아스 적색사암기 후에 새 출발이 이루어졌다. 중식대(中植代)의 식물군이다. 그러나 예전의 숲은 더 발달하지 않았다.

중식대 동안 우리는 다시 특정 성격의 고도로 발달한 식물들을 특히 쥐라기 지층과 백악층에서 발견한다. 그러나 이 절정도 끝이다. 후기 백악기에 다채로운 생물들이 사라졌다. 갑자기 예고도 없이 세계의 여러 상이한 지역에서 동시에 현화식물들이 돋아난다. 우리는 이 거대한 시기들 각각에 대해 하나의 특징적 식물 기관(器官)을 찾으려고 고생물학적 사실들을 위배할 필요가 없다. 석탄기에는 그것은 양치류에 해당하는 잎 달린 발육지다. 중식대에는 침엽수, 은행나무, 소철류가 주를 이루면서 엽병형 식물이 씨앗 맺는 단계로 올라갔다. 다음 시기는 후기 백악기와 제3기로서 진짜 현화식물이 결국 나타난다.[24]

그로만은 이 '진화적 도약기' 동안 생물 스펙트럼에 걸쳐 형태 변화가 일어난다고 지적한다. 일련의 양치류가 종말에 도달하면서 구과식물을 예기하는 형태를 보여주기 시작하지만, 양치류의 바탕은 그 궤적을 계속 이어갈 수가 없으니 그 실제 조직 물질이 그것을 지탱할 수가 없었기 때문이다. 그로만은 이렇게 말한다. "유기체 진화는 형태의 점진적 변형만을 일으키지 않는다. 바로 그

---

24 The Plant. A Guide to Understanding its Nature. Gerbert Grohmann. Trans. K. Castelliz from Die Pflanze, Vol. I. Rudolf Steiner Press. London. 1974. pp.195,196.

바탕물질이 일정 수준의 조직에 적합한 조건을 창조하도록 단계에서 단계로 발달되어야 한다."[25]

양치류의 형태가 그 끝에 도달하고 곧 나타날 구과식물을 예고하는 형태를 발달시키기 시작하면서 양치류들은 계속 변형해 구과식물이 되지 않는다. 양치류들은 주된 식물로서 멸종하고, 그 바탕물질이 새로운 형태를 지탱하기에 적합하게 조직된 구과식물인 새로운 식물들이 나타난다.

그로만의 작업은 셸드레이크의 형태 공명도 뛰어넘는 사고방식, 형태의 공명은 형태의 창조에 앞서는 어떤 계획, 거대한 규모의 예기적·창조적 사유의 증거를 보여준다는 사고방식을 가르쳐 준다. 이는 셸드레이크의 세심한 문서작업을 뛰어넘어 생명의 형태를 창조하는 데 개입된 적극적 지성을 암시해준다. 여기서 고려되고 있는 것은 문명화된 시각을 뒤집은 것이다. 의식에서 일어나는 것은 물질적·생물학적 세계 내의 사건들에서 수단이 된다. 이런 이해가 없다면 우리는 새로운 인간문화를 창조하는 일에서 크게 지장을 받게 될 것이다.

인체 건강의 사회적 조정

현대사회의 우리는 건강이 개인적 문제라는 이미지로 조정을 받아왔다. 그것을 넘어서 우리는 건강이 화학 문제라고 믿게끔 유도된다. 화학이므로 건강은 화학/제약 산업의 거대한 기성체제에 의해 돌보아질 수 있다. 미국에서 석유 산업 그리고 전쟁무기 산업에 뒤이어 크기 제3의 산업인 의료 기구는 제국의 구조와 관념들 그리고 그 문화가 생물들과 관계하는 방식의 직접적 표현이다. 근대 농업과 아주 비슷하게 의료 산업은 화학물질, 의료 기계장치를 생산하고, 특화된 건축술로 병원을 설계하고 건설하며, 의사 집무실을 위한 컴퓨터

---

25 ibid. p. 201.

제국 문화의 종말과 흙의 생태학

프로그램을 만들며, 대중 의료교육 기관을 운영하는 등의 일을 하는 방대한 산업 기구들의 배열이다. 과학적 기성체제의 관점에서 건강 관리는 화학이기 때문에 관심의 초점은 혈액 샘플, 조직 샘플, 생체검사 등에 두어진다. 그 체계 내에서 사람, 그의 식사 습관, 그가 숨 쉬는 공기, 그의 생활 조건, 기타 요인들에는 별로 주의가 쏠리지 않는다. 기성체제는 그것을 지도하는 자들의 이윤과 확장을 위해 존재한다. 고객의 개인적인 생활과 안녕(well-being)은 중요하지 않다. 의료 기성체제가 초점을 두는 것은 화학 (업계에서 분자 의학이라 불리는)이다. 사실, 의료 기성체제의 기능적 운영 안에서는 인구가 건강하지 않을수록 이윤이 높다. 수십 년에 걸쳐 병원의 분만 시술에 의해 초래된 출생 외상으로 인한 손상은 알려져 왔다. 그런 시술들은 기구(機構) 자체의 편의와 효율을 위해 존재하므로 별로 달라진 것이 없다.

공중건강 연구자들은 대체로 의료 기성체제의 일원이 아니다. 그들은 전체 인구의 건강 통계를 바라본다는 점에서 훨씬 더 전일적 시각을 가진다. 그들의 작업을 봄으로써 우리는 개인이 부족의, 혹은 이 경우에는 대중사회의 집단의식에 의해 어느 정도나 형성되고 조정되는지를 알기 시작한다. 우리는 정신 (문화) 안에 품은 관념들이 생물학적 체계를 이룬다는 것을 알기 시작한다. 우리는 새로운 인간문화를 창조하는 것의 중요성을 주의 깊게 바라본다.

제국의 종양체는 지구적 의료 문제다. 그것은 생명 체계의 점진적 해체다. '도구 제작자 사람'의 '물질적 진보'는 사회의 정신에 '진보'의 상징으로 제시된다. 한편 실질적으로 우리는 건강, 식단 그리고 수명이 제국이 시작되었을 때 심각하게 퇴보한 것을 봤다.

진실은 문화가 실제로 질병을 일으키도록 우리를 조정할 수 있다는 것이다. 이것의 긍정적 측면에서 우리는 문화가 적절하게 형성된다면 우리를 건강과 긍정적 정서 조건으로 이끌어 갈 수 있음을 발견한다.

레너드 세이건은 공중건강을 연구하는 학자로서 그는 개인 건강이 산업형 의료와는 별로 관계가 없고 사회적 경험의 질의 반영이라는 것을 설득력 있게 논하는 연구를 주도했다. 그의 연구 〈나라들의 건강. 병과 안녕의 진정한 원인들〉[26]에서 세이건은 인구와 수명의 증가가 근대 의료의 발생 전에 시작되었고, 전염병에 의한 아동 사망은 항생제 화학물질들이 나오기 오래전에 줄어들기 시작했으며, 근대 의료는 공중건강에 별 영향을 주지 않음을 예증한다. 세이건은 심리 사회적 변화가 수명의 증가와 면역의 증대에 책임이 있음을 설득력 있게 예증한다. 그의 연구는 그런 사회적 조건들이 인체 건강을 직접 이룬다는 것을 보여준다. 세계 제국의 확장과 함께 유럽인들과 유럽 식민지들에 사는 유럽 사람들의 경제적 조건은 개선되기 시작했고 사람들의 개인적·사회적 기대도 올라가기 시작했다. 우리가 '근대가족'이라고 아는 것의 안정성과 힘이 증대했다. 산업혁명기의 생활 조건들은 일하는 사람들이 8시간 노동제, 더 나은 근로조건 그리고 사회적 혜택에서의 더 큰 몫에 대한 요구를 엘리트에게 강압하면서 사라지기 시작했다. 군중이 사회적 조직구조에 힘으로 구멍을 내면서 사람들은 생활에서 더 많은 희망과 열망을 가졌다. 그들은 노예 심리를 벗어던지고 더 많은 자존감 속에 살아가기 시작했다. 이것이 세이건이 개인적 건강에 핵심이라고 보는 것이다. 최소한 생활필수품을 공급하는 사회적 토대 위에 세워진 강한 자존감이다. 더 큰 맥락에서 이는 문명의 엘리트가 땅의 생명을 희생시킴으로써 자연의 사람들이 이미 누리던 조건들로 다시 올라가고 있음을 뜻한다. 그러나 탐구되고 있는 것은 사회적 조건들이 건강에 어떻게 영향을 주는가 하는 것이다. 세이건은 사망률의 감소가 19세기의 커다란 보건 운동 이전에 시작되었다는 것을 보여준다. 그는 이렇게 주장한다.

사망률의 감소를 유발한 것은 감염의 감소가 아니라 감염된 자들의 사망률 감소였다.

높은 감염률은 아주 최근의 수십 년 전까지 지속되었다. 유아들 중 사망자의 다수는 음식과 물의 공급으로 전달된 미생물질적 매체들 때문이

---

26 *The Health of Nations. True Causes of Sickness and Well Being.* Leonard A. Sagan. Basic Books Inc. N.Y. N.Y. 1987.

제국 문화의 종말과 흙의 생태학

아니라 환경에 일반적으로 존재하는 미생물질적 매체들 때문에 죽은 것
이다. 사망은 바이러스와 그 밖의 편재하는 유기체들에 감염된 결과이며,
이는 불가피하게 낮은 저항력을 가진 유아들 중에서 일어나는 법이다.

　　전염병으로 인한 사망률의 감소는 음식과 물의 공급으로 또는 곤충
매체를 통해 퍼지는 질병들에서만큼 결핵같이 사람에게서 사람에게로
퍼지는 질병들에서 극적인 모습을 보여 왔는데, 이는 위생 노력이 효과적
이지 않은 질병들이다.

　　세이건은 계속해서 이렇게 말한다. "결국 감염성 질병으로 인한 사망의 감
소에 대한 또 하나의 설명이 있다. 즉 인간 저항력의 개선이다."[27] 세이건은 근
대 의료가 공중건강과 상관관계가 별로 없다는 것, 그리고 (영양실조율 이상
의) 영양 공급은 공중건강과 상관관계가 없다는 것을 보여주는 공중건강 연구
들을 소개한다. 많은 연구들이 보여주는 것은 사람들이 음식을 덜 섭취할수
록 더 건강하며, 통계적으로 제1세계 나라들에서 1인당 더 많은 의사들이 있
을수록 유아 사망률이 더 높다는 것은 의료 기성체제에 의한 평생의 선전 조
정(propaganda conditioning)에 종속된 우리 모두에게는 놀라운 일일 것이
다. 18개의 현존하는 산업사회들의 비교는 더 높은 유아 사망률이 더 많은 의
사 수와 상관관계가 있음을 보여준다. 나아가, 연구들이 보여주는 것은 공중
건강 지출액과 사망률 감소 사이에 이 나라들에서 상관관계가 없다는 것이다.
[28] 또 하나의 놀라운 일련의 통계 연구들을 추가해 그는 특정 기관(器官) 부위
와 관련된 사망률 변동은 있어 왔지만, 암에 의한 사망 위험은 일단 암이 시작
되면 50년 전과 다르지 않다고 지적한다. 암의 발병률은 엄청나게 높아져 왔지
만, 일단 암에 걸리면 그로 인한 사망 위험은 암 연구와 치료법에 대한 거액의
투자가 있었는데도 50년간 달라지지 않았다.

27　ibid. p. 41.
28　ibid. p. 81.

그렇다면 세이건의 의견으로 건강을 향상시켜준 것은 무엇인가? 그의 연구들은 핵가족의 힘이 커진 것을 지적한다. 더 큰 맥락에서 우리는 부족, 씨족, 대가족의 몰락을 보았으며, 최종적으로 산업혁명이 마을 공동체의 농민 존재를 일소했다. 그냥 핵가족으로 천천히 거슬러 올라간 것은 유럽인들에게는 식민지화된 세계의 희생을 대가로 제국 중심부의 대중들에게 증대된 부의 국물이 떨어졌기 때문이었다. 산업혁명으로 시작되고 20세기까지도 지속된 것으로서 가정생활에 있었던 일은 우울했다. 아동 노동은 이른 나이에 어린이들을 가정에서 끄집어냈다. 모두에게 노동시간은 길었고 연속적이었다. 주거, 임금, 생활 조건은 거의 안정된 양육하는 가족을 가로막았다. 세이건은 최근에야 유아들과 어린이들 양육에 주의가 기울여져 왔다고 지적한다. 많은 연구들은 유아기 동안의 돌봄이 유아의 사망률, IQ 수준, 신장 그리고 질병률에 영향을 준다는 것을 보여주었다. 가족의 영향을 나타내 주는 것으로서 한 부모 혹은 양친의 상실은 통계비교가 더 쉬워져서 훨씬 더 잘 알려졌다. 예를 들면, 양친을 잃은 사람에게 자살의 위험은 온전한 가족 출신보다 일곱 배가 높다. 세이건이 인용한 아동기에 부모 중 한 사람과 이별한 대학생들에 대한 연구에서, 거의 절반이 자살을 심각하게 생각해 보았던 반면에 온전한 가족 출신의 학생들은 그런 생각이 든 비율은 10퍼센트에 불과했다.

존스 홉킨스 의과대학에서 한 연구에서는 1,337명의 의과대학생들이 연구대상이 되었다. 이 연구에서 밝혀진 것은 연구대상의 출생 시점에 부모의 밀착도, 아빠의 나이(아빠의 나이가 많을수록 발병률이 높다)는 나중의 자살, 정신병 그리고 종양과 강한 상관관계가 있다는 점이다. 피츠버그 대학의 연구에서 밝혀진 것은 부모의 상실-부모 중 한 사람의 사망, 부모의 별거나 이혼은 위신경증 발병률이 25퍼센트 높고, 십이지장궤양은 35퍼센트, 노이로제는 36퍼센트, 알코올중독은 38퍼센트, 류머티스성 관절염은 45퍼센트, 우발증후는 55퍼센트, 결핵은 55퍼센트, 청소년비행은 62퍼센트, 자살은 70퍼센트가 높은 것과 상관관계가 있다는 것이다.

이른 아동기의 가족 내 경험은 건강과 사망률에 영향을 줄 뿐 아니라 사

제국 문화의 종말과 흙의 생태학

회 조직의 견고성도 가족의 건강에 영향을 준다. 자연문화에서는 씨족사회 환경이 규범이었다. 지금은 씨족에 가장 가까이 근접하는 것이 치료법과 후원(therapy and support) 집단들이다. 이 집단들이 씨족의 취약한 반영물일 뿐인데도 불구하고 개별 구성원들에게는 큰 도움을 준다. 세이건은 기혼자들이 전체적으로 같은 연령의 독신자나 사별자보다 사망률이 낮아서 기혼자의 사망률은 이혼자의 사망률의 절반이라는 것을 발견한다. 캘리포니아 주 북부의 알라메다 카운티에서 수행된 공들인 연구가 명확히 예증해준 것은 사회적 고립이 "… 국소빈혈성 심장질환, 암, 심장혈관질환 그리고 그 밖의 모든 자살과 사고사를 포함한 원인들로 인한 사망률 증가와 연관된다"[29]는 것이다. 실제로 제국의 사회 조건 속에 생활하는 것은 인간에게 전쟁만큼이나 파괴적이다.

군대가 전쟁과 죽음의 도구인가 하면, 실상으로는 단지 그것이 인간적 동지애 안에서 제공하는 사회화가 그 구성원의 (전장 밖에서의) 사망률을 낮춘다. 군대사회를 실제로 경험한 개인들은 그렇지 않은 사람들보다 건강 등급이 높다. 세이건이 인용하는 연구들이 보여주는 것은 "… 군인의 사망률이 미국 인구 일반의 사망률보다 상당히 낮다. 17세 이상의 모든 인원에서 사망률은 같은 연령의 비군인 사망률의 57퍼센트에 불과하다"[30]는 것이다. 매사추세츠 주에서의 또 다른 연구는 사회적 해체가 건강에 미치는 영향을 나타내 준다. 빈곤, 사회적 고립과 발암 위험 간의 상관관계를 그 연구가 보여주었다.

산업사회들에서 통계적으로 건강이 더 좋고 수명이 더 긴, 상대적으로 작은 집단의 사람들이 또한 정상 수준보다 꽤 높은 사회적 장점들을 가진다는 것을 세이건은 발견한다. 이는 확고한 사회적 토대를 가진 집단이다. 아이들이 출세의 길을 지니고 또 사회적 특권이나 비범한 가족 때문에 낙관주의와 자존감을 가질 힘을 부여받은 것이다.

여러 산업국들에서의 연구가 보여주는 것은 수명이 전체적으로 볼 때 사회

---

29 ibid. pp. 135,136.

30 ibid. p. 138.

계급의 함수라서, 가장 수명이 긴 집단이 가장 부유한 집단이라는 것이다. 보편적인 보건 서비스가 오랫동안 자리를 잡은 영국에서의 연구들은, 보편적 보건 서비스 계획의 제도화 전에나 후에나 보건 서비스의 제공이 이 통계들에서 별 차이를 나타내지 않는다는 것을 알려준다. 건강이 사회적 조건들의 영향을 받는 심리적인 문제라는 쪽에 무게를 실어주는 것이 교육과 건강 간의 연관성이다. 세이건은 이렇게 말한다.

> 최저의 학력(學力)을 가진 자들과 최고의 학력을 가진 자들 간의 사망률 차이는 아주 크며, 남성보다 여성이 더하고 중년기에 가장 크다. 4년 이상 대학을 다닌 여성들의 사망률은 교육을 조금 받거나 전혀 받지 않은 여성들이 겪는 사망률의 절반이다. 교육상의 계급들 중에서의 사망률 차이는 여러 질병의 폭넓은 스펙트럼에 대해 존재하며, 감염성 질환으로 인한 사망에서 가장 큰 차이를 보인다. 최저 학력의 남성들은 최고 학업 수준을 가진 남성들보다 결핵 사망을 776퍼센트 높게 당한다.[31]

정신적·정서적 상태와 건강 간의 연관성은 단순한 부(富)-건강의 연관성보다 훨씬 강하다고 세이건은 말한다. "여러 연구들은 문자해독률을 다른 변수들에 대한 대리변수로서보다는 건강에 직접 연관된 것으로서 지지해주는 것으로 보인다. 즉 문자해독률과 건강 간의 통계적 연관성은 건강과 소득 간의 연관성보다 일관되게 강하다."[32]

근대 산업사회들에서의 사회적/인적 건강에 대한 검토에 이어 세이건은 가장 오래 살고 병에 가장 적게 걸리는 자들의 인성적 특성을 상세히 설명한다. 첫째 그들은 높은 수준의 자존감을 가진다고 그는 말한다. 그들은 스스로를 높이 평가하지만, 그들 자신의 사적 후생과는 다른 목표들에 헌신한다고 그는

---

31 ibid. p. 175.
32 ibid. p. 177.

제국 문화의 종말과 흙의 생태학

말한다. 이 건강한 사람들은 건강과 생존에 높은 가치를 둔다. 그들은 미래 지향적이다. 그들은 신뢰감이 강하고 사회적 네트워크에 쉽게 들어간다. 그들은 동료 관계를 즐기지만, 혼자 있을 때도 불편해하지 않고, 명상과 고독의 기간을 구한다. 마지막으로 이 사람들은 정규 교육 이상의 지식을 구한다고 그는 말한다. 그는 벤구리온 대학의 아론 안토노프스키가 이렇게 말하는 것을 인용한다. 이 사람들은 일관성의 감각, 즉 자신의 내적 외적인 환경이 예측 가능하며 합리적으로 기대될 수 있는 것만큼 일이 결과를 잘 맺을 개연성이 높다는 몸에 배인, 역동적이지만 끈질긴 신뢰감을 지니는 정도를 표현하는 전역(全域)적 지향성을 가진다는 것이다.[33]

묘사된 패턴은 자신들 주위의 생태적이고 영적인 전체에 관계를 맺는 수렵·채취인의 상황에 관해 우리가 아는 것과 아주 잘 맞는다.

세이건은 우주적 맥락에서의 건강이 정체성 문제 그리고 긍정적 정서 수준과 관련된다는 것을 아주 적절하게 보여준다. 이런 요인들은 의식 안에 존재한다. 문화도 의식 안에 존재한다. 개인은 단지 제국문화 안으로 들어가도록 조정 당함으로써 손상을 받을 수 있다.―이는 정신이 신체에 미치는 영향이다. 세계 산업제국은 그 발달의 꼭짓점을 지나쳤다. 쉽게 쥐어지는 '자원'은 사라졌고 인구 폭발은 최고로 가속화되었다. 제1세계 인구의 부를 자연적 인간문화의 수준으로 띄워 준 자원의 흐름은 이제 쇠퇴하고 있으며, 특히 미국에서 가족의 해체가 늘어나고 있다. 세이건은 핵가족의 붕괴가 급속한 증가를 보이고 있고 10대 임신이 급속히 늘어나고 있고, 아동 학대도 그러하다는 것을 보여준다. 이 모든 요인들은 인구 전체에 걸쳐 일정한 영향을 미칠 것이다. 세이건은 환자 수가 늘어나고 있으며 특히 어린이들 중에서 그러하다는 것 그리고 미국 인구의 건강이 지금 저하되고 있음이 명백하다는 것을 주장한다. 그는 다음과 같이 말함으로써 결론을 짓는다. "근대의 핵가족이 해체되면서, 학업 성취도가

---

33 ibid. p. 188.

저하되는 가운데 이혼과 십대 임신이 치솟은 것과 똑같이 범죄, 자살 그리고 마약 사용이 치솟았다. 이런 연관성과 인과 관계들은 앞으로 널리 인식이 되어야 한다."[34]

의학적 정체성 문제

세이건이 건강과 사회적 관계들에 관련된 전문가의 지식을 제공하지만, 더 큰 맥락이 있다. 이 맥락은 진정한 유기체적 정체성에 관한 것이다. 우리는 심리적 스트레스 그리고 자가 면역 계통과 연관된 질병률 상승을 보고 있다. 심리적 스트레스는 자신이 동일시하는 실재의 함수다. 어떤 사람이 완전히 조정당해 텔레비전 뉴스 프로그램상의 일상적 위기들과 같은 즉시적인 하루하루의 사회적 실재와 긴밀히 동일시한다면, 그는 지구상의 다른 유기체들 중에서 구실하고 있는 유기체로 자신을 동일시하는 경우보다 더 많은 스트레스를 겪는다. 자가면역계통의 경우에 더 깊은 수준의 의식이 작동한다. 에이즈, 암, 알레르기, 천식, 칸디다알비칸스, 감염과 그 밖의 질환에 대한 저항력 감퇴는 자가 면역 계통의 기능 수행과 관련이 있다. 예를 들면, 암의 경우에 사람들은 매일 암에 걸린다. 즉 몸 안의 몇 세포들이 역기능을 하면서 해야 하는 복제는 하지 않는다. 이 세포들은 정상적으로는 그러면 몸에 의해 소비된다. 몸의 의식은 그것들이 내가 아니라 남이라고 판정한다. 자가 면역 계통은 화학이 아니라 의식에 의해 지도를 받는다.

미생물 칸디다알비칸스의 개체군에도 같은 상황이 존재한다. 정상적으로는 우리 몸 안의 칸디다의 개체수 수준은 이로운 수준에서 유지되지만, 어떤 경우, 예를 들면 항생제를 과다복용한 후 같은 경우에는 자가 면역 계통이 그

---

34 ibid. p. 110.

제국 문화의 종말과 흙의 생태학

것의 정체를, 나와 남의 차이를 알지 못하는 것 같다. 이런 일이 일어나면, 칸디다의 개체수는 자가 면역 세통이 그것들을 통제하지 못해 폭발한다. 그 시점에 심각한 병이 발발한다. 여기서 우리는 사회와 인간이 우주적 균형에서 벗어나서 살고, 그다음에는 개인의 몸의 식물적 의식이 균형에서 벗어나는 것을 본다. 세 차원 모두에서 문제는 존재가 자신이 무엇인지를 알지 못한다는 것이다. 암세포처럼 우주적 패턴 내에서 자기의 정체감을 상실한 것이다.

생명과 생명의 의식은 우롱당할 수 없다. 우리는 객관화된 기계적 방식으로 행동할 수도 있다. 우리는 우리가 만든 기계적 인공물을 닮기 시작할 수도 있다. 우리는 심지어 우리가 내연기관이나 마찬가지로 인간성도 없는 기계문화 안에서 살 수 있다고 믿기 시작할 수도 있다. 하지만, 우리가 다른 종(種)들과 똑같이 독특한 생득권과 혈통을 가진 유기체들이라는 사실을 피할 수 없다. 세이건의 자료가 보여주는 것은 우리의 새로운 문화에서 사회적 환경에 주목해야 할 필요성이다. 그 사회적 환경이 생물학적 생명의 패턴과 원리들에 토대를 두도록 할 필요성도 있다. 우리는 먼저 우리가 가이아의 몸 안에 있음을 알아야 한다. 우리가 사회적 몸통으로서 제국의 질병에서 치유되면서 주목해야 하는 것은 특히 어린이들이다. 우리 성년들이 치유적 환경, 건강을 지켜주는 환경에서 새로운 문화를 창조하기 시작하면서 아이를 더 적게 가질 수 있어야 하지만 이 아이들에게 더 많은 주의를 기울여야 한다.

우리는 여러 세대나 계속될 도약을 논하고 있다. 지금의 위기는 아주 깊어서 '정상 상태'가 돌아오려면 여러 세대가 걸릴 것이다. 우리는 치유하는 문화들을 창조하고 있으며, 그 기본 패턴들은 여러 사건들을 뚫고 나갈 것으로 우리가 기대할 만한 그런 것이다. 이를 통해 살아갈 사람들은 자녀들과 그들의 자녀들이다. 우리는 이 아이들이 최선의 가능한 기회를 얻기를 바란다. 조사된 자료에서 명백한 것은 씨족 구조가 사람의 나중의 인생에서 의심할 것 없이 가장 중요한 구성 성분이라는 것이다. 이런 고려 사항들이 주어질 때 새로운 문화는 어린이 중심적일 것이고 부차적으로 아이를 낳는 연령의 여성들에게 초점이 두어질 것이다. 이는 미래를 위한, 아이들을 위한 우리의 희망이다. 우리가 건강을 지켜주는 공동체 안에서 긍정적인 정서적 환경을 창조하도록 구실하고, 정서적 장애 없이 아이들을 키울 수 있다면 우리는 그들의 삶을 위한 토대를 제공한 것이 될 것이다.

문화적 창조의 최종 결과가 될 것은 우리가 아니다. 우리의 어깨 위로 올라가야 할 그들, 우리가 앓은 병에 관해 자기 자녀들을 가르치고 그 자녀들이 따라가야 할 긍정적 방향을 가르칠 그들이다. 아이들을 양육하는 일에서 우리는 새로운 문화를 양육한다.

제14장 유기체로서의 문화

재배되는 생명

인간문화는 보통 여러 세대를 거쳐 전해져온 사람들의 생활 방식의 총체로 이야기된다. 제국들의 시대 전에 인간의 문화적 지식은 상당 부분이 땅과 땅의 다양한 생명과 관련되었다. 인간들은 목숨을 부지하기 위해 땅 위에서 채집 활동을 했고, 땅의 지식은 그들이 그 생명에 적응한 코드였다. 그들의 문화는 각 세대에게 땅 위에서 어떻게 살지를 가르쳤다. 문화는 무엇을 먹을지, 어떻게 먹을지 그리고 언제 그것을 먹을지를 가르쳤다. 문화는 보금자리를 만드는 방법들을 가르쳤다. 문화는 세계의 의미, 세계가 무엇인지, 그것이 어떻게 있게 되었는지에 대한 설명을 가르쳤다. 문화는 또한 부족이 어떻게 그 세상에 조화되어야 하는지를 가르쳤다. 그것은 적절한 짝짓기 그리고 대가족 관계들의 형태를 가르쳤다. 중요한 것으로 그것은 정체성을 가르쳤다.

인간문화는 시간을 통과해서 어느 단일한 개인과도 다소 독립적으로 진행해 가는, 문화적 구성원들의 의식 안에 실린, 자율적 사고 형태다. 문화는 본질상 개인들의 의식 안에 보전되지만 그 개인들이 그것을 창조하지 않는다. 그것은 집단에서 배워진다. 문화적 형태를 통한 개인들의 이 흐름은 어떤 기관(器官)을 통한 개별 세포들의 흐름과 비슷하다. 개별 세포들이 몸 안에서 교체되면서 몸은 그 형태의 온전함을 유지하는데, 비슷한 방식으로 문화적 형태가 그 온전함을 유지한다.

영어에 내재하는 의미들은 문화 과정에 대한 고대의 이해(理解)를 전해준다. 컬트(cult. 숭배), 컬처(culture. 문화), 컬티바(cultivar. 품종), 컬티베이트(cultivate. 재배하다) 같은 단어들은 모두 생명과 지식의 개념들과 형태들의 지속을 향한 노력 과정을 가리킨다. 또한 생물들은 배우고 적응하고 있다는 함의도 있다. 컬트(cult)는 어떤 개념, 특히 종교적 개념을 중심으로 사람들이 모이는 것이다. 그것은 사람들이 일정한 생활 방식 그리고 세계에 관한 일정한 신념들을 배우는 과정이다. 이 지식의 몸뚱이가 그럴 때 컬트 안에서 전해진다. 누가 식물이나 작물을 재배(컬티베이트)할 때, 생물들은 주의를 끌고 그들의 생명이 일정한 방식으로 인도된다. 돌보아진 다양한 식물, 그 최적의 개체들이 여러 세대에 걸쳐 선별된 식물이 품종(컬티바)이라고 불린다. '길들어진' 식물들이 품종(컬티바)들이다.

이런 유형의 '재배(컬티베이션)'는 자연계에서 일어난다. 물론 식물 가족들과 문화들을 인도하는 사람은 없지만 식물 가족들은 땅의 차이가 나는 여러 조건에 적응하기 위해 자신들의 형태를 변모시키는 것을 정말로 배운다. 버드나무-포플러-사시나무 포플러 과(科)는 좋은 예다. 이 과는 북아메리카 대륙의 반건조 환경에서 아주 중요하다. 그것들은 바람, 물 또는 동물들에 의해 운반되는 씨앗으로 번식할 수 있다. 그것들은 자신들의 조각에 의해서도 번식할 수 있다. 예를 들면, 가지 하나가 홍수 때 꺾여 나가 홍수의 부유물 더미에 정착하면, 그 가지는 흔히 뿌리를 내리고 새 정착지를 만든다. 일단 자리를 잡으면 그들의 주된 증식 수단은 뿌리 계통에 의한 것이다. 그들은 한 지역에서 밀집한 뿌리의 그물을 만들어서 서 있는 나무나 덤불이 어느 특정한 뿌리가 있는 땅으로부터도 자라날 수 있다.

이 식물은 하천의 수로나 지표면 근처 지하수가 풍부한 땅에서 자란다. 범람이나 산불이 특히 사시나무의 경우에 땅 위의 줄기를 쓸어버릴 수도 있기 때문에, 그 식물의 지속은 뿌리 계통에 기초를 둔다. 땅 위의 줄기들이 제거되면 그냥 새싹들을 올려보낸다. 그 주된 몸은 지하의 넓은 뿌리 계통이나. 이 중요한 식물은 강기슭 서식지의 흙을 붙들고 또한 비옥한 미세기후를 창조해 그 모

제국 문화의 종말과 흙의 생태학

양과 행태를 자기가 취할 수 있는 습기의 양과 자기가 자라는 고도에 맞춘다. 이 고도는 자기가 견디어야 할 온도와 관련이 있다.

버드나무의 어떤 구성원들은 습하고 더운 저고도에서는 크다. 고도가 높아지거나 습기가 감소하면서 그 식물의 형태는 달라지지만, 그 과(科)의 본질적 특성은 변함없다. 각각이 별개의 학명이 있는 그 변형들은 다양하지만, 그 과의 본질적 특성은 변함이 없다. 그 과의 변형들은 과라는 것이 상이한 조건들에 적응하게 된다는 것을 알려준다. 그것은 그 과의 문화를 보여주는 것이다.

향기로운 가시가 난 배 열매를 맺는 친숙한 코끼리 귀 선인장 오푼티아(Opuntia)는 풍부한 문화를 가진 어떤 과(科)의 또 한 예다. 오푼티아는 바다 수면 높이에 가까운 사막에서부터 해발 약 2킬로미터의 고도에서까지도 생장한다. 저고도 사막 서식지의 어떤 변형들에서는 넓고 즙이 많은 잎을 달고 약 3미터의 키가 될 때까지 자랄 수 있다. 더 높고 추운 고도에서는 작고, 주름진 잎을 달고 약 15센티미터까지만 자랄 수 있다. 그것은 다양한 토지와 그 조건들을 거치면서 변모해왔다.

동물 문화는 그들의 문화가 땅의 차이들에 적응하면서 이런 유형의 변형을 보여준다. 과거에 곰 과(科)의 구성원들 일부는 들소와 엘크의 사체를 먹으면서 대평원에서 살았다. 다른 놈들은 특히 흑곰과 누런 곰들은 장과(漿果)와 곤충을 먹이로 삼아 로키산맥 높은 곳에 살았다. 태평양 연안 북서부에서 곰들은 연어의 이동에 크게 의존한다. 북극 지방에서 북극곰들은 아주 다른 문화를 가진다.

연어는 어류 문화의 한 예다. 그들은 출생지에서 바다로 그리고 일정 시간 후에 다시 알을 낳기 위해 그들의 정확한 출생지로 되돌아온다. 개체들은 하천 전체에 퍼져있는 행선지로 돌아온다. 토양, 습도 그리고 식생의 혼합, 출생지에서 오는 물의 맛과 냄새가 그들을 고향으로 인도한다. 은연어, 무지개송어, 홍연어 같은 상이한 문화 집단들 각각은 상류에 알을 낳으러 가는 시간과 양태가 다르지만, 그들의 문화 각각은 땅에 대한 적응의 유사성을 보여준다.

자연적 인간문화는 땅에 대한 적응으로서 땅에서 자라났다. 땅, 땅의 생명과 물질대사는 인간문화에 패턴과 관념들을 제공해왔다. 여러 인간문화들은 땅의 상이한 조건들에 대한 적응 방식의 풍부한 다양성을 보여주지만, 문화의 기본 패턴은 기본적 생명 원리들 그리고 전체로서의 지구적 생명의 패턴에 적합하다. 여러 자연문화들과 그들의 분파들은 아득한 시간에 걸쳐 계발되었다.

햇빛이 적고 라플란드 사람들과 이누이트 사람들 같은 밝은 피부색의 사람들이 발견되는 극북 지방에서는 문화의 복합체가 추위와 어둠에 적응해있다. 스칸디나비아 북쪽의 라플란드 사람들은 캐나다의 허드슨 만 내륙의 옛 이누이트 사람들처럼 그들의 주된 에너지원으로서 유라시아순록(reindeer)과 북아메리카순록(caribou) 같은 사슴 과(科)에 적응해왔다. 다른 이누이트 사람들 중 대부분은 바다에서 생계를 유지한다.

자연적 인간문화들로 본다면, 주로 바다의 물고기에서 생계를 이어온 사람들, 북유럽, 영국 제도 그리고 북아메리카 양안의 연어 이동에 의존한 여러 문화들이 있었다. 대량의 사슴과 들소 떼에 의존한 문화들이 있었다. 복합적 밀림 생태계의 문화들이 있었다. 인간문화의 이 변종들 각각은 버드나무과나 오푼티아의 적응형태들이 그런 것처럼 고도로 적응이 되었고 아주 오래되었다.

유럽 제국에 의한 세계 침략이 진행되면서 러시아의 코자크인들은 우랄 산맥을 넘어 시베리아 지역으로 침투했다. 그 시기에는 시베리아 지역들에는 100개가 넘는 상이한 문화 집단들이 있었다. 이 집단들 각각은 자신들의 국지적 지역에 생태적으로 적응해있었으며, 각각 다른 언어나 방언 그리고 다른 풍습을 가졌다. 캘리포니아 주에서도 유럽의 침략이 시작될 때 같은 조건이었다. 시베리아 지역처럼 언어, 방언, 생태적 적응 형태로 분화된 100개 이상의 부족이 캘리포니아 주에 있었다.

언어와 인간의 사회 시스템이 구분되는 집단들로 분화되는 데는 수천 년이 걸린다.

이는 자연적 인간 생존이 기나긴 시간에 걸쳐 안정을 제공했으며 전란과 폭

제국 문화의 종말과 흙의 생태학

동은 특징적이지 않았다는 것을 보여준다. 칼라하리의 산족이나 극북의 이누이트족의 적응형태의 복잡한 형상들을 볼 때, 이 인간문화들이 그런 극한 환경에 적응할 수 있게 해주는 거대한 지식의 덩어리가 어마어마한 긴 시간에 걸쳐 배양되었다는 것이 명백하다.

그 주제에 대해 지식을 가진 대부분의 사람들은 밀림 지역들이 유기체적 생명의 자궁이라고 본다. 여기서는 빛, 온도 그리고 습기의 조건들이 밀집되고 복합적인 생명 패턴들을 낳아왔다. 캐서린 콜필드는 그의 책 《밀림 안에서(In the Rainforest)》에서 이렇게 설명한다.

> 모든 유형의 생물 40~50퍼센트(식물, 동물, 및 곤충의 자그마치 500만 종)가 밀림이 지구의 2퍼센트 미만을 차지하는데도, 이 밀림에서 산다…. 열대림들은 1에이커(약 4,047제곱미터)당 20에서 86종의 나무들을 포함하는 반면에, 온대의 숲은 1에이커당 나무 네 종 정도만 보유한다. 북아메리카 온대의 숲들은 나무의 종들이 400종이 안 된다. 필리핀의 숲이 덮인 화산인 마킬리양(Makiliang) 산은 미국 전부보다 더 많은 목본 식물종을 가진다. 조그마한 파나마가 유럽 대륙 전체만큼 많은 식물종을 가진다.[35]

밀림은 또한 인간종의 자궁이라고 여겨진다. 우리의 고대 인간가족의 마지막 남은 사례들의 다수가 밀림 환경에서 존재한다. 이 문화 집단들은 그들 주위의 생명과 미묘한 균형을 만들어왔다. 그들 중 다수가 그들의 생활 방식에 식물 재배, 채집 그리고 수렵을 결합시킨다. 이 문화형태들은 의심할 것 없이 궁극적인 시금석인 그들의 생물학적 생존 가치로 볼 때 가장 오래되고 가장 복

---

35 Quoted in *Friends of the Trees 1988 International Green Front Report*, May, 1988, Friends of the Trees, P.O. Box 1466, Chelan, Washington 98816, p.32.

잡한 것이다.

자연문화인들은 물질적으로 단순한 환경에서 살아간다. 그들에게 필요한 식량과 보금자리는 단순하고 그들이 이를 달성하는 데 필요한 도구들은 몇 안 된다. 이는 어떤 물자든지 그것을 운반해야 하기 때문에 명백히 최소로 유지하는 유목민에게서 특히 그러하다. 가재도구들을 만들 재료가 도처에 있는데 이것들로 된 무거운 짐을 운반해서 다닌다는 것은 한마디로 말이 안 된다. 이와 동일한 기능주의가 식량을 얻는 일에도 적용되었다.

자연문화들은 그들이 할 수 있는 가장 단순한 방식으로 식량을 구했다. 그들은 수렵·채집 또는 식물 재배에 이데올로기적으로 연(緣)을 맺지 않았고 어떤 생태계에서든지 가장 효율적인 것을 활용했다. 예를 들면 지금의 애리조나 주의 화이트 마운틴 아파치족은 기본적으로 채집/수렵인들이었지만, 때때로 식물 재배도 했으며 그들은 예리한 재배자들일 수 있었다. 어떤 때에는 씨족이나 더 큰 집단이 한 지역에 한 철 전체에 걸쳐 작물을 재배하기 위해 머물기도 했다. 다른 집단들은 두 가지 이익을 결합하려고 이동 채집의 순환으로 돌아가기도 했다. 다른 때에는 씨앗들이 어느 지역에 심어져서 그 집단이 채집의 길로 돌아갈 때 그에서 수확물이 얻어질 수 있었다.

어떤 계절들, 어떤 생태계들에서는 식물 재배가 돌아다니는 것보다 더 효율적이기도 했다. 기후의 순환주기상 어떤 해에는 식물 재배가 수렵보다 효율적일 수 있었다. 지금의 뉴멕시코 주 북동부의 지역에 옛날에 살던 히카리야의 아파치족 중에는 두 개의 상이한 생태계에서 산 분파들이 있었다. 올레로 족은 대평원의 테두리 지역에 살면서 그곳의 초식동물들, 떠도는 떼들에 적응했다. 야네로 족은 산그레 데 크리스토 초지의 산기슭과 고도가 높은 지역에서 살았다. 이 집단들은 정기적으로 특히 가을 추수 때에 모여서 계절의 수확물을 나누곤 했다. 이런 식으로 여러 생태계의 하사품이 부족 전체에 유통했다.

우리는 식물 재배, 수렵·채집을 결합한 고도로 복합적인 밀림문화순응의 아직 남아있는 몇 가지 사례들을 가지고 있다. 캐서린 콜필드는 이렇게 주장한다.

제국 문화의 종말과 흙의 생태학

필리핀의 국제쌀연구원(International Rice Research Institute)에서 일하는 에드 프라이스라는 농업경제학자는 바탕가스(Batangas) 지역의 케일(Cale)이라는 마을에서 소농들과 3년을 보냈다. 케일은 정말로 가파르고 어려운 고지대에 있지 않았다. 그것은 더 기복이 있는 언덕들이었지만, 관개(灌漑)는 없었다. 3년만에 그는 그 농부들이 키우는 160가지가 넘는 다른 작물들과 작물의 조합들을 식별했다. 그들은 100가지 이상의 기술적 작업들을 수행했다. 반면에 당신이 연중 관개된 논 농사꾼에게 말해본다면, 그는 쌀의 한 종류나 두 종류를 재배할 뿐일 개연성이 있다. 그리고 당신은 확실히 두 손의 손가락으로 그가 그 작물들에 행하는 모든 작업들을 헤아릴 수가 있다. 그건 아주 간단하다. 자르고 말린다.

그러나 그다음, 당신이 산기슭의 부족민들에게로 뛰어넘어가 보면, 농업은 훨씬 더 복잡하다. 그들은 훨씬 더 많은 식물의 이름을 알고 훨씬 더 많은 식물들을 키운다. 그들의 병충해 방제 전략은 더 복잡하고 그들의 식재(植栽)와 수확 시간표는 더 섬세하게 조정되었다. 그들은 일반적으로 야생동식물을 더 많이 알고 있다. 숲의 종들은 그들의 자원 중 하나다. 그들이 필요로 하는 것에 대해 숲 자체에 부분적으로 의존한다는 것, 사실상 그것은 부족민의 두드러진 면들 중 하나다. 그들은 벼와 다른 작물을 재배하는 것 외에 건포도, 수지(樹脂), 등나무 줄기를 찾아다니고 채집한다.

콜필드는 또 한 부족민이 자신들의 환경에 대한 특징적인 복잡한 지식을 가진 사례들을 제시한다. "식물학자들은 1,200종을 구분할 수 있을 뿐이지만, 필리핀의 하누누 사람들은 자신들의 영토에 있는 식물들을 1,600개 범주로 나누는 수렵·채취인들이다."[36]

---

36 *In the Rainforest. Catherine Caulfield.* Alfred A. Knopf pub. New York. 1985. p. 130.

자연적 인간문화는 버드나무과, 오푼티아(opuntia)나 퓨마의 문화와 아주 비슷하게 땅의 생명을 토대로 유기적으로 자라났다고 말할 수도 있을 것이다. 그것은 어느 기관(器官)이 몸에 맞추어지듯이 땅의 생명의 에너지 통로에 맞추어졌다. 인간문화는 살아있는 지구의 에너지 그물의 일부분이 되었다. 자연적 인간문화의 지혜는 수백만 년에 걸친 인간가족의 적응의 끈질김에 의해 예증된다.

문화는 에너지 코드

모든 문화는 제국문화마저도 하나의 에너지 코드를 포함한다. 그것은 개인에게 무엇을 먹을지, 보금자리를 어떻게 구할지, 문화적으로 중요한 목적을 위해 땅의 재료들을 어떻게 활용할지에 관해 정보를 준다. 요리, 수렵 그리고 살림 같은 실무적 일상 기능들과 관련된 문화적 지식의 일부분이 있다. 더 넓은 맥락에서는 환경에 대한 배려, 문화적으로 중요한 이야기들, 환경과 관련된 신화들과 전설들이 있다. 문화의 이 측면은 보통 계절, 생명의 성장, 수렵 같은 것들과 관계되는 전례, 의식들을 담고 있다. 다 감싸는 문화적 맥락은 우주론이다. 이 관념들의 틀은 신화, 전설, 이야기, 종교 등 많은 이름들로 불린다. 그것은 물질적/비물질적 창조 세계가 어떻게 있게 되었는지, 그것의 목적과 의미는 무엇인지 그리고 인간 생명들의 의미와 그 안에서의 운명은 무엇인지에 대해 설명한다. 이는 가치와 의미가 있는 것에 대해 틀을 지어주는 창조 신화다. 인간문화는 그 문화 집단의 어떤 개별 구성원과도 독립된 그 자신의 유기적 존재를 가진다. 문화와 그 가르침들은 개별 구성원들이 생명을 유지하게 해주는 효과적 수단이다. 이어지는 개인들은 그 안에서 태어나고 죽지만 문화는 시간이 가도 생존을 지속한다. 문화는 개인들의 의식 안에 담긴 지식 덩어리, 관념들의 틀 그리고 사유 형태다.

문화의 관념 형성적 사유 형태는 물질적 세계에 반영된다. 이 반영물은 창두척기(atl-atl), 활과 화살을 어떻게 만드는지 또는 도토리를 어떻게 수집하

제국 문화의 종말과 흙의 생태학

는지, 신맛을 어떻게 빼서 영양가 있는 음식물로 만드는지에 대한 지식이다. 여러 버드나무 변종의 문화들이 여러 환경 조건들에 대한 그들의 적응을 가능케 해주는 것에 못지않게, 문화는 정체성-땅의 생물학적 에너지 통로인 먹이사슬 안에서의 자신의 위치를 가르친다.

인간들과 일정한 다른 포유류들의 문화는 의식적 기억 안에 담긴다는 것을 우리는 논란의 여지 없이 알며, 우리는 다른 생물들의 문화가 형태 공명에서 생겨난다는 생각을 내비치고 있다. 생명체들은 심리생물학적 현상이다. 문화는 그것이 식물이든 포유류이든 아니면 어떠한 생물의 문화이든 땅의 생명의 유기적이고 자연적인 부분이다. 제국문화의 경우에도 그것은 병적이기는 하더라도 유기적이다. 문화는 지구 생명의 일부분이다. 그것은 단지 인간들을 위한 인간의 창조물인 것만은 아니다. 많은 유형의 동물들은 개체적으로 전달되는 문화를 가진다. 즉, 그 존재들 족속의 부모나 늙은 개체들이 그들에게 문화를 전수한다.

우리 대부분은 출생 시에 부모에게서 떼어내진 새끼 사자의 이야기를 친숙하게 안다. 사람들과 같이 성장해 그 사자들은 인간문화에 어느 만큼 적응하지만 자신들의 문화를 배우지 못한다. 그러므로 그들은 야생환경에 그냥 방생될 수 없다. 그렇지 않으면 그들은 죽는다. 구체적으로 그들은 어떻게 사냥할지, 무엇을 사냥할지를 모른다. 이 지식은 자연 상태에서 부모에 의해 그들에게 가르쳐지는 것이다. 이 현상은 퓨마, 곰, 유인원 그 밖의 많은 인간이 애완동물로 삼은 동물들에게서 보일 수 있다. 자연계에서는 각각의 종은 비물질적, 관념 형성적 사유 형태를 지니고 다닌다. 그 사유 형태는 그 종의 생활, 혹은 부족(部族) 생활의 에너지 코드로서, 세대 간 전승에 의해 개인에게 적응과 생존의 그의 에너지 코드를 '알려주는' 것이다. 인간들과 그들 문화의 자궁인 밀림들에서 사람들은 초원과 그 너머로 감히 나갔다. 그들이 이동하면서 그들의 적응형태는 북극과 칼라하리같이 혹독한 지역들에 맞게 다듬어졌다.

적응의 지혜는 그들에 생존하도록 해주었다. 인간의 문화적 형태들은 다양한 번영기를 경험했다. 많은 부족들에서 노래, 춤, 의식 그리고 구전문학이 아주 풍부해져 그 많은 부분을 배우는 데 전문가들이 필요했고, 전체의 부족문화 형태를 담아내고 전수하기 위해 많은 사람들이 요구되었다. 살아있는 아름다움의 세계에서 문화는 대부분의 일상적 활동을 위한, 그리고 확실히 자신의 삶의 모든 중요한 순환주기를 위한 특별한 노래들을 가진 아메리카의 어떤 토착 부족들의 풍부한 수준으로 발달했다. 새의 노래와 늑대의 울음에 인간문화의 풍부함이 더해졌다.

오스트레일리아의 원주민문화의 유적이나 미국 남서부의 존재하는 푸에블로 문화에서, 그리고 그 밖의 많은 생존하는 부족 집단들에서 우리는 땅의 생명을 문화적 형태로 극화(劇化)하는 아름답고 정교한 전례를 본다. 전례의 주제들은 땅과 우주의 살아있는 실재에 직접 관련이 있다. 푸에블로 문화에는 들소 춤, 푸른 옥수수 춤, 사슴 춤 등이 있다. 오스트레일리아의 원주민문화에도 푸에블로 사람들처럼 창조력을 가지고 생존의 자연적 순환주기들에 참여하는 것에 관련된 마찬가지로 복잡한 의식들이 있다. 제국 시대까지 인간문화는 살아있는 땅에서 자라났다. 문화적 전례(典禮)는 살아있는 땅이 인간적으로 극화(劇化)된 것이었다. 살아있는 땅이 그것의 서식지이고 그것이 고향이다. 문화는 개개 인간들의 의식에 담긴 입체영상적(holographic) 사유형태였다. 이 형태는 땅의 생명의 반영이자 재현이었으며, 땅의 생명은 그 자체가 우주적 힘들, 즉 지구 행성이 지금 있는 모습으로 지금 있는 곳에 있게 한 모든 에너지 힘들 그리고 지구의 존재를 지탱해주는 태양, 자력, 원자 그 밖의 힘들이 하는 일의 반영이다.

인간문화는 개인을 낳는 자궁

태양의 몸 안의 국지적 조건들이 우리의 생명 유형이 지구 행성에서 태어나도록 하는 환경을 창조한 것과 똑같이 인간문화는 우리가 존재하는 모습을 창조했다. 그러나 우리는 단지 인간문화의 결과물인 것만은 아니다. 우리는 최초의 세포 이래로 생명의 적응 노력의 결과다. 우리의 존재 안에는 태곳적 과거의

제국 문화의 종말과 흙의 생태학

기억이 담겨 있다. 우리 각자는 태아 발달기에 가장 오래된 어류에서 시작해 우리의 완전한 발달에서 끝나는 단계들을 통과해 간다.

각 인간 태아는 초기 단계들에서는 물고기의 태아와 아주 닮았다. 조금 지나 물고기 태아가 아가미를 발달시키는 시점의 발달에서 우리의 태아도 더 분화되지 않는다면 아가미가 될 주름을 발달시킨다. 모든 척추동물 종의 태아들이 발달하면서 그들은 발생계통을 재현한다. 그들의 태아가 완성에 가까워지면서 각자는 그 개별 종의 분화를 이루도록 계속 진행하지만, 생명의 처음 몇 주간에는 모든 척추동물의 태아가 거의 구분이 안 된다.

첫째 세포의 습성은 인간 아기가 태어나기까지 형상과 질료의 변형을 겪으며 공간과 시간을 통과해 지속된다. 그 시점에 아기는 조세프 칠턴 피어스가 그의 연구 《마술 아이(Magical Child)》에서 지적하듯이 엄마에게 그리고 땅에 유대가 맺어진다. 피어스가 묘사하는 유대(紐帶)의 국면들은 세계를 탐구하면서 안온함을 느끼는데, 예를 들면 엄마와 유대를 맺고, 그다음에는 자신을 탐구하면서 안온함을 느끼고 엄마와 땅과 유대를 맺음을 포함한다. 이는 문화의 사유형태가 기능하는 방식도 된다. 태양의 몸은 세포가 지구의 조건들 내에서 자라듯이 지구가 그 안에서 자라는 자궁이다. 유기체적 생명이 발현하는 문화는 인간의 문화를 낳으며 그것은 최종적으로 개인을 낳는다. 각 단계에서 자기는 마치 자궁 안에서처럼 타자 안에서 태어난다. 문화에서 개인은 정체성과 실재관(reality-view)을 배운다.

부족사회에는 일종의 개인주의가 있으며, 역설적으로 인간가족과 부족의 상호의존성에 대한 이해와 수용이 있다. 자메이크 하이워터는 개인, 부족 그리고 우주의 이 단위들에 관해 말한다. 그는 이렇게 설명한다.

> 부족의 종교들에는 부족 자체의 지속과 별개의 구원은 없는데, 이는 개인의 존재가 공동체의 존재를 전제로 하기 때문이다. 생명이…부족(部族) 없이, 그 구성원들에게 활력을 주는 부족 없이 존재하지 않는 한에서는 부족적 경험의 모든 요소는 반드시 생명의 가장 큰 의미의 일부분으

로 이해된다. 그러나 개인의 일탈 행위들은 각 개인이 전체의 일부분이므로 허용된다.

아메리카 원주민들이 자신들을 이해하는 것은 관계를 통해서다. 그런 관계들은 우리가 이미 살펴봤듯이 언어의 조탁과 의식 활동들에 의해 풍부하게 조율된다. 부족의 정체성 그리고 개인에게서의 인성(人性)의 경험에서 배경이 되는 것은 집단 전체에게 그 중심성을 제공하는 장소에 대한 성스런 감각이다. 원주민 개인은 그의 전체 민족의 언어, 민중역사, 의식거행 그리고 지리적 성스러움에 관해 영적으로 상호의존적이다. 가족, 무리, 씨족 그 밖의 부족 집단의 구성원들 간의 관계는 그 개인에게는 성스럽고 사적인 것으로 여겨지는 사람의 이름을 통해서라기보다는 친족의 세대별 언어를 통해서 규정되고 강화된다. 개인과 부족의 관련은 가족, 무리나 씨족 넘어 바깥으로 확장되어 세계의 모든 것을 포함한다. 그래서 고립된 상태로 존재하는 것은 없다. 개인주의는 자율, 소외 혹은 고립을 전제로 하지 않는다. 그리고 자유는 너 자신을 표현할 권리가 아니라 너 자신이 될 훨씬 더 근본적인 권리다.[37]

부족사회의 사실주의는 개개의 인간들이 하늘에서 그냥 떨어지는 것이 아니라 각 개인은 인간적인 그리고 비인간적인 더 큰 생명의 몸들과의 관계 때문에 존재하며, 사실상 지금의 존재가 된다는 것이다.

정체성의 생득권

모든 인간의 아이는 자신이 누구이며, 무엇이며, 어디에 있는지에 대해 문

---

37 The Primal Mind. Jamake Highwater. Harper & Row. 1981. pp. 171,172.

제국 문화의 종말과 흙의 생태학

화적으로 알림을 받을 권리를 가져야 한다. 그들이 생물의 엄청나게 긴 역사의 최근의 발현체이며 생물은 생명의 방대한 상호 관련된 체계임을 알 권리다. 생물의 본성은 무엇이며 생태계 지역, 대륙 그리고 지구에서의 위치로 볼 때 어디에 있는지가 교육의 출발점이어야 한다. 아이들은 참된 유기체적 실재를 알 권리가 있다.

자연문화에서 사람들은 그들이 존재하는 살아있는 세계에 의해 아이들로서 조정을 받았다. 원로들은 그들을 땅으로 데려나가서 다양한 종들이 어떻게 사는지를 가리켜 보여주었다. 왜냐하면 우선 이것이 생존지식이었기 때문이다. 이는 또한 그들이 생명의 우주적 패턴의 진실 안에 토대를 둔 실재관(reality view)으로 조정을 받고 있음을 뜻했다. 의식의 조정은 부정적 사태가 아니다. 이는 우리가 배우는 방식이다. 문제가 되는 것은 문명화된 조정이다. 그것은 자해적이고 궁극적으로는 자살적이라는 것이다.

물질적 세계에서 영(靈)의 임무는 에너지들의 조작(操作)이다. 다양한 생물이 유기적 실재의 상호 연관된 시스템에 적응하는 것은 그들의 성공과 성숙을 가져다준다. 힘은 존재를 지속할 수 있는 지구력이다. 이 힘은 우주의 에너지 흐름에 대한 성공적 적응에 의해 창조된다. 인간문화들이 플랫폼, 정보적 정체성을 제공해 그들이 수십만 년을 버티어 갈 수 있게 해줄 때 그 굳건한 토대 너머로 개인과 집단의 창조성이 나갈 힘을 얻을 수 있다.

세포의 도덕성(우리의 조상)

적응과 협동은 세포 행동의 1차적 표준이다. 생명의 기능 수행의 원리들은 협동적 에너지 흐름이다. 에너지들의 나눔, 변형, 다양성-일치, 균형, 창조성, 적응성과 관계는 생명의 패턴들이며 또한 생명의 도덕성이라고 불릴 수 있다. 생명은 세포에서부터 인간 부족에까지 뻗은 그 모든 형태에서 이 일반적 기능 수행을 따라 왔다. 이는 생명의 가치 체계다.

제국문화가 생명 시스템 내에 침입하면서 자연적 도덕성 체계-이 자연적 생명의 지혜-와 병든 제국의 도덕성 간에 긴장이 있어 왔다. 제국의 다양한 종교들은 넓게 보면 생명 습성들이(도덕성이) 지배적 추세에 반대해 제국의 무대 안에 재유행하는 것을 나타낸다.

　제국의 역사를 통해 기본적 생명을 지속시키는 세포들의 도덕성과 생명을 물리치는 제국의 도덕성 간에 긴장이 존재해왔다. 제국의 병이 기하급수적으로 증대해왔어도, 생명의 도덕성은 종교, 자선기관, 자연보호 집단 그리고 어떤 사회 이념들에 새겨진 긍정적 가치들 안에서 계속 분투하고 있다. 긴장은 또한 세포들의 속삭이는 소리가 친절, 도움을 주려는 태도, 협동 같은 긍정적 충동들을 우리에게 말해주는가 하면 제국의 사회 시스템의 구조는 다른 존재들을 희생시키는 대가로 우리를 자기 출세, 냉소 그리고 잔인함으로 강제로 몰고 가는 가운데 우리 각자 안에도 존재한다.

제국 문화의 종말과 흙의 생태학

제15장　**부족의 삶**

　　흐름, 균형, 순환주기는 현재의 문명이 일어나기까지 아득한 세월 동안 인간 경험의 기초가 되어왔다. 수백만 년간 인간들은 주로 유목적 채집/수렵인들로서 계절과 사냥감에 따라 유동했다. 골짜기에서 과일이 익었을 때는 거기로 갔다. 산에서 장과(漿果)가 익을 때는 이를 채집했다. 일반적으로 그들은 식량 원천이 나는 철에 따라가는, 영토 내의 어느 정도 정해진 이동 경로를 유지했다. 바다의 섬들에서도 해류의 계절적 이동과 각 해류가 가져다주는 상이한 생물 종들에 따라 먹는 것이 달라졌다. 실재의 경험은 계절의 순환주기와 더불어 흘러왔다. 사회생활도 순환주기 안에서 흘러왔다. 사회적 의식(儀式)들은 별의 움직임, 계절, 탄생과 죽음, 식량의 풍부성의 기복이 만드는 순환주기에 때가 맞추어졌다. 사람들은 각 개인의 탄생, 성숙, 결혼, 노화 및 죽음의 순환을 보았지만, 또한 사람들 개인은 이를 통과해 흘러가면서도 부족 그리고 부족의 지식 덩어리의 온전함은 시간이 가도 지속되는 것을 보았다. 여기서 목적은 지구 전역의 인간문화의 재미있는 형태들 모두를 보는 것이 아니라 아주 오랜 시간에 걸쳐 인간들이 생존할 수 있게 한 일반적 기본적인 패턴을 관찰하고, 다음으로는 사람들을 지금 처한 극단적 상황에 놓이게 한 어떤 일이 갑자기 생겨났는지를 조사하는 것이다. 동물 권리 옹호 활동가들에게, 자유주의적 지식인들에게, 종교적 보수주의자들에게, 그 밖의 오늘날의 제국문화의 많은 이들에게 불쾌한 자연문화의 사람들의 습관과 관습들이 있었고 지금도 여전히 있다. 이는 흔히 사람들에게 원주민 문화들이 제공하는 어떠한 유익한 지식도 도매금으로 거부하게 유도한다. 이런 주장이 명확

371_

해지도록 채집/수렵문화를 그대로 복원하는 것이 반드시 옹호되고 있는 것은 아니라는 것을 명확히 할 필요가 있다. 당장의 문제는 문명의 '묵시록'이다. 이는 문화가 균형을 벗어나 있기 때문에 생겨났다. 첫째 과제는 인간들이 지구상에서 어떻게 버티어 갈 수 있는지를 배우는 것이다. 그 노력은 우리가 어떻게 새로운 균형의 문화를 창조할 수 있을지에 대한 아이디어들이 얻어지도록 지속 가능한 문화를 가졌던 우리의 조상들의 사례들을 보는 것이다. 식인종들과 사람 사냥꾼들은 땅의 균형 속에 살았으며 이 점이 초점이지 꼭 그들의 식사 습관이 초점은 아니다. 같은 관점에서 제국이 지구상에서 아주 괴상한 고통을 낳아왔다고 해서, 이것이 문명의 경로 전체를 통해 지금도 그리고 미래에도 큰 가치가 있는 여러 방식, 인공물, 이해, 관습들이 창조되어 오지 않았다는 것을 의미하지는 않는다. 이 어느 것도 먼저 어떻게 균형 가운데 살아갈지를 이해한다는 우리가 기본적으로 추구하는 것에서 초점을 흐트러뜨려서는 안 된다. 어떠한 계획이나 방법이든 이 시금석으로 평가를 받아야 한다. 첫째로 질문되어야 하는 것은 이것이 생태적 균형을 더해주느냐 아니면 그에서 벗어나게 하느냐 하는 것이다.

조화롭게 살아가기

제국문화에 의해 흡수되기 전에는 상상할 수 없이 풍부한 다양한 인간의 자연문화들이 지구를 둘러쌌으며, 그 각각은 그 독특한 문화적 의식 안에 지구상의 생명의 복잡성과 마법을 반영했다. 자연문화들과 분파들은 아득한 세월에 걸쳐 배양되었다. 원시인 혹은 자연인들−자연적 생명 순환주기의 조화와 안정을 이루며 생존하는 자들−은 일반적으로 땅의 여러 생태계환경의 자연적 풍부함에 기초를 둔 깊은 잠재의식적 정신적 안전감을 경험한다. 그들이 희소성을 경험하는 일은 드물다. 식량은 그들 주위 도처에 있다.

원시사회는 평등주의적이고 비강압적이고 비위계적인 경향을 띤다. 인간

가족의 부족문화에는 감옥도 경찰도 없었다. 부족사회에는 일반적으로 일정한 합의 통치의 운영 형태, 조치가 취해지기 전의 일정 종류의 공동 합의가 있었다. 많은 부족들에서는 모두가 동의하지 않으면 어떤 조치도 취해지지 않는다. 하나의 부족은 협동하는 사람들의 집단으로서 그중 누구도 결국 혼자 떠나더라도 여전히 생존할 수는 있다. 그러나 부족문화가 그들을 한 데 묶어 준다.

자연인들의 식량과 보금자리의 필요는 단순하고 그들이 필요로 하는 도구는 몇 안 된다. 오히려 여러 부족문화의 부(富)는 비물질적이다. 인간관계는 풍요롭고, 주변의 생물들의 관계는 복잡하며, 구전 문학을 포함한 학습된 문화가 방대하다.

투카노, 원시적 적응

지구상의 남아있는 여러 원시문화를 연구하는 인류학자들은 여럿의 부족적 우주론과 세계관을 발견해왔다. 1960년대 중반 콜롬비아의 보고타에 있는 로스안데스 대학의 인류학자 제라르도 라이헬–돌마토프는 자신들을 위라, 즉 '바람' 또는 위라–포라, 즉 '바람의 아들'이라고 칭하는 아마존 지대의 온전한 형태를 유지하고 있는 부족을 연구했다. 그들은 투카노라고 알려진 더 큰 언어적으로 친족 관계인 집단의 일부분으로서 인구의 수는 수천 명에 불과할 개연성이 있다. 이 부족은 조사하기에 탁월한 문화 집단인데, 이는 사회적 생태적 균형의 패턴이 다른 많은 자연문화 시스템이 그런 것처럼 암묵적이라기보다는 그 문화에서 가시적이기 때문이다. 라이헬–돌마토프는 투카노 문화의 생태적 함의를 보는 예리함을 가졌다. 지금의 생태계 위기 이전에는 인류학자들은 그런 문제를 인식하지 못하는 경향을 띠었다.

위라/투카노족은 브라질 국경 근처 콜롬비아의 아마존 밀림의 북서부에서 산다. 위라족 영토는 북쪽과 동쪽으로 리오 바우페스를 경계로 하며, 이는 또

제2권 미래의 씨앗

한 그 지방에서는 브라질/콜롬비아의 국경선이기도 하다.

투카노족의 본거지는 구릉지인 고지대, 듬성듬성하게 흩어져서 난 나무들이 있는 약간의 풀이 난 사바나 그리고 저지대에서는 약간의 밀림을 포함하는 다양화된 생태계다. 위라족은 말로카라는 커다란 공동 보금자리에서 사는데, 그 각각은 넷에서 여덟의 핵가족들로 구성된 대가족을 수용한다. 이 보금자리들은 부족 토지에 널리 흩어졌다. 집단 생계의 일부는 작은 개간지에서 이루어지는 원예 농업에서 나온다. 여러 품종의 카사바가 가장 중요한 결과물이다. 플랜틴, 바나나, 얌, 파인애플, 고추 그리고 이 지역에서는 그 중요성이 미미하지만 옥수수가 재배된다. 면화와 담배도 재배된다. 라이헬-돌마토프는 투카노족이 그 지역에서 채집하는 13가지 식용 과일을 열거한다. 그들은 또한 수많은 야생 식량, 약품 그리고 재료들을 생태계에서 수집한다.

투카노족은 대체로 작은 동물들과 새들을 사냥하며 가끔 사슴, 멧돼지, 맥(貘)도 잡는다. 투카노족의 환경은 깊은 아마존 숲의 바로 언저리에 있어서 라이헬-돌마토프는 식용 종(種)들이 깊은 숲에서처럼 풍부하거나 다양하지 않지만 채집하러 다니는 일은 확실히 중요하다고 주장한다. 투카노족은 그들의 본거지의 윤택한 여러 강에서 어로작업을 한다. 어로(漁撈)와 관련 상징들은 그들의 문화에서 중요한 역할을 한다. 투카노족이 가지는 자신들의 본거지의 생명에 대한 깊은 지식은 그들이 이곳에서 아주 오랜 시간 동안 있어 왔다는 것을 나타내 준다. 풍경의 모든 모습마다 투카노족에게는 조상에서 그들에게 전해진 상징적 의미가 살아있다. 투카노족 영역은 인구가 희소하지만 그들은 사방으로 다른 부족들과 경계를 이루고 있다. 라이헬-돌마토프는 투카노족과 이웃 부족들 간의 어떠한 분쟁도 언급하지 않는다.

투카노족은 우주의 창조력인 해-아버지가 계속 제한된 수의 식물과 동물 존재들을 창조한다고 믿는다. 그의 에너지가 식물들을 자라고 열매 맺게 하고, 동물들을 자라고 새끼 낳게 한다. 그의 남성적 힘은 계속 여성적 세계에 활력을 주고 형태를 준다. 그의 에너지는 생물학적·영적 수준에서 모두 빛을 비추고 창조한다. 우주의 에너지는 해-아버지의 창조력에 의해 정해지므로 제한된

제국 문화의 종말과 흙의 생태학

다. 이 에너지는 모든 존재들을 통한 회로 안에서 사람들, 동물과 식물 간에, 부족사회와 자연 간에 흐른다.[38]

투카노족은 그들의 우주를 거대한 유동 시스템으로 지각하는데, 그 시스템의 에너지 생산 능력은 그것이 받아들이는 에너지의 양과 직결된다는 것이다. 그들은 인간들이 그 시스템에 활력을 줄 수 있는 중요한 방법이 성적(性的) 에너지를 보존하거나 억누르는 것이라고 믿는다. '보존된' 성적 에너지는 존재 전체에 활용할 수 있는 총 에너지로 직접 돌아와서 그것의 생명력을 높여준다. 음식의 소비를 통제하는 것으로 달성되는 인간의 건강과 안녕도 그 시스템에 대한 에너지 투입을 창출한다. 인간의 안녕 에너지는 별들, 날씨 그리고 시스템의 다른 구성 요소들로서 식물도 동물도 아닌 영의 형태들인 것에 영향을 준다. 투카노의 문화적 가르침의 근본 교리는 인간들은 유한한 유동 시스템의 균형을 결코 교란해서는 안 되며, 인간들이 시스템에서 가져가는 어떤 에너지든지 가능한 속히 돌려주어야 한다는 것이다. 예를 들면, 어떤 동물을 죽였을 때, 또는 어떤 작물을 수확했을 때 지방의 동식물군의 에너지가 감소한 것으로 생각된다. 그러나 사냥감이나 과일이 인간들에 의해 먹히자마자 음식의 소비자들이 그렇게 해서 예전에는 동물이나 식물에 속했던 재생산적인 생명력을 획득하므로 에너지는 보존된다.[39]

생태적·사회적·개인적 균형의 문제는 문화의 주된 초점이다. 라이헬-돌마토프는 이렇게 적는다.

---

38 Akwesasne Notes. vol. 16, #6, Winter 1983. "Cosmology As Ecological Analysis. A View From The Rain Forest." G. Reichel-Dolmatoff. pp. 22-25. (Reprinted from The Ecologist, Cornwall, England)

39 Amazonian Cosmos. The Sexual and Religious Symbolism of the Tukano Indians. Gerardo Reichel-Dolmatoff. University of Chicago Press. Chicago. 1971. p.50.

개인적 노력에 의해 회수되는 에너지의 투입 형태로 끊임없이 재균형화를 요하는 시스템이라는 이 우주론적 모형은 그 집단의 사회 경제적 조직과 궁극적으로 연결되는 종교적 명제를 이룬다. 이런 방법으로 에너지 흐름의 일반적 균형은 그 안에서 토착 생태적 개념들이 지배적인 조직적 역할을 하는 종교적 목표가 된다. 생태계의 구조와 기능 수행을 이해하는 것이 그러므로 투카노족에게는 생사가 달린 과제가 된다. 따라서 원주민의 자연 환경에 대한 민족생물학적 지식은 단편적인 것이 아니고 점차 늘어나는 친숙성과 반복된 감각 경험으로 흡수하는 것이 아니다. 그것은 긴 탐구의 전통에 기초를 두고 생물학적·문화적 생존을 위한 그의 지적 장비의 일부로서 필수적으로 획득되는 구조화되고 훈련된 지식이다.[40]

투카노족의 관점에서는 생명과 인간 활동과 태도의 목표는 투카노 사회의 생물학적·문화적 연속성을 보장하는 것이다. "이 목표는 사람이 생물권에서 확립하는 모든 관계들, 자기 자신의 사회의 틀 안에서 확립되는 관계이든 아니면 동물들과의 관계이든 그 안의 엄격한 호혜(reciprocity) 시스템에 의해서만 달성될 수 있다."[41]

그들은 투카노 사회가 모든 다른 생명체들이 번영할 수 있고 각 종(種)의 필요에 따라 발현할 수 있을 경우에만 번영할 것이라고 믿는다. 세 가지 중요한 관습이 투카노 사회 안에서 그리고 투카노족과 그들의 환경 간에 균형을 유지하는 것을 돕는다. 이는 인구 통제, 자연환경의 개발에 대한 통제 그리고 인간의 공격성 통제다.

인구 통제는 경구용 약초 피임약, 긴 보육 기간, 금욕에 의해 그리고 노약자의 유기(遺棄)에 의해 유지된다. 음식과 성(性)은 생태적 상징체계에서는

---

40 Akwesasne Notes, op. cit. p. 22.

41 Reichel-Dolmatoff, Amazonian Cosmos. op. cit. p. 243.

제국 문화의 종말과 흙의 생태학

밀접하게 연관되므로, 임신 통제는 아주 잘 규율된다. 투카노족은 그들의 인구와 그들이 점유하는 토지 영역의 담지 용량 간의 균형을 완벽히 지각하고 있다.

빠예(payé)라는 부족의 의료인들은 인간이 환경에 주는 영향을 규제하고, 사회적 공격성을 통제하는 조치를 취한다. 투카노족은 질병이 개인적·문화적 그리고/또는 생태적 불균형에 의해 초래된다고 여긴다. 그러한 불균형은 과도한 수렵, 자원의 낭비 또는 성적 에너지 배출의 특정 유형들에의 간섭을 포함할 수도 있을 것이다. 무당(shaman)은 개인의 질병을 다루는 일에서 개인의 행동 그리고 문화적 관습에 관심을 둔다. 무당의 중요한 기능은 동물들과 식물의 세계를 굽어살피는 영적 존재들과 소통하는 것이다. 무당들은 그 의무를 수행하면서 생태적 인도자로서 구실을 한다. 그 주제가 협력을 권장하는 것이든 공격성, 사냥감의 사냥, 들녘의 식물 재배를 통제하는 것이든 아니면 생태계를 보전하도록 주기적으로 마을을 떠날지를 고려하는 것이든, 무당은 신적인 수단으로 그 문제를 판단한다.

영적 존재들의 소통 그리고 동식물종들이나 개인들의 깊은 의식의 소통을 돕기 위해 정신을 확장해주는 식물성 물질을 활용해 무당들은 병자나 부족(部族)에 의해 교란된 초개인적·사회적·생태적 구조들에 균형을 잡아 주는 일을 한다. 생명 에너지의 흐름에 대한 투카노의 개념은 일반적으로 힌두교인들의 프라나, 중국 침술사의 기(氣), 빌헬름 라이히의 오르곤 에너지, 또는 오스트레일리아 원주민들의 쿠룬바 생명 정수(精髓)와 상응하는 것으로 보인다. 생명 에너지 흐름을 점치면서 무당은 예언적 황홀경으로 들어간다.

> 무당에게는 그러므로 질병의 원인을 진단해서 맞추고, 부적절한 관계의 정확한 질을 식별(간음인지 과잉수렵인지 아니면 다른 어떤 지나친 방임이나 낭비인지)을 한 뒤 영들의 소통에 의하여 그리고 사냥감 동물들의 화해적 접촉을 확립함으로 균형을 다시 세우는 것이 필수다. 진단이 어떻게 확정되는지 한 가지 예만 들자면, 특정한 종의 동물을

너무 많이 죽인 사람이 그 동물의 모습을 띠고 그 무당의 꿈이나 황홀경 상태에 나타나고, 그 이미지는 어떤 광명, 일정한 정도의 빛이 따른다. 빛의 고강도와 저강도의 차이가 투카노족에 의해 이해되는 바로는 태양에너지 흐름에서 아주 중요한 것으로 인정된다는 것 그리고 무당들은 주문과 기도에서 생물권(生物圈)에 활력을 주는 '노란빛'의 그늘들을 일곱 단계까지 언급한다는 것은 아주 주목할 일이다.[42]

자연계에 대한 투카노족의 관찰은 그들이 지속 가능성과 균형의 문화를 유지하는 것을 도와주어 왔다. 그들은 단기적 이익을 위해 그들의 환경을 개발하는 것을 도와줄 새로운 유형의 지식을 획득하는 것이나 그들이 실제로 필요로 하는 것보다 더 많은 식량이나 조달품을 획득하는 것에는 아주 적은 관심을 드러내 보인다. '그러나'라고 적으면서 라이헬-돌마토프는 이렇게 쓴다.

생물적 실재에 관한 더 많은 사실적 지식을 축적하는 데는 항상 큰 관심이 있으며, 무엇보다도 물리적 세계가 사람에게 요구하는 것에 관해 아는 데 큰 관심이 있다. 사람이 자연의 통일체 일부분으로서 존재하고 싶다면 자연에 순응하는 관계를 맺어야 하고 자신의 요구를 자연의 활용할 수 있는 것들에 맞추어야 하므로 이 지식이 생존에 필수적이라고 원주민들은 믿는다.

동물의 행태는 성공적 적응의 측면에서 가능한 것에 관한 모형을 이루는 일이 많으므로 원주민들에게는 극히 흥미로운 것이다. … 원주민들은 그들의 서식지의 동식물종들의 계절적 변이와 미세분포 같은 측면들에 대한 상세한 지식을 가진다. 그들은 생태계 공동체들, 사회적 곤충들의 행태, 새떼, 물고기떼 이동의 조직 같은 집단행동의 형태들에 대해 잘 이해한다. 함께 나타나는 종들 간의 기생, 공생, 편리공생

---

42 Akwesasne Notes. op. cit. p.24.

제국 문화의 종말과 흙의 생태학

(commensalism) 그 밖의 관계들 같은 현상은 그들에 의해 잘 관찰되었으며 적응의 가능한 방법들로서 지적된다.[43]

투카노족은 서반구의 많은 토착문화들처럼 세계가 그 출발 시점부터 퇴화하면서 달려 내려가고 있다고 믿는다. 우주가 자신을 재창조하고 그 활력을 유지하는 것을 돕는 일로서 투카노족은 정기적으로 과거, 현재, 미래의 세대들이 한데 모이는 의례들에 참여한다. 이 의식들에는 동식물의 영들도 참여하는 것으로 믿어지는데, 이는 투카노 부족 구성원 각 사람이 지구상에서 균형을 유지하며 걸어가도록 하는 동기를 강화해주는 것으로 보인다.

오늘날, 지속적 균형을 이루는 투카노족의 세상은 사라지고 있다. 셸 오일 회사는 그 지역에서 탐사와 시추를 하고 있다. 땅과 강들은 석유에 의해 그리고 시추 과정에서 사용되는 유독성 화학물질에 의해 중독되고 있다. 콜롬비아의 다른 지역에서 온 정착민들은 콜롬비아 정부에 의해 그 나라의 다른 지대들의 인구 압력을 경감시키고 브라질의 가능한 팽창주의에 맞서 먼 국경을 지키도록 그 지역에 정착해 달라는 권장을 받고 있다. 정착민들과 유전 근로자들은 계속 투카노족을 공격하고 살해하며 이들을 이들의 땅에서 밀어낸다. 투카노/위라족은 또한 선교사들, 특히 네덜란드 가톨릭교회의 몬포르트 선교회, 산사비에르(San Xavier) 수도회의 신부들에 의해 공격을 받아왔다. 최근에 (개신교) 새로운 부족 선교(New Tribes Mission)와 (개신교) 여름 어학원(Summer Institute of Linguistics)이 들어왔다. 이들의 작전 기지는 미국 남부의 '성서 벨트(Bible Belt)'인 것이다. 그들은 부족 문화를 파괴하는 데 초점을 둔다. 그들이 '원시주의'라고 기술하는 부족의 마을공동체주의와 그 밖의 요소들을 파괴함으로써 그들은 원주민들을 '자

---

43 ibid. pp. 22-25.

유기업경제'로 끌어들이기를 희망한다.[44]

지구의 평화

우리가 문화의 정서적 내용을 바라보는 것이 중요하다. 우리는 침묵을 강요당한 절망의 문화에서 살고 있다. 우리는 문화의 경쟁적 기초 때문에 그리고 조성된 희소성 때문에 움켜잡는 본성을 띠도록 주입 교육을 받는다. 이와 대조적으로 여러 채집/수렵문화들의 정서적 색조는 독특하게 평화롭고 정서적으로 긍정적이었다. 예를 들면, 플로린다 도너라는 작은 금발의 여성은 최근에 아마존의 야노마미 부족과 함께 살러 갔다. 그는 교역 지점에서 한 할머니를 만났으며, 그 할머니는 그를 그 부족이 사는 곳까지 밀림을 통과해 안내해주기로 동의했다. 그의 책《샤보노(Shabono)》에서 그는 그 부족의 유쾌한 시간을 상세히 묘사한다. 이 경우와 다른 많은 경우들에서 우리는 우리가 조정을 받아온 이미지들을 거꾸로 뒤집은 것을 보게 된다. 여기서 홀로 간 여성이 '야만' 부

---

44 The Indian Peoples of Paraguay. Their Plight and Their Prospects. Special Report. Cultural Survival Publications, 53A Church Street, Cambridge, MA. 02138. $2. (신부족선교단(New Tribes Mission)의 파라과이에서의 아파치 원주민 포획 그리고 수용소에서의 그들의 감금과 죽음에 관한 정보를 담고 있다).

Fishers of Men or Founders of Empire? The Wycliffe Bible Translators in Latin America. A U.S. Evangelical Mission in the Third World. Published with Zed Press. December 1982. 344 pp. $12.95. available from Cultural Survival at the above address. (하계 언어학 연구소의 활동에 대한 참고문헌을 담고 있다).

Cultural Survival Quarterly. "Health Care Among the Culina, Western Amazonia." Donald K. Pollock. vol. 12, #1, 1988. p.32. (하계 언어학 연구소가 원주민들에게 약을 파는 것에 대한 보고를 담고 있다. 그것은 그들이 화폐경제로 강제로 들어오게 하는 작용하고, 그들이 '악마주의'와 동일시하는 전통 의학에 반대하는 캠페인을 지원하는 작용을 한다.)

제국 문화의 종말과 흙의 생태학

족에 합류해 긴 시간을 할큄을 당하지 않고 머문다. 그가 어느 큰 '문명화된' 도시의 이면 구역을 통과해 걷기만 했어도 그의 안전은 그 비슷한 정도로 보장되지 못했을 것이다.

우리의 자연문화의 정서적 안정감의 일부분은 물론 그것의 전일론(holism) 때문이었다. 협소한 '정신화'된 사회적 세계에서 살기보다 그 문화에서 사람들은 말하자면 우주 안에서 살았다. 땅, 하늘, 별들은 그들의 삶의 맥락이었고, 그들은 그것들 모두를 받아들이고 그것들과 자신을 동일시했다. 자연문화는 우리가 모든 생명의 필수 부분이라고 가르친다. '검은 엘크'라는 오글랄라(수족)의 성자(聖者)는 홍적세 또는 그 이전부터 끊이지 않은 계열의 전승을 나누는 자로서 이런 관점을 주장한다. 그는 자신이 유일하게 진정한 평화라고 말하는 '삼중의 평화'에 관해 이야기한다.

> 첫째 평화는 가장 중요한 것이었는데 이는 사람들이 자신들과 우주와 그 모든 힘들과 가지는 관계를 깨닫고, 자신들과 이것들이 하나임을 깨달을 때 그리고 우주의 중심에 와칸-탕카가 살며, 이 중심은 정말로 모든 곳에 있어서 우리 각자 안에 있음을 깨달을 때 사람들의 혼과 함께 오는 것이다. 이는 진정한 평화이며, 다른 평화들은 이 평화의 반영물일 뿐이다. 둘째 평화는 두 개인 간에 만들어지는 평화이며, 셋째 평화는 두 나라 간에 만들어지는 평화다. 그러나 무엇보다도 당신이 이해해야 할 것은, 내가 자주 말해왔듯이 사람들의 혼 안에 있는 그 진정한 평화가 먼저 알려지기까지는 나라들 간의 평화는 결코 있을 수 없다는 것이다.

우리가 우주의 자녀라는 이 문화적 이해는 극히 중요하다. 이 사실의 깨우침과 받아들임과 함께 성숙 그리고 자신과 우주에 대한 책임이 온다. 옛 문화의 한 유산은 다른 생명체들에 대한 배려다. 미국 남서부의 아파치인들은 물웅덩이에서 동물들을 죽이려 하지 않았다. 모든 존재는 물을 필요로 하기 때문에 그렇게 하는 것은 불공정한 행위라는 것이다. 칼라하리의 쿵산 족(부시맨)

이 같이 있는 타조 알을 발견할 때 그들은 타조를 존중해 그중 일부만을 취한다. 이런 사례들은 자연문화인들에 관한 보고서들에서 많이 있다. 나눔, 협조성, 지혜와 이해—자기 밖의 것에 대한 배려는 자율적 인간 성숙성의 특질들이다. 1977년에 이로쿼이 6개국 연방의 전통적 장로들 하우데노사우네는 국제연합(UN)에 미국과 캐나다 사회에 의한 자신들의 문화의 계속되는 파괴에 직면해 자신들의 정체성을 유지하는 것을 도와달라고 호소하는 성명서를 발표했다. 나중에 〈하우데노사우네의 서방 세계에 대한 연설〉이란 제목으로 발표된 그 성명서에서 그들은 제국문화의 침입 전의 그들의 과거를 서술한다. 그들의 예전 생활의 풍요로움은 명백하다. 투카노의 사고(思考)와의 많은 상응점들이 하우데노사우네 성명에서도 나온다. 명확히 생명에 대한 경외 그리고 부족 구성원들 간의 협동이 계속되는 풍요를 보장하는 것으로 간주되었다.

우리는 위대한 숲의 사람들이었다. 그 숲은 거대한 부의 원천이었다. 그것은 거대한 단단한 재목들과 거의 상상할 수 없는 풍부한 다양한 견과, 장과, 뿌리와 약초들이 발견되는 곳이었다. 이것들 외에 강들은 물고기와 한데 어우러졌고 숲과 풀밭들은 사냥감으로 넘쳐났다. 그것은 사실상 일종의 유토피아로, 아무도 배고프지 않았던 곳, 사람들이 행복하고 건강했던 곳이었다.

우리의 전통은 우리가 인구를 다른 생명체들에 과도한 세금을 부과해야 할 정도로 늘어나지 않도록 유의하는 그런 것이었다. 우리는 엄격한 형태의 보존을 실행했다. 우리의 문화는 미래 일곱 세대의 복지에 관해 끊임없이 생각할 것을 우리에게 지시하는 원칙에 기초를 둔다. 이 목적상 우리 사람들은 우리의 필요를 충족시키는 데 필요한 정도만큼의 동물만 취했다. 식민주의자들의 도래 전까지는 동물들의 무차별 도살은 일어나지 않았다.

우리는 우리의 길이 생명의 길이라고 말할 때 많은 사람들이 혼란스러워 하리라는 것, 우리의 경제는 우리 문화의 여러 측면과 분리될 수 없다는 것을 느낀다. 우리의 경제는 서양 민족들의 경제와 다르다. 우리는 세계 안의 모든 것들이 우리가 위대한 창조자라고 칭하는 존재를 포함해서 영어로 어쩔 수 없이 '영적 존재들(Spiritual Beings)'이라는 것에 의해 창조되었다고 믿는다. 이 세계 안의 모든 것은 창조자 그리고 세계의 영들에게 속한다. 우리도 우리가 생명의 선물을 생각해 이 존재들에 경의를 표할 필요가 있다고 믿는다.

우리의 길과 부합하게 우리는 '주어버림'이라고 기술하는 것이 가장 좋을 여러 종류의 축제와 전례들을 보유할 것이 요구된다. 우리의 사람들, 우리의 지도자들, 앵글로인들이 '장(長)들'이라 부르기를 주장하는 자들은 우리 중에 가장 가난한 자들이라고들 말한다. 우리 문화의 법들에 따라 우리 지도자들은 정치적 지도자이기도 하고 영적 지도자이기도 하다. 그들은 거대한 부의 분배를 필요로 하는 많은 전례들의 지도자들이다. 영적/정치적 지도자들로서 그들은 일정의 경제적 관로(管路)를 제공한다. 정치적 지도자가 되려면 사람은 영적 지도자여야 하며, 영적 지도자가 되려면 사람은 물질적 재화 측면에서 이례적으로 관대해야 한다.

우리의 기본적 경제 단위는 가족이다. 단순 교역 외에 분배의 수단은 고도로 복잡한 종교적·통치적·사회적 구조에서 종교적·시민적 지도자들이 담당하는 기능에서 발현되는 일종의 영적 전통으로 이루어진다.

하우데노사우네에는 사유재산 개념이 없다. 이 개념은 땅이 창조주에게 속한다고 믿는 사람들에는 모순일 것이다. 재산이란 사람들을 토지나 다른 생계유지 수단에서 배제할 수 있는 개념이다. 그 개념은 모든 개인이 영적인 길과 사람들에 대한 봉사로 살 것을 요청하는 우리 문화를 파괴할 것이다. 그 개념(재산)은 노예제를 낳을 것이다. 재산 개념의 수용은 사람들을 재산에 대한 접근권에서 배제하는 것을 도와주는 구실을 할 지도자들을 낳을 것이며 이들은 우리 사회들의 지도자로서의 그리고 재화의 분배자로서의 구실을 더 이상 수행하지 않을 것이다.

식민자들이 오기 전에 우리는 상품(商品) 개념에 관해 의식하지 못했

다. 모든 것이 우리가 만드는 것들까지도 생명의 창조자에게 속하며, 전
례적으로 그리고 실제로 소유자들에게 돌아가야 할 것이다. 우리 사람들
은 단순한 삶을 살며, 이는 끝없는 물질적 상품들에 대한 필요에 의해 방
해받지 않는 삶이다. 이들의 필요가 얼마 안 된다는 사실은 모든 민족들
의 필요가 쉽게 충족된다는 것을 뜻한다. 또한 진실인 것은 우리의 분배
수단이 현저하게 공정한 과정으로서 그 안에서 모든 사람이 언제나 물질
적 부의 전부를 나누게 된다는 것이다.

우리의 가내 생산 양식은 문화적으로 특정한 수많은 정의(定義)들을
가진다. 우리 민족들의 경제는 사람들의 공동체를 요하며, 자급적 핵가
족에 기초한 경제를 정의할 의도를 띠지 않는다. 어떤 근대 경제학자들
은 세계의 대부분의 지역에서 고립된 핵가족은 가내 생산 양식에서 생존
하기에 충분한 것을 생산할 수 없다고 추정한다.

우리가 가진 것은 부유한 사회였다. 아무도 결핍으로 고생하지 않았
다. 모두는 의식주에 대한 권리를 가졌다. 모두는 영적 전례들과 자연적
세계의 하사품을 나누었다. 아무도 다른 어느 누구에 대한 권력의 물질적
관계 안에 있지 않았다. 누구도 다른 이에게 그가 필요로 하는 물건들에
대한 접근권을 부정할 수 없었다. 대체로 식민주의자들이 오기 전에 우
리가 가진 것은 아름답고 보람 있는 생명의 길이었다.[45]

유럽인들이 이 대륙에 처음 도착했을 때 하우데노사우네의 영토는 버몬트
땅부터 오하이오까지 그리고 퀘벡에서부터 테네시까지 포괄했다. 이 지역을 통
틀어서 수백 개의 원주민 캠프가 있었다. 이 문화는 '위대한 평화의 법칙'이라
는 헌법하에서 기능했다. 〈하우데노사우네의 서방 세계에 대한 연설〉은 이 법

---

45 A Basic Call to Consciousness. The Hau de no sau nee Address to the
Western World. Geneva, Switzerland. Autumn, 1977. Akwesasne Notes.
Mohawk Nation. via Rooseveltown, New York 13683.

제국 문화의 종말과 흙의 생태학

의 본체를 "수직적 위계는 갈등을 일으킨다는 것을 인정하는 법"으로 묘사하며, "그들은 내적으로 위계의 발생을 방지하는 구실을 하도록 그들 사회의 아주 복잡한 조직을 두었다."[46]

이 통치 형태는 미국 헌법에서 발견되는, 지금은 전 세계에 퍼진 권력 분립과 견제와 균형의 개념들을 위한 영감의 원천이었다. 그 연설은 이렇게 주장한다. "그것은 서양 민주주의 체제들이 자신들의 것으로 최근 주장하는 자유들, 언론의 자유, 종교의 자유 그리고 여성의 참정권의 인정을 포함해 온, 세계에서 가장 오래된 효력을 발휘하는 문서다."[47] 미국의 '견제와 균형' 헌법은 중앙집중화된 권위를 통제한다는 명시적 목적을 가진다. 그것의 구조에 관한 개념들은 미국 북동부 이로쿼이 연방체에서 취한 것이다. 6개국 연방체라고도 불리는 이 연방체는 모호크, 오네이다, 카유가, 세네카, 오논다가, 투스카로라 부족들로 이루어진다. 원래 연방 안에는 다섯 부족이 있었고 그들의 상징은 그 발톱을 가죽으로 감싼 다섯 개의 화살을 가진 독수리였다. 이는 미국의 1달러 지폐의 뒷면에 나오는 상징인데, 거기서는 독수리가 13개의 화살을 감싸고 있어서 처음의 식민지들을 나타낸다. 미국 헌법이 공포되던 때에 상대적으로 말해서 그것이 의회 민주주의의 구조 안에서 황제/엘리트의 권력을 제한했고 인민의 대표성을 제공했기 때문에 '문명'에서의 엄청난 진보인 것으로 세계에 의해 여겨졌다. 비록 '문명'이 민주주의의 순수성 또는 6개국 문화와 그들의 '위대한 평화의 법칙'에 이르지는 못했으나, 6개국 헌법은 이 부족들에 의해 만들어진 위계에 대한 통제의 자연문화 전통을 예시한다. '위대한 평화의 법칙'은 또한 제국문화가 아직 달성하지 못한 성(性) 균형을 반영했다. 6개국 구조 안에는 여성 평의회들이 있어서 이들은 대등하게 중요한 당사자였다. 이에 더해 씨족 어머니들은 아주 강력했고 많은 경우 평의회의 의사결정과 관련해 의회법학자들

---

46   ibid. p. iii.

47   ibid. p. 18.

제2권 미래의 씨앗

이 거부권이라고 생각하는 것에 가까운 자문 권한을 가졌다.[48]

자연 사회들의 비(非)위계적 자치

세포들의 사업(enterprise)은 에너지들의 고도의 조직과 조율인 권력에 도달한다. 이 자치공동체적 권력은 세포들의 공동의 합의로 그들 자신의 기능 수행에 관한 한 중앙의 명령 없이 기능하는 것으로 보인다. 부족사회에는 일반적으로 합의 정부가 있다. 조치들이 취해지기 전에 일종의 합의가 이루어지는 것이다. 이는 협동하는 사람들의 집단이 있을 때, 그중 누구라도 결국 혼자 나가서도 생존할 수 있을 경우 그 표면상 명백해 보인다. 제국적 뒤집힘에서는 통제가 가장 중요하다. 통제는 양분 공급 기초, 예를 들어 농업이나 목축에서 시작된다. 거기에 있는 것을 수집하지 않고, 비옥함 강탈의 시스템을 통제한다. 같은 방식으로 사회 권력의 위계는 인간 대중의 생산력과 그들의 식량 공급을 물리적 강제로–일종의 죽일 수 있는 궁극적인 권력을 가진 군사화된 힘으로 통제한다.

마크 트웨인은 이렇게 말한 것으로 보도된다. "당신이 옥수수빵을 어디서 얻는지를 말해달라. 그러면 나는 당신의 견해가 무엇인지를 말해주겠다." 이는 문명화된 사회에서는 말이 되지만, 채집 사회에서는 아주 어린이나 노인을 제외하면 대부분의 사람들이 스스로의 노력으로 먹을 것을 구할 수 있다. 그들은 자신이 찾은 것을 먹었다. 정지 상태의 문화가 생겨났을 때 정착(定住) 사회가 한 곳에 자리를 잡았고 대중에 대한 엘리트의 통제 때문에 사회적 위계들이 토지의 할당을 결정했고, 누가 무엇을 얼마나 먹을지를 결정했다. 관계성

---

48 The Constitution Of The Five Nations or The Iroquois Book of The Great Law. A.C. Parker. Iroqrafts, pub. R.R. #2, Ohsweken, Ontario, Canada. 1984.

제국 문화의 종말과 흙의 생태학

과 협동을 강조하는 자연적 인간문화에서는 인간의 필요(음식-주거-사랑)를 충족시킬 능력이 있다. 권력은 부족(部族)이 그 지속을 위해 협동하고 함께 일할 능력에 잠재한다. 권력은 또한 원로들의 지식과 지혜에 대한 존중에 잠재한다. 젊은이들은 경험이 없기 때문에 모른다. 원로들은 정말로 안다. 그들은 여러 경험을 겪으면서 살아왔다. 사냥에서, 채집 활동에서 인간관계에서 젊은이들은 원로를 존중하고 이들의 말을 경청한다. 그것이 그들이 어릴 때부터 항상 배워 온 방식이기 때문이다. 지혜는 자연적 인간문화에서 극히 중요한 요인이다. 지혜는 권위로 이어진다. 그러나 권위와 존경이 있더라도 중앙집중화된 권력이나 강제는 없다. 부족 내의 권력은 각 사람에게 있다. 그것은 중앙집중화되지 않는다. 다수를 강제하는 것은 한 사람의 권력이 아니다. 그것은 함께 일하는 다수에 의해 만들어지는 권력이다. 프랑스의 인류학자 피에르 끌라스트르는 자연적 인간사회 내에서 이 '정치 구조'의 문제를 탐구해왔다. 그가 확인한 것은 그가 조사를 했던 아메리카 대륙의 부족사회가 하우데노사우네가 주장하는 것과 똑같이 중앙집중화된 권력이 생겨나지 못하도록 배치된다는 것이다. 그가 조사하는 남아메리카의 토착 사회들에서는 부족을 대변해 말하는 명목상의 추장(酋長)이 있다.

제국적 정신이 자연문화를 만났을 때 즉각적으로 결론이 내려진 것은 추장들이 황제와 동등하다는 것이었다. 그렇지 않다고 끌라스트르는 말한다. 추장들은 자연문화가 중앙집중화된 권력의 형성을 막은 방식, 그들이 위계를 통제한 방식이었다. 추장을 지도자로 세우고서 그가 독재적 권력을 갖지 못하게 막음으로써 자연문화는 스스로를 보호했고 독재적인 중앙집중화된 권력의 강탈에서 관련된 모든 이의 자유를 보호했다. 끌라스트르는 이렇게 말한다.

> 자신들의 정치 조직이 주어졌을 때 대부분의 아메리카 원주민사회들은 그들의 민주주의 감각과 평등에 대한 취향으로 두드러진다. 브라질의 최초 탐구자들과 나중에 온 민족학자들이 흔히 강조한 것은 가장 주목할 만한 원주민 추장의 특성이 거의 완전한 권위의 결여라는 사실이다. 이 사

람들 중에 정치적 기능은 거의 분화되지 않은 것으로 보인다. 흩어졌고 또 불충분하더라도 우리가 보유한 문서들은 아메리카 사회들을 연구한 자들 모두에게 공통된 그 민주주의의 생생한 인상(印象)에 지지를 해준다. … 원 주민사회들 대다수의 정치 조직의 특출한 측면들로서 강조되어야 할 것은 사회 계층화와 권력의 권위 결여다. 오나 그리고 티에라델푸에고의 야흐간 같은 그들 중 일부는 추장 제도도 가지지 않는다. 그리고 히바로에 대해서 말해지는 것은 그들의 언어에 추장을 뜻하는 용어가 없다는 것이다.

정치권력이 실제 힘을 부여받는 여러 문화에 의해 형성된 정신을 가진 사람에게 아메리카의 추장 제도의 독특한 규칙을 강변해 보아도 이는 역 설적 모습으로 여겨진다. 그 자신의 행사력을 빼앗긴 이 권력은 도대체 무 엇인가? 추장에게 권위가 결여된다니 추장을 정의하는 것은 무엇인가? 그 리고 곧 다소 의식적인 진화론의 유혹에 굴복해 이 사회들에서의 정치권 력은 부수 현상적이며 그들의 고풍은 그들이 진정한 정치 형태를 창조하 지 못하게 한다고 결론을 내릴 유혹을 받을 수도 있을 것이다. 그러나 이 런 식으로 문제를 푸는 것은 그것을 다시금 다른 방식으로 틀에 집어넣도 록 강제한다. '실체'가 없는 이 제도는 어디서 그 버티어 나갈 힘을 끌어오 는가? 왜냐하면 이해할 필요가 있는 것은 실제로 무력한 '권력', 권위 없는 추장 제도, 진공에서 작동하는 기능의 기이한 지속이기 때문이다.[49]

1948년에 쓴 문서에서 R. 로위는 위에서 언급된, 그가 명목적 추장이 라고 명명한 추장의 유형의 독특한 면들을 분석하면서 원주민 지도자의 세 가지 핵심적 측면들을 구분해 낸다. 이 측면들은 남북의 아메리카 대 륙 전체에서 출현해 이를 그 지역들에서의 권력의 필요 조건들로 파악하 는 것을 가능하게 한다.

---

49 Society Against The State, Pierre Clastres, Robert Hurley, trans. Mole Editions, Urizen Books, New York, 1977. p. 20.

제국 문화의 종말과 흙의 생태학

(1) 추장은 평화조성자(peacemaker)이다. 그는 집단의 조정기관이다. 이는 흔히 있는 권력의 문무(文武) 분화에 의해 확인되는 사실이다.
(2) 그는 그의 소유물에 대해 관대해야 하며, 그의 직무를 배반하지 않고서는 그의 '행정 관리'하에 있는 자들의 끊임없는 요구들을 물리칠 수가 없다.
(3) 훌륭한 연설자만 추장이 될 수 있다.[50]

   이런 정치적 직무의 보유자에게 필요불가결한 3종의 자격 양태는 남북아메리카 모두의 사회들에 똑같이 해당할 개연성이 높다. 무엇보다도 진정으로 주목할 만한 것은 추장 신분의 여러 측면들이 전시와 평화 시에 서로 강한 대조를 이룬다는 것이다. 그런가 하면 많은 경우 집단의 지휘권이 다른 두 개인에 의해 맡아진다. 예를 들면 쿠베오족 중에 또는 오리노코족들 중에는 문민 권력과 군사 권력이 존재한다. 전쟁 수행 중에는 전쟁 추장이 상당량의 권력을, 때로는 절대 권력을 전사 집단에 대해 행사한다. 그러나 일단 평화가 찾아오면, 전쟁 추장은 그의 모든 권력을 잃는다. 그러므로 그 집단이 외적 위협에 직면하는 예외적인 상황에서만 강제 권력의 모형이 채택된다. 그러나 권력과 강제의 병렬 관계는 그 집단이 정상적인 내적 생활로 돌아가자마자 끝난다. … '모두의 합의(consensus omnium)'에 기초하고 제약에 기초하지 않는 정상적 문민권력은 그래서 심오하게 평화적이며 그 기능은 '평화 만들기(pacification)'이다. 추장은 집단 내에서 평화와 조화를 유지할 책임을 진다. 그는 싸움을 진정시키고 분쟁을 중재해야 하는데, 그가 보유하지 않은 그리고 어떤 경우에도 인정되지 않는 힘을 사용해서가 아니라 그의 위신, 그의 공정성 그리고 그의 언변의 힘에만 의지해 이를 이루어야 한다. 판결을 내리는

---

50 ibid. p. 21.

판사 이상으로 그는 화해를 추구하는 중재자다. 추장은 다투는 당사자들의 화해를 가져오지 못하면 다툼이 결투가 되는 것을 막기 위해 아무 일도 할 수가 없다. 이는 권력과 강제 간의 분리를 명백히 드러내 준다.

원주민 추장 신분의 둘째 특징인-통이 큼-은 의무 이상이다. 그것은 속박이다. 민족학자들은 남아메리카의 극히 다양한 민족들 중에 추장을 구속하는 의무로서 자기 것을 내주어야 할 이 의무가 원주민들에 의해서는 그를 계속 약탈할 일종의 권리로 경험된다는 것을 관찰해왔다. 불운한 지도자가 이 선물 꾸러미 날아가는 것을 통제하려고 하면 그는 즉시 모든 위신과 권력을 박탈당한다.[51]

끌라스트르는 자연 사회 안에서 나눔의 역동적 구조와 높이 평가되는 나눔의 가치에 대한 또 하나의 재미있는 관찰을 한다. 그는 일부다처제가 생길 때 이는 보통은 추장에게 그리고 때로는 주요 지도자들에게 국한된다는 것을 관찰한다. 이들은 문화적 정의상 가장 많은 것을 나누어주는 자들이라는 것이다. 여성들은 실질적인 그리고 인정된 그 집단의 생산적 힘으로서 지도자들이 나누어주는 물질의 상당 부분을 생산한다. 그래서 어떤 의미에서는 그 집단은 강력하고 생산적인 여성들 다수를 추장과 같이 있게 하고 추장 신분의 전체 기구에서 선물을 받아낸다.

끌라스트르는 계속 이야기한다.

추장 소유물에 대한 이 이례적인 취향 외에 원주민들은 그의 말에 높은 가치를 둔다. 이야기꾼으로서의 재능은 정치권력의 조건이면서 수단이기도 하다. 날마다 새벽이나 황혼에 추장이 그의 집단 사람들을 교훈적인 담화로 만족시켜야 하는 많은 부족들이 있다. 필라가, 셰렌테, 투피남바의 추장들은 날마다 그들의 백성에게 전통을 고수하라고 독려한다.

---

51 ibid. p. 22.

제국 문화의 종말과 흙의 생태학

그들의 담화의 알맹이가 '평화 조성자'로서의 그들의 기능과 긴밀히 연결된다는 것은 우연이 아니다. 물론 추장은 때로는 광야에서 설법하는 목소리가 된다. 차코(Chaco)의 토바족이나 상부 싱구(Xingu)의 트루마이족은 그들 지도자의 담화를 무시하는 경우가 흔하며, 그래서 지도자는 일반적인 냉담함의 분위기에서 이야기한다. 그러나 그렇다고 해서 원주민의 구어(口語)에 대한 사랑을 우리가 몰라서는 안 된다. 치리구아노 사람은 한 여성이 추장의 자리에 오르는 것을 이렇게 설명했다. "그의 아버지는 그에게 말하는 기술을 가르쳤다"고 말이다.[52]

범위에서는 소박한, 수장의 기능들은 그럼에도 불구하고 여론에 의해 통제된다. 그 집단의 경제적·전례적 활동을 기획하는 자인 지도자는 의사결정권이 없다. 그는 그의 '명령'이 이행될지를 결코 확신하지 못한다. 이런 끊임없이 타박을 받는 권력의 영구적 취약성은 그 직무의 수행이 띠는 색깔을 말해준다. 추장의 권력은 그 집단의 호의(好意)에 달려있다. 그래서 추장이 평화를 유지하는 일에 가지는 직접적 관심을 이해하기 쉽게 된다. 내적 조화를 파괴하는 위기가 생겨나면, 이는 권력의 개입을 부르지만, 추장의 책임을 추궁하려는 분위기도 생기는데, 그는 이를 극복할 방도가 없다.[53]

끌라스트르가 지적하듯이 추장이 집단 중의 분쟁들을 성공적으로 중재하지 못하는 경우들이 있다. 이런 일이 생길 때는 부족 집단들은 분열로 이를 해결한다고 인류학자들은 말해준다. 그 집단이 갈라져 나간다. 중앙집중화된 권력이 없기 때문에 중앙집중화된 권력을 위한 싸움은 없다.

이런 관찰 사항들은 자연적 인간문화의 기본 패턴들에 적용된다. 물론 자연적 인간문화의 패턴들의 이어지는 순서적 배열들이 있지만 우리는 자연적 인

---

52 ibid. p. 23.
53 ibid. p. 28.

간가족 대부분의 기본적 윤곽들에 대한 관찰을 하고 있는 것이지, 예를 들어 어떤 아프리카의 집단들, 안데스 지역의 잉카 사회의 '왕들', 또는 예를 들어 카스트와 만연하는 인간노예제가 생겨난 어떤 사회들 같은 것들의 이어지는 순서적 배열들에 대해 관찰하고 있는 것은 아니다.

에세네 공동체, 통합적 자궁의 예

땅과 우주와 몸소 통합되고 균형이 잡히게 됨은 채집/수렵인들이 직접적이고 건전한 사례들을 제시한다고 할지라도 반드시 이들을 본뜨는 것을 뜻하지는 않는다. 핵심은 모든 수준에서 통합된 방식으로 균형 있게 살아가는 것이다. 에세네인들의 문화는 개인이 통합될 수 있다는 것, 땅의 생명과 균형을 이루는 인간문화가 창조될 수 있음을 보여주는 사례들을 제공한다. 핵심은 에세네 문화에서는 균형이 인간과 문화 집단에 근본적이라는 것이다. 에세네나 투카노 문화가 지속적으로 땅 위에서 생존 가능하기 위한 근본 요건은 그것이 균형 가운데 존재한다는 것이다. 에세네 인들은 로마 제국에 의해 파괴되기까지 기원전 300년경부터 기원후 100년경까지 이런 성과를 창조했다. 에세네인들은 한 부족이나 민족 집단이 아니다. 그들은 이집트와 중동에 존재한 수도원 공동체들이었다. 에세네인들은 대부분 따로 사는 유대인들이고 자신들의 철학 일부를 고대 유대교 가르침에서 끌어오는 것 외에는 주류 문화에 참여하지 않았다. 그들은 사막이지만 작은 연못이나 하천 같은 물가 근처에서 살았다. 그들은 독특한 형태의 사막 농업으로 식량을 얻었다.

우리는 에세네인들에 관해 당 시대의 유대 역사가이자 로마 정부에서의 정치적 인물이던 요세푸스 플라비우스의 저술, 알렉산드리아의 철학자이자 문필가인 필로 그리고 로마의 박물학자 노(老) 플리니우스의 저술에서 안다. 우리는 또한 사해 근처의 쿰란에서 발견된 사해 두루마기에 있는 언급들에서 에세네인들에 관해 안다. 이 두루마기 글의 일부는 에세네인들에 대한 언급을 담고

제국 문화의 종말과 흙의 생태학

있지만, 그 후 몇 세기에 걸쳐 교회에 의해 삭제를 당한 기독교 성서의 초기 책 자들의 사본들도 포함한다.

에세네인들에 관해 많은 정보를 제공해온 현대의 언어학자인 사람은 에드먼드 보르도 세케이다. 그가 원 아람어에서 번역할 수 있었던 에세네 문서에는 세 집합이 있다. 이 집합들 중 하나는 오스트리아의 합스부르크 왕가에 의해 보관되었고, 다른 하나는 바티칸 도서관에 보관되었고, 또 하나는 아람어로 쓰인 사해 두루마리 문서였다. 바티칸이 다른 많은 독특한 '예술' 보물들과 같이 거기 보관된 에세네 문서들을 어떻게 입수했는지는 알려지지 않았다. 합스부르크 문서는 10세기에 박해를 피해 달아나던 네스토리우스파 신부들에 의해 중앙아시아에서 반출된 것으로 생각된다.

에세네인들은 익숙한 원예사들이자 수목 재배자들이었다. 세케이는 그들 각 사람은 원예 활동을 하면서 그 지역의 어떤 유기물이든 퇴비로 쓰기 위해 퍼 올릴 작은 수건을 지녔다고 말한다. 치료법은 에세네 공동체들에서 크게 강조되었으며, 구성원들은 치료법을 행하기 위해 여러 마을로 여행하는 일이 많았다. 영적인 공동체로서 에세네인들은 의식을 고양시키도록 구조화된 정돈된 일과를 유지했다. 그들은 땅과 가까이서 텃밭과 과수원을 가꾸며 단순하고 규칙적인 삶을 살았다.

에드먼드 보르도 세케이가 제공하는 정보는 수도원 공동체들의 문화가 개인과 공동체를 중심에 두고 균형을 잡는 것을 지향한다는 것을 가리켜준다. 에세네인들은 우주적·지상(地上)적 그리고 개인적 통합에 대한 일상적 초점을 유지했다. 에세네인들은 그들과 우주 안의 모든 것이 에너지들의 패턴 안에 존재한다고 믿어 그들은 의식적으로 이와 통합하고자 했다. 세케이는 이렇게 말한다. "그들은 이 힘들이 에너지, 지식, 조화의 원천임을 이해하는 깊은 지혜를 가졌다. 사람은 이에 의해 자신의 유기체를 그 힘들을 받아들이고 의식적으로 활용할 점점 더 민감한 도구로 변화시킬 수 있다. 여러 힘들 각각의 특성은 그들에게 아주 명확했으며, 그들은 각 개인의 삶에서 그 힘이 무엇을 의미하는지 그리고 그것이 어떻게 활용되어야 하는지를 알았다."[54] 세케이 그리고 다른 사람들의 작업 때문에 우리는 에세네 관습의 형태를 알지만 유감스럽게도 그 형태를 증폭하고 실체를 부여한 비의적 가르침들에 대한 완전한 문서 기록이 없다. 세케이의 작업에 따라 우리는 이 여러 힘들의 틀이 일곱 번의 일련의 아침과 저녁 명상에서 만들어졌다는 것을 알기는 안다. 이는 정오의 '평화' 명상도 포함했다. 세케이는 이 관습에는 세 가지 직접적 목표가 있었다고 말한다. "첫째는 사람에게 그를 둘러싸고 끊임없이 자연과 우주에서 그를 향해 흐르는 여러 힘들과 에너지 형태들의 활동에 대해 의식하게 만드는 것이다. 둘째는 이 에너지 흐름들을 받아들일 수 있는 그의 존재 안의 기관들과 중심들을 그가 알아차리게 하는 것이다. 세째는 각 흐름을 흡수하고 통제하고 활용하도록 기관 및 중심들과 그들에 상응하는 힘들 간의 연결을 확립하는 것이다."[55]

아침 영성체는 가시적인 지상의 에너지 영역과 관련되었다. 일련의 일상적 화두(話頭)는 음식, 표토, 나무들, 아름다움, 일출, 피-강-물 그리고 숨이었다. 이 명상들 각각은 넓은 개념에 초점을 두었다. 예를 들면, 목요일 아침 명상은 물의 천사라고 불렸으며 그 개념은 피, 강 등의 액체였다. 관련된 힘은 우주를 통틀어 존재하는 순환의 힘이다. 그 날은 씨앗 생각과 관상으로 시작되어 이것들이 저녁때까지 그들이 물질적 세계를 다루는 중에 그들과 함께한다는 것이 에세네인들의 생각이었다. 대낮에 에세네인들은 평화 관상에 초점을 두었다. 저녁 명상은 더 천상적인 개념들에 바쳐졌다. 에세네인들의 저녁 영성체는 개인이 의식(意識)의 다른 차원을 활용하도록 준비시켰다. 세케이가 말하듯이 긴장되고 평화로움이 결여된 근대적 생활은 잠든 상태와 꿈꾸는 시간을 주로 깨어있는 상태에서의 사건들로부터 정서적으로 '제독(除毒)'하는 시간이 되도록 한다. 다른 한편 에세네인들은 아주 평화로운 조건에서 고립되어 살았으며 그

---

54 From Enoch To The Dead Sea Scrolls. Edmond Bordeaux Székely. Academy Books, pub. San Diego,CA. 1975. p. 28.

55 ibid. pp. 29,30.

들은 잠든 상태를 건설적 창조적 기능으로 활용했다. 세케이는 이렇게 말한다. "에세네인들은 이 마지막 생각들이 밤새 잠재의식적 정신에 영향을 미친다는 것, 그러므로 저녁 영성체는 잠재의식이 우월한 우주적 힘들의 창고와 접촉하게 만든다는 것을 알았다. 그들은 잠이 그래서 가장 깊은 지식의 원천이 될 수 있음을 알았다."[56]

저녁 영성체는 아침 영성체의 주제였던 지상의 힘들과 감응하는 비가시적 영역의 힘들에 바쳐졌다. 저녁 영성체의 주제들은 영원한 생명, 창조적 일, 평화, 힘, 사랑, 지혜 그리고 창조적 우주적 영이었다. 에세네인들은 로마 제국에 의해 파괴되기까지 이런 균형 잡힌 공동체의 성과를 이루었고, 언급된 옛 역사가들의 찬미를 받았다. 요세푸스와 그 외의 역사가들은 그들을 다양하게 '세계의 다른 어느 종족보다 더 대단한 자주적인 종족', '중앙아시아에서 자신들의 가르침을 받아들인 가장 오래된 전수자들' 그리고 '만세에 걸쳐 지속되는 가르침'이라고 칭했다.[57]

우리 자신을 통합시키기와 새로운 문화

사랑은 세계를 한데 묶어준다. 우리의 자연 상태에서 우리는 세계와 하나가 된다. 우리는 우리의 사회적 환경, 씨족과 하나가 되며, 우리는 우리 자신과 하나가 된다. 이를 한데 묶어주는 것은 사랑-긍정적 에너지의 흐름이다. 이는 우리의 새로운 문화에서 우리가 창조할 조건이다. 이는 우리의 아이들이 지구상에서의 그들의 생득권으로서 가질 권리가 있는 조건이다. 이는 모든 인간이 자기 자신의 인생을 창조하기 시작하면서 가질 권리가 있는 기본 조건이다.

방대한 연구들은 초기 아동기에서의 경험들의 심대한 효과가 여러 세대에

---

56 ibid. p. 79.
57 ibid. p. 14.

걸쳐 대물림된다는 것을 보여주었다. 매를 맞은 아이들은 자기들의 아이를 때릴 것이다. 성적 폭행을 당한 아이들은 성폭행 성향을 띨 것이다. 아이들을 다루는 방식은 이들이 삶의 균형을 이룰 조건을 제공해주는 것이다. 이것만으로도 우리가 치유 공동체를 세울 충분한 이유가 된다. 더 넓은 맥락에서 문명의 동력인 두려움과 분리를 각인하는 것은 사랑과 안온한 분위기의 결여다.

우리 자신의 생활에서 우리가 우리 자신의 온전함, 우리의 완성을 추구하면서 다루어야 하는 것이 우리의 두려움과 방어성이다. 우리는 분리와 위축을 하도록 조정을 받아왔다. 빌헬름 라이히의 세계로 뻗어가는 몸의 팽창 국면 이미지가 적절하다. 우리가 지향해갈 필요가 있는 것이 이 조건이다. 우리의 문화적 양육은 우리가 우리의 정서적 몸을 희생시켜 지성을 강조하도록 가르친다. 문명권 전체의 대학들에서는 학생들이 지적인 성적이 그들에게 세워진 표준에 미치지 못할 때 기숙사 창문에서 뛰어내릴 정도로 압력이 심하다. 우리의 조정 상태는 스트레스에 직면했을 때 지성이 거세게 작동하지만, 위축된 정서적 몸은 반응하지 못하게 하는 그런 것이다. 우리는 두려움과 분리 쪽으로 조정을 받았기 때문에 전일적 방식으로 반응할 능력이 없다. 우리는 세계 그리고 다른 사람들을 위협의 원천으로 지각하게끔 배워 왔다.

이런 조정 상태는 불변은 아니다. 우리는 이 조정 상태에 의식적 정신을 집중시킴으로써 그것이 증발해 버리게 할 수 있다. 이는 전체적 존재의 집중력과 활력을 가지고서 이루어져야 한다. 잠재적 정신은 우리 경험의 전체를 붙잡는다. 최면적 몽환 상태에 든 사람의 친숙한 이야기에서 그들은 수년 전에 일어난 경험을 기억할 수 있고, 시계의 똑딱거림, 그 순간의 냄새, 정서적 반응을 떠올릴 수 있다. 우리의 실제의 의식적 지각은 심오하지만 그것은 표면의 의식이 중요하다고 규정하는 것만 추려내고 표면의식 안에서 붙잡히는 표면의식적 정신으로 걸러진다. 우리의 존재에 관한 기본 가정들이 잡히는 곳은 우리의 잠재의식적 정신, 완전에 못 미치는 의식적인 정신의 영역이다. 잠재의식의 이런 가정들과 결론들은 우리의 지금의 삶의 토대다.

삶을 향한 이런 '자세'가 만들어지는 두 가지 길이 있다. 첫째 길은 단지 반복이다. 이는 문화순응과 같은 것이다. 최면술 분야에서 이는 가벼운 몽환 상태에서 이루어지며, 암시는 반복해서 주어진다(몽환이란 단지 텔레비전을 보거나 교실에 앉아있을 때 채택하는 것과 같은 주의 집중 상태다). 교실에는 사건들의 의식적 흐름이 있어서 선생님은 가르치고 아이들은 반응하지만, 또한 정신이 지각하는 정서적 맥락도 있다. 즉 학생들 간의 경쟁이다. 각자는 손을 먼저 들어 올리고 정답을 맞힘으로써 배타적 보상을 받기를 갈망한다. 이는 선생님에게서 암시를 기꺼이 받아들이는 정신의 틀을 정한다. 이 경우에 암시는 가르침의 내용이고 이는 무비판적으로 받아들여진다. 암시는 또한 이런 일이 일어나는 사회적 맥락이다. 이는 매일 매일 수년간 계속되고 있다. 잠재의식적 정신을 위해 음조를 정하는 것은 어떤 개별 상호작용이 아니다. 그 잠재의식적 정신을 조정하는 것은 항상적인 경쟁적·분리적 환경의 정서적 경험이다. 이런 반복은 세계를 경쟁적 위협들이 담긴 환경으로 보게 정신을 조정한다. 이는 그래서 우리가 열린, 사랑하고 신뢰하는 어른이 될 능력을 제한한다. 출생 트라우마, 가정환경, 텔레비전 이미지, 학교 경험, 이 모두가 우리의 기본적 잠재의식적 토대를 만드는 데 일조한다.

최면술의 분야에는 잠재의식적 정신에 실재에 관한 가정들을 암시하는 둘째 길도 있다. 이는 깊은 몽환 상태에서 이루어진다. 깊은 몽환 상태는 고도의 주의 집중 상태다. 이 상태에서 지적인 몸과 정서적 몸은 일체로 기능하고 있으며, 예/아니오의 표면의식의 비판적 기능은 기능하지 않고 있다. 이 상태에서 존재는 의식적으로 파편화되지 않고 완전히 깊은 의식 중에 있다. 이는 초기 아동기의 트라우마가 잠재의식적 정신으로 하여금 실재에 관한 깊이 세워진 가정들을 가지게 하는 상태다.

출생 경험은 우리가 자신의 존재에 통합하는 최초의 그리고 가장 근본적인 경험이다. 부정적인 자기 제한적인 암시들과 긍정적이고 유대 형성적 암시들은 이 이른 시점에 잠재의식적 정신에 의해 쉽게 받아들여질 수 있다. 아서 자노프는 출생 트라우마를 경험한 사람들과 함께 작업하기 시작하면서 그 트라우마의 의식적 회상을 포함하는 요법을 개발했다. 또 하나의 더 쾌적한 맥락에 있는 어른으로서 그 트라우마를 떠올리고 그것을 이해하는 것은 그 사건에 대한 잠재의식적 정신의 이해를 변화시키고 긍정적인 정서적 에너지의 차단을 풀어주는 것을 돕고 안녕의 감정을 높여준다. 이는 잠재의식적 가정들을 다루는 데서 핵심 요소다. 그것들은 의식으로 끌어올려 되살려져야 하며 그 효과는 지금의 이해에 의해 제거되어야 한다. 자노프의 요법에서 환자들은 출생이란 최초의 사건을 떠올린다. 다음은 자노프의 환자 중 한 사람의 최초 경험의 예다.

> 나는 출생 시 싸움에 져서 완전히 패배했다는 것을 느꼈다. 삶은 나에게 적대적이었다. 나는 내게 일어나던 일에 대한 통제력이 없다고 느꼈다. 이 요법 중에 나는 낯선 사람들에 의해 이리저리 밀쳐지고 있다는 느낌을 받았다. 나는 매우 기겁했다. 나는 그 느낌들이 다 무슨 느낌인지 확실히 모르겠다. 내 정신 속에 어떤 장면이나 이미지도 없었기 때문이다. 그러나 태어난 후에 나를 다루는 의사와 간호사들이었던 것으로 짐작해본다. 나는 아주 외로움을 느꼈다. 나는 도와달라고 울었다. 내가 얼마나 아픈지를 알아볼 누군가가 어디에 있나? 나는 심지어 저들이 내가 울고 부르짖는 것을 보고 그냥 그렇게 내버려 둘 정도로 어리석을 수 있다는 것에 화가 나는 것을 느꼈다. 나는 단지 누군가가 나를 상냥하게 붙잡아주고 나를 진정시켜주기를 원했다. 그리고서 나는 아무도 나를 거칠게 건드릴 것이라면 건드리지 말았으면 좋겠다고 느꼈다.[58]

그 사람이 평생 동안 다른 사람들과 정서적으로 풍부한 관계를 갖는 것을 방해했을 수 있는 위축을 풀 수 있게 해주는 것은 최초 사건들의 이런 유형의 '되살림'이다. 잠재의식적 정신은 평생토록 깊은 암시들을 받아들이지만, 특히 그 인격이 철저히 갑옷을 차려입고 방어 태세를 취하기 전 어려서의 암시들을

---

58 Imprints. The Life Long Effects of the Birth Experience. Arthur Janov. Coward-McCann, Inc. New York. 1983. p. 45.

제국 문화의 종말과 흙의 생태학

받아들인다. 잠재의식적 정신에 의한 암시의 수용은 고도의 정서적 상태, 사고, 처벌, 두려움 그 밖의 정서적 트라우마에 의해 유발된 상태를 필요로 한다. 이는 반복에 의한 조정에 반대되는 것으로서 깊은 암시의 갑작스런 수용이다.

잠재의식적 가정들은 내 실재관을 형성할 뿐 아니라 일상생활을 적극적으로 인도한다. 예를 들면, 얻어맞으면서 '너는 좋지 않아, 너는 아무것도 못 돼' 같은 자기 제한적 암시를 받아들였다면 잠재의식적 정신은 그 암시가 실행되리라고 장담할 것이다. '나는 그 일을 결코 할 수 없을 거야', '나는 그것에 결코 재주가 없어', '나는 그것을 결코 배울 수 없을 거야', '아무도 나를 좋아하지 않아', 같은 자기 제한적 암시를 끊임없이 되풀이하는 사람들은 잠재의식적 정신이 그들의 일상생활에서 이행하고자 노력할 잠재의식적 암시들을 되풀이하고 강화하고 있는 것이다.

상당한 노력으로 이런 자기 제한적 가정들과 위축들은 제거될 수 있지만, 먼저 우리는 땅 위에서 중심에 놓이고 우주적 실재에서 중심에 놓인 존재라는 우리 자신의 상(像)을 가질 필요가 있다. 우리가 지구 행성 표면 위의 다른 유기체들과 공동체를 이루어 살아가는 유기체라는 것은 문명 속의 개인들에게 언제나 명확하지 않다. 우리는 이에 대한 체험, 이 실재에 대한 나만의 이미지들을 필요로 한다. 우리가 황야 지대나 우리가 발견할 수 있는 가장 방해 받지 않은 자연 지대로 가면, 우리는 자연적 생명에 잠기거나 자연적 생명에서 자극을 받을 것이다. 이는 우리가 기초를 두게 될 수 있는 장소다. 우리는 첫 번에 자연적 생명과 직접 통합될 수는 없겠지만 제대로 된 이미지, 시각, 냄새, 자연의 소리와 느낌들과 같이 있게 될 것이다.

자연 지대에서 우리는 생명에 둔 우리의 뿌리와 원천에 관해 집중하거나 명상할 수 있다. 우리는 그 생명으로부터의 어떤 가능한 소통에도 의식적으로 우리를 열 수 있다. 우리는 의도를 가지고 거기에 간다. 우리의 의도는 우리의 존재의 실재에 초점을 모으는 데 그 시간을 쓰는 것이다. 우리는 우리가 새나 나무들과 똑같이 유기체적 존재라는 것, 이것이 우리 집이며 우리가 속한 곳이라는 것을 이해한다. 이것이 우리의 신체적 정체성이다. 우리는 자연적 생명과 동일시하기 시작한다. 사회에서의 지금의 혼돈과 여러 오락거리들을 본다면, 조용하고 손상되지 않은 자연 지대에 자주 가는 것은 쉽지 않겠지만 이는 필수적이다. 그 경험을 지니고 그 이미지들을 기억에 모으는 것은 필수적이다. 이는 기초를 마련하는 것이고 자기가 지구 표면 위에 자연적 유기체이며, 지구 자체는 태양, 달, 행성들과 별들 같은 큰 천체들 중에 우주를 통과해 날고 있다는 꼭 지적으로 주장되는 것은 아닌 깨달음이다. 소외의 상처에서 치유 받는 것은 기술의 신통함에 달려있지 않고 그 사람의 깊이 자리를 잡은 의도에 달려있다. 이는 원래의 조정을 행하는 영향들에 의해 만들어진 관념과 감정들 또한 깊이 자리를 잡은 것이기 때문이다. 원래의 조정들의 흔적은 잠재의식적 정신에 일반적 이해와 감정의 자세로서 찍힌다. 잠재의식적 정신은 몸을 항상성 상태로 유지하면서 조작(操作)하는 식물적 정신의 영역 안에 있다. 지적인 정신은 매일 달라질 수도 있지만 잠재의식적 정신은 평생에 걸친 개념들과 그 밖의 조정을 가하는 자극의 끊임없는 반복을 받아들인다. 존재의 기본적 정서적 자세를 발달시키는 것이 이 정신이다.

제국문화의 경험은 추상적 방식으로 살아가는 것이다. 누가 의료를 위해 산업형 의료 시설에 가면 그는 분자생물학자들에 의해 화학적 수준에서 취급을 받는다. 이는 사람들의 생명 문제나 그들의 정서적 건강에는 효과가 없다. 우리는 우리의 감정 수준에서 살아간다. 우리가 우리 자신에 관해 어떻게 느끼는지, 우리가 세계에 관해 어떻게 느끼는지가 우리 건강의 상태다. 첫째 치료법이 일어나야 하는 것은 이런 잠재의식의 핵심적 수준에서다.

치료법의 방향은 금지되고 위축된 유기체를 위한 건강하고 자연적인 에너지 흐름을 향한 것이다. 20세기 중반에 치료법 지식의 커다란 덩어리가 생겨났는데, 이는 생체 에너지의 흐름을 풀어주고자 하는 것이다.

침술, 지압 마사지, 시아츠(指壓. 일본식 지압_옮긴이), 자노프의 프라이멀 스크림요법, 최면술, 재생(rebirthing), 라이히 마사지, 반사요법 그 밖의 많은 방법들이 에너지 흐름의 경색을 다스린다. 정신적 막힘, 정서적 경색 그리고 신체적 에너지의 경색이 관련이 있다. 이런 분야의 의료는 지금 미국에서 대체의

제국 문화의 종말과 흙의 생태학

학이라고 불린다. 다양한 물리 치료법이 대부분의 주요 도시들에서 열리는 워크숍과 세미나를 통해 쉽게 배워질 수 있다. 방대한 문헌도 지금 많은 서점에서 구할 수 있다. 이런 전형적 물리 치료법들 중 하나로, 예를 들어 라이히 마사지는 정신적 막힘과 가벼운 경련이 나는 막힘의 위치 그리고 근육 조직에서의 긴장의 부위 등 둘을 다스린다. 라이히식 시술은 프로이트의 분석에 뿌리를 두며, 이 정신 분석적 기법을 활용하지만 또한 실제 몸의 갑옷-긴장이 유지되는 몸의 부위-을 풀고 제거하는 것을 돕기 위해 마사지에 크게 의존하기도 한다. 정신적 신체적 경색이 풀어질 때, 라이히 치료법전문가들이 '스트리밍'이라는 현상이 일어난다. 이 스트리밍은 떨림과 일정한 정서적 방출을 따르는 몸의 에너지 방출의 발작이다.

우리가 새로운 문화를 창조하기 시작하면서 우리는 이런 긍정적 에너지의 경색 문제에 대처하는 문화적 형태로 지식과 방법들을 통합해야 한다. 문명의 재앙에서 나오면서 우리는 모두가 그것의 문화순응 경험에 의해 해를 입어왔다는 것을 이해한다. 새로운 문화는 어른들이 정서적 치료법을 향해 그리고 완전한 생의 향유를 향해 이동하기 시작할 때 이들을 도와주는 치료법 공동체의 속성들을 가질 필요가 있다. 우리가 건강, 성숙 그리고 실재를 향해 이동하기 시작할 때 우리 자신의 삶에 대한 책임-우주적으로 말해서-그리고 우리의 집인 지구에 대한 책임을 지기 시작할 것이다.

확대가족에서의 아이들의 안정감

자연적 인간문화에서 가족 정체성의 친족 언어, 즉 당신이 어머니, 아버지, 아저씨 그리고 아주머니라는 것은 더 원자화된 문명의 관계에서보다 훨씬 더 산만하다. 흔히 어머니의 자매들 모두가 '어머니'라고 칭해진다. 같은 상황은 아버지의 식별에서도 흔히 생긴다. 넓은 의미에서 젊은이들은 부족의 아이들로 여겨진다.

아이들을 키우는 일 또한 분산된 활동이다. 조부모들이 흔히 생물학적 부모보다 아이들을 키우는 데 더 많이 참여했다. 어떤 문화들에서는 부모의 형제자매들이 어떤 영역에서 아이들의 훈육에 책임을 졌다. '추장'이나 때로는 무당이 문화적 전통을 설파할 책임을 진 것과 똑같다.

사회적 관계들의 이런 흩어진 방식에서는 직접적 강제 권위는 강조되지 않았다. 아이들은 금지된 행동에 참여할 때는 보통은 외면받았고, 그다음에 그들이 지지되는 행동에 참여했을 때 애정으로 보상을 받았다. 그럼에도 불구하고 아이들의 사회적 상황은 근대 산업사회의 가족 안에서와 질적으로 달랐다. 아이들은 다르게 여겨졌다. 그들은 존중되었고, 그들이 이해할 수 있을 때부터 가족 안에서 존중받는 임무를 수행했다. 아이들의 일은 고맙게 여겨졌고 아이들은 자신들이 정당하고 필요한 위치를 가진다는 것을 이해했다. 이는 애완동물 푸들이나 마찬가지로 가능적 목적을 가지지 않는 산업사회의 아이들의 상황과 대조가 된다. 산업사회의 젊은이에게는 자신들이 가족에게 (쓰레기를 내다버리거나 잔디를 깎는 일 말고) 아무런 기능적 목적을 가지지 않는다는 것이 명백하다. 이 유년기는 삶이 무의미하다는 감정을 강화해주는 경향이 있다. 그들의 진정한 정당성은 생산 체계 내의 노동자로서다. 그들이 일자리를 얻고 돈을 벌 때 그들은 정당한 사람이 되고 종속의 지위를 벗어난다.

산업사회에서의 젊은이를 가르치는 것이 텔레비전과 학교라는 대중 제도 관련 기관들에 의해 이루어지는 반면에, 자연문화에서는 일반적으로 젊은 사람들의 가르침에 많은 에너지가 바쳐진다. 젊은이들이 어른들과 같이 일하면서 그들은 자연환경의 상당한 제품들을 인간적 용도로 변형시키는 데 필요한 방대한 양의 기술 모두를 배운다. 이런 문화들에서 아이들은 그들이 누구인지, 사람이라는 것이 무엇을 의미하는지 그리고 인간의 본성은 무엇인지를 배웠다. 《일곱 개의 화살(Seven Arrows)》이라는 책에서 하이메이오스츠 스톰은 친절하게도 미국 북부 평원 문화가 보유한 복잡한 유형의 가르침을 우리와 나눈다. 이 '병 고치는 바퀴(medicine wheel)'의 가르침에서 어린이는 인간 행동의 기초, 즉 지혜, 결백, 신뢰, 감정, 내관(內觀), 조명, 이해를 배운다. 전쟁, 증오,

제국 문화의 종말과 흙의 생태학

사랑, 탐욕, 넉넉함, 고독의 가능성과 문제들이 지적된다.[59] '병 고치는 바퀴'를 강조하는 토착 아메리카 문화들 그리고 다른 많은 자연문화들에서 방대한 교훈적 이야기들이 존재한다. 생활양식 때문에 어른들과 젊은이들이 함께 있고 교훈적 이야기와 그 밖의 수단들로 인간문화를 전달하기 위한 풍부한 시간이 있다. 자연문화에서의 이런 기능들은 아이들이 삶에서 무엇을 기대할지를 배우고 그들의 체험의 의미를 배우는 데 도움을 준다. 근대사회에서 이런 유형의 가르침은 어린이에게 제공되는 경우가 드물다.

인간문화를 재창조하는 일에서 우리는 적어도 첫째 세대에서는 '가족'으로서 함께 있을 수 있는 사람들의 집단들을 의식적으로 만들어낼 필요가 있을 것이다. 인간의 과거 시대에 여러 상이한 유형의 결혼과 가족의 체제들이 만들어졌다. 오늘날 세계 사람들 대다수는 일종의 다중 배우자(multiple person) 결혼체제에서 살고 있다. 유감스럽게도 이 시점에 이들 대부분은 가부장적 사회들에 존재한다. 그럼에도 불구하고 군혼(群婚)이 인류 역사를 통해 일반적이었다.

씨족들이 창조될 것이고, 결혼이 생겨날 것이고 군혼이 배제되어서는 안 된다. 많은 사회적 병리가 지금의 뒤틀린 핵가족에서 발현한다. 통제, 지배/복종과 정서적 종속의 문제들이 핵가족에서 발생한다. 군혼에서는 이런 패턴들은 쉽게 버티지 못한다. 군혼은 사람들이 더 성숙하게 하고, 한 사람이 다른 사람을 통제할 수 없고 한 사람이 보통 다른 사람에 대한 중독적인 정서적 의존성을 발달시키지 않는 서로 동등한 연합 가운데서 자신들의 행동에 대한 책임에 스스로 직면하게 한다.

---

59 Seven Arrows. Hyemeyohsts Storm. Harper & Row. New York. 1972.

각성(覺醒)이 힘이다

우리 선조인 세포의 관심사는 모든 인간 어린이, 모든 인간 어른, 인간사회 전체, 생태계 전체, 가이아 전체와 우주의 관심사와 같은 종류라는 것을 이해하기 어렵지 않다. 더 힘을 부여해주는 관계를 확립하고 자신과 남에 대해 더 의식하게 되는 것이 표준이다. 생명체가 그 자신의 유기체적 자리의 안정적 다양성 안에 처하는 것, 그 다양성에 힘을 더해주는 것 그리고 의식적 각성이 증진되는 것은 힘을 얻는 것이다. 자기가 무엇인지 자기가 존재하는 맥락이 무엇인지에 대한 각성은 버티어 나갈 확률을 높여주고 존재를 증진해준다. 세포, 미생물, 물고기, 식물, 동물, 인간, 인간사회, 생태계 그리고 가이아의 모든 수준이 조화롭다면 권력 수여가 일어난다. 우주적 맥락에서 인간들은 자신들을 지탱해주는 다른 생명을 대가로 자신들이 권력을 가질 수 없다. 인간들이 진정으로 권력을 가지려면 그들은 가이아에게도 권력을 수여해야 한다.

이런 일이 어떻게 이루어질 수 있는가? 인간의 문화적 형태를 확립하되, 그 '살림'을 유지하는 생계 활동에 의해 생물학적 생명에 힘을 부여하고 그것의 내적 역동적 구조에 의해 문화 자체 그리고 그 문화의 각 개인 존재에게 힘을 부여하도록 그것을 확립함으로써 이루어질 수 있다. 문화는 이 노력이 문화적 각성과 역동적 구조에 내재하도록 창조되어야 한다. 이는 문화를 생명의 단순한 원리들 위에 기초하게 함이 의미하는 것이다. 그 원리들을 따르게 된다면, 생명의 기운 차림이 그에서 흘러나온다. 뒤집힘의 원칙들을 따르게 될 때 궁극적 멸종이 일어나는 것과 똑같다.

실재 조정

조정(調整)은 우주에 근본적이다. 태양에너지의 물질대사가 지구의 생명을 조정하는 것과 똑같이 만물은 다른 에너지 순환주기들에 의해 조정을 받는다.

제국 문화의 종말과 흙의 생태학

정신적 영역에서의 조정은 어떤 개념을 처음 제시받은 때 (권력은 단지 타자들이나 세계를 우리의 욕망에 맞추어 굴복하게 강제할 능력일 뿐이라는 그릇된 제국적 관념 같은 관념) 그것은 신선하고 새롭지만 그 관념에 반복해서 노출되면서 그것이 지적인 정신에 의해 수용되고 의식의 감독 수준 밑으로 빠져나가 우리의 잠재의식적 '세계관'의 일부가 되는 식으로 기능하다. 이런 일이 한번 발생해 그 관념이 다른 관념들의 보완적 집합들과 슬그머니 결합하면 우리는 그것에 관해 의식적으로 생각하지 않으며 단지 그것이 옳다고 안다. 우리가 세계를 지각하고 우리가 '실재'를 보고 있다고 주장하는 것은 이런 보완적 개념들의 렌즈를 통해서이다.

새끼 퓨마가 태어났을 때 그놈의 조정 상태는 원로들로부터의 조정을 받아서 지배력을 갖기 시작한다. 새끼 퓨마는 그의 정체성-자기가 무엇인지, 자신의 본성을 가진 존재는 어떻게 행동하는지, 무엇을 먹을지 다른 퓨마들과 어떻게 사귈지-에 관한 사실과 실재를 가지고서 조정을 받는다. 자연문화에서 인간의 아기도 그의 본성 그리고 자연계의 관계에 관해 비슷한 조정을 거친다. 우리는 조정을 피할 수 없다. 그러나 그것을 지각하게 될 수는 있다. 우리가 아이들을 그들의 생득권을 누리도록 양육하면서 이상적으로라면 우리는 그들에게 그들의 유기체적 정체성의 지식과 조정 상태를 제공하는 것이다. 이는 기초적인 출발점이어야 한다. 그렇지 않으면 에너지의 우주적 순환주기들의 갈등이 그들을 버티어나갈 수 있게 하지 않을 것이다. 우리의 유기체적 정체성을 갖도록 조정하는 것은 또한 유기체적 문화도 따를 생명의 행위 원칙들의 정신적 이미지를 창조하기도 한다. 새로운 문화는 자연적인 생활환경 안에 존재할 것이므로, 이는 조정의 더 큰 맥락이 된다. 자연적인 병들지 않은 문화는 유기체적 현상이다. 인간들은 기존 문화의 개념과 이미지들에 따라 조정을 받아서 그런 사람이 된다. 우리의 치료하는 문화는 진정한 유기체적 정체성에 맞추어 패턴이 지어질 필요가 있고 지속적인 창조적 집단 발달을 위한 이미지를 제공할 필요가 있다. 우리의 삶의 가능한 모습들을 펼치기보다는 인간의 본성이 무엇인지에 대한 이미지를 실어 나를 필요가 있다. 이는 우리의 관계들 그리고 신체적 정신적인 우리의 기능과 능력들 모두를 포함할 필요가 있다. 우리의 문화적 형태에 대한 의식적 선택을 하는 우리 인간들은 우리의 존재에게 창조적으로 힘을 부여할 기회와 능력을 가진다. 지구상에서의 해체와 위기에서 우리는 지금 새로운 것을 창조할 기회, 그 안에서 조정이 의식적이고 우리는 조정 상태의 선택을 의식하는 문화를 창조할 기회를 잡기에 충분히 깨어날 수 있다.

우리의 정체는 우주다. 간에 있는 세포가 우리인 것과 같은 식이다. 우리는 또한 태양적 존재, 가이아, 생물 지역, 부족의 상호작용적 부분이며, 신체적 몸을 가진 사람이다. 우리는 우리 부족문화의 한 부분이면서 또한 개인들이다.

생명의 행동의 단순한 원칙들이 우리의 길이다. 우리가 그 테두리 안에 있으면 우리가 무엇을 하든 우리는 그 길 위에 있는 법이다. 아름다움, 황홀감 그리고 복잡성이라는 생명의 패턴을 모방하면서 우리는 관계, 더 많은 에너지, 더 많은 존재, 더 많은 독특한 개인적 다양성 등을 발달시킬 것이다. 이는 우리가 제국과 그 문화의 조정에서 단절되어야 함을 뜻한다. 그렇다고 해서 우리가 그것을 두려워해야 한다는 말은 아니며 우리는 유기체적 실재를 굳게 붙들 필요가 있고 조정 그 자체가 무엇인지에 대한 건강한 감각을 지닐 필요가 있다는 말이다.

확실히 아이들에게 가르쳐지는 것으로서 우리 존재의 증폭은 우리의 지각 능력, 우리의 각성 능력과 더불어 시작될 것이다. 각성이 힘이고 의식이 힘이다. 우리의 고조된 각성은 견디어 나갈 힘 그리고 생명의 우주적 계획과 협동할 우리의 힘을 증대해준다. 땅의 생명에 효율적으로 적응하려는 각성이 힘이다. 각성의 정도는 그 능력, 그 힘을 증대시킨다.

우리 각 사람은 객관적 실재(그리고 우리의 내적인 주관적 실재)에 대한 지각을 도와주는 시각, 청각, 촉각, 정서와 지성을 가진다. 이 감각들 각각이 더 나아간 세련된 형태를 갖추는데, 이는 문명에서는 정상적으로 위축되는 것으로서 자연문화들에서 항상 강조되는 것은 아니다. 시각에서는 투시력(clairvoyance)이 생겨난다. 청각에서는 (영적인 차원에서 듣는) 투청력(claireaudience)이 있다. 촉각에서는 직감(clairsensience, 신체적 감각에 의해 지각되지 않는 어떤 실재에 대한 '느낌'의 육감)의 기능이 있다. 또한 정신적

제국 문화의 종말과 흙의 생태학

이심전심(telepathy)의 기능도 있다. 예지(foreknowledge), 그것이 일어나기 전에 일어날 일을 아는 역량도 있다. 비지성적 수단으로 문제들에 대한 대답을 찾는 점치는 기능도 있다. 이 능력과 결부된 것이 더 나은 영어 단어가 없어서 쓰는 말이지만 '수맥찾기(dowsing)'라는 역량이다. 이는 땅속에서 수맥을 찾아 내고 그런 식으로 자신의 위치를 이해하는 것만이 아니라 살아있는 존재로서 의 가이아의 몸의 기능 수행을 이해하기 시작하도록 자신의 위치에서 다른 많 은 땅의 에너지들을 찾아내기 위해서도 개발해야 할 극히 중요한 능력이다.

침술의 시술이 시술자에게 인체에서의 에너지들의 이로운 움직임을 도와줄 수 있게 하듯이 가이아의 수계(水系)의 가이아 에너지 흐름을 찾아내고 이해하 는 지관(地官, geomancer)의 활동들은 인간 활동을 땅의 생명과 통합시키는 활동에 아주 중요하다.

이는 문화의 자궁 기능의 일부다. 문화의 패턴은 이런 인간 부족의 자연적 능력들의 계발을 강조한다.

소통은 관계다

땅의 생명인 우리는 우리의 존재를 증진하고 있다. 인간으로서의 우리의 본 성은 펼쳐지기를 기다리며 지금 잠들어 누워있는 것을 증폭하고 그것에 힘을 부여할 수 있게 해준다. 우리 뇌의 사용되지 않은 용량처럼 계발될 수 있는 다 른 잠재적 능력들이 있다. 우리의 소통의 명확성과 힘은 그런 것들 중 하나다. 소통은 의식적 관계이며, 또한 에너지 관계이기도 하다. 우리와 함께 살아가는 다른 존재들의 이심전심 수준에서의 소통은 생명의 경험을 확장해준다. 이는 미래의 문화 창조의 독특한 가능성이다. 지구적 생명은 인간, 고래, 돌고래, 코 끼리들을 하나의 비슷한 자리에 가져다 놓았다. 그들은 상(像)을 형성하고 그 것을 소통할 위대한 능력을 가진다. 뇌의 전두엽의 주름 때문에 우리 종(種)은 특히 복잡한 의사소통에 적합하게 되어있다. 자연문화에서 종들 간의 의사소통에 관해 우리가 아는 얼마 안 되는 것이 다른 종들의 의사소통이 긴 전통을 자랑한다는 것을 암시해준다.

말의 수준에서 인간들 간의 의사소통은 언어라는 도구를 사용한다. 언어는 문화가 기울이는 관심의 초점을 반영한다. 극북의 이누이트의 언어에서는 눈에 대해 그 다른 조건들을 묘사하는 30개 이상의 단어가 있다고 한다. 그리스의 고대어에는 사랑에 대해 그 다양한 발현의 특질들을 묘사하는 많은 단어들이 있었다. 언어-의미론은 문화를 싣고 있으며 사유(思惟)의 도구가 된다. 그런 점에서 우리가 언어들을 배우면서 문화적 뉘앙스들을 배운다. 새로운 문화 형태를 창조하면서 우리는 그 문화적 지각에 적합한 새로운 언어를 창조할 필요가 있다.

우리는 영어에도 다른 많은 문명의 언어에도 많은 혼동이 있음을 발견한다. 많은 경우에 비슷한 소리가 다른 것들을 뜻하고, 다른 말소리들이 같은 것을 뜻한다. 우리가 아는 그런 언어는 명료하지 못하다. 게다가 우리는 지금 엘리트들이 심리적 작전과 미디어 조작팀을 고용해 대중들을 혼동시키고 역정보를 제공하는 이중언어의 시대로 들어가고 있다.

우리가 필요로 하는 언어학적 패턴의 유형의 한 예는 존 W. 웨일가트가 발견했다. 언어학, 심리학, 철학에 단단한 배경을 가진 웨일가트는 계시를 경험했다. 이 계시에서 인간 언어의 새로운 유형의 씨앗이 되는 아이디어가 그에게 떠올랐다. 아위('aUI')가 이 언어의 이름이다. 그것은 우리에게 익숙한 유형의 언어가 아니다. 글자 같은 추상적 상징들은 추상적 의미를 지칭하거나 내포하지 않는다. 대신에 우리 존재의 기본적 직관적 실재들을 반영하는 31개의 기초적 상징들의 집합이 있다. 이것들은 공간, 운동, 빛, 인간, 생명, 시간, 물질, 소리, 느낌, 둥글다, 동등하다, 안쪽, 양, 질 같은 것들이다. 이 기초적 범주들을 가지고서 생각이 직관적·유기적으로 합성된다. 이 범주들 각각에 대한 상징은 그것의 의미와 조화를 이루어 '안쪽'은 원안에 점이 찍힌 것이 되는 식이다. 느낌은 하트 모양의 상징이고, 능동적(active)이라는 것은 번개 모양의 상징이다. 다음으로 웨일가트는 각각의 상징에 대한 소리를 만들어서 그 소리는 그 뜻과 식관적으로 비슷하게 했다. 안쪽에 대한 소리는 목 깊숙이서 나오는 후음이 되

제국 문화의 종말과 흙의 생태학

는 식이다. 생각들이 조합되는 방식은 추상적인 사고-의미-상징-소리에 의해 볼 수 있다. 예기(豫期, anticipation)라는 말, 이는 아위(aUI)에서 예감(fore-feeling)이 되고, 그것은 느낌에 대한 하트 상징과 그 앞에 앞을 나타내는 상징을 사용한다. 웨일가트는 또한 팔과 상반신이 상징을 이루는 몸짓 언어를 만들었다. 이는 각 상징에 대해 의미가 합치하는 수준을 높여준다.

하버드 대학의 고대 중근동 언어 교수인 리처드 S. 핸슨 박사는 이렇게 말한다.

> 아위(aUI)를 발견함으로써 웨일가트 교수는 원시 상태의 언어의 본성에 해당하는 무언가를 그리고 출발 상태에서 인간의 의사소통에 관해 필수적인 무언가를 발견한 것이다. 이 '공간 언어'는 에스페란토어처럼 꾸며진 언어가 아니다. 그것은 인간의 생각과 표현의 기초 범주들의 재발견이다.
> 의미론 이론가들에게 이는 아주 흥미롭다. 의미의 기초 범주들과 그 각각에 대한 청각적·시각적 상징들의 간단한 집합을 가지고서 작업해 웨일가트 교수는 언어를 단지 지시적(denotive)이거나 내포적(conative)이기보다는 확정적으로 만드는 데 성공했다. 기초 범주들은 단일한 상징들로 소통되고, 새로운 개념들은 단순한 직관적 논리를 거쳐 기초적 상징들을 단지 조합함으로써 만들어진다. 그 결과는 고어(古語)의 단순성에 현대 사고의 정교성을 합한 것을 가진 언어다.[60]

같은 문화 안에서 여러 언어를 사용하는 현대 인류학계에 알려진 여러 문화들이 있다. 뉴멕시코 주의 남부에 사는 아파치족들 중에는 전쟁 때만 사용되는 '전쟁 언어'가 있었다. 다른 문화들 중에서는 주로 영적 주제들에 대한 담

---

60 Cosmic Elements Of Meaning, Symbols of the Spirit's Life. Dr. John W. Weilgart. Cosmic Communication Co., 100 Elm Court, Decorah, Iowa 52101. preface. p. xvii.

화에 사용된 영적 언어들이 있었던 것으로 알려진다. 확실히 새로운 문화가 만들어지면서 새로운 언어에 대한 필요가 존재한다. 제국의 언어들은 그 안에 실재에 대한 그런 정의(定義)들 전체를 담고 있다. 우리가 관련된 정서적 함의를 가지지 않은 순수한 언어를 사용한다면 우리는 새로운 사회적 실재를 창조하는 데 크게 도움을 받게 될 것이다.

aUI는 매우 직관적이고 단순해서 웨일가트는 이것을 여러 집단에 가르칠 수 있었다. 군인들, 부족사회의 어린이들, 미국의 학교 어린이들 같은 다양한 집단의 개인들이 몇 분 안에 그 언어로 의사소통을 시작할 수 있었다. 웨일가트는 다른 재능들도 많지만 심리학 교수였다. 이런 역량을 가지고서 그는 이 언어를 정신분열증 환자로 분류되는 사람들의 의사소통을 쉽게 하는 데 사용했다. 늘 의사소통에서 혼돈을 겪는 이런 사람들은 그들이 간단한 입문 후에 배운 그 언어의 간결함과 명확성 때문에 의사소통을 상당히 개선할 수 있었다.

생명의 쾌락

제국의 심리학이 개인의 힘을 도둑질하는 방법들 중 하나는 그들이 자신들의 무의미함과 열등성에 대한 감각 그리고 쾌락에 대한 두려움을 갖게 조정을 가함에 의해서다. 유대-기독교 유산, 이슬람적 유산 그리고 유교적 유산의 예는 대중들 자신이 무가치하고, 미숙하고 종교적 위계체제와 황제/엘리트에 의해 규율을 받을 필요가 있는 어린애 같다고 배우는 대중 학습의 예다. 기독교는 특히 로마 제국에 의해 통제를 받은 처음 10세기 후에 사람들이 자신들의 '죄', 교황과 황제 앞에서의 자신들의 미숙함을 믿도록 조정을 가한다. 기독교는 역사적으로 고통의 유익함과 쾌락의 죄 됨을 강조해왔다. 죄는 원래 '표적을 맞히지 못함', 즉 신 또는 초월적 의식과 함께 있지 않음을 뜻했다. 그럼에도 불구하고 위계체제는 이를 위계체제의 명령을 고수하는 데서의 '신자들'의 부족함을 의미하는 것으로 왜곡했다. 기본적인 인간의 필요는 식(食), 주거, 사랑이다. 사랑은 끌림의 전일론적 감정이고 통합적 힘이다. 그것은 한데 묶음이다. 동시에 개인적인 수준에서는 팽창적인 주는 힘(giving force)이기도 하다. '도구제작자 사람'이 생명의 내용을 손상시켜 행동함을 강조하는 반면, 우리는 생명의 완성과 그것의 즐거운 특질을 강조할 필요가 있다. 사랑은 그 모든 측면에서 에너지들의 소통으로서 강조될 필요가 있다. 확대된 존재 상태에 대한 우리의 추구에서 군사주의 문화가 갈등의 전략들을 담지해온 것보다 더 정교한 수준으로 사랑의 향상, 기술 그리고 지식을 순화(馴化)시키지 못할 이유가 없다. 우리는 빌헬름 라이히가 말하는 '쾌락 불안'이라는 정서적 페스트를 앓게 조정을 받는다. 우리의 두려운 위축이 우리의 해방을 가로막는다. 우리가 기계를 만드는 것을 중단하면 아무 할 일도 없어질 수 있다는 위험성은 사실이 아니다. 우리의 생명의 향유를 향상시키도록 길을 순화시키는 것은 즐거운 일이고 문화적 주의를 기울일 정당한 초점이다. 1927년에 브로니슬라프 말리노프스키는 《야만 사회에서의 성과 억압(Sex and Repression In Savage Society)》이라는 저작을 내놓았으며, 1929년에는 《야만인들의 성생활(The Sexual Life of Savages)》을 내놓았다. 이 책들은 빌헬름 라이히의 발견 사항들을 확증해주는 경향을 띠었다. 말리노프스키는 남태평양, 트로브리언드 군도에 있는 한 문화 집단과 비교적 성적 자유를 가진 문화 안에서 생활할 기회를 가졌다. 이 문화에서 나체 상태와 성적 활동은 생활의 자연스러운 부분으로 받아들여졌다. 어린이들은 완전한 성적 자유를 허용받았으며 사실상 마을 안에서 그들이 게임과 놀이를 하도록 오두막들이 지어졌다. 유일한 금기는 근친상간이었으며 이는 단호히 강제되었다. 말리노프스키는 이렇게 주장한다.

> 아이들은 아주 어린 나이에 직접적으로 실행적 방식으로 성생활의 신비를 서로에게 전수한다. 조숙한 연애 상태가 그들 간에 그들이 실제로 성행위를 실행할 수 있기 오래전에 시작된다. 그들은 생식기의 모양과 기능에 관한 호기심을 충족시키고, 부수적으로 일정량의 긍정적 쾌감을 얻는 것으로 보이는 놀이와 유희에 열중한다. 생식기를 만지작거리고 생식

기를 입으로 자극하는 것 같은 사소한 (원문 그대로) 도착(倒錯)이 이런 오락의 전형적 형태들이다. 어린 소년, 소녀들한테 좀 나이가 많은 친구들이 자신들의 사랑의 장난을 보도록 해 그들은 이들에게서 흔히 가르침을 받는다고 한다. 그들은 원로들의 권위에 의해 구속받지 않고 특수한 부족의 금기 사항 말고는 어떤 도덕률에 의한 제한도 받지 않으므로 그들이 성적인 유희에 얼마나 많이 또는 얼마나 조금 빠져들지를 결정하는 것은 그들의 호기심, 성숙성 그리고 '기질'이나 관능의 정도밖에 없다.

그러한 천진스런 탐닉을 향한 성년들 그리고 심지어 부모의 태도는 완전한 무관심이거나 안심하는 태도다. 그들은 그것을 자연스럽다고 보며 그들이 왜 꾸짖거나 끼어들어야 하는지를 모른다. [61]

말리노프스키는 트로브리언드 섬의 사람들이 자유롭고, 민주적인 정신을 지녔고, 강제 없이 자치적임을 발견했다. 그는 또한 폭력, 절도, 유럽식의 성도착, 즉 사디즘, 마조히즘, 강간, 성매매, 성기능부전 그리고 신경성 성적 반응 불능도 없다는 것을 발견했다. 이는 확실히 14세기의 유럽의 사회 현실에 대한 바버라 투크먼에 의해 제기된 사회상에 비해 전혀 다른 사회상이다. 근처의 앰플렛 군도에서 사는 사람들에 대한 인류학적 연구는 더 극적인 대조를 제공한다.

이 집단은, 그 기원에 대해서는 말리노프스키가 보고하지 않았는데, 가부장적·권위적인 가족 구조를 가지고 불신, 불안, 노이로제, 도착과 자살 같은 유럽의 신경증환자의 모든 징표들을 나타냈다. 신경과민, 권위주의적 문화 그리고 성적 불균형에 제국문화와 동일한 패턴으로 빠져든 그 부족민들이 또한 같은 종류의 개인적 기능장애를 나타낸다는 것이 흥미롭다. 홍적세의 문화유산 대부분이 성적 균형을 선호하는데도 불구하고 어떤 이유에선지 그 부족들은 하나의 성(性), 보통은 가부장제에 의해 배타적으로 지배를 받아 와서 제국

---

61 The Sexual Life of Savages; In North-Western Melanesia. Bronislaw Malinowski. Halcyon House. New York. 1929. pp. 55,56.

제국 문화의 종말과 흙의 생태학

문화와 똑같은 문제들을 보여준다. 사랑과 아름다움은 그것을 쟁취할 때 찾아오는 것이 아니라 그것에 굴복할 때 찾아온다. 라이히는 사랑의 아름다움을 수용할 원초적 조건이 되는 것은 사랑하는 자의 팔에 완전히 항복할 능력이라고 제언한다. 깊은 심적 안정감이 이를 달성하는 데 필요하다. 자연은 생명의 흐름 위에 자신의 형판(型板)을 놓는다. 자연은 나눔, 비방어성, 협동이 세포적 나눔의 수준에서, 성적 나눔의 수준에서 건강과 온전한 정신의 패턴이라는 것을 보여준다. 그리고 영적 영역에서, 변혁으로의 길은 언제나 우주의 창조적 영에 대한 항복의 길을 거친다고 말해져 왔다. 가게 하는 것. 창조적 생명이 제공해주리라고 믿는 것. 더 높은 차원의 지성에 의해 창조된 자연의 패턴을 따르는 것은 변혁과 심적 안정감으로 가는 길이다. 그것은 자연의 패턴을 따르는 데 있다. 운동 중에, 변혁의 와중에, 끊임없이 변화하는 세계의 흐름 속에서 살면서도 안정감이 있는, 심적 안정감으로의 길은 정태적인 안전한 환경을 만들려는 헛된 시도에서 변화에 대해 방어적으로 반응하는 것이 아니라 모든 수준에서 항복하고 떠나보내는 것, 우주적 지성의 힘이 세계를 창조하고 인도하고 지탱해준다는 것을 깨닫는 것이다. 자아, 흙 그리고 세계의 온전함을 향한 방향은 세포, 자아, 타자들, 지구와 우주 등 생명 변형의 전체 단계들을 통하여 생식(生殖) 부위로부터 우주로까지 성애(性愛)를 일반적인 것으로 만드는 것이다. 그러면 생명은 온전히 반응적이 된다.

우리는 문명 안에서 미래 없는 생명, 두려움, 냉소주의-프로그램화된 무기력 그리고 우리를 잡아끄는 고립의 사회적 패턴에 직면하고 있다. 우리는 인간 공동체를 형성하고 미래를 창조하기를 포기하도록 유도된다. 그럼에도 불구하고 우리는 그런 일을 할 힘을 가진다. 그것은 간단하다. 힘을 얻는 열쇠는 타자들로부터, 세계로부터의 우리의 소외를 극복하는 것이다. 우리가 공동체 안에서 서로 믿을 수 있다면, 그것이 힘이다. 그러면 그것은 이루어질 수 있다. 물질주의자들이 양철 깡통을 타고 하늘을 날아다닐 수 있다면, 우리는 증대하는 아름다움, 각성, 종들 간의 의사소통, 종들간의 협력 그리고 인간과 가이아 그리고 가이아의 이웃들인 존재들 같은 더 큰 형체들 간의 의사소통의 문화를 확실히 창조할 수 있다.

건강한 문화, 과거로부터의 어렴풋한 빛

소설가와 여행자들의 보고서는 흔히 우리에게 건조한 학술 연구서보디 부족민의 만남에 대한 더 많은 흥취를 우리에게 제공하는 일이 많다. 유럽인의 식민지개척 기간 중에 그런 만남들이 지구 전역에서 일어났었다. 이 '첫째 마주침'의 보고서들 중 어떤 것은 긴장과 부정적 정서의 문화 속에서의 삶에서 온 유럽인들이 전혀 다른 문화를 마주쳤을 때의 경이감을 담고 있다. 건강한 문화의 불건강한 문화 간의 대조는 명확하다. 허먼 멜빌은 그의 책《티피(Typee)》에서 긍정적 감정이 우세한 문화의 광경을 제공한다. 마케사 군도의 한 부족인 티피는 지금은 거의 사라진 집단이지만, 멜빌이 방문했을 때는 그들이 한창 만개했던 때다. 그의 경험에 관해 그는 이렇게 말한다.

> 내가 그 섬에 머무는 전체 기간 나는 한 건의 싸움도 본 일이 없으며, 심지어 언쟁에 조금이라도 근접하는 것도 본 적이 없다. 원주민들은 강한 애정의 끈으로 한 데 묶인 구성원들로 된 한 가구를 이루는 것으로 보였다. 친족간의 사랑은 내가 별로 못 보았는데 그것은 일반적 사랑과 혼합되는 것 같았기 때문이다. 그리고 모두가 형제, 자매로 대우받던 곳에서 누가 실제로 서로 혈연으로 연결되는지를 말하기가 어려웠다. 내가 이 그림을 과장해서 그렸다고 생각해서는 안 된다. 나는 그러지 않았다.

몇몇 초기 탐험자들은 세계 제국의 완전한 팽창 전에 존재한 다른 자연문화들의 하루하루의 삶과 정서적 경향에 대한 통찰을 우리에게 제공해왔다. 탐험가 빌리엄 스티팬슨은 한 이누이트 가족과 13개월을 살아본 후에 1908년에 집필한 다음의 보고를 남겼다.

제국 문화의 종말과 흙의 생태학

그들의 절대적 양성평등과 분리의 완전한 자유가 있어서, 마음이 안 맞는 사람들의 영구적 결합은 거의 상상할 수가 없다. 그러나 한 쌍이 1~2년간 결혼해서 지내기에 충분하게 서로 마음이 맞는다고 여긴다면 이혼은 지극히 가능성 없는 것이 되며, 중년 중에서는 우리들보다 훨씬 더 드물다. 25세 이상의 사람들은 보통 서로 아주 좋아하며, 가족은 일단 성립되었을 때는 우리들이 보통 그런 것보다 더 높은 수준의 애정과 상호배려 위에 놓이는 것으로 보인다. 이누이트인의 가정에서 나는 남자와 그의 아내 간에 언짢은 말을 들어본 적이 없고 아이가 벌을 받는 것을 본 적이 없고 노인이 함부로 대우받는 것을 본 적이 없다. 그러나 가사는 질서 정연하게 이루어지고, 아이들의 착한 행실은 실제로 모든 여행자에 의해 주목을 받는다.

이누이트인 가정의 이런 매력적인 특질은 대체로 그들의 온화한 성정과 그들의 성격이 마을공동체적 관계에 일반적으로 적합한 것 때문일지도 모른다. 그러나 그들의 주목할 만한 사회 조직에 그 공의 일부분을 돌리는 것이 합당해 보인다. 왜냐하면 그들은 우리 중에 가장 좋은 사람들 중 일부가 추구하고 있는 환경-우리의 이상주의자들에게도 아직은 단지 꿈에 지나지 않는 환경-속에서 살아가기 때문이다.[62]

명백하게 말하자면, 이 보고가 이누이트인들에 대해 보여주는 긍정적 협동의 수준에 모든 부족문화들이 도달한 것은 아니지만, 우리는 그 이면에서 제국문화들 중 거기 도달한 것은 별로 없다는 것을 확신할 수 있다.

인간이 지구상에서 감옥, 핵전쟁, 생태적 파멸, 신경안정제 그리고 교외 쇼핑센터 문화의 1차원적 인공성 없이도 살아가는 것이 가능하다는 사실을 우리가 정신 속에서 정착시킬 수 있도록 같은 지역에 대한 다른 보고서를 살펴보자. 이

---

62 Civilization Its Cause and Cure and Other Essays. Edward Carpenter. George Allen & Unwin Ltd. pub. London. 1914. p. 81.

제2권 미래의 씨앗

보고서는 유명한 북극 탐험가 로알 아문센이 쓴 것이다. 그는 이렇게 주장한다.

조우(Gjoa) 여행 중에 우리는 모두 해서 열 가지의 다른 이누이트인들과 접촉했다… 그리고 어떤 종류의 문명과도 완전히 고립되어 살아가는 이누이트인들이 그들 중에서 의문의 여지 없이 가장 행복하고, 가장 건강하고, 가장 영예롭고, 가장 만족해한다는 것을 내 굳은 확신으로서 주장해야 한다. 그러므로 이누이트인과 접촉하게 될 문명화된 국민들을 얽매는 의무가 되어야 할 것은, 그들을 오염시키는 영향들로부터 수호하라는 것 그리고 법률과 엄격한 규정에 의해 이른바 문명의 여러 위험들과 해악들로부터 그들을 보호하라는 것이다. 그렇게 하지 않으면 그들은 불가피하게 멸망할 것이다. … 우리의 친구들인 네칠리 이누이트인에 대한 내 가장 진실한 소망은 문명이 그들에게 결코 가 닿지 말았으면 한다는 것이다.[63]

---

63 ibid. p. 82.

제국 문화의 종말과 흙의 생태학

제16장

땅의 생명 회복

우리 중에 제국문화를 간단히 떠나면서 곧바로 그 문화에 우리의 에너지를 제공하기를 거부하는 사치를 부릴 사람은 애당초 별로 없다. 누구를 비난할 일이 아니다. 땅과 균형을 이루는 문화를 세우는 것은 사람들의 집단적 노력을 요한다. 그냥 산에 들어가서 채집/수렵인이 될 수는 없다. 동물들은 대부분 사라졌고 야생식용 식물들도 드물다. 우리는 사회정의를 위해 일할 수 있으며, 우리는

: 밈브레스 강 유역과 샌프란시스코 유역에서 발견된 키바 문화에서 나온 밈브레스 도기 문양

생태적 건전성을 지향해 일할 수 있지만, 우리는 땅의 생명을 파괴하고 있는 문화 안에서 그리고 패턴 안에서 아직 살고 있다. '씨앗' 공동체라고 불릴 수 있을 것을 세우는 방향으로 적극적으로 힘을 쏟는 것은 정말 중요한 행동이다. 사람들이 실제로 화폐경제에서 상당 정도 벗어나지 않는다면, 이들이 땅에 도움이 되는 문화로서 땅을 기초로 하는 새로운 문화를 창조하지 않는다면, 다른 모든 정치적·환경적 노력들은 결국 무의미할 것이다. 씨앗 공동체들을 세우는 쪽으로 적극 노력하는 것은 가장 중요한 것이다. 운동은 지금 일어나고 있으며 씨앗은 힘을 받고 있다. 우리가 식물(食物) 재배 역량, 토지, 공동체, 정서적 긍정성, 치유, 가능한 모든 수준의 통합을 향해─그리고 수계(水系)들의 꼭대기

를 향해 움직이고 있다는 것, 이는 우리가 어떤 수단을 가지고서 하든지 간에 중요한 행동이다. 물론 사람들은 파괴에 저항해야 하며, 정상적으로 활동 중인 모든 전선에서 앞으로 나아가야 하지만, 균형의 문화들도 세워지지 않는다면 이는 무의미해진다. 20세기의 마지막 10년간 엄청난 자원들이 가능하다. 많은 식량 재배의 전문지식이 가용하고, 개인적·사회적인 치료법 기술들이 가능하며, 특정한 생태계들에 관한 정보로 가득 찬 도서관들이 있고, 과거에 사회들이 형성된 다양한 방식들 모두에 관한 지식의 도서관들이 있다. 우리는 필요한 모든 자원들을 가지고 있다.

지난 수십 년간 치료법과 통합을 향한 위대한 직관적 운동이 생겨나고 있다. 이는 전일론적 건강 개념의 떠오름과 영적 지식에 대한 관심의 재유행과 함께 생겨나고 있다. 이는 모든 지원 집단들과 고객 명단을 가진 전일론적 치료법들과 함께 정신적·정서적 수준에서 생겨났다. 이는 또한 지구의 물리적 생태계와 생명에 대한 지식과 함께 생겨났다. 보존이 우선적 관심일 뿐 아니라 수계(水系)의 복구가 시작되고 있다. 어떠한 '사업들'의 재원 조달이 이를 해온 것도 아니고 어떠한 엘리트도 이를 조직해온 것이 아니다. 그것은 실질적 필요에 대응해 사람들에서 직관적으로 일어난 것이다. 그것은 문명의 모습에 대한 분권주의적 대답의 시초다. 1950년대 '황금 시대'라는 공상 세계와 비교해 이는 지구적인 깨어남이다.

'스스로 먹고 살기(feeding oneself)'라고 불릴 수도 있을 분야와 지구적 생명의 복원에서 비슷한 천재성의 폭발이 생겨났다. 지금은 많은 도구와 자원들이 있다. 중요한 인자는 '우리가 어떻게 자연과 균형을 이루며 살아가는가?' 하는 질문에 답변하는 실제 계획을 만드는 것이다. 이는 친숙한 지적 상투어이며 인기 있는 개념이다. 그러나 그 실제적 모습이 그려져야 하고 그다음에는 이루어져야 한다. 첫째 단계가 밟아져야 한다. 방법을 만들고 상(像)을 세우는 것이다.

제국 문화의 종말과 흙의 생태학

단순성

우리의 현실감각을 유지하기 위해서는 식량 생산에 대한 우리의 이해 수준이 얼마나 되는지를 다시 간략히 살펴보는 것이 필요하다. 그래야 우리와 인류학자들이 비록 그것의 더 큰 윤곽만을 얼핏 볼 수 있을지라도 우리는 원로들의 엄청나게 귀중한 조언을 고마워할 수 있다. 문명화된 농업은 생명의 영과의 전쟁이고, 우주와의 전쟁이다. 농업은 '10대 세계 식량 작물'의 단순성과 불균형을 우주에 강요하려는 노력이다. 최고의 생태계가 농업을 위해 제거될 때, 땅은 온갖 수단을 다해 그 상처를 치료하려고 애쓴다. 그 지역에서 다시 식물을 생장시키려고 응급구조대원을 보내서 척박한, 산화하고 침식하고 있는 맨땅을 덮는다.

생명이 그곳에서 콩이나 관상용 꽃 같은 외래 식물이 부자연스럽게 풍부한 것을 발견하면, 온갖 종류의 균류, 미생물, 곤충을 불러들여 그 병적인 혹은 부자연스러운 생명을 먹어치우고 그것을 다시 생명의 흐름으로 재전환시키도록 한다. 이것이 의미하는 바는 자신을 다시 균형 잡는 노력을 행하고 있는 생명과 싸우는 데는 에너지가 든다는 것이다. 이를 행하기 위해서는 비료, 유독성 물질, 석유, 제철소, 농과대학, 오염된 물, 죽은 바다 등이 필요하다. 기술자들이 밀림 속의 화전(火田)을 보고 그 생산성을 농장의 들판에 비유하여, '원주민들'이 어떻게 화전을 생산성을 증대시켜 그들이 화폐 경제의 언저리에서 생존할 수 있도록 판매할 약간의 잉여생산물을 달성하는 것을 '도울' 수 있을지를 이야기할 때, 우리가 정말로 보고 있는 것은 그들 역시 중독시키고 죽이는 것을 거들 수 있도록 돈을 좀 얻게 도와주려고 하는 것이다.

토착 문화들은 땅 위의 유기체적 형성물이며, 지적/이데올로기적 집단들이 아니다. 우리는 그들이 강철도끼의 도덕적 역사를 이해하기를 기대할 수 없고, 우리는 그들의 '터무니없는 진실됨' 그리고 그들이 항상 사용해온 것보다 더 나은 방식이 있다는 침입자들이 하는 주장을 거부하지 못하는 무능력을 탓할 수 없다. 자연문화의 역사적 타락은 두 집단 간의 힘의 경합이 아니라 단지 유기체적 문화형태에 대한 가해였던 것으로서, 최고의 생태계가 불도저에 의해 흥해지는 것과 마찬가지다.

흙에서 잉여생산물을 강탈하는 것이 목적인 시스템은 보통은 단작의 형태로 그리고 제국의 단순화와 통제의 그 모든 중요한 패턴의 형태로 자연에 대한 투쟁을 필요로 한다. 우리의 관심은 완전히 다른 전망, 뒤집어진 전망에 있다. 생산의 즉각적 폭발이 아닌 복잡성이 요망된다. 안정성, 비옥함 그리고 다양성이 끊임없이 증진되어야 한다. 사람들이 농업에서의 강탈/이윤 동기에서 풀려날 때 창조적 능력들의 폭이 넓어지고 가능성들의 범위가 엄청나게 증대한다.

식량을 생산하는 거꾸로 가는 방식에 관한 원로들로부터의 약간의 힌트가 얻어질 것이다. 생명의 균형에 적응하는 방식의 식량 생산은 근대 농업을 뒤집는 것이다. 원로들의 기술들을 바라보면서 명심할 것은 우리가 우리의 수계(水系)를 위해 창조하는 관행들을 포함하는, 우리 자신을 위한 문화를 창조하는 것은 동시적 필요 사항이라는 것이다.

태고적 조상들의 적응-밀림 영속 농법

거대한 빙하의 시대에 땅의 상당 부분이 황량해졌다. 그 시대에 밀림은 피난구역으로 후퇴해야 했다. 이런 구역들 중 하나는 예를 들면, 남아메리카 해안 근처 콜롬비아와 에콰도르 경계선에서 양다리를 걸친 비교적 작은 아와 부족의 영역이다. 이 지역은 다른 밀림의 다른 '피난구역'들처럼 지방종들, 빙하기를 거치면서 온전히 생존한 종들로 극히 풍부하다. 우리 인간가족은 그들과 함께 그 시대를 거치며 살아남았다. 아와족의 직접 조상들이 그 시대를 거쳐 살아왔을 가능성은 충분하다. 이 사람들과 다른 밀림 사람들은 고대인들이다. 우리의 기원으로 거슬러 올라가는 적응의 정교성을 가진 것이 그들이다. 밀림 민족들의 적응형태는 밀림의 생태계 자체만큼이나 다양하지만 다수 부족들의 적응형태에서 일정한 패턴들이 나타나며, 이는 우리에게 유익한 힌트가 될 것이다. 우리는 그것을 원로들로부터의 조언이라 생각할 수 있다. 밀림 민족들에 관한 첫째의 가장 눈에 띄는 것은 그들의 백과사전적 지식이다. D. A. 포시는 최근에 아마존의 카야포 부족을 실질적으로 도와준 것 때문에 브라질 정부에 의해 체포되었던 용감한 인류학자이자 변호사로서 카야포 사람들이 '과일로 약 250종의 식물을 채집하고, 견과, 괴경, 이파리를 취하기 위해 수백 종의 다른 식물들을' 채집한다고 말한다. 그와 동업자 A. B. 앤더슨은 1983년의 조사에서 카야포 지역의 140종의 식물들 중 '단 두 종만이 카야포 사람들에 의해 쓸모없는 것으로 여겨졌다. 마찬가지로 놀라운 것은 카야포 사람들이 열 곳의 표본 숲 섬들에서 수집된 식물들의 약 85퍼센트를 심었다고 주장했다는 것'이라고 주장한다.[64]

밀림 지역 사람들은 그들이 필요한 것을 환경에서 수집한다. 그들은 도구, 의복, 예복, 건축재료 그리고 약품과 식량을 창출한다. 그들은 다른 인류학자들이 지적해왔듯이 밀랍, 기름, 연고, 장식품, 향수, 물감, 염료, 나무진과 수지도 수집한다.[65] 곤충들 그리고 물론 물고기 알도 중요한 식량원이다. 동물들과 물고기들은 물론 어떤 밀림 지역 민족들에게는 1차적인 단백질 공급원이고, 많은 다른 부족들에게는 원예가 그들의 안정성의 대들보다.

아마존의 많은 사람들이 기본적 식단으로 어로에 의존한다. 그러나 자연인들이 항상 물고기만 잡는 것은 아니며 그들은 물고기 부족과 신체적·영적으로 복잡한 문화적 관계를 가진다. 이 관계들의 패턴은 적응과 상호부조다. 인류학자인 처넬라(J. Chernella)는 강둑의 나무에서 떨어지는 열매를 먹고 사는 과일 먹는 물고기를 잡는 아마존의 와나노 부족에 대해서 적는다. 물고기와 숲의 이런 창조적 적응은 숲이 특히 강둑을 따라서는 물고기를 위해 보호되어야 한

---

64 *Indigenous Peoples And Tropical Forests,Models of Land Use and Management from Latin America*. Cultural Survival Report #27. Jason W. Clay. Cultural Survival Inc. pub. Cambridge, Mass. 1988. p. 5.

65 Prance, Campbell and Nelson 1977. *Quoted in Indigenous Peoples And Tropical Rainforests*. p. 5.

다는 것을 뜻한다. 처널라가 서술하듯이 와나노 사람들은 산란을 위해 모이는 물고기들이 '열매-교환'의 예식을 행하는 춤을 추고 있다고 이해한다. 이 기간 동안 물고기들은 사람들에 의해 보호받으며, 춤을 추고 돌아갈 때만 붙잡힌다.

이 사람들에게 생존을 지속할 힘을 주는 것은 문화적 이해의 이런 정교함이다(그리고 그것은 다른 밀림 지역의 어로 문화들에도 반영된다). 물고기들의 생활습성이 지적으로 이해된다는 사실이 아니라 이 이해가 인간문화 안에 통합된다는 사실이 정교함을 만들어주는 것이다.

복잡성

캐서린 코필드는 그녀의 저서 《밀림 안에서(In The Rainforest)》에서 버마의 접경지대인 태국 북부의 밀림 지역에 사는 라와 사람들에 대해 말한다(지금 유감스럽게도 〈문화적 생존〉지의 기사들에 따르면, 그 지역의 이들 안정적인 밀림 부족들 다수가 친숙한 '국가안보'와 게릴라를 소탕한다는 이유로 태국 중앙 정부에 의해 공격을 당하고 있다).[66] 코필드가 서술하듯이 라와 사람들은 정착된 마을에서 사는 이동식 경작자들이고 수 세기 동안 같은 장소에 있어 왔다. 그는 이렇게 주장한다.

그들은 80종 이상의 식량작물에 50종의 약용 작물과 의식용, 가사용 작물을 키운다. 게다가 그들은 휴경 중인 들판에서 자라는 야생식물 200종 이상을 수집해 활용한다. 그들의 시스템은 미개간지를 포함해 1제곱마일(약 2.59제곱킬로미터)당 80명 정도를 부양한다. 경작지 1제곱마일은 625명을 부양한다. 이는 예를 들면, 750명마다 농지 1제곱마일을 사

---

66 *Cultural Survival Quarterly*. Vol. 12, #4. 1988. "Resettlement And Relocation," part II.

제국 문화의 종말과 흙의 생태학

용해온 영국과 잘 비교되는 비율이다. 영국은 물론 그 나라 사람들이 소비하는 60퍼센트의 생과일, 20퍼센트의 곡물 그리고 23퍼센트의 육류를 수입하지만 라와 사람들은 식량을 자급한다.[67]

코필드는 계속 설명하기를, 그들은 화재, 토양 침식 그리고 토양교란의 측면에서 자신들의 토지를 세심하게 돌본다고 한다. 라의 어린아이들이 84종의 재배되는 식물 품종과 또 16종의 유용한 비 재배 식물을 '식물이 1센티미터 미만의 크기인 단계에서도[68] 알아볼 수 있음을 인류학자 피터 쿤스타터가 알게 되었다고 그는 말한다.

라와 사람들은 동남아시아와 남태평양 섬들의 연구자들에 따르면, 문화적 적응력이 강하기는 하지만, 문화적으로 가장 복잡하지는 않다. 더 많은 식물을 알고, 훨씬 더 많은 품종을 재배하고 천연 숲에서 사냥하고 거기서 채집 활동하는 이들은 구릉지대 더 높은 곳의 더 '원시적인' 부족들이다. 더 강력한 사람들을 구분해주는 것은 적응의 복잡성과 백과사전적 지식이다.

〈문화적 생존〉지의 별책인 《원주민들과 열대림들(Indigenous Peoples And Tropical Forests)》은 지금까지의 진정한 밀림 지역의 식량 재배, 화전이라 불리는 것에 대해 이루어진 제한된 관찰들을 요약한다(이는 밀림 지역 언저리에서 '경계선' 정착인들에 의해 이루어진 파괴적이고 무지한 임시적 농업과 구별된다. 밀림을 파괴하고 있는 이 관행은 보통 '베어버리고 불 지르기(slash and burn)'라고 지칭된다. 첫째, 흙의 문제는 대부분의 원주민이 정확히 알고 있다. 흙의 품질은 그 위에서 자라는 숲의 유형에 의해 판단된다. 그것은 색깔, 맛, 냄새에 의해 판단되고 여러 계절 동안의 표토의 습기를 조사해서 판단된다. 이는 밭을 일구려고 어느 한 지점을 선택한다는 의미가 아니라 모든 지대마다 그 환

---

67 *In The Rainforest.* Catherine Caufield. Alfred A. Knopf pub. New York. 1985. p. 136.

68 ibid. p. 136.

경에서 가장 잘 생존할 식물에 따라 밭농사에 적합하다는 것을 의미한다.

식량 재배 체제는 반드시 하나 또는 몇 개의 밭을 가지고서 하는 것이 아니며, 필요에 따라 더 작은 여러 개의 밭을 포함할 수 있다. 밭들을 개간하는 동안 식물종들 몇 가지는 그냥 둘 수도 있다. 나무 종들 중 몇몇은 그늘, 바람막이를 위해, 야생동물을 유인하거나 나중에 쓰기 위해 그냥 둘 수도 있다. 식재(植栽)를 할 때는 그냥 씨만 뿌리는 것이 아니라 씨앗, 묘목, 꺾꽂이, 괴경과 뿌리를 사용할 수도 있다. 재배식물을 배치할 때, 그늘, 햇빛, 흙, 토양 습기, 동료 식물, 근처의 나무 기타 고려 사항들이 밭 안에서의 미세기후의 창출을 알려주는 것이다. 이런 조합들 모두가 각각의 밭이 위치해온 여러 생태적 구역에 따라 변형되는 것이다. 밭이 성숙한 숲에 '파고들면서', 그곳 동물들의 문제가 그 동물들이 좋아하고 활용하는 식물들을 그곳에 두어 그들을 그 지역으로 유인한다는 측면에서 예리하게 고려된다.

인류학자들은 수년간 많은 밭들이 모종(某種)의 용도로 남아있는 것을 발견해왔다. 사용하면서 밭의 흙과 여러 식물들의 성장은 달라진다. 수년이 지나면서 다른 식물들이 강조되고, 흔히 점점 더 덤불과 나무농사 쪽으로 가기도 한다. 문헌에는 밭을 20년, 30년 이상 사용하는 것이 언급된다. 소수의 인류학자들에 의해 이루어진 아주 중요한 관찰은 개간된 밭에서 성숙한 숲으로의 이런 변형이 다분히 천연 숲의 생태적 천이(遷移) 단계들을 따른다는 것이다. 부족민이 일반적으로 생태적 천이 중에 자리를 잡을 식물을 유용한 친족 식물이나 비슷한 생존습성을 가진 식물들로 대체하는 것을 제외하고는 말이다.

지구적 생태계 위기가 깊어지면서 인류학자는 자연문화의 생태계에 더욱 명확히 주의를 기울여 왔고 어떤 '야생' 밀림 환경이 관리된 환경들과 더 비슷하다는 말을 꺼내기 시작하고 있다. 동물들은 심겨진 식물에 따라 여기저기로 유인된다. 예를 들어 투카노족의 무당들은 종들의 개체수를 감측(監測)하고 수렵을 확대하거나 금지하는 것을 돕는다. 와나노 족과 다른 부족들은 물고기 개체군과 함께 일한다. 포시(Posey)는 카야포 인들이 숲의 식물들을 채집해 캠프 근처와 주된 오솔길 근처에 다시 심는다고 덧붙여 말한다. 이런 전술을 그는

제국 문화의 종말과 흙의 생태학

'숲밭(forest fields)'이라고 부른다. 그는 이렇게 말한다. "그들은 몇 가지 유형의 야생 카사바, 세 품종의 야생 얌, 한 유형의 왜성강낭콩, 세 품종 이상의 호박을 포함해 이 숲밭에서 나는 최소한 54종을 활용한다."[69]

포시는 말하기를 지금도 쇠약해진 조건에서 카야포 마을은 텃밭의 결과물에 의존하지 않고 한 번에 수 개월간을 여행할 수 있도록 식물이 심어지고 관리되는 500킬로미터의 오솔길을 가지고 있을지도 모른다고 한다. 포시는 사바나 지역에서 숲의 '섬들'이 생겨나는 어떤 생태계 구역을 가리킨다. 그가 숲 섬들을 자세히 관찰했을 때, 그는 그 숲섬들이 75퍼센트가 카야포 부족에 의해 토양 환경을 업그레이드하는 고된 방법으로 창조되었던 것을 알아냈다.[70] 밀림 지역 사람들에 의해 활용되는 이 수백 가지 식물종 각각이 개별적인 성장 습성과 필요를 가진다는 것, 그리고 그것들은 부족 내에서 개별적 용도를 가진다는 것, 그것들은 문화적 우주론에서 영적으로 개별적 의미들을 가질 수도 있음을 우리가 고려할 때, 우리는 이 사람들이 살아가는 복잡성에 대해 의식할 수 있는 일정한 능력에 접근하고 있는 것이다. 화전(火田)에 대한 이러한 일반적 개관에 추가해 우리는 어떤 밀림 생태계들이 늪지 배수, 여러 유형의 수로로 연결된 다락밭 같은 고도로 전문화된 적응형태들 그리고 밀림에서 더 건조한 사바나 또는 부족의 서식지 내에 있는 더 고도가 높은 곳에까지 이르는 고도로 다양한 생태계에서 여러 밭들의 독특한 조합형태를 가질 수도 있음을 염두에 두어야 한다.

유럽식 줄뿌림 텃밭을 넘어서–약간의 최근의 방법들에 대한 관찰

숲을 개간하기, 쟁기질, 식재, 흙을 고갈시키고 다른 데로 옮겨가기의 관행

69 Clay. *Indigenous Peoples And Tropical Forests*. op. cit. summary from text. Posey quotation. p. 51.

70 ibid. p. 55.

은 제국 안에서 긴 역사를 자랑해왔다. 원예는 많은 경우에 대형 농장 시스템의 초소형 규모의 그림이었다. 최근 몇 세대에 이런 표준에 대한 다른 시각들을 제시하는 발전들이 일어났다. 문명화된 원예가들은 항상 더 많이! 라는 문화적 표준을 따라왔으며 유럽에서 흙에 비료를 치는 것이 19세기에 대중화된 이래 식물을 더 빨리 더 크게 성장시키는 생산 지향적 노력이 계속되어왔다. 그것을 '군(郡) 전시회에서의 최대 호박' 증후군이라고 부를 수 있을 것이다. 마지막에는 주의는 식량 가치, 경도(硬度) 같은 다른 가치들로 옮겨 가기 시작했다(오늘날 아직도 원예가들 중 작지만 절실한 소수파에게서 그렇다). 앨버트 하워드 경이 그의 책《흙과 건강(Soil and Health)》을 출판했을 때 이정표가 세워졌다. 하워드는 20세기 전반기에 인도에서 식민지 행정관이었다. 그는 흙의 비옥화와 퇴비를 친 흙에 관한 실험을 시작했다. 흙을 가지고 작업하는 동안 그는 건강한 흙이 건강한 식물을 만든다는 결론을 끌어냈다.

건강한 식물은 또 건강한 사람들과 가축을 만든다. 그의 실험 중 하나는 그의 브라만소 떼를 옆의 마을로, 병든 소 떼 중으로 몰고 가서 그의 건강한 흙 덕분에 그 소들이 피해를 입지 않는 것을 보여주는 것이었다. 그랬더니 그 소들은 무사했다. 그가 밝힌 또 하나 중요한 점은 생명 시스템이 불순물과 불건강한 것을 제거하려고 시도한다는 것이었다. 경제적 가치 때문에 완전히 그들의 공간과 시간의 바깥에서 재배되는 건강에 좋지 않은 식물이나 외래종 식물이 질병과 곤충들에 의해 공격의 초점이 되지만, 식물이 건강하다면 그것은 질병과 곤충들에 의해 초점이 되지 않는 법이라고 그는 주장했다. 하워드 영양 공급 시스템의 중추는 퇴비화의 과학이었다. 퇴비로 집중적인 비옥도를 만들어내는 것이 그의 작업의 기초였다. 건강한 흙이 건강한 식물을 만든다는 관찰은 오늘날에는 (산업형 농업가는 제외하고) 상식으로 보이지만, 그 당시에는 놀라운 것이었다.

J. I. 로데일은 젊은이로서 하워드의 작업에서 영감을 받게 되어 〈유기원예(Organic Gardening)〉 그리고 또 〈예방(Prevention)〉이란 유명한 잡지를 창간했다. 이 관점은 준비된 시장을 발견했으며 로데일과 그의 가족은 수많은 관

련된 잡지들을 내는 주목할 만한 기구, 펜실베이니아의 이매우스(Emmaus)에 있는 대형 연구 농장 그리고 폭넓은 독자층을 만들 수 있었다. 〈유기원예〉가 다분히 줄뿌림과 1년생 식물에 충실한 반면에 초점은 사실상 흙과 건강으로 돌려졌다. 우리가 오늘날 몇 가지 씨앗 씨앗들을 보전하고 또 퀴노아, 테프 그리고 곡물 아마란스 같은 여러 품종을 도입하고 시험할 수 있는 것은 로데일 가족 덕분이고, 그들이 열정적인 소수의 원예가들의 주의를 끈 것 덕분이다. 우리들 상당수가 손수 식량 재배를 착수하기 시작하면서 〈유기원예〉의 묵은 권호들 시리즈가 매우 귀중해질 것이다.

나무들에서 나는 식량

문명인들 그리고 특히 유럽인들은 스스로 만든 상자 안에서 흔히 바깥에 몇 그루의 나무와 정원이라는 채소들에 집중된 정사각형의 밭을 가꾸며 살아간다. 이는 도시 생활의 문명화된 위축에서 그리고 특히 유럽에서 물려받은 봉건적 농장 생태학에서 유래한다. 나무들, 나무농사 그리고 숲 영농은 대체로 이 그림에서 빠진다. 줄뿌림 농사의 흙은 영양을 공급받아야 하지만, 나무들과 나무들이 이룬 숲은 흙을 형성하고 물을 퍼 올리고, 다른 종들에게 서식지를 제공하고 땅의 생명을 위해 많은 봉사를 한다. 우리가 보아온 것은 목축과 산업형 농업이 흔히 토지를 가장 낮은 수준으로 활용하는 것이라는 것이다. 나무들을 생존의 원천으로 활용하는 것과 땅을 다시 삼림화하는 것을 돕는 것이 합당한 일이다.

《숲영농(Forest Farming)》의 저자들은 식량 재배와 농업적 상업 간의 약간의 비교를 제공한다. 목축업자는 1에이커(약 4,047제곱미터)의 비옥한 토지에서 평균 200파운드의 육류를 얻을 수 있다. 이런 운영은 일반적으로 영리사업이다. 화폐경제에서는 그에 대한 시장이 없을지도 모르지만 사실상 같은 면적의 토지는 1.5톤의 곡물, 7톤의 사과 또는 주엽나무에서 나는 15-20톤의 분말

을 생산할 수 있을 것이다(주엽나무 가루는 어떤 곡물보다 영양가치가 높다).[71]

나무농사의 평균 수확량 몇 가지는 이런 엄청난 차이들을 조명하는 데 도움을 준다. 《숲영농》에서 더글러스와 하트는 기름, 나무진, 견과, 열매 그리고 다른 많은 유용한 제품들을 생산하는 수백 종의 나무들 중 일부에 대한 수확량을 제시한다. 아프리카 카로브나무 1에이커(약 4,047제곱미터)당 10~15톤, 카로브나무 18~20톤, 뽕나무 8~10톤, 감나무 5~7톤, 밤나무 7~11톤, 참나무 10~12톤, 선과류 9~11톤, 대추야자 4~7톤.[72]

이 저자들은 사람들과 동물들에게 식량을 생산해줄 수 있는 나무들에 대한 전 세계 범위의 조사를 수행해왔다. 그들의 연구의 값진 결과중 하나는 놀라울 만큼 다양한 나무들이 '영리' 농장에서는 쓸모가 없을 수 있어도 생존에는 유익하다는 것을 우리에게 보여준 것이다. 다시 삼림화하는 일의 절대명령과는 별도로 나무들은 초록 문화에 대한 커다란 전망을 제공해준다.

나무 원예의 두 가지 기본 교재는 《나무농사-영속 농업(Tree Crops-A Permanent Agriculture, Russell J. Smith)》(1929)과 《숲영농. 세계의 기근과 보존 문제에 대한 해결책(Forest Farming. Towards A Solution To Problems of World Hunger and Conservation, J. Sholto Douglas and Robert A. de J. Hart)》(1978)이다.

스피룰리나, 햇빛과 물 식량

미생물들은 땅의 필수적 생명이다. 그들의 수, 그들이 행하는 역할의 복잡

---

71 *Forest Farming. Toward A Solution To Problems of World Hunger and Conservation.* J. Sholto Douglas & Robert A. de J. Hart. Rodale Press. Emmaus, Pa. 1978. p. 5. (nutrition p. 37).

72 Douglas & Hart. *Forest Farming.* op. cit. p. 5.

제국 문화의 종말과 흙의 생태학

성 그리고 그들의 생존 능력들은 인간들이 익숙해져 있는 더 큰 생명체들을 생물학적 견지에서는 사소하게 만든다. 연구자들은 이 지구상의 생물 종의 90퍼센트는 인간의 눈에 보일 수 없을 것이라 추정한다.

인간 식량에서의 최근의 혁명적 발달형태 중 하나는 미생물에서 얻어진 것이다. 스피룰리나는 62-68퍼센트가 단백질인 청록색 말류다. 클로렐라는 단백질 함량이 40-50퍼센트인 비슷한 말류다. 스피룰리나는 햇빛, 물 그리고 소량의 닭똥, 변성된 인분 같은 비료로 쉽게 재배될 수 있다. 본질상 탄소화합물이어서 식용이나 연료용으로 사용될 수 있다.

요가 수행자이자 철학자인 크리스토퍼 힐스는 지금 굶주린 세계 인구에게 이 식량을 가져다주는 책임을 주로 맡아 왔다. 1965년에 힐스와 일본의 히로시 나카무라 박사는 인간 식량을 위한 말류의 활용에 관해 연구하고 세계에 정보를 제공하기 위해 거의 150명의 과학자들(주로 미생물학자들)로 구성된 '국제말류연맹(Microalgae International Union)'을 조직했다. 1970년대까지 말류연맹은 이 유력하고 쉽게 재배되는 식량을 대량 생산하는 데 필요한 모든 시스템들을 만들어냈다. 말류연맹이 세계의 식량문제에 대한 해답 중 하나일 수 있는 저렴하고 유력한 식량을 발견하기는 했으나 슬프게도 그들은 세계의 각국 정부들에 의해 어떠한 진지한 방식으로도 채택되게 하는 노력에서 실패했다. 실패의 단순한 이유는 기존의 세계 식량 생산 시스템에서 이익을 보는 사람들이 그 시스템에서 권력과 부를 가지며, 유력하고 저렴한 새로운 식량이나 식량 보조물의 전망은 그들의 마음에 들지 않는다는 것이다. 그럼에도 불구하고 그 생산 시스템에서 이미 일체의 골칫거리들이 제거되었고 그것은 세계 굶주림 문제와 관련해 도움을 주는 것으로서 사용될 준비가 되었고 식량 재배에 관한 우리의 재산목록에서 또 하나의 기술이 될 수 있다.

스피룰리나	62-68
클로렐라	40-50
콩	39

쇠고기	18–20
달걀	18
물고기	16–18
밀	6–10
쌀	7
감자	2

표6. 일반적 식량들과 스피룰리나와 클로렐라의 단백질 함량 비교 (건량 기준 퍼센트)

	스피룰리나	클로렐라	콩
단백질	62–68	40–50	39
탄수화물	18–20	10–25	36
지방질	2–3	10–30	19
비타민류	pro, A, B1, B2, B6, B12, C	pro, A, B1, B, 니코틴산	B1, B2, B6

표7. 건량 기준 스피룰리나의 유기질 함량 (퍼센트)

스피룰리나는 다른 미생물이 그 안에서 성장하기 시작하지 않도록 다른 물과 격리되어 있다는 조건하에 얼지 않는 물에서 햇빛에 의해 재배된다. 그것은 보통의 천을 통한 여과로 수확된다. 스피룰리나의 재생산률은 24시간 만에 40배이니, 1톤이 최적의 조건에서 하루 만에 40톤이 되는 것이다.

스피룰리나는 고대 마야인들의 중요한 주식이었으며, 아프리카의 챠드 사람들은 지금 여러 물가들에서 이 식량을 모아다가 그것을 케익으로 만든다. 어떠한 생존 상황에서도 이 식량은 확실히 고려되어야 한다.[73]

---

73 *Honolulu Star Bulletin.* March 29, 1972. "The Solution for Hunger Is a Small Matter" Jocelyn Fujii. P. B-2.
The Mass Production of Spirulina. A Helical Blue-Green Algae As A New Food. Dr. Hiroshi Nakamura. Microalgae International Union pub. London. 1970.

제국 문화의 종말과 흙의 생태학

생태적 건강 텃밭

에드먼드 보르도 세케이는 작은 공간에서 고품질의 식량을 생산하는 시스템을 개발해왔다. 선견지명이 있는 세케이는 10개의 현대 언어를 말하고, 산스크리트어, 아람어, 그리스어와 라틴어 문헌학자이기도 한 르네상스적 인간으로서 또한 중요한 마야 문서(Mayan Codexes)들을 번역했다. 세케이는 68권의 책을 저술했고, 많은 책들을 번역했다. 건강, 식단 그리고 에세네인의 농업 관행을 포함한 그들의 생활 방식에 대한 그의 관심에 불을 지핀 것은 그가 아람어로 작성된 고대 에세네 문서들을 번역한 일이었다.

세케이는 《생태적 건강 텃밭(The Ecological Health Garden)》이라는 책에서 그의 방법을 설명한다. 그의 방법은 네 단위를 포함한다. 퇴비 단위, 지렁이 농장 단위, 발아(發芽) 단위, 식재(植栽) 단위가 그것들이다. 그래서 그 시스템은 일부는 흙을 형성하고 일부는 건강한 흙에서 식물을 키우는 것이다. 퇴비 단위는 물론 수집될 수 있는 어떠한 유기질 쓰레기에 의해서도 만들어지며, 지렁이 농장도 유기질 쓰레기를 먹이로 주어서 가능한 최고 집약도의 토양 비옥함을 만들어내며, 또한 퇴비와 화분에서의 재배를 위해 지렁이를 풍부하게 만들어낸다. 발아 단위는 어두운 곳에 두고 습기 매체가 씨앗이 싹을 틔우게 하는 데 사용된다. 싹튼 씨앗의 10퍼센트는 화분에서의 재배를 위해 사용되고, 나머지는 먹는다. 발아기간을 달리해 지속적인 싹의 공급이 될 수 있게 한다. 상자 안에서 재배되는 식물들은 집약적인 비옥한 흙에서 재배되므로 영양 가치가 가장 높다. 퇴비 더미에 더해 세케이는 지렁이 단위가 약 1.7제곱미터를 차지할 것이라고 말한다. 발아 단위는 0.8제곱미터가 될 것이고 각 사람에게 13제곱미터 정도의 화분이 필요할 것이라고 한다.

그 시스템 안에서 무엇을 재배할 것인지를 결정하는 데 관련되는 원칙들은 다음과 같다. 1. 최대의 영양가치, 2. 집약적 생태계 원예에 적합한 식물, 3. 개인적 호불호, 4. 날것으로 먹을 수 있는 식물들에 우선권이 주어짐. 야생 상태와 같이 다른 곳에서 쉽게 얻어질 수 없는 식물들.

세케이의 시스템에 의해 조명을 받는 사항들 중 하나는 우리가 비상 상황에서 얼마나 쉽게 먹을 것을 구할 수 있는가 하는 것이다. 그가 그려준 이 간단한 시스템이 생명을 부양할 수 있다. 우리가 발아를 위해 선택된 야생식물들의 씨를 모은다면 그것은 훨씬 더 간단할 수 있다.

무위(Do Nothing) 농부

마사노부 후쿠오카는 그가 '무위농법'이라는 것을 옹호하고 예증하는 책《짚한 오라기의 혁명(The One Straw Revolution)》의 발간으로 파문을 일으킨 사람이다. 후쿠오카는 일본 정부에서 농업 관련 직무를 맡은 것으로 경력을 시작했지만, 곧 좌절을 느끼고 떠나서 그의 가족에서 물려받았던 농장으로 돌아갔다. 40여 년간 후쿠오카는 쟁기질 안 하는 농업 시스템을 개발해왔다. 벼를 재배하는 그의 방법의 결과는 옛날 일본의 전통적인 집약적 방식에서의 수확과 같고, 근대의 산업형 쌀 생산 시스템과 같다. 그는 쟁기를 쓰지 말고, 화학비료도 퇴비도 쓰지 말고, 잡초 뽑기도, 제초제 뿌리기도 하지 말고, 화학물질에의 의존도 하지 말 것을 주장한다.

수확 전인 10월 초에 토끼풀과 빨리 자라는 겨울곡식 씨앗들이 익어가는 벼 줄기들 중에 뿌려진다. 토끼풀과 보리 또는 호밀이 싹이 터서 벼가 수확할 준비가 될 때까지는 2.5~5센티미터 정도 자란다. 벼 수확 중에 싹이 튼 씨들은 수확자들의 발로 짓밟히지만 바로 회복된다. 타작이 끝났을 때, 볏짚이 들판에 펼쳐진다.

11월 중순에서 12월 중순 사이는 볍씨를 담은 펠릿을 어린 보리나 호밀 사이에 뿌리기 좋은 때이긴 하지만, 봄에 뿌려질 수도 있다. 얇은 층의 닭똥이 들판에 뿌려져서 짚이 썩는 것을 도와주며, 그해의 농사는 끝난다. 5월에 겨울 곡식이 수확된다. 타작 후에 모든 짚이 들판에 뿌려진다.

제국 문화의 종말과 흙의 생태학

물은 그때 1주일이나 열흘간을 논에 채워놓는다. 이는 잡초와 토끼풀이 약해지게 해서 짚을 뚫고 벼가 싹터 나오게 한다. 6월과 7월 중에는 빗물만으로 식물은 충분하다. 8월에는 1주일에 한번 정도 들판에 신선한 물이 머무는 일 없이 흘러가도록 한다. 이제 추수 때가 된다.

그런 것이 자연적 방법에 의한 벼/겨울곡식 재배의 연간 순환주기다. 파종과 수확은 자연적 패턴을 긴밀하게 쫓아서 그것은 농업기술이라기보다 자연적 과정이라고 여겨질 수 있을 정도다.[74]

후쿠오카가 이런 방법을 활용해온 해마다 흙을 먹여주는 자연적 순환이 계속되므로 그의 흙은 점점 더 비옥해졌다. 이는 옛 시대에 짚을 태우던 전통적 일본 농업과도 다르다(산업적 방식이 지금은 일본에서 일률적으로 사용된다).

후쿠오카가 개발해온 한 가지 재미있고 간단한 술책은 그가 뿌리는 볍씨와 채소 씨들을 그냥 씨앗과 진흙을 섞고 나서 그것을 철사 체를 통해 체질을 함으로써 진흙으로 입히는 것이다. 이는 씨가 들판에 뿌려졌을 때 닭과 새들이 씨앗을 쪼아 먹는 것을 막아 준다.

후쿠오카는 인근 산기슭에서 흙이 농사에 의해 고갈된 후 방치된 이 산기슭 일부를 복원했다. 그는 산 높은 데서부터 양치류, 짚 같은 유기물질을 끌어들이고 흙을 형성하는 것을 돕기 위해 썩은 통나무들을 끌어왔다. 그는 또한 오스트레일리아에서 온 빨리 자라는 아카시아 품종을 심었다. 이 나무들은 콩류로서 나무뿌리가 파고드는 낮은 수준에서 흙을 도와준다. 산기슭이 예전에 깨끗이 베어져서 소나무 싹이 일부 그루터기에서 자랐다. 이것들 다수를 그는 자라게 했다. 그는 이 지역에 과일나무의 여러 품종을 심었으며 또한 토끼풀씨를 뿌렸다. 4분의 1에이커(약 1,011제곱미터)당 여섯에서 열 그루의 아카시아 나무가 깊은 흙을 기름지게 하고 또 과일나무들을 도와주기에 충분했다고 그

---

74 *The One-Straw Revolution, An Introduction To Natural Farming.* Masanobu Fukuoka, Rodale Press, Emmaus, Pa, 1978, pp. 42–44.

는 말한다. 과일나무들은 그 바로 주위의 덤불과 나무들을 단 한번 베어낼 필요가 있었다고 한다. 표토에 그는 토끼풀과 다이콘이라 불리는 일본 무를 심었는데, 이는 스스로 씨를 떨어뜨려 번식하는 강인하게 자라는 식물이다. 후쿠오카는 또한 더 많은 초록 거름을 조달하기 위해 낫으로 정기적으로 잡초를 베었다. 지금 후쿠오카는 이렇게 주장한다. "이런 두터운 잡초/토끼풀덮개가 지난 20년간 있었던 결과로 과수원 흙의 표면층은 딱딱한 붉은 진흙이었던 것이 느슨하고 어두운 색깔을 띠고 지렁이와 유기물질로 비옥해졌다."[75]

후쿠오카는 또한 벼를 그렇게 하듯이 여러 채소 씨앗도 뿌린다. 이것들을 그는 산기슭에 그리고 과수원의 나무들 사이에 둔다. 이 채소들은 매년 스스로 씨앗을 뿌리고 그들의 원래의 야생 조상들 쪽으로 더 낮게 품질을 변화시킨다고 후쿠오카는 느낀다.

후쿠오카의 작업이 가지는 가치들 중 하나는 자연의 원리들을 따름으로써 최소한 근대 산업적 방식과 같을 수 있음을 보여주는 것이다. 그는 또한 흙에게 먹이를 주는 것이 건강한 식물 그리고 식물을 소비하는 건강한 사람들이 되게 하는 열쇠라는 것을 예증한다.

그는 "의사들과 약품은 사람들이 병약한 환경을 만들 때 필요해진다"고 말한다.

후쿠오카의 자연적인 '무위' 영농 양식에서는 인간적 취미생활을 위한 시간이 허락된다. 그는 일본의 전통적 농부들이 했던 것처럼 시와 하이쿠를 쓸 것을 제안한다. "4분의 1에이커(약 1,011제곱미터)의 밭을 건사하면서 한두 사람이 벼와 겨울곡식을 키우는 일 전부를 며칠 만에 할 수 있다"[76]고 후쿠오카는 주장한다.

그는 계속 설명하기를, 22부셸(약 6톤)의 쌀과 22부셸의 겨울곡식이 4분의 1에이커의 들판에서 수확된다면, 그 들판은 하루에 한 시간 정도 농장의 균형을 유지하는 활동을 하면서 다섯 명에서 열 명의 사람들을 부양할 것이라고 한

---

75 ibid. p. 64.

76 ibid. p. 3.

제국 문화의 종말과 흙의 생태학

다. '들판이 목초지로 전환되거나 곡식이 소에게 먹이로 주어진다면, 1에이커(약 4,047제곱미터)당 단 한 사람만이 부양될 수 있을 것[77]이라고 지적한다.

후쿠오카의 식량 재배는 단지 그 도교와 유사한 철학에만도 추천할 것이 많이 있다. 그는 예를 들면, 이렇게 말한다.

> 사람들이 세계를 탐구하기 시작하고 우리가 이렇게 혹은 저렇게 하면 '좋겠다'고 판단했을 때 농부는 너무 바빠졌다. 내 연구 전체는 이것도 저것도 하지 않는 방향이었다. 지난 30년은 거의 아무것도 하지 않으면 농부들이 더 형편이 좋아졌으리라는 것을 나에게 가르쳐주었다.
>
> 사람들이 더 많은 일을 할수록 사회는 더 많이 발달하고 더 많은 문제가 생겨난다. 증대하는 자연의 황폐화, 자원의 고갈, 인간의 영의 불안과 해체 이 모두는 인류가 뭔가를 성취하려는 시도를 함으로써 생겨난 것이다. 원래 진보를 할 이유는 없었으며, 이루어질 필요가 있었던 것은 없었다. 우리는 아무것도 일으키지 않는 '운동'을 일으키는 것 말고 다른 방법이 없는 시점에 도달했다.[78]

유럽의 신비적 원예

금세기에 창조된 또 하나의 방법은 생명동태적 방식의 원예다. 생명동태적 방식의 기초는 초기 인도·유럽인 시대로까지 거슬러 올라가는 유럽의 민속 전통에 의존하기는 하지만, 1924년에 독일 신비가 루돌프 슈타이너가 놓았다. 생명동태적 방식의 원예는 여러 행성들과 지구의 운동 그리고 태양과 식물들의 활동들을 고려하는 전일론적 시각이다. 연금술적 의미에서 그것은 원예가의

---

77 ibid. p. 103.

78 ibid. p. 159.

의식과 주변의 생명이 확장되도록 하는 관찰의 규율을 요구한다.

생명동태학 역시 퇴비화에 크게 의존하지만 이는 우주적 의미가 있는 퇴비화 방식이다. 그 방식의 실천자인 볼프 D. 슈토를은 이렇게 말한다.

생명동태학은 상식을 얕보지는 않으나 본질적으로 식물, 동물 그리고 흙에 관한 의식의 확장과 관련이 있다. 자연의 더 깊은 영을 들여다보려는 시도가 이루어진다. 자연에 대한 예리한 관찰에 기초한 이 더 깊은 각성에서 그 방법은 사물이 그 자연적 경로를 가게 두지 말고 일정한 자연적 과정들을 집약화(최적의 동물 개체수를 만들기, 특별한 퇴비를 마련하기, 선택된 동료 식물들을 일정한 우주적 별자리 때에 심기)하여 자연이 여러 세기에 걸친 남용, 지름길로 가는 파괴적 과정들 후에 약해진 부분에서 자연을 도우며, 인간 지성, 친절성과 호의를 사용해 긍정적 발달을 촉진할 것을 요구한다. (새들을 위해 산울타리를 심고, 벌들을 위한 꽃밭을 가꾸는 등) 생명동태학은 땅과 그 피조물들에 대한 인간의 봉사이지, 꼭 생산을 증대하거나 건강한 식량을 조달하기 위한 방식만이 아니다.

땅에 대한 올바른 관계를 강조하면서 생명동태학은 생명과 그 활동들에 연금술적으로 적용되는 상징적 사고 방식을 그려준다. 이것에 근본적인 것으로는 불, 공기, 물 그리고 흙의 4요소가 있다. 이 '요소들'은 따뜻함, 건조함, 습함, 팽창함과 위축됨 등의 운동과 조건의 경향들을 상징한다. 이 경향들은 물질적 세계가 기능하는 방식에 기초가 된다고 여겨지며, 생각과 분석의 형판들로 사용된다.

핀드혼. 생명의 영의 의사소통

핀드혼은 지금 뉴에이지 집단들에서는 잘 알려진 것으로서 스코틀랜드의

제국 문화의 종말과 흙의 생태학

북쪽 해안의 개조된 차량이동식 주택 공원 안에 위치한다. 모스크바보다 더 북쪽에 있는 이 춥고, 습하고, 모래가 날리고, 불모지이고 일반적으로 황량한 지대에 여러 에너지들이 모인 한 센터가 사람들과 식물들의 주목할 만한 종합을 구현했다. 그 센터는 피터 캐디라는 이름의 은퇴한 영국 공군 대위가 비교(秘敎)의 영적 수준의 존재들과 직접 소통하는 그의 아내 에일리언이 시작했다. 피터가 호텔 지배인으로 일하는 가운데 '정상적인 삶'을 살던 부부는 인간적인 그리고 부부간의 위기를 경험하기 시작했다. 이는 그들의 생활양식에서 상당한 번민과 스트레스로 발전했다. 그 두 사람 모두 결국 자포자기의 지점까지 떨어졌다. 에일리언은 투청력(透聽力)을 발달시켜 어떤 목소리의 인도를 받기 시작했다. 그들의 경험 때문에 그 안내에 의존하게 되었고 당황하기는 했지만 그들은 지금은 핀드혼 정원이라고 알려진 정체모를 흉한 모래톱 한 조각으로 인도되었다. 작은 연금(年金)을 가지고, 어떤 위기를 지난 후 이 두 사람은 상당히 사치스러운 중산층의 생활에서 정말 조그마한 차량이동식 주택들로 이루어진 빈민가인 곳으로 옮겨 왔고, 10년이 지나 하나의 영적 센터가 기능하고 있었다. 그 이야기가 전 세계에 퍼졌으며, 이는 이들 두 사람이 비전을 펼치기 위해 그 에너지가 어디서 올 것인지에 관해 계획을 세울 것도 염려할 것도 없는 가운데 된 일이었다. 그들이 낯선 환경에 적응하면서 도로시 머클레인이라는 이름의 여성이 그들과 합류했고 그 여성은 정원의 조성을 향해 자연의 영들의 인도를 받기 시작했다. 그리고 이를 피터가 실행했다. 안내를 해준 다양한 생명체들에는 데바, 팬, 엘프, 스트라이트, 님프 등과 같은 그 지역의 전통문화의 이름들이 주어졌다. 이 살아있는 존재들의 의식에 입혀진 말의 상징들은 의문의 여지 없이 스톤헨지를 건설한 원(原)인도·유럽 문화들로부터 켈트 문화가 물려받았고 이에서 변경을 거쳐 계승된 것이다. 이 여러 영들의 이름의 배치는 생명들 안의 생명들 그리고 의식 안의 의식의 패턴을 보여준다. 물의 요정들과 '정령(精靈)'들이 있고, 이들은 또한 식물의 일부분이기도 하다. 식물종들과 동물종들에 대한 이름이 있고 결국 팬(Pan)이 있는데, 이는 자연 전체의 영이다. 팬은 이들 다른 '구성 요소'인 영들을 포괄한다. 상속된 언어는 사람들이 생명 안에서 기능하는 생명과 영들 안에서 기능하는 영들을 인식했다는 것을 보여준다.

핀드혼의 인간들은 이 영들에서 받은 조언에 절대적 신뢰를 두었고 그 정원의 생물들 중에 이상한 일이 일어나기 시작했다. 지금은 전설이 된 18킬로그램짜리의 양배추 같은 것이다. 그 정원 전체가 정상적으로는 비교적 불모지인 해변의 모래 위에 표면에는 불과 몇 센티미터의 퇴비와 함께 놓여있었다는 사실이 놀라움을 더해주었다. 의사소통이 발달해 가면서, 나무들과 덤불들이 그 정원에 더해졌고, 여러 종류의 꽃이 피어났다. 이 사람들 주위에 인간 마을공동체가 모습을 드러내기 시작하면서 채소들의 거대증은 완화되기 시작했지만 살아있는 정원 배치의 활력은 완화되지 않았다. 그리고 나서 에너지는 만들어지고 있던 인간 마을공동체에 그리고 그 마을공동체가 발현하고 있는 생명의 에너지들 안에 발현되는 듯했다.

발현(manifesting)은 그 공동체의 중심 주제들 중 하나였다. 감각은 자기 자신을 우주적 생명과 통합하고, 무엇을 해야 하는지에 관해 주어지는 안내를 받아들이고, 그다음에는 그 안내를 성취할 수단이 나타나리라는 것을 기대하고, 이에 대한 절대적 신뢰를 가지는 것이었다.

핀드혼에서의 독특한 신(新)부족적인 에너지의 나눔은 여러 규칙, 구조 그리고 경직된 공동체 형태의 얄팍한 상(像)을 초월했다. 1970년대에 핀드혼의 방문자였던 폴 호컨은 이렇게 말했다.

> 이 공동체는 성장함에도 불구하고, 자신이 필요로 하는 어떤 것을 위해서도 일하러 나가지 않는다. 여기서는 모든 것이 '발현의 법칙'에 의해 만들어지는데, 이는 당신이 모든 사람들에게 공통인 더 높은 의식인 당신 안의 목소리를 따르고 있다면, 당신은 '바른 장소에서 바른 시간에 바른 일을 하고 있으며', 당신의 모든 필요는 충족될 것이라는 신조다. 당신의 욕망이 아니라 당신의 필요다. 그들이 느끼는 신뢰는 바위 같다. 그것은 옮겨지지 않는다. 그러한 절대적 신뢰는 땅 위를 활보하는 혼돈된 존

제국 문화의 종말과 흙의 생태학

재들의 이원적 의식을 때때로 접할 때는 문제가 될 수도 있는바, 나는 그것이 나를 포함해 모두에게 바로 그러하다고 짐작한다. 사람들은 때로는 그들의 양면적 감정 상태에서 조금은 독선적이어서 때로는 핀드혼의 절대적인 것들에 충격을 받는다. 이는 떠돌이들이 들어가서 자신들이 와 있음을 환기시키며 '권리들'을 주장할 수 있는 공동체가 아니다. 여기에는 단지 다수가 없으므로 소수의견도 없다. 논쟁이 없으므로 논쟁의 두 편도 없다. 어떤 이에게 놀랍게 들리는 것이 다른 이들에게는 좀 경악스러울지도 모른다. 핀드혼에는 규칙들도 없고, 명령도 없고, 지휘계통도 없지만 빛과 진리를 지구에 흘러가도록 신에 대한 그리고 서로에 대한 감수성을 개선하는 일을 지속하려고 끊임없이 애쓰는 집단이 있다. 그래서 어떤 것이 그 공동체에 어떻게 오게 될지에 대한 규정도 앎도 없으며, 마찬가지로 '미래'에 대한 계획도 없다. 단지 때가 되면 모든 필요가 채워지리라는 단순한 믿음만 있다.[79]

핀드혼에 관해 또 하나의 권장할 점은 사람들이 문명에서 걸어 나와 집단 안에서 긍정적인 정서적 환경을 나타낼 수 있는 가능성들을 보여준다는 점이다. 호컨은 이렇게 주장한다.

핀드혼에서 펼쳐지고 있는 환경은 의식의 변혁에 고도로 도움이 되는 환경이다. 나는 핀드혼에서 내가 거기에 있으면서 누가 누구를 나무라는 것을 들은 적이 없다. 거듭 말하지만 내가 두 주일을 머무는 동안 다른 사람에 관한 부정적인 말 한마디를 들어보지 못했다. 아무 교리, 식단, 명상 기법의 세트도 없고 그러한 의식을 도와주거나 일으키는 체조도 없다.[80]

---

79 *Findhorn—a Center of Light.* Paul Hawken. Tao Pub. Boston, Mass. 1974. pp. 27,28.

80 ibid. p. 33.

핀드혼의 경험에서 모든 사람은 '여기에 지금' 강렬하게 살고 있었으며 이는 당신이 정말 오랫동안 하고 싶었던 것을 할 수 있는 것과 비슷한 경험이다. 호컨에 따르면, 핀드혼에서는 이를 이렇게 설명한다는 것이다.

> 우리는 우리 자신에 대한 우리의 '상(像)'에 아주 많이 집중하기 때문에, 우리는 끊임없이 우리 자신을 붙들어 제어하고 여기서는 우리 자신이나 외부의 실재를 이 상(像)에 부합하게 재조정해야 한다는 것이 느껴진다. 이는 본질적으로 내향적으로 된 에너지이므로 자신을 쉽게 갱신하지 않는다. 이는 정신적·신체적 피로, 자의식, 자신감의 결여 그리고 진정한 실재에 대한 시야의 방해를 초래한다.
>
> '상(像)'과 인성이라는 이 무거운 짐을 풀어놓을 수 있는 자들은 전에는 자신을 감추고 순응시키는 데 사용되던 에너지의 거대한 방출을 경험한다. 핀드혼은 노소를 불문하고 사람들에게 그 안에서 그들이 신속히 이 변혁 과정을 겪을 수 있는 기반을 제공한다. 방출되는 에너지는 더 높은 수준들에서 오는 에너지들과 합해진다. 이 두 에너지들의 합침은 상승효과를 일으키며 거기서 전체는 부분들의 합을 넘어선다. 핀드혼에 관한 주목할 만한 것은 이곳에 그 변화의 살아있는 체현물들이 아주 많지만, 핀드혼에는 이 과정을 옆에서 재촉하거나 이를 일으키는 명백한 기술, 교리 또는 종교적 교의가 결여되었다는 점이다.[81]

---

81 ibid. pp. 37, 38.

제국 문화의 종말과 흙의 생태학

제17장 영구적 사막 문화

탐구 대상인 '자연과 균형을 이루며 살아가는' 모델의 사례는 미국 남서부의 반건조 환경에 존재하는 수계(水系)다. 이 지역이 그런 기후에서 존재하므로, 인간들이 이런 지역들에 적응해 살아가는 데 활용해온 여러 전략들을 조사하는 것이 유익할 것이다. 이 모형이 사막에 가까운 지대에 적용되기는 하지만, 사람들의 공동체가 정착하고 싶어할 수도 있는 어떤 지대에도 비슷한 분석을 적용할 것이 제안된다.

채집인의 사례

사막 환경에 대한 적응형태들은 정착형, 유목형 그리고 이 둘 사이의 변이형태로 있어 왔다. 남아프리카의 부시맨 사람들은 흑인인 반투 사람들과 그 외의 종족들이 최근에 도래하기 전까지 남아프리카의 원뿔꼴의 땅에 거주한 아주 오래된 인종이다. 코카서스인들이 이누이트인들과 다르듯이 흑인 민족들과 신체적으로 다른 이 사람들은 그들의 예전 서식지 대부분에서 제거되었으며,

적응하지 못한 자들은 최근까지 들어가지 못한, 원뿔 모양의 땅의 중심부 사막–칼라하리의 험한 환경 안에서만 생존한다.

부시맨 사람들은 그들 주위의 생명과 유지하는 믿기지 않는 균형에서 북쪽의 이누이트인들과 마찬가지일 것이다. 매년 8개월에서 10개월 동안 그들은 이렇다 할 수원(水源)을 가지지 못한다. 그들의 액체는 동식물에서 온다. 그들의 식수는 아주 빈약해서 그들이 죽여서 소비를 위해 저장한 모든 동물에서 모든 가능한 액체 빙울이 짜내이진다. 그러나 부시맨 사람들을 아는 연구자들과 방문자들은 그들이 행복하고, 친절하고, 협동적이고, 그들의 환경에 잘 적응해있다고 말한다.

인류학자 조지 실버바우어는 칼라하리 사막 한 부분에서 부시맨 씨족들의 한 집단과 살았다. 실버바우어가 함께 살고 연구한 집단은 영어로 인식하기 위해 지–위(G/wi)라고 그가 이름을 붙였다. 지–위는 "대부분의 해에 6주에서 8주간만 물을 가진다"[82]고 그는 주장한다. 지–위가 그들의 환경에서 도달한 균형은 아주 섬세해 그들은 덥고 건조한 계절 중에 흔히 일사병 언저리에서 생존하지만 그는 일사병을 전혀 목격하지 못했다고 실버바우어는 적는다. 그는 이렇게 주장한다.

많은 지–위들이 나른함, 몸살 그리고 비정형적 짜증으로 일사병의 전
조를 나타내는데, 비록 그들이 발병으로 진행하지는 않지만 이는 생존
의 여백이 때때로 이런 환경조건에서 얼마나 빈약해지는지를 알려주는
것이다.[83]

지–위의 본고장의 땅은 주로 풀, 활엽초본, 덤불 (특히 가시덤불) 그리고 약

---

82 *Hunter and Habitat in the Central Kalahari Desert*, George B. Silberbauer, Cambridge U. Press, 1981, p. 221.

83 ibid. p. 277.

제국 문화의 종말과 흙의 생태학

간의 나무로 덮여있다. 그 사람들은 자신들의 땅 전체를 옮겨 다니고 물웅덩이나 습기의 원천 근처에서 야영하려고 한다. 식용 식물들이 지-위 식단의 대부분을 이루는데, 실버바우어에 의하면 75에서 100퍼센트가 된다. 그 집단의 주식은 30여 종이 있다고 그는 주장하며, 그가 또한 주목하는 것은 식량으로서의 제한된 가치 때문이라기보다 그 습기의 가치 때문에만 소비되는 식물종들도 있다는 것이다. 물론 먹을 수 있을 때는 고기도 먹는다. 실버바우어는 식용이 되는 것으로 기린에서부터 여러 영양 종류를 거쳐 호저(豪豬), 흑멧돼지, 토끼, 자칼, 설치류, 새, 거북, 뱀, 개구리 같은 종들까지 20개 종을 열거한다. 그는 또한 상당량의 무척추동물도 먹을거리가 된다는 것을 가르쳐 준다. 실버바우어는 1인당 연간 육류 소비량을 93.14킬로그램으로 계산한다. 다른 연구자들은 부시맨 종족들의 식량 소비의 칼로리와 단백질 가치가 일반적으로 유럽인들의 그것과 필적한다는 것을 주목해왔다.

부시맨 종족들을 연구하는 다양한 학도들이 그들을 묘사하듯이 그들은 기능적 도구와 기구 외에 소유물을 별로 가지지 않는다. 연구자들은 또한 그들의 약간 신비적인 심오함에 관해 언급한다. 칼라하리의 다른 (그리고 좀 더 습한) 지대에 사는 다른 부시맨 무리들을 연구한 한 인류학자는 그들이 그에게 200종의 식물과 220종의 동물을 식별해주었고 그 대부분이 식용, 약용 또는 재료로 사용되었을 개연성이 있다고 말한다.[84] 그들 주위의 생명에 대한 이런 백과사전적 지식과 그것의 파동과 운동에 대한 감지(感知)는 자연계와 함께 하는 삶을 살아보지 않은 사람에게는 신비로운 분위기를 띠기 시작한다. 예를 들면, 지-위에 의해 사용되는 화살촉 독은 어떤 딱정벌레의 유충에서 나온다. 땅 밑 약 20에서 25cm의 고치 안에 존재하는 이 딱정벌레 유충은 특정 종류의 큰 덤불, 코르크나무 밑에서만 발견된다. 그 독은 혈관에 들어갈 때만 활성을 띠

고, 무해하게 소화가 될 수 있다. 이런 특성이 그것을 사냥용 화살에 쓸 이상적인 독이 되게 한다. 지-위가 어떻게 그 유충을 알고 그 독을 사용하는 법을 배웠는지는 그들이 자신들 주위의 생명에 관해 가진 심오한 감각을 알려주는 불가사의다.

중앙 칼라하리의 생명주기는 여름철 우기와 겨울철 건조기의 두 단계 주기다. 우기 동안에는 사막 바닥에 흩어진 씨앗이 온통 싹이 트고 식물의 생명이 번창히며, 온갖 동물들이 새끼를 배고 알을 낳으며, 물웅덩이가 채워진다. 이때 지-위에게 식량과 습기를 제공하는 기본 식품인 차마 멜론이 번식한다. 이 계절에는 활용 가능한 식물이 29종이 있었다고 실버바우어는 추산한다. 가족들과 무리들이 한데 모이는 것은 이 시기 동안인데, 사람들의 집중을 한 지대에서 감당할 수가 있기 때문이다. 남반구에서 이 습한 계절 오월에 집단을 이룬 사람들은 식량을 찾아 불과 몇 킬로미터를 여행했다. 사람들은 계절, 습기 그리고 따라서 당장의 식량 가용성에 맞는 이동 패턴을 보인다. 계절이 건기가 시작되면서 사람들은 흩어진다. 집중된 집단은 쪼개지고 무리들은 각기 다른 물웅덩이들로 간다. 사냥은 남자들 측에서는 상당한 여행을 요한다. 활과 화살로 사냥할 때 남자들은 며칠을 계속 걷는다. 이 경우에 그들은 고기로 포를 뜬다. 즉 얇은 조각으로 저며서 햇볕에 말린다. 이런 식으로 비록 동물에서 나오는 모든 습기는 그 자리에서 소비되어야 하지만, 잡은 짐승 고기를 편리하게 야영지로 운반해 올 수가 있다. 사람들은 더 작은 동물을 잡는 데 올가미를 사용하기는 하지만, 하루에도 여러 번 가 볼 수 있는 야영지 근처에서만 사용한다. 왜냐하면 관찰자가 적는 대로 나디마(N!adima), 곧 그들의 말로 '창조주'인 그는 그들이 '그의 피조물 중 하나에게 불필요한 고통'을 야기했다면 화가 날 것이기 때문이다. 때리고 던질 때 사용되는 몽둥이도 작은 사냥감을 잡을 때 사용된다.

그 사람들은 때로는 사자들에게 돌진해 그놈들을 위협해 쫓아냄으로써 사자들이 잡은 동물을 빼앗는다. 관찰자 실버바우어에 따르면, "그 술수는 순간을 제대로 판단하는 데 있다. 사자가 먹고 있을 때 너무 일찍 접근하면 사자가 공격할 것이고, 포식하고 게으름을 피울 때까지 너무 오래 놔두면, 사자는 버티고서 도망치기보다는 먹이를 지킬 것이다."[85] 흥미로운 측면은 이 문화 안의 완벽한 나눔과 상호 부조의 감각이다. 다른 문화 그리고 조정된 지각의 다른 패턴으로부터 지-위에게로 온 인류학자 실버바우어는 사유재산의 문제를 좀 길게 다룬다. 이 홍적세 문화에서의 이 문제를 파악하려는 시도에서 그는 별로 성공적이지 못했다. 그는 이렇게 설명한다.

> 나는 소유권을 사용이나 사용 통제의 배타성과 일치시켜왔다. 소유권 개념은 중앙 칼라하리의 지-위 중에서는 고도로 발달하지 않았으며 나는 그것을 그들과 토론하는 데 어려움이 있었다.
> 방해받지 않는, 건드려지지 않는 그리고 권리 주장이 되지 않는 토지 자산이 나디마에 의해 소유되지만 사람들의 이용 과정이 일단 시작되고 나면 인간 소유권에 놓인다. 예를 들면, 어떤 사람이 특정한 동물을 사냥하겠다는 의도를 표시할 때는 다른 어떤 사람도 그 사냥이 첫째 청구자에 의해 포기되지 않으면 그리고 포기될 때까지는 그 동물을 자신이 취하려고 시도하는 것은 잘못이다.[86]

지-위 중에서는 그날 필요한 식물 식량만이 가구를 위해 수집되며, 이는 그 가구와 노인이나 장애인에 의해 평등하게 나누어진다고 실버바우어는 말한다. 큰 동물을 잡는 행운이 일어날 때는 그 고기는 사냥꾼들, 조력자들 그리고 전체 무리들 간에 분배된다. 인류학자인 리처드 B. 리는 그의 연구 '쿵 부시맨 생계. 투입-생산 분석'에서 사냥꾼들이 개별로 또는 조를 이루어 사냥한 식량의 나눔에 관해 주장한다.

> 협동은 명확히 눈에 띄지만, 이는 식량의 소비에서 그렇다는 것이다.

---

85 Silberbauer. *Hunter and Habitat.* op. cit. p. 216.

86 ibid. p. 232.

가족들이 그날의 생산을 한데 합칠 뿐 아니라 전체 야영지 거주자들과 방문자들이 마찬가지로 활용할 수 있는 식량의 총량에서 평등하게 나눈다. 어느 가족의 저녁 식사이든 다른 주민 가족들 각각의 공급물에서 나온 식량의 일부분들로 이루어진다. 음식은 날것으로 분배되거나 수집자에 의해 준비가 되고 나서 분배된다. 주민 각 사람이 공평한 몫을 받을 때까지 견과, 장과, 뿌리와 멜론의 끊임없는 흐름이 한 가족의 불 피운 자리에서 다른 가족의 불 피운 자리로 계속 이어진다.[87]

실버바우어는 사람들의 생명과 토지의 생명 간의 재미 있는 관계에 주목한다. 인간이 야영지 주위에 용변을 본 것은 인간들에게 선호되는 야영 지역에서 유익한 식물개체군의 씨앗을 퍼뜨리는 결과가 된다. 분변(糞便)은 협력하는 쇠똥구리에 의해 씨앗과 더불어 땅속으로 들어가 씨앗들이 다음 계절의 발아를 위해 훌륭하게 심기고 준비가 된다는 것을 그는 주목한다.

실버바우어는 지-위가 땅 위로 뻗어가는 박넝쿨의 성장을 촉진하기 위해 풀을 태우는 것을 관찰했다. 풀들에 불을 놓고 나서 습기가 들면, 불탄 자리는 제일 먼저 파릇해진다. 이 푸른 풀들의 성장은 그것을 심하게 먹어치우는 초식동물들을 끌어들였다(그리고 그곳에 있음으로 인해서 스스로가 먹이가 된다). 박들은 평소의 습관대로 정상적으로는 풀보다 한참 나중에 그 자연적 성장 순환주기를 시작하며 그때 초기의 성장을 최대화하기 위해 태양 빛을 받는다. 극히 건조한 시기에 동물과 새들이 멀리 이주해 가고 다른 것들은 겨울잠을 자거나 가사 상태에 있을 때 지-위들도 비슷한 방식으로 들어가 박힌다. 이때쯤이면 그들은 최소의 가족 단위들로 쪼개진다.

비록 많은 사람들에게는 지-위가 고통을 견디는 것으로 그리고 물질적으로는 아주 가난한 것으로 보일 수도 있지만 그들은 우주에서 자신들의 장소

---

87 Lee. *Environment and Cultural Behavior.* op. cit. p. 58,59.

제국 문화의 종말과 흙의 생태학

에 대한 의식, 다른 많은 문화들보다 훨씬 더 발달된 영적 정교성과 인간적 성숙성을 드러낸다. 그들은 겸손하고 자신들의 생계를 위해 필요로 하는 것보다 더 많은 것을 취하지 않으려고 조심한다. 그들은 세계를 소유하는 나디마에 대한 배려로 그리고 땅 위에서 우리와 함께 사는 다른 존재들에 대한 배려로 결코 한 마리 이상의 동물을 사냥감으로 쏘는 일이 없다. 실버바우어는 아주 값진 타조알들이 지-위들이 찾아내서 음식으로 그리고 소중한 물그릇으로 사용하는 것인데 각각은 달걀 24개와 대등하다는 것에 주목한다. 그럼에도 불구하고 지-위가 타조알이 10개에서 15개가 같이 있는 둥지를 발견하면, 두 개나 세 개만을 가져간다.

실버바우어는 지-위를 1958년에서 1966년 사이에 방문했다. 그 직후에 칼라하리에서는 긴 가뭄이 일어났다고 그는 주장한다. 목축인들, 광산업자들 그리고 그 밖의 사람들이 존재하던 모든 나머지를 차지하려고 들어왔다. 그래서 지-위들은 그들 이전의 다른 많은 부시맨 종족들처럼 더 이상 존재하지 않는다. 그는 이렇게 말한다.

> … 잘된 일이건 잘못된 일이건 이 책에서 서술된 꽉 짜인 집단 사회의 조직 그리고 무리 구성원의 자신들의 사회에 대한 통제의 완벽성은 사라졌다. '민족-지리학적 현재'는 이제 과거가 되었다.[88]

정주적인 예

네게브 사막의 고대 나바테아인들은 땅의 물질대사 안에서 자신들을 위한 유기적 틈새를 만든 민족이다. 대부분의 채집인들처럼 단지 균형을 이루며 살

---

88 Silberbauer, *Hunter and Habitat*, op. cit. p. 1.

기보다는 나바테아인들은 자신들을 위해 땅이 제공한 것 이상으로 적극적으로 유기적 공간을 마련했다. 그들은 다른 생명을 해치거나 그들에서 빼앗는 일 없이 이를 행했다. 그들은 땅의 생명을 더 큰 다양성, 비옥함 그리고 세련화를 향해 더욱 향상시키는 새로운 기관(器官)을 창조했다.

나바투의 문명은 창조적인 사람들의 집단에 의해 어떤 일이 이루어질 수 있는지를 예증한다. 나바테아 문명은 약 두 세기 동안 네게브 사막과 시나이 사막에 존재했으며 비가 매년 5~10센티미터 밖에 오지 않는 땅에서 놀라운 훌륭한 문화를 만들어냈다. 이 사람들은 자신들의 창조성 말고 다른 '자원'을 가진 것이 없었다. 그들은 바로 지금 세계의 대부분의 사막이 성공적으로 거주지가 될 수 있을 것임을 예증한다. 이는 물론 산업 문명의 맥락 안에서는 될 수가 없을 것이다.

나바테아인들의 기원에 관해서는 별로 알려진 것이 없다. 학자들은 존재하는 증거를 근거로 그들이 아라비아에서 생겨나 시나이-네게브 지역으로 들어온 부족이거나 부족들의 집단이라고 결론을 내린다. 시나이-네게브 사막의 자연사(自然史)에 관해서도 별로 알려진 것이 없다. 네게브 사막의 북부에서는 사막 내부는 강수량이 평균 10~20센티미터가 되며, 남쪽으로 시나이 사막 쪽으로 갈수록 더 작아진다. 지중해에서 동쪽에 있는 사막 안으로 여행해 들어가면서 보면 토지 형태와 기후 시스템은 빗물-숲 체제들이 불과 수 킬로미터 사이에 급격히 달라지는 그런 모습을 띤다. 에프라임 오니와 단 얄론은 이스라엘의 토양에 대한 조사에서 남부 네게브의 토양은 어둡고 단단하고 자갈이 깔린 사막 포장인 레그(reg)라는 흙으로 덮였다고 언급한다. 이 비교적 불투수성의 표면 아래에는 "엷은 색의 성긴, 비옥한 층이 두께 30센티미터에 달하기도 한다."[89]

이 사실은 선사 시대에 어느 때엔가 상당한 숲이 있었다는 것을 알려주는 것 같다. 브엘셰바 저지대의 북부 네게브는 저자들에 따르면 황갈색의 황토이

---

89 *Israel Today, Reclamation and Conservation of the Soil*, #26, Efraim Orni
    & Dan H. Yaalon, Israel Digest pub. P.O.B. 92, Jerusalem, 1970, p. 15.

제국 문화의 종말과 흙의 생태학

며 사막 내부 지역에서 먼지 폭풍에 의해 실려온 흙으로서 사막 언저리에 전형적인 흙이다. 현재 중동의 많은 사막 구역들이 고대에는 숲이었음에도 불구하고 시나이-네게브의 숲덮개가 무엇이었는지에 관해서는 별로 알려진 바가 없다. 네게브에는 긴 정착의 역사가 있으나, 나바테아인들의 시대까지는 그곳의 정착민은 역시 보통 아주 희소한 인구였다.

학자들이 기원전 1세기보다 이전의 나바테아인들에 대한 어떠한 마을 생활의 증거도 발견하지 못하지만, 역사가들은 그들이 유목부족들로서 그 지역에 있었다고 믿는다. 그들은 셈족이 아니었고 지금의 주민들에 의해 아라비아에서 쫓겨난 원주민들이었다는 것을 알려주는 증거들이 있다.[90]

넬슨 글뤽은 이 독특한 민족에 대한 최고의 학자일 개연성이 있는 사람으로서 자신의 연구 《사막의 강들. 네게브의 역사(Rivers in the Desert, a History of the Negev)》에서 다음과 같이 그들에 대한 자신의 견해를 요약한다.

> 그들의 지배는 여러 세기 동안 아라비아에서부터 시리아까지 그리고 네게브를 가로질러 시나이까지 펼쳐졌다. 그들은 역사상의 가장 주목할 만한 민족의 하나로 생각될 수 있다. 아라비아 사막에서부터 거대한 힘과 풍요의 지위로 신속히 솟아난 그들은 자신들의 출신지인 연옥(煉獄)으로 로마인들에 의해 훨씬 더 신속히 밀려났다. 그들의 차례가 지속되던 동안에는 나바테아인들은 위대한 역사(役事)를 진행하여, 거의 하루밤새에 인간의 수공(手工) 역사에서 독특한 웅장한 도시들의 건축자들로 발전했다. 그들은 무역업자, 농부, 기술자, 건축가이자 탁월한 예술가들이 되었다. 기원전과 기원후의 첫 세기들 사이에 나타나고 사라짐의 현상이 하늘을 가

---

90 *The Nabateans.Their History, Culture and Archaeology*. Philip C. Hammond. Paul Astrom. Pub. Gothenburg. Sweden. (나바테아인에 관한 주목할 다른 학자들은 히브리 대학의 에베나리(Evenari) 교수와 고고학자 아브라함 네게브[Avraham Negev]로 둘 다 이스라엘인이다.)

로질러 확 타오르다 멸종하는 잠깐 번쩍이는 유성의 밝은 빛과 비견될 수 있을 것이다.[91]

그들은 정말로 놀라운 민족이었으며, 그들의 재능은 전쟁의 과학보다는 평화의 기술에, 이웃의 밭에 소금을 뿌리기보다는 사막을 비옥하게 만드는 데에, 천연자원을 낭비하고 다른 사람들이 그 축복을 즐기지 못하게 좋은 땅을 초토로 만드는 쪽보다는 토양의 보존과 물의 능숙한 수집과 활용에 향해졌다.

그들은 때로는 여러 세대에 걸쳐 완성시켜야 했던 토양과 물의 보존 체계들을 계획하고 시공해 자신들과 자신들의 자녀들 또 자녀들의 자녀들을 위해 창조한 생존 가치물들에서 보상을 받았다. 그들이 네게브 황무지에 이전에 있었던 것보다 더 많은 농업 정착촌들을 설치해 그곳을 재정복한 것은 이런 방식이었다.[92]

기원전 1세기 역사가 스트라본은 나바테아인들의 문화생활에서 더 많은 것을 조명하는 것을 도와준다. 당시의 그들의 생활을 묘사하면서 그는 이렇게 말한다. 그들은 "온화하고 부지런했으며, 검약에 관한 엄격한 법들을 가졌다. 사막 생활에서 가져온 민주주의가 여전히 사회생활을 규율하며, 왕의 사회생활도 마찬가지다. 그러나 지금 그들은 황금 컵으로 술을 마시며, 무희(舞姬)들의 접대를 받고 페트라 부근에 정원들을 가꾸었으며, 그들의 왕은 자주색 옷을 입는다. 그들에게는 노예가 별로 없지만 평화 때문에 벽이 없는 도시의 석조 주택에서 산다."[93]

---

91 *Rivers In The Desert. A History of the Negev.* Nelson Glueck. Farrar, Straus & Cudahy. New York. 1959. p. 193.
See also. *Land, Water and Life In A Desert Environment.* Daniel Hillel. Praeger pub. 1982. And.
The Negev: The Challenge of a Desert. 2nd. ed. Michael Evenari, Leslie Shanan, Naphtali Tadmor, et. al. Harvard U. Press. Cambridge, MA 1982.

92 ibid. p. 202.

93 Hammond. The Nabateans. op. cit. p. 13.

제국 문화의 종말과 흙의 생태학

나바테아인들의 문화는 물의 집중, 용기 저장 그리고 토양 보존에 기초를 두었다. 세계의 많은 다른 반건조 사막들에서처럼 네게브에서도 비는 드문드문 오지만 흔히 폭우가 내린다. 그 지역이 나무로 덮여있고 풀과 같은 다양한 숲 덮개로 잘 덮여있다면, 그 토지는 물을 흡수해 습기의 순환주기를 조화롭게 할 수가 있다. 토지가 남용되어왔다면, 아니면 많은 숲덮개를 지탱하기에 단순히 너무 건조하다면, 빗물은 그대로 급류로 흘러 사막 저지대에서 결국 스며든다.

　　나바테아인들은 아주 황량하고 숲덮개가 별로 없는 사막에서 생존했다. 그들의 전략은 사막 바닥에 흙을 조성하려고 하는 것이 아니라 그 바닥을 집수(集水)를 위해 사용하고는 그 물을 흙을 조성하기 위해 집약적으로 작업이 될 수 있는 지대로 흘려보내 모으는 것이었다. 환경이 상당 부분 암반과 불투수성 포장 면으로 된 땅이어서 그들은 집수하는 데 큰 도움을 받았고, 이 사실을 충분히 활용했다.

　　그들의 재능 중의 하나는 물을 용기에 저장한 것이었다. 그들은 흔히 (그들의 가장 중요한 도시 페트라를 암석으로 깎아서 만들었듯이) 딱딱한 암석으로 수조(水曹)를 깎아 만들었다. 그들은 또한 그 지방에서 나는 석회석을 태워서 만든 회반죽도 사용했다. 회반죽은 그들이 수조를 필요로 하는 거의 어디서나 땅에 구멍을 팔 수 있게 해주었다. 구덩이를 판 다음에 그들은 측면과 바닥에 회반죽을 발라서 물을 가두도록 했다. 나바테아인들이 만든 회반죽 칠을 한 수조가 네게브에 있어서 지금도 여전히 베두인들은 거기서 물을 길어서 자기들의 가축 떼에게 먹인다. 발견된 암반 수조 중 어떤 것들은 수천 갤런의 용량을 가진다. 나바테아인들이 그 지역 주위에 수백 개의 마을을 이루었으므로 그들은 가능한 물 한 방울까지도 보전해야 했다. 협곡에서 물을 단지 돌려다가 수조를 채우는 방식 말고 물을 채우는 한 가지 교묘한 방식은 낭떠러지 깎은 면에서 굴을 발견하거나 아래에 그린 방식으로 낭떠러지 면을 파내는 것이었다.

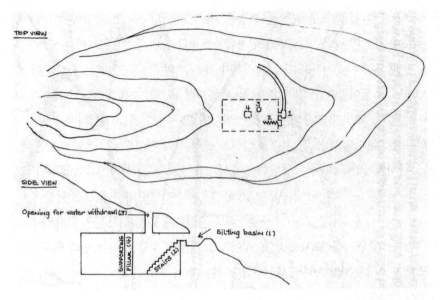

TOP VIEW

SIDE VIEW

Opening for water withdrawl (3)

SUPPORTING PILLAR (4)

STAIRS (2)

Silting basin (1)

: 나바테아인의 저수조

나바테아인들은 댐, 계단식 경사, 물을 빼내는 우물, 수로, 도수관, 수조, 저수지 등을 활용해 수계 전체를 집수구역으로 삼았다. 그들의 장치는 일반적으로 골짜기와 협곡의 꼭대기로 바로 통해서 어떠한 갑작스런 물의 넘침도 조절되어 최대로 활용되도록 했다. 그들은 대지(臺地)의 꼭대기를 둘러싼 수 미터 높이의 석벽을 활용했다.

물을 돌려 빼는 벽을 활용해 수류(水流)는 비교적 완만한 흐름으로 계단식 경사로 그리고 대지 아래의 평지로 물길을 따라 보내질 수 있었다. 추가적인 혜택은 수류에서 걸러진 표토였다. 물이 침식지를 깎아 흐르지 않는 조건에서는 흘러내리는 침적토는 농장 지대

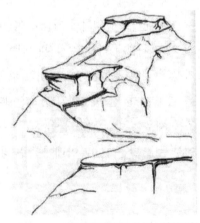

: 메사 지형에서의 상수(上水)의 변환

제국 문화의 종말과 흙의 생태학

에서 유기물 가치를 지닌 가벼운 물질이었을 것이다.

물이 모여진 후에는 들판에 뿌려져야 한다. 그것이 들판에 침식로를 내지 않도록 그 속도는 조정되어야 한다. 나바테아인들은 그들의 밭을 다층으로 만들어 이를 행했다. 나바테아 농부는 어떤 밭에는 많은 양의 물을 주고 다른 밭에는 적게 주어 여러 종류의 식물들에 맞출 수가 있었다. 이는 분출로의 높낮이를 조정해 미리 정해진 수위(水位)로 물을 가두는 방식으로 이루어졌다.

협곡 바닥에는 물웅덩이들이 하류까지 계속 이어지는 시스템으로 되었다. 이 웅덩이들은 각 웅덩이가 채워지면서 나머지의 물이 흘러내려 다음 웅덩이를 채우도록 만들어졌다. 분출로는 물이 웅덩이 안에 약 15센티미터가 될 때까지는 물이 흘러가지 않도록 설치된 꽉 맞추어진 돌로 만들어졌다. 이는 침식을 막기에 충분하도록 물 흐름을 늦춰주었다.

나바테아인들은 지하수면에 도달할 수 있을 때는 우물을 활용했다. 분수 우물들이 네게브에는 나

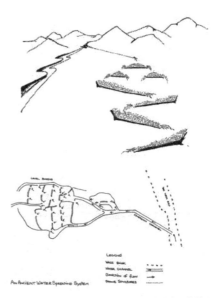

: 나바테아인의 물 우회로

바테아 시대부터 아직도 남아있다. 몇 개의 사례들에서 물을 담은 대수층이 위치했다. 이것들은 사암이나 다른 다공질 물질로 된 층으로서 물을 담고 있었다. 일꾼들은 언덕 사면에 수평 굴을 파서 대수층까지 닿게 했다. 또 하나의 창조적 기술은 집수(集水)와 우물의 조합이었다. 그것은 지금의 연구자들에 의해 카나트(Kanat)라고 불린다. 카나트 시스템은 특히 간헐천이 산에서 나와 평지로 들어가는 바로 그 지점에서 활용된다. 흔히 사막에서는 물이 지표면보다는 지하로 더 많이 흐르며 카나트는 이를 활용하기 위해 고안되었다. 그것은 보통은 자갈

제2권 미래의 씨앗

인 이 층까지 여러 개의 우물 관로를 파 내려가는 것으로 기능한다. 물이 우물 관로 벽 밖으로 스며 나오지만 대부분의 우물과 다르게 물은 바닥에 모이지 않는다. 정상적인 우물의 바닥이 있을 곳에 수평 터널이 있다. 대신에 물은 흘러내려 모든 관로들에서 배수하는 터널 밖으로 흘러간다.

다니엘 힐렐은 그의 연구서 《사막 환경에서의 토지, 물 그리고 생명(Land, Water and Life in a Desert Envir- onment)》에서 나비데아인들의 문화적 발현의 절정에는, 수백 곳의 농장 단위들이 북부 네게브에 있었다는 것, '수류(水流) 영농이 실제로 북부 네게브에서 활용 가능한 토지 전체를 포괄했다는 것'을 주장한다. 글뤽도 나바테아인들이 '수백만 갤런의 물'을 그들의 수조와 저수지에 모아두어 그들의 시설이 어느 정도 규모였는지를 짐작하게 한다고 주장한다.[94]

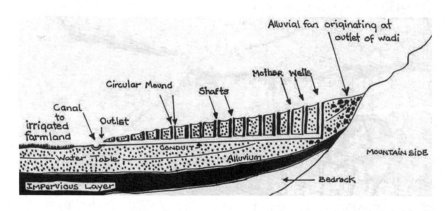

: 카나트

글뤽에 따르면 와디 바닥 식물 재배의 평균적인 면적은 대략 0.1제곱킬로미터였다. 힐렐은 네게브에서 평균적인 물 흐름이 집수 분지에 떨어지는 빗물의 10퍼센트에서 15퍼센트로부터 온다고 추산하며, 네게브에서의 겨울 곡식의 물

---

94 ibid. p. 211.

제국 문화의 종말과 흙의 생태학

소요량은 약 10센티미터의 빗물 (또는 다른 물)에 해당하는 양이라고 본다. 이런 계산에서 힐렐은 집수 분지와 재배 면적의 비율이 평균 25 대 1일 것이라고 주장한다. 표준적인 밭작물 외의 작물들은 명백히 사정이 더 나아 보인다. 그는 20~25센티미터의 강우량을 가진 지대에서 집수 면적과 재배 면적이 3 대 1의 비율을 이룰 때 잘 자라는 아몬드 나무를 가지고서 한 실험을 인용한다.

네게브에서의 나무농사 작물은 아몬드, 살구, 무화과, 올리브, 석류 그리고 대추야자들이다. 밀은 겨울 작물이고 여름 작물에는 포도, 박류(즉 멜론, 스쿼시)가 있다. 고대 나바테아인들은 이런 작물들 다수를 재배했던 것이 분명하다. 우리는 역사 기록에서 그들이 보리와 아라쿠스(콩류인 듯하다)도 재배했다는 것을 안다.

나바테아인들의 창조성의 효능은 히브리 대학의 에바나리 교수에 의해 이루어진 재현된 나타테아 농장에 의해 드러난다.

이 실험이 시도되던 1960년에 이스라엘은 지금까지 최저의 강수량을 기록했으며 이는 약 4센티미터에 불과한 양이었다. 네게브와 다른 곳에서의 농사는 망쳤고 흙으로 갈아엎어져야 했으나 모두가 놀라는 것은 1,700년 이상을 휴경 상태에 있던 그 교수의 고대 농장에서 보리가 가슴 높이까지 자라는 농사가 되었다는 것이다. 그 비밀은 교수가 복원한 고대 나바테아의 수로들이 빗물을 주위의 구릉지에서 끌어오는가 하면, 한 번 소나기가 오면 0.5센티미터의 강우량밖에 안 될 때 4분의 1에이커(약 1,011제곱미터)의 밭을 둘러싼 벽들이 물을 약 15센티미터 깊이로 유지했다는 사실에 있었다. 이 고대의 밭들에서 그 교수와 그의 조력자들은 1에이커(약 4,047제곱미터)당 500킬로그램의 보리를 거두었으며, 이는 다코타 주에서의 곡물 작황과 비등하다.

동일한 홍수 관개 원리를 이용해 에바나리 교수는 고대의 와디 시스템을 포도, 살구, 아몬드, 올리브 그리고 아스파라거스, 오이, 아티초크 같은 채소들이 자라는 수 에이커(1에이커는 약 4,047제곱미터)의 밭으로

전환했다. 게다가 식물들은 사막 자체의 건조한 열기가 흙을 굽고 불모
지로 만드는 가운데서, 일반적인 식물 질병에서 작물들을 보호하기 위한
농약 분무를 필요로 하지 않는다.[95]

또 하나의 사막 거주 민족인, 키바 사람들은 모두가 키바라는 지하의 전
례실(典禮室)을 사용한 사람들로서 이들은 고대에 살았으며, 많은 마을들
이 아직도 북아메리카 대륙의 남서부에 존재한다. 그들의 고대 집단들의 이름
은 그들의 거주지에 따라 아나사지(Anasazi), 호호캄(Hohokam), 밈브레스
(Mimbres), 모골론(Mogollon) 등이었으며, 현대의 그 사람들 각각은 보통 스
페인식 이름을 가진다. 고대의 키바인들은 나바테아인들에 의해 이루어진 수
준으로 수리(水利) 시설을 건설했다. 고대 키바인들이 살던 땅 대부분은 연 강
수량이 25~50센티미터여서 그들은 공사와 설계에서 나바테아인들과 같은 극
단적 상황으로 갈 필요는 없었다.

그들은 집수장치 없이 더 큰 규모로 건조한 토지를 경작할 수 있었음에도
불구하고 계단식 경사, 집수구역으로부터의 수로와 댐을 그들의 농업에 활용했
다. 필시 그 노력의 대다수는 범람원 농업이었을 것이다. 이는 단지 범람원에
수로로 홍수 물을 대어 농사를 짓는 것이다. 그들은 나바테아인들이 활용했다
고 알려지지 않은 추가적 기법들을 가졌다. 이런 기법들 중 하나는 밑 부분에
샘을 가진 사암 절벽을 발견하는 것이었다. 이는 사암이 물을 담은 대수층이라
는 것을 알려주었다. 키바인들은 대지(臺地) 꼭대기에 댐을 건설했으며, 가두어
진 물은 곁으로 흘러넘치기보다 대수층으로 가라앉도록 했다. 이는 샘물을 증
대시켜주었고, 의존할 수 있는 물 공급을 보장해주었다.

또 하나의 교묘한 기술이 아주 잘 작동한다. 사막 흙 위의 불투수성 재질
이 물을 그 아래로 모이게 한다. 그것은 흙의 산화를 방지하고, 짚을 깐 것 같

---

95 *World of the Desert*, Slater Brown. Bobs-Merrill. New York. 1963. p.75.

제국 문화의 종말과 흙의 생태학

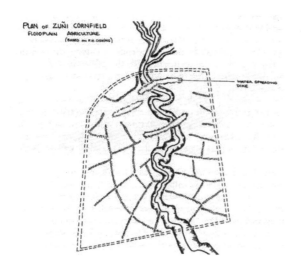

: 북아메리카 원주민인 주니족의
옥수수밭

은 작용을 한다. 남서부의 키바인들은 평평하고 어두운색의 바윗돌들을 장기판 모양으로 들판에 배치했다. 그 면적의 절반이 덮였다는 사실은 나머지 면적은 두 배로 많은 물을 얻는다는 것을 뜻한다. 암석의 어두운색은 또한 낮 동안 열을 흡수해 밤의 추위를 완화해준다.

다양한 사막 거주자들에 의해 활용된 많은 미세환경 기술들이 있었음이 분명하다. 우리가 알기로 에세네인들이 사용했으며 의문의 여지 없이 나바테아인들에 의해서 사용된 한 가지는 토기(土器)였다. 도기 그릇은 화분으로 사용되면 아주 물에 관해 효율적이다. 이런 식으로 습기가 용기에 저장된다. 도기 그릇의 또 한 용도는 그 그릇을 둘러싸고 식물을 심으면서 그 테두리가 지면 높이가 되게 파묻는 것이다. 거기에 물을 채우며 구멍이 난 옆면에서 물이 새어나가 식물에 물을 제공하고, 그 위쪽은 뚜껑을 덮어 놓아 물이 증발해 없어지는 것을 방지할 수가 있다.

제18장

진실을 선택하기

우리의 생득권을 되찾기

문명은 문화적으로 전달되는 환
상으로 된 정신적/물질적 세계다. 이
는 광범위한 역사적 규모에서의 자
살이다. 이는 진실로 최종적 고갈이
도달되기까지의 선형 증대의 자기실
현적 예언이다. 부풀어 오르는 종양
체의 행동은 상식과 가슴에서 나오
는 감정들이 하는 모든 검증에서 불
합격이다. 우리가 혼돈에 처해 죽어

가는 땅을 내다볼 때 이 행동 패턴의 결과들은 부인될 수 없다. 우리는 심리적
수준에서의 분해, 퇴보 그리고 분리를 견디어 넘기며 살아가고 있다. 우리는 사
회적 수준 그리고 정치적 수준에서 그것을 견디며 살고 있으며, 지구적 수준에
서 그것을 겪고 있는 유기체의 몸 안에서 존재하고 있다.

'진보의 진군'이라는 조정당한 환상은 절망감이 제1세계의 인구들에게도 들
어오기 시작하면서 시들어갈 것이다. 선형 성장의 지수함수적 증대는 이제 우
리가 정신적·사회적·정치적 그리고 산업적 형태들이 산산조각이 나기 시작하
는 것을 보게 될 국면에 들어서고 있다. 수세기 그리고 수천 년 전에 촉발된 역

사의 추세의 부풀어 오르는 에너지들은 그 논리적 절정에 다다르고 있다. 부풀어 오르는 에너지들이 그것들을 담을 미리 준비된 형태들의 능력을 넘어서면서 그 형태들은 해체될 것이다. 인구 증가, 독극물의 점증하는 확산, 배경방사선의 상승, 온실 효과로 인한 심한 기후교란의 증가, 마지막 자원을 사재기하려고 광분한 군사주의자들로 인한 분쟁의 증가, 이런 것들과 그 밖의 많은 증가 추세들이 결국 최종적인 세계 제국의 종말을 보장할 것이다.

위기들이 늘어나면서 세계의 제국 군사 질서는 자신을 공고화하고, 자신을 구하려는 시도를 마지막 숨을 몰아서 할 것이지만 결국 실패할 것이다. 그것은 무너질 것이다. 백 세기가 걸리더라도 그들을 먹여 살리던 것을 파괴한다면, 결국 굶어 죽을 것이다.

우리가 접어들고 있는 시기는 유례가 없으며, 문명의 문화 안에서 우리에게는 길 안내지도가 없다. 여러 위기들 안에 위기들이 있을 것이고, 여러 위기들 그리고 바깥의 경계선 안에 땅의 몸 전체가 있을 것이다. 오존층, 대기권 온실가스, 대양 해류와 전체 생물 지역 생태계들이 말이다. 파편화와 갑작스러운 여러 위기들이 시대의 징표가 될 것이다.

유효한 길 안내지도가 있으며, 이는 유기체적·우주적 존재들로서의 우리의 생득권이다. 우리 각자는 세포적 유기체들로서 자연을 누리며 우리 모두는 우주적 조건들에 의해 그런 규모로 능력을 부여받은 땅 위의 생명으로서 자연을 누린다. 우리는 우리가 경험하는 이 아름다움, 기쁨 그리고 지성이 단지 이 땅에 국한된다고 믿을 수 있는가? 우리는 우리의 지각능력의 한계도 넘어서는 이 우주에서 치유, 전체성 그리고 경험적 감각적·시각적·청각적 그리고 영적 아름다움을 향한 에너지의 움직임이 없다고 믿을 수 있는가? 우리의 상처들이 치유되는 것을 볼 때, 개척자 식물들이 상처 입은 흙을 덮어주는 것을 볼 때, 태양의 몸의 심장부에서 나오는 햇빛이 오래된 숲 또는 다른 성숙한 생명의 아름다움으로 변형되는 것을 볼 때 우리는 그 패턴이 전체성, 행복 그리고 아름다움을 향해 가도록 이끌어주는 것을 볼 수 없는가? 유기체적 생명은 우리의 생득권이고, 우리의 길 안내지도는 우주적 패턴이다.

우리는 온전한 생명에서 멀어졌다. 우리는 분리를 겪으며, 그것은 우리가 그 고통의 근원을 인식하지 못할 정도로 증대한다. 우리는 위축, 방어, 장벽을 풀고 재일치할 필요가 있다. 지상의 생명에게 능력을 준 여러 힘과 패턴들은 그 패턴들이 모든 수준에서 울릴 때 흐른다. 우리는 우리가 개인적으로 사회적으로 중심을 잡고 균형을 잡으며 그다음에는 인간 집단이 균형 잡힌 방식으로 땅의 생명 안에 놓이지 못하면, 그 근원들에서 충분한 힘을 기대할 수가 없다. 우리의 정신이 확장되어 위기의 심각성을 그 지구적 태양계적 규모에서 볼 수가 있다면, 우리는 또한 그 패턴을 이해할 수 있다. 암의 소멸이 긍정과 시각화에 의해 달성될 때, 그것은 세포가 지적 의사소통—'영감'—을 전체 지성에서 받음에 의해 일어나는 것이다. 우리가 존재하는 곳인 여기와 지금 지구상에서 우리는 단지 인간—부족—수계(水系)만 균형을 가지게 할 수는 없다. 유기체적 교란은 지구적이다. 여러 에너지들이 지구상의 여러 수용 지점들에 퍼질 필요가 있다. 그런 수용적인 부족(部族)들은 물질적 그리고 비물질적 수준에서 공명(共鳴)을 이룰 필요가 있다.

우리는 여기서부터, 우리 자신의 깨어남의 지점에서부터 사회적으로 규정된 인간으로서가 아니라 생태적으로 규정된 인간으로서 시작해야 한다. 우주적 시야의 실재—그것은 우리의 깨어남이다. 여기에 있음, 실재의 우주에 있으므로 우리는 분리되어 있지 않다. 가이아의 우주적 정체성으로 깨어나는 것 이것이 우리의 운명이다. 우리가 인간문화를 땅의 생명과 재통합한다는 우리의 목표를 달성하면, 우리의 활동들은 중대한 방식들로 새로운 문화를 짤 것이다. 우리가 땅의 생명을 돕도록 우리 자신을 조직화하면서 사회구조, 전례(典禮) 그리고 관습이 그에서 흘러나올 것이다.

우리는 땅으로 돌아갈 것이며, 우리의 필요는 땅에 의해 충족될 것이다. 우리의 영속 농법적 기초에서 우리는 식량, 기름, 분말, 섬유, 밀납, 목재, 약용식물, 양조용 누룩, 윤활유, 연료, 염료, 접착제, 건축용 목재, 비누 그리고 다른 제품들을 뽑아낼 수 있다. 우리 인간들은 땅 위에서 생존하기 위해 식량, 주거 그리고 사랑이 필요하며, 우리의 새로운 문화는 그것을 제공할 수 있다.

이 책의 마지막 절은 물질적 차원의 길 안내지도다. 우리가 그 지도를 따라서 생명의 근원을 향해 가면 우리는 공명을 이루며 영적으로 기별을 받게 될 것이다. 우리는 집으로 돌아올 것이지만 우리의 부재 기간이 길었다. 우리는 입문을 필요로 할 것이다. 나는 원로들의 조언을 받아서 한 곳, 한 수계(水系)의 영속 농원(農園)을 만들었다. 나는 이것을 '사례 연구'의 형태로 소개할 것이지만, 이는 단지 안내이고 제안일 뿐이다. 이는 당신의 입문(入門)을 만들기 위해 제안된 안내다. 당신은 당신이 있는 곳에서 우리의 손자들과 증손자들이 거처할 곳으로 가는 당신 자신의 안내자를 만들어야 한다. 우리는 서로 결혼할 것이고 우리의 어머니인 땅과 합류할 것이다. 우리의 안내자는 저 멀리 천국에 서 있는 우리의 집단적 증손자들이다. 이 시대의 꼭짓점에서, 이 기회의 순간에 지금이 안면 익히기를 시작할 때다.

지금은 참으로 새로운 시대이고, 결단의 때다. 균형과 일치를 향해 움직이고 있는 모든 부족과 모든 종족의 사람들이 자살 협정에서 분리되어 나가고 있다. 이는 손으로 만져지는 실재다. 지구상의 모든 종(種)이 엮여서 모두가 해체로 빠져든다면, 종족, 신앙, 지리 같은 것들은 중요하지 않으며, 지속성의 전망을 가진 것만이 실재가 된다. 그렇다면 이는 우리의 실재 감각이 달라져야 함을 뜻한다. 우리는 대중적인 산업사회에서 하찮은 존재들로서의 우리의 삶을 우주적 창조에 영적으로, 지적으로, 사회적·생태적으로 의미 있게 참여할 기회와 맞바꿀 것이다. 최종 결과와 상관없이 우리는 즉각적 도전과 즐거움을 거두게 될 것이다. 우리의 삶들은 더 실재적이고 재미있게 될 것이다. 우리는 땅으로 돌아가서 자녀를 위해 우리들 사이에 평화를 창조할 것이다. 우리는 인간됨(human Beingness)의 확장을 강조하는, 인간에 초점을 맞추는 사회를 창조할 것이다. 인간의 여러 능력, 재능 그리고 인간에 초점을 맞춘 활동들은 사회적 권력에 그리고 물질적 재화의 생산에 초점을 두는 지금의 물질주의문화에서처럼 주변화되기보다는 중요하게 될 것이다. 성공하려면 우리는 가장 중요한 과업으로서 자녀들에게 주목해야 한다. 우리 문화에서 긍정적 정서적 기초를 만들고 자녀를 그런 환경에서 키우는 것만으로도 그들이 자신들의 세대의 늘어나는 어려운 일들에 직면할 때 그들에게 엄청나게 도움이 될 것이다.

우리의 초점은 생물들에 두어진다. 이는 우리의 문화적 실재다. 우리는 땅의 생명에 관해 정보를 얻게 될 것이며, 늘 생물들과 엮일 것이다. 주택들, 고속도로들, 공장들은 실재의 초점으로서 사라져 갈 것이다. 생물들은 지구상의 우주적 실재다. 생명의 성장과 조건이 우리의 초점이다. 우리는 수계(水系) 위에 그리고 생물 지역들에 살고 있다. 이 구역들은 땅이 그 수준에서 유기체인 것과 똑같이 그들의 수준에서는 유기체들이다. 우리의 기본 실재는 태양, 흙, 물 그리고 공기다. 이 네 항목과 그들의 조건들이 지구상의 생명의 기본 실재다. 우리는 그런 생명을 주는 요소들의 조건에 초점을 맞춘다.

우리가 우리의 수계(水系)의 꼭대기에서 살고 아래로 확장해 가고 있을 때 우리 문화의 기본적 척도 그리고 우리의 땅 점유의 정당성의 기본 척도는 맑은 공기와 물이 우리가 거주하는 구역에서 배출되느냐 하는 것이다. 이는 간단하고 실질적인 척도다. 이는 우리가 높은 산꼭대기로 가야 한다는 것을 뜻하지 않는다. 많은 고지대, 언덕 그리고 산등성이들이 그들의 지방에서는 수계(水系)의 정상에 있다.

가이아의 역사

암석이 흙의 조건이 되므로, 자신이 있는 곳의 지질을 아는 것이 중요하다. 《흙의 비밀(The Secrets of the Soil)》이라는 귀중한 책에서 톰킨스와 비어드는 독특한 암반에서 분쇄된 암석을 놀랍게 이로운 토양 첨가제로 발견하고 활용한 여러 지역의 여러 사람들에 관해 주장한다.[96] 물론 독특하게 균형이 맞추

---

96 Secrets Of The Soil, New Age Solutions For Restoring Our Planet, Peter Tompkins & Christopher Bird, Harper & Row, New York, 1989.

제국 문화의 종말과 흙의 생태학

어진 이 광물층 다수가 땅 위에 산재해있다.

'어머니의 뼈들'을 아는 것은 또한 우리를 다른 지식으로 인도한다. 우리의 수맥탐사 능력 그리고 그 외의 감지 능력으로 우리는 땅의 굳은 몸 안에서의 여러 에너지의 순환을 알게 될 것이다. 이는 대수층, 샘, 지하수 흐름 그리고 강들과 관련되며 또한 땅과 힘 있는 장소들의 더 섬세한 기(氣) 에너지와도 관련이 있다. 지하수맥을 탐사하는 것은 쉽게 배워지는 능력이다. 필시 이 분야에서 최고의 책은 크리스토퍼 힐스가 쓴 《초감각론(Supersonics)》[97]이다. 수맥탐사 기법에 대한 가르침을 주는 다른 저서들도 쉽게 구할 수 있다. 수맥탐사 능력은 물에만 국한되지 않으며 그 재능을 다루는 사람의 의식 영역이 그 사람에게 특정한 치료법에 사용할 가장 효과적인 약초, 광물의 위치, 다양한 땅 에너지들의 경로 그리고 지하수와 강의 물길 같은 다양한 문제들에 답을 알려줄 수 있게 하는 능력이다.

지질학 책들과 학술 연구서들은 이 문제에 입문서로 도움이 될 수 있으나 시간을 두고서 하는, 즉 오감으로 수용하는 관찰이 최종적인 지식의 근원이다.

표면에 존재하는 그리고 딱딱한 몸의 에너지 흐름들과 더불어 전체를 구성하는 생명의 모자이크가 친밀하게 알려져야 한다. 우리의 사례 연구 지역인 샌프란시스코 강의 수계에서 거대한 생태계구역 혹은 생물분포대의 이 모자이크들이 일반적으로 고도에 의해 나누어지며, 두 구역이 한데 합쳐지는 지대들로 추이대(推移帶)라 불리는 곳이 특히 중요한데, 이는 그곳에서 다양성이 훨씬 더 크기 때문이다. 새들과 짐승들에 대한 약간의 지식들이 여러 책들에 나와 있다. 자신이 있는 곳의 생명이 완전히 사라지지 않았다면, 노인들은 야생생물에 관한 약간의 지식을 알고 있을 수도 있다. 여기서도 다시 말하지만 관찰을 대체할 만한 것은 없다. 하나의 이유는 새들과 짐승들이 때로는 아주 두드러진

---

97 Supersonics. The Science Of Radiational Paraphysics. Vol. III. Christopher Hills. University of the Trees Press, P.O. Box 644, Boulder Creek, Calif. 95006. 1975.

개성을 가지며, 종 전체에 대한 일반화는 그냥 일반화일 뿐이라는 것이다.

자신의 지역 자연사는 제국에 의한 식민지화의 지속기간과 그 문화가 토지를 이용한 용도에 따라 발견하기 어려울 수도 있다. 일반적으로 생물학적 정보의 어떠한 체계적 수집이 시작되기도 전에 많은 것이 제거되었다. 약간의 학술적 출처들이 이용될 수도 있으며, 어떤 정보는 역사 도서관과 최초 정착인들이 쓴 저서에서 주워 모을 수가 있다. 샌프란시스코 강의 수계에서 덫을 사용한 사냥꾼들이 초기에 도착한 사람들이고, 그들 중 몇 명이 일기(日記)를 남겼다. 잡은 짐승을 광부들에게 판 한 육류 사냥꾼과 몇 명의 초기 목장 인부들이 그들의 경험에 관한 책들을 남겼다. 이런 유형의 출처에서 그때그때의 식물, 숲 또는 동물 묘사를 얻어서 하나의 그림을 조합하기 시작한다. 정말로 큰 규모에서 넘치는 생명에 대한 감을 얻으려면, 북대서양 연안에 관한 팔리 모와트의 《도살자의 바다(Sea of Slaughter, Bantam)》(1986)나 피터 매티슨의 《아메리카의 야생생물(Wildlife in America)》(1959) 같은 연구서들을 찾아볼 수 있다. 이런 유형의 책의 참고문헌들은 유익한 출처들을 더 많이 알려준다.

그 지대에 대한 자연사를 이해하는 것은 그 땅의 잠재성을 이해하는 데 도움이 되며, 존재할 수도 있지만 필시 지금은 존재하지 않는 최고의 생태계를 이해하는 데 도움을 준다.

자신의 수계에 대한 인간의 점령 상태를 이해하는 것은 절대 필요하다. 다시 말하지만, 지금 살고 있거나 자신들의 조상이 어떻게 살았는지에 대한 문화적 기억을 가진 원주민이 없다면, 책들에 의존해야 한다. 이는 마지막 원주민 집단만이 아니라 그 장소에 살아온 모두에게 적용된다.

다른 역사적 출처들도 토착 민족식물학(ethnobotany)에 어떤 실마리를 제공해줄 수 있다. 방랑 채집 시스템만이 아니라 원주민의 전체 생활 방식에 관한 지식에 초점이 맞추어질 필요가 있다. 도구, 재료, 이주 패턴, 성스러운 장소들, '신화' 그리고 그 외의 많은 것이 그들과 그들의 자손들이 그 장소와 더불어 살아가기를 기대하는 자들에게는 흥밋거리다.

자신의 장소에 있는 식물, 나무, 새, 짐승, 버섯, 물고기 그 밖의 다른 생명체

제국 문화의 종말과 흙의 생태학

에 대한 식별 매뉴얼은 필수다. 최소한 시작 단계에서는 우리가 우리 자신의 언어를 개발하기까지는 정확한 식별을 위해 라틴어 이름을 사용하는 것이 중요하다. 일반적인 관습적 이름들은 사람에 따라 그리고 지역에 따라 (그리고 라틴어 이름을 사용하지 않는 몇몇 원예용 씨앗 상품목록 간에도) 달라지기 때문이다.

식용 식물, 약초를 알아보며 그리고 일반적으로 관찰을 시작하며 많은 시간을 땅 위에 나가 있어야 한다. 식물의 습관을 주시하는 것이 필수적이다. 그것들이 어디서 자라는가? 북쪽 경사지인가, 남쪽 경사지인가, 협곡인가, 산마루인가? 그들은 어떤 흙을 좋아하는가? 계절별로 흙의 습기 상태를 추적하기 위해 여러 구역에서 흙을 파 보고, 그것을 정기적으로 조사하라. 여러 흙들을 냄새 맡아 보고, 맛보고, 그 흙들과 친해져라. 식물의 연합체가 있는지 살펴보라. 식물 집단의 층(patina)을 알아보라. 이는 많은 경우에 지하수 경로, 흙의 유형 그리고 새나 짐승들이 자주 방문해 씨앗을 떨어뜨리는 애호되는 지점에 대해서도 말해준다. 심하게 영향을 받은 곳에 있다면, 가축이나 사람들이 도달하기 어려운 곳들을 찾아서 비교적 교란받지 않은 그 지역을 열심히 조사하라. 완전히 말살된 장소에 있다면, 좀 자연적인 지대들을 그 수계 안에서 찾아낸 뒤 말살당한 그 장소에서의 영속 농업적 복구를 위한 아이디어를 얻으려고 노력하라.

씨앗의 재산목록을 만들기 시작하라. 식물 묘사, 수계에서의 서식 장소, 날짜 그 밖의 관련 정보를 적절히 기재해 세심하게 보관하라. 야생 씨앗 수집과 야생식물 번식을 설명하는 훌륭한 책들이 있다. 마틴, 짐과 넬슨이 쓴 《아메리카의 야생동식물. 야생동물의 식습관에 대한 안내(*American Wildlife And Plants. A Guide To Wildlife Food Habits. Dover)*》(1951) 같은 책들이 있어서 우리의 관찰 실무를 크게 도와줄 수 있다. 이것은 또한 우리에게 야생생물 서식지의 창조에 대한 실마리를 제공해줄 것이다. 이 문제에서 '물고기와 사냥감' 관료기구들을 무시해서는 안 된다. 그들이 '토로피 사냥' 산업에 중요한 종들에 초점을 두기는 하지만 흔히 다른 종들에 대한 약간의 정보를 가지고 있다. 지금 생태적 복권에 초점을 두는 약간의 책자, 팜플렛 그리고 잡지들이 있다. 이런 것들이 아주 유용하다.

우리가 하게 될 중요한 고려 사항들 중 하나는 가이아가 스스로 먹고살도록 도와주어 그가 우리를 먹여 살릴 수 있게 한다는 것이다. 그가 햇빛을 소로 만드는 것을 도와주기 위해 우리는 최고의 생태계가 스스로 회복하도록 노력할 것이다. 남아있는 생태계가 없는 그런 지대들에서 우리는 영속 농법을 활용할 것이다. 이 방식은 복잡성 가운데 흙에 대한 도움 그리고 일반적인 생명에 대한 도움이 될 것이다. 그러면 우리는 거기서 증식되는 것을 가지고서 살아갈 것이다.

　　제국에 의해 전 세계적으로 초래된 손상으로, 가이아가 그의 원래 조건으로 돌아갈 수 있는 길은 없다. 우리는 말살된 구역들의 경우에 반흔(瘢痕) 조직을 논하고 있다. 식물, 동물, 질병 그리고 나머지 모두가 지난 1만 년간 지리적으로 이전한 것을 볼 때 우리가 노력해야 할 일은 단지 우리가 손에 가지고 있는 모든 유전적 재료들을 활용해 가급적 복잡하고 원래에 가까운 복제 생태계를 창조하는 것이다. 이 종들의 다수는 원래의 최고의 생태계에는 알려지지 않은 것이었을 수도 있다. 그렇다면 우리는 가이아가 계속 치료하는 식의 성장을 하게 해야 한다. 희망적인 것은 도시 문제, 즉 마을들, 읍들, 도시들이 태양 예산에 맞지 않으며, 자신들의 에너지를 보조하기 위해 다른 생명을 강탈하고 있는 문제를 압도하면서 잡초들이 무성하게 자라나 우리를 도와주리라는 것이다.

기회의 순간

　　제국의 남은 에너지들이 우리가 균형으로 이행하는 것을 도와주도록 사용되지 못할 이유는 없다. 참으로 우리는 문명의 남은 에너지 전체가 그렇게 사용될 수 있기를 바라고 싶다. '정화(淨化)의 시간'이 이제 우리에게 닥쳤다. 우리는 신속히 움직여야 한다. 우리에게는 해결책이 있다. 이는 대응할 사람들에게 명확히 알려져야 한다. 우리는 남아있는 최선의 것의 파괴에 저항하기 위해 우리가 쓸 수 있는 어떤 전략이든 활용해야 하지만 우리의 해결책들의 진행 방향은 정치적·종교적·또는 이데올로기적인 것이 아니다. 그 해결책들은 단지 생명의 패턴들이다.

　　　　　　　　　　　　　　제국 문화의 종말과 흙의 생태학

이어지는 영속 농법은 사례 연구다. 그것은 한 예, 하나의 입문으로서 만들어졌다. 우리의 어머니 지구를 당신이 있는 곳에서 돕기 위해 아이디어를 얻는 데 부디 그것을 사용해 달라. 우리 모두가 그 주파수에 맞추어지면서 접속 상태를 유지할 것이다.

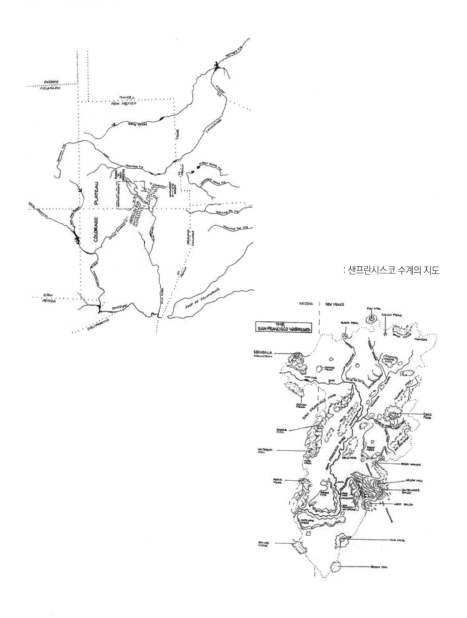

: 샌프란시스코 수계의 지도

제19장   샌프란시스코 강 수계의 자연사

아주 먼 옛날, 얕은 바다가 뉴멕시코 주 남부, 애리조나 주, 멕시코 북부를 덮었다. 북아메리카 지질구조판이 동태평양 해팽과 충돌하여 긴장이 높아지면서 아메리카 서부 전역의 지표면이 구겨지고, 이동하고 융기하기 시작했다.

콜로라도 고지대의 남쪽 경계인 모골론 테는 수억 년에 걸쳐 대평원과 콜로라도 고지대에 관계된 안정적 플랫폼의 일부였다. 지금부터(B.P.) 1억 년 이상 전에 모골론 테의 남쪽 지대가 멕시코 만을 향해 남동쪽으로 달리는 지향사(地向斜) 때문에 콜로라도 고지대를 북쪽으로 높이면서 하강하기 시작했다. 후기 공룡 시대인 지금부터 7천만 년 전 무렵 언젠가 입장이 뒤바뀌어 남쪽 부분이 다시 콜로라도 고지대보다 높아졌다. 지금부터 2천만 년 전에서 3천만 년 전까지 두 지역이 다시 입장이 바뀌어 오늘날처럼 모골론 테가 두 지역 간의 경계 구역이 되었다.[98]

일단 지구 표면이 지금과 같은 일반적 윤곽으로 정착되고 나자 리오그란데는 뉴멕시코 주 남부와 치와와 북부에 위치한 큰 호수로 비워지기 시작했

---

98 *Origin and Evolution of Deserts*. Stephen G. Wells & Donald R. Haragan. eds. "Physiographic Overview of Our Arid Lands in The Western U.S.," Charles B. Hunt. 1983. U of NM Press. Albuquerque. 1983. p. 30.

제국 문화의 종말과 흙의 생태학

다. 밈브레스 강과 길라 강도 이 물웅덩이로 비워졌다. 얼마 후에 리오그란데는 오늘날 엘파소가 있는 산들 사이의 틈에 출구를 찾았고 멕시코 만에서 바다로 흘러가기 시작했다. 길라 강은 애리조나 주 남부를 통해 유마에서 콜로라도 주와 만나는 다른 루트를 찾았다. 이는 리오 밈브레스가 '남서부 분리 유역(Southwest Divide Basin)'이라 부른 물웅덩이로 계속 흘러가게 했다. 남서부 분리 유역은 그로부터 어느 바다로도 물이 배출되지 않는 약 200킬로미터 폭의 유역이다.[99]

마지막 빙하기의 거대한 빙하가 뉴멕시코 주의 산타페보다 별로 더 남쪽으로 뻗어가지 않았으며, 빙하가 후퇴하면서 기후가 달라졌다. 빙하가 후퇴하면서 그리고 사라진 후에 사막 생태계가 지금의 소노란 사막인 곳에서부터 동쪽과 북쪽으로 진행해 갔다. 소나무, 가문비나무, 전나무로 이루어진 저산대 시스템이 물러가고 유실수 소나무, 노간주나무 체제가 왔으며 이는 사막 시스템으로 이어졌다.

2만2천 년 전에 샌프란시스코 강의 수계는 소나무-가문비-무화과류의 숲으로 완전히 덮였을 개연성이 있다. 사막 체제가 확장되면서 유실소나무-노간주나무 구역이 높은 고도로 올라가기 시작했다. 유실소나무-노간주나무 구역이 높은 고도로 그리고 북쪽으로 이동하기 시작하면서 지금의 사막 시스템에 앞서 초지가 뒤를 이었다. 초지는 지금의 사막과 유실소나무-노간주나무의 고지대가 지금부터 약 8천 년 전에 정착되기 전에 수천 년간 소노란-치와와 사막 북부를 지배했다.

고지 생물분포대들

샌프란시스코 강의 수계는 대략 32킬로미터의 거리 안에서 소노란-치와와

---

99 ibid. p. 33.

제2권 미래의 씨앗

의 사막형 생태계에서 북부 캐나다에 특유한 고산 생태계나 생물분포대까지 여행할 수 있는 독특한 지역이다. 이는 모골론 테가 사막에서 솟아나 정상(頂上)은 거의 고도가 약 3.3킬로미터나 되기 때문에 가능하다. 다른 지대들처럼 미국 남서부의 반건조 사막의 생물분포대들은 고도에 의해 환경조건이 만들어진다. 고도가 높아지면서 기온과 습도의 체제는 더 추워지고 더 습해진다. 이 때문에 북쪽으로 먼 거리를 가도 같은 효과가 일어날 것이다. 북쪽으로 수천 킬로미터를 가면, 모골론 테를 따라 고도를 올라가서 만나는 것과 같은 생물분포대들을 만날 것이다. 이런 생물분포대들의 풍성함은 계절별로 활용할 수 있는 식량이 다양하기 때문에, 또 인간들이 사막에서의 여름 더위와 고산 지대에서의 겨울 추위의 효과를 피할 수 있게 해주기 때문에 채집인 민족들에게 비옥한 장소를 만들어준다.

: 고지 생물분포대들

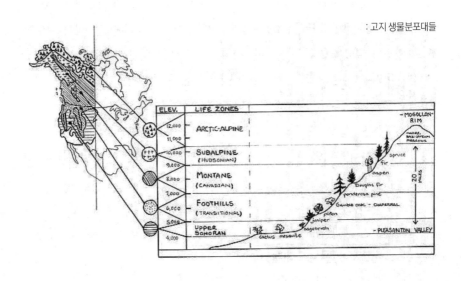

샌프란시스코 수계의 최저 고도(高度)에는 치와와 사막이 있다. 모골론 테는 소노란 사막 생물분포대와 그 동쪽의 치와와 사막 모두의 북쪽 경계선이다. 애리조나 주의 페닉스는 소노란 사막에 있고 텍사스 주의 엘파소와 시우다드 후아레스, 치와와는 치와와 사막에 있다. 둘 다 사막이시이지만 그들 간에는 상당

제국 문화의 종말과 흙의 생태학

한 질적 차이가 있다. 큰 차이는 치와와 사막이 일반적으로 고도가 더 높고 소노란 사막은 종 다양성이 더 크다는 것이다. 샌프란시스코 강이 뉴멕시코 주, 애리조나 주 경계선 부근에서 길라 강과 합류하는 지점에서부터 뒤로 거슬러 모골론 테까지는 과도적인 지대다. 이는 두 생물지리적 지역의 테두리에서 섞이는 곳이다. 이 두 지역이란 남쪽의 치와와 사막 그리고 북쪽의 콜로라도 고지대이다. 비록 수계의 바닥은 치와와 사막에 있고 그런 특징들을 지니지만, 더 큰 이 거대구역 둘이 그것에 환경조건을 부여해준다.

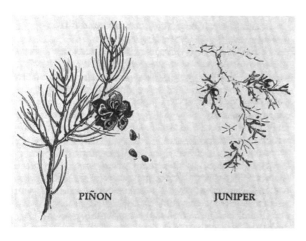

: 유실소나무 / 노간주나무

유실소나무-노간주나무 생물분포대는 대략 1.5킬로미터의 고도에서 시작된다. 이 생물분포대에는 정체성을 부여하는 나무 종들인, 연지선인장(smaller nopal cactus) 그리고 약간의 초본 종들, 덤불들 그리고 이 구역에 특유한 약간의 활엽초본이 우세하다.

유실소나무-노간주나무 생물분포대의 위쪽 경계선에는 작은 떡갈나무 덤불(chaparral)이라는 추이대(推移帶)가 있다. 추이대는 두 생물분포대가 그 경계선에서 뒤섞이는 것을 묘사하는 말이다. 이는 참나무와 만자니타나무도 그 위의 생물분포대인 폰데로사 소나무와 나란히 우점종으로서 포함하는 아주 풍부한 생태계 지대다. 강조되어야 할 점은 작은 떡갈나무 덤불이 다른 생태적 특성들과 마찬가지로 추이대의 전역에서 생겨나지 않는다는 것이다. 태양, 흙, 습기가 제대로 공급되는 곳에서만 이 작은 떡갈나무 덤불로 된 거대한 지대들이 나타난다.

해발 약 2.1킬로미터에서 폰데로사 소나무숲이 시작된다. 이곳은 여름에 시원하고 밤에는 고요한 구역이다. 해발 2.6~2.7킬로미터 사이에서 그 생물분포대는 전나무-사시나무 포플러 구역으로 조금씩 변해간다. 이는 눈, 샘, 풍부한 균류, 늪이 많은 목초지 그리고 아름다운 가을의 사시나무 포플러가 있는 높은 고도의 지대다.

이 구역 위에는 가문비나무-사시나무 포플러 구역이 있다. 캐나다 북부의 숲에서 보게 되는 것이라고는 이 구역밖에 없다. 이 구역 위에 해발 약 3.2킬로미터에서 우리는 수목한계선을 발견하며 그다음에는 위쪽의 모골론 발디와 화이트워터 발디 정상에서는 강인한 풀들과 관목들을 발견한다. 이는 북극에서 보게 되는 이끼, 풀 그리고 키 작은 덤불 지대와 같은 유형이다. 이 생물분포대들 각각은 고도, 숲덮개 별로 대략적으로 구분한 것이다. 분포대들은 다양하다. 예를 들면, 따뜻하고 더 건조한 남향의 경사지는 더 춥고 습기 증발이 그리 크지 않은 북쪽 경사지보다 저고도의 특성을 지닐 것이다. 높은 산맥의 비그늘에 있어서 비그늘이 아닌 같은 면보다 습기를 덜 받아들이는 지대들도 있을 것이다. 특히 북면에 있는 좁은 협곡들이 생물분포대에 상당한 다양성을 줄 수 있다. 흙들도 이 분포대들에 영향을 준다. 많은 경우에 흙이 척박하면 어떤 분포대는 다음의 더 낮은 분포대에 특징적인 종들을 나타낼 것이다. 일반적으로 말해 생물분포대들은 주어진 고도를 유지하기는 하지만 더 남쪽으로 갈수록 각 생물분포대의 고도는 더 높아진다는 단서가 붙는다.

비록 어떤 종들은 특정한 생물분포대들과 동일시되지만, 명심할 것은 새들과 짐승들의 계절적 이동이 있다는 것 그리고 식물종들도 자신들의 좋아하는 어떤 지대로든 이주한다는 것이다. 하나의 좋은 예가 폰데로사 소나무다. 이들은 자기 자신의 생물분포대를 가지지만 그들이 베어지지 않은 때인 제국 이전의 시대에 습한 협곡을 흘러내려 가 그들의 뿌리가 물에 닿을 수 있는 한에서는 사막에까지 낮은 고도에서 물이 흐르는 하천을 따라 멀리 뻗어간다. 지금 높은 산간 지대 어디서나 격리되어 살아가는 엘크는 전성이 병원과 목초시 동

제국 문화의 종말과 흙의 생태학

물에 더 가깝다(그들은 어린잎을 먹기보다는 주로 풀을 뜯어 먹는다). 제국이 도래한 이래 그들도 물러갔다.

습기

일반적으로 수계의 강우량은 해발이 300미터 높아질 때마다 약 10센티미터씩 늘어나지만, 이 규칙을 변경하는 예외들이 있다. 그 수계는 대서양(멕시코 만)과 태평양 양쪽에서 계절적으로 번갈아 가며 비바람을 맞는다.

> 겨울은 가장 건조한 철이다. 내륙으로 이동하는 태평양 폭풍우에서 오는 습기의 상당 부분이 서쪽 산간 지대를 넘어가며 제거되기 때문이다. 계절적 차이는 대륙 분리 지대의 동쪽보다는 서쪽에서 덜 두드러진다. 여름철의 습기의 주요 원천은 멕시코 만이다. 습한 공기가 일반적 대류 현상으로 남동쪽, 약간 서쪽으로 이동한 버뮤다 지역의 고압 지대에서 뉴멕시코 주로 들어간다. 연간 강수량의 3분의 2가 더운 여섯 달 동안 내리고 연간 평균 강수량의 절반이 7월에서 9월까지 내린다. 이는 대부분 짧은 그러나 흔히 심한 천둥을 동반한 폭풍우에서 오는 것이다.[100]

수계의 낮은 쪽 끝은 그 고도의 빗물 패턴을 따라야 하지만, 더 많은 습기를 몰고 오는 멕시코 만으로부터의 대서양 대기 흐름에 더 가깝다. 또한 북쪽을 향해 가는 비구름들은 때로는 수백 미터 높이의 모골론 테의 가파른 경사에 부딪혀 역류한다. 이 또한 비가 내리게 도와준다.

겨울-여름 두 국면의 번갈아 나타나는 습기는 상당하다. 이것의 효과는 풀

---

100 *Soil Association And Land Classification for Irrigation-Catron County*, vol. 117. #17. p. 2. U.S.D.A. Soil Conservation Service.

들, 그리고 덤불보다 작지만 풀이나 풀 모양이 아닌 활엽초본들 중에서 특히 보일 수 있다. 두 번의 습한 시기는 겨울의 우기 동안 성장하는 찬 계절의 식물들과 여름의 우기에 적응된 따뜻한 계절의 식물들을 자라게 한다. 식물종들 대부분은 따뜻한 계절 식물들이다. 그럼에도 불구하고 찬 계절 식물들의 생장은 추운 겨울 몇 달 동안 어린잎을 먹는 동물과 풀을 뜯어 먹는 동물들을 먹이는 데 일조하며, 국화쥐손이 같은 활엽초본과 서늘한 계절의 다년생 풀들은 다른 식물들이 추위 때문에 죽는 때에 노출된 흙을 덮는 것을 도와준다.

여름의 뇌우(雷雨)는 습기를 가져올 뿐만 아니라 그 지역의 유기체적 생명과 그 땅 그리고 상부 대기층의 습기-전기적 성질 간에는 복잡한 관계가 존재한다. 통제된 실험에서 발견된 것은, 사막의 식물들이 관개에서 같은 양의 물을 얻을 때보다 뇌우(雷雨)에서 천연 비를 맞을 때 상당히 더 빨리 자란다는 것이다. 기후 시스템들이 지구를 돌아다닐 때, 그들 자신의 전기적 본성들도 가지고 다닌다. 관절염이나 묵은 상처가 있는 사람들이 고통 때문에 날씨보다 며칠 앞서 예측할 수 있다는 이야기들은 잘 알려졌다. 프레드 소이카와 앨런 에드먼즈가 쓴 《이온 효과. 공기 중 전기가 당신의 생활과 건강을 어떻게 지배하는가(The Ion Effect: How Air Electricity Rules Your Life and Health)》(1977)라는 연구서에 따르면, '악마의 바람들', 캘리포니아 주 남부의 산타나, 이스라엘의 샤레이 같은 건조하고 뜨거운 바람을 비롯한 지구 전역의 그런 바람들은 뼈들에 느낌을 일으키는 양이온화가 비바람 전선이 도착하기 며칠 전에 도래한다고 한다.

양이온화가 지배적인 상층대기보다 표면의 땅은 음이온화가 더 지배적이다. 식물들에 대한 실험실의 검사가 보여주는 바에 의하면 음이온화는 아주 생명 향상적이며, 반대로 양이온화가 주를 이루는 환경들은 식물들을 시들게 하고, 사람들을 병들고 짜증 나게 한다는 것인데, 이는 그것이 부신 피질을 촉발하는 효과 때문이다. 부신피질은 사람을 한동안 기분이 아주 좋게 만든 뒤에 호르몬 균형과 혈당 수위를 뒤엎음으로써 다시 침울하고 불안한 상태로 내동댕이치는 것이다.

제국 문화의 종말과 흙의 생태학

뇌우가 그 지역 전역에 올 때, 번개는 땅과 대기의 양전하, 음전하를 같아지게 한다. 뇌우가 지면의 음이온화 증가로 시작되면서 대부분의 사람들은 샤워를 할 때나 폭포수 또는 해변에 앉아있을 때처럼 행복감을 경험한다(물에 공기를 쐬는 것은 음이온화의 한 발생인자다). 이는 상층대기와 땅 사이의 엄청난 에너지 교환인 번개가 치기 직전 무거운 음이온화 축적으로 유발된다. 요컨대, 샌프란시스코 강의 수계는 이러한 그리고 다른 많은 거시 사건들로 땅 전체와 연결된다.

제국 이전의 생명

제국의 침입이 있기 전에, 손바닥 모양의 뿔을 가진 미리엄 엘크는 저지대 평지에서 풀을 다 뜯어 먹고 폰데로사 언저리로 올라갔다. 검은꼬리사슴(mule deer)도 멀리 평지에서 보였고, 초지의 지배적인 동물 가지뿔영양도 그랬다. 가지뿔영양은 초지의 평지에 가장 풍부했으며 그 떼들은 흔히 수만 마리가 되었다. 풀밭의 불 때문에 당시에 훨씬 더 눈에 잘 띈 열린 초지들은 영양 떼를 좇아가는 코요테, 늑대 같은 동물들을 부양했다.

개쥐(prairie dog) 집단이 많았고 각각은 작은 동물 수천은 아니어도 수백 마리를 포함했다. 이들 굴을 파는 설치류는 그 지역에서 수백만 마리가 되었으며, 코요테, 늑대, 맹금류 그리고 검은발흰족제비 그리고 그 지역의 인간 점유자들에게 생계의 기초를 제공했다. 그 설치류는 여름철 비가 퍼부을 때 굴에 있으면 익사하므로 땅 위로 나오게 되어 잘 붙잡히므로 특히 잡기가 쉬웠다. 그놈들의 굴에 물이 차는 것은 땅이 갑작스러운 폭우를 받아들이고 붙드는 것을 도와주어 갑작스러운 급류를 방지했다.

하천에 연이은 강기슭 서식지는 사막의 가장 비옥한 생명력을 가진 곳으로 원래는 많이 달랐다. 사시나무는 비버에게 아주 좋은 먹이와 건축재료가 되었으므로 아주 적었지만, 버드나무와 다른 나무들이 더 많았다. 비버는 애리조나 주의 유마에 있는 콜로라도 강에서부터 길라 강 상류로 뻗어, 그 지류들 전체에서 수계의 꼭대기로 뻗어 나갔다. 부분적으로는 그놈들의 활동 때문에 물이 천천히 흘렀으며, 웅덩이가 많았다. 그놈들이 만든 시에니가스(늪)는 많은 동물들, 물새들 그리고 개구리의 집이 되었고, 버려진 비버 연못들은 결국 말라서 비버 목초지가 되었다. 비버들은 또한 사초(부들), 보풀 그리고 그 오아시스를 찾아오는 모든 동물들 같은 인간 식량을 위한 환경도 만들었다.

강기슭 서식지는 진정한 비옥함 발생인자였다. 샌프란시스코 같은 이 하천들은 생명을 사막 안으로 운반했고 생명이 하천을 따라 올라갈 수 있게 해주었다. 폰데로사는 곰, 특히 회색 큰 곰처럼 사막으로 수 킬로미터를 내려간 협곡과 골짜기들에서 발견되었다.

존 허바드 박사는 전에는 록브릿지 앨럼 스프링스(Rockbridge Alum Springs) 생물학 실험실에 있었다가 지금은 뉴멕시코 주의 물고기 및 사냥감 부의 멸종위기종 프로그램의 부장으로서 그 하천의 물을 받아들이는 이 무성한 초록 리본을 이렇게 묘사한다.

> 생물학적으로 샌프란시스코 유역은 저지대에서 서쪽으로 가는 회랑 지대로서 뉴멕시코 주 남서부의 중산간지 및 고지대를 꿰뚫는 바다의 팔에 비유될 수 있다. 그것이 나타내는 '대양'은 애리조나 주 남부 그리고 이에 인접한 멕시코의 광범위한 아열대 지역으로서, 이는 소노란 사막의 동식물 지구 또는 그냥 소노란 생물상(biota)이라 칭해질 수 있다. 소노란 생물상이 뉴멕시코 주 남서부를 꿰뚫는 것은 주로 샌프란시스코 강과 그 자매 하천인 길라 강을 따라서이며 두 골짜기 사이에 그러한 동식물의 인상적인 모습이 발견된다. 포함된 식물들 중에는 미루나무, 애리조나 주 플라타너스, 애리조나 주 호두나무 같은 주점종들이 있는가 하면 동물군 중의 몇 가지 예로는 대부분의 토종 물고기, 미국독도마뱀, 애리조나 주 산호뱀, 애리조나 주 홍관조, 앨버트 피리새 그리고 아주 희귀한 긴 코너구리(coati-mundi)가 있다. 이것들 모두가 샌프란시스코 유역에서

발견된 것은 아니지만 그곳의 연구들은 전혀 포괄적이지 않으며, 이것들 모두가 다른 소노란 생물들과 나란히 나타날 수도 있다.

샌프란시스코 유역과 다른 그런 유역들은 또한 영구적 지표수를 필요로 하는 동식물에, 혹은 그것이 촉진하는 서식지 때문에 오아시스처럼 여겨질 수도 있는 것이다. 물고기 외에도 수환경을 필요로 하는 동물들은 많은 양서류, 거북, 물새 그리고 비버 같은 포유류를 포함한다. 이들 중 일부가 그리고 다른 많은 종들이 강변의 숲 지대와 유역들이 지탱해주는 다른 서식지들을 필요로 한다. 바닥에서부터 골짜기 경사를 거슬러 올라가면서 지표수의 가용성이 차이가 나서 비교적 좁은 곳 안에 다양성이 큰 서식지들을 만든다. 그러한 서식지들은 활엽수 그루들, 늪에서부터 초지 그리고 메스키트, 유카, 선인장이 자라는 사막까지 펼쳐진다. 이런 거대한 서식지들의 배열은 또 다양한 동물을 낳아서 샌프란시스코와 길라 같은 골짜기들은 수많은 종류의 유기체를 부양한다. 예를 들면, 길라 골짜기에서는 약 115종의 새가 알을 낳으며 이는 멕시코 북쪽 북아메리카에서 정규적으로 알을 낳는 종들의 거의 5분의 1이며, 아직 불완전하게 조사된 샌프란시스코 골짜기는 필시 거의 마찬가지로 풍부한 것으로 입증될 것이다. 이 두 골짜기 부근의 조류(鳥類) 그리고 물론 다른 유기체 집단들의 다양성은 골짜기 바닥에서부터 바로 동쪽의 모골론 산맥 정상에까지 존재하는 아주 거대한 배열을 이룬 서식지들을 감안하면 더 크다. 예를 들면, 글렌우드의 반경 약 40킬로미터 안에 거의 200종의 새들이 알을 부화하는 것으로 기대될 수 있는데, 이 수치를 초과하거나 그만한 수치를 가진 온대의 북아메리카의 비(非)해양 지역들은 별로 없다.

샌프란시스코 유역은 멀리서 보면 카트론 카운티 남쪽의 보통 갈색 언덕들과 고지대들을 통해있는 좁은 초록 리본이지만, 곳에 따라서는 정착과 농업에 의해 달라져 왔다. 강을 따라 있는 열린 숲 지대는 주로 사시나무와 버드나무이며, 이와 함께 네군도단풍, 양물푸레나무, 호두나무, 플라타너스, 팽나무, 참나무, 사막 버드나무 등을 포함해 그보다 적은 수의 나무들이 있다. 이 강기슭 숲과 강 사이의 중간 지대에는 흔히 바타모트(batamote)나 시프윌로(seepwillow)라는 상록의 관목 국화과 식물이 띠를 이룬다. 강기슭의 숲 넘어 범람원에는 메스키트와 캐츠클로 수풀이 있고, 이것들은 경사면의 작은 떡갈나무 덤불과 상록의 참나무, 노간주나무에 자리를 양보한다.

샌프란시스코 골짜기로 열린 협곡들은 여러 개이고 흔히 그 자신의 재미있고 상이한 조합의 식물들을 부양한다. 예를 들면, 화이트워터 협곡에는 애리조나 주 오리나무, 상록 참나무 그리고 미루나무들이 있다. 이는 저지의 소노란 골짜기보다는 산록 지대에 전형적인 식물들이다. 샌프란시스코 골짜기 위에는 모골란 산맥이 솟아 있으며, 이는 소나무, 전나무 그리고 가문비나무숲을 부양한다. 이 모든 서식지들이 평원들, 선인장이 자라는 평지들 그리고 그 밖의 땅과 결합해 샌프란시스코 골짜기를 중심으로 한 그 지역, 진정한 천연 보물인 그곳에서 거대한 생물의 다양성을 제공한다.

산불 체제

수계의 또 하나의 거시-동태는 산불이었으며, 이는 초지가 소들에 의해 풀이 뜯기기 전에 주기적으로 일어나는 일이었다. 키가 큰 풀들이 말랐을 때인 가을철 번개에 의해 불이 붙으면 흔히 불이 난다. 불은 선인장, 커다란 활엽초본, 노간주나무 그리고 유실소나무같이 그곳에 살고 싶어 하는 다른 유형의 식물들을 태워버림으로써 초지가 자신을 유지하는 데 도움을 주었다. 산간 높은 곳에서는 산불이 7월에도 여전히 널리 퍼진다. 두 번의 우기 중간의 기간인 4, 5, 6월은 대단히 건조하다. 이 연례적 초소형 가뭄이 여름까지 계속되면서 모든 것이 말라붙게 되고 습기가 아주 낮게 떨어진다. 7월 초로 가면서 공기 중의 선조한 전기가 딱딱 소리를 내기 시작하고 소나기구름이 나타나기 시작한다.

제국 문화의 종말과 흙의 생태학

처음에는 작지만 이 소나기구름들은 커져서 결국 천둥소리가 들리는데 처음에는 가장 높은 산간 지대에서 들린다. 건조함이 금이 가고 소나기구름이 커지는 다가오는 시기를 통해 산불들이 시작된다. 충분히 준비를 갖추기까지는 소나기구름의 무리는 한 방울의 비도 떨어뜨리지 못해 첫째 번개가 치는 폭풍이 와도 번개만 치고 일어난 불을 끄는 비는 내리지 않는 것 같다. 7월마다 모골론 테는 대륙 전역에서 가장 높은 산불 발생률을 보인다.

그 시스템이 준비를 갖추어 결국 비를 내리기 시작하기까지 보통 1주일에서 열흘이 걸린다. 높은 산간 지대가 흠뻑 젖기 시작하면서 그 현상은 저지대로 일반화되기 시작한다. 결국 멕시코 쪽으로 뻗은 광활한 평지가 비를 좀 맞을 것이다. 비가 시작되면서 산불은 건수가 급격히 줄지만 뇌우(雷雨)가 그치는 가을까지는 산발적으로 계속되고 있다. 교란받지 않은 토종 폰데로사 소나무 그루의 모습은 공원의 모습이다. 풀이 돋은 목초지에서부터 먼 거리에서 '누렁이(yellow belly)' 폰데로사 소나무 거목들을 지나 숲을 들여다볼 수 있다. 늘 일어나는 불은 땅의 불이어서 땅 위를 따라 천천히 이동하며 여기저기서 덤불이나 한 무더기의 풀에 불을 붙인다. 불은 폰데로사 소나무를 까맣게 그을릴 수도 있지만 결코 태워 쓰러뜨리지 못한다. 이 나무들의 가지는 15미터 위에서야 시작되기 때문이다. 불의 효과는 숲을 개방하고 폰데로사 소나무가 완전히 점령하지 못하게 막아서 다양한 다른 생명들도 공간을 차지할 수 있도록 해주는 것이다. 이는 산불이 일반적이고 자연적인 사태인 무성한 작은 떡갈나무 덤불에서는 특히 진실이다. 산불들은 실제로 그 비옥한 구역의 산불에 적응한 품종들을 도와준다.

산불은 또한 더 높은 구역에서 더 강한 전나무와 가문비나무에 의해 쫓겨날 수 있는 사시나무도 도와준다. 어떤 의미에서는 사시나무는 어떤 지대로 환경 파괴 후에 들어오는 보호수(保護樹)로서 장과들 그 밖의 고지대 활엽초본과 풀들로 된 덤불과 나란히 들어온다. 불타 버린 지대에서 사시나무는 다시 싹을 틔우고 흙을 붙잡아 주고, 그 지역을 서늘하게 하는 데 도움을 주고 상록의 식물들이 재생할 수 있기까지 습기를 유지하는 데 도움을 준다.

인간의 역사

인간들은 '폴솜인(Folsom Man)'의 고고학적 발견이 알려주는 바처럼 최소한 1만3천 년 전에 남서부에 살고 있었다. 이 인간들과 더불어 거구의 땅늘보, 다이어울프, 안경곰, 검치호랑이, 마스토돈, 맘모스, 큰페커리, 낙타, 오늘날 존재하는 것 외에 추가로 두 종이 더 있는 가지뿔영양, 고대 들소, 게잡이여우, 흰바위산양, 맥(貘) 그 밖에 초기 말의 몇 종들이 있었다. 전 세계의 거대 포유류들처럼 이 종들은 지난 1만 년간 기후가 뉴멕시코 주 저지대와 더 평평한 지대의 초지에서 유실소나무-노간주나무 체제 쪽으로 바뀜에 따라 사라졌다.[101]

인간들이 미국 남서부에 얼마나 오랫동안 있어 왔는지를 말하기는 어렵다. 대부분의 토착 아메리카인들은 자신들이 항상 여기 있었다고 말한다. 학계는 베링해협 이주 정설을 고수한다.

모골론 테 지방에서 우리는 인간들이 부분적으로 옥수수에 의해 자신들의 수명을 관리했다는 것을 알고 있다. 물론 그 지역에 더 일찍 인간들이 있었지만, 5천 년 전으로 거슬러 올라가는 작은 옥수수들이 발견되어왔다. 그 수계에서 박쥐동굴(배트 케이브)과 툴라로사 동굴에서의 고고학적 발굴 작업이 보여주는 것은 옥수수가 최소한 그만큼 일찍 들어왔으며, 콩은 수천 년 뒤에 따라왔다는 것이다. 어떤 유적들은 지금부터 2500년 전부터 있는 것이므로 우리는 인간들이 그 지역에서 그 당시 움집에 살고 있었다는 것을 안다. 남서부에는 수백 년 더 먼저 '코차이즈 시기(Cochise Phase)'라는 시대에 움집에 살던 사람들의 증거가 있지만, 샌프란시스코 수계에서는 그런 성격의 현장이 발굴된 적이 없다.

샌프란시스코 수계에서는 2500년 된 움집 마을의 큰 발굴 작업이 이루어

---

101 *Mammals of New Mexico*, J. S. Findley, A.H. Harris, D.E. Wilson & C. Jones, UNM Press, Albuquerque, 1975, p. 341.

제국 문화의 종말과 흙의 생태학

저 왔으며, 이는 SU 현장(SU 상표의 큰 목장 이름을 따서)이라고 불린다. 이 현장은 18개의 주거지를 포함하며 주도하는 고고학자에 의해 반경 약 24~32 킬로미터 내의 유일한 현장으로 여겨진다.

고고학자 폴 마틴은 그 주거지들을 이렇게 서술한다.

> '소나무 잔디 시기(Pine Lawn Phase)'의 모골론 집들에는 대기실, 칸막이벽, 평판 내벽이나 난로가 없다. 게다가 초기 모골론 집들의 지붕 은 아나사지(Anasazi) 지붕들처럼 어떠한 표준적 양태로 받쳐지지도 않았다. 대신에, 어디서나 한 개에서 여섯 개의 기초적인 지붕 받침들이

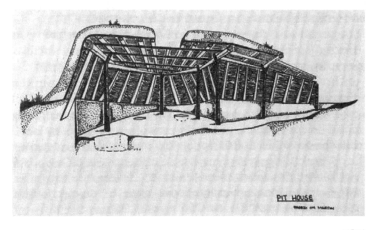

: 움집

> 외관상으로 뒤죽박죽으로 (집의 중앙 부근에 위치한 하나의 지붕 받침 대를 제외하고) 설치되고 같은 방식으로 두 번 다시 된 것이 없다. 초기 모골론 집들은 모양이 불규칙하고 아메바를 닮았으며, 깊이가 아주 얕 다. 모골론 집들로 들어가는 옆쪽 입구는 다 있는 것은 아니지만 이 입구 가 발견될 때에는 그것들은 짧고 뭉툭하거나 위로 경사진 바닥으로 길 쭉할 수도 있고, 동쪽을 향하고 있다. 깊은 움은 때로는 한 집에 몇 개씩

되는데, 이것들이 모골론 집들에서 자주 발견된다.[102]

샌프란시스코 수계의 움집 유적 대부분은 작은 떡갈나무 덤불 지대에서 발견되어 왔다. 작은 떡갈나무 덤불과 (연중) 흐르는 하천을 따른 강기슭 서식지들은 그 수계의 실질적인 비옥함을 만들어 주는 '섬들'로 여겨져야 한다. 우리가 이 구역에

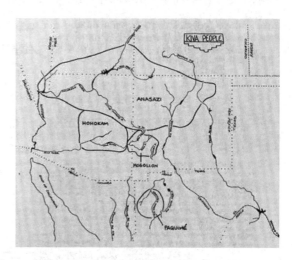

: 키바 사람들

서 움집들을 발견하는 것은 놀라운 일이 아니다. 작은 떡갈나무 덤불 구역에서 움집 사람들은 채집 활동을 위해 활용할 수 있는 생태계 구역을 위 아래로 가졌다. 움집 사람들이 자연적 수확이 일어날 때인 가을에 떡갈나무 덤불에 확실히 있었다는 데는 의문의 여지가 없다. 가을에 도토리가 떨어지고, 유실소나무 열매가 맺힐 때, 준베리, 슈막, 만자니타와 장미 씨들이 익는다. 유카 바나나들도 더 작은 용설란처럼 작은떡갈나무 덤불에서 발견될 수 있다. 작은떡갈나무 덤불에서 수확이 준비될 때 그 지역의 생명이 먹으러 들어온다. 사슴, 곰, 페커리, 칠면조, 다람쥐, 큰쥐(pack rat), 파랑어치(jay birds) 그 밖의 짐승들이 풍성한 음식으로 잔치를 벌인다. 이 동물들은 초식동물을 잡아먹는 다른 것들, 코요테,

---

102 Field Museum of Natural History, Anthropological Series, Vol. 32, Chicago, 1940-1947. "#1, The SU Site. Excavation At A Mogollon Village, Western New Mexico, 1939." Paul Martin. #2, Second Season, 1941. Paul Martin. p. 130.

제국 문화의 종말과 흙의 생태학

늑대, 살쾡이, 퓨마를 끌어들인다.

정주생활로의 이행. 키바 사람들

넓은 다중적 상태의 지대에 걸친 발굴이 보여주는바 움집 사람들의 식량원
은 지대와 그 가용자원들에 따라 달랐다. 생계는 거의 순수한 수렵 및 채집 활
동에서 거의 전적인 농경에까지 여러 층을 이루었다. 인류학자 데이비드 스튜
어트는 유목적 생활 양식 대 정착형 생활 양식의 상대적 가치에 관해 약간의
단서들을 제공한다. 그는 이렇게 말한다.

> 그 이유들을 발견하는 데는 세계의 유목 민족들의 잔존자들 중에서
> 그리고 먼 곳의 농경 마을들에서 하는 현지조사가 필요했다. 아주 인구
> 밀도가 낮은 조건에서는 유목적인 수렵-채집인들이 매년 1인당 500시간
> 만 일해서 먹고 살며, 영양실조는 놀랄 만큼 드물다! 소박한 농민들은 똑
> 같이 먹고 살기 위해 연간 1인당 1천 시간 이상을 필요로 했지만, 영양실
> 조와 유아 사망은 더 흔하다. 흉작도 마찬가지다.[103]

'근로시간'은 평균적인 산업 노동자에게는 연 2천 시간에 가깝다.

서기 500년에 시작해 샌프란시스코 수계에는 (대중적으로는 '아나사지
[Anasazi]'라고 알려진) 키바인들이 살았다. 이들은 움집 사람들로부터의 변화
또는 다른 종족의 유입으로 '푸에블로' 양식의 지상 건물에서 살았고 모두가 지
하의 키바에서 영적 활동을 거행했다. 이 사람들은 서기 1250년경 또는 1300
년경까지 그 수계에서 살았던 것으로 추정된다. 그들은 샌프란시스코 수계에서

---

103 *Socorro Defensor Chieftain*. (Newspaper, Socorro, New Mexico). "Catron's
Populous Past," David Stuart. Vol. 117. #17. p. 2.

파낸 다수의 '밈브레스 양식' 항아리들에서 볼 수 있듯이 근처, 동쪽으로 160 킬로미터 되는 곳의 밈브레스 소집단과 밀접하게 관계되었다.

그 수계를 작은 떡갈나무 덤불 지대 수준에서 돌아다녀 보면 또는 그 아래쪽으로 웬만한 집터를 돌아다녀보면, 거의 언제나 키바인들의 항아리 조각, 석기, 화살촉 같은 유물들을 발견한다. 고고학자들은 최소한 3만 명의 사람들이 그 지역에서 사라지기 전까지 살았다고 추정한다. 그 지역에 대한 가장 폭넓은 조사를 해온 고고학자 크리스토퍼 나이팅게일은 그 숫자를 '3만 명이 넘는' 수준으로 본다. 동일한 지역에서 지금은 2,700명이 살고 있으며, 산업사회의 정의들에 따를 때 주변적으로만 살고 있다는 사실보다 경지 이용 패턴에서 더 날카로운 대조를 보여주는 것은 없을 것이다.

키바인들의 문화는 의문의 여지 없이 오늘날 뉴멕시코 주의 19개 토착 푸에블로들과 아주 비슷했다. 토지 적응은 마을별로 되었다. 마을은 일반적으로 흐르는 물 근처에 위치해 농사에 물을 댈 수 있게 했다. 기초적 생계 작물은 어머니 옥수수와 그의 딸들인 콩과 스쿼시였다. 콩과 옥수수는 완벽한 아미노산 조합을 제공한다. 특별히 뉴멕시코 주 지역에서는 녹색칠레 고추도 식품목록 중 일부였다. 이 종들 각각 안에 엄청난 변종들이 있었다. 현대의 푸에블로들이 오늘날에도 보유하는 옥수수 씨앗들은 색깔, 물 필요량, 필요한 온도 기타 고려 사항들에 따라 다양하다. 이런 동일한 상황이 콩과 스쿼시 씨앗들에도 적용된다.

오늘날 푸에블로들한테 있는 것 같은 보조 품종들도 필시 있었을 것이다. 야생꽈리를 길들인 품종들이 재배되고 해바라기는 들판 주위에 파종되며, 하르파고티툼이 흔히 길들어져서 다른 많은 유용 식물들과 마찬가지로 재배된다. 다양한 '잡풀' 종들이 보통 역시 다양한 목적으로 밭 주위에 보존된다는 것이 언급되어야 한다.

중앙아메리카에서의 고고학적 발굴지의 꽃가루 분석은 9천 년에 걸친 마야인의 적응 식단이 주로 옥수수, 박(스쿼시), 콩, 육류, 용설란, 칠리고추, 케이폭나무(나무열매), 강아지풀 (가루로 분쇄된 강아지풀씨), 선인장, 비름이었다는 것을 가르쳐준다.

제국 문화의 종말과 흙의 생태학

어머니인 옥수수와 그 딸들은 중앙아메리카적 적응형태다. 실제로 아나사지들은 중앙아메리카 마야인들의 코판과 티칼 같은 중심지의 주변 지역 거주자들이었다. 푸에블로 우주론, 특히 호피족의 우주론은 중앙아메리카인의 우주론과 주요 패턴들을 공유한다. 프랭크 워터스의 결정적 저작 《멕시코 신비.

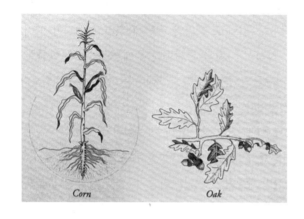

:옥수수 / 오크

도래하는 의식의 제6 세계(Mexico Mystique. The Coming Sixth World of Consciousness. Swallow Press)》(1975)에서 유사한 점들이 명확히 지적된다. 오늘날의 푸에블로들에서는 히시(heishi)라는 전통적 소라 목걸이는 대서양과 태평양 양쪽에서 나는 소라로 만들어진다. 두 대양, 중앙아메리카 그리고 북쪽의 푸에블로들을 연결해준 옛 무역로들이 알려졌다. 어떤 키바의 전례들에서는 앵무새 깃털이 아직도 요구된다. 뉴멕시코 주의 로스 알라모스(Los Alamos)시에 있는 현대 핵전쟁 중심지 바로 밑에는 고대 푸에블로의 폐허가 있다. 폐허가 위치한 대지(臺地)로 접근하는 오솔길을 올라가면서 낭떠러지 깎아지른 면에 긴 뱀이 보인다. 그것은 중앙아메리카의 구원자이자 생명력의 상징인 케찰 코아틀(Quetzal Coatl)의 상징이다.

식단(食單)에서 자연문화에서의 사회구조가 흘러나오며, 그러고 나서 산업적 뒤집힘을 겪으면서 식단은 대량의 기계적 생산 방식이 어떤 식물을 가장 이윤이 높게 재배하고 수확할 수 있는지 그것의 결과가 된다. 어머니인 옥수수와 그 딸들 때문에 푸에블로들은 한 장소, 그래서 집에 머물러야 한다. 이 식물들의 관개형 품종들은 흐르는 하천 근처의 평평한 토지를 요한다. 이것이 뜻하는 것은 어떤 권위가 있어서 희소한 물과 토지 자원들을 할당해야 한다는 것이다. 이 모두는 푸에블로들에게 있어 계층화 같은 결과를 초래하지만 이는 우리에게 친숙한 제국의 위계는 아니다. 오늘날 대부분의 푸에블로들에게는 영구적 지도자는 없다. 지도력은 완전한 엘리트주의를 배제하는 복잡한 공식으로 연별 순번제로 된다. 다른 '직무들' 간에도 책임의 순번제 그리고 심지어 여러 집단들의 순번제가 관습이다. 각각이 자치적 존재들인 푸에블로들의 문화들은 극히 복잡하다. 착취하는 엘리트들의 공고화를 완화해주는 것이 문화적인 여러 가치들에 더해진 이런 복잡성이다.

흔히 푸에블로들에게는 고고학자들이 절반(moieties)이라고 말하는 두 부분으로의 동등한 나눔이 있다. 누구든지 자신의 절반 부분으로 태어난다. 몇몇 푸에블로들에게는 이 두 절반 부분은 여름 사람들과 겨울 사람들로 불린다. 이에는 계절 그리고 다른 것들과 관련되는 어떤 의례적인 의무들이 따른다. 어떤 이는 거북, 독수리 또는 곰 같은 씨족 안에 태어난다. 어떤 사람은 흔히 절반 부분 내의 여러 분할들 중 하나로 태어난다. 어떤 사람은 흔히 자신의 혈통과 관련될 수도 있고 되지 않을 수도 있는 비밀의 영적인 사회에 합류한다. 그러면 결혼을 할 수가 있다. 이는 누구의 삶의 관계 그물을 두 배로 해준다. 마지막으로, 개인으로서 사람은 재능이나 스타일로 구분되는 것이고, 이는 모든 관계들에 대해 그 자체적인 조정을 이루는 것이다. 이 목록이 길게 보일 수도 있지만, 이는 결코 푸에블로들이 기능하는 양상의 엄청난 복잡성을 다 보여주는 것이 아니다. 우리는 이에 도랑 청소, 첫 번 사슴 사냥, 콩 심을 때 같은 기능적 행위들을 포함하는 달력상의 순환주기를 더해야 한다. 다른 중요한 달력상의 순환주기는 겨울에서 겨울로 가는 전례상의 순환주기이며, 대소간, 공사간의 여러 전례들을 포함한다.

산업사회에서의 일자리들이 푸에블로 문화를 파괴하는 큰 이유들 중 하나는 이 거대한 소용돌이로 계속 변하는 문화의 만다라가 시간을 요한다는 것이다. 이 만다라에서 모든 것은 통합된다. 우주에서부터 별의 움직임에 따른 어떤 전례들

제국 문화의 종말과 흙의 생태학

의 날짜를 거쳐 곧장 계절적 콩춤(bean dance)에까지 통합된다. 알려진 역사에서 어떤 푸에블로 문화이든 어떠한 영구적 방식으로 점령되거나 말살되지 못하게 막아온 것은 이런 책임의 끊임없는 유동과 인간관계들의 조밀한 그물이다.[104]

이는 샌프란시스코 수계의 키바인들을 대표하는 문화다. 샌프란시스코의 키바인들은 서기 1200년부터 1250년까지 남서부의 다른 '아나자시'들과 거의 같은 때에 떠났다. 약간의 질문들이 남는다. 그들은 왜 떠났는가? 그들이 흙을 고갈시켰는가? 그들의 긴 보유기간 동안 땔나무(火木)를 위해 그 지역의 숲을 벌채했는가? 보충적 식량 공급원이 없어지도록 동물들과 야생 채집 식물들의 씨를 말렸는가? 우리는 모른다. 추측할 수 있을 뿐이다. 그들의 사라짐은 선견이나 예언에 따른 완전히 사회적인 어떤 것이었을 수도 있을 것이다.

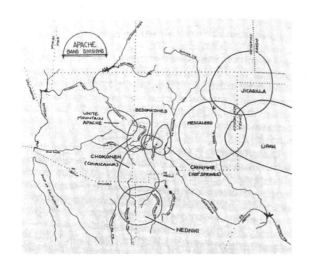

: 아파치족 분파들의 거주 지역들

---

104 뉴멕시코 주의 19개 푸에블로들 중에는 세 개의 기본적인 문화적 구획인 토와, 테와, 티와를 가진 이들이 있다. 이들 각각은 상이한 언어 집단이며 질적으로 다르다(주니와 호피 같은 푸에블로들도 있는데, 이들은 서로 간에 또 다르지만 일정한 기본 패턴들은 그들 모두에게 적용된다). 푸에블로 문화에 대한 하나의 탁월하고 기초적인 입문서로 다음의 것이 있다. *The Tewa World, Space, Time, Being and Becoming In A Pueblo Society*, Alfonso Ortiz, U. of Chicago Press, Chicago, 1969.

제2권 미래의 씨앗

진정한 채집/수렵인. 아파치

아파치라고 일반적으로 알려진 채집/수렵인들은 키바인들이 빠져나간 직후에 그 수계로 들어왔다. 아파치라고 대중적으로 알려진 집단들은 아따바스칸 (Athabascan)이다. 그들은 캐나다 북부의 거대한 아따바스칸 부족, 나바호, 캘리포니아 주 북부 연안의 후파(Hoopa) 그리고 오리건 남서부의 그란츠 패스 (Grants Pass) 근처에서 살던 급격히 줄어든 집단을 포함하는 규모가 큰 언어 집단의 일부다.

칼라하리 사막 한 부분에 사는 지-위가 차마 멜론을 그들의 주식으로 삼았던 것과 똑같이, 같은 사막의 다른 부분에 사는 쿵은 땅콩, 몽공고를 주식으로 삼았다. 똑같은 방식으로 미국 남서부의 다양한 아따바스칸 부족들은 오클라호마 주 및 텍사스 주의 북부 근방의 대평원(키오와와 리판 아파치)에서부터 뉴멕시코 주 북동부(히카리야)를 거쳐 뉴멕시코 주의 동부-남동부(메스칼레로)로 그리고 또 모골론 테를 가로질러 애리조나 주 중부(온천, 치리카우와 및 서부 아파치)에까지 걸쳐 자신들이 그 안에 통합된 여러 생태 환경들에 기초를 두어 상이한 생활양식들을 유지했다. 한 무리인 네드니는 멕시코의 시에라 마드레의 북부에서 살았다. 이 집단들과 지대들 각각이 그들이 살던 특정의 생명 시스템에 기초한 생활양식을 유지했다.

구체적으로 샌프란시스코 수계를 점유한 것이 초코넨(치리카와 아파치)의 북쪽 분파였다. 이 무리는 마지막 시대에 치리카의 영도를 받았다. 이는 초코넨의 북파이며 남쪽 무리는 코치스의 영도를 받았다. 우리는 한 무리가 구체적으로 한 지대와 동일시된다고 말하지만, 더 정확히는 그들은 거기에 지방화되었다고 말할 수도 있다. 여러 무리들이 몰려들었다가 몰려나가고 서로의 관습적 구역에 방문과 채집 활동을 위해 흔히 들어갔다. 모골론 테를 따라 수계의 동편 그리고 그 뒤편 북쪽으로는 베돈코에인들이 살았다. 이 사람들은 대중적으로 결혼에 의한 그들의 유명한 아들 제로니모로 동일시된다(그는 실제로 시에라 마드레의 네드니 아파치족으로 태어났다). 베돈코에인들의 바로 북동쪽,

제국 문화의 종말과 흙의 생태학

블랙 레인지를 따라서 그리고 그 북쪽으로 지금의 뉴멕시코 주 트루쓰오어콘시퀀시스인 곳의 근처, 리오그란데의 서편에는 치힌네인들-온천 아파치족이 살았는데, 이들은 대중적으로 마지막 자유 지도자 빅토리오와 동일시된다.

여러 무리들은 넓은 범위의 땅에 분포해 살았지만 그 지역들과 동일시되었다. 마지막 저항의 시대에 그들은 콜로라도 남부에서부터 멕시코 중남부에 걸쳐 있던 것으로 알려진다. 이동능력이 그들의 생태적 적응에서 핵심 요소였다. 그들은 토지의 잉여물을 수확했고 이것이 어디 있고 언제 있을지를 알아야 했다. 민족식물학자들인 모리스 오플러와 에드워드 캐스테터는 아파치의 채집형 생활 양식을 이렇게 요약하며, 이는 확실히 지구상에 살아온 모든 채집인들에게 일반적으로 적용될 수 있을 것이다.

> 아파치인들은 계절에 따라 날씨가 달라지면서 이동했고, 야생 식량 수확물이 생기면 이를 쫓아갔다. … 추운 날씨가 될 때는 그는 (원문대로) 저지대로 이동했다. 여름이면 그는 (원문대로) 다시 고지대에 있었다. 평지에서 메스키트와 스크류콩이 익었을 때는 아파치족의 여러 파들이 그것을 수집하기 위해 그곳에 있었다. 고지대에서 산사열매가 익을 때는 아파치인들은 이를 따기 위해 부근에 있었다. 이 사람들은 자연의 달력에 정통했으며, 풀씨가 익든, 어떤 동물의 모피나 고기가 특정한 때에 최상의 상태가 되든 아파치인들은 그 수확물을 나누려고 그 자리에 있었다.[105]

채집인들과 땅의 생명의 통합은 필수적이고 자연적이어서 날씨, 동식물들의 일상적 습성 그리고 자연계에 대한 자기 자신의 직관은 그중에서 그가 땅의 생

---

105 *Chiricauhua Apache Subsistence and Socio-Political Organization. Section Two.* (quoted in) "A Report of the Mescalero-Chiricahua Land Claims Project." Harry W. Basehart. Contract Research #290-154. UofNM. 1959. p. 93.

명의 일부, 자연적 생명이 되는 지각(知覺)의 복합체를 이룬다.

제임스 카이와이클라는 나나의 손자다. 나나는 제로니모와 말을 같이 탄원로였다. 카이와이클라는 치힌네인이었다. 치힌네라는 부족 이름은 붉은 사람들을 뜻하며, 이는 부족민이 태양에 눈이 부시는 걸 차단하기 위해 눈 바로 밑에 얼굴을 가로질러 바르는 붉은 진흙 띠를 가리킨다(근대의 용어에서 그들은 오호 칼리엔테스[Ojo Calientes] 또는 온천 아파치라고 불린다). 카이와이클라는 그의 민족의 채집 습관에 대해 이렇게 말한다. 번역하면 이렇다.

> 나의 민족은 뉴멕시코 주의 산간 지대에서 근심 없이, 자유롭게 여름을 보냈다. 그들은 가을이면 멕시코로 이주해 늘 하던 대로 사냥하고 과일을 따고 우센(Ussen)에게 그가 준 좋은 것들에 대해 감사를 드리면서 그 땅에서 먹고 살았다. 그들은 밀림과 열대과일이 나는 땅을 알았다. 그들은 가로질러 간 땅의 사람들을 알았다. 그들은 코치스와 그의 무리와는 최상의 관계에 있었다. 그들은 네드니의 추장 주(Juh)의 완강함을 뚫어냈고 형제로 받아들여졌다. 네드니인들이 또 우리에게 왔을 때 우리는 우리의 최상의 것을 아낌없이 주었다.[106]

각 산맥은 아파치인들이 사용한 많은 제품들의 저장고였다. 서시에라마드레 산맥의 북쪽 끝자락은 마지막으로 주가 영도한 네드니 아파치들의 본거지인데, 이곳의 고산 지대와 산록은 용설란(순례자용설란), 사슴, 호두나무(juglana rupestris var. major), 도토리(quercus emoryii, q. reticulata, q. turbinella, q. grises, and q. arizonica), 꿀, 연지선인장 열매(opuntia phaeacantha) 그리고 메스키트(prosopis juliaflora)를 제공했다. 치라카와 무리는 대중적으로는 그 지도자 코치스와 동일시되는데, 이들은 드라군, 치라카와, 펠론실로 그리

---

106 In The Days of Victorio, Recollections of A Warm Springs Apache. Eve Ball. (James Kaywaykla, narrator). U of Arizona Press. Tuscon. 1970. p. 45.

제국 문화의 종말과 흙의 생태학

고 하쳇 산맥 주위에 중심지를 두었으며, 비슷한 식량에 추가적으로 다틸유카(yucca baccata), 청유카(yucca elata) 그리고 옻나무를 이용했다. 가지뿔영양(흔히 영양이라 불리지만, 영양이 아니다. 그들은 사슴도 영양도 아닌 과에 속한다)들을 산맥을 가르는 평지에서 얻을 수 있었다. 베돈코헤인들은 제로니모의 부족으로서 길라 강과 샌프란시스코 강의 발원지에 중심을 두었다. 이 지역은 산양, 가지뿔영양, 엘크, 사슴, 도토리, 용설란, 다틸유카, 연지선인장열매, 메스키트, 유실소나무 열매를 제공했다. 오호 칼리엔테 주위에 중심을 둔 치힌네인들은 바로 남쪽의 베돈코헤인들과 비슷한 여러 종류의 먹을거리를 누렸다. 이들은 주된 산물들이고 덜 중요한 수십 개의 산물들도 활용되었다.[107]

필시 그 수계에서 초코넨과 베돈코헤 식단의 가장 중요한 산물들은 가지뿔영양, 메스키트, 용설란, 도토리였을 것이다. 가지뿔영양은 사막 지대에서부터 최소한 고지대의 폰데로사 숲에까지 존재했다. 고도보다 더 중요한 것은 가지

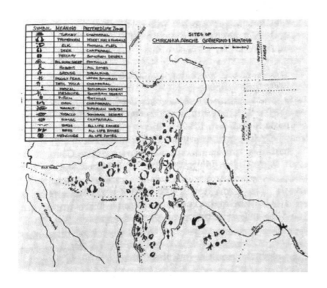

: 치리카우의 아파치족 사람들
이 수렵과 채집을 한 지역들

---

107 Basehart. op. cit.는 채집 지대들에 관한 정보를 제공하고 Kaywaykla op. cit.는 여러 무리를 식별하는 방법을 알려준다.

뿔영양의 평평한 땅에 대한 필요다. 시속 약 80~113킬로미터라는 놀라운 속도와 망원경 수준의 시력을 가진 그들에게는 어떤 고도에서든 평평한 지대에 사는 것이 필요하다. 평지는 추적자들에서 도망칠 거리를 확보해줄 만큼 충분히 넓어야 하며, 또한 바위가 없는 매끈한 표토여야 한다. 이 동물들이 사막에서부터 고지대에까지 존재하면서 원주민의 애호하는 육류 식량이 되었다.

용설란은 필시 아파치족의 가장 중요한 식물성 식량이었을 것이다.[108] 용설란은 사막 지역에서 가장 잘 자라지만 유실소나무-노간주나무군 속으로 들어가 폰데로사 소나무 있는 곳으로 커 간다. 비록 거기서는 그 식물의 모양이 더 작기는 하지만 말이다. 인류학자 윈프레드 버스커크는 말하기를, 그 식물이 아파치족의 월동 환경이던 지대에서 풍부했기 때문에 겨울철이 정상적으로는 그들이 활

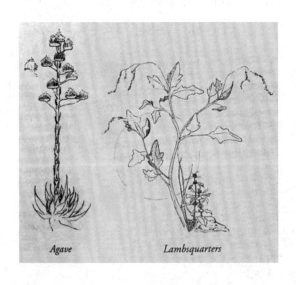

Agave   *Lambsquarters*   : 용설란 / 명아주

용되던 철이기는 하지만, 용설란은 어느 철에나 활용될 수 있었다고 한다. 그 식물의 어느 것도 되지만, 최상의 것은 꽃이 필 준비를 하는 용설란들이었다. 때로

---

108 *Western Apache Subsistence Economy*. Winfred Suskirk. Dissertation for Ph. D. in Anthropology. UNM. 1949. p. 297.

                                       제국 문화의 종말과 흙의 생태학

는 '세기의 식물(century plant)'이라 불린 용설란은 단 한번 꽃이 피고 죽는다. 북쪽의 용설란들은 10년에서 15년 나이 정도에 꽃을 피울 수 있지만, 훨씬 남쪽 멕시코의 용설란들은 꽃이 피고 죽기까지 자그마치 30년을 갈 수도 있다.

> 가을과 겨울에 좋은 식용 식물들이 잎밑과 말단의 순(筍)을 보고서 선정될 수 있었는데, 그 부분이 두터워지는 것은 그 식물이 다음 봄에 꽃을 피우리라는 것을 알려주었다. 채집 활동의 최적 시기는 이른 봄, 보통은 4월이었으며, 이때 일부의 용설란들은 꽃을 피웠다. 이 계절에 충분한 용설란이 여름을 나고 그 이상을 지내기 위해 마련되었다.[109]

그 뿌리는 구근 밑에서 잘렸고 식물은 땅에서 뽑혔다. 식물의 잎은 잘라내서 구워질 채비를 했다. 포기는 평균 9킬로그램씩이며 한번에 40개씩을 굽는다. 아파치족의 생계 순환주기를 연구한 베이스하트(Basehart)는 치라카와인들이 한 가족에 연간 40포기에서 60포기를 수집했으며, 그 식량을 모으는 데 한 달 이상이 소요될 수 있었을 것이라고 주장한다.

용설란은 지름이 3.7미터까지 되고 깊이가 0.6~1.2미터인 흙구덩이에서 구워졌다. 그 구덩이는 참나무로 채워졌고 그 다음에 불을 붙였다. 직경이 약 20센티미터인 작은 용암들이 석탄 위에 깔렸고, 베어그래스라는 풀이 덮개로 덮어졌고, 그다음에 용설란을 구덩이에 집어넣었다. 베어그래스가 다시 위에 덮어졌고, 구덩이는 흙으로 봉해졌다. 이 흙 위에 불을 또 놓는 것은 선택적이었던 것 같다. 카이와이클라는 자신의 민족이 길고 좁은 용설란 잎들을 구덩이에 넣고 구덩이를 채우면서 그 잎들을 똑바로 세워놓았다고 말한다. 찜이 진행되면서 그들은 잎을 뽑아보아 얼마나 잘 쪄지고 있는지 확인할 수 있었다. 잎의 상태는 용설란이 다 쪄졌을 때를 알려주었다. 다양한 문헌들은 용설란이

---

109 ibid. p. 298.

하루에서 이틀간 쪄졌다고 한다. 구운 다음에 용설란은 탕탕 두드려 펴서 몇 센티미터 두께의 판으로 만들어지고 육포처럼 말려졌다. 이런 상태의 식량은 수년간 보관될 수 있었다. 4분의 1컵의 가공된 용설란은 30칼로리 그리고 우유 반 잔보다 많은 칼슘을 공급해준다.[110]

용설란은 아주 달고 페미컨, 옥수수죽과 같이 사용되고, 빵가루와 혼합되거나 건조한 상태로 추가 가공 없이 먹는 것 외에도 다른 많은 방식으로 사용될 수 있었다.

용설란의 또 하나의 용도는 바느질이다. 용설란 잎끝의 날카로운 가시는 바늘로 사용될 수 있고 잎사귀의 강한 섬유는 미리 끼워진 실로 사용될 수 있다. 잎들은 그냥 말려지고 잎의 펄프는 두드려서 떼어내고 남는 부분인 섬유는 그 자신의 날카로운 바늘로 땋거나 꼰 모양으로 사용된다. 카이와이클라는 이것이 생가죽 밑창을 모카신에 깁는 효과적인 방법이라고 언급한다. 어린 용설란 잎들의 즙은 또한 임박한 괴혈병의 신호가 감지될 때 약으로 사용된다.

두 유형의 유카(좁은 잎의 비누풀유카와 넓은 잎의 바카타 유카)는 용설란과 같은 생물분포대에서 사용되었다. 엘라타(Elata)는 친숙한 비누 유카이며 그 줄기와 꽃도 식용되었다. 바카타(Baccata) 또는 다틸유카(datil yucca)는 약 13~18센티미터 정도 자라는 맛있는 열매를 맺는다. 이 열매는 유카 바나나라고 불리며, 날로도, 구워서, 말려서 또는 갈아서 음식을 만들어 먹을 수 있다. 이 식물의 어린 속 순들도 사용될 수 있다.

연지선인장은 사막에서 그리고 그 품종들이 더 작게 자라는 곳이지만 유실소나무-노간주나무 구역 안으로 들어와서까지 잘 자라는 식물이다. 코끼리 귀 모양의 잎은 먹을 수 있고, '가시투성이 배' 혹은 스페인어로 투나(tuna)라

---

110 *American Indian Food and Lore*. Carolyn Niethammer. Collier Books. New York. 1974. p. 4. (This nutrition information is quoted from Winifred Ross, "The Present Day Dietary Habits of the Papago Indians," masters thesis, U. of Arizona. 1941). pp. 43,44, (in Ross).

 제국 문화의 종말과 흙의 생태학

는 열매도 먹을 수 있다. 멕시코에서 그리고 미국의 라틴 식품점에서 썬 잎이 '노팔리토스(nopalitos)'라고 해서 구입될 수 있다. 이 식물의 열매는 특히 아파치인들에 의해 이용되었다.

산양은 사막 구간과 모골론 테의 산기슭 언덕에 풍부했다. 이 짐승들은 가파른 언덕의 고지대의 바위밭, 산과 낭떠러지에서 보통이 아닌 민첩한 몸으로 안심하며 산다. 반드시 생물분포대에 구애받지는 않지만, 공교롭게도 이런 유형의 땅은 주로 사막과 유실소나무-노간주나무 지역들에 존재한다.

Yucca Baccata / Pronghorn

: 바카타 유카 / 가지뿔 영양

많은 짐승들이 그러듯이 아파치인들도 계절에 따라 이동했지만 이는 그들이 어디를 가든지 떼를 지어 이동했다는 것을 뜻하지 않는다. 베이스하트는 이렇게 말한다. "모두가 … 주어진 어떤 해에 긴 거리를 이동하지도 않았고 같은 가족들이나 더 큰 사회적 단위들이 매년 같은 방향으로 그리고 같은 거리를 여행하지도 않았다. 그래서 어느 집단은 연중 중심지 근처에 남아 있을 수도 있고 그다음 해에는 상당한 거리를 여행할 수도 있다. 가족들 간의 연합은 영구적이지 않았고 철마다 달라질 수 있었다."[111]

---

111 Basehart, op. cit. p. 103.

제2권 미래의 씨앗

아파치인들은 가루를 많이 갈아 만들었다. 씨앗들은 가루를 내는 명백한 기초이지만, 씨앗껍질, 꽃가루 그 외의 식물 부위들도 말려서 그 자체로 또는 다른 바람직한 가루와 섞어 갈 수 있다. 아파치 가루의 원료는 메스키트, 스크류콩 메스키트, 용설란, 도토리, 유실소나무, 해바라기 씨, 호두, 노간주나무 열매, 여러 유형의 풀씨, 저지대의 치아(chia), 하르파고티튬 씨, 코요테 멜론 씨(호박씨), 보풀 꽃가루 그리고 아마란스 씨였다.

NOPAL

MOUNTAIN SHEEP

: 노팔선인
장 / 산양

사용된 푸성귀 중에 두드러진 것은 아마란스(amaranthus palmeri)였다 (개리 나반은 그 식물에 대해 이렇게 말한다. "날 아마란스 야채[100그램]는 양상추 100그램보다 거의 칼로리를 세배, 비타민A를 18배[6100국제단위], 비타민C를 13배[80밀리그램], 칼슘을 20배[411밀리그램.] 그리고 철분을 거의 일곱 배[3.4밀리그램]를 포함한다").[112] 익지 않은 로키마운틴비플랜트(cleome serrulata)도 식용 채소다. 아파치인들이 좋아한다고 알려진 다른 식물들은

---

112 *The Desert Smells Like Rain. A Naturalist In Papago Indian Country*. Gary Paul Nahban. North Point Press. San Francisco. 1982. p. 97.

제국 문화의 종말과 흙의 생태학

야생감자(solanum jamesii)와 야생양파(allium cernuum)로서 둘 다 작은 떡갈나무 덤불에서 잘 자란다.

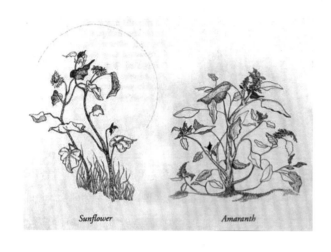

: 해바라기 / 아마란스

아파치인들은 협곡과 강바닥에 약간의 식물 재배를 했다. 인류학자들의 정보원들에 의해 드러난 여러 옥수수 색깔과 품종에 대한 상세한 지식은 상당한 영농이 있었을 것이라는 사실을 예증한다. 재배된 작물은 주로는 옥수수와 콩이었지만, 물론 야생 식용 식물의 씨앗들도 흔히 야영지 부근에 뿌려져서 가까운 곳에 풍부하게 공급이 되곤 했다.

인류학자들은 아파치인들이 그들의 식단의 40~50퍼센트를 포함하는 식용 식물을 거의 50종을 활용했다고 추산한다. 아파치인들이 보호캠프에 수용되고 한참 후, 그리고 그들의 문화에 대한 체계적이고 계획적인 파괴가 시작되고 한참 후에 인류학자들이 아파치인들을 방문했기 때문에, 그들의 완전한 지식과 생활 양식을 낱낱이 목록화하기는 어려울 것이다. 아파치인들이 필시 합당하게 먹을 수 있는 모든 것을 활용했고, 보금자리, 도구 그리고 그들 생활의 기초 필수품들을 만들기 위해 재료로서 땅에서 발견한 모든 것의 거대한 목록을 활용했다고만 말해 두기로 하자.

물론 인간들은 단지 먹기만 하는 진공 속에서 살지 않는다. 아파치인들은

제2권 미래의 씨앗

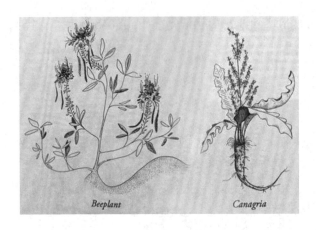

: 벌풀 / 카나그리아

겸손성과 홍적세 유산의 많은 잔류물에 대한 정교한 윤리적·문화적 지각을 드러내준다. 예를 들면, 카이와이클라는 짐승들과 그 외의 땅의 생명에 대한 배려를 이야기한다. 그는 모든 존재는 땅 위에 놓였으며 물을 마셔야 한다는 고려 때문에 짐승들은 결코 물웅덩이에서는 죽이지 않았다는 것을 지적한다. 그들은 공평한 처우에서 거기서는 죽임을 당하지 않았다.

: 제로니모 (고슬레이)

: 나흐-슬레-틀라

제국 문화의 종말과 흙의 생태학

Nana

: 나나

Chihuahua

: 치후아후아

Naiche

: 나이체

Victorio

: 빅토리오

제국의 도래-그 수계에서의 마지막 원주민의 이야기

원래는 '뉴멕시코 주 왕국'이라 불리던 나라의 수도였던 산타페는 이미 청교도들이 플리머스에 도착했을 때는 번창하는 마을이었다. 스페인 이민자들은 다수가 스페인 북부 사람들이었는데 1500년대가 되면 뉴멕시코 주에 도착한다. 그들은 먼저 사람들을 노예로 삼고 농업용으로 저지대를 빼앗기 위해 다양한 푸에블로들을 공격했다. 피가 콸콸 흘렀다. 스페인 사람들은 스페인 왕이 준 토지 하사(下賜) 형태의 토지 부동산을 가지고 뉴멕시코 주에서 봉건적 스페인 문화를 재건했다.

이 하사 토지들은 마을 영역에서 토지 없는 스페인 사람들에 의해 둘러싸인, 엄선된 토지에 사는 토지 소유 귀족의 특징을 이루었고, 바깥 영역에는 '코요테', 혼혈인들과 탈부족화된 토착인들이 살았다. 그들은 침략자들에 대한 방패 역할을 했다. 이런 '란초 그란데' 식민지배 구조는 농지 추구에 기초를 두었고, 남서부의 최상의 저지대 토지를 점유했다. 멕시코 북부를 가로질러 존재했던 그리고 남아메리카 심리구조의 내역에 고착된 바와 같은 식민 지배적 목축왕의 '대농장(Rancho Grande)'이 뉴멕시코 주의 열린 공간에 세워질 수 없었던 것은 강변 저지대에 대부분 기반을 둔 정착한 푸에블로 사람들처럼 유목 부족들은 박멸될 수도 진압될 수도 없었기 때문이다. 뉴멕시코 주에서는 스페인 사람들이 비옥한 저지대 토지를 차지하고 유목 부족들은 주변 지대를 자유롭게 이동하면서 수세기가 흘렀다. 부족들은 스페인 사람들을 습격했고, 스페인 사람들도 노예를 얻기 위해 부족들을 습격했다. 노예들은 뉴멕시코 주 사회에서 보유되었을 뿐 아니라 타오스(Taos)와 아비퀴우(Abiquiu)의 노예 시장에서 남쪽 멕시코로도 보내졌다. 내전 시기에 상원 조사위원회는 뉴멕시코 주인들이 자신들의 반봉건적 사회에서 나바호 부족의 3분의 1을 강제 노예 신분으로 보유했다는 것을 발견했다.

초코넨, 치힌네, 베돈코헤 무리들은 1600년대에 뉴멕시코 주 남서부의 샌프란시스코 강의 수계 근처에서 스페인 사람들과 처음 마주쳤다. 그들은 모골

제국 문화의 종말과 흙의 생태학

론 테 남쪽 실버시티 지대의 광산들을 개발하러 왔다. 광산업자의 첫째 집단들은 떠났지만, 나중에 다른 집단들이 은을 채굴하러 왔다. 지구 전역에서 부풀어 오르는 제국의 다른 부분들의 인성 패턴처럼 남서부에 침입하는 사람들은 제국문화의 각인을 지녔다. 이 정복자들은 밝은 피부 빛을 지녔으며, 그들은 이 피부색이 본래 우월하다고 믿었다. 자기들은 우주의 창조자인 기독교 신의 신도 중 일부라는 것이다. 자기들은 기계 제작자들의 용솟음치는 물결의 일부였고, 중요한 것은 자기들이 토지를 '개발'하고, 토지의 '생산' 능력을 계발하는 우월한 지식을 지녔다는 것이다.

그들은 또한 그 핵심 가치가 물질적 재화인 문화에서 왔으며 토지와 그 위의 토착인 노예들의 노동을 포함한 '자원'을 얻을 수 있다는 전망을 제시받고 있었다. 그들을 이끈 자력(磁力)을 띤 꿈은 복권을 구입해 유럽의 토지를 보유한 귀족의 지위를 차지할 것이라는 꿈과 비슷했다. 이 사람들이 '신 없는 야만인'들에게 저지른 거대한 도덕적 잔혹 행위들을 설명하는 데 도움을 주는 것은 이런 기독교적/제국적 정신 구조였다. 원주민과 토지는 약탈당하기 위해 거기 있었다는 것이다.

우리가 짐작하겠듯이, 아파치인들과 유럽인들 간의 그 수계 영역에서의 첫 번째 중대한 접촉은 비극이었다. 첫째 중대한 사건은 밈브레스 강과 길라 강 사이의 산타 리타에 있는 광산들에서 일어났다. 망가스 콜로라다스(붉은 소매)는 치힌네인들의 추장이었다. 그 당시 멕시코의 치와와 주 주지사는 아파치인의 머리 가죽을 가져오면 돈을 주겠다고 하고 있었다. 존슨이라는 이름의 남자와 그의 여러 친구들이 망가스 콜로라다스와 그의 무리를 광산 숙소의 잔치에 초대했다. 그 수는 수백 명이라고 보고된다. 아파치인들이 잔치를 시작했을 때, 광산업자들은 그들에게 개틀링 기관총과 대포를 쐈다(이에 대해서는 보고서마다 차이가 있다). 수많은 사람이 살해당했다. 망가스 콜로라다스는 부상을 당했지만 살해당하지 않은 자기 아들 망구스만 데리고 도망쳤다.

나중에 1800년대 중반 미국인들이 멕시코에서 남서부를 빼앗았을 때, 칼튼 대령이 동부의 미국 내전에서 싸울 '캘리포니아 종대(縱隊)'라고 불린 집단을 이

끌고 캘리포니아에서 나왔다. 이 사람들이 애리조나 주와 뉴멕시코 주에 도착했을 당시에, 전쟁이 끝나서 그들의 복무가 필요치 않은 듯했지만, 자신들의 이름을 낼 야심으로 아파치인들을 공격하기 시작했다. 이때쯤 망가스 콜로라다스는 새로운 종류의 유럽인들과 평화를 이루기 위해 이 미국인들의 야영지로 들어갔다. 그가 거기에 휴전의 백기를 들고 있었는데도 그는 살해되었다. 그의 머리는 잘려서 삶아졌다. 나중에 해골이 동부 해안에 나타나서 순회 카니발에 온 호기심 많은 군중에게 전시되었다. 그러고 나서 빅토리오가 추장의 자리를 계승했다. 1870년에 빅토리오의 영도를 받는 치힌네족은 지금의 뉴멕시코 주 트루쓰오어콘시퀀시스 서쪽 오호 칼리엔테에 있는 '보호구역'을 미국 대통령 시행령에 의해 '제공받았다'. 이 약속 직후에 그들은 그 지역에서 쫓겨나 남쪽으로 샌프란시스코 수계의 포트 툴라로사로 약 13킬로미터나 진군해 겨울 동안 군대에 억류되었다. 약속된 보급물은 봄까지 도착하지 않았고 도착한 보급품은 유별나게 질이 낮았다. 많은 이들이 그해 겨울에 굶주림과 추위로 죽었다. 이런 일을 겪은 후 정부는 그들에게 오호 칼리엔테로 돌아가도록 허용했지만, 곧이어서 그들은 산 카를로스에 있는 죽음의 수용소로 가라는 명령을 받았다. 그곳에서 이미 수백 명의 아파치인들이 말라리아와 굶주림으로 미국 정부가 완전히 아는 가운데 죽었었다. 빅토리오와 그의 집단은 그곳에 갔으며, 어떤 이들은 사슬에 묶인 채로 갔는데 결코 다시는 약속된 보호구역을 가지지 못했다.

초코녠, 치힌네, 베돈코헤 무리의 구성원들은 여러 차례 산 카를로스의 수용소에서 탈출했다. 빅토리오의 마지막 탈출 중에 많은 치힌네 사람들과 다른 무리의 구성원들이 그와 함께 갔다. 이 탈출에서 그들은 결코 돌아오지 않았다. 그들은 엘파소 동남쪽의 트레스 카스티오스(Tres Catillos)라는 멕시코 국경을 넘어가는 산맥에서 멕시코군에게 붙잡혔다. 밤중에 도망친 몇 사람들을 제외하고는 빅토리오를 포함해 거의 모든 치힌네인들과 베톤코헤인들이 그때 살해되었다. 아파치족의 최후 저항 시기 중에 스페인 사람들은 그 수계의 저지대 토지에 대한 그들의 보유를 공고히 했고, 텍사스 주의 축산왕들은 이미 밀려들어 오고 있었다. 침입자들과 그들의 시끄러운 신문들은 마지막 '변절자' 아파치인들이 죽

제국 문화의 종말과 흙의 생태학

임을 당하거나 보호구역에 감금되어야 한다고 요구했다. 그럼에도 불구하고 몇 몇 작은 집단들은 보호구역에 가지 않고 버티었으며, 언론과 정착민들이 '야만 인들'에 대해 히스테리적인 상태에 있던 장장 5년간을 도피 생활을 했다. 그 주 된 집단은 베돈코헤족의 제로니모와 나나 그리고 초코넨족의 코치스의 아들 나 이체의 영도를 받았다. 30명이 안 되는(25명의 남자, 나머지는 여성과 어린이) 이 작은 무리의 사람들이 5천 명이나 되는 남서부에 산재한 미군 부대들(당시 미군의 4분의 1)에 맞섰다. 이 미군들은 곡식을 먹인 말을 탔고, 미국 재무성에 서 식량과 다른 필수품을 안정적으로 제공받았다. 아파치인들은 자신들을 지탱 하기 위한 그 지역의 생명에 대한 홍적세적인 지식만을 지녔다. 그러나 그들은 아주 쫓기는 입장이었기 때문에 계절을 쫓아갈 수도 없었고 그 지역의 줄어드는 사냥감을 효과적으로 사냥할 수도 없었지만, 그래도 그들은 땅에서 그들이 찾 을 수 있었던 것은 찾아내고 침략자들을 습격해 버티었다.

결국, 작은 무리는 1886년 9월 3일 미군의 넬슨 마일스 장군에게 투항했 다. 그는 아파치인들에게 거짓말을 해 보호구역과 그가 제공할 수 없었던 다른 많은 것을 약속했다. 마일스 장군의 거짓말에 넘어가 멕시코의 시에라 마드레 에 있는 그들의 진지에서 유인되어 나온 그 작은 무리는 결국 국경 북쪽의 남 태평양 철도로 인도되었다. 거기서 그들은 여전히 산 카를로스 보호구역에서 살아남은 모든 초코넨, 치힌네, 베돈코헤인들과 나란히 짐차에 실렸다. 미국 정부의 거짓말을 믿고 다른 지도자들, 베돈코헤족의 망가스 콜로라다스의 아 들 망구스와 초코넨 부족의 북파(北派)의 지도자 치와도 둘다 따로따로 그 당 시에 작은 무리들을 이끌었다. 그들도 짐차에 실렸다.

이 마지막 저항자들 집단과 포트 아파치와 산 카를로스 보호구역들에서 평 화롭게 살고 있던 네 부족의 잔존자들이 모두 기차에 실려 플로리다에 있는 군 대 교도소로 운송되었다. 치힌네, 베돈코헤 그리고 초코넨 아파치인들의 두 부 족의 400명 이상의 죄수들이 27년간 전쟁포로로 감금되었다. 자신의 종족을 적대한 14명의 아파치 척후들은 사실상 미군이 저항자들에게 가까이 갈 수 있 었던 유일한 안내자들이었지만 이들도 투옥될 정도로 사기성이 컸다. 워싱턴

D.C.의 정부가 최종적으로 이 14명의 미군에 입대한 사람들 (아파치 척후들)도 투옥했다는 것을 깨달았을 때 정부는 그들에게 제대 영장을 발부해 다른 이들과 같이 옥살이하도록 했다. 나중에 여러 부족의 잔존자들은 오클라호마 주의 포트실(Fort Sill)에 있는 군대 보호 시설에 감금되었다. 1913년 의회의 법은 희망하는 자들은 뉴멕시코 주의 메스칼레로(Mescalero) 보호구역으로 돌아가도록 허용했지만, 아파치인들의 전통적인 고향의 일부를 지금 점유한 애리조나 주 사람들의 거센 항의 때문에 그들은 애리조나 주로 이동하는 것이 금지되었다.

아파치인들은 제국의 진군의 개인적인 희생자들이었다. 그리고 모골론 테 카운티가 지금처럼 비교적 손상을 안 입고 사람들의 거주지가 되지 않은 데 대해 원인이 되는 것은 침략에 대한 그들의 저항이었다. 왜냐하면 그들은 정착민들을 물리쳤고 아파치인들이 제거되었을 때는 희소한 인구를 가진 목축업자들이 들어왔기 때문이다.

제로니모가 투항하던 때인, 마일스 장군의 '평화교섭' 시에 어린 소년들이던 아파치인들 일부가 1913년 오호 칼리엔테에 있는 옛날의 원래의 치힌네 '보호구역'으로 갈 것인지 아니면 뉴멕시코 주 중동부에 있는 메스칼레로 보호구역으로 가는 것이 좋은지를 결정하기 위해 자신들의 고향 땅으로 돌아왔다. 제이슨 베치네즈(Jason Betzinez)는 여러 해 동안의 옥살이 후에 그리고 가축왕들의 침입 후에 마지막 남은 한 줌의 치힌네인들의 오호 칼리엔테로의 귀향을 이렇게 서술한다.

> 아침에 우리는 몽티셀로로의 우리의 여행을 계속했다. 이는 아파치인들이 멕시코인들과 처음으로 평화협정을 체결한 곳이었다. 우리는 멈추지 않았다. 우리 모두 우리의 옛 보호구역으로 가기를 갈망했기 때문이다. 몽티셀로에서부터 길은 옛날에는 아주 좋은 작은 개울이던 건조한 강바닥(河床)으로 나 있었다. 지금은 온통 자갈밭이었고 전에는 한걸음에 뛰어넘을 폭이었지만 드러난 자갈들 때문에 폭이 20걸음이나 되었다. 우리는 어두워진 후에 옛 대표부에 도착했지만, 우리의 옛 고향을 둘러보려는 열망으로 다음 날 아침 일찍 일어났다. 얼마나 실망스런 핑경

제국 문화의 종말과 흙의 생태학

이 펼쳐졌던가! 한때 아주 비옥하고 푸르던 시골 땅 전체가 지금은 완전히 황량했다. 자갈이 쓸려 내려와 모든 아름다운 계곡과 풀밭을 덮었으며 완전히 사라져 버린 따뜻한 물의 샘들도 메웠다. 그 보호구역은 완전히 망쳐졌다. 씁쓸하게 둘러보면서 나는 이렇게 혼잣말했다. "난 오클라호마에서 겪은 거면 충분해!"[113]

반경 240여 킬로미터 안에 화이트마운틴 아파치, 산 카를로스, 애리조나 주 북동부의 대형 나바호 보호구역, 뉴멕시코 주 막달레나 근처의 호피, 주니, 라마 나바호, 아코마, 라구나, 카논치토, 알라모 나바호 보호구역 그리고 메스칼레로 아파치 보호구역 등 많은 보호구역이 있지만 그 수계에는 지금 원주민이 없다.[114]

식민지화의 생태적 효과

스페인 목동들은 아파치인들이 제거되기 이전에도 샌프란시스코 수계에 들어오기 시작했다. 1870년대까지 알부퀘르퀘 남쪽 뉴멕시코 주의 로스 루나스

---

113 *I Fought With Geronimo.* Jason Betzinez. Bonanza Books. New York. 1969. pp. 194,195.

114 이 시대에 관한 기본 문서들은 Eve Ball이 지은 다음의 두 권이며, 이는 아파치 생존자들에 대한 목격담이다. Barrett와 Betzinez가 지은 두 권도 중요하다. 그 시대에 다른 역사서들이 미군에 소속되었던 자들 또는 제국적인 정신을 가진 역사가들에 의해 기술되는 경향이 있는데, 이들은 미국사회 내에서의 역사적 사건들을 조명하면서 원주민의 경험에 관해서는 별로 이야기하지 않으며, 그 땅에서의 실제 생활에 관해서는 아무런 이야기도 하지 않는다.
"*In The Days of Victorio*". Eve Ball. U of Arizona Press. 1970.
"*Indeh. An Apache Odyssey*". Eve Ball. Brigham Young U. Press. Salt Lake. 1980.
"*Geronimo's Story of His Life*". S.M. Barrett, editor. Corner House pub. Williams-Town, Ma. 1973.

(Los Lunas)의 부유한 루나(Luna) 형제들은 수만 마리의 양 떼가 그 지역에서 풀을 뜯도록 심하게 방목하고 있었다. 같은 시기에 스페인 정착민들이 소, 양, 염소 떼를 몰고 로스 루나스-벨렌 지대에서 산간 골짜기로 들어오고 있었다. 처음으로 온 사람들 중에는 아라곤 마을의 아라곤 일가 그리고 지금의 리저브 빌리지 근처에 정착한 베네비데스(Benevidez) 일가가 있었다. 첫째 정착지인 플라자 데 산프란시스코 데 아시시 델 메디오는 네그리토강과 샌프란시스코 강의 합류부 근처에 만들어졌다. 그 다음으로 히론(Jirón) 일가가 벨렌에서 와서 플라자 아바호(Plaza Abajo)를 세웠다(플라자 산 프란시스코 데 아시시 데 아바호, 또는 낮은 플라자). 스페인 사람들의 정착 초기에는 아파치인들의 관계는 스페인 사람 몇 명만 피살되었을 뿐 대체로 평화로웠다(얼마나 많은 아파치인들이 피살되었는지에 대한 역사 기록은 없다). 오호 칼리엔테 지대의 치힌네인들은 몽티셀로의 스페인 사람들과 서로 교역하고 왕래하며 수년간 따뜻한 관계를 유지해왔다. 몽티셀로에 있는 스페인 상점은 여러 해 동안 아파치인들에게 총과 탄약을 판매했었고 이는 리오 샌프란시스코 지방의 스페인 사람들에 대한 아파치인의 인식에 영향을 주었을 수도 있다.

스페인 사람들은 그 지역에서 더 비옥한 토지를 향해 갔다. 그들은 강기슭의 생물분포대에 정착했으며, 그들의 점령에 의해 그 지역의 풍요로운 생명의 대부분을 뿌리 뽑았다. 푸르게 우거진 강기슭 구역은 비버들이 살해당하고 거대한 폰데로사 소나무들이 가내용으로 잘려나가고 가축 떼가 버들과 다른 숲을 먹어 치우면서 제국문화에 급속히 굴복했다. 강기슭 구역은 거의 접근이 불가능한 몇 개 지대를 제외하고는 헐벗기고 남아 있던 비옥한 흙은 초지와 농토가 되었다. 이 흙의 상당 부분이 지금은 사라졌고 관개수나 스며드는 물이 없는 상당 지대는 문화가 잡초라는 용어를 붙이는 식물을 거의 자라게 할 수가 없다. 과거에는 샌프란시스코 강을 따라 아래로 뻗어가, 길라 강을 따라 내려가 애리조나 주의 유마에 있는 콜로라도 강까지 갔던 비버 부족의 서글픈 후예들은 지금은 샌프란시스코 강의 두 수원지 지류에서만 발견된다. 아파치 크릭에 군체(群體)가 있고, 애리조나 주의 알파인 위의 수계 꼭대기에 강한 군체가 있다. 비버 족속 일부의 자손들은 갈라져서 새 보금자리를 세우려고 시도하지만 인간들로부터의 박해와 범람의 문제가 보통 그들을 좌절시킨다.

그들이 정말로 재정착할 수 있는 유일한 길은 꼭대기에서부터 시작하는 것이다. 그런 방식으로 그들은 수량을 어느 정도 통제한다. 그들이 저지대에 집과 환경을 조성하려고 하면 과잉으로 풀이 뜯기고 댐이 없는 수계 위쪽에서부터 오는 물에 의해 떠내려가게 된다. 더 위쪽의 더 평평한 지대들 모두가 수용된 가축에 의해 풀이 뜯기면서 키가 작은 풀까지 모든 것을 먹어치워 버려, 비버들이 댐을 만들거나 먹을 것이 하천 주변에 전혀 없다. 더 높은 곳에서도 길든 소가 언덕 경사지를 먹이를 찾아 돌아다니기보다는 협곡 바닥에 머물면서 거기서 모두 먹어치우는 경향을 가진다.

북아메리카 전역에서 비버들의 절멸은 일반적으로 언급 안 되고 인식이 안 되지만 생태계에 대한 심각한 부정적 효과를 지녀 왔다. 비버들과 그들의 건축물은 생명 시스템의 주된 기둥이다.

비버들이 만든 댐은 전체 생물분포대들의 수리(水利)에 영향을 준다. 이는 수계의 여러 지대에 비버 늪 서식지를 제공한다. 또한 이는 급속하게 흘러나가 버리기보다는 연중 하천에 흐르는 물이 있게 보장해주는 데 일조한다. 비버 늪들은 물고기, 개구리, 곤충 그 밖의 많은 것들을 포함하는 무수한 종들에게 서식지가 된다. 조성된 미세환경 때문에 식물종들이 그 지역으로 들어올 수 있다. 부들과 화살잎(arrowleaf) 감자는 인간과 짐승들에게 아주 유익한 작은 식물 유형들이다. 이 늪지대에 뿌리를 내리는 나무들, 흔히 버드나무, 사시나무, 사시나무도 서식지를 더욱 향상시키는 데 일조한다.

많은 종들이 자신들에게 이로운 환경을 마련하고 보조하는 생명 활동에 참여하는 것을 쉽게 관찰할 수 있다. 비버들에게는 물을 붙잡아 둘 수 있게 해주는 것이 늪을 만드는 것이고, 이는 또 비버가 좋아하는 식용 수목이 그리로 들어와서 거기에 살게 유도한다. 그럼에도 불구하고 비버들의 기본 개체군은 1900년 이전에 멸종되었다.

19세기 중엽 내전에 이어서 거대한 서부 진출이 일어났다. 내전에서 제대하고 돌아온 기병대는 원주민을 공격 대상으로 삼았다. 원주민을 격리하거나 박멸하는 군사 작전들이 '서부 마개따기(open-up the west)'에 일조했다. 초대형 이윤의 전망이 '산사람'들과 허드슨 베이 회사 같은 기업체들을 서쪽으로 끌어들였다. 때로는 무역업자가 원주민들에게 비버 모피값으로 주는 것과 그들이 뉴욕과 런던 시장에 내놓는 것 사이에서 자그마치 1천 퍼센트의 이윤이 실현될 수 있었다.

내전이 끝났을 때, 정착민들은 빈 토지 중 최상의 토지를 움켜쥐려고 내달렸다. 광산과 벌목업은 가능한 곳에서는 시작되었지만 가장 빨리 돈이 벌린 곳은 목축업이었다. 야키마족, 네즈퍼스족, 파이우트족, 쇼숀족, 블랙피트족, 샤이엔족, 나바호족, 아파치족 그 외의 많은 부족이 격리되면서 소 떼가 수백만 마리씩 그들의 땅에 넘치게 밀려들었다. 소 떼와 충분한 총포를 가지고서 가축 왕은 서쪽으로 주인 없는 방목지로 이동할 수 있었다. 미국 서부의 토지는 좋은 풀로 덮여있었다. 그레이트 베이슨 지대에는 볏과의 풀이 있었으며 남서부에는 영양 좋은 양치류 풀들이 있었다. 소 떼 그리고 목장에 침입할 수 있는 어떤 정착민이든지 쫓아내도록 총을 능숙하게 다루는 직원을 두는 것 말고는 별로 많은 투자 없이 가축 왕은 공짜로 '소 제국(cattle empire)'을 가질 수 있었다. 가축 떼는 매년 태어난 송아지 숫자만큼 늘어나며 더 많은 서부의 풀밭이 양키의 달러화로 전환될 수 있었다.

남서부 특히 이 지역의 수계에 들이닥친 가축 떼 대부분이 텍사스 주에서 왔다. 목축업자 윌리엄 프렌치(William French)는 아파치인들이 완전히 격리되기 전에 그 수계에 일찍이 '상'을 차렸다. 그는 영국의 식민주의자 가족의 자식으로서 그의 자녀들은 인도에서부터 뉴멕시코 주에까지 식민지 행정관이나 '지주'로서 흩어져 살았으며, 텍사스 주 사람들의 침입에 대한 그의 논평은 그의 사회적 위치를 반영해준다.

> 1882년과 1885년 사이의 몇 해 동안 수많은 목축업자들이 자신의 가축 떼 그리고 경우에 따라서는 이웃의 가축 떼까지도 텍사스 주에서 뉴멕시코 주로 이동시켰다. 이 이주는 일반적으로 사업상의 것이었지만, 때

제국 문화의 종말과 흙의 생태학

로는 그 목적은 별로 법을 엄격히 준수하지 않은 데 따른 불쾌한 결과를 피하려는 것이었다. 새로운 상표, 새로운 이름 그리고 새로운 지방이 허다한 죄를 덮었다. 단지 주에 지출을 절감해준다는 이유에서 텍사스 주에서 사라지는 것이 용납된 자들 중에는 많은 카우보이들이 있었으며, 이들은 멕시코인들에 대한 증오심을 표출할 기회를 놓치지 않았다. 그들 모두에게 멕시코인은 '기름밥 먹는 자들'이었고, 백인에게는 맞지 않는 친구들이었다.[115]

프렌치가 논평한 인종주의는 오늘까지도 그 지역의 지금의 '앵글로계' 다수파들이 품은 것이다. 토착 아메리카인들에 대한 스페인 사람들의 증오심도 계속된다.

서부의 과도한 대량 방목의 효과는 먼저 볏과의 풀과 양치류를 그 일반적 서식지에서 근절시킨 것이었다. 다른 토종 풀들 대부분도 그 뒤를 따라서 오늘날에는 서부 어디에서도 원래의 풀밭 같은 토종 풀의 여러 종의 자연적 혼합물이 있는 지대를 찾는다는 것은 드문 일이다.

풀만 고생한 것이 아니라 토종 야생생물이 감소했다. 가축 왕들은 대량 박멸 작전을 정착민들과 양 떼 목동들에 대해서만이 아니라 코요테, 늑대, 퓨마, 회색곰, 흑곰, 캥거루쥐, 개쥐, 온갖 종류의 뱀, 독수리, 매, 오소리, 들소, 가지뿔영양, 야생마 그 외의 다른 모든 생물로 신성한 소의 생명을 위협하거나 소가 먹을 음식을 먹을지도 모른다고 조금이라도 상상이 될 수 있는 것들에 대해서 계속했다.

예를 들면, 카우보이와 평원의 '농부들'의 30-30 레밍턴 연발 장총이 나오기 전에 북아메리카의 가지뿔영양 떼는 2천만 마리에서 4천만 마리였던 것으

---

115 *Some Recollections of A Western Ranchman.* New Mexico 1883-1889. Vol. I. William French. Argosy-Antiquarian Ltd. New York. 1965. pp. 42,43.

로 추산된다. 1908년이 되면, 1만 7천 마리밖에 남지 않았다.[116] 특히 강기슭 서식지에서의 비버의 제거와 과도한 방목은 대륙의 물순환 체계를 변경시켰다. 유수(流水)량이 늘어나고 범람이 시작되면서 좁고 그늘지고 서서히 흐르는 하천 바닥은 패이고 넓어졌고, 건천은 자갈로 가득하고, 이따금씩 '갑작스러운 홍수(flash floods)'가 밀어닥쳤다. 범람이 늘어나면서 물이 마른 수로(arroyo)의 깎임이 시작되었다. 홍수가 저지대의 강바닥 바닥을 쓸어내어 그 위쪽에 작은 '폭포'가 생기게 한다. 범람이 계속되면서 '폭포'의 작은 절벽 면이 차례로 무너져 내리고 절벽 면은 수계 위로 올라간다. 이는 '침식협곡'이라고 칭하는 깊은 도랑이 생기게 한다. 이 협곡들이 발달하면서 있는 물은 모두가 훨씬 낮은 고도에서 흐른다. 흙에 있던 지하수는 모두 침식협곡 측면의 절벽 면에서 새어 나와 그 지역 전역의 대수층을 떨어뜨린다. 그다음으로 남은 식물 생명의 다수가 뿌리가 물에 닿지 못해서 죽는다.

사막과 반건조 사막의 생명은 여러 순환주기에 따라 이동한다. 1년생과 다년생 풀의 순환주기는-좋은 해에 충분한 잔디 층을 형성할 수 있었던 경우에-가뭄을 견디고 살아남을 수 있도록 하는 것이다. 풀이 불이 난 후나 뜯어먹힌 후에 그 초록 부분을 재생할 수 있게 해주는 것은 길어지는 뿌리 계통에서의 영양분의 저장과 생명력이다. 초록 물질을 재형성하기 위해 뿌리를 희생시켜야 한다면, 뿌리는 이에 상응해 시든다. 식물의 초록 부분이 너무 자주 베어져서 뿌리 계통을 재건하지 못할 정도가 되면 그 식물은 죽는다. 식물에 심각한 손상이 가해졌다면, 건조한 해들을 이겨낼 수가 없는 것이다.

1892~1893년에 서부의 여러 곳에서 그랬듯이 샌프란시스코 수계에 가뭄이 있었다. 그것은 아주 심해서 많은 가축이 죽었다. 많은 야생의 천연 짐승들도 물론 죽었다. 또 한 차례의 가뭄이 1900~1904년에 일어났다.

---

116 *American Wildlife & Plants, A Guide To Wildlife Food Habits.* Alexander C. Martin, Herbert S. Zim & Arnold L. Nelson. Dover Pub. New York. 1951. p. 274.

제국 문화의 종말과 흙의 생태학

그 지역의 역사가는 그 시대에 대해 이렇게 말한다.

초기에는 질이 아니라 숫자가 중요했으며 통제를 위한 투쟁에서 목장은 1892~1893년의 가뭄으로 가축 숫자가 줄고 목장이 다소 회복되게 할 때까지는 심각하게 과잉 방목되었다. 그러나 목장은 다시 가축으로 찼다.

또 한 번의 가뭄이 1900년에 일어나 1904년까지 계속되었다. 1917년의 보고서는 이렇게 주장했다. "그러나 목장은 결코 이런 과거의 남용에서 회복되지 못했으며, 이 마지막 가뭄이 거의 목장을 끝장낸 것같이 보인다. 이런 인식이 되었을 때 그 목장은 실제로 헐벗겨졌으며 아직 아무런 대책도 보이지 않는다!"

1927년에 D. A. 슈메이커는 숲에서의 방목에 관한 조사보고서를 썼으며, 이런 말을 한다. "전체적으로 이 숲의 뉴멕시코 주 구역은 내가 관찰한 어떠한 국립 숲 지대에서보다 빈약한 목장 관리를 보여준다."[117]

그 수계에서의 숲의 기능들 중 하나는 물의 순환주기의 기복을 평평하게 하는 것이다. 여러 반건조 환경에서와 마찬가지로 여름의 천둥번개를 동반한 소나기는 짧지만 세차다. 이 세찬 물벼락을 막는 것을 도와주고 물이 급히 흘러나가 침식협곡을 깎기보다 땅으로 스며들게 도와주는 순환주기 조정인자의 하나는 개쥐(prairie dog)다. 개쥐의 굴은 많은 물을 흡수하며 이는 뇌우 중에 개쥐들이 꼭대기 쪽으로 오는 것을 보면 입증이 될 수 있다.

이 작은 동물들의 또 하나의 장점은 굴을 파는 동물들이 표토와 광물로 된 밑흙을 섞어서 고운 입자로 만들어 흙을 도와준다는 것을 보여주는 연구들에 의해 지적된다. 1908년 미국 생물학 조사는 그 수계의 남동쪽, 그랜트 카운티

---

117 *Do You Remember Luna. 100 Years of Pioneer History 1883–1983.* The Luna Ward. The Church of Jesus Christ of Latter-Day Saints. Adobe Press. Albuquerque. 1983. pp. 130,131.

제2권 미래의 씨앗

에서 진행되었다. 그 당시에 그들은 그 카운티에만 640만 마리의 개쥐가 있다고 추산했다. 지금은 그 수계에 인접한 그 카운티에는 검은 꼬리를 한 개쥐가 없으며, 그 수계에도 비슷한 환경조건이 존재한다. 그들은 미국 어류 및 야생생물국에 의해 자신들의 목장이 이 동물들에 의해 잡아먹히고 있다고 느끼는 목축업자들을 달래기 위해 박멸되어왔다. 미국 어류 및 야생생물국이 서부에서 수백만 마리인지 모르는 개쥐를 죽여 왔기 때문에 그것들의 주 포식자였던 검은발흰족제비는 지금 멸종한 것으로 생각된다. 이 동물들은 몇 년간 어디에서도 생존 가능한 숫자로 관찰되지 않고 있다.

공공토지 방목자들에 대한 정부 보조금의 일부는 설치류, 코요테, 들개, 곰, 살쾡이, 퓨마를 죽이는 것이다. 1981년 그 수계의 대부분을 아우르는 카트론 카운티(Catron County)는 미국 어류 및 야생생물국에 포식자 통제를 위해 1만7천 달러를 납부했다. 이는 그 카운티의 분담금이고, 어류 및 야생생물국은 그 차액을 감당했다. 그 돈은 개쥐, 캥거루쥐, 코요테를 죽이는 데 지출되었다. 그 카운티에 2,700명의 사람들이 있고 인구의 1퍼센트가 목장 소유자들이고 이들중 3분의 1이 토지 관리소 기록에 의하면 부재지주이므로 이는 목축업자들에 대한 상당한 보조금이자 생명의 상당한 파괴를 나타낸다.

그 수계를 포함해 서부의 많은 곳들이 예전에는 광범위한 초지로 덮여있었다. 풀밭덮개가 뜯어먹혀 사라지면서 많은 다른 식물들이 들어와서 그 지역의 성격이 달라졌다. 그 변화에서 가장 큰 인자는 초지가 더 이상 불이 붙을 만큼 충분한 숲덮개를 가지지 않는다는 것이다. 과잉 방목 이전에는 번개에 의해서든 원주민에 의해서든 유발된 불이 풀밭 꼭대기를 가로질러 빨리 번져갔다. 이는 초지를 유지하는 데 도움을 주었다. 그것은 새로운 초록 싹들이 자라도록 죽은 쓰레기를 제거했고 세이지, 노간주나무, 유실소나무 등 다른 경쟁하는 숲을 태워버리는 중요한 작용을 했다. 정부가 지금은 공공토지 목장주인들을 위해 수백만 달러를 들여서 이 숲들을 제거하고 있는데, 다름 아닌 이 목장주인들이 그 토지에서 과잉 방목을 해 불이 붙지 못하게 한 사람들이다.

일년생과 다년생 풀이 과잉 방목 때문에 사라져오면서 퍼진 식물들은 세이지덤불, 크레오소트 덤불, 타르덤불, 회전초(tumbleweed), 토끼빗(rabbitbrush), 콜로라도 러버위드, 메스키트 그리고 다양한 선인장들이다. 이 응급구조대들이 황량한 땅을 덮으려고 시도하지만, 보통 목축업자들과 정부에 있는 이들의 연합 세력에 의해 격렬히 말살된다. 이 집단들은 응급구조대 식물을 '침입자 식물'이라고 부른다. 그들의 눈에는 사실상 소몰이들이 일을 유발하는 것인데도 응급구조대가 그 목장에 침입한 것이 잘못으로 보인다. 반건조 사막의 땅 위에서 초록색을 본다고 해서 이것이 그 땅이 건강 상태가 좋다는 것을 의미하지는 않는다. 그 초록식물은 응급구조대일 수 있는 것이다.

풀씨들은 맨땅에서는 싹을 틔울 수 없다. 그들은 바람에 날리거나 물 위에 떠서 유기물이 퇴적된 오목한 곳에 들어가 바싹 말리는 태양에서 보호를 받고 싹을 틔워 시작할 수 있도록 충분한 습기를 공급받아야 한다. 이 유기물 부스러기를 제공하는 것이 응급구조대의 중요한 역할인데 정부는 매년 이를 없애기 위해 수백만 달러를 지출하는 것이다. 어떤 경우에는 노간주나무 바로 밑에서 풀이 자라기 어렵지만 이 나무들이 주변에 그들을 드리워주는 것은 풀이 재정착하게 도와주는 데서 하는 또 하나의 중요한 역할이다. 이는 흙에서 습기의 증발을 늦춰주어 풀이 뿌리를 내릴 수 있게 해주는 것이기 때문이다. 그 수계 위에서 사막 식물들은 황량함이 증가함에 따라 북쪽으로 그리고 더 높은 고도로 이동하고 있으며, 남용된 토지가 회복하는 것이 허용되면 다시 내려올 것이다.

강기슭 서식지가 농민들에 의해 그리고 초지는 목축업자들에 의해 시달렸을 뿐 아니라, 광업의 전성기가 대체로 지나가기는 했지만 광산업자들도 왔다. 광업의 열기는 1800년대 말부터 1940년대 초까지 기본적으로 모골론 마을 지대에 있는 수계에서 생겨났다. 광업 배출물로 물이 오염되는 것에 더해 지방에서 나는 많은 양의 목재가 용광로에 불을 지피는 데 필요했다.

지방 역사가 J. C. 리처즈는 그 지역의 여러 광산들 중 한 곳에 대해 이렇게 말한다.

화이트워터 크리크를 따라 약 6.5킬로미터를 올라가면서 화이트 크

리크나 그레이엄 밀의 새로운 금 가공 공장촌이 있었다. 이는 콜로라도의 헬렌 광업 회사에 의해 소유된 30개에서 40개의 똑같은 사업체들이었다. 그 공장촌에는 유동인구가 100명에서 200명이 되었다. 공정은 수은 합금식 금 회수 체제를 활용하고 증기와 펠턴 수차 수력을 활용하고 있었다. 이 증기 보일러 로(爐)는 하루에 약 14코드(목재의 단위로서 1코드는 약 3.6세제곱미터다_옮긴이)의 목재를 태워서 왜 언덕들이 노간주나무가 없이 그렇게 헐벗게 되었는지를 알 수가 있다.[118]

샌프란시스코 수계에는 다행스럽게도 철이나 구리 같은 부피가 큰 금속이 아니라 금과 은 같은 더 값비싼 금속만이 제련되었다. 그렇다고 해도 상업적 시장을 대상으로 벌목하는 벌목꾼들과 숯 굽는 사람들이 고산간 지대와 저산간 지대에 유실소나무-노간주나무와 참나무를 베면서 퍼져있었다. 그들의 벌목은 어떤 지대들을 아주 심하게 훼손해 이는 아직도 회복되지 못하고 있다.

숯 굽는 사람들이 그 지역을 황폐화했을 뿐 아니라 육류 사냥꾼들도 광산촌의 식량 공급을 지탱하기 위해 짐승들을 포획하며 산간 지대에 진을 쳤다. 이는 금을 찾아낼 수가 없을 때 돈을 버는 인기 있는 방식이었으며, 한 늙은 광부이자 육류 사냥꾼인 제임스 A. 맥케너는 화물열차를 잡아서 이를 칠면조와 사슴으로 가득 실은 이야기를 해준다. 대체로 육류 사냥꾼들 무리는 늦가을과 겨울에 나가서 사냥감을 깊은 눈 속으로 몰아 그놈들이 어쩔 수 없는 곳에 가서 가능한 많은 짐승 떼에 사격할 수 있도록 했다. 그는 또한 광부들이 사슴의 앞 대가리는 사지 않고 뒤쪽 부위만 사려고 한다는 것을 설명한다. 맥케너의 말대로라면 그는 팔리지 않는 부위를 말려서 그 육포를 덜 부유한 스페인 사람들, 새로 도착한 미국인들에게, 가족 토지를 많이 잃었을 뿐 아니라 미국 남서부 전체를 잃은 그들에게 팔았다는 것이다.

---

118 *Catron County Firestarter.* "Ode To An Old Road." J.C. Richards. Vol. 3 #40. Nov. 21, 1983. Glenwood, New Mexico. p. 3.

제국 문화의 종말과 흙의 생태학

육류 사냥꾼들의 각 집단은 매년 여러 차례의 여행을 했다. 한 여행에 관해 맥케너가 하는 이야기는 모골론 테 지방에서 숲에서 끌려 나온 짐승들의 양을 가늠하게 해준다.

> 넬슨이 실버시티로 떠나기로 한 전날 밤에, (실어야 할 짐으로) 우리
> 에게는 적어도 50마리의 칠면조가 수중에 있었다. 밤중에 우리는 진정한
> 휴식을 가졌다. 50~60마리 이상이 250제곱미터에 달하는 우리 야영지
> 내에 둥지를 틀러 온 것이다. 그놈들이 깃들었을 때, 가벼운 비가 내렸고
> 이는 그놈들이 나는 데 영향을 준 것 같았다. 발포해 우리는 적어도 그중
> 반을 떨어뜨렸다. 아침에 땅에 떨어진 놈들은 날 수 없었고 우리는 그놈
> 들이 우리 야영지 옆으로 달아나면서 그놈들에게 몽둥이를 휘둘러 여러
> 마리를 더 잡았다.[119]

맥케너는 또한 샌프란시스코 수계의 북동쪽 자락에 있는 엘크 산 근처에 있으면서 기슭의 언덕에서 여러 마리의 야생말과 수천 마리의 가지뿔영양이 먹이를 먹고 있는 것을 본 이야기를 하는데, 이곳은 오늘날에도 상당수의 가지뿔영양을 볼 수 있는 곳이며, 야생마는 완전히 사라졌다. 맥케너는 수년 후에 글을 쓰면서 이렇게 말한다.

> 50년 전을 뒤돌아볼 때 내가 도달한 결론은 내가 나라의 모든 사람
> 들에게 속하는 천연자원에서 내 몫보다 더 많이 써 없애고 있었다는 것
> 이다. 그러나 당신은 젊은이의 어깨 위에 늙은 머리를 둘 수는 없으며, 그
> 당시에는 산과 숲의 보물을 보전하기 위해 아무런 법도 아직 만들어지지

---

119 *Black Range Tales. Chronicling Sixty Years of Life and Adventure In The Southwest*. James A. McKenna. Rio Grande Press. Glorieta, New Mexico. 1936. p.54.

않았었다. 그러나 나는 좋은 이유가 없이는 결코 죽이지 않았으며 우리의 남서부 산들의 선물을 낭비하지도 않았다.[120]

뉴멕시코 주의 전설은 육류 사냥꾼들의 또 하나의 인기 있는 동물인 마지막 길라 엘크가 1921년 동물원에서 죽었다는 것이다. 우리는 마지막 천연 메리암 엘크(Cervuc elaphus merriami)가 1909년에 죽었으며 그 족속은 지금은 멸종되었다는 것을 안다. 지금 그 수계에 존재하는 것들은 콜로라도에서 이식된 세라벅 엘래퍼스 에륵슬레벤(Cervuc elaphus erxleben)이다.

이 이식된 엘크는 비슷하기는 하지만 다른 생태계에서 온 것이며 예전의 천연 종들과 달리 5월과 6월에 출산을 한다. 그들이 일 년 중 작은 가뭄기 동안에 출산한다는 사실은 이식된 종들의 결정적 문제이지만 환경조건이 주어졌을 때 그들은 환영을 받는다.

1935년이 되면 회색곰은 마지막 한 마리가 살해되어 남서부 전체에서 그리고 물론 그 수계에서 절멸된다. 알도 레오폴트(Aldo Leopold)는 남서부에서 에쿠디야 산에 있는 그 수계의 북서부에서 마지막 기록된 늑대들 중 한 마리를 죽였다. 이는 '초록불빛(green fire)'의 사건이 있던 때였다.[121] 레오폴트는 블루리버의 삼림국 직원이던 때에 이 늑대를 죽였다. 재규어(Felis onca)는 큰뿔양보다 훨씬 일찍 멸종되었다(큰뿔양은 재이식되었다). 소노란 강 수달은 1953년

---

120 ibid. p. 51.

121 (옮긴이 주) 알도 레오폴드는 이런 이야기를 했다. "우리는 마침 늙은 늑대에게 다가가 매서운 초록 불빛이 그 눈에서 꺼져가는 것을 응시했다. 그때 내가 깨달았고, 그 이후로 알아온 것은 그 눈에 내게는 새로운 뭔가가 있었다는 것, 그 늑대와 산에게만 알려진 뭔가가 있었다는 것이다. 나는 그 당시 젊어서 몸이 근질거리고 방아쇠를 당기고픈 기분으로 가득했었다. 늑대가 적어지는 것은 사슴이 많아지는 것이기 때문에 늑대가 없으면 사냥꾼의 천국이 될 것이라 생각했다. 그러나 초록불이 꺼져가는 것을 본 후에 나는 늑대도 산도 그런 견해에 동의하지 않는다는 것을 감지했다."
    – Aldo Leopold, A Sand County Almanac, 1949

제국 문화의 종말과 흙의 생태학

이래 그 지역에서 보이지 않으며 필시 멸종되었을 것이다. 그것은 지금 멸종위기 동물종이다. 멸종된 회색곰, 수달, 엘크 그리고 늑대는 지금은 멸종되고 어디서도 나타나지 않는 하위 종들이다.

벤 V. 릴리는 그 지방에서는 전설적인 사냥꾼으로서 1910년에 그 지역으로 들어 와서 1930년대까지 남아 있었다. 릴리는 목축업자들이 주는 보상금을 대가로 회색곰, 흑곰, 퓨마를 죽여서 생계를 유지했다. 1912년에 릴리는 104개의 퓨마와 곰 머리 가죽을 모았다고 한다. 생명의 이런 무자비한 파괴에서 이용된 육류도 별로 없었으며, 그 지방에서는 지금도 성스러운 소를 보호하기 위해 곰, 코요테, 뱀, 살쾡이, 독수리 또는 퓨마를 보는 대로 죽이는 것이 신실한 행동으로 받아들여진다.

새들 중에는 아플로마도 송골매가 멸종되었고 물고기 중에는 길라 푼둘루스(topminnow)와 길라 황어가 멸종되어 사라졌다. 뉴멕시코 주에서만도 식물은 포함하지 않고 95종에 달하는 야생동물이 멸종될 위기에 처했다.[122] 식물 종들에서도 상황은 마찬가지로 심각하다. 미국 삼림국은 1908년에 그 수계에 왔다. 그 기관은 그 수계를 훼손하는 많은 일을 했다. 방대한 도로 체계 자체가 엄청난 침식과 유실을 일으킨다(미국 삼림국이 세계에서 가장 큰 도로 건설 업체다). 다른 훼손은 벌목과 천연 산물의 진화에 의해 예전의 최고의 숲에 가하는 손해다. 숲의 과잉 방목도 상당히 많고 침식에 기여한다.

미국 삼림국(USFS)의 목적은 주로 목재 왕들에게 '자원'을 제공하는 것이다. 의회는 매년 이런 일 하라고 그들에게 돈을 배정해주고 각 구역은 판매용으로 제공될 목재의 연간 할당량을 채울 것이다. 이 할당량을 채우는 것은 위계의 사다리를 따라 승진하는 데 중요한 자격이다. 반대급부로 그 구역은 벌목에 근거해 재삼림화, 도로 건설, 인건비 등의 명목으로 다양한 보조금과 커미

---

122 *John Hubbard, personal communication & Handbook of Species Endangered in New Mexico.* M.C. Conway, H. Campbell, G. Schmitt & M.D. Hatch. NM Dept. of Game and Fish. Santa Fe. 1979.

션을 받는다.

이곳 반건조 사막 숲 지대에서는 대부분의 그레이트 베이슨의 숲들과 마찬가지로 최고의 숲은 거의 사라졌다. 목재의 수확이 꾸준히 이루어진다고 하지만 그레이트 베이슨 전역의 숲에서 고이윤의 오래 자라는 노령림이 고갈됨에 따라 제재소들이 문을 닫고 있다. 그 수계에서도 같은 환경조건이 적용된다. 사막 숲들의 취약성과 성장은 태평양 연안의 습윤한 생태계에서와는 아주 다르며, 폰데로사소나무숲은 그만큼 빠르게, 또는 그만큼 잘 회복되지 않는다.

산불의 진압은 생태계의 성격을 변화시켜왔다. 최근의 한 산불 연구는 이렇게 기록한다.

> 큰 규모로 볼 때 불의 효과는 숲 모자이크의 발달과 화학물질만이 아니라 공동체들의 재활용도 촉진하는 것이다. 이상적인 환경조건에서는 이어지는 단계들의 일종의 지속적 이주와 지리적 총체의 천이(遷移)가 일어난다.[123]
>
> 어머니 지구의 폰데로사소나무 처녀림들 중 하나는 아름답지만, 미국 삼림국(USFS)에 의해 황폐화되지 않은 처녀림은 서부에는 거의 하나도 남아 있지 않다.
>
> 1902년에 GLO(정부토지청)의 한 조사관은 "백인에 의해 처음 침입을 당했을 때 숲들은 열려있었고, 덜 자란 나무가 없었으며, 주로 성숙한 나무들로 구성되었고, 실제로 산림식피(forest cover)랄 것은 없었다"고 보았다. 초기 정착민들이 소나무숲에서 토종 건초를 베어 여러 군사 거점들에서 대형 정부계약서들을 작성한 것은 드문 일이 아니었다. 그러나 집약적인 방목으로 풀이 없어져서 불이 번질 수 없는 곳에서는 목본성 식물군락이 솟아나거나 초지가 사라지고 사막이 된다(이는 엄밀하게는

---

123 *Fire In America. A Cultural History of Wild Fire and Rural Fire.* Stephen J. Pyne. Princeton U. Press. 1982. pp. 35,36.

제국 문화의 종말과 흙의 생태학

폰데로사 소나무 지역을 말하는 것이고 작은 떡갈나무 덤불에 대해서 말하는 것이 아니다).[124]

벌목이 가하는 온갖 훼손 중에서 가장 나쁜 것은 잠재력을 가진 표토의 제거다. 자라나는 것들이 번창하는 다른 모든 장소들처럼 숲도 순환하는 현상인 표토를 가진다. 바이오매스인 나무들이 순환주기를 지날 때마다 제거되면서, 흙은 더 빈약해진다. 옥수수밭과 똑같이, 옛날에 유기영양분을 흙으로 돌려보내던 곳에서 그것은 지금은 시장으로 끌어내어진다. 땅 그리고 특히 그 수계의 임업이 흙을 망치고 있다는 사실을 모면할 방법이 없다. 흙의 생명의 순환주기는 후쿠오카의 보리밭과 똑같이 명백한 사실이다. 이에 더해 미국 삼림국(USFS)은 재식림 없는 나무 베기를 허용한다. 1974년 현재 벌목이 되고서 재식림 없이 아무런 조치도 없이 방치된 미국 숲 면적은 총 1만9,425제곱킬로미터가 된다.[125]

과잉 방목은 제국의 고질적 문제이며 이는 숲에서도 일어나는 일이다. 대략 700만 두의 가축이 국립 삼림 지대에서 거기에 존재했었던 다른 생명 대신에 풀을 뜯어 먹는다. '서부의 국립삼림 관리를 계속 모니터링해 온 삼림국의 은퇴한 고위 공무원인 얼 D. 샌드빅이 말하기를, "가축에 의한 그리고 어느 정도는 사냥감인 짐승들에 의한 우리의 공공토지에서의 과잉 방목은 다른 모든 토지의 용도를 모두 합친 것보다 더 많은 토양 침식과 지면의 헐벗음을 일으키고 있다"고 한다.[126]

1982년에 정부기관들에 의해 그 수계에서 독극물이 사용되었다. 이 독극물은 숲에 적용되는 다양한 산업형 농업전략들을 위해 사용된다. 스트리크닌

---

124 ibid. p. 523.

125 *The Last Stand. Nader's Study Group Report On The National Forests.* Daniel R. Barney. Brossman Pub. New York. 1974. p. 8.

126 ibid. p. 7.

(Strychnine), 포스톡신 정 그리고 인화아연이 설치류를 죽이기 위해 미국 삼림국에 의해 사용되었다. 위험한 제초제인 스파이크(Spike)는 토지 관리청에 의해 사용을 위한 검사를 받고 있다. 미국 삼림국은 수계의 상당 면적에 디쿼트 디브로마이드(Diquat Dibromide), 달라폰(Dalapon) M, 디캄바(Dicamba), 토돈(Tordon) 10K와 2,4-D을 사용했는데 이는 모두 숲 살해자들이다.[127]

제국 침입의 다른 부수적 효과는 지금 그 수계에서 살고 있는 스페인 사람들의 기억 속에서 연중 흐르던 많은 하천 수로의 흐르는 물의 수량을 줄이고 샘들을 말려 버린 것이었다. 숲의 생명이 가진 균형은 계속 변질되고 빈약한 샌프란시스코 강은 그 강기슭의 생명이 심각한 장애를 가지게 되는 일을 겪었으며, 지금은 어떤 곳에서는 범람원에 주택을 건설하는 것보다 나은 것을 할 줄 모르는 이들을 보호하고, 홍수가 매번 점점 더 커지게 하는 고지대 수계의 점진적 헐벗음의 희생자들인 농민의 밭을 보호하도록 인공으로 만들어진 수로를 흘러가기도 한다.

그 수계의 피해에 대한 조사에서 우리는 유발된 파편화를 잊어서는 안 된다. 사유재산권과 철조망 울타리 때문에 에너지의 흐름, 물질대사 동식물의 이주가 심각하게 손상되어왔다. 수계 위의 철조망은 가지뿔영양이 실질적으로 이주하는 것을 막는다. 가지뿔영양이 사는 지방에서 목동들은 완전히 죽여 없애지 못한 몇 안 되는 남은 가지뿔영양을 들어오지 못하게 하려고 (사적으로 방목하는 공공토지에서조차) 울타리의 바닥에 따라서도 추가로 철조망을 친다 (가지뿔영양은 사슴처럼 울타리를 뛰어넘지 못하고 철조망 밑으로 가려고 시도한다). 엘크도 더 이상 저지의 평지로 오지 못하고 정상적이라면 하게 될 이주를 못 하도록 막히어서 높은 산간 지대에 숨어서 일생을 보낸다. 이런 위축의 부차적 효과는 동물들이 한때 했던 것처럼 넓은 곳을 이주하지 못하므로 씨앗을 퍼뜨리는 에너지 나눔의 기능을 수행하지 못한다는 것이다(소들도 마

---

127 *Catron County Firestarter.* Vol. 3 #9. no date. p. 3.

제국 문화의 종말과 흙의 생태학

찬가지다). 식물공동체는 씨앗을 퍼뜨리기 위해 여러 전략을 사용한다. 초식동물의 똥더미로 씨앗을 퍼뜨리는 것은 그들의 최고의 전략 중 하나다. 광합성을 하는 생명에 대한 모든 다른 훼손에 더해 이러한 씨앗 퍼뜨리기의 감축은 심각하며 저절로 지속되는 하방 나선 운동을 더 해준다.

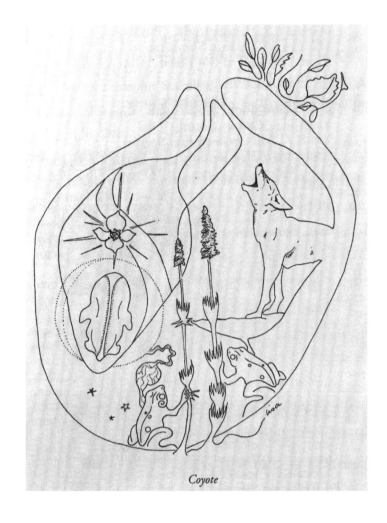

Coyote

: 코요테

제20장

지구의 회복-수계의 회복

채집 농법–샌프란시스코 수계의 영속 농법

치유가 되는 것은 우리의 전체적 존재
와 합일되는 것이다. 우리는 우리의 전체
안에 역학적 균형을 가진다.

우리는 세계이며, 이는 벗어날 수가 없
는 사실이다. 우리는 이 세포 형태로 30억
살이 되었다. 우리는 아메바였고, 파충류
였고, 포유류였다. 우리는 그들이며, 우리

는 우리의 친척들인 나무 그리고 풀들이다. 우리는 지성의 기능에서만 우리 안
에서 분리되었다.

손상된 기관 안에 몇 개 세포들이 충분한 에너지를 받아 치유의 동기를 부
여받게 되면, 그들은 이정표를 따라서 다른 세포들, 기관, 몸 그리고 그 몸이
그 안에 존재하는 유기체적 환경과 재합일되어야 할 것이다.

우리는 모두 홍적세 가족의 탈부족화된 원주민이다. 우리는 길을 잃어버린,
그리고 자신들의 집이 무엇인지도 어디 있는지도 모르는 인간가족의 일부분이
다. 영속 농법 개념의 지도적인 창시자 빌 모리슨은 비슷한 상황에 있는 집단
에게 가서 이들로부터 배우기도 하고 이들을 돕기도 했다. 그의 책《황량한 땅

의 영속 농법(*Arid Land Permaculture*)》[128]에서 그는 오스트레일리아 원주민들과 같이 일하면서 생겨난 경험과 창조적 아이디어들을 함께 나눈다. 그들은 유럽 문화 지대를 떠나 그들의 땅으로 돌아가기를 갈망했다. 유감스럽게도 그들의 원래 거주하던 토지는 크게 변질되고 파괴되어 그들은 자신들의 문화적으로 상속받은 생존 기술과 지식을 활용해 생존할 수가 없었다. 생태계는 유럽인들에 의해 수입되고 야생화되어 과도하게 풀을 뜯어 먹고 자연적 생명을 교란시킨 동물들에 의해 변질되어 왔었다. 모리슨은 원주민 토지 위의 60퍼센트의 식물종이 멸종되었다고 주장한다. 그 나머지는 '크게 감소'했다. 야생 낙타, 토끼, 소, 말 그리고 당나귀들이 풍경을 황폐화시켜왔다. 모리슨은 원주민 토지 위에 6천 마리의 소와 2만에서 3만 마리의 말이 있는 것으로 추산한다.[129]

변질 때문에 그들은 자신들의 토지 위에서 영속 농법을 창조하는 데 모리슨의 참여를 부탁했다. 영속 농법은 원주민들에게 지속 가능한 식량 기초를 제공할 영속적 농업의 생태적으로 통합된 시스템이다. 그 원주민들처럼 우리 모두는 상처 난 땅으로 돌아갈 것이다.

샌프란시스코 강의 수계는 중앙 오스트레일리아처럼 약탈되지는 않았지만, 해야 할 복구가 있다. 이를 행하기 위해 우리는 우리의 집으로서의 그 땅에 균형 잡힌 방식으로 재입주해야 한다. 우리가 황야 지대나 다른 독특한 장소에 위치하고 있는 것이 아니라면 우리는 살아있는 땅이 스스로를 치료하는 것을 돕는 것인 복구 작업이 요청된다는 것을 알게 될 것이다.

반건조 지역에서는 흙의 물 흡수 능력을 지원해주고, 햇볕을 막도록 흙에 그늘을 만들어주는 것이 결정적이다. 예를 들면, 반건조 사막에서의 주먹구구로는 표면이 개방된 댐의 50퍼센트의 물이 증발로 소실된다는 것이다! 맨흙이 노출된

---

128 *Arid-Land Permaculture*. (Special reference to central Australian Aboriginal Outstations). Bill Mollison. self pub. Tagari, Stanley, Australia. 1978.

129 ibid. p. 18.

어느 지대에서든 흙은 산화되고 있으며, 습기가 그로부터 증발하고 있다. 우리는 습기가 땅 위의 유기적 토양층들로 들어가게 도움으로써 그것이 땅의 몸 안으로 들어가게 도와주어야 한다. 이 영역에서 첫째가는 일꾼들은 나무들과 풀들이다. 나무들은 이들이 수행하는 모든 봉사 때문에 우리의 첫째 고려대상이다. 그들은 기화증발(evapo-transpiration)에 의해 비를 창조한다. 그들은 자신들 주위에 습한 미세기후와 서식지를 만든다. 그들은 밑흙에서 광물질을 길어올려 이를 흙 위에서 자신들의 잎사귀와 죽은 몸에 저장하며 또 중요한 기능으로서 그들은 흙에 그늘을 드리운다. 살아있는 흙의 흡착 깔개는 물 보유의 중요 요소다. 이는 비가 흡수되게 해주고 식물공동체를 위해 습기를 붙잡고 걸러준다. 시초가 되는 노력은 물의 흐름을 늦추고 물이 땅으로 젖어들게 도와주는 것이다.

영속 농법의 근본 개념들 중의 하나는 식물, 동물, 곤충 그리고 발견할 수 있는 어떠한 생명체든지 그 각각이 다른 생명체를 도와주고 스스로-에너지를 공급하는 패턴이 시작될 수 있도록 하는 방식으로 이들을 배열하는 것을 도와주는 것이다. 이에 대한 예로서 우리의 비버 친구들보다 더 나은 예는 발견할 수가 없다. 학살당하고 학대를 당한 비버 부족은 천성적인 수문학자들이다. 그들의 댐은 아주 넓은 생명체 스펙트럼에 역무(役務)를 제공해 그 모두를 발견하는 데는 많은 연구가 필요할 것이다. 첫째로 그들은 산간 지대 높이 있는 수원지 물을 가두어 그것이 흘러내리는 속도를 늦춘다. 그들의 댐은 침전물을 막아서 비버 가족이 옮겨갈 때 비버 테라스나 비버 초지가 되도록 한다. 즉, 댐이 결국 침전되어 말라붙을 때 흙 둔치가 남아서 다른 종들에게 비옥한 서식지가 된다. 그 댐이 사용되는 동안에는 그 물가는 골짜기 전체의 밑흙의 물 수위가 올라가게 해 그것을 식물들이 쓸 수 있게 만들어준다. 이는 비버가 좋아하는 버드나무, 사시나무, 사시나무 포플러 등 지하수 위에서 번창하는 먹이를 얻기 위한 환경을 마련하는 데서 중요한 인자다. 또한 모든 노출된 물은 가려줄 그늘이 필요하기 때문에도 이는 중요하다. 이는 증발을 막아주고 물을 시원하게 해서 그 지방의 수중 생명을 위한 합당한 서식지가 된다. 이는 넓고 침식된 수로가 아니라 가늘고 긴 개울이 왜 필요한시에 대한 또 하나의 이유가 된다. 이 습지의 식물 성장은 다른 동식물종에게 미세 서식지를 창조해준다.

비버 부족이 그 수계에 있는 자신들의 합당한 장소에서 회복하도록 도와주는 것보다 더 극적인 회복은 있을 수 없다. 하나 즉각적인 방식이 있다면 이는 강기슭의 서식지에 울타리를 쳐서 방목을 방지하는 것이다. 이는 두 가지 작용을 한다. 풀과 숲이 돌아올 수 있게 해서 밑흙의 물이 축적되고 난 다음 강바닥으로 스며들어서 하천에 항시 물이 흐르게 한다. 이는 비버들의 생존에는 필수적이다. 둘째 큰 효과는 방목되지 않으면 비버가 먹기 좋아하는 나무들과 덤불들이 돌아올 수 있다는 것이다. 약간의 삽질과 약간의 손으로 심기가 이 회복을 가속화해줄 것이다. 흐르는 물의 수원지가 늘어나면서 바로 주위의 모든 생명이 증가한다. 동물들은 예전에는 물이 너무 멀리 있어서 가 닿지 못했던 지대에 더 많이 퍼져갈 수 있을 것이다. 대부분의 동물들은 하루에 한번은 적어도 물을 마시러 올 필요가 있다. 비버들이 좋아하는 장소에 먹이가 되는 나무를 키워서 우리는 이 비버들이 수계 꼭대기에서부터 아래로 댐들을 계단 삼아 내려오게 유도할 수 있다. 그들은 자신들의 물 통제 프로젝트를 꼭대기에서 시작해야 한다. 그러지 않으면 그들은 낮은 곳으로 홍수에 떠내려갈 것이다.

우리는 비버 부족과 관계를 형성하고 그들과 소통하고 우리가 할 수 있는 만큼 그들을 돕기 위해 그들의 생활 방식에 관해 알아내야 한다. 그들은 그 수계의 첫째 토템이다. 우리는 그들에게서 소중한 적응 기술을 배울 수 있다.

침식(浸蝕)과 싸우는 것은 흙 공동체가 다시 형성되게 도와주는 첫째 방어선이다. 빌 모리슨이 말하듯이 '짚을 깔아서 덮어라. 짚을 깔아서 덮어라. 또 짚을 깔아서 덮어라.' 같은 나무를 심어라, 덤불을 심어라, 풀을 심고, 맨흙을 덮어라이다. 그 수계에서는 토종 풀들의 자연적 혼합은 거의 대체로 사라졌으나 고립된 그루들은 발견될 수 있다. 우리가 그 수계에서 활동을 해 나간다면, 우리는 이 품종들 각각을 알게 될 것이며, 우리의 재고 목록을 만들기 위해 여기저기서 씨앗을 모으는 것은 간단한 일이다.

비버들을 도와주는 것에 더하여, 씨앗을 뿌리는 것은 주된 활동이다. 우리는 길짐승들과 새들을 위한 서식지를 창조하기 위해 씨앗을 모으고 심는다. 또한 우리는 우리의 재고를 만들기 위해 씨앗을 모은다. 식물들은 많은 양의 씨를 뿌리며, 자신들의 씨앗을 걸맞은 서식지에 뿌리내리게 하려고 특출하게 복잡한 전략들을 가진다. 그 전략의 상당 부분은 많은 양의 생산에 기초를 두어, 씨앗의 적은 비율이라도 '합당한' 지점에 도달하도록 무작위적 기회를 사용하는 것이다. 인간들은 그들의 이동성과 지능 때문에 식물들에 큰 도움이 될 수 있다. 우리는 어떤 유형의 흙을 각각의 식물이 필요로 하는지를 배울 수 있으며, 태양 노출과 미세기후의 필요성을 이해할 수 있다. 우리는 고정된 식물보다 훨씬 더 많이 그리고 그것이 자랄 필요가 있는 지점에 정확히 씨를 심을 수 있다. 그들을 도움으로써 우리는 그들의 성장에서 지수함수적 도약을 이룰 수 있고 그럼으로써 그들이 땅의 회복을 돕는 작용에서도 큰 도약을 이룰 수 있다.

식물 가족들에 의한 씨 퍼뜨리기의 전략들은 복잡한 기술이다. 식물들은 기본적으로 바람, 물, 길짐승 그리고 새를 통한 퍼뜨리기를 활용하며, 기계적으로 씨앗이 담긴 꼬투리에서 씨앗들을 투척하는 방법도 활용한다. 바람에 의한 퍼뜨리기의 기본 방식은 씨앗이나 꼬투리에 달린 날개에 의해서, 민들레 씨처럼 술이나 우산에 의해서 하는 방식이다. 둘째로 중요한 바람에 의한 씨 퍼뜨리기 방식은 씨앗의 크기를 작게 하는 것이며 때로는 먼지 크기로까지 작게 만드는 것이다. 주로 물에 의해 운반되는 씨앗들은 때로는 붙박이 에어포켓을 갖춘 일반적으로 가벼운 껍질을 가진다.

길짐승이나 새가 운반하는 씨앗들은 두 가지 전략을 사용한다. 첫째는 그 주위를 매력적인 열매나 일종의 먹이로 감싸서 동물이 그 씨앗을 먹도록 유인하는 것이다. 씨앗은 그러면 소화관으로 여행해 흔히 자기 자신의 영양물(똥) 공급과 함께 운반된다. 어떤 씨앗들은 고유의 소화계통을 거쳐 분비되는 산이 질긴 씨앗 피복을 깨뜨리기 시작할 수 있게 하지 않으면 발아할 수가 없다. 동물에 의한 전달의 다른 방식은 씨앗이나 꼬투리가 모발이나 깃털에 달라붙게 하는 것이다. 이는 어떤 모양으로 씨앗에 갈고리를 달아서 그것들이 그 동물에 달라붙게 하는 것으로 이루어진다. 어떤 식물은 씨앗이나 꼬투리에 점성 물질을 발라서 이런 작용을 하게 한다. 씨앗을 던지는 식물들도 있다. 이 전략은 보

제국 문화의 종말과 흙의 생태학

통 꼬투리에 있는 일종의 장력(張力)을 사용해서 꼬투리가 마르면서 긴장이 증대해 결국 씨앗이 방출되게 하는 것이다. 때로는 폭발형 씨앗들이 어떤 동물이 그 식물에 쓸리면서 씨앗들이 튀어나가도록 촉발할 때 그 동물에게 달라붙는 갈고리나 점성 물질을 가지기도 한다.

씨앗 퍼뜨리기는 식물들의 문제의 일부일 뿐이다. 퍼뜨린 후에는 씨앗들이 합당한 흙, 습기, 온도에서 발아하는 것이 필요하다. 이 전략을 도와주는 인자는 식물마다 엄청난 수의 씨앗을 생산한다는 것인데, 특히 건조나 반건조의 사막에서 그러하다. 그 수계 같은 반건조 지역에서는 많은 식물들이 어느 한 해에 발생된 씨앗 작물의 발아가 수년의 기간에 걸쳐 퍼질 수 있도록 다양한 방식으로 시간을 조정해 씨앗들을 생산한다. 이는 씨앗의 성숙기간을 들쭉날쭉하게 하고, 식물로부터의 씨 뿌리기를 들쭉날쭉하게 하고, 씨앗에 씌우는 피복의 두께나 발아에 대한 저항력을 다르게 함으로써 이루어진다. 이런 전략들의 순 효과는 땅을 수백만 톨의 씨앗으로 덮는 것이다. 어느 1제곱미터의 공간에서도 흙 안이나 표면에는 수백 수천의 씨앗들 각각이 생명의 출발을 위해 지정된 때를 기다리고 있을 수 있다. 어떤 씨앗들에서는 발아하기까지 수년이 걸릴 수도 있다. 수천 년간 살아있는 씨앗들도 있다. 인공적으로 발아된 어떤 씨앗들은 씨앗 피복에 줄로 된 홈이 파이거나 산에 적셔져야 한다. 이는 그런 요소들에 노출된 흙 표면에 정착하거나 하천 바닥의 자갈과 같이 운반되면서 수년간의 마모를 견디는 것을 대신해주는 것이다.

사막에서 씨앗들은 어느 해에 싹을 틔울지에 대한 지성을 가진다. 1제곱미터상에 뿌려진 씨앗들 중에 어떤 것들은 아주 가뭄에 대한 저항성이 큰 식물들일 수 있다. 이 씨앗들 중 한 부분은 가뭄이 든 해에 발아하는가 하면, 다른 씨앗들은 나중의 가뭄이 드는 해를 기다린다. 스펙트럼의 다른 쪽 끝에는 지극히 비가 많은 해에만 생존할 수 있을 식물들이 씨앗을 퍼뜨리는데, 어떤 씨앗은 아주 비가 많은 해 동안 발아하고 또 어떤 씨앗은 또 한 번의 비가 많은 해가 나중에 오기까지 기다릴 것이다. 이런 전략의 순 효과는 흙이 가장 극단적인 해만 제외한 모든 해에 새싹들로 덮이는 것을 보장하거나 보장하려 시도한다는 것이며, 이는 여러 해 동안의 숲의 다양한 품종 패턴을 창조하며, 이는 전체 식물덮개의 광합성 과정의 최대 효율을 가능하게 해준다.

과잉 방목은 그 수계에서의 씨앗 퍼뜨리기를 방해한다. 땅이 너무 샅샅이 풀을 뜯길 때는 가축들이 식물 몸통을 먹어버리기 때문에 식물들은 씨앗을 맺지 못한다. 이 단순한 사실-씨앗 생산의 저하-에 의해 식물공동체가 자신을 지속하려는 노력에 광범위한 훼손이 가해져 왔다. 씨앗의 발아가 흔히 여러 해의 기간에 분산되고 이 자연적 재고가 고갈되는 데 몇 년이 걸리는 한에서는 이 사실은 과잉 방목된 수계에서 곧바로 눈에 띄지는 않는다. 그러나 그 지역의 건강은 가능한 만큼 널리 퍼지는 가능한 최대의 씨앗수에 의존하며, 한 해 또는 여러 해의 씨앗 생산이 과잉 방목에 의해 갑자기 단절되면 이는 그 지역의 일반적 건강을 저하시킨다.

씨앗을 다시 뿌리고 다시 식물을 심는 일은 그 수계에서 가장 명백한 인간의 고역(苦役)이면서 가장 중요한 일 중의 하나인데 이는 자연의 패턴을 인식하는 인간의 능력 때문이다. 그들은 식물들의 무작위 분포의 효율을 엄청나게 상승시켜 이로써 생명이 증식하는 것을 도와줄 수 있다.

그 수계에서는 씨앗들은 아래쪽으로 그리고 북동쪽으로 이동한다. 씨앗들은 중력과 물 흐름 때문에 아래쪽 수계들로 이동한다. 샌프란시스코 강의 수계에서는 주된 바람들은 북동쪽으로 부는 바람이며 그 사실은 씨앗이 그 방향으로 일반적으로 뿌려져서 떠나가게 한다.

일반적으로 가장 효율적인 풀씨 뿌리기는 산마루에 뿌리는 것이다. 풀들은 일반적으로 땅조각이나 '군락지'를 이루어 확장된다. 그들이 견고한 개체군을 형성할 수 있고 떼를 만들 수 있으면 퍼져나갈 수 있다. 산마루들에 씨앗이 많이 뿌려져서 군락지가 확립될 수 있다면, 그 군락지는 언덕 비탈을 따라 산마루 아래로 옮겨질 수 있다. 이는 제한된 자원이 있는 때인 복원의 초기에는 아주 중요하다. 무성한 풀 군락지가 형성되면, 토종 씨앗들이 그것들에서부터 손으로 쉽게 수확되어 씨앗 뿌리는 과정에 계속 활용될 수가 있다.

풀씨 뿌리기는 심한 침식의 위험이 있는 곳을 치료하기 위해 또 토질이 활엽

제국 문화의 종말과 흙의 생태학

초본과 관목에 의해 상승되고 있는 곳들에서 전략적으로 활용될 수 있다. 토양이 풀들을 지탱할 수는 있지만, 근처에 아무런 씨앗을 뿌릴 군락지가 없는 이런 지대들에서는 인간들이 자신들의 씨앗 재고에서 복구할 지점에 씨를 뿌릴 수 있다.

인생 경험이 그 수계의 생명과 통합되면서 사람들은 기초적 안내자로서 식물 체제의 치유적 계승 단계를 알 수 있게 될 것이다. 한 벌의 식물들이 회복을 이루고 있는 곳들에서 그 사람은 장차 이전해 들어올 다음 단계의 식물 생명을 알게 될 것이며, 그런 식으로 새로운 계승 단계가 정착될 수 있도록 그 지역에 속히 씨앗을 뿌릴 수 있게 될 것이다.

그 수계는 (그곳의 80-90퍼센트를 소유하는) 미국 정부에 의해 벌목과 (스스로 인정한) 과잉 방목을 통한 숲 제거 때문에 훼손되어왔고, 훼손되고 있다. 우리가 어느 수계에든지 정착하면서, 적당한 '토지 관리' 기술자들에게 로비하고 (그들이 존재하는 동안에는) 이들과 협력하게 될 것이다. 우리가 벌목자들, 방목자들과 나란히 생태계를 향상시키는 가내 수공업과 우리 자신의 이로운 공공토지 사용 방식을 정착시키면서 인간의 성숙, 모두에 의한 책임과 지속 가능한 생존을 위해 그 수계에 힘을 쏟아붓기 시작할 것이다.

구체적 물 보유 전략들

우리는 나바테아인들과 키바인들의 물 보유 및 용기보관 전략들을 살펴보았다. 이 전략들은 식량 재배에 특정된 것이다. 회복 사업으로서 이루어질 수 있는 물 보유 지대에서의 대규모 공사의 문제도 있다. 이를 위해 우리는 빌 모리슨에게 문의할 필요가 있다. 영속 농법의 주 교재는 모리슨이 쓴 《영속 농법. 설계자의 매뉴얼(Permaculture. A Designers' Manual)》이라는 책이다.[130]

---

130 *Permaculture. A Designers' Manual.* Bill Mollison. Reny Mia Slay, ed. Tagari Pub. Tyalgum, Australia. 1988.

모리슨이 제안하는 재생육(revegetation) 기술은 범람원(汎濫原)과 더 평평한 토지에서 특히 유익하다. 이 기술은 그냥 땅에 움푹 들어간 부분인 작은 고랑들을 파는 것이다. 디스크라는 농기구가 사용된다. 이는 일련의 판형 금속 디스크들을 가로질러 장착한 기구로서 트랙터가 끌도록 되었다. 이 기술에서는 각 다스크 판의 4분의 1을 제외한 모든 부분이 톱니를 만들며 깎인다. 4분의 1 디스크들의 행이 트랙터 뒤에서 끌려가면서 격자형의 작은 고랑들이 흙에 패인다.[131]

이것의 중요성은 씨앗이 일반적으로 건조한 환경에서는 맨땅에서 발아하지 못한다는 것이다. 씨앗에 적합한 자연적 장소는 작은 고랑들, 비가 약간의 유기물 잡동사니들을 쓸어온 바위들, 그 뒤에 유기물이 모여있는 떨어진 가지들, 그 밖에 바람이나 물이 유기물을 조금이라도 쌓아 놓은 그런 막힌 곳이다. 이 유기물 둔덕은 충분한 습기를 보유해 씨앗이 싹을 틔울 수가 있으며, 흙의 습기가 충분히 있어서 흙 표면이 마르기 전에 뿌리가 흙의 물에 내리게 할 수가 있다. 이는 그러한 수계에서의 이런 구덩이들의 장점이다. 선택된 장소에는 고랑들이 있어서 소량의 유기물을 모으고 결국 싹이 트는 것을 보듬어준다는 장점이 있는 것이다. 수작업이 이루어지면 홈에 씨앗을 넣고 소량의 퇴비나 볏짚을 공급함으로써 생명이 살 확률을 높여준다.

모리슨은 오스트레일리아의 P. A. 요맨스가 개발한 '요맨스 케이라인 물 관리 시스템'을 논한다.[132] 이 시스템의 중심적 측면들 중 하나는 흙 퍼 나르기 작업에 사용되는 무한궤도 트랙터가 끄는 '내릴톱' 비슷한 금속 축이다. 이 축은 땅으로 약 18~20센티미터가 들어간다. 이 도구의 설계에는 여러 가지가 있지만, 모두 축의 바닥에 발이 달려서 이것이 흙으로 가도록 끌린다. 발을 단 그

---

131 ibid. p. 327.

132 *Water For Every Farm/Using the Keyline Plan*. P.A. Yeomans. Second Back Row Press Pty. Limited, 50 Govett Street, Katoomba, 2780 Australia. 1978. p. 29.

제국 문화의 종말과 흙의 생태학

축은 흙을 뚫고 깊이 긁어내며, 삼각형의 발은 코를 아래로 하고 각이 져서 그 위의 흙이 끌어올려지고 공기주머니가 있는 터널이 그 뒤로 만들어지게 한다. 이 기구는 등고선 재배와 아주 비슷하게 경관을 가로질러 사용된다. 이 기구는 골짜기, 시냇가, 또는 침식된 계곡 바닥에서 땅에 놓이고 강바닥(河床)에서 언덕 측면을 따라 그리고 키라인(keyline) 아래 어느 지점에서 약간 아래로 그리고 키라인 약간 위로 끌어진다. 키라인은 언덕이 급경사로 내려오다 끝나고 경사가 완만해지고 골짜기 쪽으로 평평해지는 곳이다. 이런 파 뒤집기는 수로 양쪽의 기슭 아래로 연이어 이루어진다. 이것의 큰 효과는 흙에 공기를 통하게 하는 것이고(흙 공동체도 산소가 필요하다), 물이 스며들 수 있게 해주는 것이다. 그리고 흙이 공기를 쏘이므로 흙의 온도가 상승해 흙의 생명이 늘어나게 한다. 《영속 농법》 제2부에서 모리슨은 요맨스의 동료 조프 월러스(Geoff Wallace)가 자신의 재조성된 숲에서 11℃까지 흙의 온도 상승을 기록했다고 말한다.[133]

모리슨은 이 방법이 흙을 그렇게 빨리 형성하는 이유들 몇 가지를 열거한다.

- 부서지기 쉽고 열린 흙이 물이 약한 탄산 및 유기산으로서 쉽게 스며들게 해주는 역할을 해 식물들을 위한 흙의 요소들을 풀어주고 pH의 변화를 완충해준다.
- 공기가 통하는 흙이 겨울에는 더 따뜻한 상태로, 여름에는 더 시원한 상태로 있다.
- 흡수성 흙 자체는 거대한 물 보유 담요로서 유출(流出)과 공기 중으로의 급속한 증발을 막아준다. 식물 재질은 밤의 습기를 나중에 사용하도록 빨아들인다.

---

133 *PERMACULTURE II. Practical Design and Further Theory in Permanent Agriculture.* Bill Mollison. Tagari Pub. P.O.Box 96, Stanley, Tasmania 7331, Australia. p. 29.

- 동식물의 먹이로서 죽은 뿌리는 더 많은 공기가 들어갈 틈과 굴을 땅에 내며, 자신의 분해 순환주기의 일부로 질소를 고정한다.
- 새로운 식물들이 1년생 작물이건 다년생 작물이건 쉽게 뿌리를 내린다.
- 흙이 다시 밟히고, 펴지고, 다져지고, 쟁기질되거나 생명성이 없어지게 화학물질로 처리되지 않는다면 흙에 영구적 변화를 준다.[134]

이 시스템의 다른 용도는 지형 상부 처리를 한 다음 각각의 긁어낸 부분과 짚을 깐 자리를 따라 움을 파고, 나무 묘목이나 다른 유익한 식물을 손질하고 심는 것이다. 땅의 파 뒤집은 부분 때문에 새로운 식물들이 뿌리를 내리기가 쉽고 저장된 습기가 이 식물들을 위해 존재할 것이다.

회복 노력의 기본적 목표는 비옥도 증가를 향해 긍정적 순환을 시작하는 것이다. 작은 풀 떼 군락지를 확립해 그것이 퍼져나가게 하고, 식물들이 정착하고 퍼질 수 있도록 골짜기를 막고, 소형 숲을 심어서 그것이 퍼져나갈 수 있게 하는 것이 생명을 도와주고 그 증가분으로 살아가는 노력의 큰 부분이다.

모리슨이 〈설계자 매뉴얼〉의 '건조토지 전략들'에 관한 절에서 제안한 많은 구체적 제안들 중에 보호수(nurse tree)가 트인 언덕 사면에서 자랄 때 이 나무들이 성숙하게 자라도록 도와주는 방법이 있다. 이 방법에서 열십자의 도랑들이 장기판을 모서리를 축으로 돌려놓은 모양으로 언덕 사면에 파이게 된다. 각각의 물이 고이는 도랑의 교차점에 나무를 적당한 퇴비와 짚을 가지고서 심는다. 물이 고임은 새로운 숲의 출발을 지원하기 위한 충분한 물이 스며들게 해준다. 모리슨은 이를 '그물과 팬(Net and Pan)' 방법이라고 부르며, 더 강인한 나무들을 언덕 위로 심고 덜 강인한 나무들은 언덕 아래쪽으로 심을 것을 제안한다.[135]

---

134 ibid. p. 32.

135 *Mollison. Permaculture. A Designers' Manual.* op. cit. p. 393.

제국 문화의 종말과 흙의 생태학

나무들

나무들은 어떤 경관에서든 주된 생명의 항목이다. 그 수계에는 치와와 생물분포대 쪽으로 아래로 가면서 숲이 있으며, 그 구역에도 유실소나무, 노간주나무 그리고 메스키트가 흩어져서 열린 언덕 사면에 존재한다. 나무와 관련해 첫째로 유의의 대상이 될 것은 사유지 위의 숲이 제거된 언덕들 그리고 (많은 사유지가 존재하는 곳인) 강기슭 서식지의 훼손된 지대다. 먼저 우리는 아파치족의 채집 시스템의 기본적 토종 나무들을 고려할 필요가 있다. 이것들은 유실소나무, 노간주나무, 참나무, 흑호두나무, 메스키트다.

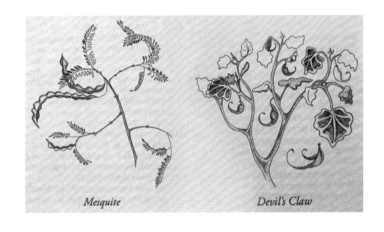

Mesquite　　　*Devil's Claw*

: 메스키트 /
악마의 발톱

아파치인들에게 도토리는 주식이었고 도토리의 식량가치와 그것이 사용될 수 있는 다양한 방법들이 다른 사람들에 의해 고려되어야 한다. 도토리는 날로도 먹을 수 있고, 구워 먹을 수도 있고, 죽을 끓일 수도 있고, 가루를 내어 반죽해서 구워 먹을 수도 있다. 대륙 연안들에서 자라는 도토리같이 우려낼 필요가 있는 도토리는 그 수계에는 없다.

유실소나무 열매도 식용으로 고려되어야 하며 특히 유실소나무 열매 풍년이 찾아온 해에는 그러하다. 유실소나무 열매는 구워서 버터를 만들고 말려서 가루를 내기 위해 수집된다. 캐롤린 니태머는 이 분야에서 기본 교재인 (그리

　　　제2권 미래의 씨앗

고 또한 많은 요리 방법을 포함하는) 그의 책《아메리카 원주민의 음식과 전통지식(*American Indian Food and Lore*)》에서 유실소나무 열매는 단백질, 지방질이 풍부한 식량원이며, 약 500그램당 3천 칼로리를 포함한다고 말한다![136]

노간주나무는 용도가 많지만, 유일하게 식용이 되는 것은 씨가 하나씩 든 노간주 열매 장과(漿果)다. 이는 하얀 가루가 겉에 묻은 유형으로서 날로도 먹을 수 있고 대량의 식량원으로는 좋지 않지만 상당히 달다. 같은 측면에서 폰데로사의 속껍질도 먹을 수 있다. 아파치인들은 그것을 모닥불에 구워서 비스킷 같은 맛이 나게 한다. 이는 주식이 아닌 생존용 식량으로만 고려되어야 한다. 나무껍질을 수집하는 사람은 누구나 나무에 띠를 만들지 않도록 (나무껍질을 빙 둘러 다 파내는 일을) 조심해야 한다. 나무를 죽게 만들 것이기 때문이다. 이 대목에서 우리는 조그만 실험 표본만을 취하고 상처 난 데를 밀랍으로 봉할 필요가 있다(평생을 부드럽고 정제된 음식을 먹도록 조정된 문명인으로서 우리는 그냥 밖으로 나가서 경관을 날것으로 먹기 시작할 수가 없다. 니태머의 책 같은 좋은 요리책이 필수적이고 심지어는 결정적이다. 또한 지방의 토속 음식에 기초한 좋은 요리책을 쓴 토착인 남서부 저자들도 늘어나고 있다).

메스키트와 흑호두는 물 근처나 하천 수로 근처에서 아주 잘 자란다. 큰 키의 메스키트 나무들이 지금 샌프란시스코 온천에서 수계 밑쪽으로 자라고 있으며, 위쪽으로는 관개(灌漑) 없이 쉽게 재배될 수 있을 것이다. 메스키트의 뿌리는 약 49미터 이상 땅속으로 내려갈 수가 있으며 극히 강인하다. 흑호두는 더 추위에 잘 견디며, 폰데로사 구역에 파고들어 가 자랄 수 있지만 뿌리가 더 짧고 하천 수로나 다른 샘 가까이에서 살아야 한다. 더글러스와 하트는《숲 영농 (*Forest Farming*)》에서 이렇게 주장한다. "좋은 케아베(algaroba) 씨앗들이나 품종들은 (메스키트와 꿀아카시아를 포함하는데) 연간 1에이커(약 4,047제곱미터)당 식용 콩 20톤까지를 생산할 수 있다. 그 식사는 영양분 함량에서 일

---

136 *American Indian Food and Lore*. Carolyn Niethammer. Collier Books. New York. 1974. op. cit. p. 47.

제국 문화의 종말과 흙의 생태학

반적인 밭곡식보다 우수한 훌륭한 곡물-대용품이다.”[137] 카롤린 니태머는《아메리카 원주민의 음식과 전통지식(*American Indian Food and Lore*)》에서 흑호두가 지방이 풍부하고 기름을 76퍼센트까지 함유한다고 주장한다.[138] 지방의 정보출처들은 국내 호두 품종들이 흑호두 가지에 접붙여져서 강인함이 더 더해질 수 있다고 말한다. 호두 품종들은 1에이커(약 4,047제곱미터)당 호두를 평균 3.6톤이나 생산할 수 있다.[139]

그 수계에 적응될 수 있을 많은 나무 작물들이 있다. 모리슨의《영속 농법》제1부 또는 정기간행물인 〈국제 영속 농법 종 연감(The International Permaculture Species Yearbook)〉과 ‘나무의 친구들 회(Friends of the Trees Society)’측의 출판물인 〈국제초록전선 보고서(International Green Front Report)〉 같은 참고문헌들에서 그 수계에 잘 맞을 가능성 있는 나무 종들에 관한 방대한 목록을 찾아볼 수 있다. 우리는 식용 숲을 출범시키는 데 기초라고 여겨질 수 있는 한 줌의 씨앗들을 고려할 것이다.[140] 메스키트의 가까운 사촌인 꿀아카시아는 아주 훌륭한 생산자이며 그 수계에서 잘 산다. 그 수계의 해발 약 1.7킬로미터에는 소출이 좋은 몇 가지 씨앗들이 있다. 꿀아카시아나 그 사촌인 메스키트나 모두 콩 종류다. 모든 콩 종류는 흙에 질소를 집어넣는다. 꿀아카시아는 메스키트보다 상당히 추위에 더 잘 견디며, 해발 2.1킬로미터의 폰데로사 생물분포대로 파고들어 잘 자랄 수 있다. 꿀아카시아는 바람에

137　*Forest Farming. Towards A Solution To Problems Of World Hunger And Conservation.* J. Sholto Douglas & Robert A de J. Hart. Westview Press. Boulder Colorado. 1984. p. 39.

138　*Niethammer. American Indian Food and Lore.* op. cit. p. 55.

139　*Permaculture One. A Perennial Agriculture for Human Settlements.* Bill Mollison. Transworld Pub. Australia. Pty. Ltd. 1978. p. 122.

140　*The International Permaculture Species Yearbook.* Dan Hemenway. Editor. 7781 Lenox Ave., Jacksonville, FL 32221. *International Green Front Report.* Micheal Pilarski. Editor. P.O.Box 1064, Tonasket, Wa. 98855. ($7.00 + postage).

터지는 꼬투리가 쓸모 있고, 또 꿀아카시아, 호두, 메스키트는 좋은 목재를 생산한다. 꿀아카시아 꼬투리를 간 것은 27–30퍼센트가 설탕이라 평가되며, 꼬투리와 씨앗은 16퍼센트가 단백질이다. 꿀아카시아 가루는 흔히 그 단맛 때문에 빵을 만들 때 다른 가루들과 혼합된다.[141]

그 수계에서 잘 살 수 있을 일반적인 견과류 나무들이 있다. 중국 밤, 헤이즐넛, 하트형 호두, 일본 원산의 차고 단단한 씨앗 그리고 버터넛트가 적응될 수 있을 것이다. 식용유의 채취원을 발견하는 어려운 문제는 인도의 버터나무인 모우라(Mowra), 실론의 참나무 또는 말푸라(Malfura) 같은 나무들을 그 수계에 적응시켜서 풀릴 수 있을 것이다. 이런 종의 견과들은 더글러스와 하트에 의해 유분(油分)이 높은 것으로 열거된다.

여러 씨앗의 과일나무가 그 수계에 존재하며, 그중에는 배, 체리(pie cherry), 사과, 살구나무가 있다. 호피인들은 해발 약 2.1킬로미터 근처에 있는 자신들의 대지(臺地)에서 살구나무를 재배하며 이는 주식으로 고려될 수 있다. 다양한 사과와 배 씨앗들이 실험에 의해 적응이 될 수 있다. 야생 자두는 잘 자라며 국내 품종들이 적격이다. 추가로 감과 뽕나무도 잘 된다.

한 가지 다른 토종 나무가 언급되어야 하는데, 이는 네군도 단풍이다. 이 나무는 사탕단풍나무의 사촌이고 사탕 수액을 받도록 딸 수도 있다. 네군도 단풍은 폰데로사 구역 안으로 파고들어 살고 있다.

나무 자리를 잡기

호피족의 땅에서 우리는 서남부 모든 민족들 중에 한 장소에 거주한 가장 오래된 기록을 보유한 민족을 발견한다. 호피인의 식단은 기본적으로 마야의

---

141 Hart & Douglas, *Forest Farming*. op cit. pp 161. Mollison, Permaculture One. op cit. pp111.

제국 문화의 종말과 흙의 생태학

식단을 현지화한 것인데, 이는 거의 모두 천수(天水) 농업 또는 건조지 농업이다. 이는 그것이 이루어지는 지대의 생명에 고도로 적응된 것이다. 호피인의 밭들은 무작위적으로 자리를 잡지 않는다. 밭뙈기의 위치는 거기에 재배될 식물에 의해 지정된다. 어떤 밭뙈기들은 대지의 꼭대기에 있고, 어떤 것은 경사지에 있고, 어떤 것은 저 멀리 평지에 있고, 어떤 것은 범람원 농업을 이용하려고 산골짜기에 있다. 옛날에는 이 밭들은 자그마치 32킬로미터 이상 떨어졌을 수도 있었고 오늘날에도 그것들은 흔히 특정한 흙, 특정한 햇볕 쬐기, 물 흐름이나 미세기후를 이용하기 위해 수 킬로미터 떨어져 있기도 하다. 호피인들이 사용하는 밭의 유형 중 하나는 말 그대로 모래 언덕 위다. 특정한 모래 환경조건에서 이는 아주 진취적인 방식이다. 모래는 짚으로서 작용한다. 비는 즉시 스며들며, 모래 밑에 비교적 불투수층이 있는 지대라면, 끊임없는 물의 스며듦이 그 층의 위에 존재해 습기를 식물에 먹여준다. 호피랜드(Hopiland) 같은 곳이라면, 증발량이 강수량보다 많고 광물질과 영양 성분은 풍부한 비에 의해 밑흙 쪽으로 침출되기보다는 표면 가까이에 머무는 경향이 있다. 이 때문에 호피의 대지들에 있는 것 같은 아주 모래투성이인 흙이 비옥할 수 있다.

우리가 나무의 위치 정하기에 관해 생각하기 시작할 때 우리는 나무들이 우리의 영속 농법에서 큰 물체들이며, 우리가 나무의 위치를 어디에 정하는가 하는 것은 바람의 흐름, 그늘, 흙의 습기 함유, 유기물 잡동사니의 퇴적 그 외의 다양한 복잡한 고려 사항들과 같은 나중에 오는 것의 상당 부분을 정하는 것임을 깨달아야 한다. 그러므로 우리는 우리가 우리의 채집 영농 시스템을 어떻게 시작할지에 관한 우리의 생각의 깊이라는 면에서 호피인들을 모방해야 한다.

영속 농업은 다년생 식물 그리고 쉽게 스스로 다시 씨를 뿌릴 수 있는 식물을 기초로 한다. 이는 농장 노동 상황이 아니다. 우리는 기본적인 생태계가 스스로 생존하고 '도약'할 수 있도록 초기에 패턴을 배열하고 싶어 한다. 그렇다면 우리의 역할은 상냥한 안내, 도움 그리고 관찰이다. 우리는 호미를 들고 밭에 나가 유럽 채소들을 그것들이 결코 적응되지 않은 환경에서 재배하려고 투쟁하고 싶지도 않고 우리의 현미를 포기할 수 없기 때문에 벼 논에 물을 대려고

분투하러 나가고 싶지도 않다. 모리슨의 〈설계자 매뉴얼(Designers' Manual)〉
은 나무들의 개념과 위치 정하기의 포괄범위에서 탁월하다. 모리슨 책을 탐독
하고 많은 생각과 관찰을 한 후에 우리는 영속 농법 네트워크들로 도입해 심을
품종들의 출처를 탐색하기 시작할 수 있다.

영속 농법은 단지 식물들의 배열이 아니라 궁극적으로 설계 철학이다. 그
철학은 자연적 생명을 그 선천적 패턴대로 도와주는 것이다. 문명의 문화가 가
지는 동기는 생명 시스템에서 그것의 에너지를 이윤/성장을 위해 흘러나가게
하는 것인 반면에, 영속 농법의 시각은 생명 시스템을 돕고 문화적 안정성을 가
지고 그 증대분으로 먹고 사는 것이다. 빌 모리슨은 그의 책《영속 농법: 설계
자 매뉴얼(Permaculture: A Designer's Manual)》에서 복잡한 공부에 대한
간략한 서술을 제공해준다. 그는 이렇게 말한다.

> 영속 농법(영속 농업)은 천연 생태계의 다양성, 안정성 그리고 유연성
> 을 가진 농업적으로 생산적인 생태계의 의식적 설계와 유지다. 그것은 경
> 관과 사람들의 조화로운 통합으로서 이들의 식량, 에너지, 보금자리 그
> 외의 물질적 비물질적 필요한 것을 지속 가능한 방식으로 공급해준다. 영
> 속 농업이 없이는 안정적인 사회질서의 가능성이 없다.
> 영속 농법의 설계는 생명을 그 온갖 형태에서 이롭게 하는 기능하는
> 패턴 안에서 개념적·물질적·전략적 구성 요소들을 조립하는 시스템이다.
> 영속 농법의 배후에 있는 철학은 자연에 맞서기보다는 자연과 함께
> 일한다는 철학이며, 경솔한 행동보다는 사려 깊은 관찰의 철학, 시스템들
> 의 단 한 생산고만 묻기보다는 시스템들이 그 모든 기능들을 수행하는
> 것을 바라보는 철학, 시스템들이 자신들의 진화를 예증할 수 있게 하는
> 철학이다.[142]

---

142 Mollison, Designer's Manual, op. cit. pp. ix,x.

제국 문화의 종말과 흙의 생태학

모리슨이 말하듯이 영속 농업이 없다면 안정적인 사회 질서는 있을 수 없다는 것이 명백히 드러나야 한다. 또한 영속 농업이 없다면 땅은 구원받지 못한다는 것도 명백하다. 산업혁명 이래 땅과 인간의 노동은 상품이 되어왔다. 안정적인 인구에 의해 실천되는 영속 농업이 현실이 되지 않는다면, 현재의 불안정성은 끝까지 계속될 것이다. 끝은 토양의 완전한 고갈과 지나치게 많은 인구의 대량 멸종일 것이다. 하나의 작은 예가 역사적 과정을 조명해준다. 줄어들어 가는 오갈랄라 대수층에 기초를 둔 미국 농업의 5분의 1이 다음 세기 전반기에 끝날 때, 흙은 고갈되고 물은 사라질 것이다. 대중 인구는 이리저리 헤맬 것이다. 땅이 상품인 동안에는 경제력을 가진 자들이 그것을 취득하고 그 비옥함을 다써 버릴 수 있다. 사회주의 국가들에서는 중국이 군중을 티베트와 북만주로 이동시키고 러시아가 군중을 '처녀지'들로 이동시켜 대량 생산적 산업형 농업으로 착취되게 하는 것처럼 대중 인구가 토지에 이전되어 들어오거나 내보내질 수 있는 동안에는 땅은 구원받을 수 없으며 사회적 안정은 있을 수 없다. 이런 식으로 본다면 영속 농법은 가장 근본적 의미에서 토지와 문화의 개혁을 뜻하므로 단지 새로운 원예 방법이라기보다 훨씬 더 많은 것임을 우리는 알 수 있다.

지구상의 많은 곳에는 지금 생태계가 없거나 생태계의 잔존물만이 있다. 영속 농법을 활용해 우리는 토지 위에 살아있는 생태계를 자리를 잡게 하고 그 생태계들이 남아 있는 어떠한 자연적 생명이든 이와 통합되게 하는 쪽으로 그리고 궁극적인 최고의 균형을 향해 이 생태계를 인도하기를 시작할 수 있다. 그 기준은 살아있는 지구 전체에 퍼져있는 최고의 생태계들에서 최대의 광합성 순생산(Net Photosynthetic Production)을 달성하는 것이다. 우리는 태양에너지 예산의 균형을 향해 노력해갈 것이다.

수계를 거슬러 올라가기

샌프란시스코 강은 애리조나 주의 작은 구리광산촌인 클리프턴(Clifton)과

모렌시(Morenci) 근처에서 길라 강으로 들어간다. 이곳은 고도가 높은 모골론 테의 남북으로 달리는 가파르고 높은 산맥 지대다. 이 산맥은 또한 치와와 사막과 소노란 사막의 분기점 위에 있다. 길라 강을 따라 서쪽으로 내려가면서 소노란 사막이 있다. 길라 강의 합류지점에서부터 우리는 샌프란시스코 강을 거슬러 좁고 가파르고 높은 벽이 쳐진 협곡을 따라가 본다. 이는 이 산맥을 통과해 샌프란시스코 온천의 천연 물웅덩이 지대인 약 56킬로미터 위쪽의 널따란 골짜기로 트인 데까지 간다. 샌프란시스코 강이 이 지역에서 지나가는 길고 굽이진 협곡은 매우 멀고, 또 많은 주변 지대에서 풍부하게 발견되지 않는 생존 가능 개체군들을 포함한다. 미국독도마뱀, 캐고미슬, 긴코너구리, 여러 종의 새, 특히 매 그리고 때로는 독수리 같은 것들이다. 협곡 벽에 그리고 울퉁불퉁한 언덕으로 된 이 산맥에는 큰뿔양의 생존 가능한 떼가 살고 있어서 때로는 샌프란시스코 온천에서 목욕하는 이들을 지켜보러 내려온다.

Canyon Grape   *Sego Lily*   : 협곡 포도 나비나리

　　온천에서 골짜기는 상당히 넓어져서 지금 플레전튼(Pleasanton)이라는 지역으로 들어간다. 이 지역은 바로 치와와 사막의 북쪽 경계선에 있으며 그 기후는 저고도 장과, 과일, 멜론에 적합하다. 점령 초기에는 모르몬 공동체가 그곳에 관개가 된 과수원들로 이루어진 풍요로운 지역를 만들었으나 이중결혼 처벌법이 1800년대 말에 통과되면서 그들은 멕시코로 떠났고 과수원들은 몰

　　　　　　　　　　　　　　　　　제국 문화의 종말과 흙의 생태학

락했고 지금은 사라졌다.

치와와 사막의 유실소나무 노간주나무 추이대는 샌프란시스코 온천에서부터 지금은 알마(Alma)라는 곳, 거기서 강이 북쪽으로 돌아서 또 하나의 울퉁불퉁한 협곡, 모골론 테를 통과해 위쪽 지방으로 들어가는 틈이 난 곳으로 여행을 시작하는 지대에 이른다. 클리프턴에서부터 알마까지의 지대는 베이스캠프, 겨울 캠프 지대라고 생각될 수 있고 더 높은 곳들은 채집 활동을 위한 곳으로 더 많이 활용될 수 있다. 이는 특히 가문비나무-사시나무 구역과 그 위쪽에 해당된다.

풍부하게 생존하는 수많은 야생식물들이 있는데 이는 그 수계의 남쪽 지역에서라면 더 잘 자랐을 수도 있다. 용설란은 폰데로사 구역 바로 밑 샌프란시스코 플라자만큼 높은 데서 자라지만, 훨씬 더 낮은 곳에 더 밀집되어 발견된다. 용설란들은 샌프란시스코 온천에서부터 아래쪽으로 샌프란시스코 협곡이 길라 강과 만나는 지점까지 그리고 계속 그 아래쪽 지역에서 왕성하게 자란다.

토종 해바라기는 키바인들과 아파치 채집인들에게 귀중한 야생식물이다. 그것들은 폰데로사 소나무들이 있는 데까지 자라며, 훨씬 낮은 곳에서 밀생한다. 그 씨앗은 50-55퍼센트가 단백질이고 비타민 B가 풍부하다. 그 씨앗은 또한 50퍼센트가 기름이다.[143] 개량품종들이 천연 군락들과 간작(間作)이 된다면 그 품종은 다양한 유전적 품종들의 상호양성(interfolding)에 의해 물론 도움을 받을 수 있을 것이다.

악마의 발톱(devil's claw)은 때로는 일각수 식물(proboscidea altheaefolia)로도 불리는 것인데 이는 다투라(datura)와 아주 닮은 재미 있는 분위기를 가진 식물로서 폰데로사 아래의 수계에서 자란다. 악마의 발톱의 어린 꼬투리들은 깍지 채 먹는 콩들의 꼬투리와 같이 가공될 수도 있으며, 무르익은 꼬투리의 씨앗들은 식량으로 사용될 수 있다. 그 씨앗은 36퍼센트가 기

Niethammer, American Indian Food and Lore, op. cit. p. 52.

름인 것으로 평가된다.[144] 그 씨앗들은 27퍼센트가 단백질이고 그 기름은 맛과 조직에서 잇꽃 기름과 비슷하다.[145] 턱슨(Tucson)에 있는 토종씨/검색이라는 씨앗은행의 개리 내번(Gary Nabhan)은 이 식물이 커다란 괴경을 가져서 그 표피와 심 사이의 일부분은 식용할 수 있다고 말한다.[146]

스페인 사람들에 의해 칼라바사(calabaza)라고 불리며, 영어에서는 버펄로 귀드(gourd)라고 칭하는 다년생 호리병박(cucurbita foetidissima)은 유실소나무 노간주나무 구역 안으로 들어와 잘 자라는 강인하고 유익한 식물이다. 칼라바사는 연간 강수량을 불과 약 25센티미터밖에 필요로 하지 않으며, 다른 위치들에서와 마찬가지로 남용된 흙에서도 자란다. 이 식물 1에이커(약 4,047제곱미터)는 식물성 기름 453킬로그램과 단백질 식량 453킬로그램을 함유하는 약 1.4톤의 씨앗을 낼 수 있다. 같은 면적에서의 그 식물의 뿌리는 6톤에서 7톤의 녹말을 낸다. 이 식물의 '박꽃'도 합당한 식량이다. 이는 으깬 잎을 사용해 살에 난 상처를 치료하는 등 초식동물에게 약용이 되지만, 초식동물들은 먹지 않는 식물이다. 코요테 멜론이라는 밀접하게 관련된 식물(cucurbita digitata)은 초록 호리병박과 뿌리에서 비누를 생산한다.[147] 만년초(nopal cactus)는 중요한 식용 식물로 간주되어야 한다. 만년초의 코끼리귀 같은 잎은 좋은 식량이며, 통조림화한 만년초는 상업적 제품이다. 만년초는 남쪽 수계에서는 큰 형체로 잘 자라며, 작은 형체로는 폰데로사 구역 안에 들어와서 자란다. 그럼에도 불구하고 만년초 수집 구역은 저지대의 수계라고 생각될 것이다. 이 식물의 또 하나의 훌륭한 혜택은 그 열매다. 이 열매들(투나, 프리클리 페어)은 칼슘 함량이 높다. 이 식물 두 숟가락은 48칼로리를 함

---

144 ibid. p. 94.

145 Farmland Or Wasteland. A Time To Choose. R. Neil Sampson. Rodale Press. Emmaus, Pa. 1981. p. 212.

146 *Gathering the Desert.* Gary Paul Nabhan. U. of Arizona Press. Tucson. 1987. p. 138.

147 ibid p. 170. Niethammer. *American Indian Food and Lore.* op. cit. p. 86.

제국 문화의 종말과 흙의 생태학

유하며, 한 잔의 우유보다 더 많은 칼슘을 가진다.[148]

야생 포도(vitis arizonica)는 가축들이 접근 못 하는 암석 협곡의 전나무–사시나무 구역에서까지 발견될 수 있다. 지금은 드물지만, 이 포도들은 아주 유익한 음식물이다. 우리가 그 수계와 그곳의 생명과 충분히 친숙할 때는, 야생포도 같은 유익한 야생식물들의 탁월한 씨앗들의 위치를 파악해 그것의 싹을 유사한 미세환경에 옮겨 심을 수 있을 것이다. 밀림 안에서 우리의 원로들의 안내를 받으면 우리는 또한 구체적으로는 강기슭 서식지, 일반적으로는 대규모의 생태계의 최고의 상태를 향한 자연적 천이를 모방하는 식물들을 탐색할 수 있을 것이다. 대부분의 강기슭 서식지는 자연적으로 최고로 돌아가겠지만, 인간의 남용이 오랫동안 있어온 사유재산인 지금의 그 지역들은 영속농법의 안내를 받은 천이를 하도록 집약적인 도움을 필요로 할 것이다. 이는 우리가 그 다양성을 증진하고자 하는 이 지역들에서 특히 그러하다.

그 수계에 이미 생존하는 것으로서 국내 식물 목록에서 '비슷한' 사촌이 있는 여러 식물 유형들이 있다. 예를 들면, 야생 아마란스는 그 수계에서 아주 잘 자란다. 좋은 환경조건에서는 180여 센티미터까지 자라는 야생 아마란스는 스페인 사람들이 알레그리아(alegría)라고 부르는 그리고 아즈텍인들과 마야인들의 곡식인 아마란스의 후손인 길들인 사촌 품종을 가진다. '유사물'의 원리를 활용한다면 우리는 토종 아마란스가 잘 자라는 지점들에 알레그리아와 중앙아메리카 아마란스 품종의 씨를 뿌릴 것이다. 같은 원리는 코요테 멜론이나 칼라바사 그리고 국내산 멜론과 스쿼시 같은 호리병박에도 적용될 수 있을 것이다. 칼라바사는 아주 강인해서 국내 씨앗들이 생존하지 못하는 지대에서도 자랄 수 있다는 데 주의해야 한다. 장과 덤불, 포도, 자두, 심지어 야생 양파도 이것들의 토종이 그 수계의 다양한 미세환경들에서 자라므로 동일한 유사물의 원리가 활용될 수 있다. 유사물의 지침을 활용하게 되면, 바로 이를

---

148 Niethammer, *American Indian Food and Lore*, op. cit. p. 11.

통해 식물 각 유형을 위한 자연적 패턴에 의해 안내를 받게 되며, 각 식물 유형은 그 식물 유형이 잘 살아나갈 환경이라는 것을 그의 친족 식물이 알려주는 그런 미세환경에서 재배되어야 한다. 이는 여러 종의 식물들이 그들이 반드시 좋아하는 것이 아닌 단일한 토양과 미세기후에서 나란히 자라도록 강제당하는 원예 관행의 정사각형 밭과 대조된다.

강기슭 구역들, 몇 곳의 다른 습한 지대들 그리고 약간의 북향의 언덕 사면들은 초록 식물들이 풍성하게 발견되는 서식지이며, 초록 식물들은 방랑 채집 민족들의 기본 식량중 하나다. 아주 중요한 초록 식물로 명아주(cenopodium album)가 있는데 이는 스페인어로는 퀠리테스(quelítes)라고 불린다(동일한 말이 토종 아마란스에도 적용된다). 명아주는 유럽의 개척자 식물로서 아주 영양이 풍부하고, 〈예방 잡지(Prevention Magazine)〉에 의하면 영영가에서 유럽 텃밭들에서 재배되는 식물 대부분을 능가한다고 한다. 같은 양으로 비교할 때 그것은 칼슘 섭취원으로서 우유를 능가하기도 한다. 다른 중요한 초록 식물들로는 붉은색과 노란색의 소리쟁이, 쇠비름, 야생 아마란스, 회전초(러시아 엉겅퀴), 세열유럽쥐손이, 민들레, 자주달개씨깨비, 탠시겨자 그리고 클레오메 세르룰라타가 있다. 민들레와 붉은 소리쟁이 같은 초록 식물들 중 일부는 식용이 될 수 있는 뿌리를 가지며, 약용도 될 수 있다.

장수식 연구이론(Macrobiotics)의 창시자 조지 오사와가 말하듯이 사람은 자신의 수계에서 제철에 나는 음식을 먹어야 한다. 온갖 복잡한 화학 성분, 전기, 온도, 습도상의 변화들, 한마디로 계절에 따른 물질대사적 변화들이 있으므로, 우리는 이 순환주기들로 신선한 음식들이 땅에서 나는 대로 이들을 먹는 것이 옳은 것으로 보인다. 유일한 신선한 초록 식품은 양갓냉이 정도이면서 콩, 말린 과일 같은 저장된 식품으로 된 늦겨울 식단 후에 사람은 더 많은 신선한 음식을 먹을 준비가 된다. 탠시 겨자가 그것인데, 세열유럽쥐손이 같은 레이스 모양의 잎과 친숙한 노란 가루를 가진 그 식물 말이다. 그것은 봄에 싹트는 첫째 식용 채소다. 그것은 쓴 채소이지만, 이탈리아식 레시피에서는 야생 아마란스(amaranthus palmeri)를 기다리면서 먹기에 맛이 나는 것 이상이

제국 문화의 종말과 흙의 생태학

라는 것을 알게 된다. 맛있는 아마란스를 먹고 지내면서 다른 채소들은 뒤늦게 6월과 7월에 서둘러서 나서 골라서 먹을 것들이 많이 생긴다. 그때쯤이면 탠시 겨자는 없어진 지 오래되고, 아마란스는 맛이 있기에는 너무 크지만, 명아주, 소리쟁이, 세열유럽쥐손이 등이 있다.

부들과 쇠귀나물은 가을이 올 때쯤 나는 먹을거리로서 부들의 초록 싹을 제외하면 강기슭 구역의 중요한 식량원이다. 부들은 아피오스(tule potato) 또는 쇠귀나물(arrowhead)처럼 폰데로사 구역 안으로 들어와 잘 생존한다(잎이

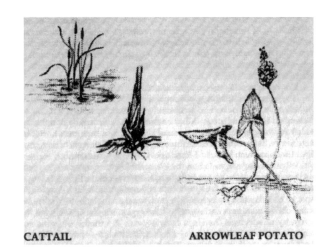

CATTAIL   ARROWLEAF POTATO   : 부들 / 쇠귀나물

화살촉(arrowhead)처럼 생겼다). 비버들이 수계의 낮은 부분에 다시 도입되면서 그 구역이 결과적으로 비옥해지면 이 두 식물처럼 직접, 그리고 길짐승들과 새들에게 보금자리를 만들어주는 창출된 환경에 의해 간접적으로 다양한 물에 적응된 먹을거리들과 초지의 먹을거리들을 후원해줄 것이다.

부들의 뿌리(또는 뿌리줄기)는 1에이커(약 4,047제곱미터)당 감자의 평균 생산량의 열 배에 맞먹는다. 니태머는 말하기를, 부들은 가루를 내면 1에이커당 32톤의 식량을 생산하는데, 이는 밀, 호밀 또는 다른 곡물들보다 더 많은 양이라고 한다. 뿌리 가루의 식량 가치는 옥수수나 쌀과 맞먹는다. 부들의 꽃가루는 단백질, 황 그리고 인을 함유한다. 뿌리에서 난 싹, 새잎의 끝, 줄기의 내층,

초록 꽃차례와 씨앗이 모두 식용이 된다.[149]

그 수계에 생존하는 이런 식물들 목록은 가장 명백하고 생산적인 주산물들을 목록화한 것이다. 다른 많은 식물들이 있고, 이것들 중 일부는 식용이나 양념용으로 쓰인다. 다양한 수지, 기름, 재료, 약제 등 우리가 우리의 필요에 맞게 적응시킬 다른 많은 용도들도 있다. 우리는 퀴노아와 감자 같은 어떠한 안데스 지역의 작물이든지 번성할 높은 숲에 있는 여름 텃밭들을 잊어서는 안 된다.

이 높은 채집 활동 지역들에는 또한 들장미 열매 그리고 온갖 크기와 모양의 엄청난 버섯 작물 같은 유용한 제품들이 있다. 문명과 사유재산이 들어오면서 식물들은 사람들이 살게 되는 어느 지대에든지 자라게 만들어진다. 그 수계에서 우리는 식용 작물이 잘 되는 곳에서 재배되고 그다음에 지역들 간에 물물교환이 일어날 수 있는 물질대사 체계를 수립할 것이다. 물질대사 체계는 모두가 자신이 필요로 하는 것을 받도록 만들어질 것이다.

다른 유익한 자생력 있는 다년생 식물들의 예로는 컴프리, 딸기, 아스파라거스, 아티초크, 뚱딴지, 구스베리, 까치밥나무 그리고 야생 오얏나무가 있을 것이다. 뚱딴지는 특히 그 수계에서 잘 자라며, 물 밑에 뿌리를 내리는 부들 바로 뒤의 비버 못 뚝에서 잘 자랄 것이다. 양갓냉이는 수로에서 잘 자라는 지방 식물이다. 양갓냉이는 비타민 E의 풍부한 원천이다. 말린 양갓냉이는 말린 양상추 잎보다 비타민 E를 세 배나 많이 함유한다.

그 수계에서 제안되고 있는 것은 유럽식 '원예'가 아니라 영속 농법적 생활양식을 또 한 가지 추가하도록 그 수계를 계발하는 것이다. 그럼에도 불구하고 바로 이 수계에서 키바인과 아파치인 모두의 생존 방식들이 성공한 것을 본다면, 그 지역의 전통적인 일년생 식물인 옥수수, 콩, 고추, 아마란스, 스쿼시는 어떠한 생존 재고목록에든 포함되어야 한다. 호피족은 그들이 사는 곳에서 적어도 18종의 콩과 20종의 옥수수를 재배하며, 그들의 마을 중 어떤 것은 거기

---

149 ibid. pp. 88,89.

제국 문화의 종말과 흙의 생태학

에 적어도 수천 년간 건재해왔다. 이런 식의 안정성은 부인하기 어려우며 그들을 지탱하는 식량은 사막 농업에서 높은 가치가 있다.

이 재산목록이 완벽한 것은 아니며 적응하는 이들의 경험에 의해 더 추가될 것이다. 이는 제안되고 있는 생활양식의 건전한 영양적 기초를 제시하기 위한 것이다. 경험과 관찰이 진행되어 갈수록 귀중한 다년생의 자생력 있는 식물종들의 재산목록이 늘어나며 생명 패턴의 원리들에 의해 취해지는 생활양식에서의 변화된 모습들도 늘어날 것이다.

식단은 인간과 인간의 문화를 우리가 보아온 바와 같은 땅의 생명과 고립시키기도 하고 통합하기도 한다. 인간들은 땅의 생명에 적응하든지 아니면 땅의 생명력과 갈등하면서 인생을 보낸다. 적절한 하나의 예는 지난 불과 몇 해 동안 그 수계에서 발생한 메뚜기 풍년이다(어떤 생물학자들은 과잉 방목으로 유발된 것이라고 주장한다). 두 가지의 힘이 메뚜기들과 갈등 관계에 있다. 유럽식 텃밭을 가꾸는 사람들은 메뚜기들과 갈등하며, 목동들은 메뚜기가 풀을 먹어치울까 두려워서 갈등한다. 목동들은 정부를 설득해서 들어와 대량으로 살충제를 뿌려 메뚜기들을 독살하게 했고 그래서 곤충 공동체의 80퍼센트를 죽였다고 추정된다. 그럼에도 불구하고 자연적 생명은 그 메뚜기 풍년의 혜택을 본다. 칠면조들은 메뚜기를 좋아하며, 대량으로 잡아먹지만 물론 칠면조 개체군은 그 수계에 생존하던 예전의 무리들 중 하나의 잔존자일 뿐이다. 가장 큰 메뚜기 풍년이 일어난 지대는 평지와 저지대에서 인간들이 들어와 정착한 곳들이다. 이는 칠면조들을 쫓아 보내는데, 이들의 문화에서 그들은 인간을 두려워하도록 가르침을 받기 때문이다. 다른 동물들도 메뚜기를 먹는다. 코요테, 스컹크, 다양한 종류의 새들 그리고 설치류처럼 곤충을 잡아먹는 작은 동물들 떼도 모두 포식을 한다. 인간들은 칠면조를 키우고 칠면조를 잡아먹음으로써 메뚜기들의 갈등을 쉽게 피할 수 있을 것이다.

모든 야생동물들이 본능적으로 인간들을 두려워한다는 생각은 제국만큼 오래되었다. 총을 가진 인간들을 동물들이 결코 본 적이 없는 먼 땅에 가는 탐험자들에 의해 드러난 것처럼 이는 진실이 아니다.

자연적으로 살아가는 칠면조들이 존재하는 지대들에서 길들인 칠면조를 키우는 사람들은 천연 칠면조들이 집 칠면조들에게 소리치며, 이들을 만나러 내려오고 그들이 먹이를 좀 얻어먹으면 꽤 친근해진다는 것을 (주위에 고양이나 개 같은 '길들인 애완동물'이 없다는 조건에서는) 발견한다. 영속 농법적 환경은 칠면조에게 먹이를 제공할 것이며 칠면조들은 인간의 거주 지대 주위에 있도록 부추김을 받아야 한다.

　이따금씩 몇 마리를 꾀어 작고 조용한 울타리 덫에 갇히게 해 여러 에너지들이 나누어질 수 있게 하는 것은 결코 파렴치한 일은 아닐 것이다. 동물들은 인간이 자신들을 총과 같은 큰 소음으로 놀라게 하고 다른 여러 방식으로 그들을 쫓고 놀라게 하기 때문에 인간을 두려워한다. 인간들이 동물의 필요에 민감하게만 될 수 있다면 동물들이 인간 주위에 남아 있지 않으려 할 이유는 없다. 조용한 울타리 덫은 동물들의 생활도 향상되도록 그 지역을 개선시킨 후에 여러 에너지를 나누는 완벽한 방식이다. 키바인들은 칠면조를 키웠고 어떤 이들은 칠면조 떼를 몰았는데, 흔히 젊은이들을 칠면조 떼와 같이 있도록 늘 보내서 칠면조들이 언덕에서 풀을 뜯을 수 있게 했다.

　요점은, 생존문화가 그 수계의 모든 생명에게 보탬을 주고 그 에너지를 일반적 비옥함에 쏟아붓는다면 그 생명들은 그 안에서 가능한 모든 것을 먹는 지구적 밥상(diet)을 차릴 수가 있다는 것이다. 누가 야생 살구의 작은 숲을 도와주어, 사슴이 찾아와서 그 살구를 먹는다면, 그때 사슴을 잡아먹으라. 누가 옥수수를 키워서 너구리가 찾아와 옥수수를 먹는다면 그때 너구리를 잡아먹으라. 개구리들이 개체수 순환의 정점을 찍는다면 개구리들을 잡아먹든지, 개구리를 잡아먹는 것이 무엇이든 그것을 잡아먹으라.

　인간들은 잡식성이다. 그들은 여러 순환주기들이 조화를 이루는 것을 돕도록 식단을 관리할 수가 있으며, 지능을 가지고서 이를 행할 수 있다. 땅의 생명 안에서는 전체가 개별 순환주기들의 조화를 결정한다. 인간들은 영양상의 필요한 것의 가장 큰 다양성을 가지며, 다른 어떤 동물의 영양적 스펙트럼도 포괄할 가장 큰 능력을 가진다는 점에서 영양상으로 땅의 생명과 완전한 관계에

　　　　　　　　　　　　제국 문화의 종말과 흙의 생태학

있다. 이는 인간들이 완전한 식단을 유지할 수 있고 또 그래야 할 이유다. 그들은 가능한 모든 것을 먹어야 하는데, 이는 그것이 자연이 가리키는 패턴이기 때문이다. 다양성을 통한 최적의 건강 수준을 향해서 말이다. 인간가족에게 최대의 안정을 제공하는 것은 다양성이다.

엘크, 큰뿔양 그리고 가지뿔영양은 (홍적세의 멸종이래) 최근에 그 수계에서 주요한 초식동물들로 있어왔다. 이들 중에 가지뿔영양이 첫째가는 초식동물로 간주하여야 한다. 언덕 측면과 다른 지대들에 풀이 있지만, 이 풀의 역할은 토양의 생명 유지에 결정적이며 소 같은 가두어져 생활하는 일년생 풀을 찾는 동물은 결코 그것을 먹도록 허용되어서는 안 된다. 홍적세 시대의 큰 초식동물들도 열린 평지 말고 어디서도 정상적으로는 발견되지 않을 것인데, 이는 회색곰과 큰 고양이들에 대한 그들의 방어 수단은 떼를 이루는 것과 달아나는 것이기 때문이다. 이는 (풀덮개를 벗겨내는 데서 오는 가장 큰 위험이 존재하는 곳인) 덤불이 생긴 언덕 사면이나 다른 울퉁불퉁한 지방에서는 될 수 없다. 제국은 소와 양을 도입함으로써 반건조 생태계의 가장 취약한 지점을 공략했다. 풀이라는 피부는 어떤 대가를 치르더라도 구해져야 한다.

그 수계의 모든 초식동물들은 풀을 뜯는 동물이든 어린잎을 먹는 동물이든 식용으로 활용될 수 있다. 주장해온 바와 같이 큰뿔양, 토끼, 새앙토끼, 엘크, 검은꼬리사슴, 흰꼬리사슴 그리고 심지어 잡식성이지만 식물성 먹이에 크게 의존하는 페커리 등 동물들의 자연적 혼합은 그 수계에 피해를 주지 않으면서 소수의 집에서 기르는 소, 말, 염소 또는 양들만으로 가능한 것보다 훨씬 더 많은 인구를 먹여 살릴 수 있다. 복구 작업의 일부는 이 동물들의 필요를 염두에 두면서 적극적으로 씨를 뿌리고 심으며 적극적으로 (정부가 여전히 관리자들을 고용할 수 있는 동안은) 정부 관리들에게 로비를 해 그 수계의 숲과 초지의 과잉 방목을 못하게 하는 것이다.

알락꼬리고양이, 미국너구리, 긴코너구리, 미국독도마뱀들은 수계의 저지대에 살며, 수계 전체에 퍼져있는 것은 오소리, 스컹크, 퓨마, 살쾡이, 여러 유형의 박쥐, 꼬리가 긴 족제비, 곰, 회색여우, 코요테, 땃쥐, 들쥐, 설치류, 다람쥐,

: 페커리

뒤쥐, 개쥐, 생쥐, 숲쥐, 호저, 꿩, 메추라기, 뇌조, 페커리, 사향뒤쥐, 칠면조 등이다. 이 동물들은 '맛있는' 정도가 여러 가지로 다르다.

홍적세 문화에서는 '사냥'은 영적 행위다. 동물을 사냥하러 다녀서 발견하는 것이라기보다는, 큰 생명의 영에 참여해 이로써 동물을 '점지'받는 것이다. 흔히 위대한 사냥꾼은 강하거나 영리한 자가 아니고 적절한 '주술(medicine)'을 구사하는 자다.

지−위족과 같이 살았던 실버바우어는 이들의 사냥을 기술한다. 몰래 추적하기와 자리를 잡기를 설명한 후에 그는 떼 가운데 최종 표적이 그가 영어 단어 'personality(개성)'라는 말을 사용해 아우르는 뭔가에 따라 선택된다고 지적한다. '개성'이 고려된 후에, 그 피선택체가 겨누어지고 화살이 날아간다. 큰 사슴 떼, 이리떼의 관계를 관찰해온 자들은 사냥감과 사냥꾼 간에 일어나는 어떤 비슷한 종류의 무의식적 소통이 있음을 암시해왔다.

이런 논조로 모리슨은 원주민이 과거의 시대에 전체에 통합되었던 자연적 방식에 관해 이야기한다. 그는 이렇게 말한다.

새와 포유류 등 모든 동물종이 초기의 탐색에서 보이는 '순순함'은 원주민이 자신의 먹잇감 종들 사이에서 다른 모든 종들에 의해 두려움을 받는 사냥꾼으로서보다는 가축 떼 중의 목자로서 움직였다는 것을 시사해주기도 한다. 원주민인 타스마니아인들은 하루 걸어서 주파할 작은 부족 영지 내에서 살았으며, 그곳에서 백인들이 오기 전에 약 2만 년간 거주했다. 그런 장기간의 통제와 선별에서 각 지역은 (우리가 이해했을 수

제국 문화의 종말과 흙의 생태학

있었다면 그리고 우리가 질문했었다면) 부족의 삶을 무한히 지탱해 가는 데 충분한 고도로 진화된 영속 농법적 지역이 되었었다.[150]

우리가 그것들을 잡아먹는 것에 관해 이야기할 수 있을지 모르지만, 이는 우리가 각 생명체에 대해 가지는 존경의 가치를 줄이지 않는다. 우리는 토끼, 사슴 그리고 명아주가 충만하고 풍부한 생명을 가지기를 바라는 것이며, 그들의 죽음이 막아져야 한다고 바라지는 않는다. 모든 개별 생물들은 변화하며 존재하기를 그친다. 남은 존재들이 거대한 순환 안에서 다른 어떤 생명 흐름에 이로운 기여를 하는 것이 우리의 초점이어야 한다. 모든 것이 먹이이고 모든 것이 배설물이다. 모든 에너지는 흐르고 변형한다. 정서적으로 긍정적인 문화에서 우리는 죽음의 방지에 둔 친숙한 초점의 함정을 피하고 우리의 시야를 생명의 확장과 향상으로 옮길 수 있다. 논의된 모든 기술들의 활용, 영속 농법, 나바테아인과 키바인에 의해 활용된 기술들(그리고 어떤 기술은 지금도 주니족과 호피족에 의해 활용되고 있다)은 그 수계의 더 많은 다양성을 허용할 것이다. 물의 확산, 계단식 밭, 범람원 농업 모두 가지각색의 지형 안에서 활용처를 찾을 수 있다. 새로운 문화는 모든 생명, 즉 어떤 지점에서든 어떤 때에든 잘 될 수 있는 것은 무엇이든 키워내므로 모두를 위한 생명 그리고 모두를 위한 먹이가 늘어날 것이다. 이는 동물들을 위해 더 비옥한 장소를 만들어줄 뿐 아니라 새로운 문화에 의해 생태계 안에 의도적으로 도입되고 통합된 새로운 생명체들에 더하여, 예전에는 알려지지 않았던 야생종들에게 그곳의 증대된 비옥함과 다양성으로서 새로운 틈새로 들어갈 가능성을 허용해줄 여러 가능성들을 열어줄 것이다.

---

150 Mollison, *Permaculture One*, op. cit. pp. 10,11.

: 샌프란시스코 수계의 치유 요소들

주거지

문명 안의 경향은 인공 환경을 짓고 나서 우리의 일생을 그것에 의해 갇히고 그 환경조건의 제약을 받으며 살아가는 것이다. 땅의 생명의 균형을 이루며 살아가는 사람들과 여러 문화의 경향은 극한적 기후에서 피난처를 짓고 땅 위에서 살아가는 것이다.

땅속으로 숨게 만든 인간의 주거는 그 수계에서 오랜 전통을 자랑한다. 키바인들도 자신들의 가장 신성한 거처인 키바를 지하에, 또는 부분적으로 지하에 짓고 그들이 짓는 주택은 흙벽돌이나 쌓아 올린 돌로 땅에서 수직으로 올라가는 것 같다.

땅속으로 숨는 설계는 생존형 거처다. 제대로 건설된 움집(earth shelter)은 그 수계의 위도에서 온도를 항상 정확히 75도로 유지한다. 이는 안락한 환경을 가지려면 10도에서 20도를 더 데우기만 하면 된다는 것을 의미한다. 이는

제국 문화의 종말과 흙의 생태학

아주 중요한 측면이다. 거처에 열이 없더라도 인간은 얼어 죽지 않을 것이다. 여러 유형의 설계와는 다르게 사람은 거기서 생존할 것이다.[151]

움집은 필요하다면 현지의 재료로 만들어질 수 있다. 나무, 바위, 흙벽돌, 진흙과 흙으로 완벽하게 알맞은 움집이 지어질 수 있다. 움집 설계에서 또 하나 중요한 고려 사항은 설계의 요소들이 설계자의 문화를 암묵적으로 반영한다는 것이다. 그 수계의 바로 남쪽 멕시코에서는 주택이 높은 둘러싼 담을 가지고 벽 위쪽에는 깨어진 유리가 흔히 박혀있도록 설계가 되는 것은 우연이 아니다. 나눔은 부가 크게 불균형을 이룬 나라에서는 근본 패턴이 아니다. 나누려고 하지 않는 곳에서는 스스로 담을 쌓아 안에 있고 가난한 이들을 담 밖에 두는 것이 좋다.

설계상의 차이는 희소한 인구의 움집 거주자들, 밀집한 인구의 키바인들과 그들의 공동 주택 그리고 아파치인들의 원뿔형 천막과 잡목오두막집 간에도 볼 수 있다. 각 설계는 각 문화의 중요한 환경조건과 생활양식을 반영한다.

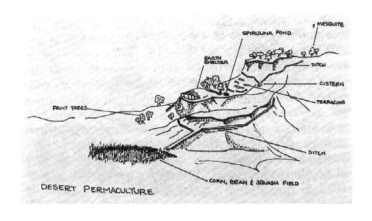

: 사막에서의
영속 농업

---

151 *Earth Sheltered Housing Design. Guidelines, Examples, and References.* prepared by. The Underground Space Center. U. of Minn. Von Nostrand Reinhold Co. pub. New York. 1979. pp. 51-94.

지금의 사회에서 여러 고려 사항들 중 하나는 핵가족이다. 주택은 기본적으로 부부와 그들의 2.6명의 자녀를 위해 설계된다. 조부모는 설계에 반영되지 않고 결혼한 자녀들도 반영 안 된다.

확대 결혼과 가족을 선택한 우리의 새로운 문화에서 주거는 반드시 그 문화의 일치, 관계 그리고 여러 에너지들의 나눔을 반영할 것이다. 이상적으로는 개인적 다양성이 각 개인이 사적 공간을 가지며 공동의 가족 공간이 이 작은 공간들 안에 중심 위치를 차지하는 것에 반영될 것이다. 설계의 또 하나의 중요한 요소는 땅에서 울타리를 치기보다는 땅으로의 노출을 허용한다는 것이다.

움집이 활용되는 어떤 지방에서는 열린 안뜰이 활용되는데, 이것도 지하에 있다. 이는 아궁이가 위치한 그림 12번에서 표시된다. 난로, 흙난로가 이 안뜰

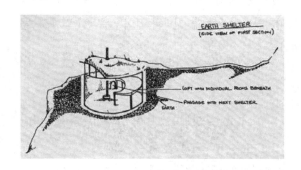

: 지하 거주지

에도 물론 위치할 수 있을 것이다. 움집 뒤의 계단은 수조에서 손으로 물을 주는 식물들을 심는 자리로 구상된다.

인간 공동체를 자연적 공감(共感)으로 되돌리기 시작할 다양한 일들 중 하나는 토지 소유권에서의 여러 에너지들의 나눔의 원칙이다. 그저 한 인간이 그들이 창조하지도 않은 우주의 일부분을 '소유'할 수 있다고 생각하는 것이 터무니없지만 강요된 사회적 정의들 때문에 그것이 현재는 실제적 현실이다. 공동 소유나 토지 신탁은 토지를 그 자연적 일치를 향해 복원할 수 있다. 울타리를 걷어내는 것은 물질대사의 순환이 건강한 수준으로 회복되는 것을 도와줄 것이나.

제국 문화의 종말과 흙의 생태학

매톨 수계–복원의 한 예

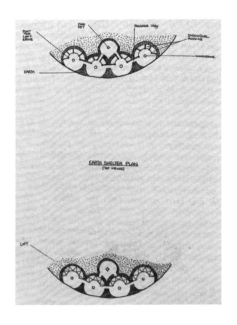

: 지하 거주지 도면

매톨 수계는 캘리포니아 주 북부 연안 미국삼나무–개솔송나무–쌍떡잎속 씨식물의 숲 지역에 위치한다. 매톨 강은 연안 산맥 지대에서 흘러나와 직접 태평양으로 들어간다. 가장 가까운 규모가 큰 읍(邑)은 캘리포니아 주의 가버빌(Garberville)이다. 그 지방 사람들이 원래의 약 10퍼센트 정도 서있는 토착 숲의 마지막 남은 것을 지키기 위해 적극적으로 시도하고 있으나 연안 전체와 마찬가지로 그 지역은 심하게 벌목이 되고 길이 닦여 왔다.

여러 지대들에서처럼 '자원채굴'에 의해 일어난 파괴는 그 지역의 생태계에 심대한 결과를 가져왔다. 그 수계의 물순환이 특히 피해를 입었다. 자원채굴은 강과 지류들의 강바닥의 침적(沈積)을 유발했고 또한 강의 폭을 넓혔다. 이는 강을 햇빛에 노출시켜 온도를 올라가게 하며, 여러 지대에서 실제의 산사태가 도로 건설 과정에서의 부실한 시공, 싹 밀어버리는 벌목 같은 남용으로 강으로 넘쳐 들어오고 있다.

매톨 사람들은 '매톨복원협의회(Mattole Restoration Council)'를 통해 네트워크화되었다.[152] 매톨 복원 협의회는 환경 보호정보센터, 매톨 토양 및 물 보전 위원회, 상류 매톨 재산 소유자 협회, 매톨 수계 연어 지원 그룹, 매톨 수계 납세자 협회, 쌍떡잎속씨식물 수도원 공동체, 연안 수원(水源) 협회 그리고 싱콘 협의회를 회원단체로 하는 매톨 조정 협의회(Mattole Coordinating Council) 같은 많은 집단과 네트워크들로 구성된다.

이들 핵심적 단체들의 노력은 수계 전체에 펼쳐진다. 매톨 숲 및 산맥 토지 협동조합 (토지은행가들)은 남아 있는 토착 숲에 대한 재산목록을 만들고, 벌목 계획을 모니터링하고, 침식 통제 프로젝트들에 사업 당사자들로서 적극적으로 참여하는 일을 해왔다. 그들은 시민단체로서 목재 산업계, 주 및 연방 기관들과 상대한다. 매톨 수계 연어 지원 그룹은 그들의 프로젝트의 하나로서 캘리포니아 주 연안 보존, 쌍떡잎속씨식물공동체 행동 대표부와 카운티를 조직해 부실한 도로공사와 다른 남용에 의해 유발된 산사태를 수리하는 제방 안정화 프로젝트 (바위 위에 잡석들을 철사망으로 붙들어두는 것)에 재원 조달을 했다. 그 노력은 극히 심각한 침식 문제를 멈추기 위한 것이었다.

또 하나의 본보기가 되는 연어 지원 그룹의 프로젝트는 매톨 강으로의 언덕 사면의 거대한 사태(沙汰)에 관한 조사·연구다. 이 끊임없는 시각적·사진촬영적 그리고 측량적 관찰을 따르는 꼬박 일년이 걸리는 사태 조사에 대한 재원 조달을 돕기 위해 연어 지원 그룹은 일반 봉사 재단, 쌍떡잎속씨식물 국립공원, 필립윌리엄스 재단, (캘리포니아 주) 수자원부 그리고 쌍떡잎속씨식물공동체 행동 대표부와 손을 잡고 재원 마련을 지원했다.

그 지대에는 페트롤리아 고등학교라는 지방 공립 고등학교가 있다. 그 수업 과정은 강한 학술 프로그램을 강조하지만, 또한 다양한 지방의 단체들의 후원 하에 자신들 자체적인 복원 프로젝트를 수행하는 학생 팀들도 두고 있다.

---

152 다음의 출처에서 정보를 얻을 수 있다. Mattole Restoration Council, 3848 Wilder Ridge Road, Garberville, Ca. 95440.

제국 문화의 종말과 흙의 생태학

옛날의 대평원의 들소 그리고 모골론 테 지방을 통과하는 엘크와 사슴의 이동, 북쪽에서의 순록의 이동처럼 매틀의 이동하는 생명은 연어다. 어업 활동이 멕시코에서부터 알래스카까지 크게 줄어들었지만, 아직도 매틀에는 옥새송어, 은연어, 왕연어의 개체군들이 생존한다. 잘 알려진 산간 지대에서 바다로의 여행 후에 연어들은 그들의 출신지인 지류로 알을 낳기 위해 돌아온다. 이들 물고기 종 각각은 알을 낳는 데 다른 크기의 자갈을 필요로 하며, 그 수계의 흩어져있는 곳들에 이런 강바닥 지대들이 존재한다. 벌목 그리고 다른 '개발' 사업들 때문에 이 지역들 다수는 침식물에 의해 막혀 왔거나 나무들이 만들어주는 하늘 가리개가 열려서 물이 너무 더워진다.

이 물고기 종들은 그 수계의 건강의 지표로서 기능한다. 복원의 상당 부분은 이 지표 종들을 염두에 두고서 이루어진다. 그 수계가 복원되고 있어서 물고기들이 돌아올 수 있다면 전체가 건강을 회복하고 있다고 가정하는 것이 안전하다. 연어 지원 그룹은 이 물고기 개체군의 수와 환경조건을 모니터링하는 것을 돕는 일에 많은 사람들을 조직한다. 이 단체의 창조적 노력들 중에는 돌아오는 연어들이 강 하구에 들어갈 때 그것들을 잡는 것이다. 그리고는 수정된 알을 파괴된 곳과 침적 지대를 통과해 수원지로 물리적으로 운반해서 치어(稚魚)가 살 기회를 얻게 한다. 그 단체는 이렇게 하는 것이 알에서부터 치어에 이르기까지 80퍼센트 이상의 생존율을 확보해주며 치어 10만 마리 이상이 이에 포괄된다고 말한다.

매틀 강 일대의 사람들은 발전하는 심리/생물학적 공동체다. 그들의 창의성은 그 수계와 그 안의 선택된 생물 종들을 표현하는 퍼포먼스를 만들어낸 지방의 무용(舞踊) 단체 같은 것에까지 확장된다. 이 탁월한 안무와 의상을 가진 무용 단체의 구성원은 거의 50명이 된다. 그들은 전문적인 무용단으로서 서부 연안의 주요 도시들을 순회하면서 열광적인 호평을 받아왔다.

이는 하나의 수계에 대한 간략한 일별(一瞥)이지만, 미국 전역에서 그리고 세계 전역에서 다양한 모습으로 일어나고 있는 것의 실재를 집어서 보여준다. 여러 공동체들이 수계들에서 살고 있으며, 다양한 유형의 공동체들이 지구적 복원에 적극적으로 참여하고 있다.

지구 전체적 활동 범위를 본다면 지구적 치유를 향한 운동이 얼마나 광대한지를 깨닫게 된다. 1960년대 이래로 우주적 생명의 인격적/영적 통합을 향한 인간 생명의 직접 개입은 다양한 길들로 폭발해왔으며, 그중 다수는 옳건 그르건 일반적으로 '뉴에이지'라는 말로 묶여진다. 또한 기독교 단체들 특히 기독교 기초 공동체 운동처럼 활발하게 성장해온 이교도 단체들도 있다. 원주민들 중에는 토착 영성과 생활 방식 방면에서의 활동의 재유행도 있어 왔다. 이 모든 것에서 영적/비물질적 실재들에 대한 각성이 많이 증진되어왔다.

긍정적인 여러 에너지에 대한 차단을 제거하는 데 의존하는 신체적·정서적 그리고 정신적 치유의 운동이 '전인적 건강' 또는 '대체 의학'이란 기치 아래 펼쳐지고 있다.

이 운동은 재탄생, 라이히 요법, 마사지, 지압 마사지, 침술, 반사요법, 최면요법, 프라이멀스크림요법, 장수식 같은 그 다양한 양태를 띠는데, 이는 다양한 상표를 달고 다니는 지원 단체들의 성장에 의해 보조가 맞추어지며, 그 모두가 관련된 모든 이의 개인적·사회적 고립을 치유하는 것을 향한 상당한 몸짓이다.

이 운동들은 극동의 사찰들에서 유래하는 신체적·정서적·정신적·영적 균형에 대한 관심의 성장에 의해 보조가 맞추어진다. 태극권, 쿵푸, 합기도, 가라데 같은 무도수련 등은 기본적으로 영적 균형의 수련들이다.

지난 30년간 많은 새로운 형태의 사회적 관계 맺기가 문명의 위계적 형태 바깥에서 발생해왔다. 동호인 단체들, 공동 소유, 몬드라곤 계획—스페인의 바스크 지역의 협동적 경제—에 대한 다시 일어난 관심, 스페인의 몇몇 다른 지대들에서 기능하는 '아나키스트' 생산 단체들, 지방교환거래(LETS) 시스템, 지방통화/경제 계획 그리고 많은 다른 것들이 그런 것들이다. 이것들은 우리들 중 많은 사람이 가진, 우리가 인생을 그 안에서 살아갈 제도들과 어떤 진정한 관계를 가지고자 하는 갈망을 보여준다.

미국에서만 해도 수만 명의 사람들이 후터(Hutter)파와 아미시 같은 구식의 종교 공동체들에서 생활하고 있다. 또한 많은 사람들이 헤이트 애시베리의

제국 문화의 종말과 흙의 생태학

히피들에서 나왔다고 할 수 있는 여러 공동체에서 살고 있으며, 느슨하게 '뉴에이지 공동체들'이라고 호칭되는 집단에서 또 수천 명이 살고 있다.[153]

이런 발전들과 더불어 주택 설계와 대안 에너지로부터 혁명들이 일어났다. 1950년에는 아마 1천만 명 중에 한 사람 정도가 집을 해가 드는 방향으로 앉히는 것만으로도 난방비와 안락이나 생활수준에 영향을 미칠 수 있으리라는 것을 깨달았을 것이다. 초국적 기업의 엘리트들이 이 분야를 매점하고 질식시키려 해왔지만, 우리는 지금 대안적 설계와 에너지에 관한 많은 유익한 정보를 얻을 수 있다.

최근 몇 년간의 가장 중요한 운동들 중에는 여성주의적(feminist) 각성이 있다. 브라지어는 중국의 전족(纏足)과 같은 종류라는 깨달음에서 여성주의 운동의 일부는 에코페미니즘을 강조하기 시작했으며, 제국 내의 가부장제, 생태계 파괴, 군사주의의 바로 그 기초들에 진지한 도전을 가하기 시작했다. 제국들이 이어져오는 과정에서 여성적 시각이 결여되었다는 것은 과학, 종교, 경제학, 문화의 절름발이식이고 왜곡된 활동들의 성장, 그리고 제국 사회의 조정을 통해 우리가 가지게 된 세계를 바라보는 기본방식을 가능하게 했다. 다수의 대중 기구들로 싸우고 있는 여성들은 사회에 대한 시각에서 비약적 변화를 일으키고 있다. 여러 영역들에서 여성들이 지적하고 있는 것은 모두에게 아주 단순하고 명백해 보인다. 단지 그것을 지적하는 여성들이 주변에 없었을 뿐이다. 제국의 종양 덩어리 바깥에 서 있는 저 에코페미니스트 여성들이 지구적 치유를 향한 운동을 주도하고 있다. 그것은 보육(保育)하는 활동이며, 우리는 여성들이 그것을 주도하리라 기대할 수 있다.

수백만 명의 굶주림과 생명의 파괴에 대한 대응으로 산업형 농업에 대한 대안들이 크기와 수에서 폭증해왔다. 영속 농법의 분야는 활동으로 활활 타오르고 있다. 〈국제 영속 농법 씨앗 연감(International Permaculture Species

---

153 이 수백 단체들에 관한 정보는 〈뉴에이지 공동체 안내(New Age Community Guide)〉에서 찾아볼 수 있다. 이 문서는 Harbin Springs Pub., P.O.Box 1132, Middletown, California 95461에서 '7.95달러+우표값'으로 받아볼 수 있다.

Yearbook)〉 같은 영속 농법 간행물을 보면 이것이 지구적 운동이라는 것이 명확해진다.[154]

1945년 원자폭탄이 투하된 이래 깨어남이 일어나고 있다. 인간가족의 작은 비율이지만 이들은 직관적으로 필요한 전인적 방향으로 가기에 충분할 정도로 깨어났다. 이렇게 (완전히 직관적으로 그리고 하향식의 조직 없이) 함으로써 우리는 지금 우리가 새로운 문화를 창조하고 그것을 땅 위에 세우는 데 필요로 하는 도구들, 지식들 그리고 방법론의 틀을 가지고 있다.

수계 위에서─약간의 현실적 고려 사항들

산업문화에서 확대가족의 기능적 상황을 지켜보면서 우리는 경제학에서, 사회적 건강에서 그리고 미래의 폭풍 가운데서 그것이 가지는 강점을 볼 수 있다. 우리가 토지를 사들일 전망을 해본다면 제국에서 다수 군중의 기능적 위치를 이해하기 시작한다. 근로 계급 가족이 토지를 사들인다는 것은 거의 불가능하다. 한 가족을 위해 한 조각의 토지를 사들이는 것은 비싸지만, 여러 가족이 힘을 합쳐 넓은 조각의 토지를 산다면 1에이커(약 4,047제곱미터)당 가격은 급격히 떨어진다. 우리는 모두가 작은 부분을 신탁에 집어넣고 신탁이 토지를 구입하게 함으로써 토지를 쉽게 구입할 수 있다. 그 신탁은 커 가면서 더 많은 토지를 구입할 수 있다. 우리들 대부분은 지주들, 식량 배달 체계들, 의류 제조업자들에게 에너지를 유출하고 있으며, 이는 단지 부주의 때문에 그렇게 하는 것

---

154 주소록 부분에는 열 개의 영속 농법 발행물이 열거되었다. 16개 나라에 있는 85개의 영속 농법 센터들이 열거되었다. 7개 나라의 97개 생물 지역(수계) 단체들이 열거되었다. 16개 나라의 85개 녹색 및 녹색 지향 단체들이 열거되었다. 22개 나라의 188개 대안 경제학 단체들이 열거되었다. 영속 농법 관련 조직들과 발간물들은 44개 나라에 59개에 달한다. 영속 농법 농사에서 중요한 씨앗이나 식물 품종을 실제로 얻을 수 있는 센터들은 11개 나라에 65개의 출처가 있다.

제국 문화의 종말과 흙의 생태학

이거나 우리 자신의 사회 제도들이 미발달 상태여서 그렇게 하는 것이다. 우리는 모두 누군가에게 지대, 음식값, 옷값 그리고 난방비를 지불하러 가고 있다. 우리는 우리의 경제적 에너지를 상어들 아가리에 들어가지 못하게 빼돌려서 생존 가치가 있는 우리 자신의 제도들을 활성화시키는 데 이를 사용할 수가 있다.

우리는 우리의 토지를 소유하고, 우리 자신의 식량 대부분을 재배하고, 우리 자신의 보금자리를 공동으로 만들어냄으로써 우리가 하는 유출을 삭감한다는 측면에서 우리 자신을 자리매김하고 있으므로 아직은 화폐경제와 관련을 가질 필요가 있는 현실적 상황에 처했다. 우리가 독특한 상황에 있지 않다면, 우리는 (적어도 세계의 채무 거품이 터지기까지는) 돈을 취급해야 할 것이다.

우리가 지금 거주하거나 가까운 미래에 거주할 대부분의 수계들은 먼 지대들에 있다. 교통비와 세계 에너지 사정 때문에 우리는 우리의 가내 수공업에서 높은 가치의 작은 제품들을 생산하기를 원할 것이다. 우리는 아파치족의 용설란, 프리클리 페어, 유카 바나나 그리고 유실소나무 열매를 모으는 채집 시스템을 논해왔다. 이 산물 각각은 진기한 별미로 간주될 수 있다. 용설란 버터, 프리클리 페어 젤리, 유카 바나나 버터와 젤리, 유실소나무 버터는 가능하다면 그 수계에서 나는 천연 약초 양념으로 맛을 낸다면 세계의 어느 공항 선물 가게에서도 어떤 진미들과도 너끈히 견줄 수 있을 것이다.

꿀벌의 가능성은 아주 매력적이다. 땅을 잘 안다면, 고산의 초지에 있는 특정한 야생화들로 벌집을 옮기는 것이 가능하다. 이런 농사는 '야생화 특산 벌꿀'의 판매를 가능하게 해줄 것이다(그리고 이렇게 하면 또한 북쪽으로 이주하는 '킬러비[killer bee]'를 피할 수도 하는데, 이 벌들은 저지대의 따뜻한 지역에서만 사는 벌들이다).

다른 굉장한 아이디어가 존 키미에 의해 제안된다. 그는 호피족 원로들의 지도를 받아 토종씨앗 은행을 조직했다. 이는 뉴멕시코 주의 산타페에 위치한다. 그 센터는 남서부에서 토착 아메리카인들에 의해 보유된 남아 있는 다양한 씨앗들을 모으고 보관하기 위해 조직되었다. 키미는 그 씨앗 은행에 보관된 씨앗 여러 종류를 선정해 재배하는 것으로 중간계층 수준의 소득을 올릴 수 있다고 제안한다. 이 은행의 씨앗들은 오래가고 단단하고 병충해에 저항력 있고 가뭄에 저항력 있는 씨앗이 발견될 수 있는 세계의 몇 안 되는 장소들에서 나는 것들이다. 어떤 씨앗은 건조 지역에 적응된 씨앗 품종이다. 씨앗 은행에는 다양한 씨앗들이 있지만 그것들은 단지 표본들이다. 누군가는 '그것들을 길러 내어서' 국제적 구호기관들을 위해 상당량이 있게 해야 한다.

제3세계 발전 단체들은 세계의 일부 지역들에서 실행되는 것과 같은 녹색 혁명이 사람들을 도와주지 않으리라는 것을 깨달아왔다. 사막화된 지대 또는 제1세계의 산업가들에서 산업형 농업 생산의 모든 요소들을 구입할 여력이 없는 곳에서 사람들은 이 씨앗을 필요로 한다. 이 씨앗을 길러 내고 그것을 국제 구호기관들에 파는 것은 활용할 수 있는 소득을 제공해줄 수 있다.

움직여야 할 시간

이런 유형의 고려 사항은 여러 수계들에 적용될 수 있다. 우리가 원하는 것은 땅으로 돌아가는 것이다. 우리는 우리와 갈등할 이유가 없는 진정한 친구들 그리고 가족의 마음이 맞는 공동체를 원한다. 우리는 모두가 평화롭게 온천탕에 앉을 수 있기를 바란다. 우리는 수계의 아래쪽에서 겨울에 손수 지은 안락한 집 안에 앉아 우리의 공예 일을 하거나 다른 창조적 작업을 하면서 있을 수 있기를 원한다. 봄에 우리는 새로운 건강과 힘을 차려서 수계로 나가 첫째 초록 식물과 그 밖의 식량들을 모으기를 바란다. 여름에 우리는 아름다운 고산 지대의 풀밭에서 우리의 꿀벌들을 먹이거나 모아들이고 있기를 바란다. 가을에 우리는 나이 든 소년을 포함해 공동체의 각 사람이 저마다 사슴 체포영장, 엘크 체포영장, 칠면조 체포영장, 가지뿔영양 체포영장을 들고 겨울 고기 저장소를 위해 작은 떡갈나무 덤불로 내려갈 수 있기를 바란다. 우리가 아는 바와 같이 공공토지들은 복지혜택을 받는 목축업자들과 목재 엘리트들의 개발을 위해 있지만, 바로 이 공공토지 기관들은 다른 시민들이 그 토지를 유익하게 활용해서 소득을 창출하는 길을 찾기를 갈망한다. 그 기관들은 가내 수공업을 위한 재료의 수집을 권장할 것이다.

우리는 온실 효과가 진행되고 있음을 안다. 우리는 이산화탄소의 증가를 측정할 수 있다. 우리는 오존층 파괴가 진행되고 있음을 알며, 그것을 측정할 수 있다. 산업 엘리트도 이를 부인하지 않는다. 우리는 단지 그 효과가 어떤 것일지를 (우리가 가진 적은 정보를 모델화할 수십 대의 컴퓨터를 가지고도) 예측할 수 없을 뿐이다. 우리의 수계에서 씨앗, 영속 농법, 야생식물들을 가지고서 하는 우리의 작업은 생태계가 영향을 받음에 따라 우리가 인간가족과 땅에게 약간 도움이 될 수 있게 해줄 수 있을 것이다. 이는 지혜이고 이는 생명과 태어나지 않은 이들에게 책임을 지는 것이다. 지금 생명을 실질적으로 돕는 적극적 방식으로 행동하는 자들은 그것이 지속되는 동안에 움켜쥘 수 있는 것을 움켜쥐지 않으므로 바보 취급을 받을 수도 있다. 그러나 지수함수적 곡선들 전체가 합쳐지면서 성숙한 방법으로 행동해온 자들 중에는 남아 있는 자녀들에게 긍정적 생명의 미래를 가리켜 보여주도록 존재하는 이들이 있을 것이다.

미래를 창조하기

우리 시대의 위기는 우리에게 낙원을 제공해준다. 그것은 우리에게 문명의 긴장과 위험을 떨쳐 내어 우리가 새 세계를 창조할 수 있도록 기회를 제공한다. 새로운 문화를 창조하는 것은 먼 목표를 추구하기 위해 욕구충족을 유예하는 활동이 아니라 생명의 만족에서의 즉각적 증대를 이루는 활동이다. 지겹고 위험스러운 대중문화의 덫에 걸려 역사적 추세의 희생자들로서 무기력하게 주시하기보다는 걸어 나와서 대답들을 만들어내기 시작하는 사람들은 '진정한 삶'을 살아가고 있다. 전인적 건강에 참여한 수십만 명이 있다. 의도적인 여러 공동체들 안에서 살고 있는 사람들이 이미 미국에 수만 명이 있으며, 영속 농법 프로젝트들 그리고 생물 지역 단체들이 널리 퍼져있다.

제2권 미래의 씨앗

우리의 과제는 낙원을 재창조하는 것이다. 다른 길은 없다. 우리는 땅의 생명을 복원해야 하며 이를 행하기 위해 우리는 따뜻하고 창조적이고 힘을 주는 문화를 가져야 한다. 우리가 보살피는 문화를 창조할 때 우리의 자녀들은 문명의 제식훈련 대형으로 진군하기보다는 인간의 잠재성을 조장할 기회를 가지게 될 것이다. 우리는 더 창조적이고 더 의식적이고 생명을 더 보살피게 될 것이다.

개리 내번은 옥수수를 좀 훔쳐서 자기 자신의 옥수수를 키우려고 결심하는 코요테에 관한 파파고의 이야기를 들려준다. 그는 씨앗 대부분을 먹었고 그 나머지를 시냇가를 따라 던졌다. 자라나는 계절 내내 잠만 잤고 수확 때가 되었는데 옥수수는 야생식물인 코요테 담배가 되고 말았다. 파파고인들에 따르면 문제는 코요테가 옥수수에 불러 줄 맞는 노래를 몰라서 옥수수가 제대로 자랄 수 없었다는 것이다.

이 이야기는 홍적세 토착 아메리카 문화 그리고 대부분의 다른 홍적세 문화들의 무시된 사실을 지적해준다. 그것들은 노래와 춤의 문화였다는 것이다. 이 집단들은 풍부한 문화적 내용을 가졌다. 모든 것에 대해, 자연적 행위의 모두에 대해 노래들이 있었다. 사람들은 생명을 부여받았고 그런 다음에 우주에 노래로 그 아름다움을 돌려주었다. 그들은 진정한 생명을 가지고서 시작했고 거기서부터 우주로 그리고 비물질적인 세계로 그 노래를 연장했다. 그 노래는 땅과 땅의 생명체들의 아름다움에 기초를 두었다.

우리는 아름다움의 생명 그리고 전체를 돕는 생명을 선택하지 않을 수 없다.

우리는 제국의 여러 가치들을 뒤엎는 변혁적인 길을 가기 시작하고 있다. 여러 공동체들이 수계의 꼭대기에 존재하고 거기서 언덕 아래로 흘러내려 오는 물

제국 문화의 종말과 흙의 생태학

이 맑을 때, 우리는 우주적으로 공명하는 인간의 사회적 패턴이 존재함을 안다.

　아무런 연구도 필요하지 않고 길게 끄는 아무런 토론도 필요하지 않다. 인간
사회는 땅의 생명의 균형을 벗어나 있고 인간사회는 균형을 되찾을 필요가 있다.
우리의 일상적 노력이 그 균형을 되찾는 쪽으로 상당히 향해진다면 우리는 낙원
으로 가는 길에 있는 것이다.

옮긴이의 말

이 책은 해외 인터넷 서점에서 다른 책을 구입하면서 우연히 같이 사게 된 책이었지만, 책을 펼쳐서 읽는 과정에서 나는 아주 강렬한 인상을 받았고 강렬한 메시지를 얻게 되었다. 독특한 문체와 우리의 정체성을 근본적으로 뒤흔드는 제국문화에 대한 명확한 지적에 매료된 것이 나에게 행운이었는지, 아니면 어려움의 시작이었는지는 판단하기가 어렵다.

나는 이 책을 읽으면서 우리가 살아가고 있는 세상이 어디서부터 잘못되었는지에 대해 막연히 짐작하던 상태를 넘어 확연히 깨닫게 되는 경험을 했다. 이 책은 내가 지금까지 인간사회나 경제의 문제들을 피상적으로 알고 있었다는 것을 절감하게 해주었으며, 지금까지 읽은 어떤 책보다도 거리낌 없이 솔직하고 진실한 책이라고 말하고 싶다.

그동안에는 서구에서 침략 세력과 함께 들어온 자본주의 문명이 문제의 원인인 것으로 생각했으나 그 정도로 해결될 차원의 문제가 아니고 아시아와 유럽, 북아프리카 등 구세계에서 인간의 농경과 함께 시작된 문명 자체가 제국문화였고, 이 제국 문화의 패턴 자체가 문제였다는 것을 이 책은 잘 보여주고 있다. 제국주의에 반대하는 투쟁만으로 진정한 평화가 올 수 없고 우리들 자신의 정신과 삶을 지배하는 제국문화를 새로운 인간문화로 대체하는 것이 궁극적인 생명과 평화의 길로 나가는 출발점임을 알려주는 것이다.

저자는 이를 위해 문명사회와 자연문화 가운데 살아가는 원주민사회를 잘 비교해주는 풍부한 자료를 제공해준다. 특히 북아메리카 원주민들의 정신세계와 생활 방식은 자연의 균형을 이루어가는 방식으로서 균형을 잃고 성장 신화에 매몰된 현대문명에 경종을 울리는 내용이다.

제국 문화의 종말과 흙의 생태학

저자는 자연의 균형을 이루는 문화로 돌아갈 것을 주장하고, 이를 위해서 우리가 살고 있는 땅의 수계(watershed)라는 범위에서 땅과 생명이 어떻게 변천해 왔는지 조사해 볼 것을 제안한다. 그는 균형이 파괴된 생활을 하기 전인 원시 시대로 돌아가야 한다고 주장하는 것이 아니라 그 시대의 지혜를 상당 부분 반영한 새로운 문화를 만들어가지 않으면 인류는 지구상에서 앞으로 생존해갈 가능성이 없다는 것을 역설하고 있다. 이를 위한 원주민들의 지혜와 농법에 관한 사례를 소개하면서 이를 위한 운동을 시작할 것을 제안하고 있다.

이 책에서 가장 많이 나오는 단어는 생명(life), 땅(the earth), 제국(Empire), 조정(conditioning), 수계(watershed) 같은 말들이다. 땅을 지구라고도 할 수 있지만, 전통 사회에서 지구(地球)라는 형체를 의식한 것은 아니기 때문에 인간에게 다가가는 개념상으로 땅 또는 대지라는 표현이 더 적합하다고 보아서 꼭 '지구'라고 번역해야 할 경우가 아니면 모두 땅이라고 옮겼다. '조정'이라는 것은 전자제품 등을 산 뒤 소비자가 주파수를 조정하거나 기본 세팅하는 것을 말하는 것으로서 우리가 문화 안에 태어나서 살아갈 때도 기본적으로 이러한 과정을 거치게 된다. 그것을 튜닝이라는 말로도 쓸 수 있다. 이 책에서는 조정(調整)이라는 것이 무난하다고 생각하고 모두 그렇게 옮겼다. 이 책의 원제목은 "마지막 제국: 문명의 붕괴와 미래의 씨앗"으로 번역할 수 있다. 저자는 문명을 제국의 문화와 같은 의미로 사용하고 있으며, 전체적으로 흙을 잘 보존하는 전통적 생태학적 지혜의 중요함을 강조하는 내용이므로 제국 문화의 붕괴와 흙의 생태학이라고 한글 제목을 달았다.

우리 사회에는 농작물을 직접 재배하려고 노력하는 사람들이 점점 늘어가고 있다. 그것은 농약 살포 농산물에 대한 염려가 크게 작용한 것이다. 그러나 이 책은 모든 농사가 선(善)이 아님을 잘 알려주며, 문명에서 먹을거리를 얻는 방식 자체가 그 문명의 작동 방식과 긴밀히 연결되었음을 지적해준다. 그래서 먹을거리를 얻는 농사 방식의 변혁이 우리가 살고 숨 쉬는 공기와 같은 문화를 변혁하는 데서 가장 근본이 됨을 가르쳐준다.

이 책은 1993년도에 미국에서 처음으로 발행되어 벌써 27년이 지났으며, 2007년도에 판형을 달리하고 약간의 최신 데이터를 반영해 다시 출간하였다. 요즘과 같이 급격히 사회가 변동하는 시대에는 원서가 나온 지 적지 않은 시간이 흘렀다고 볼 수 있지만, 그 내용은 조금도 구태의연한 바가 없으며, 오히려 21세기에 들어와 더 사회적으로 절실한 메시지를 던지는 마치 미래에서 온 듯한 책이다.

이 책이 우리 사회에 출간되어 나올 때면, 이 책에 주목할 여력이 있는 사람들의 반응은 극과 극으로 갈라질 것으로 예상할 수 있다. 자본주의 시장경제를 당연한 것으로 신뢰하는 사람들에게뿐 아니라 유교나 기독교 같은 전통적인 가부장적 종교의식을 가진 사람들에게도 이 책은 불편한 내용을 담고 있다. 뿐만 아니라 과학적으로 검증되지 않은 내용, 그밖에 학문적으로 인정받기 어려운 내용들도 포함되어 있다. 이 책이 "언더그라운드의 클래식"으로 알려져 온 이유가 되는 것 같다. 그러나 자본주의 경제 나아가서 물질문명 자체에서 인간의 평화로운 생존을 억압하는 힘을 감지하고 대안을 찾아 나선 사람들에게는 눈을 크게 열어주고 나침반 역할을 해줄 책이라고 확신한다.

제국 문화의 종말과 흙의 생태학